国家出版基金项目
NATIONAL PUBLICATION FOUNDATION

元代古籍集成 第二輯

韓格平 總主編

史部編年類◎

資治通鑑綱目書法（上）

（元）劉友益 修撰
邱居里 左茹慧 整理

北京师范大学出版集团
BEIJING NORMAL UNIVERSITY PUBLISHING GROUP
北京师范大学出版社

本叢書整理與出版得到
北京師範大學中央高校自主科研基金資助
北京師範大學「九八五」工程基金資助
北京師範大學「二一一」建設基金資助

本書系全國高等院校古籍整理研究工作委員會直接資助項目「元代通鑑學史籍輯校三種」
（項目編號：1108）成果

《元代古籍集成》編委會

總序

元代，是中國歷史上由蒙古族統治者建立的多民族的統一朝代。蒙古部族早年生活於大興安嶺北部、斡難河一帶及其西部的廣大地域。一二〇六年，成吉思汗完成了蒙古各部落的統一，建國於漠北，號大蒙古國。一二七一年，元世祖忽必烈改國號爲大元。一二七六年，元滅南宋。一三六八年，元順帝妥歡貼睦爾率衆退出中原，明軍攻入大都。明初官修《元史》，自成吉思汗建國至元順帝出亡，通稱元代。蒙古人原來没有文字，成吉思汗時借用畏兀兒字母書寫蒙古語，從此有了蒙古文。一二六九年，忽必烈頒詔推行由國師八思巴創制的主要借鑒於藏文的新的拼音文字，初稱蒙古新字，不久改稱蒙古字，用以「譯寫一切文字」。同時，元代統治者重視學習漢文。元太宗窩闊台于太宗五年（一二三三年）頒有《蒙古子弟學漢人文字詔》，鼓勵、督促蒙古子弟學習漢語。忽必烈亦重視吸取漢文化中的有益成分，爲藩王時，曾召見僧海雲、劉秉忠、王鶚、元好問、張德輝、張文謙、竇默等，詢以儒學治道。其後的元仁宗愛育黎拔力八達、元英宗碩德八剌均較爲主動地借鑒漢族封建文化，且頗有建樹。有元一代，居於統治地位的蒙古貴族及色目貴族不同程度地接受了包括漢民族在内的多民族文化的影響。可以説，元代文化是由蒙古貴族主導的包容多民族文化的封建文化。其中，中土漢人和熟悉漢語的少數民族文人積極參與元代文化建設，他們用漢語撰著的漢文著述數量極爲豐富，其内容涉及元代社會生活的方方面面，是元代文獻的主要組成部分。

明修《元史》，未撰《藝文志》。清人錢大昕撰有《補元史藝文志》，「但取當時文士撰述，録其都目，以補前史之闕，而遼、金作者亦附見焉」[一]，共著録遼金元作者所著各類書籍三千二百二十四種，其中元人著作二千八百八十八種（含譯語類著作十四種）。該書參考了焦竑《國史經籍志》、黄虞稷《千頃堂書目》、倪燦《補遼金元藝文志》、朱彝尊《經義考》等著作，增補遺漏，糾正訛誤，頗顯錢氏學術功力。今人雒竹筠、李新乾撰有《元史藝文志輯本》，既廣泛參考前人論著，亦實際動手搜求尋訪，「凡屬元人著作，不棄細流，有則盡録，巨細咸備」[二]，共著録元代作者所著各類書籍五千三百八十七種（個别著録重複者計爲一種，如方回撰《文選顔鮑謝詩評》分别著録于詩文評類與總集類），除十一種蒙文譯書外，皆爲漢文書籍。其中現存著作二千一百九十六種（包括殘本、輯佚本）。具體分佈情況如下：經部，著録書籍一千一百一十七種，今存二百二十種；史部，著録書籍一千零二十六種，今存二百七十三種；子部，著録書籍一千零七十六種，今存四百八十八種；集部，著録書籍二千一百六十八種，今存一千二百一十五種。與錢《志》相比，《輯本》具有兩項顯著的優點，一是增補了戲曲、小説

[一] （清）錢大昕：《補元史藝文志序》，《二十五史補編》，北京，中華書局，一九九八年版，第八三九三頁。

[二] 雒竹筠、李新乾：《元史藝文志輯本·弁言》，北京，燕山出版社，一九九九年版，第三頁。

類著作，二是每一書名之後記以存佚，頗便使用者查尋。可以說，該書是目前較爲詳備的元代目録文獻。持此《輯本》，元人著述狀況及現存元人著作情況可以略窺概貌。需要説明的是，元人著作散佚嚴重。僅據元人虞集所作詩序，可知《胡師遠詩集》、《吴和叔詩集》、《黄純宗詩集》、《楊叔能詩集》、《會上人詩集》、《劉彦行詩集》、《楊賢可詩集》、《易南甫詩集》、《饒敬仲詩集》、《張清夫詩集》、《謝堅白詩集》、僧嘉訥《崞山詩集》等未著録於《輯本》別集類，則編纂元人著作全目的工作，尚有待於來日。

陳垣先生《元西域人華化考》卷八結論中「總論元文化」一節曰：「以論元朝，爲時不過百年，今之所謂元時文化者，亦指此西紀一二六〇年至一三六〇年間之中國文化耳。若由漢高、唐太論起，而截至漢、唐得國之百年，以及由清世祖論起，而截至乾隆二十年以前，而不計其乾隆二十年以後，則漢、唐、清學術之盛，豈過元時！」[一] 今以現存元代古籍爲例，略述元代學術文化之盛。

經學是一門含有豐富哲學内容的、體現儒家思想精要的古老的學問，長期居於中國學術文化的主導地位。元代結束了兩宋以來的長期分裂局面，元代經學亦在借鑒、調和宋代張程朱陸理學的進程中，産生了許衡、劉因、吴澄等理學名家。清儒編纂《四庫全書》，收録了約三百八十種元人著作，其中多有對於元人經學著作的讚譽之詞。例如，評價吴澄《易纂言》曰：「其解釋經義，詞簡理明；融貫舊聞，亦頗賅洽，在元人説《易》諸家，固終爲巨擘焉。」評價許謙《讀書叢説》曰：「宋末元初説經者多尚

[一] 陳垣：《元西域人華化考》，上海，上海古籍出版社，二〇〇〇年版，第一三三頁。

虛談，而謙於《詩》考名物，於《書》考典制，猶有先儒篤實之遺，是足貴也。」評價梁寅《詩演義》曰：「今考其書，大抵淺顯易見，切近不支。元儒之學主於篤實，猶勝虛談高論、橫生臆解者也。」評價趙汸《春秋屬辭》曰：「顧其書淹通貫穿，據傳求經，多由考證得之，終不似他家之臆説。故附會穿鑿，雖不能盡免，而宏綱大旨，則可取者爲多。」〔一〕清末學者皮錫瑞認爲元代爲經學積衰的時代，「論宋、元、明三朝之經學，元不及宋，明又不及元。」〔二〕承認元代經學在中國經學史上佔有一定的地位，且有如趙汸《春秋屬辭》這樣的「鐵中錚錚、庸中佼佼」之作。

元代史學是中國史學的繼續發展時期，成就顯著，著作甚豐。其中，影響較大的著作有如下幾種。一、元順帝至正年間編纂的《遼史》、《金史》、《宋史》。三史編纂皆有三朝專史舊本可供借鑒，故歷時不及三年即告竣事，且整體框架完備，基本史實詳贍，爲後人研究遼金宋歷史的重要著作。同時，順帝詔「宋、遼、金各爲一史」，解決了長期持論不决的以誰爲「正統」的義例之争，顯示出元代史學觀念上的進步。二、馬端臨《文獻通考》。該書是一部記載上古至宋寧宗時期典章制度的通史。作者對唐杜佑《通典》加以擴充，分田賦、錢幣等二十四門，廣取歷代官私史籍、傳記奏疏等相關資料，對各項典章制度進行融會貫通，原始要終的介紹，篇帙浩繁，堪稱詳備。三、《元典章》。該書全稱《大元聖政國

〔一〕上述引文分別見於《四庫全書總目》，北京，中華書局，一九六五年版，第一二二頁、九七頁、一二八頁、二二八頁。

〔二〕（清）皮錫瑞：《經學歷史》，北京，中華書局，一九五九年版，第二八三頁。

朝典章》，爲元代中期地方官府吏胥與民間書坊商賈合作編纂的至治二年（一三二二年）以前元朝法令文書的分類彙編，分詔令、聖政、朝綱等十大類，六十卷。書中内容均爲元代的原始文牘，是研究元代法制史與社會史的重要資料。四、《大元大一統志》。該書爲元朝官修地理總志，始纂于元世祖至元二十二年（一二八五年），成書于元成宗大德七年（一三〇三年），六百册，一千三百卷，是中國古代最大的一部輿地書。該書氣象宏闊，内容廣泛，取材多爲唐宋金元舊志，今僅有少量殘卷存世。

元代子書保持和發揚了傳統子書「入道見志」、「自六經以外立説」的基本特色，廣泛干預社會生活，闡發個人學術（含藝術）觀點，産出了許多優秀作品。面對民族矛盾與階級矛盾交織的社會現實，程端禮《讀書分年日程》、謝應芳《辨惑編》、蘇天爵《治世龜鑒》諸書推闡朱熹學説，力闢民間疑惑，探求治世方略，顯示出元代子部儒家類著作的基本格調。元代科學技術水平有了新的進展。李冶《測圓海鏡》的成書標誌着大元術數學方法的成熟，「是當時世界上水平最高的代數著作」。〔一〕稍後朱世傑《四元玉鑒》用四元術解方程（包括高達十四次方的我國數學史上最高次方程），「對方程的研究（列方程、轉化方程和解方程等），朱世傑在中國歷史上達到頂峰」，「《四元玉鑒》的另一部分重要内容是有關垛積與招差問題，就其成果的水平來看達到了中國古代此類問題的高峰」。〔二〕司農司編《農桑輯要》、魯明善

〔一〕李迪：《中國數學史大系·第六卷》，北京，北京師範大學出版社，一九九九年版，第九七頁。

〔二〕李迪：《中國數學史大系·第六卷》，北京，北京師範大學出版社，一九九九年版，第二六〇頁、二六一頁。

撰《農桑衣食撮要》、王楨撰《農書》三部農書，是元代農學的代表作。又李杲有「神醫」之譽，「其學於傷寒、癰疽、眼目病爲尤長」[一]，觀其所著《内外傷辨惑論》、《脾胃論》、《蘭室秘藏》諸書，可知時人所譽不誣。

元代文人文學創作的積極性很高，吟詩作文是當時文人的普遍行爲。「近世之爲詩者不知其幾千百人也，人之爲詩者不知其幾千百篇也」。[二] 與經、史、子部著作相比，元代集部著作數量最多。其中，尤以别集數量居首。現存或全或殘的各種别集（含詩文合集、詩集、文集、詞集）約六百六十種。閲讀郝經《陵川集》、姚燧《牧庵集》、劉因《静修集》、吴澄《吴文正公集》、趙孟頫《松雪齋集》、袁桷《清容居士集》、歐陽玄《圭齋集》、揭傒斯《揭文安公全集》、虞集《道園學古録》、黄溍《金華黄先生文集》等别集，可以從其不同個體的視角，瞭解元代社會生活的諸多不同側面，瞭解作者個人的情感與情操，體味元代詩文創作的藝術成就。而閲讀耶律楚材《湛然居士文集》、馬祖常《石田集》、孛术魯翀《菊潭集》、薩都剌《雁門集》、迺賢《金台集》等少數民族作家用漢語創作的詩文，則於前者之上，平添了幾分讚歎與欽敬。蘇天爵《元文類》，選録元太宗至元仁宗約八十年間名家詩文八百餘篇，後人將其與宋姚鉉《唐文粹》、宋吕祖謙《宋文鑒》相提並論。元代雜劇與散曲創作成就顯著，後人編輯的雜

[一]《元史·方技傳》，北京，中華書局，一九七六年版，第四五四〇頁。

[二]（元）吴澄：《張仲默詩序》，李修生：《全元文》，第十四册，南京，江蘇古籍出版社，一九九九年版，第二六五頁。

劇或散曲總集有所收録，較全者，有今人王季思主編的《全元戲曲》與隋樹森《全元散曲》。

總之，元代古籍内涵豐富，在中國古代文化發展史上居於承上啟下的重要地位。

今天我們所能看到的元代古籍，既有少量當初的刻本或抄本，又有大量明清時期的翻刻本、增補修訂本、節選本或輯佚本，版本系統複雜，内容互有出入，文字脱訛普遍，大多未經整理，今人使用頗爲不便。有鑒於此，我們决心發揚我校陳垣先生發端的整理研究元代文獻的學術傳統，充分利用此前編纂《全元文》的學術積累，利用十年至二十年時間，整理出版一部經過校勘標點的收録現存元代漢文古籍的大型文獻集成——《元代古籍集成》。我們的研究計畫得到了北京師範大學領導及相關院、處的充分肯定與大力支持，在「二一一」、「九八五」、自主科研基金等方面提供科研資金予以資助；海内外學界師友或給以殷切勉勵，或積極參與我們的工作；北京師範大學出版集團在出版資金、編校力量方面予以积极投入，在此，謹致以衷心感謝。同時，我們深知，完成這樣一項巨大工程，不僅耗時、費力，還要承擔一定的歷史責任。我們將盡力而爲，亦期待着來自各方面的批評指教。是爲序。

韓格平

二〇一一年十二月二十日

於北京師範大學古籍與傳統文化研究院

點校説明

南宋朱熹著《資治通鑑綱目》，創綱目體史書以褒貶歷史，對後世影響重大。元儒劉友益傾三十年心力，成《資治通鑑綱目書法》近五十萬言，系統闡釋《綱目》的書法，是宋明間衆多羽翼《綱目》的代表作之一。

一、劉友益與《書法》修撰

（一）友益生平與《書法》修撰

劉友益（一二四八～一三三二），字益友，號水窗，吉州永新（今江西永新）人，宋元之際學者。明黄仲昭彙編《通鑑綱目》諸書，著録劉氏爲宋人，其後《四庫全書》沿襲不改，主要根據他入元不仕的政治態度。實則友益生於南宋理宗淳祐八年，二十九歲宋亡，入元後存世五十六年，主要生活在元代。

劉氏出生江西經學世家。九世祖劉敞，臨江軍新喻（今江西新余）人，是北宋著名的經學家和史學家，著作《春秋權衡》、《春秋傳》、《春秋意林》、《七經小傳》等，開宋代評議漢儒傳注、以己意釋經之先聲。官至北宋集賢院學士，判南京御史臺。孫某，官永新主簿，因家城内之三井，遂占籍焉。後世生齒繁盛，分處永新西門之水窗，此爲友益號之由來。友益曾祖劉宗信、父劉繹皆無科名仕歷，家道中落。《劉先生墓誌銘》云：「先生少好學，貧不能得書，從里之多書者借而讀之，朝借暮易，暮借朝易，窮晝夜讀不絶聲，過目輒記。間爲人傭書以給膏火，父母憐而禁止之，乃掃别室，冪窗户，竟夕危坐默誦，如是數年。」宋末鄉里豪猾作亂，伯兄真長、從弟人暐皆遇害。友益「絶而復蘇」，遂率弟兄遷居永新北鄉合東别業。「卜築高山之間，杜門著書，不與世接」[一]。「父子兄弟自爲師友，鄉鄰羨之」[二]。劉氏世傳《春秋》之學，「以家學爲邑人師」。友益「貫穿六經，包羅百氏，至天文地志、律曆象數、山川聯落、郡縣廢置，皆可指畫而談，毫髮無遺」[三]，「尤博洽於史」[四]。遺憾的是，劉氏没有詩文傳世，唯一的著作，即是薈萃其一生學術與心力的《資治通鑑綱目書法》五十九卷。

朱熹據司馬光《資治通鑑》、《通鑑目録》、《通鑑舉要歷》、胡安國《通鑑舉要補遺》四書，作《資

[一]（元）揭傒斯：《劉先生墓誌銘》，載《文安集》卷十三，臺灣商務印書館一九八二年影印清乾隆文淵閣《四庫全書》本（下簡稱文淵閣《四庫》本），第一二〇八册第二八九頁。
[二]（元）王禮：《遂初堂記》，載《麟原文集》前集卷六，文淵閣《四庫》本，第一二二〇册第四一〇頁。
[三]（元）揭傒斯：《劉先生墓誌銘》，載《文安集》卷十三，第一二〇八册第二八九頁。
[四]（元）王禮：《遂初堂記》，載《麟原文集》前集卷六，第一二二〇册第四一〇頁。

治通鑑綱目》五十九卷，上起周威烈王二十三年（公元前四〇三），下終後周世宗顯德六年（九五九），上下一千三百六十二年。其中大書以提要者爲綱，如《春秋》之經；分注以備言者爲目，如《左氏》之傳。雖史料價值有限，却開以綱目體史書褒貶歷史之先河，對中國近世社會産生了深遠影響。

書法的探討，始於古人對孔子《春秋》筆法的研究。劉友益既以《春秋》爲家學，自然重視朱熹《資治通鑑綱目》。「聖人之志，莫大於《春秋》；繼《春秋》之迹，莫尚於《通鑑綱目》。凡司馬氏宜書而未書者，朱子書之；宜正而未正者，朱子正之。」可見友益視《綱目》爲效法《春秋》褒貶歷史的續麟之作，於是揭示其書法而加以羽翼，使朱子的宗旨大顯於天下後世，則成爲自己的終身使命。「著《通鑑綱目書法》五十九卷，蓋歷三十年而後成」[一]。是知《書法》開始修撰，大约在元大德六年（一三〇二），劉氏五十四歲前後。天曆二年（一三二九），門生馮翼翁攜《書法》進呈國子學，全書已經基本完稿。至順三年（一三三二）二月，即友益辭世前一月，賀善爲《書法》作序，全書最終完成。

據朱熹自序，《綱目》分爲四個層次：其一，「表歲以首年」，即在行格外横書甲子以紀年。其二，「因年以著統」，即在每一紀年下的行格内，著録朝代、帝王、年號、年數。其三，「大書以提要」，即以大字提示史事之綱要，作爲《綱目》之綱。其四，「分注以備言」，即用雙行小字的分注，或詳盡陳述史事，或細緻記載司馬光、胡安國等宋儒議論，作爲《綱目》之目。紀年、著統、提要、分注四者各有其

[一]（元）揭傒斯：《劉先生墓誌銘》，載《文安集》卷十三，第一二〇八册第二九〇頁。

功用，「歲周於上而天道明矣，統正於下而人道定矣，大綱概舉而監戒昭矣，衆目畢張而幾微著矣。」要之，以確立正統、褒貶善惡，爲統治者提供歷史鑑戒。

著統與提要，無疑是《綱目》最重要的部分，由此確定每一政權的歷史地位，評判每一史事或人物的得失善惡，也最集中體現作者對歷史的認識與褒貶。因此，著統與提要各有嚴格的書法規則：凡正統王朝，必以大字單行書寫；非正統政權，只能用雙行小字分注：絶不可稍有疏失。提要則「有正例，有變例。正例，如始終興廢，災祥沿革，及號令征伐，殺生除拜之大者。變例，如不在此例，而善可爲法，惡可爲戒者，皆特書之也。」[一] 這是《綱目》作者最傾注心力的部分，「義正而法嚴，辭覈而旨深」[二]。然不可否認，也由於筆法的簡約精微，致使其宗旨隱晦難明。

劉友益《書法》，即以著統和提要爲詮釋對象，意在揭示《綱目》的著統方式，闡發朱熹如何在大字提要中運用春秋筆法，記述褒貶歷史。這一撰述宗旨，又決定了《書法》的體例格式：

第一，全部存録朱熹《綱目》中紀年、著統和大字提要的内容，只删除綱下小字分注之目。其格式：首先，在行格之上加一横欄，横書甲子以紀年。其次，在紀年下的行格内，頂格列舉朝代、帝王、年號、年數以著統。凡正統王朝，如東周、秦、西漢、東漢、蜀漢、西晉、東晉、隋、唐等，用單行大

[一]（宋）朱熹：《綱目序例》，載（宋）朱熹撰、（清）玄燁批：《御批資治通鑑綱目》卷首上，文淵閣《四庫》本，第六八九册第三頁。

[二]（宋）李方子：《綱目後序》，載《御批資治通鑑綱目》卷首下，第六八九册第二九頁。

字；非正統政權，如周之列國，秦漢間楚、漢諸國，西漢末之王莽、更始，三國之魏、吴，晋時之十六國，南北朝，隋唐間諸國，五代十國，甚至西漢吕后、唐武周等，皆用小字分注。再次，在著統之下，直接以單行大字提示史事之綱要，每條提要之間，空一字以示間隔。所有這些都是《綱目》的原有内容，《書法》則基本依遵《綱目》原格式，不加更改。

第二，書法的闡發，列在《綱目》大字提要本條之後，另起行，且每行低二字以示區别。其中《書法》正文亦用單行大字，注文則用單行小字靠右，主要注明事年、列舉事例、解釋正文等。若一條提要下有多條書法，則用空字間隔以標識。書法之後，又另行頂格接續《綱目》之提要。

《書法》全書共有條目三千三百八十五條，其主要内容，是闡發《綱目》寓意褒貶的春秋筆法，完全出自劉友益的構思，凡三千三百三十三條，約佔全書的百分之九八點五；其次是帝王贊文，作者是友益門生賀善，凡五十二條，佔《書法》的百分之一點五。

（二）賀善贊與《書法序》

賀善字仲善，「永新人，出宦族，遊龍麟洲（仁夫）、劉水窗兩先生之門」[一]。《圖書集成》云：「劉

[一]（清）陶成等編：《江西通志》卷七十六《人物十一·吉安府二》轉引《永新人物志》，文淵閣《四庫》本，第五一五册第六二二頁。

水窗修《綱目書法》，於仲善所論説，間採取焉。」〔一〕實則賀善是友益編撰《書法》的重要助手，其工作主要體現在兩方面，一是爲《書法》撰寫帝王贊文，二是爲《書法》完成作序。

帝王贊文，是對《綱目》記載的重要帝王進行評價，全部用散文寫成，不用韻語，短者三四十字，長者不過四百言。這些贊文收録在《書法》中，置於該帝王去世的提要之下，用「賀善贊曰」標識。如南朝梁蕭衍贊曰：「武帝得國之初，《綱目》首書立贖刑條，赦吉翂死，蓋天資近厚故也。其善政亦多有之，徵士求言，尊經興學，禮樂制度，相望於册。是以自漢永平以來，大有年未有書者，於是復書。獨其過於慈柔而廢國家之法，溺於異教而薄宗廟之禮，志取一城而輕數十萬人之命，故再書有罪免，三書捨身，再書作塔，四書淮堰，一書泗堰，《綱目》每深病之。迨夫末年，輕納叛人，遂不克終，悲哉！」〔二〕既總結梁武帝統治之得失，又品評其人性之善惡。又如三國劉備贊曰：「玄德未西，《綱目》多恕辭，領徐州不書自，歸操書歸許，操以爲豫州書詔以爲。至書見諸葛於隆中，則《綱目》以來，一書而已。然其得涪城也書據，牧益州也書自，王漢中也書自立，存獻帝也。獻帝既廢，於是特書即皇帝位如高、光，又揭其紀元而大書之。后、太子書皇，存書帝，没書崩。《綱目》於玄德非私也，唯其正而已矣。」〔三〕則主要分析《綱目》對漢昭烈的前後書法。

〔一〕（清）陳夢雷等編：《古今圖書集成·氏族典》卷四八六，臺灣鼎文書局影印本，第四二六八頁。
〔二〕《御批資治通鑑綱目》卷三十三，第六九〇册第六五〇頁。
〔三〕《御批資治通鑑綱目》卷十四，第六八九册第八四三頁。

賀善《書法序》指出：「先生既取《綱目》要領，命善爲之贊。」可見這些贊文，並非如《圖書集成》所云，是賀善先前的論説，友益「間採取焉」，而是根據《綱目》的要領和劉氏的編排，由賀善專門爲《書法》創作，非但文體完全一致，而且内容也高度配合，是《書法》的重要組成部分。

《書法》立贊人物的擇取，亦可見劉氏的匠心。《書法》並没有爲《綱目》記載的全部君主作贊，而是視時代而異，精心挑選具有重要地位和影響的五十二位帝王。比如漢、唐等歷年長久的統一王朝，《書法》選擇較寬，西漢有高帝等九位、東漢有世祖等八位、唐朝有高祖等十四位皇帝立贊。但也有一些非常重要的君主，《書法》不加贊文。首先是吕后、武則天等女主，由於吕后臨朝稱制，以假子亂正統，武氏革命稱周，已自絶於唐廟，故不可以有贊。其次，統治出現危機的皇帝，如漢武帝窮兵黷武、唐玄宗安史之亂，也不可以立贊。再次，亡國之君，如西漢平帝、東漢獻帝、唐哀帝等，亦不爲之作贊。

對於秦、西晉、隋等短命的統一王朝，則僅爲秦始皇、晋武帝、隋文帝等開國皇帝立贊。顯然，完成統一的歷史功績儘管是爲他們作贊的依據，但贊文的主要意涵却是在譴責其統治的殘酷無道。至於分裂割據時期，贊主多是代表性政權的開國君主，如三國的魏王曹操、文帝曹丕、漢帝劉備，東晋南朝的晋元帝、宋文帝、齊高帝、梁武帝、陳武帝，北朝的魏太武帝、東魏高歡、西魏宇文泰、北齊高洋、北周宇文邕等，也有北魏孝文帝這樣推進漢化具有歷史影響的皇帝。五代則僅後唐明宗一人立贊，最爲嚴苛。由上可知，贊主的取捨，並非隨意，而是根據《綱目》與《書法》的宗旨確定，有着嚴格的標準。

賀善《書法序》作於「至順壬申二月中和節」，即至順三年二月初一，而友益卒於是年三月三日，説明序文作於劉氏臨終前一月。這一點非常值得注意。賀善是友益門生，無科名、仕歷，又非知名當時，其身份似不足以爲《書法》增重。何況此前已有揭傒斯和許有壬兩篇序文，就身份和名望而言已經足夠。那麽，爲何還要賀善作序？我以爲，是友益希望通過序文概括《書法》的主旨。友益本人没有關於《書法》的序跋，僅卷首有《凡例》一篇，總結朱熹《綱目》的書法義例。而賀善作爲友益的編撰助手，自然熟諳劉氏《書法》的思想與體例，正是序文的不二人選。友益於臨終之前，首肯門生爲序，是冀望其準確表達《書法》的要義，肯定該書的地位與價值。

賀善也確實不負所托。《序》文主要闡述兩個問題。

第一，劉友益認爲，朱熹「《自序》雖有正例、變例之分，然其二例之中，又各自有正、變」，「其二例中所有變例，乃朱夫子筆削新意，皆有大關涉存焉」[一]。因此，《書法》的闡釋，主要在發明朱子的變例。賀善序文即具體列舉「存中國、予正統、别世嫡、惜母儀」等二十類史事，逐一説明《綱目》的各類變例，尤其是友益《書法》對朱熹變例的闡發，以概括《書法》的精要所在。

第二，朱熹《綱目》，雖在乾道八年（一一七二）即草成作序[二]，然初稿較粗略，故其後三十年修

[一]（元）劉友益：《書法凡例》，載《御批資治通鑑綱目》卷首下，第六八九册第三七頁。

[二]（宋）朱熹：《綱目序例》，載《御批資治通鑑綱目》卷首上，第六八九册第三頁。

改不輟[一]。晚年又委托弟子趙師淵協助修訂[二]，生前並未完稿槧版。直到南宋嘉定十二年（一二一九），朱熹辭世後十九年，《綱目》纔由門人李方子在泉州首次刊行[三]。因此，世人或「以是書爲門人之作，又或以爲未脱藁之書」，對《綱目》的權威提出質疑。劉友益作《書法》詮釋《綱目》，必然要首先維護《綱目》的尊崇。賀《序》明確傳達了劉氏對此問題的辯駁，引證朱熹《綱目序》，肯定《綱目》是朱子親自編訂義例、增損檃括的成熟著作，接續孔子《春秋》，以「辨名分，正綱常，示勸戒」爲宗旨，在儒家道統中具有「爲往聖繼絶學，爲萬世開太平」的重要地位。由此，也確認劉友益《書法》，正是闡

[一] 朱熹有大量書信、奏狀等論及《綱目》修訂，如《答蔡季通》十三、十四、五十六，載《晦庵續集》卷二，文淵閣《四庫》本，第一一四六册第四四五、四四六、四五三頁；《答李伯諫》一至三，載《晦庵續集》卷四，第一一四六册第五一五～五一六頁；《辭免江東提刑奏狀三》及《帖黄》，載《晦庵集》卷二十二，文淵閣《四庫》本，第一一四三册第四六三～四六五頁；《答蔡季通》五之五、六，載《晦庵集》卷四十四，第一一四四册第二七六頁；《與鍾山李繒帖》，載（明）汪砢玉撰：《珊瑚網・名書題跋》卷七，文淵閣《四庫》本，第八一八册第一〇七頁；（清）卞永譽撰：《式古堂書畫彙考》卷十四，文淵閣《四庫》本，第八二七册第六四七頁。參見束景南撰：《朱熹年譜長編》卷上，華東師範大學出版社二〇〇一年本，第四六一、四六二～四六四、五九九、七六一～七六三頁。此外，《晦庵集》中答張敬夫（栻）、吕伯恭（祖謙）、尤延之（袤）、潘恭叔（友恭）、嚴時亨（世文）諸書，也多涉及《綱目》修改事宜。

[二] 見慶元五年（一一九九）致趙氏的八封《朱子手書》，載《御批資治通鑑綱目》卷首下，第六八九册第二六～二七頁。參見《朱熹年譜長編》卷下，第一三九一～一三九三頁。

[三] 見（宋）李方子：《綱目後序》，載《御批資治通鑑綱目》卷首下，第六八九册第二八～三〇頁。參見《朱熹年譜長編》卷上，第四六一頁；卷下，第一三九二頁。

發羽翼紫陽《綱目》的主要功臣[一]。

二、《書法》的推行與刊刻

（一）《書法》的考校

《資治通鑑綱目書法》，完成於至順三年劉友益易簀前夕。但如前所述，《書法》在友益生前即已傳送京師，在國子學産生了一定影響。而推動《書法》流傳的關鍵人物，是劉氏的高足馮翼翁。

馮翼翁（一二九二～一三五四），字子羽、敬修，永新人。其父馮魯，少劉友益十歲，與之爲師友交[二]。二子獎翁、翼翁，亦師從劉氏。父子三人「俱以文學稱」[三]。延祐開科舉，獎翁兩中江西鄉貢，翼翁亦於延祐四年、七年兩科連舉，並登泰定元年（一三二四）進士第，歷官至湖廣提學。中書參知政事許有壬題馮氏堂曰「雙桂」，以表彰之。馮翼翁亦「治《春秋》」，著作有《春秋集解大義》、《性理群書》、《通鑑小録》、《正統五德類編》等[四]。馮氏爲學富於個性，耻同衆見，「破去百家傳注，發大義數

[一]（元）賀善：《書法序》，載《御批資治通鑑綱目》卷首下，第六八九册第三二～三三頁。

[二]（元）劉岳申：《元故從仕郎吉水州判官馮君墓誌銘》，載《申齋集》卷十一，文淵閣《四庫》本，第一二〇四册第三二〇頁。

[三]（明）李賢等編：《明一統志》卷五十六《吉安府·人物》，文淵閣《四庫》本，第四七三册第一五〇頁。

[四]柯劭忞撰：《新元史》卷二三六《儒林列傳三·馮翼翁傳》，上海古籍出版社一九八九年影印本。

十，逆素王之志於千載之後」。即便參加科舉，仍然「不專主胡傳」，「必用己意參先儒」〔一〕，表現了卓爾不群的治學特色。

元朝制度，各地學者的著述，可以上呈朝廷或各行省儒學提舉司，由國子博士或儒學提舉負責考校〔二〕。這是提高著作知名度，贏得官方好評，甚至獲取官刊資格的重要途徑。如鄞縣學者程端禮，依據朱子讀書法所著《讀書分年日程》三卷，即由「國子學以頒示郡邑校官，爲學者式」〔三〕。作爲劉氏門生，馮翼翁雖未參與《書法》編撰，却爲《書法》推行刊刻做了多方面努力。「天曆中，邑進士馮君翼翁傳其書至京師，國子先生得之，大驚曰：『昔者王道衰而《春秋》作，《春秋》隱而《綱目》興，《書法》不作，《綱目》之義又將微矣。故聖人之述作雖殊，所以扶天綱，立人極，一也。』遂録副在官，俾六館諸生傳習之。」〔四〕這位國子先生，即是著名學者瀏陽人歐陽玄。

〔一〕（元）王禮：《高州通守馮公哀辭》，載《麟原前集》卷十二，第一二二〇册第四四九頁。據元仁宗皇慶二年頒布的科舉程式，胡安國《春秋傳》是經學考試中《春秋》經的重要標準。載（明）宋濂等撰：《元史》卷八十一《選舉志一·科目》，中華書局一九七六年點校本，第七册第二〇一九頁。

〔二〕《元史》卷八十七《百官志三·集賢院·國子學》：「國子學，秩正七品，置博士二員，掌教授生徒，考較儒人著述、教官所業文字。」《元史》卷九十一《百官志七·儒學提舉司》：「儒學提舉司，秩從五品，各處行省所署之地，皆置一司，統諸路府州縣學校祭祀教養錢糧之事，及考校呈進著述文字。」分見第七册第二一九三頁，第八册第二三一二頁。

〔三〕《元史》卷一百九十《儒學傳·程端禮傳》，第十四册第四三四三頁。

〔四〕（元）揭傒斯：《劉先生墓誌銘》，載《文安集》卷十三，第一二〇八册第二九〇頁。

延祐七年，馮翼翁參加江西鄉試，經學考官以馮氏答卷中的《春秋》義，「與胡氏（胡安國《春秋傳》）小異，將斥之」。同考官歐陽玄得馮氏「所賦科斗文字（即是年鄉試第二場古賦的考題《科斗賦》），以蟾兔問答，大驚賞曰：『太華峰尖，忽見秋隼，未足以喻奇俊。』以示麟洲龍公（龍仁夫）。公時主試，亦嘆曰：『空中起五鳳樓，若天造神設，奇哉！』亟擢之，由是名動遠近。」〔一〕

歐陽玄祖籍盧陵，即永新所屬的吉安路，與翼翁有同鄉之誼；識舉翼翁於黜落之中，對馮氏又有知遇之恩。而對於《書法》的考校，泰定中曾任國子博士、國子監丞的歐陽玄，無疑起了關鍵作用。考校的結語，將朱熹《綱目》與《春秋》并列，而以《書法》爲揭示《綱目》大意的著述，肯定了劉友益的撰作宗旨。而「録副在官，俾六館諸生傳習之」，則説明《書法》在國子學曾有所影響。

元刻本《書法》各卷卷首有兩行題署：「盧陵後學劉友益修撰，翰林直學士中大夫知制誥同修國史國子祭酒歐陽玄校正。」〔二〕證明歐陽玄正是友益《墓誌銘》中所謂的「國子先生」，也證實了他與《書法》考校的關係。據危素《歐陽公行狀》，歐陽玄元統二年任翰林直學士、知制誥、同修國史，三年春兼國子祭酒，至元三年陞侍講學士〔三〕。説明歐陽玄擔任題署的官職，是在元統三年到至元三年（一三三五～

〔一〕（元）王禮：《高州通守馮公哀辭》，載《麟原前集》卷十二，第一二二〇册第四四九～四五〇頁。

〔二〕（元）劉友益撰：《資治通鑑綱目書法》第十二，北京師範大學圖書館藏元廬陵劉嘉遇刻本殘卷，第一頁。

〔三〕（元）危素：《大元故翰林學士承旨光禄大夫知制誥兼修國史圭齋先生歐陽公行狀》，載《全元文》卷一四七七，鳳凰出版社二〇〇四年本，第四八册第四〇三頁。

一三三七），這與友益子劉桀作《書法凡例後跋》的至元二年正好時間相應，由此又可進而推測《書法》元刻本的時間，約在至元二年。

（二）《書法》的刊刻

爲促成《書法》刊刻，馮翼翁先後邀請揭傒斯、許有壬爲《書法》作序。揭傒斯，龍興路富州人，曾任翰林國史院編修官、應奉翰林文字、奎章閣授經郎等職。《序》作於天曆二年（一三二九）六月，當是《書法》送國子學考校時，應馮氏之請而作。《序》云：「孔子因魯史作《春秋》，以爲萬世之法；朱子因司馬氏《通鑑》作《綱目》，以正百王之統。此天地之經，君臣之義，而聖賢之心也。」劉友益「遭宋訖録，閉門讀書，既深於經，復長於史」，致力《綱目書法》「幾三十年，寸寸而較，銖銖而積，微辭隱義，高見特識，既足以啓發千載，而中有無窮之憂。」「其辭則《公羊》、《穀梁》，其義則《春秋》，而其志則朱子也。」當世數十家輔佐《綱目》的著述中，獨許《書法》能「深得朱子之意」〔一〕。

許有壬，河南汤阴人，與歐陽玄同爲延祐二年進士。泰定四年（一三二七），任中書左司郎中，丁父憂至武昌，與漢陽縣丞馮翼翁初次相識。至順三年（一三三二），許氏參議中書省事，又丁母憂至武昌。時馮翼翁遷官湖廣行省照磨，且任期已滿將代，有壬作《送馮照磨序》爲之祖餞。序文反映延祐至

〔一〕（元）揭傒斯：《書法序》，載《御批資治通鑑綱目》卷首下，第六八九册第三三～三四頁。

天曆間，元代六屆科舉歷遭朝廷保守勢力攻訐的危難局面，勉勵科舉出身的官員修德善行，以無愧於科名[一]。許序云：「朱熹《綱目》，永新劉益友先生作《書法》發明之，其徒進士湖廣省照磨馮君敬修欲其説襮於世，俾抒其概。」説明馮氏請許有壬作《書法序》，當與《送馮照磨序》同時。許《序》以朱子《綱目》「本《春秋》之旨，任筆削之重，主正統以明君臣之分，嚴書法以誅亂賊之心，其取義大矣」。友益《書法》「撤覆發轀」，闡明《綱目》「奥義微旨」，「適而不牽，會而不搋，智周於理，力周於文」，充分肯定《書法》爲紫陽《綱目》不可或缺的輔翼之作[二]。

元人王禮云：「水窗劉先生著《通鑑綱目書法》，公（馮翼翁）攜詣京師而表章之，遂大行於世。」[三] 馮翼翁的多方努力，歐陽玄、揭傒斯、許有壬等學者的共同表彰，雖没能爲《書法》取得官刊資格，卻將該書由江西推向京師及國子學，擴大了在士人中的流傳和影響，也客觀上促成了書的刊刻。友益辭世四年後，至元二年，《書法》在其家鄉廬陵由劉嘉遇槧版印行，劉氏一生心血，終得以昭示後世，足以告慰水窗。

[一]（元）許有壬：《送馮照磨序》，載《至正集》卷三十二，文淵閣《四庫》本，第一二一一册第二二七～二二八頁。

[二]（元）許有壬：《綱目書法序》，載《圭塘小藁》卷五，又載《至正集》卷三十，文淵閣《四庫》本，第一二一一册第六〇六～六〇七、二一三頁。

[三]（元）王禮：《高州通守馮公哀辭》，載《麟原前集》卷十二，第一二二〇册第四五〇頁。

三、《綱目凡例》與《書法凡例》

（一）兩部《凡例》的關係

南宋孝宗乾道五年（一一六九），朱熹開始修撰《綱目》，先手定《凡例》一卷（又稱條例）作爲編修綱領，且多與蔡元定、張栻、呂祖謙等商榷[一]。其後，《凡例》亦隨《綱目》時加訂正，直至慶元五年（一一九九，朱子去世前一年），朱熹與弟子趙師淵書，仍在討論《綱目》與《凡例》的修改事宜[二]。嘉定十二年（一二一九）李方子首刊《綱目》，其《後序》云：「著書之《凡例》，立言之異同，又附列

[一]（宋）朱熹：《與蔡季通》之五十：「《綱目凡例》修立略定，極有條理意義矣，俟到此更商推之。但修書功緒尚廣，若得數月，全似此兩月無事，則可以小成矣。」之一〇四：「《通鑑》節只名《綱目》，取舉一綱衆目張之義，《條例》亦已定矣。三國竟須以蜀漢爲正統，方得心安耳。」載《晦庵續集》卷二，第一一四六册第四五二、四六一頁。又見朱熹《答張敬夫》之一，載《晦庵集》卷三十二，第一一四六册第七一二頁；《答呂伯恭》之三十七，載《晦庵集》卷三十三，第一一四六册第七五二頁；《答呂伯恭》之七，載《晦庵集》卷三十四，第一一四六册第七六五頁。參見《朱熹年譜長編》卷上，第四五〇～四五二頁。

[二] 朱熹致趙師淵《朱子手書》之六：「所補《綱目》，幸早見示及他卷。不知提要曾爲一一看過否？若閒中能爲整頓得一番，亦幸事也。巡幸、還宮，當如所諭，但其間有事者，自當隨事筆削，不可拘一例耳。後漢單于繼立不書，本以匈奴已衰，不足詳載，如封王侯、拜三公、行赦宥之類耳。更告詳之，却於《例》中略見其意也。」載《御批資治通鑑綱目》卷首下，第六八九册第二六～二七頁。參見《朱熹年譜長編》卷下，第一三九一～一三九二頁。

於其後，使覽者得考焉。」〔一〕説明朱熹《凡例》，應該附録於《綱目》初刻本同時刊行。《凡例》既是《綱目》的書法準則，也是《綱目》的閲讀指南，誠不可或缺。金華王柏即指出：朱熹作《綱目》，「苟非發凡釋例，一以貫之，則述作之意，孰得而明？勸懲之意，孰得而辨？而大經大法，所以扶天倫，遏人欲，修百王之軌度，爲萬世之準繩者，何以見直書不隱之實？」可見《凡例》對於《綱目》何其重要。

然而，《綱目凡例》在宋代即已罕傳。南宋尹起莘作《發明》詮釋《綱目》書法，就未能參考朱熹《凡例》〔二〕。王柏亦云：「未見是書也，五十有餘年，莫有知其詳者，未嘗不撫卷太息，遐想於斯焉。」於是，王柏通過趙師淵姻親謝作章，向赵氏家人訪求〔三〕，自趙與巒處得到《凡例》一卷，又得趙傃軒本參校互正，終於咸淳元年（一二六五）鋟梓以傳〔四〕。這是《綱目凡例》單行本首次刊刻。南宋末，宣城郡文學掾盧山文天祐，以金華刊本「學者多未見」，又據潘子輿藏王柏本再刻於宣城學宫，以廣其傳〔五〕。

〔一〕（宋）李方子：《綱目後序》，載《御批資治通鑑綱目》卷首下，第六八九册第三〇頁。

〔二〕（宋）魏了翁：《通鑑綱目發明序》、（宋）尹起莘：《發明自序》，皆未提及朱熹《綱目凡例》，且以「發明《綱目》書法指意，使之顯著」，作爲尹著的撰作宗旨。分載《鶴山集》卷五十六，文淵閣《四庫》本，第一一七二册第六二八頁；《御批資治通鑑綱目》卷首下，第六八九册第三十~三一頁。

〔三〕趙師淵在朱熹晚年參與修訂《綱目》。趙氏乾道八年（一一七二）進士，下至咸淳元年（一二六五），凡九十三年，應已辭世。

〔四〕（宋）王柏：《凡例後語》，載《御批資治通鑑綱目》卷首上，第六八九册第二四~二五頁。

〔五〕（宋）文天祐：《凡例識語》，載《御批資治通鑑綱目》卷首上，第六八九册第二六頁。

而《凡例》在元代重刊，則又遲至至正二年（一三四二），新安倪士毅「惟《凡例》世尚罕傳，學者於書法有未窺其要者」，因據朱晏所録趙篔翁之子趙凝藏宣城再刻本，由劉叔簡重刊於建安書坊[一]。

朱熹《凡例》單行本，初刻於金華，再刻於宣城，三刻於建安，皆在江浙地區，流傳不廣。僻在江西永新的劉友益，實未見其書。至順四年夏，馮翼翁至京師謁選。時友益已於上年三月辭世。馮氏持友益長子劉槼所撰《行狀》向揭傒斯請銘，並自國學抄録朱熹《綱目凡例》，以爲《書法》參證。次年元統二年（一三三四），馮氏調任江西南安路上猶縣尹，途經吉安，將兩文送達劉槼。此時「先君子殁且二年矣」[二]。是以劉友益終身未能見到朱熹《綱目凡例》，這也是他之所以立意撰述，揭示《綱目》春秋筆法的重要緣由。

劉友益《書法》亦有《凡例》一篇，載於書首，具有提挈綱領的作用。友益識語云：「按朱夫子篇首《自序》雖有正例、變例之分，然其二例之中，又各自有正、變，不可不知也。竊嘗反復參究千三百六十二年所書，見其凡例首尾如一，輒以所見分爲十類。其二例中所有變例，乃朱夫子筆削新意，皆有大關涉存焉，則於各事發其微旨，以待後之君子。」[三] 由此證明，《書法凡例》是劉氏從朱子《綱目》中，逆向推定其撰修旨意，也是對《書法》發明的朱子春秋筆法的歸納總結。在某種意義上，可以説友

[一]（元）倪士毅：《凡例序》，載《御批資治通鑑綱目》卷首上，第六八九册第十頁。
[二]（元）劉槼：《書法凡例後跋》，載《御批資治通鑑綱目》卷首下，第六八九册第三八頁。
[三]（元）劉友益：《書法凡例》，載《御批資治通鑑綱目》卷首下，第六八九册第三七頁。

益是試圖代朱子補寫一部《凡例》。因此，就性質和内容而言，《書法凡例》應該與《綱目凡例》高度吻合。但是，所有的學術創作都是個體思維的産物，無論劉氏如何心儀朱子，其《凡例》畢竟是根據《綱目》逆推而成，顯然不可能與朱子《綱目凡例》原本完全一致。因而，辨析比較二者的異同，正是探討友益《書法》是否符合朱熹《綱目》的很好途徑。

（二）兩部《凡例》的比較

與朱熹《綱目凡例》相較，劉友益《書法凡例》在分類設置、條目繁簡、關注要點上都具有不同的特點，具體内容也有所差異。

就分類而言，《綱目凡例》分爲統系、歲年、名號、即位、改元、尊立、崩葬、篡賊、廢徙、祭祀、行幸、恩澤、朝會、封拜、征伐、廢黜、罷免、人事、災祥十九類，基本據事分類，較爲統一。而《書法凡例》共分正統例、帝王例、皇后例、皇太子例、列國例、大臣例、師衆例、誅殺例、臨幸例、雜例十類，既有據人物身份確定的類目，也有以事爲主的類目，分類標準不盡一致。此外，朱熹《凡例》的一些類目，如改元、祭祀、恩澤、朝會、災祥等，劉友益《凡例》基本未涉及。不過，除臨幸例、師衆例，大致相當行幸、征伐外，劉氏其他各例雖然簡略，却也能涵蓋朱熹《凡例》的多類内容。如正統例可對應朱熹的統系與歲年，誅殺例可對應廢徙、廢黜與罷免，雜例更涉及名號、即位、篡賊、征伐、廢黜、罷免、人事等多個類目。至於帝王例、皇后例、皇太子例、列國例、大臣例等類，雖然與其他類目不相統一，却能將朱子分散於統系、名號、即位、尊立、崩葬、篡賊、封拜、罷免、人事的相應類例，按人物身份集中概括，考察起來反而較爲便捷。

以條目而論，朱子《綱目凡例》十九類，凡一百五十九條，一萬一千餘字，「正統無統之分甚嚴，有罪無罪之別亦著」，「條分縷析，該覈謹嚴」[一]，極其詳盡細緻。例如朱熹《綱目凡例》的統系部分，除周、秦、漢、晋、隋、唐等統一王朝爲正統外，還區分有正統所封的列國，篡位干統的篡賊，仗義稱王的建國，篡位據土的僭國，周秦、秦漢、漢晋、晋隋、隋唐之間及五代等無統時期的諸多政權，仗義承統而不成功的不成君，遠方小國等多種情况，並在歲年部分，具體規定上述各種情况在《綱目》中的書法原則。如「凡正統，周自篇首，秦、漢、晋、隋、唐自初併天下，皆大書於横行之下，朱書國號、謚號、君名、年號，墨書某年。次年以後，但於行下墨書某年。」而「凡無統，自更端處，即於行下分注諸國之年，大者紀年，小者紀元，朱書。」其他列國、建國、僭國、篡賊、不成君、遠方小國，皆各有其書法準則，並逐條舉例説明[二]。因此，僅統系、歲年兩類《凡例》，就有將近兩千字。如此細緻而嚴格的《凡例》，顯然是爲了便於指導《綱目》的修撰，保證其首尾貫通、書法統一。而劉友益《書法凡例》十類三十三條，凡一千六百餘字，較爲簡明扼要。故其正統例，只能是根據《綱目》大書和分注

[一]（宋）王柏：《凡例後語》，載《御批資治通鑑綱目》卷首上，第六八九册第二四～二五頁。

[二]（宋）朱熹：《綱目凡例》，載《御批資治通鑑綱目》卷首上，第六八九册第一一～一三頁。

細書兩種著統方式，區分爲正統和非正統兩種情況：「凡天下混一爲正統。正統者，大書紀年；繼世，雖土地分裂，猶大書之。其非一統，則分注細書之。雖一統而君非正系，或女主，亦分注書之。」列國例，雖也討論了列國、僭王、僭帝、僭小國等幾種情況的書法原則，但兩例相加也不過三百字，遠不如《綱目凡例》的詳盡明晰。這種分類的不同與繁簡詳略的差異，主要是由於朱熹《凡例》爲指導《綱目》修撰而作，且在編纂過程中不斷補充完善，故以詳盡細密爲宜。而劉友益是根據《綱目》記載逆推《凡例》，無法做到完全吻合、涵蓋無遺，只能是大體相符、簡明扼要。

兩部《凡例》的關注要點亦有不同。朱熹《綱目》提要雖有正例、變例之分，但《綱目凡例》所列舉的多是始終興廢、災祥沿革、號令征伐、殺生除拜等正例。至於那些善可爲法、惡可爲戒的史事，朱熹多是在《綱目》著統和提要中以變例特書之，而難以在《凡例》中一一列舉。劉氏《書法》的宗旨，是揭示朱熹寓意褒貶的春秋筆法，因此關注的重點主要在變例。如《書法凡例》所云，《綱目》正、變「二例中所有變例，乃朱夫子筆削新意，皆有大關涉存焉」，這纔是《書法》發明的要點所在。除賀善《書法序》，具體舉證二十類史事，説明朱熹《綱目》各類變例外，劉友益更在《凡例》中，歸納出《綱目》的二十九條變例。如《書法凡例》云：帝王「繼世書即位；繼世而書襲位，或書立者，變例也。傳位書傳位；不書傳位，止書太子即位者，變例也。」[一] 而相應的內容，《綱目凡例》的處理原則爲：

[一]（元）劉友益：《書法凡例》「帝王例」，載《御批資治通鑑綱目》卷首下，第六八九册第三四頁。

「凡正統繼世，曰太子某即位。有故，則隨事書之。」[一] 又如《書法凡例》云：「凡刑誅，有罪曰誅，曰討，無罪曰殺；有罪亦曰殺者，變例也。自殺曰自殺，迫之自殺曰殺；迫之自殺亦曰誅者，變例也。」[二] 而《綱目凡例》的相應規定只是：「凡誅殺叛逆或大罪，曰某官某伏誅，或曰誅某官某，或曰討某官某，誅之。」「凡賢臣遇害，曰某殺某。」「凡自殺者曰自殺，有罪者加『有罪』字。」[三] 可見，兩部《凡例》雖規則基本一致，但朱熹《凡例》以説明《綱目》書法的正例爲主，變例多是「隨事書之」，或「特書之」；而劉氏《凡例》更注重揭示《綱目》的變例，以闡發書法之精要。

此外，兩部《凡例》的具體内容也有所不同。非但有不少朱熹已具而劉氏未能揭示的凡例，如上述劉氏未曾涉及的改元、祭祀、恩澤、朝會、災祥等類目；也不乏朱熹所無而劉氏視爲凡例的情况。如友益大臣例中除名的條目，雜例中人臣憂去、起復的條目，都是朱熹《凡例》没有的内容。至於兩部《凡例》共同涉及的條目，除《立后例》外，其他各例也存在細節差異。

即便兩部《凡例》在上述方面不可能盡相吻合，但通過比較可知，就《綱目》書法的規則而論，劉氏《凡例》的主要條目，與朱熹《凡例》大致相應。换言之，劉友益《書法》詮釋的《綱目》春秋筆法，基本符合朱子的本意。如《書法凡例》帝王例曰：「帝王即位，周六世書子某立，或弟某立，恒稱

[一]（宋）朱熹：《綱目凡例》「即位」，載《御批資治通鑑綱目》卷首上，第六八九册第一四頁。
[二]（元）劉友益：《書法凡例》「誅殺例」，載《御批資治通鑑綱目》卷首下，第六八九册第三六頁。
[三]（宋）朱熹：《綱目凡例》「罷免」、「人事」，載《御批資治通鑑綱目》卷首上，第六八九册第二三頁。

王。秦未混一，從列國例。漢以後，創業書即皇帝位，中興書即皇帝位，繼世書即位。皆恒稱帝。傳位書傳位。」即與《綱目凡例》即位、名號的有關規則一致。又如《書法凡例》師衆例曰：「凡反者，書反，書拒命，書犯闕。」「凡反者，臣民及蠻夷在州境者，或中國所立者，或前已降者，書討；非是，書擊而已。」〔一〕亦與《綱目凡例》征伐的有關規定相合。劉槩得到馮翼翁所贈《綱目凡例》後，曾與其父《書法凡例》對校，發現雖個别類例「略有異同」，大處却「無不吻合」。遂於至元二年（一三三六）特作《書法凡例後跋》一文，附於《書法凡例》之後，肯定「先君子《通鑑綱目書法》，義例貫通，始終如一，洞見朱夫子筆削之旨，有非私智臆説之所可及也」〔二〕，誠非虚譽。

四、《書法》對《綱目》的詮釋

（一）《綱目》的著統與紀年

《書法》對《綱目》的詮釋，集中在著統和提要兩個層面。今以著統爲例，剖析劉友益對《綱目》書法的闡發。

〔一〕（元）劉友益：《書法凡例》，載《御批資治通鑑綱目》卷首下，第六八九册第三四、三六頁。
〔二〕（元）劉槩：《書法凡例後跋》，載《御批資治通鑑綱目》卷首下，第六八九册第三八頁。

所謂著統，簡言之即標著統緒，是在紀年之下，按一定的方式著録歷代王朝、政權的國號、謚號、君名、年號、年數等，以確定其正統與否。這是綱目體史書褒貶歷史的第一步。朱熹《綱目》將戰國至五代的歷史，分爲正統和無統兩類：「只天下爲一，諸侯朝覲，獄訟皆歸，便是得正統。」「又有無統時，如三國、南北、五代，皆天下分裂，不能相君臣，皆不得正統。」[一] 即周、秦、漢、晋、隋、唐等王朝，自其統一天下直至滅亡，屬於正統時期；而周秦、秦漢、漢晋、晋隋、隋唐之際及五代等天下分裂、諸多政權並立，則屬於無統時期。

著統又與紀年緊密聯繫。司馬光《通鑑》據王朝年號紀年，這在天下一統時固然無礙，但秦、漢、晋、隋、唐各朝，在未統一前即以其年號紀年，就未必合宜。至於南北分裂或多個政權並存的「無統處」，《通鑑》「須立一個（政權）爲主」，以便「編年號相續」。如南北朝以宋、齊、梁、陳年號紀年，五代以梁、唐、晋、漢、周年號紀年，就不免出現在並立政權中，「把一個書帝書崩，而餘書主書殂。既不是他臣子，又不是他史官，只如旁人立看一般，何故作此尊奉之態」的荒謬局面。而將北朝諸政權和十國年號，以改元記入《通鑑》行文中，也難以考察對照。

朱熹《綱目》將紀年與著統分開，紀年「只書甲子，而附注年號於其下」。即用六十甲子法，統一《綱目》一千三百六十二年之紀年；紀年之下，再著録正統王朝或非正統政權的國號、帝王、年號、年

[一]《綱目》對三國的實際處理，是以蜀漢爲正統的，詳見下文。

數等。《綱目》的優長在於：一則正統與無統兩類時期清晰可辨，正統王朝單行大字直書，至「於無正統處」，如南北朝「宋、後魏諸國，則兩朝平，書之不主一邊年號，只書甲子」，而在甲子紀年之下，將各政權年號等以雙行小字「並書之，不相主客」，避免了《通鑑》紀年的不合理[一]；二則正統時期的諸多列國、篡賊、建國、僭國，無統時期的大小政權，皆用小字分注並列在各年之首，亦可以一目瞭然。可以説，無統理論是《綱目》的重要發明，是朱熹用傳統的甲子紀年法，取代司馬光《通鑑》的王朝年號紀年法，以統一《綱目》紀年的基本依據。無統理論對後世影響也非常大。如元修宋、遼、金史，因正統問題數十年相持不下，後三朝各修一史，顯然受到朱熹無統思想的影響。

（二）《書法》對《綱目》著統的詮釋

如前所述，《綱目》的著統方式分爲兩種：「凡正統之年，歲下大書；非正統者，兩行分注。」[二]劉友益《書法》重點既在變例，其對《綱目》著統的闡釋，自然集中在以雙行小字分注形式著録的非正統時期，其中又存在多種情況。

其一，前一王朝已經覆亡，後一王朝尚未統一，如周秦之際、漢、晉、隋、唐初年，《綱目》都按

[一]（宋）黎靖德編：《朱子語類》卷一百五《論自注書·通鑑綱目》，北京，中華書局，一九八六年點校本，第七册第二六三六～二六三七頁。

[二]（宋）朱熹：《綱目序例》，載《御批資治通鑑綱目》卷首上，第六八九册第三頁。

無統處理。朱熹論《綱目》云：「自古亦有無統時。如周亡之後、秦未帝之前，自是無所統屬底道理。」「如秦初猶未得正統，及始皇併天下，方始得正統。晋初亦未得正統，自太康以後，方始得正統。隋初亦未得正統，自滅陳後方得正統。」〔一〕因此，周赧王五十九年（公元前二五六），東周滅亡，諸侯分立，《綱目》次年即以雙行小字著録：「丙午。秦昭襄王五十二年、楚考烈王八年……凡七國。」對此，《書法》釋云：「按《通鑑》自是歲揭秦紀而大書之，蓋周既亡，而以秦繼也。周亡而秦繼之，則《綱目》大書其年可矣，此其與列國分注何？天下未一也。天下未一，秦亦列國耳。必至於始皇二十六年，秦併天下，始以正統例大書之。此《綱目》所以大一統也，故曰『統正於下而人道定矣』。漢、晋、唐初皆倣此。」〔二〕《書法》首先揭明《綱目》與《通鑑》記載的區别。《通鑑》自周亡，即以「秦昭襄王五十二年」接續紀年〔三〕。但其時天下尚未統一，秦還只是並立的七個諸侯國之一，不具備天下共主的地位。《綱目》則是將秦與楚、燕、魏、趙、韓、齊六國並列，以兩行分注平等記載諸國紀年，直至秦併天下，始依正統之例大字書寫「秦始皇帝二十六年」。使無統與正統清晰可辨。劉友益根據這一實例，準確解釋了《綱目》著統的書法内涵和實際運用，更進而强調朱熹在《綱目序》中標示的思想：著統是《綱目》大一統的重要步驟，而正

〔一〕《朱子語類》卷一百五《論自注書·通鑑綱目》，第七册第二六三六～二六三七頁。
〔二〕《御批資治通鑑綱目》卷二上，第六八九册第一二三頁。
〔三〕（宋）司馬光撰：《資治通鑑》卷六，北京，中華書局，一九五六年點校本，第一册第一八六頁。

統的最終目的，則在於定人道。

其二，對於天下分裂、諸國並立的南北朝和五代十國，《綱目》亦按無統進行著録。如東晋恭帝元熙二年庚申六月（四二〇），劉裕廢帝自立，建立宋朝。次年，《綱目》以小字分注記載：「辛酉。宋永初二年、魏泰常六年。」對此，《書法》釋曰：「宋自庚申四月即位改元[一]，《綱目》不以大書者，紀晋曆之餘也。今則可以大書紀年矣，曷爲於分注書之，而與魏以下並爲列國？曰：此《綱目》之大節也。晋自江左偏安，土宇分裂，《綱目》猶大書其紀年者，以承西晋之正統也。宋氏篡晋，承其舊疆，非能恢復混一，其視魏之在北等耳。而魏祖猗盧初亦受封於晋，至是稱帝再世，漸變華風，繼者益可稱述。《綱目》並而書之，夫豈過哉！自是歷齊、梁、陳，至隋文九年，既平江南，天下爲一，而後以開皇大書。故曰『統正於下而人道定矣』。然則其先宋何？内諸夏也。」[二] 劉友益指明，東晋與宋、齊、梁、陳四朝，同樣偏安江左，疆土分裂。然而《綱目》大書東晋紀年，却小字並書南北各朝，是由於東晋承襲西晋之統，當依正統記載；而宋、齊諸朝篡立，不能統一，與北魏諸朝無異，且北魏雖出夷族，却能以華風漸變舊俗，所以只能據無統之例，並書南北兩朝。這也是《綱目》運用書法正統的例證之一。不過在南北朝之間，南朝紀年先於北朝，畢竟還有所差異，這又是書法中内諸夏而外夷狄的體現。朱熹在談及

[一] 「四月」，《書法》誤，據《綱目》，當作「六月」。

[二] 《御批資治通鑑綱目》卷二十四，第六九〇册第三〇五頁。

《綱目》時曾説，「東晋亦是正統之餘」，「劉聰、石勒諸人，皆晋之故臣，故東晋以君臨之」；而「宋、齊如何比得東晋」，故「南北亦只是並書」[一]。可以説，劉氏對《綱目》此條書法的釋讀，完全符合朱熹的思想，史事既已明晰，統緒亦判然有别。

對分裂時期各政權的書法，最能體現朱子的正統觀念。《綱目》對三國的處理顯然與南北朝、五代不同。漢獻帝建安二十五年（二二〇）正月，魏王曹操薨，曹丕繼任。十月，獻帝禪位於魏，曹丕即皇帝位，改元黄初。次年四月，漢中王劉備即皇帝位，改元章武。次年十月，吴王孫權改元黄武。司馬光《通鑑》以曹魏繼漢統，因此在建安二十五年歲首，即書「魏世祖文皇帝黄初元年」，而將漢、吴年號隨文記載[二]。朱熹曾將三國與南北朝、五代並列，作爲天下分裂，不能相君臣的無統時期：「此等處，合只書甲子，而附注年號於其下。如魏黄初幾年、蜀章武幾年、吴青龍幾年之類方爲是。」但《綱目》的實際書法，却是將蜀漢確立爲正統。説明朱熹對於三國的著統，有一個游移、變化的過程。朱熹在《綱目凡例》中明言：「此用習鑿齒及程子説，自建安二十五年以後，黜魏年而繫漢統，與司馬氏異。」[三]自無統到有統，改曹魏正統爲蜀漢正統，朱熹思想的變化，確實受到習鑿齒《漢晋春秋》和程子學説的影響，但是決定性因素，還是其所處的時代。身爲南宋學者，朱子決不可能將南宋與遼、金並列爲無

[一]《朱子語類》卷一百五《論自注書·通鑑綱目》，第七册第二六三六～二六三七頁。
[二]《資治通鑑》卷六十九，第五册第二一七五、二一八五、二二〇八頁。
[三]（宋）朱熹：《綱目凡例》「統系」，載《御批資治通鑑綱目》卷首上，第六八九册第一一頁。

統，而必上繼北宋之正統，這是順理成章的。因此，《綱目》於漢魏禪代之年，仍以獻帝年號大字著録，「庚子。（建安）二十五年」，而用雙行小字著録曹魏年號，「魏文帝曹丕黄初元年。〇是歲僭國一。」並明白指出曹魏政權爲僭國。至次年劉備稱帝，《綱目》乃大書蜀漢年號，「辛丑。昭烈皇帝章武元年」，以小字分注曹魏年號：「魏黄初二年。」下一年孫吴改元，《綱目》著録：「壬寅。（章武）二年。魏黄初三年。〇吴大帝孫權黄武元年。〇舊國一，新國一，凡二僭國。」[二]繼續以章武年號大書著統，而將曹魏、孫吴年號並入分注，且注明二者皆爲僭國。劉友益《書法》於此訓解云：「大書章武何？紹昭烈於高、光也。魏篡立，吴割據，昭烈親中山靖王之裔，名正言順，舍此安歸！《綱目》揭章武之元而大書之，然後正閏順逆，各得其所。故曰：統正於下而人道定矣。」又於「漢中王即皇帝位」條下曰：「書即皇帝位何？正統也。故孫、曹皆斥姓名，書稱皇帝，立后、立太子皆不書皇，所以殊之於正統也。」[三]友益清楚説明，朱熹是以蜀漢承襲西漢高祖、東漢光武的漢朝正統，如同以東晋繼承西晋正統一般。《綱目》著統的書法，糾正了《通鑑》的失誤，實現了正統歸屬的轉移，顛倒了正與閏、逆與順錯亂的歷史，完成了正統、定人道的宗旨。朱熹曾曰：《綱目》「主在正統」。「三國當以蜀漢爲正，而温公乃云某年某月諸葛亮入寇，是冠履倒置，何以示訓。緣此，遂欲起意成書，

[二]《御批資治通鑑綱目》卷十四，第六八九册第八三〇、八三三、八三八頁。

[三]《御批資治通鑑綱目》卷十四，第六八九册第八三三~八三四頁。

推此意修正處極多。」又云：「温公《通鑑》以魏爲主，故書蜀丞相亮寇何地，從《魏志》也，其理都錯。某所作《綱目》，以蜀爲主。」[一] 劉友益《書法》的詮解，與朱熹的蜀漢正統觀念完全相符。

其三，即便正統時期，也存在非正統的特殊情況，如西漢的吕后擅權、漢末的王莽篡位、唐朝的武周革命。《綱目》於此，也有不同的著統方式。漢惠帝七年崩，太子即位，太后臨朝稱制。次年，《綱目》没有據新立的少帝以大字著統，而是用兩行分注的形式著録「甲寅。高皇后吕氏元年。」（公元前一八七）。《書法》指出：「於是有所謂少帝矣，曷爲仍舊史，以高皇后之年紀之？少帝他人子，而吕氏則漢太后也……故以吕氏紀元而實録之，不以他人子亂正統也。」[二] 由於少帝非惠帝之子，所以不具備承漢朝正統的身份。那麽，既然吕氏爲漢朝太后，爲何又不依正統例大字書之？《書法》云：「婦人稱制，天下之大變，《綱目》所深懼也，故特變例書之。」[三] 劉友益説明了《綱目》的書法，是以吕后爲篡位干統之篡賊，同樣不能承漢朝之正統，只能作爲正統王朝的非統時期，而以非正統例書之，準確詮釋了朱熹的著統思想。西漢孺子嬰初始元年（公元八）十二月，莽自稱新皇帝。次年，《綱目》即以雙行小字著録

[一]《朱子語類》卷一百五《論自注書·通鑑綱目》，第七册第二六三六～二六三七頁。

[二] 關於少帝非惠帝子，朱熹曾云：「彼謂非惠帝子者，乃漢之大臣不欲當弒逆之名耳。既云後宮美人子，則是明其非正嫡元子耳。」見《朱子語類》卷一百五《論自注書·通鑑綱目》，第七册第二六三七頁。

[三]《御批資治通鑑綱目》卷三上，第六八九册第二一一～二一二頁。

「己巳。新莽始建國元年。」《書法》曰：「書稱帝有之矣，未有書自稱皇帝者，此其書自稱何？若曰哀章作銅匱耳，而莽遽自稱，其非天命明矣！故雖以十二月朔爲元年正月朔，不書，不成之爲帝也。」〔一〕《書法》提出，王莽稱帝並無天命，只是借哀章僞造的銅匱假托天命，所以是自稱。因此，《綱目》不承認新莽的帝位，也不記録其更改歲首，摒之於正統之外，而以非統著録。這一解釋，也非常吻合朱熹《綱目凡例・統系》關於篡賊的書法義例。

《綱目》著録武周的書法，則與吕后、王莽有所不同。唐弘道元年（六八三）十二月，高宗崩，太子李顯即位，尊武后爲皇太后。第二年，爲中宗李顯嗣聖元年。但是二月，太后即廢帝爲廬陵王，改立豫王李旦，是爲睿宗，改元文明。九月，太后又改元光宅，開啓了武周代唐的進程。司馬光《通鑑》在此年歲首，直接記載「則天順聖皇后光宅元年」，而將中宗改元嗣聖、睿宗改元文明入《通鑑》行文中〔二〕，承認武后的正統地位。而《綱目》將武氏革命視爲篡位干統，故其年著録：「甲申。中宗皇帝嗣聖元年。二月，睿宗文明元年，九月，太后光宅元年。」對於《綱目》的這一書法，劉友益發明云：「太后改元光宅，不紀光宅，黜武氏也。曷爲不以文明大書？不與武氏之得廢立也。故從《唐鑑》，以嗣聖紀年，而每歲書帝在某

〔一〕《御批資治通鑑綱目》卷八上，第六八九册第四八六頁。
〔二〕《資治通鑑》卷二〇三，第一四册第六四一七~六四一八頁。

州。」〔一〕即《綱目》不以光宅著統，是因武后簒逆而貶黜之；而不以文明著統，則是不認可武后有廢立之權，不承認睿宗的帝位。至於中宗李顯，雖已被廢爲盧陵王，遷於房州，又遷於均州，却仍被視爲唐朝正朔之所繫。因此，在武氏簒位的二十年中，《綱目》效法范祖禹《唐鑑》，堅持以嗣聖紀年，且在每年年初記中宗之所在，以維係唐之正統，只以雙行小字插述武氏年號。如武后改元次年，《綱目》著録「乙酉。（嗣聖）二年，太后垂拱元年。春，正月，帝在均州。」六年後（六九〇），武后改國號爲周，自稱皇帝，取唐而代之，《綱目》其年著統爲「庚寅。（嗣聖）七年，周武氏天授元年。春，正月，帝在房州。」《書法》云：「每歲首必書帝所在，存正統也。」〔二〕朱子《綱目》以書法維係正統的方法與意涵，由是而更爲顯豁。

維係正統是道德史學的首要宗旨。李方子云：「陶鎔歷代之偏駁，會歸一理之純粹，振麟經之墜緒，垂懿範於將來。」〔三〕這是對朱熹《綱目》宗旨最精練的概括。劉友益《書法》對朱熹著統思想與筆法的發明，無疑使《綱目》褒貶歷史、垂鑑後世的寓意，更加彰顯於天下。

《綱目》的書法運用，更多的是在提要這一層面，即朱熹所云「至其是非得失之際，則又輒用古史

〔一〕《御批資治通鑑綱目》卷四十一下，第六九一册第一七四頁。
〔二〕《御批資治通鑑綱目》卷四十一下，第六九一册第一七九、一八八頁。
〔三〕（宋）李方子：《綱目後序》，載《御批資治通鑑綱目》卷首下，第六八九册第二九頁。

書法，略示訓戒。」〔一〕劉友益《書法》也以對提要書法的詮解最爲丰富。

五、《書法》與《發明》的比較

劉友益《書法》之前，已有尹起莘《資治通鑑綱目發明》，討論《綱目》的春秋筆法。起莘是南宋遂昌布衣，隱居不仕，以朱熹《綱目》「其大經大法」，「莫不有繫於三綱五常之大」，「有補於世教，殆亦有得於《春秋》之旨」；而其書法之變例，「殆未易察。儻徒習其句讀，而不究其指歸，則先正書法之義隱矣」，不「可不講究而發揚之」〔二〕：乃奮起著《綱目發明》五十九卷，揭示《綱目》書法。書成，由宋沿江制置使兼知建康府别之傑進上朝廷。魏了翁作序，指出《綱目》「雖以文正（司馬光）、文定（胡安國）四書隱括成書，而實本諸《春秋》之法」。「一字一言之間，如稱國稱名、書卒書殺之等，不加褒貶而美惡自見者，則《發明》之書，於是爲不可已」。稱賞尹氏《發明》「推明文公秉法之意，尤懍懍可畏。是書若行，《綱目》之忠臣也」〔三〕。

〔一〕（宋）朱熹：《辭免江東提刑奏狀三·貼黃》，載《晦庵集》卷二十二，第一一四三册第四六五頁。
〔二〕（宋）尹起莘：《發明序》，載《御批資治通鑑綱目》卷首下，第六八九册第三十～三一頁。
〔三〕（宋）魏了翁：《通鑑綱目發明序》，載《鶴山集》卷五十六，第一一七二册第六二八～六二九頁。

尹氏《發明》，成書早於友益《書法》約百年[一]，但劉氏從未提及《發明》，似並不知曉其書。就著述宗旨而言，兩書都欲揭示《綱目》的春秋筆法，並無不同，然而在體例、格式、文體、詮釋特色等方面，二者則有明顯的區別。

尹著雖沿用《綱目》五十九卷的分卷結構，但不保留《綱目》的原有體系，只是摘引所要闡釋的各條提要及相關紀年、統系，下附尹氏發明。這樣的體例，固然可以減省篇幅，却打破了《綱目》本身的嚴整體系，使各條提要之間互不連貫，内容零散。劉氏《書法》則是完整存録《綱目》的紀年、著統和提要三部分，只删除分注之目，而代之以書法的三千三百多條訓解，不僅完整保持《綱目》的原有體系，於書法的詮釋也更爲系統全面。《發明》的行文格式是按年分段，《綱目》提要爲單行大字，尹氏發明文用雙行小字分注，直接附在各條提要之下。但朱子《綱目》著録非正統政權亦用雙行小字分注，與發明文在格式上相類，易於混淆。而劉氏則以《綱目》内容全部頂格排列，《書法》内容轉行低二字，這樣，《綱目》與《書法》雖各有大字正文與小字分注，却區分明確，條理清晰。尤其是，尹著多隨感而發，自由解釋《綱目》筆法，不設凡例；而劉著則以《凡例》一篇提挈全書，概括《綱目》義例，提示《書法》精要。

以條目而論，尹著有發明一千五百六十多條，較之劉著的三千三百多條，僅二分之一，説明《書

[一] 魏了翁爲《發明》作序，説明《發明》成書於南宋理宗嘉熙元年（一二三七）魏氏卒前。

法》詮釋的範圍和内容遠比《發明》丰富。然而兩書共同注解《綱目》同一條提要的情況，占《發明》全部條目的三分之二以上，説明兩書選擇的訓解對象高度一致。兩位作者表達的見解，也往往相似。如《綱目》記載：秦二世二年（公元前二〇八），「沛公得張良，以爲厩將。」《發明》訓解是：「不曰張良歸沛公，而曰沛公得張良，則良之去就爲可觀，而沛公之興，以得良爲重矣。」《書法》説明爲：「特筆也。不書張良歸沛公何？著良心也。良欲復韓，而未知所從，沛公得之，漢之帝業成矣。書曰沛公得張良，貴之也。書法如此，終《綱目》一人而已。」〔一〕兩書關注的要點，皆是《綱目》爲何書「沛公得張良」，而不像通常記載云「張良歸沛公」。結論有二，一是説明，張良本意在於復興韓國，而非建立漢朝；二是强調，劉邦因得張良而成就帝業。可見，兩書不僅選取的詮釋條目非常一致，而且，發明的要點和得出的結論也大多相近。

即便如此，兩書的詮釋文體和特色仍有差異。尹著以散文爲體，多注重發明朱熹書法的道德蘊義，因此不少條目都篇幅較長，如全書的首條發明，就長達一千四百餘字。劉著則多用問答體，文字簡捷，重在訓解《綱目》褒貶之詞的用法和寓意。而且劉氏往往據《綱目》全書記載，對同類史事或人物進行歸納，以提煉朱熹的書法義例。

如唐朝的武周革命，《綱目》記載是：「武氏改國號曰周，稱皇帝，以豫王旦爲皇嗣，改姓武氏。」

〔一〕《御批資治通鑑綱目》卷二下，第六八九册第一六二頁。

尹、劉兩著於此，不約而同地注意到《綱目》對武則天的稱呼，由太后改爲武氏，並一致贊同其意義在於「絶之於唐」。不過，《發明》旨在强調這一書法對後世君主的懲戒：「武氏之亂，自書契以來未之有也……不稱太后，止書武氏，所謂誅以王法，廢之爲庶人者也……嗚呼！女禍之慘，未有若是之甚者，《綱目》書之爲後世戒，可謂深切著明也矣。有天下國家者，可不謹哉！」而劉著更關注到書法中「廢」與「以」的不同運用：「書稱皇帝廢某爲某多矣，此其不書廢書以何？不予旦之得立也。不予其立，則廢之宜矣，故不書廢。」〔一〕即武氏稱皇帝，唐睿宗李旦被廢爲皇嗣。《綱目》不書「廢」，卻書「以豫王旦爲皇嗣」，是對四年前武后廢中宗李顯、改立李旦不予承認，如今被廢正得其宜，所以不用「廢」字，而且不稱旦爲睿宗，而仍稱豫王。

又如《綱目》唐中宗嗣聖五年（六八八）「秋，八月，琅邪王沖、越王貞舉兵匡復，不克而死，太后遂大殺唐宗室。」尹著認爲：「《唐史》載沖等討亂死之，而《通鑑》止直叙其事，故褒貶之義不明。今《綱目》書舉兵興復，不克而死，既予其興復，又予其死節，則其義昭然明白。」接著進一步發明書法的道德内涵：「人臣所明者義，於功不貴幸而成；所守者節，於死不貴幸而免。書法若此，固不以成敗論人，亦所以爲忠臣義士之勸也。」而劉著則云：「書匡復何？特筆也。王莽之篡，惟劉縯書起兵

〔一〕《御批資治通鑑綱目》卷四十一下，第六九一册第一九〇～一九一頁。

興復；武后之亂，惟琅邪王沖等書舉兵匡復；朱温之僭，惟淮南、西川書移檄興復：皆特筆也。」〔一〕通過歸納「匡復」、「興復」的三次運用，説明這是《綱目》書法的特筆，旨在表彰那些起兵反對篡位的忠臣義士。明人鄭瑗曾比較尹、劉二書，指出：劉著雖有「求索之過」、「曲爲之辭」的地方，然「尹氏《發明》學《胡氏春秋傳》，劉友益《綱目書法》學《公羊》、《穀梁傳》。《書法》文甚峻潔，似勝《發明》」。〔二〕

兩部著作的上述差異，顯示出作者不同的撰著思想。尹起莘明言：「今茲所述，止欲發明書法指意，使之顯著而已。其間亦有先儒已嘗議論者，則不復述。或雖已有議論，而指意不同者，則自以己意附見。又有雖當發明，而先後義例相類如一者，亦不重舉。求其大要，不過如是。雖未能貫通奧旨，然於其大義，亦或略見萬分之一。」〔三〕這雖然是序文的謙詞，却也反映尹氏《發明》多隨感而發，揭示朱熹書法的微言大義，説明自己對《綱目》的認識理解，且多發明書法的道德藴義，尚未有括囊全書，系統總結《綱目》書法義例的意圖，全書的體例格式也較爲隨意。劉氏《書法》則以分注之目以外的整部《綱目》作闡釋對象，用《凡例》概括《綱目》義例，體例格式更加細密完善。而且《書法》的訓解範圍更爲廣泛，文字較爲精練，更注重對書法類例的歸納整理，顯然是在有意識地全面總結和系統發明

〔一〕《御批資治通鑑綱目》卷四十一下，第六九一册第一八四～一八五頁。
〔二〕（明）鄭瑗撰：《井觀瑣言》卷一，文淵閣《四庫》本，第八六七册第二三九頁。
〔三〕（宋）尹起莘：《發明序》，載《御批資治通鑑綱目》卷首下，第六八九册第三一頁。

《綱目》的春秋筆法。因此，作爲一部《綱目》春秋筆法的詮釋之作，劉友益《書法》的確較尹起莘《發明》更爲完整嚴密，更具系統性。

六、《書法》的流傳與影響

元盧陵劉嘉遇刊本，是《資治通鑑綱目書法》的初刻本，其後逐漸流行海内。明初，永新人龍雲從爲新安陳櫟《增廣通略》一書作序，慨嘆：「吾邑有水窗先生劉益友氏，所撰《綱目書法》若干卷，有功於朱夫子昭昭矣！其書行於海内六十餘年。鄉邑遘毁，煨燼相望，雲幸以老病歸山，不能爲水窗新其板籍，收其亡書，使得與新安諸書並行於世，惜哉！」[一]證實《書法》刊版雖毁於元末戰亂，盧陵本還是在元明間得到一定範圍的流傳。不過，在《中國古籍善本書目》中，《書法》的單刊本僅著録元刻本一種[二]，説明在元版毁損後，《書法》似未曾再版。究其原因，並不是《書法》不爲世人所重，而在於《綱目》諸書合編本開始流行。

朱熹《通鑑綱目》自宋末刊版行世，即産生重要影響。明永樂二十年（一四二二），毘陵人陳濟

〔一〕（明）龍雲從：《增廣通略序》，載（元）陳櫟撰：《定宇集》卷十七《别集》，文淵閣《四庫》本，第一二〇五册第四二九頁。
〔二〕《中國古籍善本書目》卷六，上海，上海古籍出版社，一九九一年本，史部上册第一一七頁。

云：「按《資治通鑑》全書二百九十四卷，惟胡三省《音注》優於諸家。第篇帙浩繁，人不易致，故學者多讀《綱目》。」〔一〕胡注《通鑑》由於篇帙浩繁，價格不菲，當時讀書人難以問津，這固然是《綱目》流行的原因之一，而程朱理學的影響和《綱目》具有的科舉價值，纔是「學者多讀《綱目》」以代替讀史的關鍵所在。因此，朱子《綱目》作爲一部褒貶史學的代表作，其史學價值雖難與《通鑑》等傳統史書相比，却盛行於世，影響深遠。《綱目》的多種形式傳本，在宋末至清末的七百多年中反覆刊刻，即是明證〔二〕。

隨着《綱目》的廣泛流傳，闡釋考訂《綱目》的著述也大量問世。在劉友益《書法》之前，除尹起莘《綱目發明》之外，尚有元泰定元年（一三二四）慈湖王幼學撰《綱目集覽》，主要訓詁名物，疏解文字〔三〕。在《書法》之後，又有元至正三年（一三四三）新安汪克寬《綱目考異》，考訂「刊本《綱目》與朱子《凡例》相戾者」〔四〕；至正十九年（一三五九）上虞徐昭文《綱目考證》，繼《考異》之後，進一步訂正《綱目》刊本與《凡例》之「不合」〔五〕。明永樂二十年（一四二二）毘陵陳濟作《集覽正誤》，

〔一〕（明）陳濟：《集覽正誤序》，載《御批資治通鑑綱目》卷首下，第六八九册第四六頁。

〔二〕翁連溪編：《中國古籍善本總目·史部》，著録《綱目》宋元明清各種形式刊本近四十種，可見其流傳與影響；綫裝書局二〇〇五年本，第二册第二六三～二六六頁。

〔三〕（元）王幼學：《集覽序》，載《御批資治通鑑綱目》卷首下，第六八九册第四四頁。

〔四〕（元）汪克寬：《考異凡例序》，載《御批資治通鑑綱目》卷首下，第六八九册第三九頁。

〔五〕（元）徐昭文：《考證序》，載《御批資治通鑑綱目》卷首下，第六八九册第四五頁。

「考補」王幼學《集覽》之「繆戾」〔一〕。成化元年（一四六五）建安馮智舒著《綱目質實》，則重在郡邑沿革、事物典故方面補正《集覽》疏漏〔二〕。以上諸作，《發明》與《書法》爲一類，以闡釋《綱目》寓意褒貶的書法爲宗旨；《考異》與《考證》爲一類，主要考訂《綱目》刊本與朱子《凡例》的違戾不合；上述四書，皆只考察《綱目》的著統和提要部分，不涉及綱下之目。而《集覽》、《集覽正誤》和《質實》三書爲另一類，以箋釋名物、疏通文義爲主，而且詮釋對象是《綱目》全書，既包括大字提要，也關注綱下之目。

宋明間輔翼《綱目》的著述，在成書之初多單刊行世，如《發明》、《書法》、《集覽》、《正誤》等，今皆有單刻本傳世，《考異》則附《綱目凡例》流行〔三〕。然而，單刊行世的輔翼《綱目》諸書，讀者難於遍尋，也不便綜覽，故自明初始，即出現合編諸作的趨勢。首先是《發明》、《集覽》、《考異》三書的明初合刊本〔四〕。宣德四年（一四二九），建陽尹張光啓，又「以尹氏《發明》、徐氏《考證》及《集覽》、《考異》纂集於《綱目》書中」，並請《集覽正誤》刊於卷末，由書林劉寬裕刊刻，楊士奇作序〔五〕。弘治九

〔一〕（明）陳濟：《集覽正誤序》，載《御批資治通鑑綱目》卷首下，第六八九册第四六頁。

〔二〕（明）馮智舒：《質實序》，載《御批資治通鑑綱目》卷首下，第六八九册第四八頁。

〔三〕見《中國古籍善本書目》卷六，史部上册第一一七～一一八頁；（元）汪克寬：《考異凡例序》，載《御批資治通鑑綱目》卷首下，第六八九册第三九頁。

〔四〕見《中國古籍善本書目》卷六，史部上册第一一八頁。

〔五〕（明）楊士奇：《集覽正誤序》，載《御批資治通鑑綱目》卷首下，第六八九册第四七頁。

年（一四九六），提督江西學政黃仲昭，復因書坊刊本，除《發明》、《集覽》外，「所附《考證》、《考異》及《集覽正誤》三編，俱類刻於各卷之後，殊不便於覽觀。又，元儒廬陵劉友益所著《書法》一編，甚有功於朱子提要之旨。建安馮智舒所集《質實》一帙，尤有功於王氏輿地之詳。舊皆未嘗附載於篇也」。遂補入二書，且以各書「附入本條之下，刻梓以詔學者」〔一〕。黃仲昭合編本，薈萃《綱目》的七部羽翼之作，將各書分散附入《綱目》本條之下，方便學者閲讀，很快就流行於世，在明清兩代先後出現二十餘種刊本〔二〕。因此，自匯入《綱目》合編本之後，劉氏《書法》雖然單行本漸失其傳，但無疑得到了更爲廣泛的傳播。

《書法》在明清兩代，産生過較大的影響。明商輅等編纂《通鑑綱目續編》，因朱子《凡例》紀宋元兩代之事，即有張時泰倣效劉友益《書法》而作《廣義》，以詮釋《續編》〔三〕。後代學者在著作中徵引《書法》者，往往而有。如明蔡清《易經蒙引》，注意到《書法》的五帝之説〔四〕。清張尚瑗《三傳折諸》，參考《書法》之例説明《左傳》〔五〕。清劉統勳等匯録《評鑑闡要》，對《書法》既有徵引表彰，也有所批

〔一〕（明）黃仲昭：《合注後序》，載《御批資治通鑑綱目》卷首下，第六八九册第四八～四九頁。
〔二〕見翁連溪編：《中國古籍善本總目·史部》，第二册第二六三、二六五頁。
〔三〕見（明）商輅等撰、（清）弘曆批：《御批續資治通鑑綱目》，文淵閣《四庫》本，第六九三～六九四册。
〔四〕（明）蔡清撰：《易經蒙引》卷三上，文淵閣《四庫》本，第二九册第一九二頁。
〔五〕（清）張尚瑗撰：《三傳折諸·左傳折諸》卷二「子同生」條，文淵閣《四庫》本，第一七七册第九四頁。

評〔一〕。四庫館臣考證歐陽修《新五代史》，亦引録《書法》並肯定「其義較長」〔二〕。乃至清高宗弘曆寫作《讀荀彧傳》，也參考到劉友益《書法》之論〔三〕。

當然，也有一些學者對《書法》提出批評。如明鄭瑗《井觀瑣言》指出，《書法》「有因本文之誤而曲爲之説者」〔四〕。明張自勳《綱目續麟》對《書法》多有譏議，並作《校正凡例》一卷，列劉友益《書法凡例》而著所疑〔五〕。清閻若璩《尚書古文疏證》〔六〕、陳景雲《綱目訂誤》〔七〕、杭世駿《史論》〔八〕、全祖望《書朱子綱目後》〔九〕，也對《書法》各有評議。至於弘曆指責「《發明》、《書法》，其於歷朝興革、正統偏安之際，已不能得執中之論」〔十〕，則純出於種族意識。

〔一〕（清）弘曆撰、（清）劉統勳等編：《評鑑闡要》卷二、三、五、七，文淵閣《四庫》本，第六九四册。

〔二〕（宋）歐陽修撰：《新五代史》卷七、三十一附考證，文淵閣《四庫》本，第二七九册第五三、二〇〇頁。

〔三〕（清）弘曆：《御製文初集》卷二十二，文淵閣《四庫》本，第一三〇一册第一九〇頁。

〔四〕《井觀瑣言》卷一，第八六七册第二三九頁。

〔五〕（明）張自勳撰：《綱目續麟》、《校正凡例》、《附録》，文淵閣《四庫》本，第三二三册。

〔六〕（清）閻若璩撰：《尚書古文疏證》卷六上，文淵閣《四庫》本，第六六册第三二五頁。

〔七〕（清）陳景雲撰：《綱目訂誤》卷三「遺驍騎郎將擊突厥車鼻可汗」條，文淵閣《四庫》本，第三二三册第六六六頁。

〔八〕載（清）陳廷敬等編：《皇清文穎》卷十，文淵閣《四庫》本，第一四四九册第五六六頁。

〔九〕（清）全祖望：《鮚琦亭集外編》卷三十四，上海，上海古籍出版社，二〇〇〇年《全祖望集彙校集注》本，下册第一四三五頁。

〔十〕（清）弘曆：《歷代通鑑輯覽序》，載弘曆批、（清）傅恒等撰：《御批歷代通鑑輯覽》卷首，文淵閣《四庫》本，第三三五册第一頁。

應該指出，劉友益視《綱目》爲朱熹親自修定並已經完稿的成熟著作，的確有違實情。因此，《書法》對《綱目》的瑕疵和錯誤，就不免有曲爲迴護或過度詮釋之處，帶有崇信朱子思想與著述的時代印記。實際上，這也是宋末至明前期輔翼《綱目》諸書的共同特點。《四庫提要》即指出，無論闡釋《綱目》筆法的《發明》、《書法》，考訂《綱目》刊本與朱子《凡例》違戾的《考異》、《考證》，還是箋釋名物、疏通文義的《集覽》、《集覽正誤》、《質實》，皆是羽翼《綱目》之作，「尊崇朱子者也，故大抵循文敷衍，莫敢異同」。直到王陽明心學盛行，取代程朱理學成爲學術思潮之主流，方有「明末張自勳作《綱目續麟》，始以《春秋》舊法糾義例之訛，芮長恤作《綱目拾遺》，始以《通鑑》原文辨删節之失」。〔一〕即便如此，劉友益《書法》仍不失爲一部詮釋《綱目》的代表之作。它對朱熹思想的闡發，對《綱目》書法類例的總結，不僅體現著元代的學術特色，在《綱目》流傳與發展史上亦有其地位和影響。

七、《書法》的輯録點校

劉友益《資治通鑑綱目書法》五十九卷，自元至元二年（一三三六）盧陵劉嘉遇初刻之後，在元明間得到流傳。明弘治九年（一四九六），提督江西學政黄仲昭以詮釋《綱目》的宋明諸書，各自單刊行

〔一〕（清）永瑢等撰：《四庫全書總目》卷八十八《御批通鑑綱目提要》，北京，中華書局，一九六五年影印本，上册第七五五頁。

世，不便閲讀，將宋尹起莘《發明》、元劉友益《書法》、汪克寬《考異》、徐昭文《考證》、王幼學《集覽》、明陳濟《正誤》、馮智舒《質實》等七部羽翼之作，與朱熹《綱目》合編，且將各書分散附入《綱目》本條之下，以方便學者觀覽。其後，《書法》即以《綱目》合編本的形式廣爲流傳，在明清兩代先後出現近二十種刊本：如《資治通鑑綱目》五十九卷首一卷，有明弘治九年（一四九六）黄仲昭刻本、明弘治十一年（一四九八）書林慎獨齋刻本、明弘治十四年（一五〇一）日新堂刻本、明弘治十一年書林慎獨齋刻正德十六年（一五二一）劉洪重修本、明嘉靖八年（一五二九）書林慎獨齋刻本、明嘉靖十年（一五三一）書林楊氏清江書堂刻本、明嘉靖十三年江西按察司刻嘉靖十四年（一五三五）張鯤重修刻本、明嘉靖吉澄刻本；《通鑑綱目全書》一百八卷，有明嘉靖三十九年（一五六〇）書林楊氏歸仁齋刻本、明萬曆二十一年（一五九三）蜀藩刻本；《資治通鑑綱目全書》一百十三卷，有明萬曆二十八年（一六〇〇）朱燮元刻本、明萬曆金陵唐翀宇刻本、清嘉慶八年癸亥（一八〇三）敬書堂刻本；《資治通鑑綱目》、《續綱目》、《綱目前編》一百十一卷，有明崇禎三年（一六三〇）陳仁錫蘇州刻本；《御批資治通鑑綱目全書》一百九卷，有清康熙四十六年（一七〇七）内府刻本、清康熙四十六年至四十九年（一七〇七～一七一〇）江蘇揚州詩局刻本、清光緒十三年丁亥（一八八七）上海同文書局石印本（寶善齋藏版）等[二]。而《書法》單行本則未見重刊，逐漸散佚，今僅存元刻殘本八卷，分藏北京師範大學

〔二〕見翁連溪編：《中國古籍善本總目·史部》，第二册第二六三、二六五頁。

圖書館與國家圖書館〔二〕。

根據《綱目書法》的編撰、流傳和版本情況，《書法》的整理，分爲輯録、校勘、標點三個步驟進行：

第一，輯録：遵照元廬陵劉嘉遇刻本《綱目書法》的内容、體例與格式，以臺灣商務印書館影印清乾隆文淵閣《四庫全書》本《御批資治通鑑綱目》爲底本，從中輯録出朱熹《通鑑綱目》的紀年、著統、提要三層次，以及劉友益《書法》三千三百八十五個條目，根據《通鑑綱目》原卷次，編爲五十九卷，約五十餘萬字。凡《綱目》的原有内容，都頂格排列，凡《書法》條目，則低二字排列，以示區别。《綱目》的著統部分，底本原有大字正文和雙行小字分注兩種形式，分别著録正統政權和非正統政權，《書法》原本也有大字正文和小字注文兩類内容，整理本則分别用宋體小四號字和楷體五號字排印，以示差異。各卷卷首標題與作者署名，均依從《書法》元刻本殘卷第十二卷的原格式。卷首提示的各卷起止年份之後，《綱目》原有「凡某某卷」，而《書法》則無，亦據《書法》體例不取。全書各條目之間，《綱目》原用「〇」相隔，《書法》則以空一字標識。今取《綱目》各本之法，仍用「〇」間隔，以清晰顯示；至於《綱目》各段之前的「〇」，則據《書法》體例删去。

第二，校勘：

（一）依據北京圖書館出版社二〇〇三年《中華再造善本》影印宋刻本朱熹《資治通鑑綱目》（簡稱

〔二〕北京師範大學圖書館藏善本921.26/888號，存第十二卷；國家圖書館藏善本17829号，存第三十五至四十一卷。

宋刻《綱目》本）[一]，校勘全書的《通鑑綱目》部分。

（二）以元至元二年盧陵劉嘉遇刻本《資治通鑑綱目書法》單行本殘卷（簡稱元刻《書法》本），參校本書第十二卷、第三十五至四十一卷。經校勘可知，黄仲昭《通鑑綱目》合編本，在收録劉友益《書法》時曾作過若干補充和修訂，本書將於上述各卷的校記中予以注明。

（三）據黄仲昭合編衆作的明弘治十一年書林慎獨齋刻本《資治通鑑綱目》（簡稱弘治本）、明萬曆二十一年蜀藩刻本《通鑑綱目全書》（簡稱蜀藩本）[二]，通校全書。

第三，標點：在輯録校勘的基礎上，對全書加以新式標點。

本書卷首，收録了宋朱熹《資治通鑑綱目序》、元賀善、揭傒斯、許有壬《書法序》三篇、劉友益《書法凡例》、劉槩《書法凡例後跋》等六文，方便讀者瞭解《綱目》與《書法》的撰修宗旨和體例。書末則附録了朱熹《資治通鑑綱目凡例》和揭傒斯《劉先生墓誌銘》，幫助讀者比較《通鑑凡例》與《書法凡例》之異同，並知曉作者的生平。其中除許有壬《序》、揭傒斯《墓誌銘》輯録自二人文集外，其餘各篇皆據底本收録。

《書法》的輯録點校，由左茹慧同學與我共同承擔，她負責宋刻本《資治通鑑綱目》、明弘治本《資治通鑑綱目》、明蜀藩本《通鑑綱目全書》與底本的對校工作。北京師範大學古籍研究院周少川教授，

[一] 國家圖書館藏善本。
[二] 分別爲北京大學圖書館藏善本910.9157/2540號，國家圖書館藏善本09763號。

首先提出整理本書的設想并作出規劃。北京師範大學圖書館、國家圖書館、北京大學圖書館古籍善本閲覽室的各位同仁，對本書的校勘給予了熱忱地協助。北京師範大學出版社責任編輯王强先生，認真審讀全稿，爲本書的編輯出版付出了辛勤的勞動。對於所有這些支持和幫助，謹在此表達我最誠摯的謝意。

北京師範大學　邱居里

資治通鑑綱目序〔一〕

（宋）朱　熹

先正温國司馬文正公，受詔編集《資治通鑑》既成，又撮其精要之語，别爲《目録》三十卷，並上之。晚病本書太詳，《目録》太簡，更著《舉要歷》八十卷，以適厥中，而未成也。紹興初，故侍讀南陽胡文定公，始復因公遺稿，修成《舉要補遺》若干卷，則其文愈約而事愈備矣。

然往者得於其家而伏讀之，猶竊自病記識之弗彊，不能有以領其要而及其詳也。故嘗過不自料，輒與同志因兩公四書，别爲義例，增損櫽括，以就此編。蓋表歲以首年，逐年之上，行外書某甲子，遇甲字、子字，則朱書以别之。雖無事，依《舉要》亦備歲年。而因年以著統，凡正統之年，歲下大書，非正統者，兩行分注。大書以提要，凡大書，有正例，有變例。正例，如始終興廢，災祥沿革，及號令征伐，殺生除拜之大者。變例，如不在此例，而善可爲法，惡可爲戒者，皆特書之也。而分注以備言。凡分注，有追原其始者，有遂言其終者，有詳

〔一〕《資治通鑑綱目序》，底本原作《朱子序例》，蜀藩本作《資治通鑑綱目序例》，據（宋）朱熹：《晦庵集》卷七十五改，文淵閣《四庫》本，第一一四五册。

陳其事者，有備載其言者，有因始終而見者，有因拜罷而見者，有因事類而見者，有因家世而見者，有温公所立之言、所取之論，有胡氏所收之説、所著之評。而兩公所遺，與夫近世大儒先生折衷之語，今亦頗采，以附於其間云。使夫歲年之久近，國統之離合，事辭之詳略，議論之同異，通貫曉析，如指諸掌，名曰《資治通鑑綱目》，凡若干卷，藏之巾笥，姑以私便檢閲，自備遺忘而已。若兩公述作之本意，則有非區區所敢及者。

雖然，歲周於上而天道明矣，統正於下而人道定矣，大綱概舉而監戒昭矣，衆目畢張而幾微著矣。是則凡爲致知格物之學者，亦將慨然有感於斯，而兩公之志，或庶乎其可以默識矣。因述其指意，條例如此，列於篇端，以俟後之君子云。

乾道壬辰夏四月甲子，新安朱熹謹書。

書法序[一]

（元）贺　善

先生既取《綱目》要領，命善爲之贊矣。至是復曰：「夫子是書，其筆削之精微，正在變例，又不可不知也。然大要不過辨名分，正綱常，以示勸戒爾，豈固取褒貶之權以自與哉？爲往聖繼絶學，爲萬世開太平，此其志也。」

因即《書法》而求之，有遷北踰年，而仍補書其六年者，存中國也；晋懷帝永嘉六年。有始即王位，而即大書元皇帝者，予正統也。晋元帝建武元年。或取他人子爲太子，則獨書太子即位而無名，别世嫡也；漢惠帝七年呂后。或立危病者爲皇后，則止書皇后崩而不氏，惜母儀也。唐德宗貞元二年王淑妃。立后書氏，譏屬少則書其名曰劉娥，而後江沱之分明；晋愍帝建興元年劉聰。立妃書氏，譏欺人則書其名曰楊太真，而後閨門之行飭。唐玄宗天寶四載。將正太后以弑君，則子生先書魏主之子，而人知無二上矣；魏庚寅年子詡。將責嗣君以瀆倫，則前朝先書以爲才人，而世知有三綱矣。唐太宗貞觀十年。或殺人而書於殿内，以譏其暴，

[一]《書法序》，蜀藩本作《資治通鑑綱目書法序》。

則刑人者必以義；隋文帝開皇十年李君才。或棄賢而書未入宫，以譏其褊，則退臣者必以禮。漢安帝延光三年楊震。非日食不書晦朔，甚殺臣之忍，則特書十二月晦，而淫虐止矣；漢武帝元光四年竇嬰。非星變不書晝夜，志女寵之陰，則特書萬年宫夜大水，而惑溺懲矣。唐高宗永徽五年武昭儀。謀反有主名，而書曰霍氏謀反，謂其舉族皆反也，則亂略知所戒；漢宣帝地節四年。討罪先渠魁，而書曰討爾朱氏，謂其舉族可誅也，則逆黨自此孤。梁辛亥年。或死之異地，而書於陷城，以明其節；唐肅宗至德二載張巡、許遠。或爵於異代，而書於始卒，以予其忠。唐中宗嗣聖十七年狄仁傑。不揜其名以勸賢，則有以叔姪而一語兩書疏；漢宣帝元康三年。並列其罪以懲惡，則有以父子而一語兩書劉。五代甲戌年仁恭、守光。兩國各兵而同書之，以示謀人人亦謀之之譏；五代乙丑年。兩國異事而不殊之，以爲忘憂憂必及之之戒。周赧王三十年。若此類者，不可勝舉，皆變例也，皆所以垂世教也。嗚呼備矣！非朱夫子，其孰能修之！非先生，孰能明之！

抑嘗請於先生曰：「或者以是書爲門人之作，又或以爲未脱藁之書，何如？」曰：「皆非也。胡不觀《綱目》篇端之《自敘》乎。夫子固曰：『輒與同志，取兩公四書，别爲義例，增損檃括矣。』且如《尚書集傳》，止曰訂定，豈肯奪門人之名以爲己作哉。若以爲未脱藁者，則又不然。夫子之修《綱目》也，書成之歲，僅踰强仕，非晚年之絶筆也。是後二十八年，修書者復九，如《詩傳》、《易啓蒙》、《通書解》諸書，皆在《綱目》已後成。安有書未脱藁，而遽及他書耶？書未脱藁，而可謂之通貫曉析，如指諸掌耶？即此，二説可以涣然冰釋矣。」因誌於此，以解議者之惑。

至順壬申二月中和節，門人賀善再拜謹序。

通鑑綱目書法序[一]

（元）揭傒斯

孔子因魯史作《春秋》，以爲萬世之法；朱子因司馬氏《通鑑》作《綱目》，以正百王之統。此天地之經，君臣之義，而聖賢之心也。世之言《春秋》者，自《公羊》、《穀梁》、《左氏》以下，無慮數十家，而義猶有所未明，疑猶有所未解者，魯史不可復見，且聖人之制作也。後之羽翼《六經》者，宜莫如朱子，猶不敢言《春秋》。然《綱目》之作，非深得聖人之旨者，不能也。故朱子不言《春秋》，而知《春秋》者莫如朱子。

世之言《綱目》者，亦無慮數十家，既有《春秋》爲之義例，又有諸史可以究其始末，且去朱子之世爲未遠，而又有親及其門者，然言愈煩而義愈密，非深得朱子之意，如朱子之知《春秋》者，不能言也。能言，未有若廬陵劉氏《綱目書法》者。其辭則《公羊》、《穀梁》，其義則《春秋》，而其志則朱子

[一]《通鑑綱目書法序》，底本原作《書法序》，蜀藩本作《資治通鑑綱目書法序》，據（元）揭傒斯：《文安集》卷八補，第一二〇八册。

也。古之有天下者，莫若舜、禹、湯、武，然湯有慚德，武未盡善。舜、禹之後，得天下者莫如漢。曹氏親受漢禪，威加中國，卒不能奪諸葛孔明漢賊之分。元魏據有中國，行政施化，卒不能絶區區江左之晋而繼之。此萬世之至公而不可易焉者，而猶或易之，此《綱目》不得不繼《春秋》而作，而《書法》不得不爲《綱目》而發也。此朱子之志也。

劉氏諱友益，字益友。遭宋訖録，閉門讀書，既深於經，復長於史。其爲此書幾三十年，寸寸而較，銖銖而積，微辭隱義，高見特識，既足以啓發千載，而中有無窮之憂。余故曰：「非深知朱子之意，如朱子之知《春秋》者，不能言。能言，未有若劉氏《綱目書法》者。」而又曰：「此朱子之志也。」嗚呼！後之覽是書者，尚求其志哉！

天曆二年六月十日，揭傒斯謹序。

綱目書法序[一]

（元）許有壬

朱子《感興詩》，躐舉三朝而不他及，其有激於歐、馬，而《綱目》之所以作也。周不綱非一日，至命三家爲諸侯，則其綱不復可振矣。此一家托始之命意也。晉史帝魏，習鑿齒已病之；《唐書》紀武，則范氏之論至矣。《通鑑》千三百六十二年事，如指諸掌，偉哉書乎！其文則猶史也。朱子慨然本《春秋》之旨，任筆削之重，主正統以明君臣之分，嚴書法以誅亂賊之心，其取義大矣。永新劉益友先生作《書法》發明之，其徒進士湖廣省照磨馮君敬修欲其説褁於世，俾抒其概。

噫！朱子之心，憂世甚至，非矛盾温公者也。民彝物則之所係，則因革生焉。諸侯僭王則貶稱君，無正統則並書不相下，帝昭烈以明正統，書在房陵以合乾侯，死揚雄之仕莽，卒陶潛而係晉，皆凛乎斧鉞其筆，君臣之大義明矣。他如奥義微旨，益友之擻覆發韞，殆無餘焉。若夫開卷之初命三家，率舊文者，終卷非一，義苟至當，吾何異焉！蓋《綱目》成，讀《通鑑》者有所折衷，而亂臣賊子無所逃罪

[一]《綱目書法序》，底本無，據（元）許有壬：《圭塘小藁》卷五補録，又載許有壬：《至正集》卷三十，第一二一一册。

矣。二書可相有，而不可相無者也。益友之書，適而不牽，會而不拁，智周於理，而力周於文矣。

或謂：「孔子作《春秋》，三傳且相異同。朱子學孔子者，益友《書法》，果盡合朱子之心乎？」予曰：「朱子之書主褒貶，其心易知也。昔之書今之削，昔之遺今之特書，揆之以始末，律之以《凡例》，舉此以見彼，寓微而示顯者，益友之綜覈精矣。竊嘗一二致疑，沉潛反覆，祇見目力心思之不逮，而足之所未至，固未易悉其地之所有也。然則《書法》一書，抑《綱目》之不可無者乎！後之人有如左氏、公、穀者操戈而出，則非區區之所及知也。」

書法凡例[一]

（元）刘有益

正統例

凡天下混一爲正統。正統者，大書紀年；繼世，雖土地分裂，猶大書之。其非一統，則分注細書之。雖一統而君非正系，或女主，亦分注書之。

帝王例

帝王即位，周六世書子某立，或弟某立，恒稱王。秦未混一，從列國例。漢以後，創業書即皇帝位，中興書即皇帝位，繼世書即位；繼世而書襲位，或書立者，變例也。皆恒稱帝。傳位書傳位；不書傳位，止書太子即位者，變例也。凡變例各有義，各見本事下。

[一]《書法凡例》，蜀藩本作《資治通鑑綱目書法凡例》。

升遐書崩；書卒者，變例也。周不書葬，秦、漢以下書葬某陵。遇害書弒；書暴崩某地者，變例也。

皇后例

皇后立，周、秦不書，西漢書立夫人或婕妤某氏爲皇后，東漢書立貴人某氏爲皇后；止書立皇后某氏，或書立某人女爲皇后者，變例也。後主以後至隋，止書立皇后某氏，唐復書立妃或昭儀或淑妃某氏爲皇后。恒稱皇后，子立稱皇太后，孫立稱太皇太后。

崩，周、秦不書，至西漢始書崩，上官氏以下始書氏；不氏，或書卒者，變例也。葬，周、秦、西漢不書；書葬者，變例也。東漢、晉、隋、唐書葬某皇后，不地；書地者，變例也。

弒，書弒；書殺者，變例也。

皇太子例

皇太子立，周不書，秦始書，漢以下書立子某爲皇太子。繼世，書太子某即位；其不書名者，變例也。惟唐世例書太子即位；其書名者，變例也。

列國例

列國，周天子在上，始建國書爲諸侯，繼世書立，恒稱爵。僭王後，恒稱君。卒書卒，妻稱妃，或稱婦。母稱君母，子稱太子。上無天子，七國書王，卒書薨，妻稱后，母稱太后。曹魏以下，始建國書稱皇帝，繼世書立，恒稱主。正統未亡，卒書卒；正統亡，卒書殂。妻稱后，母稱太后，子稱太子。列國皆不書葬；書葬者，變例也。弑皆書弑；書殺者，變例也。列國立后、太子，不悉書。

僭小國，恒稱爵，卒書卒，妻稱夫人。僭帝，恒稱主，卒書殂，妻稱后。子皆稱子，或稱太子。皆不書葬。弑皆書弑。

大臣例

丞相三公拜免，悉書之。秦書免，漢元以來始書罷，或書免，成帝始書策免。唐以來丞相罷爲他官，賢者則書罷爲某官，否則書罷而已。

卒皆書卒。兩漢卒具官爵，書姓者爲美辭，不姓者爲恒辭。惟不具官爵者，迺貶之。蜀漢至晋以後，無不書姓者；不書姓者，變例也。惟不具官爵者，爲貶辭。宋、魏至陳，無不具官者，非賢不録也。僭國之臣，其見録者，雖不具官，非貶矣。隋、唐具官爵者，皆美，甚者書謚；不具官爵者，乃貶辭。

凡免官，書某人免者，可免者也；著所坐免者，有罪者也；書免某人官，下某人獄免，徵某人下獄免者，無罪者也。凡左遷義同。

凡除名，書除某名者，無罪者也；某除名者，有罪者也。

師衆例

凡興師，有名曰征，曰伐，曰討；無名曰侵，曰擊，曰攻；輕曰襲。戰國多從書伐，世遠也。

凡反者，書反，書拒命，書犯闕；其書起兵、舉兵、兵起者，變例也。

凡反者，臣民及蠻夷在州境者，或中國所立者，或前已降者，書討；非是，書擊而已。

凡盜賊，外患者書寇陷，應之者書擊而已，罪甚者或書討。外患不書寇，甚或書伐者，變例也。

凡攻取，用力多者曰拔，曰克，易者曰取，曰入。非都邑及重城，不書圍。

誅殺例

凡刑誅，有罪曰誅，曰討，無罪曰殺；有罪亦曰殺者，變例也。不爲無罪，不可書殺者，曰斬。自殺曰自殺，迫之自殺曰殺；迫之自殺亦曰誅者，變例也。

凡下獄，書下某獄，徵某下獄，無罪者也；書某下獄，有罪者也。凡下吏義同。

凡廢，有罪曰某廢，無罪曰廢某。

凡徙，有罪曰某徙，某廢徙，某免徙；無罪曰徙某，廢某，徙免某，徙貶某。
凡罪，書有罪者，今罪也；書以罪者，前罪也。

臨幸例

凡釋奠太學及幸孔子宅，書詣；其書幸者，變例也。
凡書巡幸、田獵、游觀，皆譏也；其非譏者，變例也。
凡避敵[一]，緩書如，急書奔，甚急書走。

雜　例

凡名，僭國之君恒稱名，列國之君卒稱名，失地名；非是而名者，變例也。
凡大臣以憂去不書；書者，變例也。
凡人臣書起復，皆譏也；非譏而書者，變例也。
凡權臣進官書自者，非君命；而不書自者，變例也。
凡人臣書卒，死義書死之；卒於病而書死之者，變例也。戰死書死，獄死書死，盜賊書死；非是

[一]「敵」，蜀藩本作「狄」。

而書死者，變例也。

凡使臣不辱命，書其名，甚者具其官；非是而稱名或具官者，變例也。

凡荒服之君，立書立，死書死；其書卒者，變例也。殺書殺；其書弒者，變例也。

按：朱夫子篇首《自序》雖有正例、變例之分，然其二例之中，又各自有正、變，不可不知也。竊嘗反復參究千三百六十二年所書，見其凡例首尾如一，輒以所見分爲十類。其二例中所有變例，乃朱夫子筆削新意，皆有大關涉存焉，則於各事發其微旨，以待後之君子。儻不以僭爲罪，賜之訂正，則幸矣。

友益謹識。

書法凡例後跋[一]

（元）刘 桀

先君子《通鑑綱目書法》，義例貫通，始終如一，洞見朱夫子筆削之旨，有非私智臆説之所可及也。書成，馮君子羽自國學録示朱夫子《綱目凡例》，無不吻合，但於立后例、某人下獄例，略有異同，而先君子歿且二年矣。然求之《書法》，有確乎不可易者。豈朱夫子之例，亦若《詩傳》，有新舊説之未折衷歟？不肖抱遺書，究《凡例》，於是二節，既不敢致疑於先君子之書，又不敢以朱夫子之説爲未然，謹誌於篇首，以俟同志相與正之。

時至元二年丙子十月朔，男桀百拜謹述。

[一]《書法凡例後跋》，蜀藩本作《資治通鑑綱目書法後跋》。

目録

資治通鑑綱目書法第一

起戊寅周威烈王二十三年，盡乙巳周赧王五十九年。

廬陵後學　劉友益修撰

翰林直學士中大夫知制誥同修國史國子祭酒歐陽玄校正

戊寅周威烈王午二十三年。秦簡公十二年、晋烈公止十七年、齊康公貸二年、楚聲王當五年、燕閔公三十一年。○魏文侯斯二十二年、趙烈侯籍六年、韓景侯虔六年，皆始爲侯。○統舊國五，新國三，凡八大國。初命晋大夫魏斯、趙籍、韓虔爲諸侯。

初命何？病周也。三家分晋，各三四世矣。三家滅智氏，分其田。趙自襄子始：襄子卒，桓子立；桓子卒，獻子立；獻子卒，籍立。○魏自桓子始：桓子孫斯。○韓自康子始：康子卒，武子立；武子卒，虔立。命之爲諸侯，則於是始也。以周爲固亂，故病之。或曰，《通鑑》之托始於是也，朱子於《感興》篇，嘗有迷先幾之疑矣。《綱目》修《通鑑》者，則曷爲無改焉？蓋夫子之修《春秋》也，曰「其義則某竊取之」，又曰「述而不作」。知此，則知朱子之《綱目》矣。是故仍温公之文於其首，備胡氏之論於其後，其意概可見也。

己卯　二十四年。燕僖公元年。王崩，子驕立。○盜殺楚君當。

楚入《綱目》，貶稱君，僭王也。至周亡，始稱王，稱薨。書盜殺始此。終《綱目》書盜殺十一，是年楚君當、安王五年俠累、七國癸亥黃歇、漢後主延熙十六年費禕、晋懷帝永嘉六年賈疋、梁戊午魏李延孫、己巳東魏高澄、唐玄宗開元十五年王君㚟、肅宗寶應元年李輔國、憲宗元和十年武元衡、僖宗中和四年王鐸。不書官者三，黃歇、王君㚟、李輔國。書使盜殺三。漢光武十一年公孫述殺來歙、岑彭，獻帝建安二年袁術殺陳王寵。

庚辰　安王元年。楚悼王類元年。秦伐魏。

辛巳　二年。魏、韓、趙伐楚。○鄭圍韓陽翟。

壬午　三年。秦惠公、趙武侯、韓烈侯取元年。虢山崩，壅河。

記異也。書山崩始此。終《綱目》書山崩二十六，是年、漢呂后乙卯、文帝元年、宣帝本始四年、元帝建昭四年、成帝建始三年、河平三年、元延三年、和帝永元元年、十二年、殤帝延平元年、安帝永初六年、延光二年、三年、四年、順帝永和三年、桓帝建和三年〔一〕、和平元年、永興二年、永壽元年、延熹三年、獻帝初平四年、晋元帝太興四年再崩、安帝義熙五年、隋煬帝大業七年。而壅水者四，是年、漢元帝建昭四年、河平三

〔一〕「三」，原作「二」，據蜀藩本、《通鑑》卷五三改。

年、元延三年。岸崩壅水不與焉。漢元帝建昭四年。

癸未四年。楚圍鄭。

甲申五年。日食。

不書某月，缺也。蓋戰國之記注，多略矣。書日食始此。終《綱目》書日食三百六十七，不書月者六，至漢高帝三年始書月。

盜殺韓相俠累。

乙酉六年，鄭弒其君駘。

弒君者，駟子陽之黨也，不書，稱國，君無道也。初，子陽相鄭，繻公殺之，故及。書弒君始此。《綱目》書廢而弒者廿〔一〕，稱國者一；齊寶卷。書弒者七十三，稱國者七；鄭駘、代鬱律、涼張祚、西燕主沖、西燕主忠、燕主雲、宋子業。夷蠻書弒不與焉。

丙戌七年。

無事必書，備編年也。後倣此。

〔一〕「廿」，蜀藩本作「廿一」。

丁亥 八年。齊伐魯。

戊子 九年。魏伐鄭。

己丑 十年。晋孝公傾元年。

庚寅 十一年。秦伐韓宜陽，取六邑。○齊田和遷其君貸於海上，食一城。

田和何以不書大夫？知爲大夫者，不若是甚矣。然則三晋亦不臣矣，則曷爲以晋大夫書？書晋大夫，所以病王也。

辛卯 十二年。秦、晋戰於武城。○齊伐魏。○魯敗齊師於平陸。

壬辰 十三年。秦侵晋。○齊田和會魏侯、楚人、衛人於濁澤，求爲諸侯。

會未有無故者，《綱目》不言故。會而言故，必醜辭也。故濁澤之會書求爲諸侯，於郊之會書田，詳顯王十四年。徐州之會書相王，顯王三十六年。皆醜之也。

癸巳 十四年。

甲午 十五年。秦伐蜀，取南鄭。○魏侯斯卒。

諸國入《綱目》稱爵，及僭王則貶稱君，卒皆稱卒。至周亡，則稱王，卒稱薨。《綱目》不皆卒諸侯，有事而後卒，唯王崩、立悉書之。王立名，諸侯卒稱名，失國名。卒不名者，不得其名也。夷蠻之君書死。

魏吴起奔楚，楚以爲相。

乙未 十六年。秦出公、魏武侯擊、趙敬侯章、韓文侯元年。○田齊太公和元年。○統秦、晋、齊、楚、燕、魏、趙、韓舊國八〔一〕，田齊新國一，凡九大國。初命齊田和爲諸侯。

田和何以不書齊大夫？據魏斯、趙籍、韓虔稱晋大夫。田和首遷其君，不書大夫久矣。然則命之者，無貶乎？貶必於其事端。貶命晋大夫，則餘者意自見矣。非以其請命歟？不書請命，書求爲諸侯，則固不以田和爲可命也。

魏襲趙邯鄲，不克。

丙申 十七年。秦庶長改弑其君及其君母。

國母書弑始此。終《綱目》母后書弑九。詳漢靈帝中平六年。

韓伐鄭，遂伐宋。

丁酉 十八年。秦獻公、齊桓公午元年。

〔一〕「魏趙」，原作「趙魏」，據宋刻《綱目》本改。

戊戌　十九年。魏敗趙師於兔臺。

己亥　二十年。日食，晝晦。

日食至於晝晦，非小變也。凡日食，食既爲甚，星晝見次之，晝晦又次之，皆大異也。終《綱目》書日食三百六十七，而書晝晦者三，是年、赧王十四年、漢吕氏庚申。書星晝見者二，宋文帝己巳、唐肅宗上元二年。書食既者十有二。詳漢惠帝七年。

庚子　二十一年。楚君類卒，楚人殺吴起。

稱人何？衆辭也。然書殺，則愈於衛鞅矣。鞅書誅。

辛丑　二十二年。楚肅王臧元年。齊伐燕。○魏、韓、趙伐齊。

壬寅　二十三年。是歲齊亡。統秦、晉、楚、燕、魏、趙、韓、田齊，凡八大國。趙襲衛，不克。○齊侯貸卒，無子，田氏遂并齊。

書遂何？罪辭也。然上書卒，無子，則愈於三晋矣。

癸卯　二十四年。齊威王因齊元年。狄敗魏師於澮。○魏、韓、趙伐齊。

甲辰　二十五年。晋靖公俱酒元年。蜀伐楚。

乙巳 二十六年。韓哀侯元年。〇是歲晋亡。統秦、楚、燕、魏、趙、韓、齊，凡七大國。王崩，子喜立。〇三晋共廢其君俱酒爲家人，而分其地。

韓、趙、魏與晋並列爲諸侯，於是各歷數世矣。晋烈公止、孝公傾、靖公俱酒，凡三世。魏文侯斯、武侯擊，凡二世。趙烈侯籍、武侯、敬侯章，凡三世。韓景侯虔、烈侯取、文侯、哀侯，凡四世。書曰廢其君何？以不臣之罪罪之也，故不稱魏、趙、韓，而稱三晋。據前伐齊，再書魏、韓、趙。繫之以晋，所以明其不臣也。歷三四世而君臣之分不可泯，《綱目》之法嚴矣，故自是恒稱三晋。終《綱目》書廢君三十四，俱酒、漢少帝、昌邑、孺子、弘農王、魏山陽公、齊王芳、吴主亮、晋陳留王、海西公、宋零陵王、營陽王、齊汝陰王、海陵王、涪陵王、梁巴陵王、魏主曄、主恭、主朗、北齊中山王、梁主綱、主棟、魏主欽、周宋公、陳江陰王、北齊濟南王、陳臨海王、隋介公、唐鄘公、中宗、唐鄂王、吴越弘倧、漢湘陰公、楚希萼。書幽三，石鑒、魏孝静、唐昭宗。書遷二，晋惠、魏子攸。廢書奉二，梁濟陰、吴讓皇。廢不成其君三。蕭正德、淵明、唐重茂。

丙午 烈王元年。日食。〇韓滅鄭，自陽翟徙都之。

書滅始此。

丁未 二年。趙成侯種元年。

戊申 三年。燕敗齊師於林狐。〇魯、魏伐齊。

己酉 四年。燕桓公元年。趙伐衛，取都鄙七十三。○魏敗趙師於北藺。

庚戌 五年。魏伐楚。○韓嚴遂弑其君。

　　於是嚴遂刺韓傀於朝，并中哀侯，何以不書及其相韓傀？大臣非死國不書。傀、遂二人相害，則兩下相殺而已耳。兩下相殺不書。

魏侯擊卒。

辛亥 六年。魏惠王罃、韓懿侯元年。齊侯來朝。

　　書來朝何？嘉尊周也。入《綱目》三十四年，非卒未有稱爵者。稱齊侯，嘉之也。書來朝始此。周世書來朝者二，詳顯王二十六年。惟此以美書。

趙伐齊。○魏敗趙師於懷。○齊侯封即墨大夫，烹阿大夫。

　　特書齊侯，嘉不惑也。凡美惡在其君，則斥書主。

壬子 七年。楚宣王良夫元年。日食。○王崩，弟扁立。○韓、趙伐魏，圍安邑。

癸丑 顯王元年。齊伐魏。○趙侵齊。

甲寅 二年。

乙卯 三年。秦敗魏、韓之師於洛陽。

丙辰四年。魏伐宋。

丁巳五年。秦敗三晉之師於石門，賜以黼黻之服。

賜服不書，此何以書？前年秦兵至洛陽，無忌憚，孰甚焉。於是而又敗三晉之師於石門，黼黻之賜，周之所以自免者，末矣。書，悲之也。終《綱目》書賜服二，是年、唐天寶八載楊釗。皆譏辭也。

戊午六年。

己未七年。魏敗韓、趙之師於澮。○秦敗魏師於少梁。○秦伯卒。

庚申八年。秦孝公、燕文公元年。彗星見西方。○衛公孫鞅入秦。

上書見西方，下書入秦，鞅之爲彗大矣，東諸侯其憂乎！《通鑑》是年不書彗見，《綱目》特取而書之[一]，其旨微矣。書彗始此。終《綱目》書彗十有七，是年、周赧王十年、十二年、秦始皇三十三年、漢景帝二年、莽癸酉年、晉成帝咸康二年、孝武帝寧康元年、安帝義熙十四年、陳文帝乙酉年、唐高宗總章元年、睿宗太極元年、文宗開成二年、懿宗咸通五年、昭宗大順二年、昭宣帝天祐二年、後唐癸未年。書孛五

[一]「取」，弘治本、蜀藩本作「此」。

十三，則彗之爲變，非孛比矣。

辛酉　九年。

壬戌　十年。秦以衛鞅爲左庶長，定變法之令。

《綱目》書律令多矣，書省，書正，書更定，書議定，書新律令，未有書變法者。書變法何？罪首變古也，故書衛鞅而削其族。《綱目》書律令之變二十五，秦壬戌年變法令、漢惠帝四年省法令、武帝元光五年定律令、成帝河平元年省律令、晋甲申年賈充正法律、宋辛卯年魏更定律令、丁巳年再書、己未年高允議定、辛未年魏更定、齊律書成、癸未年梁頒新律、梁甲申年魏更定、庚午年齊定律、癸未年周頒大律、丁酉年周頒刑書、己亥年周作刑經、辛丑年隋初行新律、癸卯年隋更定律、大業三年頒新律、戊寅年唐定律令、貞觀元年更定、十一年定律令、五代庚午年梁定律令、癸未年唐復舊律令、丁巳年周作刑統。書變法者，一而已。

癸亥　十一年。韓昭侯元年。秦敗韓師於西山。

甲子　十二年。

乙丑　十三年。

丙寅　十四年。齊、魏會田於郊。

會不言故，言故，醜辭也。書會田於郊，醜之也。書田始此。終《綱目》書田三，是年、宋甲申年魏主、唐穆宗長慶二年。書獵十三。漢武帝元鼎五年、成帝元延三年、桓帝永興二年、延熹元年、六年、靈帝光和五年、宋癸卯年、唐太宗貞觀五年、十一年、十六年、後唐甲申年再獵、乙酉年。凡田、獵，譏也。惟魏太武、唐太宗非譏辭。

丁卯 十五年。秦敗魏師於元里，取少梁。〇魏伐趙，圍邯鄲。

戊辰 十六年。齊伐魏以救趙。魏克邯鄲，還戰，敗績。〇韓伐東周，取陵觀、廩丘。

己巳 十七年。秦伐魏。〇諸侯圍魏襄陵。

庚午 十八年。秦伐魏。〇韓以申不害爲相。

辛未 十九年。秦徙都咸陽，始廢井田。

書始何？罪首變古也。凡立法有變古爲民害者，必書始若初。

壬申 二十年。趙肅侯元年。

癸酉 二十一年。秦更賦稅法。

甲戌 二十二年。

乙亥 二十三年，衛貶號曰侯，服屬三晋。

衛，故侯爵也，不書曰復，而曰貶何？著其心也。自卑以求媚於人，則不足以言復矣。

丙子 二十四年。

丁丑 二十五年。諸侯會於京師。

會於京師何？非朝也。天威咫尺，而莫之朝焉，以是爲不恭，故書諸侯不序，略之也。據濁澤之會，諸侯皆序。

戊寅 二十六年。致伯於秦，諸侯賀之[一]。秦使公子少官帥師會諸侯，來朝。

諸侯何以不序？略之也。來朝也，其略之何？秦所使也。往年會於京師矣，未嘗朝也。朝覲，諸侯之常禮，而待命於人，以是爲不恭，故略之也。書曰秦使公子少官帥師會諸侯，來朝，屬辭比事，而諸侯之慢，秦之强可見矣。已受諸侯之賀，而使大夫朝周，秦之不王，孰甚焉！然則曷爲書會諸侯？不以大夫主諸侯也。《綱目》之修，君臣之分而已。自入《綱目》至周亡，凡六王，百四十八年，其來朝者二，烈王六年。周衰甚矣！

己卯 二十七年。案《史記》，是年齊宣王元年。《通鑑》與《史記》不同，而《考異》不載其說，未詳所據。後湣王元年放此。

[一]「賀之」，宋刻《綱目》本、《通鑑》卷二作「皆賀」。

庚辰 二十八年。魏伐韓。齊伐魏以救韓，殺其將龐涓，虜太子申。

辛巳 二十九年。秦衛鞅伐魏，誘執其將公子卬而敗之。魏獻河西地於秦，徙都大梁。秦封鞅爲商君。

誘執何？譏譎也。書誘執始此。終《綱目》書誘執五，是年公子卬、赧王十六年楚君槐、五十六年公子勝、梁辛未年江安侯圓正、唐元和五年盧從史。而秦居其三焉，秦之譎，甚矣！

齊、趙伐魏。

壬午 三十年。楚威王商元年。

癸未 三十一年。秦伯卒，秦人誅衛鞅，滅其家。

人，衆辭也。誅例有二：書伏誅者，重辭也；直書誅者，快辭也。誅衛鞅，誅陳豨，誅産、禄，誅濞，誅史歆，誅閻顯，誅董卓，誅馬騰，誅步闡，誅潁，誅祖約，誅張瓘，誅元鑒，誅爾朱顯壽，誅元載，誅田希鑒，誅劉洙，直書誅而削其官，皆甚快之之辭也。

甲申 三十二年。秦惠文王元年。韓申不害卒。

卒，在位也。《綱目》不皆卒。大夫在位卒，功卒，賢卒。盜賊書死，獄死書死，戰死書死。死義書死之。

乙酉 三十三年。宋太丘社亡。○孟軻至魏。

至，無事不書，此其書何？特筆也。鄒人也，何以不書鄒？據公孫鞅書衛。天下之辭也。

丙戌 三十四年。秦伐韓，拔宜陽。

丁亥 三十五年。魏惠王一年。齊、魏會於徐州以相王。

會言故，醜辭也。濁澤之會書求爲諸侯，安王十三年。於郊之會書田，顯王十四年。徐州之會書相王，皆醜之也。按分注，是歲魏惠王復改元，稱一年，則以稱王之故歟。

楚滅越。

戊子 三十六年。楚伐齊。○韓侯卒。○秦大敗魏師，擒其將龍賈，取雕陰。○燕、趙、韓、魏、齊、楚合從以擯秦，以蘇秦爲從約長，并相六國。

以爲長何？著六國之志也。至連衡，則書秦使張儀説之矣。從横之説，童子羞之，此何以書？見從約之不可恃也。君子之闢異端也，著其説而不没其實，則不待貶而人知其爲非。是故燕、趙、韓、魏、齊、楚合從以擯秦，以蘇秦爲從約長，則書；秦使張儀説楚、韓、齊、趙、燕連衡以事秦，則書。然則爲六國者，宜何如？孟子曰「省刑罰，薄税斂，深耕易耨」以下，此其道矣。

己丑 三十七年。燕易王、韓宣惠王、齊宣王辟疆元年。秦以齊、魏之師伐趙。蘇秦去趙適燕，從約皆解。

以者何？易辭也。前年六國合從，齊、魏在焉。至是，踰年耳，秦得以其師伐趙。合之何難，敗之何易哉！勢則然也。故上書燕、趙、韓、魏、齊、楚合從以擯秦，以蘇秦爲從約長；下書秦以齊、魏之師伐趙，雖間有事不書，所以著從約之不可恃也。赧王四年，繼書秦君卒，諸侯復合從。

魏以陰晉爲和於秦。○齊伐燕。

庚寅 三十八年。

辛卯 三十九年。秦伐魏，魏獻少梁、河西地於秦。

壬辰 四十年。秦伐魏，取汾陰、皮氏，拔焦。○宋公弟偃逐其君剔成而自立。

癸巳 四十一年。楚懷王槐元年。秦客卿張儀伐魏，取蒲陽，既而歸之。魏盡入上郡以謝。秦以儀爲相。

齊伐燕，取十城，已而歸之，不書，三十七年。此書之何？著秦譎也。秦蓋屢用之矣。故取蒲陽既而歸之則書，歸焦、曲沃於魏則書，復與楚上庸則書，復與魏蒲坂則書，皆所以著其譎也。

甲午 四十二年。秦縣義渠。○秦歸焦、曲沃於魏。

乙未 四十三年。趙侯卒。

丙申 四十四年。趙武靈王元年。夏，四月，秦初稱王。

入《綱目》以來七十九年矣，於是始書月，詳秦僭也。凡稱者，不宜稱者也。是故不宜王而王，則書稱王；不宜帝而帝，則書稱帝、稱皇帝。

丁酉　四十五年。秦張儀伐魏，取陝。〇蘇秦自燕奔齊。

於是秦通於文公夫人，恐得罪，説易王曰：「臣居燕，不能使燕重；在齊，則燕重。」王許之，乃僞得罪於燕而奔齊。此僞奔也，曷爲以奔書？其奔則僞，其所以奔則實。書奔，所以著秦之隱惡也。

戊戌　四十六年。案《史記》，是年齊湣王元年。秦、齊、楚會於齧桑。〇秦相張儀免，出相魏。

相必稱以，恒辭也，據四十一年，秦以張儀爲相。此其曰相魏何？魏不能用儀，而爲儀所用也。故去就在張儀，則不書魏以張儀爲相，而書張儀出相魏；取舍在黄歇，則不書楚徙封黄歇，而書黄歇徙封於吴。

韓、燕稱王。

於是趙武靈王不肯稱王，令國人謂己曰君，則何以不書？常事也，而五國之罪著矣。

己亥　四十七年。秦伐魏，取曲沃、平周。

庚子　四十八年。王崩，子定立。〇齊號薛公田文爲孟嘗君。

書賜號始此。終《綱目》書賜號九，是年、漢宣帝地節四年博平君、平帝元始元年安漢公、四年宰衡、陳己卯年周逍遥公、唐代宗大曆十四年郭子儀尚父、昭宗景福二年王行瑜尚父、天復二年朱全忠回天再造竭忠守正功臣、五代梁壬申年錢鏐尚父，劉守光書推不與。惟韋夐、郭子儀無譏焉。

辛丑 慎靚王元年。燕王噲元年。衛更貶號曰君。

趙武靈王令國人謂己曰君，不書，此何以書？誅心也。不知守國，自貶以求媚於人，其褻王爵、卑先祖，甚矣！《綱目》前書曰貶號爲侯，此書曰更貶號曰君，甚之也。

壬寅 二年。魏君罃卒。孟軻去魏適齊。

魏稱王矣，其曰魏君何？民無二王也。然則魏，故侯爵也，曷爲不以其爵書？彼其所受於天子者而既棄之矣，吾又安得而予之。貶曰君焉，是夷之於衛也。自是，五國皆卒稱君。上書魏君罃卒，下書孟軻去魏，譏在嗣君矣。

癸卯 三年。魏襄王元年。楚、趙、魏、韓、燕伐秦，攻函谷關，秦出兵逆之，五國皆敗走。○宋稱王。

甲辰 四年。秦大敗韓師於脩魚，虜其將鯫、申差。○齊大夫殺蘇秦。

兩下相殺不書，此何以書？以爲秦之諼足以殺其身而已矣，書以爲世戒也。

魏請成於秦，張儀歸，復相秦。

張儀出入，《綱目》悉書之，特筆也。秦之譎，張儀爲之。然則秦能用儀矣，其亦書相秦何？

儀，魏人也，相秦而書曰歸，所以著前之出爲秦謀，而非果免也。今乃歸而復其位焉耳。不書秦，以非新命也。

乙巳 五年。秦伐蜀，取之。〇燕君噲以國讓其相子之。

書以國讓何？罪噲也。以者，不當以者也，故以失地例名之。

丙午 六年。王崩，子延立。

丁未 赧王元年。秦侵義渠，得二十五城。〇秦伐魏，取曲沃。又敗韓師於岸門，質其太子倉以和。〇齊伐燕，取之，醢子之，殺故燕君噲。

於是子之爲王三年矣，書子之何？不成之爲君也，故噲得稱故燕君。書取，書醢，書殺，甚齊也。

孟軻去齊。

去，非有事不書，此何以書？特筆也。聖賢之出，如鳳鳥之見，其就其去，國之治亂分焉。故前書孟軻去魏以病襄，後書孟軻去齊以病宣。

戊申 二年。齊湣王地元年。秦伐趙。〇楚屈匄伐秦。

己酉 三年。秦大敗楚師於丹陽，虜屈匄，遂取漢中。楚復襲秦，又大敗於藍田。韓、魏襲楚，楚割兩城以和於秦。○燕人立太子平爲君。○韓君卒。

庚戌

四年。燕昭王平、韓襄王倉元年。蜀相殺蜀侯。

殺蜀侯者，蜀相也，不書弑何？失國之君也。然則君失國，則固可殺歟？不死社稷而見殺於其臣，亦不足以言君矣。終《綱目》君弑書殺八：以盜殺書殺者一，楚當。以獨夫書殺者一，漢承祐。以失地書殺者二，蜀侯、齊君地。以兩下相殺書者四，楚郝、趙石鑒、段隨、凉紹。蠻夷書殺不與焉。

秦使張儀説楚、韓、齊、趙、燕連衡以事秦。秦君卒，諸侯復合從。

書連衡何？著衡人之不足恃也，故下繼書諸侯復合從。《綱目》於從衡之言，深抑之。上書以蘇秦爲從約長，下書蘇秦去趙適燕，從約皆解，所以著合從之不可恃；上書連衡以事秦，下書秦君卒，諸侯復合從，所以著連衡之不可恃。

辛亥

五年。秦武王元年。秦張儀復出相魏。○秦誅蜀相莊。

蜀侯不書弑矣，則其曰誅何？不誅，則亂臣賊子接迹於天下矣。蜀侯不書弑，所以示不君之譏；陳莊書誅，所以正不臣之罪。終《綱目》廢君而書弑者二十，賊討者四：漢董卓、宋徐羡之等、梁侯景、周宇文護。弑君者七十三，弑書殺者八，賊討者二十六。蜀相莊、淖齒、莊賈、趙高、項籍、王莽、梁冀、代六脩、漢靳準、代寔君、燕蘭汗、段璣、魏清河王紹、西秦乞伏公府、魏宗愛、元凶劭、爾朱世隆、宇文護、宇文化及、韋庶人、劉克明、朱友珪、張文禮、郭從謙、閻李儆、朱文進。蓋什得其二三焉，此《綱目》之所甚懼也。

秦、魏會於臨晋。

壬子 六年。秦初置丞相。

癸丑 七年。秦、魏會於應。○秦甘茂伐韓宜陽。

甲寅 八年。秦拔宜陽。○秦君卒，弟稷立，母芈氏治國事，以舅魏冉爲將軍。

母治國事，臨朝之端也，故謹書之。魏冉書舅，譏私也。終《綱目》書治國事一，芈氏、齊太史氏。書臨朝、御殿、稱制、稱詔者二十有二。漢呂太后、平帝王太后、和帝竇太后、殤帝鄧太后再書、北鄉侯閻太后、冲帝梁太后再書、靈帝竇太后、皇子辯何太后、晋成帝庾太后、穆帝褚太后三書、魏馮太后再書、齊宣德太后、魏胡太后再書、唐武太后再書、後漢隱帝李太后。

趙始胡服，招騎射。

乙卯 九年。秦昭襄王稷元年。趙君略中山及胡地，遣使約秦、韓、楚、魏、齊，并致胡兵。

於是趙武靈王不肯稱王，命國人謂己曰君，可謂賢矣。《綱目》書曰趙君，成其美也。

楚、齊、韓合從。

丙辰十年。彗星見。○趙伐中山，取數邑，中山復獻四邑以和。

書復獻何？甚趙也。既取數邑，又要割地，趙亦已甚矣！他日秦攻趙，拔武安、皮牢，定太原、上黨，趙又割地以和，赧王五十六年。反復之理，宜也。《綱目》前書復獻，後書又割，其爲世戒明切矣。

秦魏冉弑其君之嫡母，出其故君之妃，歸於魏。

君之嫡母何？惠文后也。故君之妃何？悼武后也。稱嫡母，則羋氏非嫡矣。稱妃，則悼武非王矣[一]。故曰，《綱目》之脩，名分而已矣。終《綱目》母后書弑九。詳漢靈帝中平六年。

丁巳十一年。秦、楚盟於黄棘，秦復與楚上庸。

入《綱目》百年矣，未有書盟者，此其書何？武關劫盟，黄棘誤之也，故謹書之。

戊午十二年。彗星見。

十年書彗見矣，於是間一歲耳，彗復見焉。《綱目》書彗十有七，未有一世再見者。一世再見，惟赧而已。然則周之終於赧也，決矣。

秦取魏蒲阪、晉陽、封陵，取韓武遂。○齊、韓、魏伐楚，楚使太子横質於秦，秦救之。

[一]「王」，蜀藩本作「正」。

己未 十三年。秦、魏、韓會於臨晉，秦復與魏蒲阪。○楚太子橫殺秦大夫，亡歸。

庚申 十四年。日食，晝晦。

日食，晝晦，大變也。安王之世嘗見矣，於是再見。終《綱目》書日食三百六十七，而書晝晦者三，安王二十年、是年、漢呂氏庚申年。周末居二焉，周安得不亡哉！詳安王二十年。

秦取韓穰。○蜀守叛秦，秦誅之。○秦、韓、魏、齊伐楚，殺其將唐昧，取重丘。○趙伐中山，中山君奔齊。

辛酉 十五年。秦公子悝質於齊。○秦芈戎大敗楚師，殺其將景缺，取襄城。楚使子橫質於齊，以請平。

壬戌 十六年。趙君廢其太子章，而傳國於少子何，自號主父。

書少子何？譏也。趙君之禍始此矣，故書。廢之例二：廢太子某者，不宜廢之辭也；太子某廢者，宜廢之辭也。凡廢、立聯書，所廢因所立也。是故有少子何而後太子章廢，有東海王陽而後太子彊廢，有皇子肇而後太子慶廢，有少子深而後太子胤廢，《綱目》皆聯書之，著所因也。書廢太子十一，趙太子章、漢景帝太子榮、光武太子彊、章帝太子慶、安帝太子保、吴太子和、晉惠帝太子遹、陳後主太子胤、唐高宗太子賢、玄宗太子瑛、文宗太子成美。書以罪廢二，魏太子恂有罪，唐太子承乾謀反。廢書以一，唐高宗太子忠。廢書黜一，唐昭宗太子裕。爲臣所廢一。司馬穎廢太子覃。書傳始此。

終《綱目》書傳七。趙主父、魏主弘、齊主湛、齊主緯、周主贇、唐睿宗、順宗。

齊、魏會於韓。○秦伐楚，取八城，遂誘楚君槐於武關，執之以歸。楚人立太子横。前書誘執公子卬矣，於是再見。其再見何？甚秦詐也。楚君何以名？失地也。

秦以齊田文爲丞相。

癸亥 十七年。楚頃襄王横、趙惠文王何元年。田文自秦逃歸。○秦伐楚，取十六城。○齊、韓、魏伐秦，敗其軍於函谷關，河、渭絶一日。秦割河東三城以和，三國乃退。乃者何？緩辭也。伐秦之得志，此而已。然則予之歟？非也，惡秦而已矣。按《通鑑》是年不書三國伐秦，而於十九年書齊、魏、韓、趙、宋同擊秦，至鹽氏而還。秦與韓武遂，與魏封陵，以和。《綱目》十九年無所書，而書三國伐秦於是年，本遷史也。

趙君封弟勝爲平原君。

甲子 十八年。楚君槐自秦走，趙不納，秦追及之，以歸。

乙丑 十九年。楚君槐卒於秦。

丙寅 二十年。魏昭王、韓釐王咎元年。趙主父以燕、齊之師滅中山，歸，大赦，酺五日。書酺始此。終《綱目》書酺六，是年、秦初己卯年、漢景帝後元年、唐高宗上元元年、玄宗開元元年、二十三年。書五日者二。是年、漢景帝後元年。

趙故太子章作亂，公子成、李兑誅之，遂弑主父於沙丘。

前書廢太子，不予其廢之也，至作亂，則書誅矣。予成、兑以誅，書成、兑以弑，而罪之輕重各當矣。終《綱目》太子書誅三，太子章、趙太子宣、後唐秦王從榮。而以作亂書者二。太子章、秦王從榮。

秦以魏冉爲丞相。

丁卯　二十一年。秦敗魏師於解。

戊辰　二十二年。魏、韓伐秦，秦左更白起敗之，拔五城。

己巳　二十三年。楚君迎婦於秦。

入《綱目》王后不書，列國夫人不書，書楚迎婦何？病楚也。秦，不共戴天者也，而妻其女，國亦不競甚矣！前書楚君槐卒於秦，此書楚君迎婦於秦，所以甚病楚也。

庚午　二十四年。秦伐韓，拔宛。〇秦君封魏冉爲穰侯，公子市爲宛侯，公子悝爲鄧侯。

辛未　二十五年。東周君如秦。〇秦魏冉伐魏，魏入河東、韓入武遂於秦。

壬申　二十六年。秦大良造白起伐魏，取六十一城。

癸酉　二十七年。冬，十月，秦君稱西帝，遣使立齊君爲東帝，已而皆去之。

帝之與王，其號各殊[一]，其爲尊一也。秦以伯爵僭王，亦既與周無別矣，昭襄何意思及稱帝？豈非欲以是求加於周哉？罪孰大於此者！書曰秦君稱西帝，遣使立齊君爲東帝，首其罪於秦也。是故秦初稱王則書月，其稱西帝則再書月，秦之僭，《綱目》謹志之。然則齊君聽蘇代之言，受而不稱，則賢也，《綱目》無予辭何？稱之二日而後去之，則與秦亦等耳，故書曰已而皆去之。已者，既事之辭也。必若劉虞，然後可以書不受矣。漢獻帝永平二年。《綱目》書立爲帝、爲皇帝五。齊君、恒山王弘、劉玄、盧芳、石敬瑭。

秦攻趙，拔梗陽[二]。

甲戌 二十八年。秦攻魏，拔新垣、曲陽。

乙亥 二十九年。秦擊魏，魏獻安邑以和。秦出其人，募民徙之。〇秦敗韓師於夏山。〇齊滅宋。

丙子 三十年。秦會楚於宛，會趙於中陽。〇秦蒙武擊齊，拔九城。〇齊殺狐咺、陳舉。燕使亞卿樂毅如趙。

兩國事也，其不殊之何？此特筆也。齊方殺言者，樂毅方約趙，合而書之，《綱目》之垂戒深矣。

丁丑 三十一年。燕上將軍樂毅以秦、魏、韓、趙之師伐齊，入臨菑。齊君地出走，其相淖齒殺之。毅下齊

[一]「各」，弘治本、蜀藩本作「名」。
[二]「梗」，宋刻《綱目》本、《通鑑》卷四作「杜」。

七十餘城，燕封毅爲昌國君。

名齊君何？失國也。故淖齒書其相，而不書弑。然則蜀侯何以不名？史失之也。蓋戰國之世多闕矣。《綱目》失地不書弑二。蜀侯、齊君地。

秦、魏、韓會於京師。

前書諸侯會於京師矣，於是再見。天威咫尺，而莫之朝焉，書會於京師，罪不王也。前不序矣，此其序之何？貶於其事端，餘者因而録之，適足以見其罪也。

戊寅　三十二年。齊襄王法章元年。秦、趙會於穰。○秦拔魏安城，兵至大梁而還。○齊人討殺淖齒，而立其君之子法章，保莒城。

齊君不書弑矣，此其曰討何？不討，則亂臣賊子接迹於天下矣。是故蜀侯不書弑，而蜀相莊書誅；齊君不書弑，而淖齒書討：所以示天下之大戒也。

趙使藺相如獻璧於秦。

書獻璧何？非事也，故相如不書官，交譏之。

衛君卒。

己卯　三十三年。秦伐趙，拔兩城。

庚辰　三十四年。秦伐趙，拔石城。○楚謀入寇，王使東周公喻止之。

辛巳　三十五年。秦白起伐趙，取代光狼城。司馬錯因蜀伐楚，拔黔中，楚獻漢北、上庸於秦。

因者何？所從道也。伐未有書所從道者，此其書因蜀何？終錯計也。先是，秦議伐國，儀請先韓，錯請先蜀。既而伐蜀，取之，於是因蜀以伐楚，則錯之本謀也。

壬午　三十六年。秦白起伐楚，取鄢、鄧、西陵。○秦、趙會於澠池。○燕君平卒，樂毅奔趙。齊田單襲破燕軍，盡復齊地。齊君入臨菑，封單爲安平君。趙封樂毅爲望諸君。○薛公田文卒。

不書齊薛公何？薛貳於齊也。曷爲卒之？不容於齊，臣魏伐國，襄王既復，中立自固，身死而齊、魏共滅之。書卒，所以示戒也。

癸未　三十七年。燕惠王元年。秦白起伐楚，拔郢，燒夷陵。楚徙都陳。秦置南郡，封起爲武安君。

甲申　三十八年。秦置黔中郡。

乙酉　三十九年。魏安釐王元年。秦白起伐魏，拔兩城。○楚復取江南十五邑。○魏封公子無忌爲信陵君。

丙戌　四十年。秦魏冉伐魏，韓救之，大敗魏，納八城於秦。秦復伐魏，圍大梁，魏又割溫以和。

復伐何？甚秦也。又割何？甚魏也。納城而復伐，伐而又割，秦之無厭，魏之不振，益甚矣！故詳書之。

丁亥　四十一年。魏復與齊合從。秦魏冉伐魏，拔四城。

戊子四十二年。趙、魏伐韓，秦救之，大破其軍，魏割南陽以和。

己丑四十三年。韓桓惠王元年。楚太子完質於秦。○秦置南陽郡。○秦、魏、楚伐燕。

庚寅四十四年。燕武成王元年。趙伐齊。

辛卯四十五年。秦伐趙，圍閼與。趙奢擊却之，趙封奢爲馬服君。○秦伐齊，取剛、壽。○秦滅義渠。○秦以范雎爲客卿。

壬辰四十六年。秦攻趙閼與，不拔。

不拔矣，何以書？著秦彊也。秦自武王以來，至是四十二年，書伐國二十六，未有不得地者。至是再攻閼與，一書擊却，一書不拔，以是爲異也，故書，而趙奢之功亦著矣。

癸巳四十七年。秦伐魏，拔懷。

甲午四十八年。秦太子質於魏而卒。

乙未四十九年。秦拔魏邢丘。○秦君廢其母，不治事，逐魏冉、芈戎、公子市、公子悝，以范雎爲丞相，封應侯。

母后書廢始此。終《綱目》太后書廢者三，秦芈氏、魏高太后、晉楊太后。莫悖於秦君、晉賈氏，以子廢母，以婦廢姑，《綱目》所深誅也。

趙以公子勝爲相。

丙申 五十年。趙孝成王丹元年。秦君母羋氏以憂卒。

前書廢其母，此書以憂卒，而秦君之罪不可贖矣。終《綱目》書太后以憂崩卒者三。秦羋氏、晉庾氏、苻秦彊氏。

秦伐趙，取三城。齊救却之，遂以趙師伐燕，取中陽；伐韓，取注人。〇齊君法章卒，子建立，國事皆决於其母太史氏。

羋氏書治國事，此書國事皆决於其母何？恕辭也。若曰建之意，欲取决焉云耳。何恕乎太史氏？太史氏事秦謹，與諸侯信，由是齊四十餘年不被兵，則賢也。其視羋氏，不可同日語矣。

丁酉 五十一年。齊王建元年。秦白起伐韓，拔九城。

戊戌 五十二年。秦白起伐韓，取南陽，攻絶太行道。

特筆也。攻取之際，地有關於成敗之大勢者，《綱目》必特書之。故秦書攻絶太行道，漢書羌斷隴道，安帝元初元年。書斷斜谷閣，獻帝初平二年。唐書賊斷峽江路，僖宗中和二年。皆特筆也。

楚太子完自秦逃歸。楚君横卒，完立，以黄歇爲相，封春申君。

己亥 五十三年。楚考烈王完元年。楚納州於秦。〇秦白起伐韓，拔野王，上黨降趙。

庚子五十四年。

辛丑五十五年。秦王齕攻趙上黨，拔之。白起代將，大破趙軍，殺其將趙括，坑降卒四十萬。

上黨書趙何？予趙之得有上黨也。趙之禍自上黨始，則曷爲予之？予趙所以惡秦也。是故秦伐斬首多矣，不書數，至此特書坑四十萬，罪起也。書坑降卒始此。終《綱目》書坑降卒二，是年白起、漢初項籍二十萬。秦坑諸生不與焉。

壬寅五十六年。秦攻趙，拔武安、皮牢，定太原、上黨，韓、趙又割地以和。

又割何？病韓、趙也。曷爲病之？二國既已失地，韓又割垣雍，趙又割六城，是再失地也。幾又割而國不亡，秦之無厭，亦甚矣！故魏已獻八城，又獻温，則書又割；韓、趙既失武安、皮牢、太原、上黨，又獻垣雍、六城，則書又割：皆所以甚秦也。然趙之伐中山也，既取數邑，又要四邑，然後許和，非獨秦然也。反復之理，亦可畏哉！合而觀之，《綱目》之垂戒切矣。

魏以孔斌爲相，尋以病免。〇秦誘執趙公子勝，既而歸之。

入《綱目》百四十五年，書誘執者三，顯王二十九年公子卬、赧王十六年楚君槐、是年公子勝。皆秦也，秦之譎，甚矣！終《綱目》書誘執五。詳顯王二十九年。

癸卯五十七年。秦伐趙，圍邯鄲。〇趙公子勝如楚乞師，楚黄歇帥師救趙。〇魏晋鄙帥師救趙，次於鄴。

公子無忌襲殺鄙，奪其軍以進。

凡救書次，譏也。晉鄙可譏，則無忌無貶乎？書襲，書奪，《綱目》之意見矣。終《綱目》救書次五，是年晉鄙、梁癸酉年武陵王紀、乙亥年王琳、五代庚午年晉王、戊申年唐遣兵。救書屯一，齊辛巳年涪陵王遣兵。惟王琳、晉王非譏辭。

甲辰 五十八年。燕孝王元年。秦殺白起。

殺無罪稱殺。白起殺降，其罪大矣，其以無罪書何？秦殺之不以其罪也。《綱目》之例，殺之不以其罪，一以無罪之辭書之。然殺降，不可以不罪也，故不書爵。

魏公子無忌大破秦軍邯鄲下。

書大破秦軍何？志功也。《綱目》上義不上功，則曷爲志之？秦伐之，不得志，未有甚於此者，書，惡秦也。故河、渭絶一日則書，赧王十七年。大破秦軍則書，是年。追至函谷而還則書，秦甲寅年。皆惡秦之辭也。

秦太子之子異人自趙逃歸。

乙巳 五十九年。秦伐韓、趙，王命諸侯討之，秦遂入寇。王入秦，盡獻其地，歸而卒。

王書卒何？失天下之辭也。故諸侯失國，弒不書弒，蜀侯、齊君地。王失天下，崩不書崩，《綱目》之垂戒嚴矣。

資治通鑑綱目書法第二

起丙午，盡戊戌西楚霸王四年、漢王四年。

廬　陵　後　學　劉友益修撰
翰林直學士中大夫知制誥同修國史國子祭酒歐陽玄校正

丙午　秦昭襄王五十二〔一〕、楚考烈王八、燕孝王三、魏安釐王二十二、趙孝成王十一、韓桓惠王十八、齊王建十年。○凡七國。

按：《通鑑》自是歲揭秦紀而大書之，蓋周既亡，而以秦繼也。周亡而秦繼之，則《綱目》大書其年可矣，此其與列國分注何？天下未一也。天下未一，秦亦列國耳。必至於始皇二十六年，秦併天下，始以正統例大書之。此《綱目》所以大一統也，故曰「統正於下而人道定矣」。漢、晉、唐初皆倣此。

秦丞相范睢免。

〔一〕「王」下，宋刻《綱目》本有「稷」字。

免例有三：書某人免者，可免者也；著所坐者，有罪者也；書免某人官，下某人獄免，徵下獄免者，無罪者也。

楚以荀況爲蘭陵令。

《綱目》非大封拜不書，此令耳，何以書？録賢也。而以之者，爲可譏矣。其譏何？賢也，而止以爲令，非其所矣。終《綱目》書以爲令十有二，是年荀況、漢元帝永光元年張猛、晋孝武太元十六年范弘之、隋文帝開皇二十年王伽、唐太宗貞觀十四年韋元方、中宗嗣聖九年狄仁傑、二十一年戴令言、玄宗開元二年徐惀、德宗貞元十九年韓愈、憲宗元和十四年裴潾、穆宗長慶元年楊汝士、懿宗咸通五年劉蛻。惟王伽、徐惀爲非譏也。

周民東亡。秦取其寶器，遷西周公於憚狐之聚。○楚人遷魯於莒而取其地。

丁未 秦五十三、楚九、燕王喜元、魏二十三、趙十二、韓十九、齊十一年。秦伐魏，取吴城。○韓王入朝於秦。

書入朝何？秦益彊也。自威烈至周亡，韓未嘗書來朝，於是書入朝於秦，罪韓也。六國韓最先朝秦，而秦亦最先滅之，然則自卑以媚敵者，果不足以自免矣。自是，七國始書王，周已亡也。

魏舉國聽令於秦。

戊申 秦五十四、楚十、燕二、魏二十四、趙十三、韓二十、齊十二年。秦王郊見上帝於雍。○楚遷於鉅陽。

己酉 秦五十五、楚十一、燕三、魏二十五、趙十四、韓二十一、齊十三年。魏人殺衛君而立其弟。

庚戌　秦五十六、楚十二、燕四、魏二十六、趙十五、韓二十二、齊十四年。秋，秦王稷薨，太子柱立〔一〕。韓王衰絰入弔祠。

七國始書薨，周亡也。周亡，《綱目》王七國，則曷爲不書崩，書薨？分王也，書薨足以異之矣。《綱目》不皆薨、立，六王必有事而後書，惟秦悉書之，詳秦世也。自是，秦有大事，必書時若月。

燕伐趙，趙敗之，遂圍燕。○趙公子勝卒。

辛亥　秦孝文王柱元〔二〕、楚十三、燕五、魏二十七、趙十六、韓二十三、齊十五年。冬，十月，秦王薨，子楚立。

秦王柱也。

燕伐齊，拔聊城，齊伐取之。

壬子　秦莊襄王楚元、楚十四、燕六、魏二十八、趙十七、韓二十四、齊十六年。秦以呂不韋爲相國，封文信侯。○秦滅東周，遷其君於陽人聚。○秦伐韓，取滎陽、成皋，置三川郡。○楚滅魯，遷其君於卞，爲家人。

癸丑　秦二、楚十五、燕七、魏二十九、趙十八、韓二十五、齊十七年。日食。○秦伐趙，定太原，取三十七城。○

〔一〕「柱」，宋刻《綱目》本無。
〔二〕「柱」，宋刻《綱目》本無。

楚黄歇徙封於吴。

黄歇徙封何？歇意也。《綱目》誅意，故不書楚徙封黄歇，書黄歇徙封。

甲寅秦三、楚十六、燕八、魏三十、趙十九、韓二十六、齊十八年。秦悉拔上黨諸城，置太原郡。

自上黨降趙，於是十有七年，凡五書太原、上黨，其書之何？上黨，天下之脊也。秦得上黨，而併天下之勢成矣，故謹書之。

秦伐魏，魏公子無忌率五國之師敗之，追至函谷而還。

追至函谷何？惡秦也。秦伐之不得志，於是再書矣。自昭襄以來，山東之得志有三：田文之伐，書河、渭絶；無忌之救，書大破秦軍；於是，書追至函谷。雖終無救於亡，而《綱目》每喜書之，則亦惡秦而已矣！

五月，秦王薨，子政立。

秦王楚也。秦自書薨以來，未有不名者，其不名柱與楚何？疑也。何疑乎柱、楚？不韋欲政之王久矣，而二王之享國皆不永，以是爲可疑，故異其文。異其文者，異其事也。然則趙王丹、楚王悍亦不稱名，何也？六國之事，故多略之矣。

乙卯秦王政元、楚十七、燕九、魏三十一、趙二十、韓二十七、齊十九年。秦鑿涇水爲渠。

鑿渠必書，重民利也。書溝渠始此。終《綱目》書渠十，是年、漢武帝元光六年渭渠、太始二年白渠、明帝永平十三年汴渠、後主延熙四年曹魏漕渠、隋甲辰廣通渠、煬帝大業元年通濟渠、四年永濟渠、唐玄宗天寶元年三門運渠、後周戊午汴渠。邗溝、刁溝不與焉。

丙辰 秦二、楚十八、燕十、魏三十二、趙二十一、韓二十八、齊二十年。趙王薨，廉頗奔魏。

丁巳 秦三、楚十九、燕十一、魏三十三、趙悼襄王偃元、韓二十九、齊二十一年。秦大饑[一]。

書大饑始此。終《綱目》書大饑二十六，是年、辛未趙、漢武帝建元三年、元帝永光元年、莽甲戌、辛巳、漢光武建武二年、安帝永初三年再書、晉惠帝元康四年、永興二年、愍帝建興二年襄國、元帝大興二年、穆帝永和十年秦、孝武太元四年秦、六年、十二年涼州、安帝元興元年、梁丙辰魏、唐初戊寅涼、唐中宗嗣聖四年、玄宗天寶十三載[二]、肅宗上元二年、德宗興元元年、癸卯晉、甲寅湖南。書饑二十九。

秦伐韓，取十二城。○趙李牧伐燕，取武遂、方城。○魏公子無忌卒。

戊午 秦四、楚二十、燕十二、魏三十四、趙二、韓三十、齊二十二年。春，秦伐魏，取暘、有詭。○秋，七月，秦蝗，疫，令民納粟拜爵。

始鬻爵也。自是，漢文帝書詔民入粟邊得拜爵，武帝書詔民得買爵，書令株送徒入財補郎，安帝

[一] 「秦」，宋刻《綱目》本、《通鑑》卷六無。

[二] 「天寶……載」，弘治本、蜀藩本作「天寶……年」；本書下同，不再出校。

書令吏民入錢穀拜官賜爵，桓帝書賣關內侯以下官，靈帝書開西邸賣官，皆自秦始矣。書蝗始此。終《綱目》書大蝗十六，書蝗三十七。詳漢文帝後元六年。書疫始此。終《綱目》書大疫十一，書疫四。詳漢元帝初元元年。

己未　秦五、楚二十一、燕十三、魏景閔王增元、趙三、韓三十一、齊二十三年。秦伐魏，取二十城，置東郡。

庚申　秦六、楚二十二、燕十四、魏二、趙四、韓三十二、齊二十四年。楚、趙、魏、韓、衛合從以伐秦，至函谷，皆敗走。

於是取壽陵，至函谷，秦師出，五國之兵皆敗走。不書秦師出何？見五國之必自敗也。五國則曷爲必敗？合異以爲同，聯疏以爲親，以之擯秦未保也，況伐秦乎！以七十年前之五國不敵也，況今日之五國乎！然則田文何以獨得志？田文初脱虎口，志在復讐，當是時，以之入秦可也，豈黄歇輩所能辦哉！是以上書燕、趙、韓、魏、齊、楚合從以擯秦，則繼書秦以齊、魏伐趙；上書楚、趙、魏、韓、衛合從以伐秦，則下書至函谷，皆敗走：明從約之不可恃也。

楚遷於壽春。〇秦拔魏朝歌及衛濮陽，衛徙居野王。

辛酉　秦七、楚二十三、燕十五、魏三、趙五、韓三十三、齊二十五年。秦伐魏，取汲。

壬戌　秦八、楚二十四、燕十六、魏四、趙六、韓三十四、齊二十六年。魏與趙鄴。

癸亥　秦九、楚二十五、燕十七、魏五、趙七、韓王安元、齊二十七年。秦伐魏，取垣、蒲。○夏，四月，秦大寒，民有凍死者。

四月大寒，異也，至有凍死者，甚異矣，故備書之。終《綱目》書大寒二，是年、梁乙未年。四月大寒，一而已。秦未建亥，必因周曆，此書四月爲夏，亦周不改月之一驗也[一]。

秦王冠，帶劍。

書冠始此。自是終《綱目》書帝冠十三。詳漢惠帝四年。

秦伐魏，取衍氏。○秋，九月，秦嫪毐作亂，伏誅，夷三族。秦王遷其太后於雍。

於是周亡，始書太后，從其恒稱矣。據周存，君王后稱母[二]。遷辭有二：太后遷居某宮者，順辭也；遷太后於某宮者，逆辭也。終《綱目》書遷太后六，是年秦王、漢安帝延光四年孫程遷閻太后、靈帝建寧元年曹節遷竇太后、後主延熹十年曹爽遷郭太后、壬午年梁王衍遷齊太后、唐中宗神龍元年遷武太后。書遷某皇后二，漢哀帝元壽二年遷皇后傅氏、靈帝中平六年遷皇后董氏。皆逆辭也。非逆辭，則罪辭也。書太后遷居某宮五。詳漢昭帝元平元年。

楚王完薨，盜殺黃歇。

[一] 「秦未……驗也」，此句弘治本爲小字注文。

[二] 「后」，原作「光」，據弘治本、蜀藩本改。

不稱楚相何？削之也。據俠累稱韓相〔一〕。歇欺君以自禍，則不足以相人國矣。《綱目》書盜殺十一，而削其官者三。黄歇、王君㚟、李輔國。

甲子 秦十、楚幽王悍元、燕十八、魏六、趙八、韓二、齊二十八年。冬，十月，秦相國吕不韋以罪免，出就國。

免例有三：書某人免者，可免者也；著所坐者，有罪者也；書免某人官，下某人獄免，徵下獄免，皆無罪者也。書以罪免，則異於范雎矣，故徙蜀則削其爵。終《綱目》書以罪免八，不韋、石顯、匡衡、趙欽、胡廣、殷浩、邵陵王綸再書。著所坐書免三。司空融、祭彤、謝萬。

秦大索，逐客。客卿李斯上書，召復故官，遂除其令。

書召復故官何？譏也。秦併天下，李斯力也，何譏？併天下者，李斯也；促秦亡者，亦李斯也。終《綱目》書上書四，惟李斯見聽，亦惟李斯爲譏。書大索始此。終《綱目》書大索二，是年、二十九年。大搜一。漢武帝征和元年。書上書始此。終《綱目》書上書四，李斯、梅福、鮑宣、賀琛。書上疏一，後唐康澄。書獻策一，王通。竇融、曹操、單于、南詔上書不與焉。

齊、趙入秦，置酒。

於是《通鑑》不書，《綱目》特書之何？譏媚敵也。國幾亡矣，所以自免者，如是而已。書置酒始此。終《綱目》書置酒四，是年、漢高帝五年、七年、唐貞觀七年。宴享不與焉。

〔一〕「據俠累稱韓相」，此句原爲大字正文，據弘治本改小字注文。

乙丑 秦十一、楚二、燕十九、魏七、趙九、韓三、齊二十九年。趙伐燕，取貍陽。秦伐趙，取九城。

兩國事也，其不殊之何？病趙也。西支不暇，而暇北侵，其得喪竟何如哉！合而書之，所以爲謀人者之戒也。

趙王偃薨。

丙寅 秦十二、楚三、燕二十、魏八、趙幽繆王遷元、韓四、齊三十年。秦呂不韋徙蜀，自殺。

徙辭有四：徙某某，廢某，徙貶某，徙無罪之辭也；某徙者，有罪之辭也。

自六月不雨，至於八月。

恒陽也。書不雨始此。終《綱目》書自某月不雨至於某月六。是年、漢獻帝興平元年、後主建興九年、宋文帝庚午年、齊主蹟辛未年、唐德宗貞元十九年。

秦助魏伐楚。

丁卯 秦十三、楚四、燕二十一、魏九、趙二、韓五、齊三十一年。秦伐趙，殺其將扈輒。趙以李牧爲大將軍，復戰宜安，秦師敗績。

戊辰 秦十四、楚五、燕二十二、魏十、趙三、韓六、齊三十二年。秦伐趙，取宜安、平陽、武城。○韓遣使稱藩於秦。

己巳秦十五、楚六、燕二十三、魏十一、趙四、韓七、齊三十三年。秦伐趙，取狼孟、番吾，遇李牧而還。

伐國未有書遇而還者，書遇李牧而還，予牧功也。

燕太子丹自秦亡歸。

庚午秦十六、楚七、燕二十四、魏十二、趙五、韓八、齊三十四年。秋，九月，韓獻南陽地於秦。〇代地震，坼。

地震，變也，震而坼，大變也，不三年而趙亡，變不虛生，信矣！凡地震書地，一方震也；不地，非一方也；天下地震，無一方不震也。書地震始此。終《綱目》書地震一百一，秦庚午年、漢惠帝二年、呂后乙卯年、文帝元年、五年、景帝中元年、中三年、中五年、後元元年、武帝元光四年、征和二年、後元元年、宣帝本始元年、四年、地節三年、元帝初元二年再書、永光三年、建昭二年、四年、成帝建始三年、河平三年、綏和二年、孺子嬰初始元年、莽丙子年、光武建武二十二年、章帝建初元年、和帝永元四年、五年、七年、九年、安帝永初元年、二年、三年、四年再書、五年、七年、元初元年、二年、三年再書、四年、五年、六年再書、永寧元年、建光元年、延光元年再書、二年、三年、四年、順帝永建三年、陽嘉二年、四年、永和二年再書、三年再書、四年、五年、漢安二年、建康元年、桓帝建和元年再書、三年書再震、元嘉元年、二年再書、永興二年、永壽二年、延熹四年、五年、八年、永康元年、靈帝建寧四年、熹平二年、六年、光和元年再書、二年、三年、獻帝初平二年、四年再書、興平元年書再震、建安十四年、後主十二年、十五年、晋武帝太康九年、安帝隆安四年、恭帝元熙元年、宋己巳年、梁癸巳年、隋文帝開皇二十年天下地震、唐太宗貞觀二十三年、玄宗開元二十二年、僖宗乾符三年、五代癸巳年。書地坼三，是年、漢安帝元初元年、順帝陽嘉二年。書地裂三，漢和帝永元七年、桓帝永康元年、唐僖宗乾符三年。坼又甚於裂也。西涼效穀、西平各地裂不書，不與焉。晋恭帝元熙元年。書地動一，漢景帝後二年。書地陷一。漢安帝元初元年。

辛未 秦十七、楚八、燕二十五、魏十三、趙六、韓九、齊三十五年。○是歲韓亡，凡六國。秦内史勝滅韓，虜王安，置潁川郡。

五國皆先書擊、伐，後書滅，此其直書滅何？韓爲秦藩久矣，直書滅，易辭也。亡國之君其辭五：死之，上也；執虜，次之；以歸，次之；獲，次之；降爲下。

趙大饑。

壬申 秦十八、楚九、燕二十六、魏十四、趙七、齊三十六年。秦王翦伐趙，下井陘。趙殺其大將軍李牧。

於是六年，三書李牧，牧死而趙隨之亡矣。

癸酉 秦十九、楚十、燕二十七、魏十五、趙八、齊三十七年。○是歲趙亡，凡五國。秦滅趙，虜王遷。秦王如邯鄲。○秦軍屯中山以臨燕。○趙公子嘉自立爲代王，與燕合兵，軍上谷。○楚王薨，弟郝立。三月，郝庶兄負芻殺之，自立。

《綱目》之法，君没，叔姪兄弟争國，非下犯上，書殺而已矣。《綱目》叔姪兄弟争國六，是年、晋懷帝永嘉四年劉聰弑太子和、穆帝永和五年石遵弑太子世、安帝隆安三年吕纂殺太子紹、宋庚午年馮弘殺太子翼、庚戌年楚希蕚殺希廣。惟劉聰以弟書弑，石遵以及其太后書弑。

甲戌 秦二十、楚王負芻元、燕二十八、魏王假元、齊三十八年。○代王嘉元年。○舊國五，新國一，凡六。燕太子丹使盗劫秦王，不克。秦遂擊破燕、代兵，進圍薊。

乙亥 秦二十一、楚二、燕二十九、魏二、齊三十九、代二年。冬，十月，秦拔薊，燕王走遼東，斬其太子丹以獻於秦。

書斬何？罪丹也，故不書殺。不書誅何？不劫秦，亦亡矣。

秦李信伐楚。

丙子 秦二十二、楚三、燕三十、魏三、齊四十、代三年。○是歲魏亡，凡五國。秦王賁伐魏，引河溝以灌其城。魏王假降，殺之，遂滅魏。

伐未有書方略者，書引灌何？始開河隙也。據漢平帝元始四年王横言。自後決處遂大，不可復補。後六十年，始書河決矣。戰伐惟秦書引河溝，惟朱梁書決河，戊寅年。皆重其始開河隙也。

楚人大敗秦軍，李信奔還秦，王翦代之。

丁丑 秦二十三、楚四、燕三十一、齊四十一、代四年。秦王翦大敗楚軍，殺其將項燕。

戊寅 秦二十四、楚五、燕三十二、齊四十二、代五年。○是歲楚亡，凡四國。秦滅楚，虜王負芻，置楚郡。

己卯 秦二十五、燕三十三、齊四十三、代六年。○是歲燕、代亡，凡二國。秦王賁滅燕，虜王喜。還滅代，虜王嘉。

○秦王翦遂定江南，降百越，置會稽郡。○五月，天下大酺。

不書秦何？秦已滅五國矣，故書天下。終《綱目》書酺六。詳周赧王二十年。

庚辰秦始皇帝二十六年。王賁襲齊，王建降，遂滅齊。

四國皆書擊、伐，此其書襲何？齊不備也，后勝之罪大矣。

王初併天下，更號皇帝。○除謚法。○定爲水德，以十月爲歲首。

書水德何？著始也。五德之論，古不經見。鄒衍始倡此論，秦人采之，以急於法，而天下受其毒。自是代興，所王各異，《綱目》不悉書，再書水德而已矣。齊壬申年魏水德。《綱目》書以某月爲歲首始此。終《綱目》書改正者五，是年、漢武帝太初元年建寅、後主建興十五年魏建丑、唐中宗嗣聖六年武后用周正、肅宗上元二年建子。卒無以易夏時者矣。

分天下爲三十六郡，銷兵器，一法度，徙豪傑於咸陽。

書銷兵器何？譏私也。秦之亡，斬木揭竿者爲之。自秦書銷兵器，至隋而書除毀兵仗，文帝開皇九年。書收天下兵器，十五年。書禁民間兵器，而鐵叉、搭鉤、穳刃之屬皆禁之，煬帝大業五年。秦、隋一轍也。

築宮咸陽北阪上。

書築宮，重民力也。書築宮始此。終《綱目》宮殿書築作五十六，是年、二十七年信宮、三十五年朝宮阿房、二世元年復作、漢高帝五年長樂宮、武帝元封二年宣防宮、六年首山宮、太初元年建章宮、四年明光宮、更始癸未年修宮、明帝永平三年北宮、靈帝中平三年修南宮、獻帝建安元年修洛陽宮、二十五年魏主丕營宮室、後主建興五年魏大營宮室、十年魏治許昌宮、十二年魏作洛陽宮、又立崇華殿、延熙十年吴太初宮、丁亥年吴昭明宮、晉成帝咸和五年新宮、六年趙鄴宮、咸康二年趙太武殿、八年趙長安宮、洛陽宮、穆帝永和元年趙長安宮、洛陽宮、孝武帝太元三年作新宮、安帝元興三年燕逍遥宮、義熙二年魏壘南宮、宋癸亥年魏西宮、癸卯年宋大修、梁乙卯年東魏新宮、乙丑年東魏晋陽宮、丙子年齊大治宮室、己亥年周洛陽宮、隋文帝開皇十三年仁壽宮、煬帝大業元年東京宮室、三年晋陽宮、四年汾陽宮、十二年毘陵宮、唐太宗貞觀四年修洛陽宮、五年再書、八年大明宮、十一年飛山宮、二十一年翠微宮、又玉華宮、高宗顯慶五年合璧宮、龍朔三年蓬萊宮、永淳元年奉天宮、中宗嗣聖二十一年周興泰宮、玄宗開元二年興慶宮、十三年集賢殿、憲宗元和十三年麟德〔一〕、承輝殿、宣宗大中元年雍和殿、五代辛卯年閩寶皇宮、癸卯年楚九龍宮。臺觀、樓閣、館院、行宮不與焉。

辛巳 二十七年。帝巡隴西、北地，至雞頭山，過回中。

凡巡遊，譏也。書巡始此。終《綱目》書巡二十九，始皇居五焉，漢武帝居七焉，皆奢欲之主也。

作信宮及甘泉前殿，治馳道於天下。

〔一〕「憲」，原作「顯」，據弘治本、蜀藩本改。

書治馳道，譏勞民也；於天下，甚矣。書治道始此。終《綱目》書治道二，是年、三十五年。皆秦也，書開運道一。唐德宗貞元二年。

壬午二十八年。帝東巡，上鄒嶧山，立石頌功業；封泰山，立石；下禪梁父，遂登琅邪，立石。遣徐市入海求神仙。渡淮，浮江，至南郡而還。

凡巡，譏也；書遂，譏忘反也。《綱目》書巡二十九，書辭之詳者三，秦皇是年、漢武元封元年、隋煬大業三年。皆奢欲之尤者也。是故始皇書遂再，漢武書遂三，隋煬書遂一。於是史曰上鄒嶧山，立石頌功德，《綱目》書頌功業；史曰上自山陽，至巔，立石頌德，《綱目》止書立石再，不書德，削之也。書封禪始此。自是書封禪者，五君一后。始皇是年、漢武帝元封元年、太初元年、光武中元元年、唐高宗乾封元年、周武氏嗣聖十二年嵩少、玄宗開元十三年。終《綱目》封禪六，見上。許而停者四，唐太宗貞觀十五年、二十一年、高宗弘道元年、玄宗天寶九載。終不許者一。隋文帝開皇九年。書神仙始此。終《綱目》書求神仙三，始皇是年、漢武帝元光二年、元封元年。書方士名十四，徐市、新垣平、少翁、欒大、公孫卿、潘誕、盧迦逸多、鄭普思、葉靜能、張果、周息元、柳泌、趙歸真〔一〕、李玄伯。娑婆寐但書天竺方士，不與焉。而罪者一，誅者七，世主亦可以鑑矣。

〔一〕「歸」，原無，據《綱目》卷五十唐武宗會昌六年四月「趙歸真等伏誅」條補。

癸未二十九年。帝東遊，至陽武。韓人張良狙擊，誤中副車。令天下大索十日，不得。遂登之罘，刻石而還。

於是韓既滅矣，書韓人何？良之心未嘗無韓也。故心在乎韓，韓雖亡，而張良書韓人；心在乎晋，晋雖亡，而陶潛書晋徵士；心在乎唐，唐雖亡，而張承業書唐特進。《綱目》一字之褒，嚴矣！書遊始此。終《綱目》書遊八，是年、辛卯年吴主皓、晋成帝咸康元年趙王虎、安帝元興三年燕主熙、梁己亥年魏胡太后、陳癸巳年齊主緯、五代乙酉年蜀王衍二。危莫危於秦焉。終《綱目》書大索十日二。是年、漢征和元年。秦皇、漢武，一轍也。

甲申三十年。

乙酉三十一年。使黔首自實田。

丙戌三十二年。帝東巡，刻碣石門。壞城郭，決隄防。

書，譏私也。後乎此，唐莊宗亦有毋得修城，毀其守具之書。而秦、唐乃亡於長驅之兵也，此竟何益哉！

巡北邊，遣將軍蒙恬伐匈奴。

丁亥三十三年。略取南越地，置桂林、南海、象郡，以讁徙民五十萬戍之。

徙豪傑咸陽不書十二萬，此書五十萬何？爲謫徙書也。謫徙之民至五十萬，刑濫可知矣，故特書之。

蒙恬收河南地，築長城。

譏私且勞民也。書長城始此。終《綱目》書長城十，是年、宋癸亥年魏、梁癸亥年東魏；梁壬申年、乙亥年、丙子年，高齊三書；辛丑年、乙巳年、大業二年、四年，隋四書。高齊重城不與焉，枳關長城不書，不與焉。梁丁丑年、癸未年。

彗星見。

書，記異也。自是國無他變，間三歲而始皇死，天下亂。是故秦之將興也，彗見之；周顯王八年。其將亂也，彗復見之，蓋以彗始終焉。《通鑑》是歲不書彗見，而《綱目》特書之，其旨深矣。

戊子 三十四年。燒《詩》、《書》、百家語。

己丑 三十五年。除直道。○營朝宮，作前殿阿房。○坑諸生四百六十餘人。使長子扶蘇監蒙恬軍。

秦所以亡，以立少子胡亥也；胡亥所以得立，以長子扶蘇在外也；扶蘇所以在外，以諫坑儒生也。然則秦亡之禍，自坑儒始，天道亦昭昭哉！《綱目》著秦亡之本，以爲後世戒，故特書長子。

庚寅 三十六年。隕石東郡。

曹魏之世，張掖涌石，文曰「大討曹」，漢後主建興十三年。而魏不久亡。於是或刻之曰「始皇死而地分」，則人力也，越明年，而言亦驗。蓋雖人力，而有相之道矣。終《綱目》書隕石十二。是年、漢武帝征和四年、元帝建昭元年、成帝建始四年、陽朔三年、鴻嘉二年、元延四年、哀帝建平元年再書、平帝元始二年、殤帝延平元年、桓帝延熙七年。

辛卯三十七年。冬，十月，帝東巡，至雲夢，祀虞舜；上會稽，祭大禹，立石頌德。秋，七月，至沙丘，崩。丞相李斯、宦者趙高矯遺詔，立少子胡亥爲太子。殺扶蘇、蒙恬。還至咸陽，胡亥襲位。九月，葬驪山。

始皇於是六書刻石矣，好大自伐，未有甚於始皇者也。然則前不書頌德，此則曷爲書之？譏也。書德則何以爲譏？立石於會稽，是欲與禹較德也，故特書譏之。〇賀善贊曰：始皇自併天下以來，所書二十一事：書更號，書除謚，書改正，書封禪，書刻石，志自伐也；書銷兵器、徙豪桀，書壞城郭、決隄防，書築長城，書黔首自實田，志自私也；三書築宮，再書治道，志土木也；書伐匈奴，書取南越地，志窮黷也；五書巡遊，志遊觀也；書焚《詩》、《書》，書坑諸生，志狂悖也；書彗見，書隕石，志殃罰也。自更號至此，無一善足以裕後昆者，再世而亡，晚矣！〇謀矯立者，趙高也，曷爲首李斯？斯相也，故首罪之。前書矯立胡亥爲太子，則下書太子即位者，恒也，其止曰胡亥何？不予胡亥之爲太子也。故書襲位，若曰襲而取之云耳。《綱目》書襲位，胡亥一人而已矣。書宦者始此。書遺詔始此。終《綱目》書受遺詔六，漢武帝後元二年、宣帝黃龍元年、後主建興元年、晋元帝永昌元年、明帝太寧三年、唐太宗貞觀二十三年。舍是無書矯者矣。

壬辰 二世皇帝元年。楚隱王陳勝元、趙王武臣元、齊王田儋元、燕王韓廣元、魏王咎元年。○是歲建國凡五。冬，十月，大赦。○春，帝東行，到碣石，並海，南至會稽而還。○夏，四月，殺諸公子、公主。○復作阿房宮。

書復何？譏不變也。前書作前殿阿房矣，於是書復作，用民甚矣。故下書勝、廣，先書復作，所以著亂始也。終《綱目》宮殿書復者二：秦不恤民怨，則書復作阿房宮，魏不畏天怒，則書復立崇華殿，漢後主建興十三年。皆罪其不知變也。

秋，七月，楚人陳勝、吴廣起兵於蘄，勝自立爲楚王，以廣爲假王，擊滎陽。○楚遣諸將徇趙、魏，以周文爲將軍，將兵伐秦，至戲。秦遣少府章邯拒之，楚軍敗走。

勝、廣，得書起兵何？惡秦也。天下皆秦矣，何以書楚人？不予秦之滅六國也，故起兵者各紀其舊國。書舊國，則起兵爲義師矣。然則此秦篇也，書入寇可矣，書伐秦何？據《周紀》書入寇，不書寇周。夷秦於楚也。自是秦有事必書秦，則與列國無異矣。夷秦於列國，而大書其紀年，何也？世統也。是故《綱目》之紀年也，苟正統，雖夷秦於列國，而不得不大書；非正統，則孝惠子雖書少帝，而不得以大書。故曰「統正於下而人道定矣」。

八月，楚將武臣至趙，自立爲趙王。○九月，楚人劉邦起兵於沛，自立爲沛公。○楚人項梁起兵於吴。○齊人田儋自立爲齊王。○趙將韓廣略燕地，自立爲燕王。○燕軍獲趙王，既而歸之。

自立也，書趙王何？成之爲列國也。於是列國皆從其所稱，惟死及失地則名之。

楚將周市立魏公子咎爲魏王而相之。○秦廢衛君角爲庶人。

癸巳二年。楚懷王心元、趙王歇元、齊王田市元、燕王韓廣二、魏王豹元、韓王成元年。○是歲楚王勝、趙王武臣、齊王儋、魏王咎皆亡。舊國一，新國五，凡六。冬，十月，秦兵圍沛公於豐，沛公出戰，破之。○十一月，章邯追敗楚軍於澠池，周文走死。○楚田臧殺其假王吴廣，進與秦戰，敗死。○趙將李良弑其君武臣。○秦嘉起兵於郯。○秦益遣兵擊楚。臘月，楚莊賈弑其君勝，以降於秦。吕臣討賈，殺之，復以陳爲楚。

勝自立爲楚王，則《綱目》楚之，武臣自立爲趙王，則《綱目》趙之，其殺也書弑，其賊也書討，蓋成之爲列國也。其成之何？惡秦而已矣。

春，正月，趙將張耳、陳餘立趙歇爲王。○秦嘉立景駒爲楚王。○秦攻陳，下之。吕臣走，得英布軍，還，復取陳。○沛公得張良，以爲厩將。

特筆也。不書張良歸沛公何？著良心也。良欲復韓，而未知所從，沛公得之，漢之帝業成矣。書曰沛公得張良，貴之也。書法如此，終《綱目》一人而已。

項梁擊楚王駒，殺之。夏，六月，立楚懷王孫心爲楚懷王，韓公子成爲韓王。○章邯擊魏，齊、楚救之。齊王儋、魏相市敗死，魏王咎自殺。○齊人立田假爲王。○秋，七月，大霖雨。

書，記異也。書霖雨始此。終《綱目》書霖雨六，是年、漢景帝六年、晋成帝咸康四年、陳己卯年、唐代宗廣德二年、大曆十二年。書大者二，是年、漢景帝六年。書大雨六。詳漢昭帝始元元年。

齊王儋弟榮逐王假，立儋子市爲王而相之。○秦下右丞相馮去疾、左丞相李斯吏，去疾自殺，要斬斯，夷三族。以趙高爲中丞相。

書下某某吏何？非其罪也。下吏之辭有三：書下某吏，徵某下吏，無罪之辭也；書某有罪下吏，某以罪下吏，皆有罪之辭也。然則斯無罪乎？斯固有罪，而秦殺之不以其罪爾。於是將軍馮劫同下吏，自殺，不書，略之也。《綱目》書下某吏、下某獄十九，馮去疾等、相國何、絳侯勃、條侯亞夫、蕭望之、陳咸、王章、劉輔、鄭崇、王嘉、鮑宣、梁竦、周紆、郅壽、虞詡、李固、皇甫規、楊彪、侯君集。徵下獄六，收下獄一，捕下獄一。詳漢景帝中二年。書要斬始此。《綱目》書要斬二。是年、漢昭帝元鳳三年。凡書要斬，甚之也。

章邯擊破楚軍於定陶，項梁死。○楚立魏豹爲魏王。○章邯擊趙，圍趙王於鉅鹿。楚以宋義爲上將軍，救之。○楚遣沛公伐秦。

甲午 三年。楚二、趙二、齊二、燕三、魏二、韓二年。冬，十一月，楚次將項籍矯殺宋義而代之，大破秦軍，虜其將王離。

書大破秦軍何？惡秦也。然則籍無貶乎？書次將，書矯殺，則籍之罪著矣。是故邯鄲之救，書大破秦軍，而無忌襲奪之罪不可逃；鉅鹿之救，書大破秦軍，而項籍矯殺之罪不可掩：此功過之權衡也。

春，二月，沛公擊昌邑，彭越以兵從。〇沛公使酈食其説陳留，下之。〇夏，四月，沛公攻潁川，略南陽。秋，七月，南陽守齮降。〇章邯以軍降楚。

凡降，譏也；以軍降，甚譏之也。以軍降，則非力屈而降也。

八月，沛公入武關。趙高弑帝於望夷宮，立子嬰爲王。九月，子嬰討殺高，夷三族。

《綱目》廢君而弑之者二十，賊討者四；弑君者七十三，弑書殺者八，賊討者二十六：蓋什得二三焉，詳周赧王五年。亂豈有已哉！

沛公擊嶢關，破之。

乙未 楚義帝心元、西楚霸王項籍元、漢王劉邦元、韓三年。〇雍王章邯、塞王司馬欣、翟王董翳、西魏王豹、河南王申陽、殷王司馬卬、代王趙歇、常山王張耳、九江王英布、衡山王吴芮、臨江王共敖、遼東王韓廣、燕王臧荼、膠東王田市、齊王田都、濟北王田安元年。〇是歲秦亡。新、舊大國三，小國十七，爲二十國，而韓、塞、翟、遼東、膠東、齊、濟北七國皆亡。〇又，韓王鄭昌、齊王田榮元年。定十五國。冬，十月，沛公至霸上，秦王子嬰奉璽符節以降。〇沛公入咸陽，還軍霸上，除秦苛法。

特筆也。漢之所以得天下也以此。故高帝入咸陽，則書曰除秦苛法；光武至河北，則書曰除莽苛政：二漢之興，宜哉！

項籍詐坑秦降卒二十餘萬於新安。

前書坑降卒四十萬矣，於是再見，著殘也。終《綱目》書坑降卒二，周赧王五十五年、是年。舍是無書者矣。

沛公遣兵守函谷關，項籍攻破之，遂屠咸陽，殺子嬰，掘始皇帝冢，大掠而東。

上書沛公還軍霸上，除秦苛法，下書項籍詐坑降卒二十餘萬，此書屠咸陽，殺子嬰，掘始皇冢，大掠而東，劉、項之仁暴分矣，漢、楚之興亡兆矣。書屠何？著暴也。子嬰不書王，已降也。書屠始此。終《綱目》書屠八。項籍、宋辛酉年北凉屠燉煌、梁庚午年侯景屠廣陵、唐大曆三年李晟屠定秦堡、光啓三年孫儒屠高郵、光化二年劉仁恭屠貝州、五代丁未年契丹屠相州、庚戌年契丹屠内丘。書發冢始此。終《綱目》山陵書發七，項籍、漢建武二年赤眉、建康元年盜發憲陵、初平元年董卓、晋建興三年盜發杜、霸、唐天福二年盜發簡陵、戊辰年温韜發昭陵。書燒園陵不與焉。漢順帝永和六年。

春，正月，項籍尊楚懷王爲義帝。○二月，項籍自立爲西楚霸王。○立沛公爲漢王。○章邯爲雍王。○司馬欣爲塞王。○董翳爲翟王。○徙魏王豹爲西魏王。○立申陽爲河南王。○司馬卬爲殷王。○徙趙王歇爲代王。○立張耳爲常山王。○英布爲九江王。○吴芮爲衡山王。○共敖爲臨江王。○徙燕王廣爲遼東王。○燕將臧荼爲燕王。○徙齊王市爲膠東王。○齊將田都爲齊王。○田安爲濟北王。○夏，四月，諸侯罷兵就國。○漢以蕭何爲丞相，遣張良歸韓。○五月，齊田榮擊走齊王都，遂弑膠東王市，自立爲齊王。秋，七月，使彭越擊殺濟北王安，又擊破西楚軍。○西楚殺韓王成，張良復歸漢。

前歸沛公不書，書沛公得張良矣。此其書復歸漢何？成不殺，良不歸，書復歸，著良心也〔一〕。良之心奈何？一於爲韓而已矣。

漢王以韓信爲大將，留蕭何給軍食。八月，還定三秦，雍王邯迎戰，敗走廢丘，塞王欣、翟王翳降。

給軍食未有書者，此其書何？特筆也。漢之業，蕭何爲之。

西楚立鄭昌爲韓王。○燕王荼弒遼東王廣。

皆王矣，其書弒何？廣，故君也，雖並立爲王，而君臣之分不可泯。《綱目》之書法，嚴矣哉！是故荼嘗臣廣，則書燕王荼弒遼東王廣；萇嘗臣堅，則書後秦王萇弒秦王堅。晋孝武帝太元十年。

王陵以兵屬漢。

丙申 西楚二年、漢二年。○是歲楚、常山、河南、韓、殷、雍、魏七國皆亡。凡二大國，及代、九江、衡山、臨江、燕、齊六小國，爲八國。又，趙王歇後元，代王陳餘、韓王信皆元年，而齊王假、王廣代立，定十二國。冬，十月，西楚霸王項籍弒義帝於江中。○陳餘以齊兵襲常山王耳，走漢，代王歇復爲趙王，立餘爲代王。○漢王如陝，鎮撫關外父老。○河南王陽、韓王昌降漢。○十一月，漢立韓王孫信爲韓王。○漢王還都櫟陽。○春，正月，楚擊齊王榮，敗走，死。楚復立田假爲齊王。○三月，漢王渡河，魏王豹降，虜殷王卬。以陳平爲護軍中尉。○漢王至洛陽，爲義帝發喪，告諸侯，討項籍。

〔一〕「著」，原作「者」，據弘治本、蜀藩本改。

漢之初起，《綱目》書起兵，楚遣入關書伐，皆有名之師也。秦既滅矣，諸侯皆就國矣，而漢王復以失職興兵，雖曰不爲無辭，然其爲説亦微矣，故《綱目》止書曰還定三秦而已。及是，三軍縞素，聲項籍弑君之罪，而肆伐焉，則義師也。故《綱目》以討書之，而項籍自是斥名。

夏，四月，齊王榮弟横立榮子廣爲王，擊王假，走之。○漢王率五諸侯兵伐楚，入彭城。項籍還，破漢軍，以漢太公、吕后歸。○漢王遣隨何使九江。

凡使稱名，不辱命也；非是，書使而已。終《綱目》使稱名者三十二，漢隨何、劉敬、陸賈、張騫、蘇武、蜀漢宗禕、鄧芝再書、陳震、宗預、燕梁琛、魏于什門、李順、梁徐陵、周杜杲、伊婁謙、唐劉文静、鄭元璹、陳大德、鄧素、和逢堯、蕭昕、韋倫再書、李揆、李龜年、五代李承勳、李嚴、姚坤、陳覺、李德明、孫晟。惟劉敬、陳大德、鄧素、陳覺爲譏。

五月，漢王至滎陽。

至，危之也。何危乎？漢王仗義討賊，賊未除而置酒高會，取危之道也。後書漢王走入關，走渡河，甚矣！詳丁酉年。

魏王豹叛漢。○漢王還櫟陽，立子盈爲太子。○漢兵圍廢丘，雍王邯自殺，盡定雍地。

亡國之君其辭五：死之，上也；執虜，次之；以歸，次之；獲，次之；降爲下。《綱目》亡國之君自殺三。雍王邯、霸王籍、梁主瑱。

關中饑，人相食。

關中何？漢所都也。於是漢方外敗，而根本之地饑，人相食，漢之業亦殆矣哉。然則蕭何之任重矣，蕭何之功大矣。終《綱目》書人相食十。是年、漢武帝建元三年、元鼎三年、新莽甲戌年、壬午年、安帝永初三年再書、桓帝元嘉元年、永壽元年、晋武帝太元十二年。

秋，八月，漢王如滎陽，命蕭何守關中，立宗廟、社稷。○漢韓信擊魏，虜王豹，遂北擊趙、代。

丁酉

西楚三年、漢三年。○是歲趙、代、九江三國亡。二大國，并衡山、臨江、燕、齊、韓五小國，凡七國。冬，十月，韓信大破趙軍，禽王歇，斬代王餘，遣使下燕。○是月晦，日食。○十一月晦，日食。

自癸丑書日食，至是四十五年，然後復書。秦政代立以來，至於國亡，乃皆未嘗日食，豈秦之德有以勝妖歟？曰，君象也；秦，閏位也；其不足以當天，審矣！終《綱目》一歲再食廿五，是年、漢惠帝七年、文帝三年、安帝元初元年、靈帝建寧元年、光和元年、昭烈帝章武二年、晋丙戌年、癸巳年、甲午年、武帝太康九年、愍帝建興四年、元帝建武元年、宋己巳年、陳辛巳年、甲申年、丁亥年、壬辰年、乙未年、癸卯年、唐太宗貞觀元年、中宗嗣聖廿年、景龍元年、玄宗開元廿年、代宗永泰十四年。連月而食者，二而已，是年、漢文帝三年。一歲三食者不與焉。晋惠帝光熙元年。自是，日食始書月。

十二月，隨何以九江王布歸漢。

書以何？歸功何也。布未決歸，而何能以之，漢得布而有天下之勢成矣。是故九江之歸漢未決，而隨何能以之，則書隨何以；晋成帝咸和三年。陶侃以赴難未勇，而温嶠能以之，則書温嶠以；東荆州兵之赴長安未果，而趙剛能以之，則書趙剛以：梁甲寅年。皆歸功以之者也。

漢遣酈食其立六國後，未行而罷。

未卒事不書，書未行而罷何？幸之也。凡未行而罷之例有二：有幸之之辭，有惜之之辭。《綱目》書未行罷免者五，漢遣酈食其立六國後，魏遣兵迎吴降將，漢後主景耀四年。幸之也；成帝詔立辟雍，漢綏和元年。莽以費興爲荆州，戊寅年。劉琨、段匹磾討石勒，晋元帝建武元年。惜之也。書既而罷之六，詳新莽辛巳年。書尋罷之四，詳唐中宗景龍四年。書不果行十一、詳漢成帝綏和二年。不果一、不行一，書不至二。詳漢明帝永平四年。

夏，四月，楚圍漢王於滎陽。亞父范增死。

蠻夷書死，盗賊書死，增，楚臣也，則曷爲以死書？項氏，弑君賊也，而增爲之謀主，是亦賊焉耳。然則其書亞父何？書亞父，見其爲賊所尊也。終《綱目》卒書死者六：楚范增、莽母、妻、王舜、揚雄，皆賊之也；胡僧不空，夷之也。唐代宗大曆九年。

五月，漢王走入關。彭越擊楚，楚還兵擊之。漢王復軍成皋。○六月，楚破彭越，還拔滎陽及成皋。漢王走，渡河，奪韓信軍，遣信擊齊。○秋，七月，有星孛於大角。

書孛始此。終《綱目》書孛五十三，是年、漢文帝後七年、景帝二年、中二年、中三年、武帝建元三年、四年、六年、元狩三年、四年、元封元年再書、後元二年、昭帝始元三年、宣帝地節元年、神爵元年、黄龍元年、元帝初元五年、成帝建始元年、元延元年、哀帝建平二年、三年、新莽壬午年、漢光武建武十五年、三十年、明帝永平二年、十八年、章帝建初元年、二年、安帝永初三年、順帝永和六年、桓帝建和三年、延熹四年、靈帝光和元年、三年、五年、中平五年、獻帝初平四年、建安五年、九年、十一年、十二年、十七年、二十三年、後主建興十四年再書、己丑年、丁酉年、晋惠帝永興二年、成帝咸康六年、哀帝興寧元年、安帝隆安四年、唐太宗貞觀十五年。孛紫宫六，漢宣帝黄龍元年，是年大喪；光武建武三十年，間二歲大喪；章帝建初二年，間一歲太后喪；靈帝中平五年，明年大喪；己丑年；丁酉年。孛太微四。漢明帝永平十八年，踰月大喪；靈帝光和五年，間一歲黄巾起；晋成帝咸康六年，明年后喪；唐太宗貞觀十五年，間一歲太子以反廢。惟於紫、於太微，非分裂之代，無不有大應者。

八月，漢王軍小脩武，遣人燒楚積聚。

特筆也。事有關於成敗之故者，雖小事，《綱目》必書之。漢初書燒楚積聚，中興書襲取莽輜重，壬午年。曹操書破紹輜重，興平五年。皆特筆也。

彭越下梁十七城，楚復擊取之。○漢王遣酈食其説齊，下之。

戊戌 西楚四年、漢四年。冬，十月，漢韓信襲破齊，齊王烹酈食其，走高密。○漢王復取成皋，與楚皆軍廣武。○楚救齊，十一月，漢韓信擊破之，殺其將龍且，虜齊王廣。田横自立爲齊王，戰敗，走，信遂定齊地。○漢立張耳爲趙王。○漢王還櫟陽，留四日，復如廣武。

特筆也。漢王可謂不敢自暇矣，雖禹之辛壬癸甲，何以過之。光武之篇，書潁川盜起，帝還宫六日，討平之，皆特筆也。二祖創業之初，其勤如此，後世猶有書幸馮石府，留飲十日者矣。漢安帝建光元年。

春，二月，漢立韓信爲齊王，徵其兵擊楚。○秋，七月，漢立黥布爲淮南王。○八月，漢初爲算賦。

書初何？志始也。算賦以治庫兵車馬，則軍興之制也，自是遂爲常法，故謹書之。是故漢高帝算賦則書初，武帝榷酤則書初，天漢三年。桓帝田畝税錢則書初，延熹八年。晋孝武增税米則書初，太元八年。唐定租庸調則書初，武德七年。德宗兩税則書始，建中元年。間架陌錢則書初，建平四年。税茶則書初，貞元九年。皆重其始取民也。

北貉、燕人致梟騎助漢。

致助何？順辭也。夷蠻借兵之辭五：曰致助，曰請助，曰入援，順辭也；曰發兵，尊辭也；曰遣使以某兵至，敵辭也；曰乞兵，卑辭也；曰求救，急辭也。莫善於漢之致助，唐之請助者矣。蠻夷借兵始此。終《綱目》書蠻夷借兵八。是年、隋大業十三年、唐天寶十五載再書、寶應九年、興元元年、五代唐丙申年、晋辛亥年北漢。

漢王令軍士死者，吏爲棺斂，送其家。

書，嘉恤死也。戰國之世，殺人多者至二十四萬，未有書恤死之政者。書恤死始此，漢之興宜哉！終《綱目》書恤死之政五。是年、唐太宗貞觀二十五年再書、十九年、五代漢庚戌年。

漢以周昌爲御史大夫。○楚與漢約，中分天下。九月，歸太公、吕后於漢，解而東歸。

書楚與漢約何？不以背約累漢王也。故太公實請，而以楚歸爲文。討賊，天下之大義也，背約不足以累之。

資治通鑑綱目書法第三

起己亥漢高帝五年，盡甲申漢文帝後七年。

廬陵後學劉友益修撰
翰林直學士中大夫知制誥同修國史國子祭酒歐陽玄校正

己亥 漢太祖高皇帝五年。冬，十月，王追項籍至固陵。齊王信、魏相國越、及劉賈誘楚周殷迎黥布，皆會。

十二月，圍籍垓下，籍走，自殺，楚地悉定。

王不書漢何？漢篇也。周殷曷爲書誘？歸功賈也。項籍何以不書誅？前書討項籍，則足以明其爲賊矣〔一〕，不必書誅可也。

王還，至定陶，馳入齊王信壁，奪其軍。

前書奪韓信軍矣，於是復書馳入壁奪其軍，帝則未免任術矣。此信之所以不終臣節也。故《綱目》備書之，而此稱馳入。

〔一〕「明」，弘治本、蜀藩本作「名」。

遣劉賈擊臨江王共尉，虜之。○春，正月，更立齊王信爲楚王，魏相國越爲梁王。○赦。○二月，王即皇帝位。

得天下之辭有三：即皇帝位，正也；稱皇帝，自稱而已矣；立爲皇帝，不宜立者也。終《綱目》書即皇帝位者四：高帝也、光武也、昭烈也、晋元帝也。自宋以下得天下者，書稱皇帝而已。書立爲帝、爲皇帝凡五，齊君地、漢恒山王義[一]、劉玄、盧芳、石敬瑭[二]。皆不宜立而立者也。

更王后曰皇后，王太子曰皇太子，追尊先媪曰昭靈夫人。○立故衡山王芮爲長沙王，故粵王無諸爲閩粵王。○帝西都洛陽。○夏，五月，兵罷歸家。

高帝之得天下也，書兵罷歸家，光武之中興也，書罷郡國車騎材官，還復民伍，其廣大氣象何如哉！與書銷兵器、毁兵仗者，大不侔矣。秦二十六年、隋開皇九年。

置酒南宮。

置酒何以書？志帝所以興也。終《綱目》書置酒四，詳秦甲子年。書宴十六，晋穆帝升平三年燕蒲池、孝武帝太元三年秦宴群臣、齊丙子年元魏華林園、隋煬帝大業三年張衡宅、十二年西苑、唐太宗貞觀元年宴群臣、六年丹霄殿、七年玄武門、十二年東宫、高宗開耀元年麟德殿、睿宗景龍四年宴近臣、玄宗開元二十年上

[一]「王」，原無，據《綱目》卷三漢高皇后吕氏四年五月「立恒山王義爲帝」條補。

[二]「石敬瑭」，原作「石敬塘」，據《通鑑》卷二八〇改；以下徑改，不再出校。

陽東洲、二十三年御樓、肅宗至德二年宴回紇、癸未年蜀宴宣華殿、甲申年蜀怡神亭。書大宴一，唐憲宗元和十五年穆宗。大饗三，漢光武建武十三年、獻帝建安二十五年魏主丕、晋成帝咸和七年趙。罷宴一。唐太宗貞觀二十年。

召故齊王横，未至，自殺。○以季布爲郎中，斬丁公以徇。○帝西都關中，以婁敬爲郎中，賜姓劉氏。

書賜姓何？譏也，始亂宗屬矣。書賜姓始此。自是至唐，賜姓、賜名不可勝書矣。終《綱目》書賜姓三，婁敬、徐世勣[一]、羅藝。書賜名五，楊國忠、李正己、張茂昭、田弘正[二]、朱全忠。書賜姓名三，李寶臣、李國昌、李贊華。不書賜書削奪姓名者一，李茂貞。不書賜書復其姓名者一。李紹貞等。

張良謝病，辟穀。

書謝病有之矣，書辟穀何？爲惠六年書卒張本也。此書辟穀，後書卒，《綱目》之意微矣。

六月，赦。○秋，七月，燕王臧荼反，帝自將擊虜之[三]，立盧綰爲燕王。

帝自起兵，身親其間多矣，不書自將，此書自將何？既即帝位也。書自將始此。終《綱目》書自將三十八，是年再書、七年、十年、十一年、光武建武二年、三年、五年再書、八年再書、十一年、昭烈章武元年、二年魏主、後主建興十一年吴主、晋惠大安二年、丙寅年宋主、又魏主、庚寅年魏主、庚戌年魏主、齊

[一]「徐世勣」，原作「徐世績」，據弘治本、蜀藩本改。
[二]「田弘正」，原作「田宏正」，據弘治本、蜀藩本改；以下徑改，不再出校。
[三]「擊虜」，原作「虜擊」，據宋刻《綱目》本、《通鑑》卷一一改。

丁丑年魏主、己卯年魏主、陳庚辰年高齊主、隋煬大業七年、九年、五代辛未年蜀主、辛巳年晋主、丙申年唐主、甲辰年晋主再書、乙巳年晋主、丁未年晋主、漢主〔一〕、辛亥年、壬子年、甲寅年、丙辰年、丁巳年、己未年周主。書親征二，晋明帝太寧二年、唐太宗貞觀十八年。書奉帝、奉其主四。漢後主延熙二十年、晋惠帝大安二年再書、永興元年。

趙王張耳卒。〇故楚將利幾反，帝自將擊破之。

凡書故將，予義也，此其書反何？惡楚也。《綱目》書故將七，是年利幾、晋惠帝永興二年成都故將公師藩、元帝大興三年晋王保故將陳安、穆帝永和六年故趙將麻秋、又張賀度、唐初辛巳年竇建德故將劉黑闥、五代辛亥年漢湘陰公故將鞏廷美。惟利幾以故將書反，公師藩以成都將書寇。

後九月，治長樂宮。

庚子 六年。冬，十二月，帝會諸侯於陳，執楚王信以歸，至洛陽，赦爲淮陰侯。

書執以歸，執無罪也。

始剖符封功臣爲徹侯。〇春，正月，立從兄賈爲荆王，弟交爲楚王，兄喜爲代王，子肥爲齊王。〇以曹參爲齊相國。

書齊相何？録善治也。故《通鑑》不書，《綱目》特書之。

〔一〕「漢主」，弘治本、蜀藩本作「知遠」。

更以太原郡爲韓國，徙韓王信王之。〇封雍齒爲什方侯。〇詔定元功位次，賜丞相何劍履上殿，入朝不趨。此殊禮也，《綱目》備書者四，蕭何、董卓、曹操、劉裕。惟蕭何得書賜；略之，止稱殊禮者四，梁冀、會稽王昱、蕭道成、唐王淵。惟梁冀、會稽王昱書加；書不名者一。司馬昭。凡不書賜與加者，皆僭而已矣。

帝歸櫟陽。〇夏，五月，尊太公爲太上皇。

帝既即皇帝位矣，父猶稱曰太公，其追尊先媪亦不過曰夫人，又踰年而後始正太上皇之號。帝之尊親反後於始皇矣[一]，始皇更號曰皇帝，即追尊莊襄王爲太上皇。無臣故也。

秋，匈奴寇邊，圍馬邑。韓王信叛，與連兵。〇令博士叔孫通起朝儀。

稱朝儀何？紀實也。終《綱目》書修定儀禮十一，是年叔孫通、章帝元和三年曹襃、甲申年魏荀顗[二]、壬辰年梁五禮、己未年西魏制禮樂、乙巳年隋五禮、隋煬帝大業二年儀衛、唐太宗貞觀十一年新禮、高宗顯慶三年新禮、玄宗開元十四年張説、戊午年周實儼。耕桑、封禪儀不與焉。

辛丑 七年。冬，十月，長樂宮成，朝賀置酒。

宮未有書成者，此其書成何？三年而後成也。故漢長樂書成，隋仁壽書成，唐蓬萊書成，皆久

[一]「於」，原無，據弘治本、蜀藩本補。

[二]「顗」，原作「顯」，據《通鑑》卷七八改。

而後成者也。終《綱目》書宮成四，是年長樂宮、晋孝武太元三年新宮、隋文帝開皇十五年仁壽宮、唐高宗龍朔三年蓬萊宮。惟晋新宮非久辭。

帝自將討韓王信，信及匈奴皆敗走，帝追擊之，被圍平城，七日乃解。

高帝自將五，書擊者四，臧荼、利幾、陳豨、黥布。此則曷爲以討書？信，帝所拔立，非臧荼、利幾輩比也。故高帝之世，反者多書擊，惟韓王信、盧綰己所拔立，則書討。《綱目》之權衡，審矣！然則楚圍漢王於滎陽也，直書曰圍，漢王此其曰被圍平城何？不以外加内也。若隋煬逆賊，則書曰始畢圍之矣。大業十一年。是故明内外之分，則高帝書曰被圍；正上下之義，則劉虞書曰見殺。獻帝初平四年。

十二月，還至趙。

至，危之也。

匈奴寇代，代王喜棄國自歸，立子如意爲代王。〇春，令郎中有罪耏以上請之，民産子復勿事二歲。

二事，《通鑑》不書，《綱目》特書之。書之何？嘉祥刑且志仁政也。《綱目》恤刑之政，書令奏請讞議者八，是年、景帝中元五年、齊戊辰年元魏、隋文帝開皇十二年、十六年、唐太宗貞觀二年、四年、十六年。此書令民産子復勿事，章帝書詔賜民胎養穀，元和二年。皆仁政也。

二月，帝至長安，始定徙都。

治長樂宮常書矣，於是治未央宮，則曷爲不書？過度也，故諱之。其諱之何？不以未央爲賢相之累也。

置宗正官。○夏，四月，帝如洛陽。

壬寅八年。冬，擊韓王信餘寇於東垣。○十二月，還宮。○春，三月，令賈人毋得衣錦、繡、綺、縠、絺、紵、罽，操兵、乘、馬。

癸卯九年。冬，遣劉敬使匈奴，結和親。

書，謹始也。高帝創有此舉，而後中國失其尊矣。特書結，自我也。《綱目》書和親凡十六：而書結和親一，與和親六，詳惠帝三年。及和親一，宋甲戌年魏。請和親四，詳文帝六年。求和親三，詳文帝六年。乞和親一。光武建武二十八年。莫善於乞和親，莫不善於結和親。終《綱目》，舍是無書結者矣。

十一月，徙齊、楚大族豪傑於關中。○春，正月，趙王敖廢，徙代王如意爲趙王。

於是貫高謀逆，則曷爲不書？諱之也。貫高之謀，帝之嫚實啟之。然則書趙王敖廢何？權不足也。帝之至趙，敖執禮甚恭，是矣。高有反謀，爲敖者誅之可也，執而歸之天子可也，而徒隱忍不從。以爲其廢也，自取之而已。凡廢之辭二：廢某王某者，無罪之辭也；某王某廢者，有罪之辭也。

夏，六月晦，日食。○以蕭何爲相國。

甲辰十年。夏，五月，太上皇崩。秋，七月，葬萬年，令諸侯王國皆立廟。

書皆立廟何？譏非古也。自是，惠帝於高祖，孝景於太宗，孝宣於世宗，遂爲故常矣。於是《通鑑》不書，《綱目》皆書之。

以周昌爲趙相，趙堯爲御史大夫。○九月，代相國陳豨反，帝自將擊之。

乙巳十一年。冬，破豨軍。春，正月，后殺淮陰侯韓信[一]，夷三族。

凡書殺，殺無罪也。信與豨通，則謀反矣，不書何？諱之也。曷爲諱之？信之反，帝激之也。帝之奪信王，非其罪也。於是，帝未還都而殺之，而夷之，甚矣！故斥書后殺。

韓王信伏誅。○帝還至洛陽。○立子恒爲代王。○赦。○二月，立王侯朝獻、郡國口賦法。○詔郡國求遺賢。

書求遺賢何？美急賢也。入《綱目》二百餘年，於是始見。自是而舉賢良，舉直言，皆帝啟之矣。故《通鑑》未書，《綱目》特書之。

梁王越廢，徙蜀。三月，殺之，夷三族。

書梁王越廢何？罪越也。越不從反矣，曷爲罪之？權不足也。然則何以復書殺？甚殺之者也。

〔一〕「后」上，宋刻《綱目》本有「皇」字。

廢之可也，殺之，夷三族，甚矣！

立子恢爲梁王，友爲淮陽王。○夏，四月，還宮。○五月，立故秦南海尉趙佗爲南粵王。○帝有疾。○秋，七月，淮南王布反。帝自將擊之，立子長爲淮南王。布擊殺荆王賈，又敗楚軍，遂引兵西。

十二年。丙午 冬，十月，帝破布軍於蘄西。布亡走，長沙王臣誘而誅之。

凡書誘，譏也，此其書誘何？前書反，此書誅，則罪人也，無嫌於誘矣。書長沙王臣，予其功也。終《綱目》書誘誅二，是年、唐憲宗元和十四年王弁。書誘殺十。詳昭帝元鳳四年。凡誘殺，皆譏辭。

帝還，過沛，復其民，世世無有所與。

特書也。其特書何？譏也，以爲君天下而私一邑也。自帝有此書，而後光武書復春陵，復南頓，玄宗亦書復潞州，皆帝啟之也。而世世無有所與，又甚矣！光武建武六年、十九年、唐玄宗開元十一年。

太尉周勃誅陳豨，定代地。○立兄子濞爲吴王。○十一月，過魯，以太牢祠孔子。

書祠孔子何？嘉重道也。書祠孔子多矣，鮮有書所以者，書以太牢，重嘉之也。自坑焚禍烈，吾道幾墜。帝以不事《詩》、《書》之資，方破布而歸，適然過魯，乃能動念及此，至以太牢祀焉，帝亦有大過人者矣！漢四百年，吾道之重，實自此始，特書美之。終《綱目》書祠孔子五，是年、章帝元和二年、宋庚寅年魏主燾、齊乙亥年魏主宏、唐高宗乾封元年。書釋奠二，唐高祖武德七年、代宗大曆元年。謁祠拜墓一，五代壬子年周太祖。皆帝發之也。祠書以太牢者，二是年、庚寅年。而已。

遂還宮。○下相國何廷尉獄，數日，赦出之。

書赦出之，美改過也。終《綱目》書赦出之五：上書下某獄，下書赦出之，赦無罪之辭也；相國何是年、周紆章帝建初八年、虞詡順帝永建元年、楊彪獻帝建安二年是也。上書坐事下獄，下書赦出之，失有罪之辭也。賀若弼隋文帝開皇二十年是也。書既而赦之二，詳文帝四年。既而釋之三，詳成帝元延元年。赦不誅二，詳成帝鴻嘉二年。赦不治一。昭帝始元元年。

燕王綰謀反。春，二月，遣樊噲以相國將兵討之。立子建爲燕王。

未有書某以某官將者，書噲以相國何？重其權也。使以相國將，而隨詔陳平斬之，則帝之决也，非苟然者矣。平乃傳詣長安，豈帝意哉？《綱目》書噲以相國將，次書詔斬噲，平傳噲詣長安，下書赦樊噲，所以罪平而危漢也。

立南武侯織爲南海王。○詔陳平斬樊噲，以周勃代將其軍。平傳噲詣長安。○夏，四月，帝崩。

賀善贊曰：漢、唐，皆以兵取天下者也。《綱目》於高帝有四特筆，唐初不得而與焉。其未即位也，加秦書伐，加項籍書討，其用夷兵也書致助，其即位也書即皇帝位，大綱正矣。唐未即位〔一〕，書擊西河，其用夷兵，書劉文静以突厥兵至，即位，書稱皇帝，豈可與漢同日語哉！至於斬丁

〔一〕「唐」，原作「其」，據蜀藩本改。

公，祠孔子，皆有大過人者，漢祚之永，宜哉！

盧綰亡入匈奴。○五月，葬長陵。○太子盈即位，尊皇后曰皇太后。○赦樊噲，復爵邑。○令郡國立高廟。

丁未 孝惠皇帝元年。冬，十二月，太后殺趙王如意。○徙淮陽王友爲趙王。○春，正月，始城長安西北方。

城未有書始者，此其書始何？記事始也，有匆亟之意焉。此一城耳，凡三書皆春初，用農隙也。西土晚寒，農事未起，於是乎用之，帝可謂能使民矣。

戊申 二年。冬，十月，齊王肥來朝。○春，正月，兩龍見蘭陵井中。

書龍見始此。終《綱目》書龍見十有三，是年、文帝十五年、宣帝甘露元年、成帝永始元年、平帝元始二年、桓帝建和元年、永康元年、後主建興十一年、十五年、景耀二年、晋武帝太康五年、穆帝永和元年、後唐乙酉年。而見井中者四，是年、建興、景耀、太康。成帝黄龍見真定，鴻嘉元年。不書，不與焉。

隴西地震。

終《綱目》書地震一百一，而兩漢居九十焉。漢書地震始此。

夏，旱。

書旱始此。終《綱目》書大旱三十八，書旱五十八。詳五年。

秋，七月，相國、酇侯蕭何卒，以曹参爲相國。

《綱目》於兩漢諸臣卒，具官爵姓者，美稱也；不書姓者，恒稱也；惟不書官者，爲貶之。兩漢諸臣卒，書官爵、書姓者三十七：蕭何、曹參、陳平、霍去病、衛青、金日磾、霍光、張安世、魏相、丙吉、卓茂、祭遵、馮異、吴漢、鄧禹、楊賜，皆官爵姓具者也〔一〕；張良、尹翁歸、趙充國、辛慶忌、寇恂、朱祐、馬援、樊宏、賈復、耿弇、竇融、鄧訓、王涣、鄧弘〔二〕、梁育、荀淑、朱穆、黄瓊、胡廣、陳寔、荀爽，或官或爵而具姓者也〔三〕；不書官者四。王譚、單超、馬日磾、荀攸。

己酉 三年。春，城長安。○與匈奴和親。

高帝遣使和親則書結，高帝九年。此其書與何？恕辭也。何恕乎？惠帝非創焉耳。終《綱目》書與和親六，是年、文帝後元二年、甲戌年新莽、梁乙卯年元魏、陳己亥年、唐僖宗廣明元年。書及和親一，宋甲戌年元魏，詳高帝九年。與修好不與焉。

夏，五月，立閩越君摇爲東海王。

庚戌 四年。冬，十月，立皇后張氏。

兩漢之篇，書立某氏爲皇后者，恒辭也，此其書立皇后張氏何？后，帝甥也，倫序亦少乖矣。

〔一〕「皆官……者也」，此句弘治本爲小字注文。
〔二〕「鄧弘」，原作「鄧宏」，據弘治本、蜀藩本改。
〔三〕「或官……者也」，此句弘治本爲小字注文。

異其文者，異其事也。是故惠后張氏以失序則異其文，是年。宣后許氏以側微則異其文，昭帝元平元年。成后許氏以失序則異其文，成帝建始二年。哀后傅氏以失序則異其文，成帝綏和二年。桓后梁氏以失序則異其文。桓帝建和元年。

春，正月，舉民孝弟力田者，復其身。〇三月，帝冠。

於是帝生十五年矣，立后五閱月矣。書帝冠始此。終《綱目》書帝冠十三，是年、昭帝元鳳四年、和帝永元三年、安帝永初三年、順帝永建四年、桓帝建和二年、靈帝建寧四年、獻帝興平元年、晋成帝咸康元年、穆帝升平元年、孝武帝太元元年、安帝隆安元年、宋主昱甲寅年。長者莫如漢昭帝，年十七。最少者莫如宋主昱。年十二。立后而後冠者四。惠帝、昭帝、桓帝、晋孝武帝。冠皆正月，重歲首也，惟惠帝三月，宋主昱十一月焉。書太子冠二。宋己卯年劭、唐太宗貞觀五年承乾。

赦。〇省法令妨吏民者。

書，予之也。

除挾書律。

上書省法令妨吏民者矣，此其一也，復揭而書之何？予之也，亦惜之也。曷爲惜之？惜其晚也。蓋不事《詩》、《書》之害，亦遠矣。終《綱目》律令書除十，是年、呂后甲寅年除三族罪、文帝元年除收孥、二年除誹謗妖言、十三年除肉刑、成帝綏和二年除誹謗詆欺法、齊丙子年魏除逋亡緣坐、丁卯年魏除宮刑、唐太宗貞觀四年除鞭背刑、玄宗天寶六載除絞斬刑。書罷一，宋甲寅年。書減二，景帝中六年、成帝河平元年。書令勿坐二。宣帝地節四年、元康四年。

立原廟。

譏遂非也。是舉也，叔孫通成之。

宜陽雨血。

大異也，故《通鑑》未書，《綱目》特書之。書雨血始此。《綱目》書雨血二，是年、晋惠帝永康元年。齊君地千乘、博昌雨血，周赧王三十一年。漢主聰延明殿雨血，晋愍帝建興三年。不書，不與焉。

辛亥

五年。冬，雷，桃李華，棗實。

冬雷，異也；而桃李華，棗實，異之異矣。書雷始此。書桃李華始此。終《綱目》書雷十，是年、景帝六年、後三年、武帝元封三年、昭帝元鳳五年、成帝元延元年、新莽己巳年、庚午年、靈帝建寧二年、晋安帝義熙五年。而冬雷者七。是年、景帝六年、後三年、武帝元封三年、昭帝元鳳五年、新莽己巳年、庚午年。書桃李華三，是年、呂氏甲寅年、文帝六年。桃李實一，成帝建始四年。桐華一，新莽己巳年。棗實一。是年。

春，正月，城長安。○夏，大旱。

書大旱始此。《綱目》書大旱三十八。是年、文帝九年、後六年、景帝後二年、武帝元光六年、元朔五年、元封四年、六年、天漢元年、三年、征和元年、昭帝元鳳五年、宣帝本始三年、成帝建始二年、鴻嘉三年、永始四年、哀帝建平四年、平帝元始二年、明帝永平十八年、章帝建初二年、靈帝熹平六年、光和六年、後主建興六年、晉懷帝永嘉三年、元帝建武元年、成帝咸康元年、穆帝升平二年秦、三年、簡文帝咸安二年、安帝義熙十一年、丙寅年宋、齊丁卯年魏、壬午年、梁甲申年魏、隋煬帝大業八年、唐德宗貞元元年、五代乙酉年唐、癸丑年唐。

秋，八月，相國、平陽侯曹參卒。○九月，長安城成。

城未有書成者，此其書成何？久也。宮殿書成，費也；宗廟書成，慢也。此其譏與？佚道使民，何譏焉！帝之城也，必用春初，有愛民之心焉。跨歷五年，然後畢事，書成，所以見其匆亟也。終《綱目》城書始、書成，一而已。

壬子 六年。冬，十月，以王陵爲右丞相，陳平爲左丞相。○夏，留侯張良卒。○以周勃爲太尉。

癸丑 七年。春，正月朔，日食。

日食三朝，大變也。書正月朔日食始此。《綱目》書正月朔食二十八，有應者二十餘，可畏矣哉！是年食，八月大喪；成帝元延元年正朔食；哀帝元壽元年正朔食，明年大喪；光武建武二年正朔食；安帝永初五年正朔食；桓帝建和元年正朔食；延熹九年再書，明年大喪；獻帝初平四年正朔食；昭烈帝章武二年正朔食，明年大喪；後主景耀三年正朔食，間一歲漢亡；晉初丁酉年正朔食；戊戌年正朔食；武帝太康七年、八年、九年正朔連食，間一歲大喪；惠帝光熙元年正朔食，是年大喪；懷帝永嘉二年正朔食，後三年遷平陽；成帝咸康八年正朔食，六月大喪；穆帝永和八年正朔食；安帝義熙十三年正朔食，明年弑；宋文帝乙亥年正朔食；梁武帝戊午年、丁卯年正朔食，明年侯景反，次年梁主殂；陳丁亥年正朔食；至甲辰年、乙巳年正朔連食，間一歲陳亡；唐太宗貞觀六年正朔食；宣宗大中八年正朔食；朱梁辛未年正朔食，間一歲遇弒。

夏，五月，日食，既。

日食必書晦、朔，此其不書何？先後日也，曆官失之。據梁武帝普通元年。先是，日食三朝，可謂大變矣。不數月又食既焉，未幾而以大喪書。變不虛生，信哉！書日食既始此。終《綱目》書日食既十有二，無不有應者。是年食既，越三月大喪；晉穆帝升平四年食既，越九月大喪；隋煬帝大業十二年食既，間一歲身弒國亡；唐武氏癸卯年食既，間一歲武氏喪；肅宗至德元年及上元二年再書食既，越九月大喪；僖宗文德元年食既，是月大喪。其餘漢昭帝元鳳元年、安帝元初六年、後主延熙六年、梁武帝壬寅年，皆書食既，自是皆有大變。惟漢明帝永平八年日食既，則以求言改過而免耳。終《綱目》日食不書晦、朔者十八。是年、呂后庚申年正食、景帝中四年、武帝元光元年、和帝永元二年、安帝永初元年、元初元年、三年、後主延熙十年、晉甲午年正食再不書、元帝建武元年、穆帝永和七年正食、梁武帝普通元年正食、陳文帝丙戌年正食、又庚子年、五代丁酉年正食、戊戌年正食。

秋，八月，帝崩。

賀善贊曰：惠帝在位七年，所書纔通十九事[一]，五書封立，三卒大臣，四書城長安，書太后殺、書和親、書冠、書赦各一。如書齊王肥來朝，書立原廟，書舉民孝弟力田，書省法令妨民者，書

〔一〕「通」，蜀藩本作「二」。

除挾書律五事，其天資仁厚，亦可見矣。然而災變八書，何也？意者太后居中，所以感召然也。

太后使呂台、呂產將南、北軍。

拜官書以，恒也，此其書使何？以，公辭也；使，私辭也。此大臣請耳，曷爲以太后使書？請雖大臣，而使之畏而請者，太后也。此條《通鑑》因誅諸呂及之，《綱目》揭書於此，而特稱太后使，其旨微矣。

九月，葬安陵。太子即位，太后臨朝稱制。

漢世太子即位未有不書名者，此其不名何？他人子也。他人子也，而書太子即位，予之歟？不書立某爲太子，則非予之也。不予之，則曷爲稱太子？未嘗書立爲太子也，俄而有太子者即位，而不知其名，所以著其非正統也，而太后之專，大臣之徇，不貶而自見矣。終兩漢之世，太子即位不書名，一而已。〇自秦芈氏治國事，而臨朝之端見矣。漢呂氏始書臨朝。終《綱目》書臨朝、書御殿、書稱制詔凡二十二，至稱皇帝，極矣！呂氏、平帝王太后、和帝竇太后、殤帝鄧太后再書、北鄉侯閻太后、冲帝梁太后再書、靈帝竇太后、獻帝何太后、晋成帝庾太后、穆帝褚太后三書、魏馮太后再書、齊宣德太后、魏胡太后再書、唐武氏再書、五代漢太后。

甲寅 高皇后呂氏元年。

於是有所謂少帝矣，曷爲仍舊史，以高皇后之年紀之？少帝他人子，而呂氏則漢太后也。然則他人子也，書太子、書少帝無改焉，何也？所以罪漢廷之大臣也。書太子、書少帝則曷爲罪之？以爲漢廷大臣不能爲有亡，而聽其所立也。故以吕氏紀元而實録之，不以他人子亂正統也。然則曷爲不於歲下大書？婦人稱制，天下之大變，《綱目》所深懼也，故特變例書之。

冬，十一月，太后以王陵爲帝太傅，陳平爲右丞相，審食其爲左丞相，任敖爲御史大夫。○追尊父吕公爲宣王，兄澤爲悼武王。○春，正月[一]，除三族罪、妖言令。

始盡改秦也。《綱目》寬刑之政，書除者十。並詳惠帝四年。

二月，置孝弟力田，二千石者一人。○夏，四月，立張偃爲魯王。○封山、朝、武爲列侯，立彊爲淮陽王，不疑爲恒山王。

凡封立，異姓書姓，同姓書子若弟，恒也，此其曰山、朝、武何？疑也。其疑奈何？以族則非真孝惠子也，以姓則不知其何姓也，然則名之而已矣。異其文者，異其事也。

立吕台爲吕王。○秋，桃李華。

乙卯

二年。冬，十一月，吕王台卒。○春，正月，地震，武都山崩。○夏，五月，太后封齊王弟章爲朱虚侯，令入宿衛。

宿衛不書，此何以書？特筆也。朱虚所以成功，以典宿衛耳。齊制其外，章處其内，以誅諸吕，不難也。是故封國未有書某弟者，此書齊王弟；《通鑑》書齊悼惠王子。前吕王不書太后立，此書

[一]「正」，原作「三」，據宋刻《綱目》本、弘治本、蜀藩本、《通鑑》卷一三改。

太后封。《綱目》書曰太后封齊王弟章，令入宿衛，天奪之魄矣。於是封楚元王子郢客爲上邳侯〔一〕，不書，略之也。

六月晦，日食。○秋，七月，恒山王不疑卒。○行八銖錢。

書錢幣始此。自是，終西漢之世，錢貨凡七變；是年行八銖、己未年行五分、文帝五年造四銖、武帝建元元年行三銖、五年行半兩、元狩四年行三銖、五年鑄五銖。莽四變；居攝二年更造、己巳年禁金刀、庚午年更作、甲戌年改錢法。東漢五銖不變；曹魏三變，皆五銖；昭烈帝章武元年復〔二〕，十月罷，後主建興五年復行。吴再變；後主建興十四年鑄大錢、延熙元年鑄當千大錢〔三〕。晋不書；宋七變；庚午年鑄四銖、丁亥年鑄大錢、戊子年罷、甲午年鑄孝建四銖、乙巳年鑄二銖、十一月罷、丙午年專用古錢。齊議鑄，不果；梁再變；癸卯年鑄鐵錢、丁丑年鑄四柱錢。陳再變；壬午年鑄五銖、己亥年用大貨六銖。元魏三變；齊乙亥年行大和五銖、梁丁酉年新舊通行、梁己酉年鑄永安五銖。周三變；辛巳年更鑄、甲午年鑄五行大布錢、己亥年鑄永通萬國錢。隋五銖不變；唐七變；辛巳年唐行開元通寶、高宗乾封元年行乾封泉寶、二年罷、肅宗乾元元年鑄大錢、二年更鑄、上元元年敕小錢一當三十、寶應元年皆當一。五代楚、乙酉年。晋、戊戌年、己亥年。周、乙卯年。唐己未年。皆有鑄。自漢以來，其間不變者，皆五銖也。然則五銖，誠古

〔一〕「上邳侯」，原作「上邽客」，據《通鑑》卷一三改。
〔二〕「復」，原作「後」，據弘治本、蜀藩本改。
〔三〕「千」，原作「十」，據弘治本、蜀藩本改。

今之中制矣。

太后立山爲恒山王，更名義。

丙辰三年。夏，江、漢水溢。

書水溢始此。終《綱目》書雜水溢十有二，是年再書、辛酉年、晋元帝建武元年、梁武帝庚子年、唐太宗貞觀十一年、高宗永淳元年、中宗神龍元年、玄宗開元八年、十年、十八年、二十九年。河、海溢不與焉。

秋，星晝見。

記異也。書星晝見始此。終《綱目》非日食而星晝見者四，是年、己未年、晋惠帝永康元年、五代己酉年。而太后居其二，陰盛陽微極矣！

伊、洛、汝水溢。

丁巳四年。夏，四月，太后封女弟嬃爲臨光侯。

婦人封侯，終《綱目》千三百六十二年，一而已。書，深譏之。《綱目》婦人以官封書者十一，吕嬃、宣帝外祖母博平君、莽母功顯君、安帝太后母新野君、乳母王聖野王君、順帝乳母宋娥山陽君、梁冀妻孫壽襄城君、魏元乂妻胡氏女侍中、陳馮僕母冼氏石龍太夫人〔一〕、隋封冼氏譙國夫人、唐楊妃姊國夫人。自冼氏

〔一〕「馮」，原作「一」，據弘治本、蜀藩本改。

外，皆譏也。蕭何妻稱酇侯，不書，不與焉。

廢少帝，幽殺之。五月，立恒山王義爲帝，更名弘。以朝爲恒山王。

魏馮、胡太后弑君則書弑，此其書殺何？不成之爲君也。曷爲不成之爲君？非正統也。義書立爲帝何？太后立之也，亦非正統，故其帝也書立爲帝，其誅也書呂后所名孝惠子。終《綱目》書立爲帝、爲皇帝凡五，齊君地、弘、劉玄、盧芳、石敬瑭。書立爲天子一，劉信。皆不成之爲帝也。惟石敬瑭以事成得書主。

以曹窋爲御史大夫。

戊午 五年。春，南越王佗反。○秋，八月，淮陽王彊卒，太后立武爲淮陽王。○初令戍卒歲更。

己未 六年。冬，十月，太后廢呂王嘉，立台弟産爲呂王。○春，星晝見。○匈奴寇狄道。○行五分錢。

庚申 七年。冬，十二月，匈奴寇狄道。○春，正月，太后幽殺趙王友。○日食，晝晦。

日食，晝晦，大異也。於是太后見而惡之，曰「此爲我也」，越明年，而以大喪書。終《綱目》書日食三百六十七，晝晦者三，周安王二十年、赧王十四年、是年。舍是無書者矣。

二月，太后徙梁王恢爲趙王，呂王産爲梁王。○秋，七月，立太爲濟川王。○封營陵侯澤爲琅邪王。○趙王恢自殺，太后立呂禄爲趙王。○九月，燕王建卒，太后殺其子，國除。○遣將軍周竈將兵擊南越。

辛酉八年。冬，十月，太后立呂通爲燕王。〇夏[一]，江、漢水溢。〇秋，七月，太后崩，遺詔産爲相國，禄女爲帝后，審食其爲帝太傅。

《綱目》入漢世始書后喪，惟惠后張氏不書，以假子亂正統也。猶未書姓也；至上官氏始書姓，猶未書葬也；惟宣帝葬許皇后，哀帝葬傅太后，以非禮書。至東漢始書葬。於是既葬，以審食其爲帝太傅，直書遺詔，太后志也。

齊王襄發兵討諸呂，相國産使大將軍灌嬰擊之。嬰留屯滎陽，與齊連和。九月，太尉勃、丞相平、朱虚侯章誅産、禄及諸呂，齊王、灌嬰兵皆罷。

書使何？未有君命。未有君命而受其使，非譏歟？上書齊王襄發兵討諸呂，繼書嬰留屯，與齊連和，則受其使者，所以爲討亂計也。嬰於是可謂能權矣。故下書齊王、灌嬰兵皆罷，列嬰於齊，予嬰也。

諸大臣迎立代王恒。後九月，至，即位，誅呂后所名孝惠子弘等，赦。

書呂后何？據前皆稱太后。后無母道也。后則曷爲無母道？以婦人制天下，以假子亂正統，其爲無母道也，大矣！故《綱目》於此，直書曰所名孝惠子，而后不書太，所以絶之於文帝也。兩漢之世，書迎立者十。代王恒、昌邑王賀、曾孫病己、中山王箕子、清河王祜、北鄉侯懿、濟陰王保、渤海

〔一〕「〇」，原另起行，據宋刻《綱目》本、弘治本、蜀藩本補。

孝王子纘、蠡吾侯志、解瀆亭侯宏。

壬戌太宗孝文皇帝元年。冬，十月，徙琅邪王澤爲燕王，封趙幽王子遂爲趙王。○以陳平爲左丞相，周勃爲右丞相，灌嬰爲太尉，論功益户有差。

前書太尉勃、丞相平、朱虚侯章誅産、禄及諸吕，則三人之功一也。於是論功，列叙平、勃、灌嬰而不及章，則帝之私也。合而觀之，貶意自見矣。

十二月，除收孥相坐律令。○春，正月，立子啟爲皇太子。○三月，立竇氏爲皇后。○詔定振窮養老之令。○楚王交卒。

《綱目》不皆卒諸侯，楚王交卒何以書？賢也。何賢乎交？觀其禮遇穆生，斯賢矣。賢之，斯卒之矣。

夏，四月，齊、楚地震，山崩，大水潰出。

書大水始此。終《綱目》書地震一百一，書山崩二十六，書大水六十三，是年、景帝中五年、武帝元狩三年〔一〕、元鼎二年、元初元年、元帝永元五年、成帝元朔二年、光武建武八年、三十年、三十一年、明帝永平三年、八年、和帝永元元年、十年、十四年、殤帝延平元年再書、安帝永初元年、二年、四年、永寧元年、延光三年、桓帝建和二年、三年、永壽元年、延熹二年、永康元年、靈帝建寧元年、熹平元年、四年、中平五年、六

〔一〕「狩」，原作「符」，據弘治本、《通鑑》卷一九改。

年、後主建興元年、十五年、戊子年、己丑年、丁酉年、戊戌年、晉武帝太康四年、惠帝元康五年、八年、宋乙亥年、梁癸巳年、陳甲申年、隋煬帝大業七年、唐太宗貞觀八年、高宗永徽五年再書、咸亨四年、中宗嗣聖元年再書、二十年、神龍元年、玄宗開元十四年、德宗貞元八年、憲宗元和八年、十一年、十二年、宣宗十二年、懿宗十四年、五代壬子年再書、癸丑年。書水出三，是年、新莽乙亥年、唐僖宗乾符三年。地震而山崩者六，是年、宣帝本始四年、元帝建昭四年、成帝河平三年、順帝永和三年、桓帝建和三年。地震而水者二。是年、唐僖宗乾符三年。

令四方毋來獻。

書，美之也。書却貢獻始此。終《綱目》書禁罷貢獻十四，是年、光武建武十三年、和帝永元十五年、戊戌年晉、甲戌年齊、癸未年梁、唐高宗永徽二年、代宗大曆十四年再書、德宗貞元二十一年、憲宗元和三年〔一〕、四年、文宗太和三年、辛亥年周。莫善於罪之之詔；唐高宗永徽二年。獻而却者四，順帝永建四年、晉孝武帝太元三年、隋文帝開皇十五年、唐穆宗長慶四年。莫勇於焚之之舉。唐玄宗開元二年。禄山獻馬，諭止之，不與焉。

封宋昌爲壯武侯。〇秋，八月，右丞相勃免。

漢世丞相免，非書爵不書姓。

〔一〕「三」，原作「二」，據弘治本、蜀藩本、《通鑑》卷二三七改。

遣太中大夫陸賈使南越，南越王佗稱臣奉貢。

凡使稱名，嘉不辱也。終《綱目》使稱名三十二。詳漢初丙申年。

召河南守吴公爲廷尉，以賈誼爲太中大夫。

自秦置守，漢初因之，至是四十八年，始書吴公之政。終帝之世，三書而已，自是以後，不可勝書矣。書廷尉始此。終西漢書廷尉七，吴公、張釋之、張歐、張湯、杜周、黄霸、于定國。而帝之世二人焉，吴公、張釋之。皆吉人也。

癸亥 二年。冬，十月，丞相、曲逆侯陳平卒。○詔列侯之國。○十一月，以周勃爲丞相。○是月晦，日食，詔舉賢良方正能直言極諫者。

書，謹天戒也。《綱目》書日食三百六十七，繼書舉賢良方正或直言極諫者四，是年、成帝建始三年、章帝建初五年、桓帝延熹八年。詔極言者一，明帝永平八年。書舉至孝一，桓帝延熹九年。詔陳過失一，成帝河平元年。詔上封事一，光武建武七年。罷元會一，唐宣宗大中八年。舍是無書焉。然則世主以天戒爲玩者，多矣！書舉賢良方正能直言極諫始此。《綱目》書舉賢良方正直言極諫三，是年、武帝建元元年、唐憲宗元和三年。舉而書策一，文帝十五年。書舉賢良方正三，宣帝本始四年、桓帝延熹八年、晋成帝咸和六年趙。書舉賢良文學一，武帝元光元年。書舉賢良二，昭帝始元元年、五代丁巳年周世宗。書舉直言極諫三。元帝初元二年、成帝建始三年、章帝建初五年。

春，正月，親耕籍田。

書耕籍何？重農且恤祀也。書耕籍始此。終《綱目》書耕籍十。是年、戊子年晉武帝、甲申年宋文帝、庚子年宋孝武帝、癸酉年魏主宏、甲午年梁武帝、唐太宗貞觀三年、高宗乾封二年、儀鳳二年、玄宗開元二十三年。

三月，立趙幽王子辟彊爲河間王，朱虛侯章爲城陽王，東牟侯興居爲濟北王，子武爲代王，参爲太原王，揖爲梁王。○夏，五月，除誹謗、妖言法。○秋，九月，賜天下今年田租之半。

書賜半租，嘉重農也。書賜半租始此。《綱目》書賜天下半租三，是年〔一〕、十二年、戊申年宋。賜天下三分之一者一，唐肅宗至德二年。賜州郡半租一，後主炎興元年魏復益州。賜州郡三分之一者一。隋文帝開皇十二年河北、河東。

甲子　三年。冬，十月晦，日食。十一月晦，又食。

《綱目》書日食三百六十七，而一歲再食者二十五，其間連月而食者，二而已。漢初丁酉年、是年。舍是，無連月而食者矣。

丞相、絳侯勃免，就國。○以灌嬰爲丞相，罷太尉官。○淮南王長來朝，殺辟陽侯審食其。

食其耳，書爵何？不與長之專殺也。兩下相殺不書，此何以書？長之反，此其漸矣。書，譏失

〔一〕「是」，弘治本、蜀藩本作「今」。

刑也。

夏，五月，匈奴入寇。帝如甘泉，遣丞相嬰將兵擊走之，遂如太原。濟北王興居反，遣大將軍柴武擊之。秋，七月，還宮。八月，興居兵敗，自殺。

　　王書反矣〔一〕，不書討何？病帝也。帝於興居，亦少負矣〔二〕。

以張釋之爲廷尉。

乙丑 四年。冬，十二月，丞相嬰卒，以張蒼爲丞相。

　　漢丞相卒不書姓，自嬰始。兩漢諸臣卒，書官不書姓者，恒稱也；書官爵書姓者，美稱也；不書官者，貶也。兩漢諸臣書官爵書姓者三十七，不書官者四。並詳惠帝二年。

召河東守季布，至，罷歸郡。○以賈誼爲長沙王太傅。○下絳侯周勃廷尉獄，既而赦之。

　　既而赦之何？美改過也。《綱目》書既而赦之二，上書下絳侯周勃獄，則赦無罪，美辭也；上書張昌宗下獄，則赦有罪，譏辭也。美惡不嫌同辭。書既而釋之三。詳成帝元延元年。

作顧成廟。

丙寅 五年。春，二月，地震。○夏，四月，更造四銖錢，除盜鑄令。○徙代王武爲淮陽王。

〔一〕「王」，原作「內」，據蜀藩本改。

〔二〕「矣」，原無，據弘治本、蜀藩本補。

丁卯六年。冬，十月，桃李華。○淮南王長謀反，廢徙蜀道，死。○匈奴冒頓死，子老上單于立，復請和親。

冒頓不書單于，削之也。自秦始皇帝三十二年始書匈奴，至是單于始見《綱目》。自後單于死、立必書，匈奴益彊大也。書曰請和親，與書與和親又異矣。書請和親始此。終《綱目》書請和親四，是年〔一〕、武帝元狩四年、和帝永元十六年、唐僖宗乾符五年。請昏一，唐高祖武德八年。求和親三，光武建武二十二年、二十七年、唐德宗貞元三年。求昏二，晉安帝義熙七年、五代乙酉年。乞和親一，光武建武二十八年。與和親六，詳惠帝三年。及和親一，宋甲戌年魏。結和親一。高帝九年。

以賈誼爲梁王太傅。

戊辰七年。夏，四月，赦。○六月，未央宮東闕罘罳災。

書災始此。終《綱目》書災十六，是年、景帝三年、中五年、武帝建元六年、太初元年、新莽戊寅年、安帝元初四年、順帝陽嘉元年、靈帝中平二年、後主十一年、十二年、十三年、晉元帝大興元年、梁甲寅年、丙寅年、唐玄宗天寶九載。書火十二。詳昭帝元鳳四年。

己巳八年。夏，封淮南厲王子四人爲列侯。○長星出東方。

〔一〕「是」，弘治本、蜀藩本作「今」。

書長星始此。終《綱目》書長星六。是年、景帝三年、武帝元狩四年、晋孝武帝大元二十年、恭帝元熙二年〔一〕、梁武帝庚戌年。

庚午 九年。春，大旱。

辛未 十年。冬，將軍薄昭有罪，自殺。

坐殺漢使也。書曰有罪自殺，《綱目》有以斷斯獄矣。

壬申 十一年。夏，梁王揖卒，徙淮陽王武爲梁王。○匈奴寇狄道。○募民徙塞下。

癸酉 十二年。冬，十二月，河決酸棗，東潰金隄，興卒塞之。

書河決始此。終《綱目》書河決十有六，是年、武帝元光三年、元帝永光五年、成帝建始四年、河平三年、新莽辛未年、唐玄宗開元十年、五代晋戊戌年、己亥年、辛丑年、甲辰年、丙午年、戊申年、庚戌年、壬子年、己未年。書塞八。是年、武帝元封二年、成帝河平元年、三年、五代甲申年、甲辰年、壬子年、己未年。

春，三月，除關，無用傳。○詔民入粟邊，得拜爵、免罪。賜農民今年半租。

秦政之初，書令民納粟拜爵矣，未免罪也。於是始有贖罰焉。自是武帝書詔民得贖罪，元朔六年。書令株送徒入財，元鼎三年。令死罪入贖，天漢四年。明帝書詔聽有罪亡命者贖，永平八年。梁武帝

〔一〕「二」，原作「三」，據弘治本、《通鑑》卷一一九改。

書立贖刑條，壬午年。復贖刑法，乙丑年。不可勝書矣。

十三年。甲戌春，二月，詔具親耕桑禮儀。

書，重本也。

夏，除秘祝。〇五月，除肉刑。

除肉刑何？予之也。肉刑，古法也，自帝始廢。古法，則曷爲予之？不忍人之心也，故不書始。書始，則疑於廢井田〔一〕。《綱目》恤刑之政，書除十，詳惠帝四年。文帝居三焉。

六月，除田之租税。

除者何？永除也。再賜天下半租，仁矣，於是遂永除之，非帝之儉約，國有餘蓄，能若是乎？終《綱目》，一而已矣。《綱目》書免天下今年田租者四。昭帝始元二年、宣帝本始元年、和帝永元九年、唐玄宗天寶十四載。

十四年。乙亥冬，匈奴入寇，遣兵擊之，出塞而還。

特筆也。與書至祁連而還，武帝元狩二年。封狼居胥山而還，武帝元狩四年。登燕然山、刻石勒功而還者，和帝永元元年。大有徑庭矣。

〔一〕「井田」，蜀藩本作「古矣」。

赦作徒魏尚，復爲雲中守。

書作徒何？美改過也。復以爲之例有四：有改過之辭，有貳過之辭，有不能令之辭，有因仍之辭。魏尚雲中守，是年。張敞冀州刺史，宣帝甘露元年。王尊徐州刺史，成帝河平二年。翟方進丞相，永始六年。張奂護匈奴中郎將，桓帝延熹九年。元匡平州刺史，梁己亥年。廣陽王琛北道大都督，丙午年。王琳湘州刺史，癸酉年。李光弼太尉統八道行營，唐肅宗上元二年。韓愈吏部侍郎，穆宗長慶三年。皆改過之辭也；符重鎮北將軍，晉孝武太元五年。何尚之尚書令，宋癸巳年。蕭寶寅西道大都督，梁丁未年。宇文融勸農使，唐玄宗開元十二年。張格同平章事，五代甲申年。嚴旭蓬州刺史，丙戌年。馮暉朔方節度，丙午年。馮延已同平章事，癸丑年。皆貳過之辭也；殷仲堪督荆益軍，晉安帝隆安二年。時溥感化節度，唐昭宗景福元年。王建西川節度，乾寧四年。崔胤同平章事，天復三年。石敬瑭河東節度使，五代甲午年。皆不能令之辭也；朱博御史大夫，哀帝建平二年。高幹并州刺史，獻帝建安九年。歐陽頠衡州刺史，梁丁丑年。來瑱山南東道節度，唐肅宗寶應元年。李從曮鳳翔節度使，五代甲午年。孫方簡義武節度，戊申年。皆因仍之辭也。

春，增諸祀壇場、珪幣。

丙子 十五年。春，黃龍見成紀。〇夏，四月，帝如雍，始郊見五帝。

天一而已，而曰有五帝焉，非古也。自是以後〔一〕，郊祀五時不可勝書矣。書始，病帝也。是故文帝行幸多不書，據十年、十一年、後二年、三年、四年、五年皆不書。惟此特書之。

赦。○秋，九月，親策賢良能直言極諫者，以鼂錯爲中大夫。

親策何？譏也。何譏？躬親策之，而所得者鼂錯爾。以是爲失人，故譏之。是故文帝策士而得鼂錯則書親，武帝策士而得公孫弘則書親，漢元光元年。文宗策士而失劉蕡則書親，唐太和二年。皆譏也。終《綱目》書親策，三而已。

作渭陽五帝廟。

垣平請也，帝於是少惑矣。自帝有渭陽、汾陰之祠，於是武帝祠竈、祠神君、立越祠，昭帝祠鳳凰，宣帝祠金馬、碧雞，皆有自來矣。至唐，則有九宫貴神之祠。世主之惑，何多也！

丁丑 十六年。夏，四月，親祠之，以新垣平爲上大夫。

親者何？不宜親者也。既郊見矣，又作廟而親祠之。是故文帝祠五帝廟則書親，是年。武帝祠竈則書親，元光二年。桓帝祠老子則書親，延熹九年。皆非所親而親者也。

分齊地，立悼惠王子六人爲王。○分淮南地，立厲王子三人爲王。○詔更以明年爲元年。治汾陰廟。

人主即位，謂一爲元，古也。自魏罃與齊相王，始以三十六年改元稱一年，君子非之。於是帝即

〔一〕「以後」，弘治本、蜀藩本無。

位十六年矣，惑於異端，復有此失。《綱目》書之，譏惑也。自是，景帝有中元、後元，武帝十一改元，滋紛紛矣。

戊寅 後元年。冬，十月，新垣平伏誅。

文帝之篇，令德善政相望於册，至末年，而書增壇場珪幣，始郊見五帝，作五帝廟，親祠之，以新垣平爲上大夫，治汾陰廟，如日月之食，不能不爲全美之累焉。及書新垣平伏誅，則所謂更也，人皆仰之矣。《綱目》抑左道，凡方士必以伏誅書。終《綱目》書方士伏誅七。新垣平、少翁、欒大、隋潘誕、唐柳泌、趙歸真、李玄伯。

詔議可以佐百姓者。

己卯 二年。夏，復與匈奴和親。

六年書請和親矣，十一年而書匈奴寇狄道；於是又書復與匈奴和親矣，六年而書匈奴寇上郡、雲中。以帝之盛德，而和親不足恃如此。《綱目》備書之，有天下者可以鑑矣。

秋，八月，丞相蒼免，以申屠嘉爲丞相。

庚辰 三年。春，匈奴老上單于死，子軍臣單于立。

辛巳 四年。夏，四月晦，日食。○五月，赦。

壬午 五年。

癸未 六年。冬，匈奴寇上郡、雲中，詔將軍周亞夫等屯兵以備之。

等者何？略之也。於是六將軍備胡，而亞夫之序在四。《綱目》等諸將而首亞夫，予之也。

夏，大旱，蝗，詔弛利省費以振民。

書大旱始此。《綱目》書大旱三十八，書旱五十八，而書恤民之政者十二；是年、景帝中三年、武帝天漢三年、明帝永平十八年、和帝永元九年、安帝永初二年、齊丁卯年魏、唐太宗貞觀元年、二年、十三年、憲宗元和四年、文宗太和六年。書大蝗十六，是年、武帝建元五年、元光六年、元封六年、平帝元始三年、靈帝熹平六年、昭烈帝章武二年、晉愍帝建興四年、元帝建武元年、成帝咸康四年、穆帝永和十一年、丙寅年宋、梁丁丑年北齊、唐玄宗開元三年、四年、僖宗乾符二年。書蝗三十七，而書恤蝗之政二。是年、和帝永元九年。世主之以災爲玩者，多矣！

甲申 七年。夏，六月，帝崩，遺詔短喪。

賀善贊曰：文帝，三代以來賢主也，而首變古之事二焉，除肉刑也，詔短喪也。二者皆大節，《綱目》曷爲不書始？肉刑之除，猶曰有不忍之心云爾。短喪，則廢古禮，誤後世之大者，其不書始何也？《綱目》之意，不專罪帝也。然則尚奚罪？罪其嗣君與臣子爾。帝嘗詔治霸陵，不得以金銀銅錫爲飾。然晉愍之世盜發霸陵，得其金帛甚多，當時猶收其餘以實內府，則薄葬之制，景帝蓋未嘗果從也。况三年之喪，臣子所以自盡其心者，使景帝於此，斷以從令非孝之義，一由古禮，後世亦孰敢踵其失哉！《綱目》所以不書始，責不專在文帝也。

葬霸陵。〇太子啓即位，尊皇太后曰太皇太后，皇后曰皇太后。〇九月，有星孛於西方。〇長沙王著卒，無子，國除。

資治通鑑綱目書法第四

起乙酉漢景帝元年，盡庚午漢武帝元鼎六年。

廬　陵　後　學　劉友益修撰
翰林直學士中大夫知制誥同修國史國子祭酒歐陽玄校正

乙酉 孝景皇帝元年。冬，十月，尊高皇帝爲太祖，孝文皇帝爲太宗，令郡國立太宗廟。○春，正月，詔聽民徙寬大地。○夏，赦。○復收民田半租，三十而稅一。

復者何？嘗除也。文帝除之，至景帝而復收，非得已也。然止收半租，則賜民半租矣。自是遂爲常制。是歲賜半租，自帝始也。書曰復收，與魏徵綿麻稅書復者異矣。梁戊戌年。

減笞法。○以張歐爲廷尉。

丙戌 二年。冬，十二月，有星孛於西南。○令男子二十始傅。○春，三月，立子德爲河間王，閼爲臨江王，餘爲淮陽王，非爲汝南王，彭祖爲廣川王，發爲長沙王。○夏，四月，太皇太后崩。○六月，丞相嘉卒。○以陶青爲丞相，鼂錯爲御史大夫。○彗星出東北。

書彗星，記異也。自是熒惑、歲星逆行，明年長星出而七國反，兵滿天下，此其應也。《綱目》

書彗十有七，詳周顯王八年。書孛五十有三，則彗之爲異，非孛比矣。

秋，衡山雨雹。

書雹，記災也。書雨雹始此。終《綱目》書雨雹二十四，是年，大者五寸，深者三尺〔一〕；景帝中元年，大者尺八寸；武帝元鼎三年；元封三年，大如馬頭；宣帝地節三年；四年，深二尺三寸，殺人；成帝河平二年，大如釜；莽己巳年；甲戌年，殺牛羊；殤帝延平元年；安帝永初元年；二年；元初四年；六年；延光元年，大如斗；三年；桓帝延熹四年；七年；靈帝建寧二年；光和四年；中平二年；獻帝初平四年；晋惠帝元康三年，深三尺五寸。晋懷以後不書，史缺也。

熒惑逆行守北辰，月出北辰間，歲星逆行天廷中。

書熒惑始此。終《綱目》書熒惑五。是年、晋懷帝永嘉三年、康帝建元二年、安帝義熙十一年、齊武帝癸亥年。○月食不書，書出北辰何？月有常道，錯行至此，大異也。自是書月赤，書月貫天廷中，帝之世三書月矣。終《綱目》書月五。是年、後三年再書、漢成帝建始元年、唐肅宗乾元二年。○歲星不書，此其書何？記大異也。終《綱目》書歲星，一而已。

丁亥三年。冬，十月，梁王武來朝。○春，正月，赦。○長星出西方。○洛陽東宮災。○吳王濞、膠西王卬、膠東王雄渠、菑川王賢、濟南王辟光、楚王戊、趙王遂反，以周亞夫爲太尉，將兵討之。殺御史

〔一〕「三」，《通鑑》卷一五作「二」。

大夫鼂錯。二月，亞夫大破吴、楚軍，濞亡走越，戊自殺。○是月晦，日食。○越人誅濞。齊王將閭及卬、遂皆自殺，雄渠、賢、辟光皆伏誅。徙濟北王志爲菑川王。

越者何？東越也。吴王之反，東越嘗發兵從矣，不書，書誅濞何？越之從吴，蓋脅從也。《綱目》不治夷狄，故略之，書誅濞，勸反正也。○齊王不書反矣，其書自殺何？齊王背約城守，則亦非迷而不復者。《綱目》不絶人於善，不書反，不使夷於七國也。然其自殺，則與卬、遂並書之，所以微著其情，以爲不謀始者之戒也。

徙淮陽王餘爲魯王，汝南王非爲江都王，立楚元王子禮爲楚王，子端爲膠西王，勝爲中山王。

戊子 四年。春，復置關，用傳出入。○夏，四月，立子榮爲皇太子，徹爲膠東王。○赦。○冬，十月晦，日食。

漢自太初以前，皆建亥也。是年及中四年，先書春、夏，後書冬。班史並同。《史記》是年同，中四年先冬，後二年亦先書正月[一]，後書十月。

徙衡山王勃爲濟北王，廬江王賜爲衡山王。

己丑 五年。春，正月，作陽陵邑，募民徙居之。○遣公主嫁匈奴單于。

[一]「年」，原無，據蜀藩本補。

高帝九年，取家人子爲長公主，嫁單于，不書，書和親。此其書公主何？重帝子也。自帝創有此舉，繼是不可勝書矣。故先是，再和親不書，元年、二年。必嫁公主而後書。書公主嫁匈奴[一]，自景帝始。終《綱目》書公主嫁匈奴九，是年、梁辛未年、隋開皇十六年、十七年、十九年、唐貞觀十五年、乾元元年、貞元四年、長慶元年。貞觀新興公主書許昏，不與焉。十六年。書宗室女嫁匈奴二。漢元封六年、唐中和三年。

徙廣川王彭祖爲趙王。

六年。庚寅 冬，十二月，雷，大霖雨。

《綱目》書雷十，而書冬雷者七；詳惠帝五年。書霖雨六，而書大者二。詳秦二世二年。舍是，無書大霖雨者矣。

秋，九月，廢皇后薄氏。

廢辭有二：書廢皇后某氏，無罪之辭也；皇后某氏廢，有罪之辭也。《綱目》書廢皇后，自景帝始。終《綱目》書廢后十七，薄氏、成帝許氏、平帝廢孝成、孝哀后、光武郭氏、桓帝鄧氏、靈帝宋氏、魏司馬師廢張氏、晋趙王倫廢賈氏、穎廢羊氏、張方再廢羊氏、魏文帝馮氏、魏乙弗氏、齊斛律氏、唐高宗王氏、玄宗王氏、五代蜀高氏。而爲臣所廢者三，魏張氏、晋賈氏、羊氏。書后廢三。武帝陳氏、宣帝霍氏、

[一]「匈奴」，弘治本、蜀藩本作「夷狄」；本條下同，不再出校。

和帝陰氏。

辛卯 七年。冬，十一月，廢太子榮爲臨江王。

前書趙君廢其太子章矣，於是再見。終《綱目》書廢太子十一，書罪廢二。詳周赧王十六年。

是月晦，日食。〇春，丞相青免，以周亞夫爲丞相，罷太尉官。〇夏，四月，立夫人王氏爲皇后，膠東王徹爲皇太子。〇以郅都爲中尉。

中尉未有書者，至景帝始書，則郅都、甯成其人焉。帝之刻深，有以召之矣。甯成，十六年。

壬辰 中元年。夏，四月，赦。〇地震。〇衡山原都雨雹。

前書衡山雨雹矣，至是復書，皆帝世也。於是雹大者尺八寸。《綱目》書雹二十四，有五寸者焉，二年。有如斗者焉，安帝延光元年[一]。有如馬頭者焉，武帝元封三年。有如釜者焉，成帝河平二年。無有大於此者矣。

癸巳 二年。春，三月，徵臨江王榮下吏，榮自殺。

下吏之辭有三：下某吏，徵某下吏，無罪之辭也；某以罪下吏，有罪之辭也；某下吏，薄乎云爾之辭也。榮坐侵廟壖垣，則其以無罪書何？榮以讒廢，其所坐往往吹毛之辭耳，而使自殺，

[一]「元」，原作「五」，據蜀藩本、《通鑑》卷五〇改。

《綱目》之所矜也。終《綱目》書徵下獄六[一]，臨江王、班勇、朱穆、段熲、張修、王允。書收下獄一，郅惲。捕下獄一，李膺。下某吏、下某獄十九，詳秦二世二年。皆無罪之辭也。

夏，四月，有星孛於西北。○立子越爲廣川王，寄爲膠東王。○秋，九月晦，日食。○梁王武使人殺袁盎。

袁盎何？奉常也。然則曷爲不書官？薄梁罪也。殺天子之議臣，則曷爲薄之？不以失刑病帝也。其不以病帝何？武，太后所愛，至爲涕泣不食，則帝誠有所不忍矣。帝素刻薄者，於是而天理之心油然，固不得以失刑病之也。是故以失刑病其君，則雖審食其書爵；文帝三年。不以失刑病其君，則雖袁盎不書官：《綱目》之權衡審矣！

三年。甲午 冬，十一月，罷諸侯御史大夫官。○夏，四月，地震。○旱，禁酤酒。

禁酒，古也，行之旱，宜矣！終《綱目》書大旱三十八，書旱五十八，而書恤旱之政十有二；詳文帝後六年。書大饑二十六，書饑二十九，而書救饑之政三。晉元帝大興二年、唐太宗貞觀二年、憲宗元和四年。世主之以災爲玩者，多矣！書酒禁始此。終《綱目》書酒禁四，是年、晉元帝大興四年、宋乙亥年、宋戊戌年。書開禁二。景帝後元元年、宋乙巳年。晉孝武大元八年書初開酒禁，不書始禁，蓋榷也。

[一]「終」，原作「綱」，據弘治本、蜀藩本改。

立子乘爲清河王。○秋，九月，蝗。○有星孛於西北。○是月晦，日食。○丞相亞夫免。○以劉舍爲丞相。

乙未 四年。夏，蝗。○冬，十月，日食。

丙申 五年。夏，立子舜爲常山王。○六月，赦。○大水。○秋，八月，未央宮東闕災。

文帝之世，未央東闕書災矣，七年。於是再書。

九月，詔獄疑者讞之。○地震。

丁酉 六年。冬，十月，梁王武來朝。○改諸官名。○春，二月，郊五畤。○三月，雨雪。

三月雪，記異也。書雪始此。終《綱目》書冬雪一，元帝建昭二年。書正月雪一，宋辛丑年。書二月雪一，莽丙子年。書三月雪四，是年、武帝元鼎二年、元帝永光元年、唐中宗嗣聖十八年。書四月雪二，成帝建始四年、陽朔四年。而書大者凡三。武帝元鼎二年、元帝建昭二年、莽丙子年。

夏，四月，梁王武卒，分梁地，王其子五人。○更減笞法，定箠令。

更減何？易輕刑也。前書減笞法，於是書更減，重予之也。終《綱目》再書而已矣。書箠令二。是年、唐宣宗大中七年。

六月，匈奴寇雁門、上郡。○秋，七月晦，日食。○以甯成爲中尉。

戊戌 後元年。春，正月，詔治獄者務先寬。

前書詔獄疑者讞之，繼書更減笞法、定箠令，此書詔治獄者務先寬，三年而書恤刑之政三，帝雖天資刻深，而於刑獄，亦可謂用情矣。

三月，赦。○夏，大酺五日，民得酤酒。

於是禁六年矣。

地震。○丞相舍免。○秋，七月晦，日食。

景帝即位十有六年，日食者八，而又有日赤、日紫之異。西漢日食之數，莫如帝世者矣。

八月，以衞綰爲丞相，直不疑爲御史大夫。○下條侯周亞夫獄，亞夫不食死。

己亥 二年。春，正月，地一日三動。

書地震多矣，未有書動者，動者何？動而止者也。震久而動速也，震無數而動有數也。《綱目》書地震一百一，書地動，一而已矣。

禁内郡食馬粟，没入之。○夏，四月，詔戒二千石修職事。○詔訾算四得官。○秋，大旱。

庚子 三年。冬，十月，日、月皆赤。○十二月，雷，日如紫，五星逆行守太微，月貫天廷中。

日、月赤凡五日，大異也。踰月而日復如紫，月貫天廷，又有五星逆守太微之變。乾象莫大於七政，咎徵并見，曾不改月，變孰大焉，未幾而國有大喪。變不虛生，信矣哉！日、月赤，日如紫，終《綱目》各一書而已矣。

春，正月，詔勸農桑，禁采黄金、珠玉。〇帝崩，太子徹即位。

賀善贊曰：景帝之資，素號刻深。以所書考之，殺鼂錯，廢薄后，殺太子榮，獄周亞夫，皆其病根之發見者也。然觀其從田叔之言，置梁事於不問，亦庶幾易悟者。中五年〔一〕。以後三年而書恤刑之政三，則君子盖未嘗深絶之。

尊皇太后爲太皇太后，皇后爲皇太后。二月，葬陽陵。

辛丑 世宗孝武皇帝建元元年。冬，十月，舉賢良方正直言極諫之士，以董仲舒爲江都相，治申、韓、蘇、張之言者皆罷之。

特筆也。文帝之世，再書賢良方正直言極諫矣，不書所罷。於是特書治申、韓、蘇、張之言皆罷之，嘉統一也。終《綱目》書舉賢良方正直言極諫三，書舉賢良方正三，書舉賢良文學一，書舉賢良二，書直言極諫三，詳文帝二年。而書所罷者，一而已。

春，二月，赦。〇行三銖錢。〇夏，六月，丞相綰免，以竇嬰爲丞相，田蚡爲太尉，趙綰爲御史大夫，王臧爲郎中令，迎申公爲太中大夫。

迎者何？備禮也。聘召書迎始此。終《綱目》聘召書迎五，是年申公、莽辛未年龔勝、光武建武五年

〔一〕「中五年」，據《通鑑》卷一六，田叔事在中二年。

耿況、唐敬宗寶曆二年周息元、宣宗大中十一年軒轅集〔一〕。劉賈於黥布，張邈於呂布，鮮于輔於劉和，劉璋於劉備，趙於段遼不與焉。自漢以前所迎者，賢士也〔二〕；自唐以後所迎者，道士也。世主之好尚，可見矣！

壬寅 二年。冬，十月，淮南王安來朝。〇趙綰、王臧下吏，自殺。丞相嬰、太尉蚡免，申公免歸。以石建爲郎中令，石慶爲内史。

下吏之辭三：下某吏，無罪之辭也；某以罪下吏，有罪之辭也；某下吏，薄乎云耳之辭也。終《綱目》書某下吏、某下獄十一。趙綰、青翟、丞相周、李廣利妻子、大司徒涉、梁松、祭肜、樊豐、賀若弼、范履冰、張昌宗。

春，二月朔，日食。〇三月，以許昌爲丞相。〇以衛青爲太中大夫。〇夏，四月，有星如日，夜出。

記異也。《綱目》記星變，有如日者焉，是年。有如月者焉，昭帝元平元年。有如杯碗者焉，唐僖宗中和元年。莫甚於如日者矣。

置茂陵邑。

癸卯 三年。冬，十月，中山王勝來朝。〇河水溢於平原。

〔一〕「一」，原作「十」，據弘治本、蜀藩本、《通鑑》卷二四九改。

〔二〕「士」，原作「王」，據弘治本、蜀藩本改。

書河溢始此。終《綱目》書河溢九，是年、成帝鴻嘉四年、桓帝永興元年、靈帝光和六年、晉元帝建武元年、唐中宗嗣聖十年、十六年、玄宗開元十四年、十五年。河漲一，唐昭宗乾寧三年。而河决不與焉。

大饑，人相食。

漢初書關中饑，人相食矣，丙申年。於是再見。《綱目》書人相食十，詳丙申年。而武帝之世居二焉。是年、元鼎三年。

秋，七月，有星孛於西北。○閩越擊東甌，遣使發兵救之，遂徙其衆於江、淮間。

孛，兵象也。《綱目》上書星孛，下書發兵救東甌，雖閩有事不書，意可見矣。然則書遂何？救之可也，徙其衆，過矣！

九月晦，日食。○帝始爲微行，遂起上林苑。

盧生教始皇爲微行不書，於是始書，非創也，則其書始何？終身之辭也。帝在位五十餘年，甫三年已若此矣，以爲不可勝書，書其始而已。終《綱目》書微行三，是年、鴻嘉元年、元嘉元年。而書始者二，武帝、成帝。皆其甚者也。書苑始此。終《綱目》書作苑八。是年上林、光和三年畢圭、靈昆、晉永和三年趙華林、元興二年燕龍騰、宋辛酉年魏築苑、丙子年魏野馬、己亥年宋上林、隋大業元年西苑。

甲辰

四年。夏，有風赤如血[一]。

[一]「赤」，原無，據宋刻《綱目》本、《通鑑》卷一七補。

書雨血矣，惠帝四年。未有書風如血者。有風如血，大異也。終《綱目》書大風十三，詳元光五年。書如血，一而已。

旱。〇秋，九月，有星孛於東北。

乙巳五年。春，罷三銖錢，行半兩錢。〇置五經博士。

書置博士何？嘉尊經也。書置博士始此。終《綱目》書置經博士三，是年、晉安帝隆安三年魏、梁乙酉年。律博士，後主建興七年、隋癸卯年。仙人博士，晉安帝隆安四年。玄學博士，唐玄宗開元二十五年。

不與焉。

夏，五月，大蝗。

丙午六年。春，二月，遼東高廟災。〇夏，四月，高園便殿火，帝素服五日。

書素服，重宗廟也。書火始此，書廟災始此，書廟火始此。終《綱目》書災十六，詳文帝七年。而書廟災一；是年。書火十二，是年、昭帝元鳳四年、宣帝甘露元年、桓帝建和二年、延熹四年再書、晉惠帝元康五年、齊庚辰年、隋煬帝大業十二年、唐中宗嗣聖十一年、玄宗天寶十載、五代辛丑年。而書廟火三。是年、元鳳四年、甘露元年。

五月，太皇太后崩。〇六月，丞相昌免，以田蚡爲丞相。〇秋，八月，有星孛於東方，長竟天。

孛，兵象也。前書孛於西北，繼書救東甌；此書孛於東方，繼書擊閩越；後書孛於東北，長星出西北，繼書擊匈奴。天道恒象，《綱目》之示戒，至深切著明矣！《綱目》書孛五十三，而武帝之世凡七書，帝之窮黷有以召之也。至書長竟天，則終《綱目》一而已。然則昭宣彗長竟天，而唐以亡；天祐二年。武帝孛長竟天，則止於兵禍，何也？彗之與孛，蓋有間矣。故《綱目》書孛五十三，而書彗止於十有七。

閩越擊南越，遣大行王恢等將兵擊之。○閩越王弟餘善殺王郢以降，立餘善爲東越王。南越遣太子嬰齊入宿衛。

二越相攻書擊矣，漢兵也，其書擊何？譏事外也。自是，因南越之朝而呂嘉反，因呂嘉之兵而東越反，南方益多事矣。故路博德、楊僕之兵皆書擊。

以汲黯爲主爵都尉。○與匈奴和親。

丁未　元光元年。冬，十一月，初令郡國舉孝廉，各一人。○遣將軍李廣、程不識將兵屯北邊。○夏，四月，赦。○五月，詔舉賢良文學，親策之。

書親何？譏也。何譏？躬親策之，而所得者公孫弘耳。按《西漢紀》，公孫弘初對策出於是年，五年乃再對也。《弘傳》元光五年復徵對賢良策，文與《武帝紀》元光元年策文相類。《考異》云：「或者此策乃弘先舉賢良所對，班氏誤寘五年也。」以是爲失人，故譏之。是故文帝策士而得鼂錯則書親，十五年。武帝策士而得公孫弘則書親，是年。文宗策士而失劉蕡則書親，太和二年。譏不知人也。終《綱目》書親策，三而已。

秋，七月，日食。

戊申 二年。冬，十月，帝如雍，祠五時。〇始親祠竈，遣方士求神仙。

親者何？不宜親者也。竈，五祀之一爾，而親祠之，帝始惑於方士矣，故特書始。自是而書求神仙者二，書方士者五，書如緱氏者再，書如東萊者再，書作觀築臺，書望祀蓬萊，皆自此始也。終《綱目》書求神仙三，秦皇、漢武而已矣。始皇三十八年、是年、元封元年。《綱目》淫祀書始二。是年、唐玄宗天寶三載。

立太一祠。〇夏，六月，遣間誘匈奴單于入塞，將軍王恢等伏兵邀之，不獲，恢以罪下吏，自殺。

書誘何？醜之也。前書與匈奴和親矣，未聞犯塞也，而輕聽妄動，以中國而行詐於四夷，以是爲可醜也，故書誘。於是以韓安國、李廣、王恢爲將軍，恢主別從代出擊胡輜重，則曷爲獨首恢？恢首事也。《綱目》上書遣間，下書恢以罪下吏，兩責之也。帝自是加兵匈奴皆書擊。兵書誘始此。終《綱目》兵書誘者四。是年、後主建興六年、九年、晋恭帝元熙二年。終《綱目》書以罪下吏七。王恢、丞相賀、田廣明、淳于長、歐陽歙、河南尹等、司徒穆。

己酉 三年。春，河徙頓丘。夏，決濮陽。

庚戌 四年。冬，十二月晦，殺魏其侯竇嬰。

非日食未有書晦、朔者，此其書十二月晦何？甚殺者也。曷爲甚之？越日則春，春不殺矣，以帝爲有恐失之心也，故甚之。族灌夫不書，夫罪人，不足書也。《綱目》殺無罪書殺。

春，三月，丞相蚡卒。〇夏，四月，隕霜殺草。

四月而霜，霜至殺草，大異也，故書。書隕霜始此[一]。終《綱目》書隕霜四，是年、元帝永光元年、新莽甲戌年、辛巳年。而四月者二。是年、新莽甲戌年。

五月，以薛澤爲丞相。〇地震，赦。

辛亥

五年。冬，十月，河間王德來朝，獻雅樂，對詔策。春，正月，還而卒。

《綱目》不書卒諸侯[二]，河間王德卒於國，則何以書？賢之也。其賢之何？獻雅樂，對詔策，賢也。賢之，斯卒之矣。是故入《綱目》書來朝九，未有書所事者。書曰獻雅樂，對詔策，特筆也。

通南夷，置犍爲郡。通西夷，置一都尉。〇發卒治雁門險阻。

書治阻險何？譏也。馬邑之詐，漢有以開邊隙矣。自反不縮，出此下策，故書譏之。終《綱目》書險塞圍塹四。是年、太初三年、宋丙戌年魏、隋仁壽四年。

秋，七月，大風拔木。

[一] 「此」，原作「去」，據弘治本、蜀藩本改。

[二] 「書」，弘治本、蜀藩本作「皆」。

記異也。書大風始此。終《綱目》書大風十有三，是年、征和二年、莽甲戌年、庚辰年、安帝永初元年、二年、元初六年、桓帝元嘉元年、靈帝建寧二年、隋煬帝大業十年、唐高宗顯慶元年書暴、總章二年、五代庚戌年。而書拔折木者，三而已。是年、征和二年、桓帝元嘉元年。

皇后陳氏廢。

廢辭有二：廢皇后某氏，無罪之辭也；皇后某氏廢，有罪之辭也。終《綱目》書皇后某氏廢三。武帝陳氏、宣帝霍氏、和帝陰氏[一]。

詔太中大夫張湯、中大夫趙禹定律令。

蕭何定律令不書，此何以書？帝之律令，非高帝比也。終《綱目》書律令之變二十五，詳周顯王十年。條制格式不與焉。

八月，螟。

書螟始此。《綱目》書螟五，是年、靈帝熹平四年、中平二年、獻帝建安十七年、丁酉年晋。書大蝗十六，書蝗三十七。詳文帝後六年。

以公孫弘爲博士。

[一]「陰氏」下，底本原有《書法》一條：「不曰廢皇后陳氏，而曰皇后陳氏廢者，后實有罪故也。孝景薄后無罪，故書曰廢皇后薄氏。今陳后有罪，則以自廢爲文，若曰后非有能廢之者，后自廢也。此與《春秋》書梁亡同意。」據弘治本及（宋）尹起莘：《資治通鑑綱目發明》（学苑出版社一九九八年《通鑑史料别裁》影印清雍正十一年重刻本），此條爲《發明》内容，删去。

前書以董仲舒爲江都相，則首書舉賢良方正直言極諫之士。於是徵吏民明當世之務、習先聖之術者，策問之，弘對第一，遂以爲博士，則曷爲不書？略之也。其略之何？不稱也。先聖之術，弘何足以知之！然則鼂錯之於直言極諫，亦不稱矣，則何以書？直言極諫，其稱不稱，易見也。弘以儒名，有似於習先聖之術者，《綱目》別嫌明，微削之者，絶之於先聖之門也。

壬子　六年。冬，初算商車。○春，穿渭渠。○匈奴寇上谷，遣車騎將軍衛青等將兵擊却之。○夏，大旱，蝗。

癸丑　元朔元年。冬，定二千石不舉孝廉罪法。○皇子據生。春，三月，立夫人衛氏爲皇后，赦。

子生不書，此何以書？志亂始也。於是衛青擊匈奴，而夫人衛氏生皇子據，故曰太子以兵始終焉。終《綱目》書子生五，皆有故者也。是故據以反終則書生，是年。弗陵以危嫡則書生，太始三年。宋劭以元凶則書生，丙子年。魏恂以叛父則書生，癸亥年。魏詡以太后之悖則書生。庚寅年。

秋，匈奴入寇，以李廣爲右北平太守。○東夷薉君降，置蒼海郡。○以主父偃、嚴安、徐樂爲郎中。

甲寅　二年。冬，賜淮南王几杖，毋朝。○春，正月，詔諸侯王得分國邑封子弟爲列侯。○匈奴入寇，遣衛青等將兵擊走之，遂取河南地。立朔方郡，募民徙之。○三月晦，日食。○徙郡國豪傑於茂陵。○燕王定國、齊王次昌皆有罪，自殺，國除。誅齊相主父偃，夷其族。

齊王書有罪矣，偃，請治其罪者也，則曷爲書誅？偃劫其王，令自殺。偃之横至此，極矣，不誅則何以爲法！《綱目》書齊相，正名也。

以孔臧爲太常。

乙卯 三年。冬，匈奴軍臣單于死，弟伊稚斜單于立。○以公孫弘爲御史大夫。春，罷蒼海郡。○赦。○以張騫爲太中大夫。○匈奴入代郡、雁門。○夏，六月，皇太后崩。○秋，罷西夷。○以張湯爲廷尉。

文帝之世書廷尉二，吴公、張釋之，皆吉人也。武帝書廷尉二，則張湯、杜周其人焉。二君之仁暴，於此可見矣。西漢七書廷尉，惟張湯、杜周爲譏。

丙辰 四年。夏，匈奴入代郡、定襄、上郡。

丁巳 五年。冬，十一月，丞相澤免，以公孫弘爲丞相，封平津侯。○春，大旱。○匈奴寇朔方，遣衛青率六將軍擊之，還，以青爲大將軍。○夏，六月，爲博士置弟子五十人。

書，嘉尊經也。書置博士弟子始此。

秋，匈奴入代。○削淮南二縣，賜衡山王賜書不朝。

前淮南王安嘗書賜几杖毋朝矣，此其書不朝何？誅意也。賜當入朝，過淮南，乃謝病，於是帝賜書不朝。毋云者，自帝言之也；不云者，自王言之也。書曰賜衡山王賜書不朝，誅意也。然則吴王詐病，文帝賜几杖，老不朝，則何以不書？不以吴王累文帝也。其不以累文帝何？博局之憾，漢有以召之矣。非安與賜比也，故諱之不書。

戊午六年。春，二月，遣衛青率六將軍擊匈奴。○赦。○夏，四月，衛青復率六將軍擊匈奴，前將軍趙信敗，降匈奴。○六月，詔民得買爵贖罪，置武功爵。

自秦書令民納粟拜爵，及文帝書召民入粟拜爵免罪，至是復見。後此，書令株送徒入財補郎，元鼎三年。書令死罪入贖，天漢三年。明帝書詔聽有罪亡命者贖。永平八年。兩漢之世書贖罪者五，帝三書焉，國亦急甚矣。

己未元狩元年。冬，十月，祠五畤，獲一角獸，以燎，始以天瑞紀元。○淮南王安、衡山王賜謀反，自殺。

二王，皆賜免朝者也。前書賜毋朝，賜不朝，此書謀反，然則咎有所在矣。

夏，四月，赦。○立子據爲皇太子。○五月晦，日食。○遣博望侯張騫使西域。始通滇國。復事西南夷。

始者何？僅辭也。前書罷西夷矣，於是書復事。復者何？貳過之辭也。二世不恤民怨，故書復作阿房宮；漢武不恤民勞，故書復事西南夷。

庚申二年。春，三月，丞相弘卒，以李蔡爲丞相，張湯爲御史大夫。○以霍去病爲票騎將軍，擊匈奴，敗之，過焉支，至祁連山而還。

兵未有書所至者，書所至何？譏深入也。是故書至祁連山，所以志去病之深入；書至涿邪山，所以志魏主之遠鬬；宋己巳年。書至青海，所以志君㚟之窮追。唐玄宗開元十五年。此書至祁連山而還，後書封狼居胥山而還，與書出塞而還者，不可同日語矣。文帝十四年。

秋，匈奴渾邪王降，置五屬國以處其衆。

辛酉

三年。春，有星孛於東方。○夏，赦。○秋，匈奴入右北平、定襄。○山東大水，徙其貧民於關西、朔方。

終《綱目》書大水六十三，書雜水溢十有二，書雨水十有五，而書處恤之政者七，是年、殤帝延平元年、安帝永初二年、宋乙亥年、唐太宗貞觀七年、德宗貞元八年、文宗太和六年。求言者二。唐太宗貞觀十一年、中宗神龍元年。世主之以變爲玩者，多矣！

減隴西、北地、上郡戍卒之半。○作昆明池。

書池始此。終《綱目》書作池二，是年昆明、獻帝建安十三年玄武。書浚池三。唐憲宗元和十三年龍首、十五年魚藻、文宗太和九年昆明。

得神馬於渥洼水中。

壬戌

四年。冬，造皮幣、白金，鑄三銖錢，置鹽鐵官，算緡錢、舟車。

鹽、鐵自帝始書置官，至元帝書罷，初元二年。又三年書復。後漢和帝初始書以遺詔罷禁，獻帝又書復置鹽官。建安四年。自是無書者，蓋爲永制也。至元魏書復鹽池之禁，梁癸未年。既而又書罷，梁丙戌年。書復。梁戊戌年。隋書復弛鹽禁，癸卯年。亦池鹽耳。陳書立鹽賦法，則海鹽也。辛巳年。

至唐書鹽鐵使，上元元年。雖分合不常，而國賦大半仰此，不可復罷矣。五代石晋始書復行官賣鹽法，壬寅年。先是，嘗聽民販賣故也。

以卜式爲中郎，賜爵左庶長。

書賜爵始此。漢世初賜爵，猶庶長也，至宣帝以後，則賜爵皆侯矣。終西漢之世，書賜爵十，卜式再書、桑弘羊、王成、黄霸、蕭望之、陳湯、淳于長、師丹、董賢。而左庶長二，卜式、桑弘羊。惟弘羊、王成、淳于長、董賢爲譏焉。

春，有星孛於東北。〇夏，長星出西北。〇遣衛青、霍去病擊匈奴，青部前將軍李廣失道，自殺。去病封狼居胥山而還。詔以青、去病皆爲大司馬。

自元光六年至是，衛、霍凡八出[一]，《綱目》每謹書之，志窮黷也。元光六年、元朔二年，上書匈奴入寇，是應兵也。《綱目》或書擊走，或書擊却，叙其功也。五年雖因入寇而出，然《綱目》但叙其賞而已。六年以後，則皆師出無名矣，是故衛青春出，則書擊而不叙其功；其夏再出，則直書其敗。元狩二年去病春、夏凡再出，《綱目》不復一一書之，并書所至，以見其窮追深入之實。及是衛、霍同出，一則書其部將之失期，一則書其窮兵之所至，皆譏辭也。然則其書皆爲大司馬何？譏也。大司馬，古夏官之長也。有小司馬，故其長以大別言之。物不兩大，今漢益

[一]「霍」，原作「青」，據弘治本、蜀藩本改。

置大司馬位，而以青、去病皆爲之，無義謂甚矣！他日，丁、傅并爲大司馬，哀帝元壽元年。帝啟之也。書曰皆爲大司馬，深譏之。

匈奴請和親，遣使報之，單于留不遣。

書留不遣何？使辱命也。於是，匈奴遣使好辭請和，漢使任敞報之。敞使單于爲外臣，單于怒，留敞。書請和親，復書留不遣，使者任其咎矣。故任敞不書名，書名，則疑於伊婁謙、陳乙未年周。姚漢英。五代辛亥年周。終《綱目》使書留者三，不書名者，一而已。

以義縱爲右内史，王温舒爲中尉。〇方士文成將軍少翁伏誅。

帝殺人多矣，無書伏誅者，惟少翁、欒大書伏誅，罪不容於誅也。《綱目》深抑左道，於方士必以伏誅書之。終《綱目》方士書名者十有四，詳秦始皇二十八年。而書伏誅者七，詳文帝後元年。書罪者一，鄭普思。世主亦可以鑑矣。

癸亥 五年。春，三月，丞相蔡有罪，自殺。〇罷三銖錢，鑄五銖錢。〇以汲黯爲淮陽太守。〇徙姦猾吏民於邊。〇夏，四月，以莊青翟爲丞相。〇帝如甘泉，祠神君。

甲子 六年。冬，十月，雨水，無冰。

書雨水始此，書無冰始此。終《綱目》書雨水十五，是年、元帝永光三年、新莽乙亥年、和帝永元十年、十三年、十五年、殤帝延平元年、安帝永初元年、三年、建光元年、延光元年、二年、順帝永建四年、獻帝建安十八年、十九年。書無冰二。是年、昭帝始元元年。

遣使治郡國緡錢，殺右内史義縱。◯夏，四月，廟立子閎爲齊王，旦爲燕王，胥爲廣陵王，初作誥策。

書廟立何？志始也。自是無書者，略之也。

遣博士循行郡國，舉兼并及吏有罪者。◯秋，九月，大司馬、票騎大將軍、冠軍侯霍去病卒。

自丞相嬰始，丞相卒不書爵、姓矣。此其書大司馬、票騎大將軍、冠軍侯霍去病何？尊有功也。《綱目》於兩漢諸臣卒，具官、爵、姓者，美稱也；不書姓者，恒稱也；惟不書官者，爲罪之。兩漢諸臣卒書官爵、書姓者三十七，而官、爵、姓皆具者十有六。詳惠帝二年。

殺大農令顏異。

乙丑　元鼎元年。夏，赦。

丙寅　二年。冬，十一月，張湯有罪，自殺。十二月，丞相青翟下獄，自殺。

屬辭比事，罪之輕重分矣，故湯不書官。下獄之辭有三：下某獄，徵某下獄，無罪之辭也；某以罪下獄，有罪之辭也；某下獄，薄乎云爾之辭也。終《綱目》書某下吏、某下獄十一。詳建元二年。

春，起柏梁臺，作承露盤。

譏也。書臺始此。終《綱目》書臺六，是年柏梁、元封二年通天莖臺、新莽庚午年八風、獻帝建安十五年操銅雀、昭烈帝章武元年魏凌雲、晉穆帝升平元年燕銅雀。皆譏也。

以趙周爲丞相。〇三月，大雨雪。

三月雪，異也。景帝嘗書矣，未書大也，至是而書大雨雪，大異也。《綱目》書三月雪四，詳景帝中六年。書大雨，一而已。

夏，大水，人餓死。

《綱目》書大水六十三，書人餓死，一而已矣。

置均輸，禁郡國鑄錢。

自文帝五年書除盜鑄令，於是六十一年，始書禁。

西域始通，置酒泉、武威郡。

書始通何？難辭也。自張騫使西域，於是八年矣，書，譏遠略也。

丁卯三年。冬，徙函谷關於新安。〇夏，雨雹。〇令株送徒入財補郎。

前書詔民得買爵，譏也。於是令株送徒入財補郎〔一〕，是贖罪、買爵兩得之矣。故《通鑑》不書，《綱目》特書，所以深譏之。

關東饑，人相食。〇匈奴伊穉斜單于死，子烏維單于立。

戊辰四年。冬，十一月，立后土祠於汾陰脽上，親祠之。始巡郡國，至滎陽而還。

〔一〕「株」，原作「諸」，據弘治本、蜀藩本改。

書始何？記始也。終《綱目》書巡二十九，始皇書巡五，武帝書巡七，而又七書如，再書出。自是至終，凡二十七年，其不書者十二年，其實不出者，癸酉、甲申、乙酉三年而已。書此以記始也。

封周後姬嘉爲周子南君〔一〕。○春，以方士欒大爲五利將軍，尚公主。

入《綱目》尚主未有書者，書此何？譏也。以方士尚公主，帝之惑甚矣！終《綱目》書公主下嫁十四，是年衛長公主、梁壬申年太原公主、唐貞觀六年長樂公主、十一年南平公主、開耀元年太平公主、景龍二年安樂公主、開元十年永穆公主、建中二年永樂公主、貞元十三年義章公主、元和二年普寧公主、九年岐陽公主、大中二年萬壽公主、十三年廣德公主、咸通十年同昌公主。其書尚者三，是年欒大、壬申年齊楊愔、唐貞元十三年張茂宗。皆新加官者也〔二〕，辭順而已矣。或曰，尚卑下之辭也〔三〕。

夏，六月，汾陰得大鼎。

書得鼎始此。終《綱目》書得鼎二。是年、明帝永平六年。

以兒寬爲左内史。○遣使喻南越入朝。

書喻入朝，譏也，非慕德而來臣矣。故吕嘉之反，路博德止書擊。

〔一〕下「周」字，原無，據宋刻《綱目》本、《通鑑》卷二〇補。

〔二〕「皆」，原作「又」，「也」，原無，據弘治本、蜀藩本改補。

〔三〕「之辭也」，原無，據弘治本、蜀藩本補。

以方士公孫卿爲郎。

己巳
五年。冬，十月，帝祠五時，遂獵新秦中，以勒邊兵。

書遂獵何？非事也。書獵始此。終《綱目》書獵十四。是年、成帝元延三年〔一〕、桓帝永興二年、延熹元年、六年、靈帝光和五年、癸卯年宋、唐太宗貞觀五年、十一年、十六年、穆宗長慶二年、五代甲申年唐主再書、乙酉年唐主。

立泰一及五帝祠壇於甘泉。十一月朔，冬至，親郊見。○南越相呂嘉殺使者及其王興，更立建德爲王，發兵反。

於是嘉攻殺王、王太后，然後及漢使，此其先書殺使者何？不以諸侯加王人也。《綱目》之修，名分而已矣。

夏，四月，赦。○是月晦，日食。○秋，遣將軍路博德等將兵擊南越。○賜卜式爵關內侯。○九月，嘗酎，列侯百有六人皆奪爵，丞相周下獄，自殺。

自書諭南越入朝，於是書呂嘉之反，於是書路博德之兵，於是書卜式之侯，於是書百有六人之奪爵，帝心益擾擾矣。《綱目》歷書之，所以戒遠略也。

以石慶爲丞相。○欒大伏誅。○西羌反。

〔一〕「三」，原作「二」，據弘治本、蜀藩本、《通鑑》卷三二改。

庚午六年。冬，討西羌，平之。〇路博德等平南越，獲建德、吕嘉，置九郡。

建德何？南越王也。不書其王建德何？據閩越書殺王郢，南越書及其王興。不予吕嘉之立之也。

帝如緱氏，觀大人迹。

書方士文成將軍少翁伏誅矣，未幾年，而書以方士欒大爲五利將軍，尚公主；繼書欒大伏誅矣，次年而書帝如緱氏，觀大人迹。屬辭比事，帝之難悟，甚矣！書觀始此。凡書觀，皆譏也。終《綱目》書觀十。是年巨人迹、建興十一年魏主叡龍、十四年後主汶水、唐貞觀十二年太宗底柱、永徽三年高宗百戲、神龍元年中宗潑寒胡戲、景龍三年宮女拔河、四年燈、開元元年玄宗燈、天寶八載左藏。

平西南夷，置五郡。〇東越王餘善反，遣將軍楊僕等將兵擊之。〇置張掖、敦煌郡。〇以卜式爲御史大夫。

前書卜式爲中郎，賜爵左庶長，諷天下以輸財也；繼書賜卜式爵關内侯，諷天下以死邊也；至是復書以卜式爲御史大夫，帝之借式以感諷天下者極矣，而天下莫應。式遂以言事見疏，踰年而有貶爲太子太傅之書矣。

帝自制封禪儀。

書自制儀何？譏之譏也。然則唐書議封禪禮，無譏乎？封禪非古也，書議封禪禮，譏也，未若書自制之爲甚譏也。終《綱目》書封禪禮儀三，是年、唐太宗貞觀十一年議封禪禮、高宗顯慶四年議封禪儀。文帝議巡狩、封禪不書，不與焉。十六年。

資治通鑑綱目書法第五

起辛未漢武帝元封元年，盡己未漢宣帝元康四年。

廬陵後學劉友益修撰

翰林直學士中大夫知制誥同修國史國子祭酒歐陽玄校正

辛未元封元年。冬，十月，帝出長城，登單于臺，勒兵而還。○貶卜式爲太子太傅，以兒寬爲御史大夫。○東越殺王餘善以降，徙其民江、淮間。○春，正月，帝如緱氏，祭中嶽，遂東巡海上，求神仙。夏，四月，封泰山，禪肅然，復東北至碣石而還。五月，至甘泉。

《綱目》書巡二十九，莫多於秦皇、漢武、隋煬三君，秦始皇五書，漢武帝七書，隋煬帝三書。亦莫詳於三君。若夫自春首至五月，周回萬八千里，則又秦、隋之所未有也。

賜桑弘羊爵左庶長。○秋，有星孛於東井，又孛於三台。

於是王朔言見填星大如瓜，《綱目》削之而書星孛；再明年，乃書祠拜德星，則不待深譏而帝之矯誣自見矣。先是，帝世書孛者五，至是而又同時再孛。終《綱目》書孛五十三，惟武帝書孛七，獻帝書孛七，至於孛長竟天，同時再孛，則帝所獨焉。微帝末年悔悟，其應殆未可知矣。終

《綱目》同時再孛一，是年。同月再孛一。後主建興十四年。

壬申二年。冬，十月，帝祠五時，還，祠泰一，以拜德星。○春，如東萊。○夏，還，臨塞決河，築宣防宮。○至長安，立越祠。○作蜚廉、桂觀、通天莖臺。

書，譏也。書觀始此。終《綱目》書觀七，是年桂觀、靈帝光和五年百尺觀、後主建興七年魏聽訟觀、晋孝武寧康三年秦聽訟觀、宋庚戌年總明觀、陳甲午年周通道觀、唐武宗會昌三年望仙觀。自聽訟、總明、通道之外，皆譏也。

朝鮮襲殺遼東都尉。○甘泉房中産芝九莖，赦。○旱。

書，譏也。上書産芝，下書旱，芝不爲瑞，明矣。是故武帝書甘泉産芝，而下書旱；安帝書豫章芝草生，而上書日食既、地震：《綱目》之意微矣！終《綱目》書芝三。是年、安帝元初六年、梁乙酉年。

秋，作明堂於汶上。

於汶上何？譏也。禮在國陽，於汶上，非地矣。書作明堂始此。終《綱目》書作明堂八，是年、光武中元元年、晋成帝咸康五年涼、宋辛丑年、齊丙寅年魏、辛未年魏、唐中宗嗣聖五年、十三年。書議明堂制度二。隋文帝開皇十三年、唐高宗總章二年。

遣將軍楊僕、荀彘將兵伐朝鮮。

武帝用兵皆書擊，此其書伐何？朝鮮罪也。曷爲罪之？襲殺都尉，其罪矣。

遣將軍郭昌發兵擊滇，滇王降，置益州郡。○以杜周爲廷尉。

癸酉三年。冬，十二月，雷，雨雹。○遣將軍趙破奴擊樓蘭，虜其王姑師，遂擊車師，破之。○初作角抵戲、魚龍曼延之屬。

書作戲何？譏玩物也。自帝世始爲此戲，至殤帝而後罷之。延平元年。然隋徵天下散樂，而魚龍之戲尚存，則奇淫之習，入人者深矣。故《綱目》特書。初書作戲始此。終《綱目》書作戲二。是年、陳己亥年周初作潑寒胡戲〔一〕。

荀彘執楊僕，并其軍，朝鮮人殺王右渠以降，置樂浪、臨屯、玄菟、真番郡。彘以罪徵，棄市。

於是彘疑僕有反計，告使者執僕，并其軍，擊朝鮮，降之，則彘有功矣。其以罪書何？楊僕期戰不會，非反也，而彘遽執之。《綱目》貴義不貴功，不書罪，則難爲上矣。是故項籍殺宋義破秦軍，而《綱目》書以矯；荀彘執楊僕降朝鮮，而《綱目》書以罪：皆所以遏僭亂也。書棄市始此。《綱目》書棄市六。是年、征和三年、宣帝神爵四年、元帝永光元年、安帝元初五年、順帝永建五年。凡書棄市，罪辭也，惟任尚書徵某棄市，非罪辭。

甲戌四年。冬，十月，帝祠五時，遂出蕭關。春，三月，還，祠后土。○夏，大旱。○匈奴寇邊，遣郭昌

〔一〕「初」，原作「書」，據弘治本、蜀藩本、《通鑑》卷一七三改。「周初作潑寒胡戲」，原作大字正文，據弘治本改爲小字正文。

將兵屯朔方。

乙亥 五年。冬，帝南巡江、漢，望祀虞舜於九嶷，射蛟，獲之。春，三月，至泰山，增封，祀上帝於明堂，配以高祖，因朝，受計。〇夏，四月，赦。〇還，郊泰畤。〇大司馬、大將軍、長平侯衛青卒。〇初置刺史。〇詔舉茂材異等可爲將相、使絶國者。

丙子 六年。春，作首山宮。〇遣郭昌將兵擊昆明。〇秋，大旱，蝗。〇以宗室女爲公主，嫁烏孫。

文帝之世，遣宗室女翁主爲單于閼氏，不書，六年。此何以書？重公主也。宗室女嫁單于可也，以爲公主，則其不誠公主者，幾希矣。是故取家人子名爲長公主則不書，高帝九年。以宗室女爲公主則書，近也。終《綱目》書公主嫁夷狄九，詳景帝五年。書宗室女爲公主一，是年。書宗女一。唐僖宗中和三年。

匈奴烏維單于死，子兒單于烏師廬立。

丁丑 太初元年。冬，十月，帝如泰山。十一月，甲子朔旦，冬至，祀明堂，益遣方士入海。

元鼎五年，嘗書十一月朔冬至親郊見矣，不書某甲子。於是祀明堂，則書甲子朔旦何？重曆紀也。至朔同日，常也，甲子朔旦冬至，非常也，故特書之。先是，書求神仙止曰遣方士，此則曷爲書益遣？譏惑也。考方士莫驗，則亦已矣，而又益遣入海，冀或有遇，帝亦惑甚矣哉！

柏梁臺災。

火災非宮闕、宗廟不書，漢高后甲寅年趙叢臺災不書。臺也，何以書？志土木之盛也。建章之盛始此矣，故特書之。

十二月，禪蒿里〔一〕，望祀蓬萊。○春，還，作建章宮。○夏，五月，造《太初曆》，以正月爲歲首。

始用夏正也，故特書造。造，創始也，自是無能改者矣。故雖復古，而以創始之辭書之，予之也。後乎此，魏主叡建丑，漢後主建興十五年。不三年而復；周武氏建子，唐中宗嗣聖六年。十一年而復；肅宗建子，上元二年。不一年而復。行夏之時，誠不易之常經也。書行新曆始此。終《綱目》書曆之變十有九，是年、漢章帝元和二年《四分》、宋乙酉年《元嘉》、壬辰年魏《玄始》、梁庚寅年《大明》、壬寅年魏《正光》、己未年魏《興光》、庚午年齊《天保》、甲辰年隋《甲子曆》、開皇十七年《新曆》、戊寅年唐《戊寅曆》、高宗麟德二年《麟德曆》、玄宗開元十六年《大衍》、肅宗乾元元年《新曆》、代宗廣德二年《五紀》、穆宗長慶二年《宣明》、昭宗景福元年《崇玄》〔二〕、己巳年蜀《永昌》、丙辰年周《欽天》。其書造者二，漢《太初》、唐《大衍》。作者一。周《欽天》。

築受降城。

書築受降，關要也。書受降城始此。終《綱目》書受降城三。是年、唐中宗景龍二年、憲宗元和八年。

〔一〕「蒿」，宋刻《綱目》本、《通鑑》卷二一作「高」。
〔二〕「玄」，原作「元」，據弘治本、蜀藩本、《通鑑》卷二五九改。

秋，遣將軍李廣利將兵伐宛。

武帝用兵多書擊，此其再書伐何？宛殺使者，斯可以言伐矣。故惟朝鮮書伐，惟宛書伐。

關東蝗起，飛至燉煌。

書蝗多矣，未有書所至者，書至燉煌何？遠也。《綱目》書蝗三十七，書大蝗十六，詳文帝後六年。遠莫遠於至燉煌，是年。盛莫盛於飛蔽天，新莽壬午年。大又不足言矣。

中尉王温舒有罪，自殺，夷三族。

戊寅二年。春，正月，丞相慶卒，以公孫賀爲丞相。○夏，籍吏民馬補車騎。○秋，蝗。○李廣利攻郁成，不克，還屯燉煌。○遣趙破奴擊匈奴，敗没。

己卯三年。春，帝東巡海上。○匈奴兒單于死，季父呴犁湖單于立。○築塞外城障，秋，匈奴大入，盡破壞之。

直書其事，城之不足恃明矣。故春書築城障，秋書匈奴破壞之；辛丑書築長城，壬寅書突厥入之：隋文帝。《綱目》之意昭昭矣！

睢陽侯張昌有罪，國除。○大發兵，從李廣利圍宛。宛殺其王毋寡以降，得善馬數十匹。

未有書大發兵者，書大發兵何？譏也。大發兵而得馬僅數十，得不償失可見矣。下書封李廣利爲海西侯，尚可謂之有功乎！

庚辰 四年。春，封李廣利爲海西侯。○秋，起明光宮。

武帝自即位以來，書起柏梁臺，書築宣防宮，書作蜚廉、桂觀、通天莖臺，書作首山宮，又書作建章宮，池苑不與焉，用民力多矣。於是又書起明光宮，土木疲民，未有盛於帝者也。臺觀書起，宮未有書起者，此其書起何？峻宇也，故以臺觀之辭書之。是故武帝明光宮書起，是年。明帝北宮書起，永平三年。燕逍遥宮書起，晉安帝元興三年。陳後主三閣書起，甲辰年。唐憲宗承暉殿書起，元和十三年。皆峻宇也。終《綱目》宮殿書起五。

冬，匈奴呴犁湖單于死，弟且鞮侯單于立，使使來獻。

辛巳 天漢元年。春，三月，遣中郎將蘇武使匈奴。

於是匈奴留武，不書留之何？據元狩四年任敞書留不遣。不以張勝累武也，故不書。後書還自匈奴，則被留明矣。

雨白氂。

嘗書雨血矣，惠帝四年。於是書雨白氂，大異也。終《綱目》一而已。

夏，大旱。○赦。○發讁戍，屯五原。

壬午 二年。夏，遣李廣利將兵擊匈奴，別將李陵戰敗，降虜。○遣繡衣直指使者發兵，擊東方盜賊。

癸未 三年。春，二月，初榷酒酤。

書榷酒始此。終《綱目》書榷酒四，是年、新莽庚午年、陳辛巳年、唐德宗建中三年。書罷榷四，昭帝始元六年、晉孝武帝太元八年、陳癸卯年、唐代宗大曆十四年。皆作俑於帝矣，故書初譏之。

三月，帝東巡，還，祠常山。○夏，大旱，赦。

甲申 四年。春，正月，遣李廣利等擊匈奴，不利，族誅李陵家。

上書李廣利擊匈奴不利，則陵家死不以其罪可知也。然則其書誅何？陵前降虜，《綱目》書戰敗降，紀實也。或者亮其不得已，則奔軍降將，無所示懲矣。故因其族之而書誅，所以示降虜之罰，爲世戒也。

夏，四月，立子髆爲昌邑王。○令死罪入贖。

前書詔民得贖罪，譏矣；於是而書死罪入贖，甚譏之也。贖至死罪，則富者殺人皆不死矣。故《通鑑》不書，《綱目》特書之。

乙酉 太始元年。春，正月，徙豪傑於茂陵。○夏，赦。○匈奴且鞮侯單于死，子狐鹿姑單于立。

丙戌 二年。秋，旱。○穿白渠。

穿渠必書，重溝洫也。終《綱目》書渠十。詳秦初乙卯年。

丁亥 三年。春，正月，帝東巡琅邪，浮海而還。○皇子弗陵生。

子生不書，此何以書？危太子也。終《綱目》書子生五，詳元朔元年。皆有故者矣。

以江充爲水衡都尉。

弗陵生，江充入，太子之禍始此矣，故謹志之。

戊子 四年。春，三月，帝東巡，祀明堂，脩封禪。夏，五月，還宮，赦。〇冬，十月晦，日食。

己丑 征和元年。春，三月，趙王彭祖卒。〇夏，大旱。〇冬，十一月，大搜長安十日。

始皇之篇書大索十日矣，二十九年。於是復見。終《綱目》書大索十日，二而已。秦皇、漢武，一轍也。

庚寅 二年。春，正月，丞相賀有罪，下獄死，夷其族。

有罪者，敬聲也，書賀有罪何？子至奢淫，父失教也，獨非罪歟？《綱目》不書敬聲而書賀，其爲人父之戒，深矣！

以劉屈氂爲左丞相。〇夏，四月，大風，發屋折木。

元光五年書大風拔木矣，是月陳皇后廢；於是再書大風發屋折木，閲三月而太子據反，及皇后皆自殺。變不虚生，信哉！終《綱目》大風拔折樹木三。詳元光五年。

諸邑、陽石公主及長平侯衛伉皆坐巫蠱死。

有罪稱誅，無罪稱殺，恒辭也。史曰皆坐巫蠱誅，《綱目》以爲無罪，則書殺可耳，此其書死何？疑也。疑也，則如勿書？書大搜十日，書坐巫蠱死，所以著方士、神巫之流禍，爲世戒也。

帝如甘泉。秋，七月，皇太子據殺使者江充，白皇后，發兵反。詔丞相屈氂討之，據敗，走湖，皇后衛氏及據皆自殺。

書殺使者，白皇后，發兵反，《綱目》有以斷斯獄矣。故下書討。終《綱目》太子書反二。是年據、唐太宗貞觀十七年承乾。

地震。

辛卯三年。春，正月，匈奴寇五原、酒泉。三月，遣李廣利等將兵擊之。○夏，赦。○發西域兵擊車師，盡得其王民衆而還。○六月，丞相屈氂棄市，李廣利妻子下吏。廣利降匈奴，詔族其家。

屈氂腰斬也，其書棄市何？罪辭也。李陵之降也，後書族誅李陵家；廣利亦降矣，族其家，則何以不書誅？於是廣利、屈氂欲立昌邑爲太子，事覺，屈氂棄市，廣利妻子下吏。廣利因欲深入自贖，大敗，遂降。《綱目》不書深入大敗，直書降匈奴，廣利之罪著矣，不書誅可也。據李陵前書戰敗降。

秋，蝗。○以田千秋爲大鴻臚，族滅江充家。

江充誣陷太子，罪人也，在太子則書殺宜矣。帝既悔悟，族之，則曷爲不書族誅？病帝也。其病之何？充以告陰事見知，非端士矣，而寵信之，使治巫蠱，帝亦不能無過也，故止書族滅。

入《綱目》以來書族十一，秦三，高帝二，武帝六。而武帝居其六，然則帝之刑亦太刻哉！自是以後，漢諸臣非謀反無夷族者。以至於唐，非謀反而夷族者，三書而已。魏崔浩、唐李渾、周劉思禮等。

壬辰 四年。春，正月，帝如東萊。◯雍縣無雲如雷者三，隕石二，黑如鷖。

如雷何？非雷也。《綱目》書雷十，書如雷者，一而已；詳惠帝五年。書隕石十二，書數者八，書其色者，一而已。詳秦始皇三十六年。

三月，帝耕於鉅定。還，至泰山，罷方士候神人者。

書親耕始此。終《綱目》書耕五，是年、明帝永平十五年、章帝元和二年、三年、唐玄宗開元十九年。書芟麥者一，開元二十二年。籍田不與焉。◯自元光二年書遣方士求神仙，於是四十五年矣，而後始書罷方士。甚矣！帝之晚悟也。後二年，而帝遂違世矣。書此，幸之也，否則終身弗悟，與秦皇何異焉！

夏，六月，還宮。◯以田千秋爲丞相，封富民侯；以趙過爲搜粟都尉。

自公孫弘書爲丞相封平津侯，是後丞相無不侯者，不書，據石慶牧丘侯、公孫賀葛繹侯、劉屈氂澎侯，皆爲相始封，皆不書。常事也。此書侯千秋何？重富民也。武帝干戈土木，海内虚耗，至其末年，本心定而天理還，始陳既往之悔，止擅賦，力本農，封富民侯，置搜粟都尉，以明休息富養之意。雖非不遠之復，其與迷而不反者異矣，故《綱目》特書之。

秋，八月晦，日食。

癸巳 後元元年。春，祀泰畤。○赦。○夏，六月，侍中僕射馬何羅反，伏誅。○秋，七月，地震。○殺鉤弋夫人趙氏。

凡書殺，殺無罪也。武帝思患預防，曷爲以殺無罪書之？不與帝之斷也。古人之防患，蓋自有道矣。自帝有是舉，拓跋氏至以爲家法，人亦何樂於有子哉！

甲午 二年。春，二月，帝如五柞宮，立弗陵爲皇太子，以霍光爲大司馬、大將軍，金日磾爲車騎將軍，上官桀爲左將軍，受遺詔輔少主。帝崩。

自武帝增重加官，而丞相爲具位，故受遺之詔，不及丞相焉。然其付托得人，則帝之明有可尚者矣，故書美之。書受遺詔始此。終《綱目》書受遺詔六。是年、宣帝黃龍元年、後主建興元年、晋元帝永昌元年、明帝大寧三年、唐太宗貞觀二十三年。

太子弗陵即位，姊鄂邑長公主共養省中，光、日磾、桀共領尚書事。○三月，葬茂陵。○夏，赦。○秋，七月，有星孛於東方。○追尊鉤弋夫人爲皇太后，起雲陵。

譏違禮也，始亂嫡妾矣。故《通鑑》不書，《綱目》并徙民雲陵，三年。皆特書之。自昭帝追尊其所生，而後書追尊者十二君；昭帝、宣帝、和帝、安帝、順帝、桓帝、靈帝、獻帝、燕主垂、晋孝武帝、安帝、魏恪。自哀帝尊其祖母及其所生，而後書尊拜者十三君；哀帝、平帝、桓帝、靈帝、晋哀帝、孝武帝、魏主詡、唐憲宗、穆宗、敬宗、宣宗、蜀主昶、晋主重貴。於是又有遥尊者矣。唐德宗。尊妾母，非也；尊保母，甚哉。魏主燾、主濬。

冬，匈奴入朔方，遣左將軍桀行北邊。

乙未　孝昭皇帝始元元年。夏，益州夷反，募吏民，發奔命，擊破之。○秋，七月，赦。○大雨，至於十月。

七月至於十月，恒雨也，故謹書之。《綱目》書大雨六，是年、成帝建始三年、新莽乙亥年、庚辰年、靈帝建寧二年、獻帝建安十八年。有書六十餘日者矣，庚辰年。未久也；書霖雨六，詳秦二世二年。書雨水十五，書雨二，有書六月至於九月者矣，靈帝中平六年。未大也。大雨且久，莫甚於此時矣。

燕王旦謀反，赦弗治，黨與皆伏誅。

書赦弗治何？譏失刑也。弗治之辭二：燕王旦謀反赦弗治，失有罪之辭也，譏也；有司奏梁王立罪，寢不治，存厚之辭也，美也。美惡不嫌同辭。終《綱目》書弗治二，書謀反赦二，旦、秦苻重〔一〕。皆赦而復反者也。

以雋不疑爲京兆尹。

書京兆尹始此。終西漢之世書京兆尹八，雋不疑、趙廣漢、黄霸、張敞、王尊、王章、王駿、何武。皆嚴能吏也，惟黄霸以不稱職，書罷歸故官。

〔一〕「苻」，原作「符」，據《通鑑》卷一〇四改。

九月，車騎將軍、秺侯金日磾卒。

閏月，遣使行郡國，舉賢良，問民疾苦。○冬，無冰。

《綱目》書無冰二，是年、武帝元狩六年。舍是無書者，史略之也。

丙申二年。春，正月，封大將軍光爲博陸侯。○以劉辟彊、劉長樂爲光禄大夫。○三月，遣使振貸貧民種、食。○秋，詔所貸勿收責，除今年田租。

除者何？全免也。武帝征斂百端，經用不足。昭帝即位一年耳，乃能全免天下今年田租，亦在乎人而已。書除今年田租始此。終《綱目》書全除天下今年田租四，是年、宣帝本始元年、和帝永元九年、唐玄宗天寶十四載。至於一州一道，與夫量免、蠲免不與焉。煬帝免天下今年租賦不書，隋大業二年〔一〕。玄宗免天下今年田租不書，唐開元二十七年。泰也，故削之。

匈奴狐鹿孤單于〔二〕死，子壺衍鞮單于立。

丁酉三年。春，二月，有星孛於西北。○秋，募民徙雲陵。○冬，十月，遣使祠鳳皇於東海〔三〕。

書祠鳳皇，病霍光也。有學術者，不至是甚矣。自霍光一開其端，是年。而宣帝以鳳皇書者六，本

〔一〕「二」，原作「一」，據弘治本、蜀藩本、《通鑑》卷一八○改。
〔二〕「孤」，原作「姑」，據宋刻《綱目》本、《通鑑》卷二二一改。
〔三〕「使」，原無，據宋刻《綱目》本補。

始元年、地節元年、二年、神爵元年、三年、甘露三年。皆譏也。故《通鑑》不書，《綱目》特書之。終《綱目》書鳳皇七。

十一月朔，日食。

四年。戊戌春，三月，立倢伃上官氏爲皇后，赦。

於是帝年十二，而后方五歲〔一〕，立后之幼，未有甚於此者。桀私也，亦大早計矣哉！

秋，令民勿出馬。〇西南夷復反，遣兵擊之。〇以上官安爲車騎將軍。

五年。己亥春，正月，男子成方遂詣闕，詐稱衛太子，伏誅。〇罷儋耳、真番郡。

六年。庚子春，詔問賢良、文學民所疾苦〔二〕。

前書遣使行郡國，舉賢良，問民疾苦矣，於是再書，霍光可謂有志於民矣。下書罷榷酤官，皆美之也。

蘇武還自匈奴，以爲典屬國。

於是匈奴遣武及馬宏等歸，宏不書，嘉武節也。終《綱目》使書還三，是年蘇武、唐太宗貞觀元年鄭

〔一〕「五」，弘治本、蜀藩本作「六」。
〔二〕「所」，原作「問」，據宋刻《綱目》本、弘治本、《通鑑》卷二三改。

元璹、甲辰年後唐李德明。惟武以美書。

夏，旱。○秋，七月，罷榷酤官。

辛丑 元鳳元年。春，三月，徵有行義者韓福等至長安，賜帛，遣歸。

書遣歸何？譏也。不遠徵之，至，則賜帛而已矣。故《通鑑》不書，《綱目》特書之。書徵士始此。終《綱目》書徵賢二十有一，是年、光武建武五年、順帝陽嘉二年、永和二年、桓帝延熹二年、靈帝中平六年、後主建興四年魏主、丁亥年晉武帝、穆帝永和六年、孝武太元十二年、宋辛未年魏主、壬午年梁武帝、己卯年周主、唐太宗貞觀元年、高宗開耀元年、中宗神龍元年、玄宗開元六年、代宗大曆三年、德宗貞元四年、憲宗元和元年、昭宣帝天祐二年。書遣歸者，一而已，臣子不與焉。書賜帛始此。終《綱目》書賜帛四，是年、齊甲戌年魏、隋文帝開皇十五年、唐太宗貞觀七年。惟此爲譏辭。

武都氐人反，遣兵擊之。○夏，赦。○秋，七月晦，日食，既。

食既，大變也。於是臣下有謀上者，天之示人，昭昭矣！故下書鄂邑公主等反，誅。終《綱目》書日食三百六十七，而書食既者十有二，未有無應者也。詳惠帝七年。

八月，鄂邑長公主、燕王旦、上官桀、安等謀反，皆伏誅。

於是主及旦自殺耳，書皆伏誅何？謀上也，不誅，則亂臣賊子接迹於天下矣。終《綱目》書公主反逆誅死四，鄂邑、唐高陽、太平，惟安樂以韋后黨書其黨〔一〕。

冬，以韓延壽爲諫大夫。

書諫大夫始此。《綱目》書諫大夫七，韓延壽、夏侯勝、王褒、王吉、貢禹、劉輔、鮑宣。東漢以下書諫議大夫凡十六。詳光武建武五年。

以張安世爲右將軍，杜延年爲太僕。

湯、周子也。二子，可謂能盖前人之愆矣。《綱目》書之，所以示勸也。

匈奴入寇，邊兵追擊之，獲甌脱王。

壬寅 二年。夏，赦。

癸卯 三年。春，正月，泰山石立，上林僵柳復起生。

宣帝之祥也。《綱目》書石立二。是年、哀帝建平三年。

少府徐仁自殺，腰斬廷尉王平。

自殺未有不書故者，不書故，無故也。無故者必有其故，於是有任其咎者矣，故二子書官。凡書腰斬，甚之也。據晁錯、欒大、劉屈氂、成方遂皆腰斬，不書腰斬。

〔一〕「惟安……其黨」，此句弘治本爲小字注文。

冬，遼東烏桓反，遣將軍范明友將兵擊之。

甲辰 四年。春，正月，帝冠。

帝於是年十七矣。終《綱目》書帝冠十有三，詳惠帝四年。莫長於昭帝，莫幼於宋主昱。冠用正月，歲首也。先是，惟惠帝書三月；後此，惟宋主昱書十一月。

丞相千秋卒。○二月，以王訢爲丞相。○夏，五月，孝文廟正殿火，帝素服遣使作治。

先是，書高園便殿火矣。武帝建元六年。後此，書太上皇、太宗廟火矣。宣帝甘露元年。皆書素服，不以作治書。此其書作治何？急宗廟也。於是遣使作治，六日而成，可謂知所急矣，故書。是故昭帝急於宗廟，則書遣使作治；晉武慢於宗廟，則書某年某月成[一]：太康十年四月。《綱目》之勸戒明矣。

赦。○遣使誘樓蘭王安歸，殺之。

淮南王布書誘誅之，反者也。樓蘭王殺漢使者，則其書誘殺何？樓蘭之罪，既謝服矣，以中國而行盜賊之計於蠻夷，以是爲可醜也，故書誘殺。介子不書，罪遣者也。書誘殺始此。終《綱目》書誘殺十，是年、獻帝建安二年劉備殺楊奉、後主建興四年吴呂岱殺士徽、懷帝永嘉五年石勒殺王彌、宋庚申年蒙遜殺歆、梁丙午年拔陵殺胡琛、陳甲申年周迪殺周敷、隋煬帝大業十三年李密殺翟讓、唐玄宗開元八年

[一]「成」，原無，據弘治本、蜀藩本補。

王晙殺僕固、五代己酉年郭從義殺趙思綰。書誘誅二。高帝十二年、唐憲宗元和十四年。

乙巳五年。夏，大旱。○發惡少年、吏亡者屯遼東。○冬，大雷。○丞相訢卒。

丙午六年。春，正月，築遼東、玄菟城。

城不書，必關要而後書。故内城書京都，外城書關塞。書漢長安、吴武昌、代盛樂、平城、凉姑臧、燕龍城、夏統萬、齊建康、吴越杭州、孟知祥成都、周大梁、南唐金陵，皆都城也。苟都城，雖外郭必書。書漢受降、玄菟、吴濡須、魏九城、齊軹關、唐應龍、奉天、原州、鹽州、三城、唐德勝、晋澶州、周李晏口，皆關塞也。

夏，赦。○烏桓復犯塞，遣范明友將兵擊之。○冬，十一月，以楊敞爲丞相。

自五年書丞相訢卒，於是丞相虛位者一年，始書楊敞，光專也。

丁未元平元年。春，二月，減口賦錢什三。○有流星大如月，衆星皆隨西行。

建元二年書有星如日矣，於是復書流星大如月，皆大異也。故《通鑑》不書，《綱目》特書之，果踰月而國有大喪矣。書流星始此。終《綱目》書流星三。是年、成帝元延元年、愍帝建興二年。

夏，四月，帝崩。大將軍光承皇后詔，迎昌邑王賀詣長安[一]。六月，入即位，尊皇后曰皇太后。

[一]「詣」，弘治本、蜀藩本作「入」。

賀善贊曰：昭帝初元，即遣使問民疾苦，繼書賑貸種、食，又書所貸勿收、除今年租，又書令勿出馬，又書問民疾苦，又書罷榷酤官，又書減口賦錢，然後虛耗之民始有生意。昭帝於是，可謂善繼矣，光亦賢相矣哉！○承皇后詔何？不以專立君累光也。兩漢之世書迎、書立者十，書承皇后詔，惟光而已。詳呂氏辛酉年。

葬平陵。○昌邑王有罪，大將軍光率群臣奏太后，廢之。○秋，七月，迎武帝曾孫病已入，即位，尊皇太后曰太皇太后。

賀既書即位矣，書昌邑王何？不君也。故以太后令廢主者多矣，不書，董卓。惟霍光以奏太后書。其書之何？不以專廢君累光也。是故不以專廢君累光，則特書奏太后；不以專立君累光，則特書承皇后詔。然則曾孫之立，不書承太后詔，其許光以專立歟？上書光率群臣奏太后矣，不再書光，則蒙上文而已。

赦。○丞相敞卒，以蔡義爲丞相。○冬，十一月，立皇后許氏。

義見立皇后張氏。惠帝五年。

太皇太后歸長樂宮，初置屯衛。

歸者何？順辭也。太后遷辭二：太后遷歸某宮者，順辭也；遷太后於某宮者，逆辭也。終《綱目》書太后徙某宮二，晉穆帝升平元年崇德褚氏、唐文宗開成五年積慶蕭氏。書太后遷某宮一，後周辛亥年漢太后。書太后歸某宮一，是年上官氏。書太后居某宮一，唐憲宗元和十五年興慶郭氏。皆順辭也。

中宗孝宣皇帝本始元年。甲戌春，大將軍光請歸政，不受。

書請何？光爲恭也。歸則歸耳，何請爲？自是六年無聞焉，光之心可知矣，故書請譏之。

夏，四月，地震。〇鳳凰集膠東，赦，勿收田租賦。

光嘗祠鳳凰矣，今而鳳凰集，則光意也。自是而書鳳凰者又五焉，何帝世之多鳳凰哉？至爲之赦，亦誣矣。《綱目》書免天下今年田租四，詳昭帝始元二年。此以鳳凰集故，則非出於恤農矣。

追謚戾太子、戾夫人、悼考、悼后，置園邑。

於是詔議故皇太子謚，有司請謚太子曰戾，史良娣曰戾夫人，漢初公議猶凜凜也。自帝始尊私親，其初猶曰考、曰后而已，未幾而尊曰皇考焉，自是以後，無不皇者矣。哀之共皇，桓之孝穆皇、孝崇皇，靈之孝元皇、孝仁皇，帝啟之也。

召黃霸爲廷尉正。

武帝之世，廷尉書張湯、杜周，譏也。至帝始書黃霸、于定國，地節元年。帝亦可謂能恤刑矣。

二年。己酉春，大司農田延年有罪，自殺。〇夏，尊孝武皇帝廟爲世宗，所幸郡國皆立廟。〇秋，遣將軍田廣明等將兵，及校尉常惠護烏孫兵擊匈奴。

書烏孫兵可矣，必書曰常惠護何？不以烏孫敵漢將也。《綱目》之脩，内外之分而已矣。

庚戌三年。春，正月，大將軍光妻顯弑皇后許氏。

書大將軍光妻何？與聞乎弑也。光既聞之，不忍發舉，則是與聞乎弑矣。終《綱目》后書弑者三，宣帝許后、獻帝伏后、元魏于后。弑而書殺一。晋惠帝賈后、唐肅宗張后。

葬恭哀皇后於杜陵南園。

西漢后不書葬，此書葬何？不合葬也，故地之，書南園。於是《通鑑》不書，《綱目》特書之。凡葬書地，譏也。葬非其地書地，祔非其人書地，名非其名書地。宣許后書杜陵南園，桓梁后書懿陵，唐郭太后書景陵之側，非其地也；漢哀傅太后書渭陵，唐武氏書乾陵，非其人也；漢和梁太后書西陵，桓匽氏書博陵，非其名也。皆妾母稱陵。終《綱目》后葬書地者七，是年、哀帝元壽元年、和帝永元九年、桓帝元嘉二年、延熹二年、唐中宗神龍二年、宣帝大中二年。皆譏也。

夏，五月，田廣明有罪，下吏，自殺。封常惠爲長羅侯。○大旱。○六月，丞相義卒，以韋賢爲丞相，魏相爲御史大夫。○以趙廣漢爲京兆尹。

辛亥四年。春，三月，立大將軍光女爲皇后，赦。

立后書氏，恒也，書大將軍女何？權所在也，而許后之所以弑，益著矣。故權在於光，則以大將軍光女書；權在於莽，則以安漢公莽女書。平帝元始二年。終《綱目》立后書某女者，二而已。

夏，四月，地震，山崩，二郡壞祖宗廟。帝素服避殿，詔問經學，及舉賢良方正之士。

於是郡國四十九同日地震，山崩，二郡壞祖宗廟，大異也。其爲霍氏陰盛之證，明矣！而經學、賢良之對，無及此者〔一〕，何哉？終《綱目》書地震一百一，而書求言者纔八，是年、地節三年、元帝初元二年、成帝建始三年、順帝陽嘉二年再書、桓帝建和元年、元嘉元年。世主之以變爲玩者，多矣！《綱目》之書地震，自隋書天下地震之外，未有大於此者也。終《綱目》宗廟書壞三。是年、唐玄宗開元五年、五代壬子年蜀。

以夏侯勝爲諫大夫，黄霸爲揚州刺史。

自初置刺史，武帝元封五年。至是三十七年，書黄霸。

五月，鳳凰集北海。

壬子 地節元年。春，有星孛於西方。○冬，十二月晦，日食。○以于定國爲廷尉。

癸丑 二年。春，三月，以霍禹爲右將軍，大司馬、大將軍、博陸侯霍光卒。○夏，四月，以張安世爲大司馬、車騎將軍，領尚書事。○鳳凰集魯，大赦。

於是三書鳳凰，再爲之赦，而加大焉，帝之自欺，甚矣！

以霍山爲奉車都尉，領尚書事，御史大夫魏相給事中。

〔一〕「此」，弘治本、蜀藩本作「之」。

特筆也。自相給事中，而幾事皆得以燕見言之矣。故劉章入宿衛，而吕氏之柄分；魏相給事中，而霍氏之權失：《綱目》皆特書之。

匈奴壺衍鞮單于死，弟虛閭權渠單于立。

甲寅　三年。春，三月，賜膠東相王成爵關内侯。○夏，四月，立子奭爲皇太子。○五月，丞相賢致仕。

書致仕何？予知止也。武帝之世，宰相往往誅死。賢首致仕，可謂過人遠矣，故《綱目》喜書之。書致仕始此。終《綱目》書致仕二十二[一]，是年韋賢、和帝永元十三年吕蓋、晉成帝咸康四年顔含、宋壬辰年何尚之、梁己酉年魏楊椿、唐高宗咸亨元年劉仁軌、許敬宗、弘道元年李義琰、中宗嗣聖四年韋思謙、二十一年朱敬則、神龍二年唐休璟、李懷遠、玄宗開元二十一年宋璟、德宗貞元二十一年韓全義、憲宗元和二年杜佑、武宗會昌三年仇士良、昭宗大順二年楊復恭、乾寧元年鄭綮、二年韋昭度、昭宣帝天祐四年蘇循、五代丁亥年唐周玄豹、辛卯年吴宋齊丘、戊戌年晉范延光。而書請致仕者一，杜佑。書以致仕者四。楊復恭、韋昭度、周玄豹、宋齊丘。

六月，以魏相爲丞相，丙吉爲御史大夫。○以疏廣爲太子太傅，兄子受爲少傅。○大雨雹。以蕭望之爲謁者。

書雨雹多矣，未有書大者。書大雨雹始此。終《綱目》書雨雹二十四，詳景帝二年。而書大者四。

[一]「二十二」，據下文，疑當作「二十三」。

是年、新莽己巳年、靈帝中平二年、獻帝初平四年。

秋，九月，地震，詔求直言，省京師屯兵，罷郡國宫館，假貸貧民。

書，美之也。《綱目》書地震一百一，而書求言者纔八，帝居其二焉，本始四年、是年。帝可謂遇災而懼者矣。書求直言始此。終《綱目》書求直言五，是年、順帝陽嘉二年、梁丙戌年魏、唐中宗神龍元年、石晋戊戌年。書求言一，梁己未年魏。書開言路一，後唐乙未年。書詔言事四，靈帝建寧二年、晋元帝大興二年、齊己未年齊主、戊辰年魏主。書詔極言三，明帝永平八年、唐太宗貞觀十一年、五代乙卯年周世宗。書詔陳過失二，成帝河平元年、唐太宗貞觀十一年。書詔上封事一。五代辛亥年周太祖。

以張安世爲衛將軍，諸軍皆屬；以霍禹爲大司馬，罷其屯兵。

特筆也，而霍氏之權盡收矣。故書罷其屯兵，而霍氏之誅决矣；書解其領軍，而元乂之誅决矣。齊乙巳年魏。皆特筆也。

冬，十二月，置廷尉平。〇侍郎鄭吉擊車師，破之，因田其地。

此屯田之端也，至神爵而後始書屯田。

四年。乙卯 春，二月，賜外祖母號爲博平君。

推恩外祖母始此。自是新野君安帝太后母。之屬皆不書，書其始而已。終《綱目》書外氏號三，博平、新野、唐魯國夫人。其二因卒見之。

詔有大父母、父母喪者勿繇。

書，志仁政也。《通鑑》不書，《綱目》特書之。

夏，五月，山陽、濟陰雨雹，殺人。

書雨雹多矣，未有書殺人者。雹至殺人，爲異大矣。《綱目》書雹二十四，書殺人，一而已。

詔自今子匿父母、妻匿夫、孫匿大父母，皆勿治。

厚人倫也，故書美之。終《綱目》恤刑之政，書勿坐二，是年、元康四年。皆帝之仁政也。

秋，七月，霍氏謀反，伏誅，夷其族，皇后霍氏廢。

賊未有不書主名者，此其書曰霍氏何？衆辭也。是故霍氏舉族皆反，則書氏；爾朱舉族可誅，則書氏。梁辛亥年。於是雲、山自殺耳，皆以伏誅書，謀上也，故后亦以自廢爲文。謀反書氏，終《綱目》一而已。

九月，詔減天下鹽賈。令郡國歲上繫囚掠笞瘐死者，以課殿最。

帝於是可謂仁矣，特書美之。自帝有此令，至齊而制立病囚診治之法，庚申年。皆良法也。《綱目》於恤刑之政，書惠囚者二。是年、庚申年。

以朱邑爲大司農。○以龔遂爲水衡都尉。

丙辰 元康元年。春，正月，初作杜陵。

書初何？緩辭也。恭哀后之葬南園久矣，於是始作治焉。是故宣帝即位十年始作杜陵，則書初；世祖即位二十五年始作壽陵，則書初；明帝即位十五年始作壽陵，則書初。

三月，赦。○夏，五月，追尊悼考爲皇考，立寢廟。○殺京兆尹趙廣漢。

書殺何？甚帝也。《周官》八議，議賢議能。若廣漢、延壽，可謂能矣，雖有罪，豈足以死哉？故《綱目》甚之，書殺。

貶少府宋疇爲泗水太傅[一]。

自少府貶耳，何以書？予疇也。先是，書鳳凰集三，未有議之者。於是鳳凰下彭城，疇獨非之，可謂特立之士矣。《綱目》於鳳凰下彭城不書，書貶疇，予其議也。

以蕭望之爲平原太守，復徵入，守少府。○以尹翁歸爲右扶風。○莎車叛，衛候馮奉世矯發諸國兵，擊破之，以奉世爲光禄大夫。

矯制，雖討叛必書矯，示民有君也。《綱目》之修，君臣之分而已矣。

丁巳 二年。春，正月，赦。○二月，立倢伃王氏爲皇后。○夏，五月，詔二千石察其官屬治獄不平者。郡國被疾疫者，毋出今年租。

《綱目》書疫十五，而書救災之政者二，是年、元帝初元元年。世主之恤民者，寡矣！終《綱目》書州郡除田租者四，是年、殤帝延平元年、桓帝延熹元年、辛未年魏主燾。境内災傷量蠲者二。唐太宗貞

[一]「傅」，原作「保」，據宋刻《綱目》本、弘治本、蜀藩本、《通鑑》卷二五改。

觀元年、憲宗元和七年。

帝更名詢。○匈奴擾車師田者，詔鄭吉還屯渠犂。○以蕭望之爲左馮翊。

戊午三年。春，三月，封故昌邑王賀爲海昏侯。

於是帝即位十一年矣，而賀尚存，漢之俗猶厚也，故書予之。

封丙吉等爲列侯，故人阿保，賜物有差。

推恩阿保始此，然賜物而已，未封也。自是而後，有封君者，延光二年安帝王聖、陽嘉二年順帝宋娥。有封其子者，永興二年桓帝馬恵子初。其卒也，至號爲皇太后，宋壬申年魏主燾竇氏、癸巳年魏濬常氏。甚哉！

夏，六月〔一〕，立子欽爲淮陽王。

宣帝封立不悉書，據楚東平、中山不書。書欽何？帝所愛，欲立爲太子者也，故謹志之。

疏廣、疏受請老，賜金遣歸。

前稱兄子受矣，此其不稱兄子何？不以廣掩受名也。請老，常也，在西漢爲高節，故并書之。書賜金遣歸，榮之也。終《綱目》書請老，一而已，書賜金三，是年、元康四年、唐太宗貞觀七年。皆予辭也。

〔一〕「六月」，從《漢書·宣帝紀》，《通鑑》卷二五作「四月」，從《漢書·諸侯王表》。

以潁川太守黄霸守京兆尹，尋罷歸故官。

四年己未。春，正月，詔年八十以上，非誣告、殺傷人，勿坐。○右扶風尹翁歸卒。

三輔未有書卒者，卒翁歸，録賢也，異韓、趙矣。

求高祖功臣子孫失侯者，賜金，復其家。

賜金與復耳，何以書？嘉念功也。書録功臣後始此。終《綱目》書録功臣後六，是年、成帝永始元年、平帝元始二年、章帝建初七年、安帝永初六年、桓帝延熹三年。立廟圖畫不與焉。宣帝甘露三年、明帝永平二年、後主炎興元年、唐太宗貞觀十七年。

大司馬、衛將軍、富平侯張安世卒。○以韋玄成爲河南太守。○遣光禄大夫義渠安國行邊兵。

資治通鑑綱目書法第六

起庚申漢宣帝神爵元年，盡庚子漢成帝陽朔四年。

廬陵後學　劉友益修撰
翰林直學士中大夫知制誥同修國史國子祭酒歐陽玄校正

庚申神爵元年。春，正月，帝如甘泉，郊泰畤。三月，如河東，祠后土。遣諫大夫王褒求金馬、碧雞之神。

書遣諫大夫何？病帝也。雖病帝也，亦病褒也。帝遣之，則於褒乎何病？以方士言增置神祠，帝之惑也。而諫大夫何職焉？不能諫則亦已矣，而又爲之持節求之，以是爲不職，故病之也。然則趙使藺相如非事，則削其官，此則曷爲以諫大夫書？書諫大夫，所以見遣者、行者之胥失也。自帝立此祠，至建始二年而一罷，永始三年而後復。并成帝。世主之卓然不惑者，鮮矣！

諫大夫王吉謝病歸。

以病免，實也；謝病歸，托也。書諫大夫謝病歸，病帝也。《綱目》書謝病歸，一而已。宣帝之世。書諫大夫三，夏侯勝、王褒、王吉。一非所使，一謝病歸，當時之設是官也，亦具文矣。

先零羌楊玉叛，夏，四月，遣後將軍趙充國將兵擊之。○六月，有星孛於東方。○秋，七月，充國引兵擊叛羌，叛羌多降。詔復遣將軍辛武賢等將兵擊之，尋詔罷兵，留充國屯田湟中。

書屯田始此。終《綱目》書屯田十一，是年、元帝初元元年、順帝永建六年、獻帝建安元年、十四年、後主建興四年、十二年、延熙四年、梁辛酉年、陳庚辰年、唐高祖武德六年。書營田一，唐憲宗元和七年。書罷屯田二，安帝永初元年、曹魏甲申年。書罷營田一，五代壬子年。鄭吉田車師不書屯，不與焉。

以張敞爲京兆尹。

辛酉 二年。春，二月[一]，鳳皇、甘露降集京師，赦。

於是書鳳皇四，而書赦者三矣。書甘露始此。《綱目》書甘露降二。是年、光武中元元年。

夏，五月，趙充國振旅而還。秋，羌斬楊玉以降，置金城屬國以處之。

書軍還多矣，未有書振旅而還者。書振旅而還，特筆也。其特筆何？嘉全師也。先零之叛，罕羌助之，武賢請先擊罕羌，充國則請降以威信。先零既走，充國徐行驅之，降者既多，然後請罷騎兵，屯田以待其敝，凡三上奏，卒得所請。及是還師，不亡一鏃，而靡忘竟斬楊玉以降，真所謂萬全之師矣。特書振旅而還，所以深嘉充國也。終《綱目》，一書而已矣。

秋，九月，司隸校尉蓋寬饒自剄北闕下。

於是上下寬饒吏，寬饒自剄，其不書下之吏何？甚寬饒也。曷爲甚之？寬饒謂刑餘爲周、召，

[一]「二」，《通鑑》卷二六、《漢書·宣帝紀》作「正」。

可也，而語及官天下，則非所宜言矣。若是而自殺焉，罪不專在上也。故趙、韓、楊皆書殺，而寬饒書自剄，《綱目》之權衡，審矣！

匈奴虚閭權渠單于死，握衍朐鞮單于立。日逐王先賢撣來降，以鄭吉爲西域都護。○烏孫昆彌翁歸靡死，狂王泥靡立。

壬戌三年。春，三月，丞相、高平侯魏相卒。○夏，四月，以丙吉爲丞相。○秋，七月，以蕭望之爲御史大夫。○八月，益小吏俸。

勸廉也。帝於是可謂知本矣，故書美之。終《綱目》書增俸四，是年、成帝綏和二年、光武建武二十六年、丁亥年晋。而益小吏者二。是年、成帝綏和二年。

以韓延壽爲左馮翊。

癸亥四年。春，二月，赦。○夏，四月，賜潁川太守黄霸爵關内侯。○冬，十月，鳳凰集杜陵。○河南太守嚴延年棄市。

甲子五鳳元年。秋，匈奴亂，五單于争立。○冬，十二月朔，日食。○殺左馮翊韓延壽。

乙丑二年。秋，八月，左遷蕭望之爲太子太傅。

左遷之辭三：左遷某爲某官，無罪之辭也；某人以罪左遷，有罪之辭也；某人左遷，薄乎云爾之辭也。

匈奴呼韓邪單于擊殺屠耆單于，呼屠吾斯自立爲郅支單于。○免光禄勳、平通侯楊惲爲庶人。

免例有三：凡書某免者，可免者也；著所坐者，有罪者也；書免某官，下某獄免，徵下獄免，皆無罪者也。

丙寅三年。春，正月，丞相、博陽侯丙吉卒。○二月，以黄霸爲丞相。○三月，減天下口錢。

自高帝始立口賦法，人六十三，十一年。至昭帝減口賦錢什三，元平元年。於是又減，民賦益輕矣。六十，本或作二十。

置西河、北地屬國，以處匈奴降者。

丁卯四年。春，匈奴呼韓邪單于稱臣，遣弟入侍，減戍卒什二。○糴三輔近郡穀供京師，初置常平倉。

志恤民也。書常平倉始此。終《綱目》書置常平三，是年、齊丙子年魏、隋仁壽四年。書修一，唐玄宗開元二年。書罷二，元帝初元五年、唐代宗大曆五年罷歸宰相。書義倉者一。陳乙巳年隋。

夏，四月朔，日食。○殺故平通侯楊惲。

惲免爲庶人矣，書故平通侯何？廢不以罪也，而殺之，甚矣。

匈奴郅支單于攻呼韓邪單于，走之，遂都單于庭。

夷也，書所都何？郅支强也。及韓邪朝漢，而郅支西徙，去單于庭至七千里，則事漢之効矣。

是故都單于庭書，徙居堅昆書，所以勸即華也。

戊辰 甘露元年。春，免京兆尹張敞官，復以爲冀州刺史。

復以爲之例有四：有改過之辭，有貳過之辭，有不能令之辭，有因仍之辭。書曰免張敞官，復以爲冀州刺史，改過之辭也。詳文帝十四年。

以韋玄成爲淮陽中尉。○匈奴兩單于皆遣子入侍。○夏，四月，黄龍見。○太上皇、太宗廟火，帝素服五日。○烏孫國亂，遣使分立兩昆彌。

己巳 二年。春，正月，赦，減民算三十。

自漢初始爲算賦，人百二十，其後又有口錢。口錢嘗再減矣，昭帝元平元年、五鳳三年。而算賦仍舊。帝於是減其四分之一，至成帝而又減算四十，民力益寬矣。建始二年。

珠厓郡反，夏，四月，遣兵擊之。○營平侯趙充國卒。○匈奴款塞請朝。

庚午 三年。春，正月，匈奴呼韓邪單于來朝，還，居幕南塞下。

匈奴自秦始皇三十二年始見於《綱目》，漢文帝三年始書單于，至宣帝五鳳四年始書稱臣，今年始書來朝，於是百六十五年矣。信哉！無百年之運也。自是終西漢之世，書單于來朝四。是年、黄龍元年、元帝竟寧元年、哀帝元壽二年。

畫功臣於麒麟閣。

何以書？録功臣也。終《綱目》書畫功臣三，是年、明帝永平三年、唐太宗貞觀十七年。鴻都文學，靈帝光和六年。十八學士，唐高祖武德四年。則不復書之矣。

鳳凰集新蔡。

於是凡六書矣。《綱目》書鳳皇七，而昭帝一書，宣帝六書，自是終《綱目》無聞焉。帝之世，果盛矣哉？

丞相霸卒，以于定國爲丞相。○詔諸儒講五經異同於石渠閣。

書，嘉統一也。書講五經始此。終《綱目》書講五經二。是年、章帝建初四年。

皇孫驁生。

皇孫生不書，書驁生何？驁，王政君所生也。王氏之篡，漢之中否，自驁生始矣，故謹書之。

終《綱目》書皇孫生，一而已。

烏孫公主來歸。

《綱目》公主和親書歸三。是年，唐肅宗乾元二年寧國，武宗會昌三年太和〔一〕。

四年辛未。冬，匈奴兩單于俱遣使朝獻。

〔一〕「和」，原作「初」，據弘治本、蜀藩本、《通鑑》卷二四七改。

壬申黃龍元年。春，匈奴呼韓邪單于來朝，郅支徙居堅昆。○三月，有星孛於王良、閣道，入紫微宮。○帝寢疾，以史高爲大司馬、車騎將軍，蕭望之爲前將軍、光祿勳，周堪爲光祿大夫，受遺詔輔政，領尚書事。冬，十二月，帝崩。

武帝之末始書受遺詔，於是再見。自是歷東漢之世，無書者，至昭烈之末而後書〔一〕。賀善贊曰：宣帝號尚嚴，而篇中書寬恤之政四：詔有大父母、父母喪勿繇，詔子匿父母、妻匿夫、孫匿大父母皆勿治，令郡國歲上繫囚掠笞瘐死者以課殿最，詔年八十以上非誣告人勿坐，謂非惻隱之發乎？惜夫！信鳳皇，惑碧雞，而趙、楊、韓之死不免書殺，此《綱目》所以責賢者之備也。

太子奭即位，尊皇太后曰太皇太后，皇后曰皇太后。

太皇太后何？昭后上官氏也。據下書太皇太后上官氏崩。宣帝即位，嘗尊爲太皇太后矣。元帝視之，則曾祖母也，於是復稱皇太后，而書尊曰太皇太后者，豈太皇太后之上無以稱之，故云爾歟？

癸酉孝元皇帝初元元年。春，正月，葬杜陵。○赦。○三月，立倢伃王氏爲皇后。○以公田及苑振業貧民，賦貸種、食。

書，嘉恤民也。終《綱目》書以苑賦民三，是年、章帝建初元年、晉穆帝永和元年燕。以囿假民一。初

〔一〕「後」，蜀藩本作「復」。

元二年。

夏，六月，大疫，詔損膳，減樂府員，省苑馬，以振困乏。

書，救災也。書大疫始此。《綱目》書疫十有五，而書大者十一，秦戊午年、宣帝元康二年并疫，是年、桓帝延熹四年、靈帝建寧四年、熹平二年、光和二年、五年、中平二年、後主建興十二年、晋甲午年、乙未年并大疫，惠帝元康六年、七年并疫，懷帝永嘉六年大疫。書救災之政，二宣帝元康二年、是年。而已。

秋，九月，關東大水，饑。○以貢禹爲諫大夫。罷宮館希幸者，減穀食馬、肉食獸。○置戊、己校尉，屯田車師故地。

甲戌 二年。春，正月，帝如甘泉，郊泰畤。○下蕭望之、周堪及宗正劉更生獄，皆免爲庶人。○隴西地震。○罷黄門狗馬，以禁囿假貧民，舉直言極諫之士。○夏，四月，立子驁爲皇太子。○賜蕭望之爵關内侯，給事中，朝朔望。○關東饑。○秋，七月，地復震。

復者何？異之也。先是，書地震多矣，未有一歲再震者，以是爲異也，故特書復。自是不可勝書，雖一歲再震，不以復書矣。終《綱目》書地震一百一，歲再震者十三，是年、安帝永初四年、元初三年、六年、延光元年、順帝永和二年、三年、桓帝元嘉二年〔二〕、靈帝光和元年、獻帝初平四年、興平元年。

〔二〕據本書卷二秦王政十六年「代地震」條下《書法》，「桓帝」下，底本疑脱「建和元年、三年」六字。

而一月再震者二。桓帝建和三年〔一〕、獻帝興平元年。

以周堪、劉更生爲中郎，尋繫獄免。冬，十二月，蕭望之自殺，以宦者石顯爲中書令。

自殺未有不書故者，不書故，無故也。無故者必有其故，於是有任其咎者矣。然則望之何以不書爵？病漢也。曷爲病之？望之顧命大臣，既免爲庶人矣，賜爵固不足書也。弘恭爲中書令則不書，書石顯何？病漢也。曷爲病之？望之自殺，帝涕泣不食矣，不惟不能罪顯，又以爲中書令，是誠何心哉！《綱目》聯書之，所以深病帝也。

乙亥 三年。春，罷珠厓郡。○夏，赦。○旱。○罷甘泉、建章宮衛，令就農。百官各省費。條奏。○以周堪爲光祿勳，張猛爲光祿大夫、給事中。

丙子 四年。春，三月，帝如河東，祠后土。

丁丑 五年。春，正月，以周子南君爲周承休侯。○三月，帝如雍，祠五畤。○夏，四月，有星孛於參。○六月，以貢禹爲御史大夫。罷鹽鐵官、常平倉及博士弟子員數。○匈奴郅支單于殺漢使者，西走康居。

戊寅 永光元年。春，郊泰畤。○詔舉質樸、敦厚、遜讓、有行者。

〔一〕「桓」，原作「和」，據弘治本、蜀藩本、《通鑑》卷五三改。

終《綱目》舉敦樸二。是年、順帝陽嘉二年〔一〕。

三月，赦。○雨雪，隕霜，殺桑。○秋，上酎祭宗廟。○大饑。○丞相定國、御史大夫廣德罷。

以災害也。於是始書罷。

城門校尉諸葛豐有罪，免；左遷周堪爲河東太守，張猛爲槐里令。

於是豐劾堪、猛，帝既以是罪豐矣，乃復左遷堪、猛，是誠何心哉！《綱目》上書豐有罪，下書左遷堪、猛，病帝也。

待詔賈捐之棄市。○匈奴呼韓邪單于北歸庭。

二年。己卯 春，二月，赦。○以韋玄成爲丞相。○三月朔，日食。○夏，六月，赦。

赦必書，不悉書自元帝始。其自元帝始何？不勝書也。自趙主父始書大赦。秦始皇帝不書赦，二世書大赦一。高帝在位十二年，書赦三，而五年一赦再赦。惠帝在位七年，書赦一。呂太后八年，不書赦。文帝七年始書赦，凡二十三年書赦三。景帝十六年，書赦六。武帝五十四年，書赦一十八。昭帝十三年，書赦七。宣帝二十五年，書大赦一，書赦八，凡書赦九，而爲鳳凰而赦者居其四。元帝即位至是七年，書赦五矣。合而考之，秦皇、呂后不論，莫疏於文帝，其次惠帝，而元帝爲最數矣，故略之。自是，赦無事義者不書。

〔一〕「二」，原作「元」，據宋刻《綱目》本、《通鑑》卷五一改。

以匡衡爲光禄大夫。○秋，七月，隴西羌反，遣右將軍馮奉世將兵擊之。冬，十一月，大破之。

庚辰 三年。春，三月，立子康爲濟陽王。○冬，十一月，地震，雨水。○復鹽鐵官，置博士弟子員千人。

自武帝始置博士弟子五十人，元朔五年。至帝罷其員数，民通一經者皆復其身。初元五年。及是，復除者多，無以供役，然後又以千人限之。意雖近狹，而實廣也，故《綱目》不書限，書置，而當時儒學之盛，亦可見矣。

辛巳 四年。夏，六月晦，日食。以周堪爲光禄大夫，張猛爲太中大夫，堪卒〔一〕，猛自殺。

自殺未有不書故者，不書故，無故也。無故者必有其故，於是有任其咎者矣。是時，帝以日食召前言日食咎在堪、猛者責問之，因徵用二公。則是帝既知猛矣，而又縱顯譖之自殺，帝誠何心哉！猛不書官，蒙上文也。

冬，十月，罷祖宗廟在郡國者。

禮，凡祀，有其舉之，莫敢廢也。自漢太上皇崩，高帝令諸侯王國皆立廟，是後高祖、太宗、世宗莫不立焉，非也；於是而罷之，亦非也：故謹書之。

作初陵，不置邑、徙民。

〔一〕「堪卒」，原無，據宋刻《綱目》本、《通鑑》卷二九補。

特筆也。帝於是可謂知節矣。

壬午 五年。秋，潁川大水。○冬，十二月，毀太上皇、孝惠帝寢廟園。○以匡衡爲太子少傅。○河決。

癸未 建昭元年。春，正月，隕石於梁。○罷孝文太后寢祠園。

甲申 二年。夏，六月，立子興爲信都王。○秋，殺魏郡太守京房。○下御史中丞陳咸獄，髠爲城旦。○閏八月，太皇太后上官氏崩。

后崩不氏，此其書氏何？別疑也。於是太皇太后歷四朝矣，故詳之。后崩書氏自此始。

冬，齊、楚地震，大雨雪。

《綱目》雪不書，書三月雪，四月雪，記異也。此冬爾，常也，何以書？地震而大雪，則非常矣，故書。

乙酉 三年。夏，六月，丞相玄成卒。秋，七月，以匡衡爲丞相。○冬，西域副校尉陳湯矯制發兵，與都護甘延壽襲擊匈奴郅支單于於康居，斬之。

丙戌 四年。春，正月，傳首至京師，縣稾街十日。

書與甘延壽襲擊何？不以矯制累延壽也。樓蘭王傳首北闕下不書，此何以書？罪郅支也。前書殺漢使者，其罪矣。是故苟矯也，雖討有罪必書。矯，示民有君也。然則樓蘭非殺漢使歟？樓蘭之罪，既謝服矣，又誘殺之，以是爲非討也，故傳首不書。

藍田地震，山崩，壅霸水；安陵岸崩，壅涇水，逆流。

岸崩爾，常事也，何以書？壅水、逆流，則非常矣。終《綱目》書岸崩三，是年、新莽丙子年、靈帝光和六年。而壅涇水者二。是年，新莽丙子年。

丁亥　五年。夏，六月晦，日食。○秋，七月，復諸寢廟園。

前書罷上皇、孝惠寢園矣，又書罷孝文太后寢園矣，於是而復，則以上體不平故也。漢人輕議宗廟之罪大矣，備書譏之。

徙濟陽王康爲山陽王。

戊子　竟寧元年。春，正月，匈奴單于來朝。○三月，以張譚爲御史大夫。○以召信臣爲少府。○夏，封甘延壽爲義成侯，賜陳湯爵關内侯。○五月，帝崩。

賀善贊曰：元帝之初，期月而書恭儉愛民之事四，可謂賢矣。然而不能辨別邪正，望之、堪、更生等再書下獄免，而望之、猛又皆以自殺書，漢業之衰，實自帝始。《綱目》備書譏之，以見君人之德，莫大於明與斷也。

復罷諸寢廟園。

祖宗寢園，以爲親盡宜毁，則不當復；以爲宜復，則不當復罷。罷而復，復而罷，予奪唯意，謂之何哉！《綱目》詳書之，所以深罪之也。

六月，太子驁即位。○尊皇太后曰太皇太后，皇后曰皇太后。○以元舅王鳳爲大司馬、大將軍，領尚書事。

書元舅何？譏私也。王氏之簒始此矣，故謹書之。是故魏冉書舅，王鳳書舅，王崇書舅。

秋，七月，葬渭陵。

己丑孝成皇帝建始元年。春，正月，石顯以罪免歸故郡，道死。

書免歸道死何？譏失刑也。人不能誅，而天誅之，於是漢爲失刑矣。故書以罪免，而削其中書令。終《綱目》宦官書免二，石顯、侯覽。書削官三。程元振、仇士良、李敬寔。

有星孛於營室。○封舅王崇爲安成侯，賜譚、商、立、根、逢時爵關内侯。○夏，四月，黃霧四塞。

齊淮南王子不序，文帝十六年。此其序何？病漢也。序則曷爲病漢？以爲無一人不侯矣。故下書黃霧四塞，帝之昏實爲之。譚等不書舅，蒙上文也。

秋，八月，有兩月相承，晨見東方。

兩月何？非月也。非月也，故曰有，有也者，所未嘗有者也。漢書有兩月相承，晨見東方，晋書有三日相承，東行，愍帝建興二年。皆未嘗有者也。終《綱目》，各一書而已矣。晋穆帝升平元年六月，秦太史奏夜三月并出，不書，不與焉。

冬，作南、北郊，罷甘泉、汾陰祠。

庚寅二年。春，正月，罷雍五畤及陳寶祠。〇始親祠南郊。減天下賦錢，算四十。〇以渭城延陵亭部爲初陵。〇三月，始祠后土於北郊。〇立皇后許氏。

兩漢之篇，書立某氏爲皇后者，恒辭也，此其書曰立皇后許氏何？許氏，嘉女；嘉，廣漢弟子也，倫序亦少乖矣，故異其文。異其文者，異其事也。兩漢立后異其文者五，惠后張氏、宣后許氏、成后許氏、哀后傅氏、桓后梁氏。皆有故者也。詳惠帝四年。

夏，大旱。〇匈奴呼韓邪單于死，子復株累若鞮單于立。

辛卯三年。春，三月，赦天下徒。〇秋，大雨，京師民訛言大水至。

書訛言何？嘉王商也。終《綱目》書訛言二。是年、哀帝建平四年、新莽乙亥年。

八月，策免大司馬、車騎將軍許嘉。

上欲專任王氏也。書策免始此。策免之辭有三：策免某官某者，無罪之辭也；某官某有罪策免者，有罪之辭也；某官某策免者，薄乎云爾之辭也。

冬，十二月朔，日食。夜，地震未央宮殿中，詔舉直言極諫之士。

食、震同日，大異也；震宮殿中，甚大異也。終《綱目》，各一而已矣。

越巂山崩。〇丞相、樂安侯匡衡有罪，免爲庶人。

壬辰 四年。春，正月，隕石於亳四〔一〕，於肥纍二。

隕石，記異也。先是蓋屢書矣，未有兩地同月者。兩地同月，大異也。終《綱目》書隕石十二，詳秦始皇三十六年。而帝居其四，是年、陽朔三年、鴻嘉二年、元延四年。又有火生石中之書，帝之世，何多異哉！至其兩地同月而隕，終《綱目》一而已。

罷中書宦官，初置尚書員五人。

此望之、更生輩所以屢請而獲罪者也，於是見之書，喜之也，亦傷之也。其傷之何？柄歸元舅，而廢置不出於人主矣。終《綱目》書罷宦官二。是年、靈帝中平六年詔罷諸宦官。

以王商爲丞相。〇夏，四月，雨雪，復召直言極諫之士，詣白虎殿對策。

《綱目》書三月雪四，未有書四月雪者。四月而雪，甚大異也，外戚之陰盛，而乾陽不能勝矣。白虎之對，惜無能指及王鳳者，則是召也，亦具文而已。終《綱目》書四月雪二，皆帝世也。是年、陽朔四年。

秋，桃李實。

桃李華嘗三書矣，惠帝五年、吕氏甲寅年、文帝六年。未有書秋桃李實者。秋華，異也；秋華而實，大異也。終《綱目》書桃李秋實，一而已。

〔一〕「亳」，原作「毫」，據《通鑑》卷三〇改。

河決。○以王尊爲京兆尹。○大將軍鳳奏以陳湯爲從事中郎。

拜官不書所自，此其書大將軍鳳奏何？病漢也。湯之功過不相掩，明矣！石顯惡之，則止於賜爵；劾之，則以之坐免；大將軍鳳奏，則又以爲從事中郎。湯之功過不足論，而漢廷之予奪一出於權臣，爲可譏矣，故特筆書之。自是，書免爲庶人，徙燉煌，則以鳳死，而商惡之也；書詔還陳湯長安，則以王氏失勢[一]，而耿育言之也。一陳湯也，《綱目》屢書之，病漢而已矣。

癸巳 河平元年。春，以王延世爲河隄使者，塞河決[二]。

塞河不書其人，書延世何？善其職也，故特書嘉之。《綱目》書塞河八，書其人者，延世而已。詳文帝十二年。

夏，四月晦，日食，詔百官陳過失。○秋，復太上皇寢廟園。○減死刑，省律令。

甲午 二年。春，正月，匈奴遣使朝獻。○沛郡鐵官冶鐵飛。

鐵飛何？金失性也，故《通鑑》不書，《綱目》特書之。終《綱目》，一書而已。

夏，楚國雨雹。○徙山陽王康爲定陶王。○悉封諸舅爲列侯。

前序五侯，建始元年。病漢也，此則何以不序？貶於其事端，則餘者略之可也。書悉封諸舅，而

[一]「失」，原作「决」，據蜀藩本改。

[二]「河決」，宋刻《綱目》本、《通鑑》卷三〇作「決河」。

封爵之濫，甚矣！高帝之興也，書悉封諸功臣爲列侯，今也書悉封諸舅爲列侯，漢之衰，可知也已！

免京兆尹王尊官，復以爲徐州刺史。

自置刺史至是八十年，纔三書，黄霸、張敞、王尊。皆以罪復用者也，而以京兆尹爲之者二。張敞、王尊。終西漢書刺史三。

西夷相攻，以陳立爲牂牁太守，討平之。

乙未 三年。春，正月，楚王囂來朝。○二月，犍爲地震，山崩，壅江水，逆流。○秋，八月晦，日食。○求遺書。

書求遺書何？美也。終《綱目》書求遺書四。是年、齊乙亥年元魏、陳癸卯年隋、唐開元五年。

河復決，復命王延世塞之。

丙申 四年。春，正月，匈奴單于來朝。○三月朔，日食。○夏，四月，詔收丞相、樂昌侯商印綬[一]，商以憂卒。

凡書收印綬，皆無罪者也。據董賢、竇憲、侯覽收印綬不書。

[一] 「商」上，宋刻《綱目》本有「王」字。

以張禹爲丞相。○罽賓遣使來獻。○山陽火生石中。

丁酉　陽朔元年。春，二月晦，日食。○冬，下京兆尹王章獄，殺之。○以薛宣爲左馮翊。

戊戌　二年。夏，四月，以王音爲御史大夫。○秋，關東大水。○定陶王康卒。○徙信都王興爲中山王。

己亥　三年。春，三月，隕石東郡八。○夏，六月，潁川鐵官徒作亂，討平之。○秋，八月，大司馬、大將軍鳳卒。九月，以王音爲大司馬、車騎將軍，詔王譚位特進，領城門兵。

自武帝增重加官，《綱目》卒大司馬未有不書姓者。鳳於是具官矣，不書姓何？黜之也。王氏日盛，劉氏將移，君子所不忍書也。自是卒音、商、根皆不書姓，必若譚之無權，而後可以書矣。

庚子　四年。夏，四月，雨雪。

四月雪，帝世嘗一書矣，建始四年。於是再書，大異也。其爲異奈何？鳳死音繼，外戚之陰盛也。

終《綱目》書四月雪二。

以王駿爲京兆尹。

資治通鑑綱目書法第七

起辛丑漢成帝鴻嘉元年，盡壬戌漢平帝元始二年。

廬　陵　後　學　劉友益修撰
翰林直學士中大夫知制誥同修國史國子祭酒歐陽玄校正

辛丑 鴻嘉元年。春，正月，以薛宣爲御史大夫。○二月，更以新豐戲鄉爲昌陵縣，奉初陵。○帝始爲微行。

始者何？終身之辭也，以爲不可勝書，書其始而已矣。故微行過曲陽侯第不書。《綱目》書微行三，武帝建元三年、是年、桓帝元嘉元年。而書始者二，武帝、成帝。皆其甚者也。

三月，丞相禹罷。夏，四月，以薛宣爲丞相。○匈奴復株累若鞮單于死[一]，弟搜諧若鞮單于立。

壬寅 二年。春，三月，飛雉集未央宮承明殿。

飛者何？自外來也，非拘執者矣。《綱目》明微，故特書飛雉。雉集宮殿，空宮之兆也，終《綱目》一書而已矣。

[一] 「若鞮」，宋刻《綱目》本、弘治本無。

夏，徙郡國豪桀於昌陵。○五月，隕石於杜郵三。

癸卯 三年。夏，大旱。○王氏五侯有罪，詣闕謝，赦不誅。

燕王旦嘗書赦弗治矣，昭帝始元元年。此曷爲以赦不誅書？書不誅，所以重惡王氏，而深病漢也。終《綱目》書不誅二[一]，是年五侯、壬辰年宋太子劭。皆大惡也，與書弗治、見上。不治、成帝永始四年梁王立。不問後周丁巳年柴守禮。者異矣。

冬，十一月，廢皇后許氏。○廣漢鄭躬等作亂。

甲辰 四年。秋，河水溢。○冬，以趙護爲廣漢太守，討鄭躬等，平之。○王譚卒，詔王商位特進，領城門兵。

非大臣不卒，王譚卒何以書？爲王商起文也。於是上悔前廢王譚，復以商代其職，詔置幕府，得舉吏如將軍，則帝之加厚王氏，益甚矣！然則王氏自鳳以下卒皆不氏，此書氏何？譚謂之廢，非諸舅比，書氏可也，故雖有官不書。西漢卒不書官者，一而已。

乙巳 永始元年。夏，四月，封趙臨爲成陽侯[二]；下諫大夫劉輔獄，論爲鬼薪[三]。○五月，封太后弟子莽爲

[一]「不」，弘治本、蜀藩本作「弗」。

[二]「成」，原作「城」，據宋刻《綱目》本、弘治本、《通鑑》卷三一改。

[三]「論爲鬼薪」，原作「爲鬼薪論」，據宋刻《綱目》本、《通鑑》卷三一改。

新都侯。

太后弟子何？舅之子也。太后兄弟書舅矣，據王鳳、王崇等。此則曷爲不以舅子書？書太后弟子，所以病太后也。莽之篡，太后成之。

六月，立倢伃趙氏爲皇后。○秋，七月，詔罷昌陵，反故陵，勿徙吏民。○封蕭何六世孫喜爲酇侯。

宣帝之世嘗書求高祖功臣子孫矣，於是再見，書六世孫，詳功臣之後也。蕭何子孫《綱目》詳書之，是故封六世孫喜爲酇侯則書，是年。封末孫熊爲酇侯則書。章帝建初七年。終《綱目》書録功臣後者六。詳宣帝元康四年。

八月，太皇太后王氏崩。○九月，黑龍見東萊。○是月晦，日食。

丙午 二年。春，正月，大司馬、車騎將軍音卒。○二月，星隕如雨。是月晦，日食。

記異也。書星隕始此。終《綱目》書星隕五，是年、晉戊子年、武帝太康九年、愍帝建興二年、恭帝元熙元年。其如雨者二，是年、晉戊子年、武帝太康九年。不書隕書如雨者一。元延元年。

三月，以王商爲大司馬、衛將軍。○侍中張放以罪左遷北地都尉。○冬，十一月，策免丞相宣及御史大夫翟方進，復以方進爲丞相，孔光爲御史大夫。○免關内侯陳湯爲庶人，徙燉煌。○賜淳于長爵關内侯。

丁未 三年。春，正月晦，日食。○冬，十月，復泰畤、汾陰、五畤、陳寶祠。○十一月，陳留樊并、山陽鐵官徒蘇令等作亂，皆捕斬之。◯故南昌尉梅福上書，不報。

尉不書，書故尉，録賢也。自是書尉十有四，詳唐中宗嗣聖十一年。皆貶殺者矣。終《綱目》書上書四，李斯、梅福、鮑宣、賀琛。竇融、曹操、單于、南詔上書不與焉；書上疏一，康澄。書獻策一。王通。

戊申四年。春，正月，帝如甘泉，郊泰畤。三月，如河東，祠后土。◯夏，大旱。◯秋，七月晦，日食。

◯有司奏梁王立罪，寢不治。

燕王旦書赦勿治，昭帝始元元年。此其書寢何？以爲梁王立之罪，徒有司奏之云爾，未知其定有罪也。故未有書有司奏者，於是特書有司奏，不書赦書寢，書寢不治，予意之厚也。

以何武爲京兆尹。

己酉元延元年。春，正月朔，日食。

帝自即位至是二十一年，書日食者十，乙未已後三歲連食，又自乙巳至今五歲連食，而是歲乃食於三朝。帝之世，何日告之數哉？外戚、女寵之陰過盛故也。

夏，四月，無雲而雷，有流星東南行，四面如雨。

前書無雲而雷，武帝征和四年。非雷也；此書無雲而雷，實雷也。《綱目》書雷必冬雷，記異也。此四月雷，常事爾，何以書？無雲而雷，雷而流星，則非常矣，故書。終《綱目》書雷十，詳惠帝五年。書流星三，詳昭帝元平元年。書星如雨四，永始二年、是年、晋戊午年、武帝太康九年。帝居其二焉。

秋，七月，有星孛於東井。○冬，十二月，大司馬、衛將軍商卒，以王根爲大司馬、驃騎將軍。○故槐里令朱雲言事得罪，既而釋之。

令耳，何以書？録賢也。書罪多矣，未有書得罪者，此其書得罪何？得也者，不當得者也。罪辭有三：有罪，今罪也；以罪，前罪也，皆實罪也；得罪，非所罪而罪也。終《綱目》因事書令八，朱雲、董宣、周紆、王奂、李雲、張巡、薛景仙、羅貫。皆美之也。書既而釋之三：朱雲上書得罪；侯君集上書下某獄，下書既而釋之，唐太宗貞觀十四年。皆釋無罪之辭也；田承嗣上書討，下書既而釋之，代宗大曆十二年。釋有罪之辭也。

匈奴搜諧若鞮單于死[一]，弟車牙若鞮單于立。○徵張放入侍中，尋復出之。○左將軍辛慶忌卒。

庚戌 二年。夏，四月，遣中郎將段會宗誅烏孫太子番丘[二]。康居遣子貢獻。

書誅何？討弑君也。據新莽癸酉年，滿昌劾小昆彌使者[三]，曰：「大昆彌，君也。」弑君者其父，誅太子

[一]「若鞮」，宋刻《綱目》本、弘治本無。
[二]「丘」，原作「邱」，據宋刻《綱目》本、弘治本、蜀藩本、《通鑑》卷三二改。
[三]「滿」，原作「蒲」，據《通鑑》卷三七改。

何？弒逆之罪，雖易世不可逭也。《綱目》之法嚴矣！

辛亥　三年。春，正月，岷山崩，壅江三日，江水竭。

蜀漢，漢業所起也。前書犍爲地震，山崩，壅江，水逆流矣，河平三年。於是又書岷山崩，壅江三日，江水竭。逆流，異也；竭，又甚焉。是故書江水竭，而西漢之亡決矣；書汝水竭，而南燕之亡決矣。晉安帝義熙四年。

秋，帝校獵長楊射熊館。

書，譏也。終《綱目》書獵十三，詳武帝元鼎五年。書田三。詳周顯王十四年。

壬子　四年。春，正月，中山王興、定陶王欣來朝。○隕石於關東二。○大司農谷永免。

大司農未有書免者，此其書何？罪永也。曷爲罪之？永黨王氏，以是爲可免也，故特書之。

癸丑　綏和元年。春，二月，立定陶王欣爲皇太子。○封孔吉爲殷紹嘉侯，三月，與周承休侯皆進爵爲公。○夏，建三公官，大司馬根去將軍號，改御史大夫何武爲大司空。○秋，八月，中山王興卒。○匈奴車牙若鞮單于死〔一〕，弟烏珠留若鞮單于立。○冬，十月，大司馬根病免。○十一月，立楚孝王孫景爲定陶王。○衛尉淳于長有罪，下獄死。廢后許氏自殺。以王莽爲大司馬。

〔一〕「若鞮」，宋刻《綱目》本、弘治本無。

於是使廷尉孔光持節賜廢后藥，不書，書自殺何？罪人也，以爲有以自取云爾。然則曷爲不以有罪書？上書淳于長有罪，則許后之所以自殺者，著矣。故雖廢不以罪，不書故后，書廢后。據梁庚申年，魏殺乙弗氏，稱故后。

罷刺史，置州牧。〇詔立辟雍，未作而罷。

未卒事不書，書未作而罷何？惜之也。書立辟雍始此。終《綱目》書立辟雍五，是年、光武中元元年、晋成帝咸和六年趙、咸康五年張駿、齊丙寅年元魏。書未而免罷五。詳漢初丁酉年。

二年。甲寅春，二月，丞相方進卒。

於是熒惑守心，帝召方進，賜册責讓，方進即日自殺。上秘之，禮賜異於他相。其不書自殺何？病漢也。病之則曷爲書卒？以大臣應天變，非古也，既又諱焉，因而卒之，所以明其誣也。目著其迹，綱著其心，而後世有所考矣。

三月，帝崩。

於是民間讙譁，歸罪趙昭儀。皇太后詔大司馬莽雜治，昭儀自殺，則可疑矣。曷爲書之如恒辭？不以疑似加人也。賀善贊曰：成帝之篇，天地變異有《綱目》所未見者八事：兩月相承，食、震同日，地震殿中，隕石同時，四月雪再，桃李秋實，雉集宫殿，三日江竭，皆他時所絶無者。外戚、女寵之陰盛故也，漢火之熸，宜矣！

以孔光爲丞相。

罷泰畤、汾陰祠則書太后詔，此其不書何？帝治命也〔一〕。

太后詔罷泰畤、汾陰祠，復南、北郊。○夏，四月，太子欣即位。○尊皇太后曰太皇太后，皇后曰皇太后。○葬延陵。○追尊定陶共王爲定陶共皇。

自宣帝追尊悼考爲皇考，元康元年。始開端矣，於是而定陶稱皇，非稱也。帝之皇共王，所以皇傅太后、皇丁后也。

五月，立皇后傅氏。

書立某氏爲皇后，恒也，此其書皇后傅氏何？傅氏，晏女也，晏，共皇太后弟也，倫序亦少乖矣，故異其文。異其文者，異其事也。

尊定陶太后傅氏曰定陶共皇太后，丁姬曰定陶共皇后，封丁明、傅晏皆爲列侯。○六月，罷樂府官。○詔劉秀典領五經。○益封河間王良萬户。○詔限民名田，不果行。

未卒事不書，書不果行何？惜之也。不果行之辭二：有幸之之辭，有惜之之辭。終《綱目》書不果行十一：詔限民名田，是年。魏作考課法，後主建興十五年。晉立考課法，戊子年。齊議鑄錢，庚午年。魏主戒嚴北討，魏主戒嚴西討，梁丁未年。唐郭子儀統諸道兵，肅宗上元元年。皆惜之也；魏議復肉刑，後主建興五年。唐詔幸涼州，高宗總章二年。太后詔發兵擊生羌，中宗嗣聖五年。周主自

〔一〕「罷泰畤……治命也」，弘治本、蜀藩本此條《書法》，在「太后詔罷泰畤、汾陰祠，復南、北郊」之下。

將救晉州，辛亥年。皆幸之也。書不果一，後周壬子年。不行一，唐德宗貞元十八年。書未行而罷免五，詳漢初丁酉年。書既而罷之六，詳新莽辛巳年。書尋罷之四，詳唐中宗景龍四年。書不至三。詳明帝永平四年。

罷官織綺繡，除任子令、誹謗詆欺法，出宫人，免官奴婢，益小吏俸。

書，禁淫巧也。《綱目》書禁淫巧四。是年，章帝建初二年省冰紈、方空縠，戊戌年晋詔毋得獻異服，唐文宗太和三年禁織纖麗布帛。○書出宫人始此。終《綱目》書出宫人九。是年、殤帝延平元年、齊丁卯年魏主宏、唐高祖武德九年、太宗貞觀二年、玄宗開元二年、代宗大曆十四年德宗初、憲宗元和四年、敬宗寶曆二年文宗初。

秋，七月，罷大司馬莽，就第；以師丹爲大司馬。○遣曲陽侯王根就國，免成都侯王況爲庶人。

根、況皆以國哀無人臣禮被劾，則曷爲以無罪之辭書之？丁、傅用而王氏廢，雖微有罪，亦罷免矣。以無罪之辭書之，以爲是帝意也。

九月，地震。○求能浚川疏河者。○詔定世宗爲不毁之廟。○冬，十月，策免大司空武，遣就國；以師丹爲大司空。○詔還陳湯長安。

乙卯 孝哀皇帝建平元年。春，正月，隕石於北地十六。○新成侯趙欽以罪免〔一〕，徙遼西。

〔一〕「成」，原作「城」，據宋刻《綱目》本、《通鑑》卷三三改。

於是解光奏趙昭儀傾亂聖朝，親滅繼嗣，故免徙欽，非欽罪也。其書以罪何？罪欽，所以罪昭儀也歟！

以傅喜爲大司馬。○秋，九月，隕石於虞二。

正月書隕石矣，於是再見。《綱目》書隕石十有二，詳秦始皇三十六年。一歲再書者，此而已。

策免大司空、高樂侯丹爲庶人，復賜爵關内侯。○冬，十月，以朱博爲大司空。○中山王太后馮氏及其弟宜鄉侯參皆自殺。

自殺未有不書故者，不書故，無故也。無故者必有其故，於是有任其咎者矣。

丙辰 二年。春，正月，有星孛於牽牛。○策免大司馬喜。罷三公官，復以朱博爲御史大夫，丁明爲大司馬、衛將軍。○夏，遣高武侯傅喜就國。○策免丞相、博山侯光爲庶人，以朱博爲丞相。○詔共皇去定陶之號，立廟京師，尊共皇太后傅氏爲帝太太后，共皇后丁氏爲帝太后。○免關内侯師丹爲庶人。遣新都侯王莽就國。○罷州牧，復置刺史。○六月，帝太后丁氏崩〔一〕。○大赦，改元太初，更號「陳聖劉太平皇帝」。

改元不書所改，此其書太初何？譏罷之也。譏罷之，則如勿書？惑於賀良之言，以是爲可譏也，況武帝嘗改太初乎，故并更號書。

〔一〕「帝」，原無，據宋刻《綱目》本、《通鑑》卷三四補。

秋，七月，詔以永陵亭部爲初陵，勿徙民。○八月，詔罷改元易號事，待詔夏賀良等伏誅。

《綱目》抑左道，於異端必以伏誅書之。

盡復諸神祠。○丞相博有罪自殺，御史大夫趙玄減死論。○冬，十月，以平當爲丞相。

丁巳 三年。春，三月，丞相當卒。○有星孛於河鼓。○夏，四月，以王嘉爲丞相。○冬，十一月，復泰畤、汾陰祠，罷南、北郊。○無鹽危山土起，瓠山石立，東平王雲坐祠祭祝詛自殺。以孫寵爲南陽太守，息夫躬爲光禄大夫。

泰山石立，宣帝之祥也，昭帝元鳳元年。於是再見，其中山王之祥歟？終《綱目》書石立二。

戊午 四年。春，正月，大旱。○關東民訛言行籌。

《綱目》書訛言三，成帝建始三年、是年、新莽乙亥年。皆衰亂之世也。

封傅商爲汝昌侯。○二月，下尚書僕射鄭崇獄，殺之；免司隸孫寶爲庶人。○賜董賢爵關内侯。○夏，六月，尊帝太太后傅氏爲皇太太后。○秋，八月，封董賢爲高安侯，孫寵爲方陽侯，息夫躬爲宜陵侯。○左遷執金吾毋將隆爲沛郡都尉[一]。○諫大夫鮑宣上書。

[一]「尉」下，底本原有《書法》一條：「傅商，外戚疏屬也；董賢，讒佞幸臣也；孫寵、息夫躬，姦邪小人也：皆無功而侯。鄭崇以諫僭賞殺，孫寶以救直臣免，毋將隆以禁奢僭逐。觀《綱目》所書如此，而欲改元易號以應天道，果可欺乎！」據（宋）尹起莘：《資治通鑑綱目發明》，此條爲《發明》内容，删去。

西漢之世書諫大夫七，未有大書其諫者，常事也。常事不書，此書上書何？特筆也。自劉輔以諫大夫論鬼薪，自是諫官無聞焉。宣請黜董賢，用喜、武，辭語剴切，可謂無愧其職矣，故特書之。終《綱目》書上書四。詳秦初甲子年〔一〕。

匈奴單于上書請朝。

己未元壽元年。春，正月朔，以傅晏爲大司馬、衛將軍，丁明爲大司馬、驃騎將軍。是日日食，尋罷晏就第。

是日何？捷也。哀帝不明，所用非人，天應之捷如此，可不畏哉！是故哀帝用丁、傅而是日日食，桓帝微行而是日大風拔樹、晝昏，隋文帝立晋王廣而是日天下地震，《綱目》特揭是日書之，所以著天顯而爲世戒也。終《綱目》天地之變書是日，三而已。是年、桓帝元嘉元年、隋文帝開皇二十年。

皇太太后傅氏崩，合葬渭陵，號孝元傅皇后〔二〕。

西漢后不書葬，此其書何？譏也。曷爲譏之？以藩妾合葬，非古也，故特書地。是故宣后許氏以不合葬則葬書地，本始三年。哀太后傅氏以藩妾則葬書地，是年。和太后梁氏以妾母則葬書地，

〔一〕「秦」，原作「太」，據弘治本、蜀藩本改。

〔二〕「合葬渭陵，號孝元傅皇后」，宋刻《綱目》本作「合葬孝元皇后於渭陵」。

永元九年。桓后梁氏以不合葬則葬書地，匽氏以藩妾則葬書地，延熹二年、和平二年。唐太后武氏以罪人則葬書地，中宗神龍元年。憲后郭氏以不合葬則葬書地，宣宗大中二年。皆譏也。終《綱目》后葬書地七。然則葬書地多矣，未有書號某后者，此其書孝元傅皇后何？譏之譏也，卑其祖矣。自是，又有尊薄太后爲高皇后之書，哀不足責也。世祖亦然，惜哉！

孫寵、息夫躬以罪免，就國。○以鮑宣爲司隸。○下丞相、新甫侯王嘉獄，殺之。

於是嘉不食死爾，其書殺何？甚漢也。《綱目》之法，苟有誅意於其臣，一以殺書之。故具官、爵、姓，書殺之。

秋，七月，以孔光爲丞相。八月，以何武爲前將軍，彭宣爲御史大夫。○下司隸鮑宣獄，髡鉗之。○九月，策免大司馬、驃騎將軍明，就第。

丁明爾，其以無罪書之何？明聞嘉死而憐之，上恨之，遂策免，則免不以罪也。故雖丁明，苟免不以罪，必以無罪書之。《綱目》之筆削，審矣！

冬，十二月，以董賢爲大司馬、衛將軍。

庚申

二年。春，正月，匈奴單于、烏孫大昆彌皆來朝。○夏，四月晦，日食。○五月，正三公分職，董賢爲大司馬，孔光爲大司徒，彭宣爲大司空。

罷三公官甫四年耳，於是復置，書曰復三公名可也，其曰正三公分職何？帝私也。漢初，太尉位在丞相下，武帝始置大司馬，然大司馬、太尉未嘗并置，則大司馬猶太尉也。故霍光爲大司馬矣，而其召議必以丞相爲首；元平之奏，亦必先丞相敞，而後及光。哀帝之初，師丹始爲大司馬，後乃用爲大司空，是三公之序固有常矣。今也欲尊重董賢，遂復三公，而升大司馬於大司徒之上，徇私情，亂舊章，謂之何哉！故三人者雖仍舊任，而《綱目》必列序之若新命者，所以病哀帝而愧孔、彭也。

六月，帝崩。

賀善贊曰：哀帝初政清明，多可紀者。自七月而後，至建平四年二月以前，《綱目》所書封誅拜斥凡二十八，其十七皆爲傅太后，罷大司馬莽，以太后怒也；以師丹爲大司馬，以太后惡傅喜也；遣王根就國，免王况庶人，欲專用丁、傅也；免大司空丹，以不可尊號也；殺馮太后及其弟參，以太后舊怨也；免大司空喜，亦以不可尊號也；以朱博爲御史大夫，丁明爲大司馬，以共謀尊號事也；遣傅喜歸國，以太后怒也；免丞相光庶人，以忤太后也；以朱博爲丞相，以成尊號也；免丹爲庶人，遣王莽就國，以抑貶尊號也；丞相博自殺，趙玄減死論，以太后怨傅喜也；封傅商侯，以太后怒也。其不爲太后者，十一事耳。自四年二月而後，以至於終，所書封拜誅斥凡十九，其十一皆爲董賢，殺鄭崇，以諫寵董賢也；免孫寶庶人，以救鄭崇也；左遷毋將隆，以不予董賢兵仗也；殺王嘉，以還封賢詔書也；策免丁明，以憐王嘉也；書賜爵關内侯，書封高安等三侯，書以爲大司馬，書正三公分職，皆爲董賢也。其不爲董賢者，八事耳。自始至終，一私輾轉，是以雖欲内强主威，而漢業卒衰，有由然矣！

董賢以罪罷，即日自殺。

於是策收賢印綬不書，罪之也。然則帝崩矣，孰罷之？莽以太后詔罷之也。莽以太后詔罷之，則其不書何？賢罪大矣，以爲其罷也，自取之耳。至以莽爲大司馬，然後書太皇太后。

太皇太后以王莽爲大司馬，領尚書事。

書太皇太后以者何？病太后也。莽之篡，太后成之。是故封新都侯則書太后弟子，爲大司馬則書太皇太后，以居攝踐阼則書太皇太后詔，稱假皇帝則亦書太皇太后詔，所以歸其責於太后也。

秋，七月，迎中山王箕子爲嗣。

孰迎之？太后與莽也。西漢書迎者三，未有不書迎之者，恒書諸大臣。賀書大將軍光承皇后詔，病已蒙上文率群臣奏太后，皆公辭也。此其不書何？箕子於是九歲耳，莽所利也。上書太皇太后以王莽爲大司馬，領尚書事，下書迎中山王箕子爲嗣，則亦蒙上文而已。然則玄孫嬰書皇太子，此書爲嗣何？箕子於哀帝，弟也。兩漢書迎立十。詳呂氏辛酉年。終《綱目》書爲嗣二。箕子、唐豫王旦。

貶皇太后爲孝成皇后。

《綱目》太后書貶，一而已矣。傅、丁書追貶，不與焉。

徙孝哀皇后於桂宮，追貶傅太后爲定陶共王母，丁太后爲丁姬。

太后遷辭二：太后遷某宮者，順辭也；遷太后於某宮者，逆辭也。傅后未聞失德也，而徙之，逆矣。其曰孝哀皇后，則不以爲母云耳。至廢就其園，自殺，甚哉！

以甄邯爲侍中，策免將軍何武、公孫禄，遣紅陽侯王立就國。○八月，廢孝成、孝哀皇后，就其園，皆自殺。○策免大司空宣，遣就國。○以王崇爲大司空。○九月，中山王箕子即位。○太皇太后臨朝，大司馬莽秉政，百官總己以聽。

特筆也。書百官總己以聽始此。終《綱目》書總己以聽三，是年王莽、章帝章和二年鄧彪、晋惠帝永熙元年楊駿。惟鄧彪無責焉。

以孔光爲帝太傅，馬宫爲大司徒。○冬，十月，葬義陵。

辛酉 孝平皇帝元始元年。春，正月，益州塞外蠻夷獻白雉。二月，以孔光爲太師，王舜爲太保，甄豐爲少傅，王莽爲太傅，號安漢公，褒賞宗室、群臣。○置羲和官。○夏，五月朔，日食。○拜帝母衛姬爲中山孝王后。○封公子寬爲褒魯侯，孔均爲褒成侯。

奉周公、孔子也。奉周、孔乃始此。自是終《綱目》，書崇孔子者六。是年；昭烈帝章武元年，魏封孔羡宗聖侯；宋癸丑年，元魏以孔乘爲崇聖大夫；齊壬申年，魏修周、孔之祀；齊乙亥年，魏封孔子後爲崇聖侯；唐玄宗開元二十七年，謚文宣王。

壬戌 二年。春，黄支國獻犀牛。○越嶲郡上黄龍游江中。

上者何？疑辭也，若曰其所上之辭云爾。終《綱目》書龍十三，詳惠帝二年。惟此書上，桓帝永康元年書言，皆疑之之辭也。

帝更名衎。○大司空崇免，以甄豐爲大司空。○紹封宗室及功臣後爲王侯者百餘人。○大旱，蝗。○隕石於鉅鹿二。○大夫龔勝、邴漢罷歸。

有書請老遺歸者矣，有書謝病歸者矣，此其不書請、謝何？直書罷歸，見二子之勇退也。知幾其神乎，二子之謂矣。終《綱目》直書罷歸者，一而已。

秋，九月晦，日食。○匈奴單于遣女入侍太皇太后。○頒四條於匈奴。

資治通鑑綱目書法第八

起癸亥漢平帝元始三年，盡丙戌漢光武帝建武二年。

廬陵後學劉友益修撰
翰林直學士中大夫知制誥同修國史國子祭酒歐陽玄校正

癸亥 元始三年。春，聘安漢公莽女爲皇后。

立后書氏，恒也，書安漢公莽女何？權所在也。故權在於光，則書立大將軍光女；權在於莽，則書聘安漢公莽女：權臣一轍也。然則霍后止書立，此則曷爲書聘？厚聘也。終《綱目》書立某女爲皇后二，而書聘者，一而已矣。

夏，安漢公莽奏定制度。

於是郡國縣鄉皆置學官，不書，削之也。

安漢公莽殺其子宇，滅中山孝王后家，殺敬武公主及汜鄉侯何武、故司隸鮑宣等數百人。

辭繁不殺，而莽之惡著矣。故宇雖飲藥死，書殺，而鮑宣書故官。

甲子 四年。春，正月，郊祀高祖以配天，宗祀孝文以配上帝。○改殷紹嘉公曰宋公，周承休公曰鄭公。○

二月，遣大司徒宫等迎皇后入未央宫。

書迎入未央宫何？莽伉也。故皇后未有書聘者，至莽女則書聘；皇后未有書迎者，至莽女則書迎。終《綱目》皇后書迎者，一而已矣。

遣太僕王惲等八人行天下，觀風俗。〇加安漢公莽號宰衡。〇起明堂、辟雍、靈臺，立《樂經》，徵天下通經、異能之士。

成帝之篇，詔立辟雍，未作而罷，書，惜之也。於是書起明堂、辟雍、靈臺，則莽奏爲之。書起明堂、辟雍、靈臺始此。終《綱目》書起明堂、靈臺、辟雍三，是年、光武中元元年、晋成帝咸和六年石勒。書立明堂、辟雍二。晋成帝咸康五年張駿、齊丙寅年元魏。書定樂始此。終《綱目》書定樂八。是年新莽《樂經》、齊丁丙年魏制樂章、壬午年梁正雅樂、己丑年魏劉芳造樂器、己未年西魏制樂、隋文帝開皇九年詔定雅樂、唐高祖武德九年祖孝孫定樂、戊午年後周竇儼《正樂》〔一〕。書舉經士始此。終《綱目》書經士五。是年、質帝本初元年、晋簡文帝咸安二年秦主、陳丁酉年周主、五代丁巳年周世宗。

徵能治河者。〇升宰衡位在諸侯王上。

此殊禮也。書曰升，命猶自上出也。以莽之權，而猶自上出何？於是平帝尚幼，太后專之，書升，所以病太后也。然則曷爲不斥太后？貶必於其重者，如是足以示譏矣。終《綱目》書位諸

〔一〕「後」，原作「后」，據《通鑑》卷二九四改。

侯王上者三。是年、獻帝建安十九年、晋帝奕太和三年。

尊孝宣廟爲中宗，孝元廟爲高宗。○置西海郡。○更定官名及十二州界。

乙丑五年。春，正月，祫祭明堂。○復南、北郊。○置宗師。○夏，四月，太師光卒，以馬宫爲太師。○五月，加安漢公莽九錫。

書曰加，命猶自上出也。以莽之權，而猶自上出何？於是平帝尚幼，太后專之，書加，所以病太后也。書九錫始此。終《綱目》書九錫十四：莽、曹操、司馬懿、司馬昭、趙王倫、桓玄、劉裕、蕭道成、蕭衍、陳霸先、楊堅、唐王淵、王世充、朱全忠。書加一，莽。書以書加者二，懿、全忠。皆不受者也；書自爲復辭始受者二；昭、裕。餘皆書自。

封王惲等八人爲列侯。○發定陶共王母及丁姬冢，取其璽綬。秋，八月，太師、大司徒宫罷。

書發冢何？甚之也。終《綱目》書戮棺三，是年、唐景龍四年武三思、天寶十二年李林甫。惟三思非譏辭。

冬，十二月，安漢公莽弑帝。○以平晏爲大司徒。

帝弑矣，晏之爲司徒，孰以之？以之者莽也。凡上書事，下書拜官，官其事也。上書弑帝，下書以晏爲司徒，晏蓋與聞乎弑者。故莽封拜平晏不書，書曰其黨與。合而觀之，當時之獄具矣。

太皇太后詔徵宣帝玄孫，又詔安漢公莽居攝踐祚。

書又詔何？病太后也。既詔徵宣帝玄孫矣，未至而又詔莽居攝踐祚，然則王莽之篡，太后不得辭其咎矣。

丙寅孺子嬰居攝元年。春，正月，王莽祀南郊。

前弑書安漢公莽矣，此書王莽何？不予其祀南郊也。《綱目》别嫌明微，故於此斥書之。自是，有事皆斥書莽，而削其姓。

三月，立宣帝玄孫嬰爲皇太子，號曰孺子。〇尊皇后曰皇太后。〇夏，四月，安衆侯劉崇起兵討莽，不克，死之。

於是崇帥百餘人攻宛，不入而敗耳。書起兵，死之，予倡義也。書死之始此。終《綱目》書死之五十五，是年劉崇、二年翟義、莽己巳年劉快、靈帝中平四年傅燮、獻帝建安二十三年耿紀等、後主景耀三年魏王經、炎興元年傅僉、諸葛瞻父子、北地王諶、晉武帝太康元年吴張悌、惠帝永熙七年周處、永興元年劉沈、嵇紹、懷帝永嘉五年譙登、愍帝建興元年庚珉等〔一〕、四年吉朗、元帝建武元年辛賓、大興四年段匹磾、永昌元年譙王承、成帝咸和三年卞壼、桓彝、哀帝興寧三年沈勁、孝武帝太元元年凉掌據、四年吉挹、十年燕王兖、十三年後秦徐嵩、十四年秦后毛氏、安帝元興元年姚平、義熙十年何無忌、齊壬午年顔見遠、梁丁未年魏崔楷、己巳年梁韋粲、張嵊等、唐戊寅年劉感、吕子臧、己卯年張善相、辛巳年李玄通、高宗龍朔二年來濟、中宗嗣聖十五

〔一〕「珉」，原作「岷」，據《通鑑》卷八八改。

年高叡、玄宗天寶十四載李憕等、十五載顔杲卿、張興、肅宗至德二載張巡等、德宗建中元年段秀實、懿宗咸通四年蔡襲、五代癸未年唐裴約、梁王彦章、庚寅年唐姚洪、辛卯年夏魯奇、甲午年宋令詢、乙巳年晉沈斌、辛亥年漢鞏廷美、乙卯年蜀趙崇溥、丁巳年唐仁贍、戊午年唐張彦卿。凡六十一人。

五月，太皇太后詔莽朝見稱「假皇帝」。○冬，十月朔，日食。○西羌反。

丁卯 二年。夏，五月，莽更造貨。

自呂氏乙卯始書行八銖錢，終西漢之世，錢貨凡七變，《綱目》悉書之。於是莽鑄大錢，一直五十，不書，書更造貨，略之也。己巳作小錢重一銖不書，書禁剛卯、金刀；庚午更作金、銀、龜、貝、錢、布不書，書作寶貨；甲戌作貨布、貨泉二品不書，書改錢貨法：皆略之也。其略之何？數更也。莽自居攝，以至傳首，十有八年耳，而錢貨凡四變。莽之煩於改作，類如此。自古以來錢幣數變[一]，未有如莽之亟者也。

秋，九月，東郡太守翟義起兵討莽，立劉信爲天子，三輔豪桀起兵應之。莽遣兵拒擊，義戰不克，死之，信亡走。

戊辰 初始元年[二]。春，地震。○三輔兵皆破滅。

[一]「幣」，原作「弊」，據弘治本、蜀藩本改。

[二]「初始」，《通鑑》卷三六作「始初」。

不書莽破滅之何？不以逆加順也。故上書義戰不克死之，此書三輔兵皆破滅，不書漢兵與莽守將甄阜、梁丘賜戰不利，皆不以逆加順之辭也。《綱目》訖莽之敗，凡戰皆不以莽主之。

秋，九月，莽母功顯君死。

莽母何以書？莽不子也。卒書曰死，《綱目》之疾惡嚴矣。是故莽母書死，莽妻書死，莽太師書死，莽大夫書死，所以賊莽也。凡盜賊書死。

十一月，太皇太后詔莽號令、奏事毋言攝。

於是莽奏請也，不書，直書太皇太后詔何？莽之篡，太后成之也。故自詔居攝，詔稱假皇帝，詔毋言攝，每進必有太皇太后，所以深病之也。

十二月，哀章作銅匱以獻莽，莽自稱新皇帝，更號太皇太后爲新室文母太皇太后。

書稱帝有之矣，未有書自稱皇帝者，此其書自稱何？若曰哀章作銅匱耳，而莽遽自稱，其非天命明矣！故雖以十二月朔爲元年正月朔，不書，不成之爲帝也。終《綱目》書自稱皇帝二，王莽、趙王倫。皆無故而然者也。

己巳新莽始建國元年。春，正月，莽廢孺子爲定安公，孝平皇后爲定安太后。○按金匱封拜其黨與。

特筆也。於是封拜者十一公，不悉書，書曰其黨與，賤之也。

改諸官名，降漢諸侯王皆爲公，王子侯皆爲子。○立九廟，以漢高廟爲文祖廟。○禁剛卯、金刀。○

夏，四月，徐鄉侯劉快起兵討莽，不克，死之。○莽禁不得買賣田及奴婢。○秋，遣五威將帥班符命，更印綬。○冬，靁，桐華，大雨雹。

庚午二年。春，二月，莽廢漢諸侯王爲民。○立五均司市、錢府官，令民各以所業爲貢，榷酒酤。

漢武之篇書初榷酒酤，至昭帝罷之矣，於是再見。自是至晋，有書開弛，無書榷者，則莽復作俑故也。

匈奴擊車師，戊、己校尉官屬殺尉應之。○冬，莽罷漢廟及諸劉爲吏者。○更號定安太后曰黄皇室主。

書何？予守義也。終《綱目》故后書更號者二，黄皇室主、隋樂平公主。皆守義者也。據北齊太原公主不書更號，改節故也[一]。

十二月，靁。○莽改匈奴單于爲「降奴服于」，遣其將軍孫建等擊之。

戰國之大夫稱其，所以別外大夫也。莽雖簒逆，天下一人矣，則莽臣何以書其？若曰其所謂將軍云爾，不予其有將軍也。

更作寶貨。○莽將軍甄豐自殺，莽遂殺劉棻、甄尋、丁隆等數百人。

於是莽既即真，豐不悦，莽覺之，及豐子尋作符命，莽收捕尋，豐自殺。莽有誅意於豐，則曷爲止以自殺書？罪豐也。豐以莽即真，故不悦，猶有天理焉，則其罪之何？豐爲莽腹心以成其

[一]「據北齊……故也」，此句原爲大字正文，據弘治本改小字注文。

簒，莽事已成而始不悅，則已晚矣。書曰自殺，若曰其所自取云爾。下書遂殺劉棻等數百人，則甚莽也。前書殺敬武公主等數百人，此書殺劉棻等數百人，而兵起繼之矣。

起八風臺。

辛未 三年。匈奴諸部分道入塞[一]，殺守尉，略吏民，州郡兵起。

夷狄之害，輕書入塞，重書入寇，恒辭也。於是殺守尉、略吏民矣，其不書入寇何？莽，故寇也，故此書匈奴入塞，下書貉人入邊。壬申年。兵起何？盜也。盜也，曷爲以兵起書？莽，故盜也。然則曷爲不書起兵？衆辭也，與起義者微異矣。匈奴、貉人不書寇，盜不書盜，《綱目》之討賊，嚴矣哉！

莽太師王舜死。○莽迎龔勝爲太子師友祭酒，勝不食而卒。

莽臣皆書死，賊莽也。終莽之篇，惟龔勝書卒，所以殊之於莽臣也。《綱目》書不食而卒三。是年龔勝、桓帝延熹元年陳龜、晉穆帝永和六年辛謐。

瀕河郡蝗生。○河決。

壬申 四年。春，莽殺匈奴順單于登。○定東、西都及諸侯員數[二]。○令民得賣田。○西南夷殺牂牁大尹。

〔一〕「塞」，原作「寇」，據宋刻《綱目》本、《通鑑》卷三七改。

〔二〕「都」，原作「郡」，據宋刻《綱目》本、弘治本、蜀藩本、《通鑑》卷三七改。

貉人入邊。

殺大尹，叛也，不書叛何？莽，叛者也，故益州殺大尹，止書擊。天鳳四年。

癸酉 五年。春，二月，太皇太后王氏崩。

不書新室文母何？不絶之於漢也。成新莽之篡者，太后也，其不絶之何？其握璽，其令官屬黑貂，其用漢家正臘，猶有漢氏之心焉。然則其不書漢太皇太后何？不成莽之爲新也，故以恒辭書之。是故不成莽之爲新，則太皇太后不書漢；成李氏之爲唐，則故后蕭氏書隋。唐太宗貞觀二十二年。

烏孫大、小昆彌遣使入貢。○焉耆殺莽都護但欽。○十一月，彗星出。

間一歲而兵大起矣。天道恒象，信哉！終《綱目》書彗十有七，未有無應者也。詳周顯王六年。

匈奴烏珠留單于死，烏累若鞮單于咸立。

甲戌 天鳳元年。春，正月，莽遣其太傅平晏之洛陽相宅。○三月晦，日食。○莽策免其大司馬逯並。○夏，四月，隕霜殺草木。

武帝之世嘗書四月隕霜殺草矣，於是復見而加重焉。終《綱目》書霜四，而書四月者二，詳武帝元光四年。舍是，無書四月隕霜者矣。

六月，黃霧四塞。

終《綱目》書黃霧四塞二，皆爲王氏也。五侯之封也，黃霧四塞；莽之將敗也，亦黃霧四塞。霧，惡氛也，王氏蓋以是始終焉。

秋，七月，大風，雨雹。

書雹多矣，未有書大風雨雹者。書大風雨雹始此。終《綱目》書雹二十四，而書大風雨雹者五。是年、安帝永初元年、二年、元初六年、靈帝建寧二年。

莽置萬國。○北邊大饑，人相食。莽與匈奴和親。

於是匈奴求和親，其不書求何？建武二十二年書求。惡莽也，故書莽與。

益州蠻夷殺其大尹，莽發兵擊之。○莽改錢貨法。

乙亥 二年。春，民訛言黃龍死。

終《綱目》書訛言三，詳成帝建始三年。舍是，無書者矣。

莽改匈奴單于曰「恭奴善于」。○五原、代郡兵起。○邯鄲以北大雨，水出。

丙子 三年。春，二月，地震。○大雨雪。

三月雨雪，四月雨雪，記異也。此二月爾，何以書？大雪也。二月矣而雪深一丈，竹柏爲枯，斯可謂異矣，是以書之。

夏，莽始賦吏祿。

書始賦何？緩也。莽篡位八年矣，制度未定，於是始賦祿焉。《綱目》書始賦祿三，是年莽、齊甲子年魏、乙卯年東魏。書始命邑一，壬子年周。皆緩辭也。

長平岸崩，壅涇水。莽復發兵擊匈奴。

書復何？莽背約也，既與和親矣。

秋，七月晦，日食。○冬，莽大發兵擊益州蠻，不克。越嶲蠻亦殺其太守。○莽遣五威將王駿出西域，焉耆襲殺之。

丁丑 四年。夏，六月，莽更授諸侯茅土於明堂。○秋，鑄威斗。

秦鑄金人不書，此其書何？譏愚也。莽鑄威斗，欲以厭勝衆兵，以是爲愚也，故書。終《綱目》書鑄六，是年、靈帝中平三年鑄銅人、後主建興十五年魏鑄銅人、唐中宗嗣聖三年鑄大儀、十一年鑄天樞、十四年鑄九鼎。皆譏也。魏大像書作，不與焉。

臨淮、琅邪及荆州緑林兵起。

戊寅 五年。春，北軍南門災。○莽以費興爲荆州牧，未行，免。

自己已改諸官名，至是始書牧。終莽之身書牧者再，費興、田況，皆賢而不果用者也。爲三州民惜之，故書。

莽考吏致富者，收其財以給軍。○莽孫宗自殺。○莽大夫揚雄死。

莽臣皆書死，賊之也。莽大夫多矣，特書揚雄，所以深病雄也。終《綱目》卒書死者，莽臣之外，前范增，後胡僧不空而已。

琅邪樊崇、東海刁子都等兵皆起。○烏累單于死，弟呼都而尸道皋若鞮單于輿立。

己卯 六年。春，莽立須卜當爲單于，大募兵擊匈奴。○關東饑旱。

庚辰 地皇元年。春，正月，莽令犯法者論斬，毋須時。○秋，七月，大風，毀莽王路堂。

按：堂即未央前殿，莽所更名漢殿，高三十五丈。王路堂何？莽所自名也。甲戌大風雨雹矣，而莽不悟。於是復大風，而毀其所謂王路堂者焉，若曰自是王不王矣，間二歲而莽誅。天道不誣，信哉！終《綱目》書大風十有三，詳武帝元光五年。毀宮殿者，一而已。書堂始此。終《綱目》書堂五。是年莽王路、靈帝中平二年萬金、晋元帝大興元年劉曜螽斯則百、孝武帝太元五年秦教武、唐中宗嗣聖五年武后天堂。

九月，莽起九廟於長安城南。

宗廟書立，臺觀書起，恒辭也。廟未有書起者，此其書起何？峻宇也。於是高者至十七丈，故以臺觀之辭書之。是故宮殿過高則書起，詳武帝太初四年。宗廟過高則書起。宗廟書起，終《綱目》一而已矣。

大雨六十餘日。○鉅鹿男子馬適求等謀誅莽，不克，死。

劉崇、翟義、劉快起兵討莽，書死之，予節也。此書謀誅莽矣，其不書死之何？求謀誅莽，正也，不克則死而已。謀覺之後，連及者數千人，則與慷慨就義者異矣。故書謀誅一也，於段秀實則書死之，唐德宗建中四年。於是馬適求則止書死，《綱目》之權衡，審矣！

莽更鑄錢法。〇以唐尊爲太傅。〇收郅惲繫獄。

辛巳 二年。春，正月，莽妻死。太子臨謀殺莽，事覺，自殺。

書莽殺其子宇矣，又書莽孫宗自殺矣，於是復書太子臨謀殺莽，自殺，屢書不一書，所以著篡逆之應，爲世戒也。宋劭書弒，臨書太子矣，其書殺何？賊莽也。《綱目》之法，夷蠻盜賊，書殺不書弒。是故太子臨書殺，安慶緒書殺，史朝義書殺，臣不臣，故子不子也。

秋，隕霜殺菽。

《綱目》嘗書三月隕霜一，書四月隕霜二，皆記異也。此秋也，霜其常爾，何以書？菽未收而霜殺之，以是爲灾也，故書。終《綱目》書霜四，詳武帝元光四年。書秋霜，一而已。舍是，無書霜者矣，史失之也。

關東大饑，蝗。〇莽毁漢高廟。〇南郡秦豐兵起。〇莽以田况爲青、徐二州牧，既而罷之。

莽之吏，唯費興、田况二人而已，皆不果用，此莽所以終敗也。既而罷之，其辭二：有幸之之辭，有惜之之辭。終《綱目》書既而罷之七，莽以田况爲青徐二州牧、是年。隋詔劉孝孫定曆、開皇十四年。唐設科舉，壬子年。皆惜之也；明帝大起北宮、永平三年。晉明帝詔琅邪共王爲皇考、大興二年。唐聘鄭氏爲充華、貞觀八年。唐主敕齊王景遂參決庶政，甲辰年。皆幸之也。書未行而罷五，詳漢丁酉年。書尋罷之四，詳唐景龍四年。書未果行十一。詳漢綏和二年。

壬午三年。春，二月，關東人相食。

終《綱目》書人相食十，詳漢初丙申年。而莽世凡再書，民之不幸，甚矣！甲戌年、是年。

夏，四月，樊崇兵自號赤眉，莽遣其太師王匡、將軍廉丹擊之。〇緑林兵分爲下江、新市兵，莽遣其將軍嚴尤、陳茂擊之。〇蝗飛蔽天。

書蝗多矣，未有書蔽天者。飛至蔽天，害稼可知矣。終《綱目》書大蝗十六，蝗三十七，詳景帝後元六年。莫遠於至燉煌，武帝太初元年。莫盛於飛蔽天者也。

流民入關者數十萬人。〇秋，七月，荆州平林兵起。〇赤眉破廉丹，誅之。

赤眉破廉丹何？不以莽主兵也。自書州郡兵起，凡戰未嘗主莽言之，逆順之辭也。於是馮衍説丹毋戰，丹不聽，及敗，王匡走，丹曰：「小兒可走，吾不可。」遂戰死。《綱目》不書死之，書誅之，勇於從逆者，可以懲之矣。

漢宗室劉縯及弟秀起兵舂陵，興復帝室，新市、平林兵皆附之。

縯書漢宗室，則與崇、快又異矣。是故書起兵多矣，未有書興復帝室者。書興復帝室，特筆也。

終《綱目》，惟劉縯兄弟書起兵興復，唯琅邪王冲書舉兵匡復，唐中宗嗣聖五年。唯淮南、西川書移檄興復。唐昭宣帝天祐四年。

下江兵與莽荆州牧戰，大破之。○冬，十一月，有星孛於張。○漢兵與莽守將甄阜、梁丘賜戰，不利，遂與下江合兵，襲取其輜重。

特筆也。其特筆何？此阜、賜所以速誅也。《綱目》之法，征戰之際，苟有關於成敗之故者，必特筆書之。故漢王燒楚積聚書，詳楚漢丁酉年。漢兵襲取莽輜重書，是年。曹操襲破紹輜重書。獻帝興平五年。

癸未　漢帝玄更始元年。春，正月，攻阜、賜，誅之。又破嚴尤、陳茂於淯陽下，遂圍宛。○二月，新市、平林諸將共立更始將軍劉玄爲皇帝，大赦，改元。

玄者何？節侯買玄孫也。不書漢宗室何？不以玄並縯也。書改元矣，曷爲不以玄紀年大書之？不成玄之爲帝也[一]。玄則何以不成之爲帝？玄之不足以君天下，明矣！書曰立某爲皇帝，立者，不宜立者也。是故終玄之世，《綱目》恒斥名之。終《綱目》書立爲帝五，齊君地、恒山王義、劉玄、盧芳、石敬瑭。劉信書立爲天子，不與焉。

三月，劉秀徇昆陽、定陵、郾，皆下之。○莽遣其司徒王尋、司空王邑大發兵，會嚴尤、陳茂，夏，

[一] 「成」，原作「足」，據弘治本、蜀藩本改。

五月，圍昆陽。〇莽棘陽長岑彭以宛城降漢，玄入都之。

邑長耳，何以書？美反正也。《綱目》書長四，岑彭、虞詡、韓韶、陳寔。皆録賢也。

六月，劉秀大破莽兵於昆陽下，殺王尋[一]。

殺當爲誅，誤也。據廉丹、阜、賜、尤、茂等皆書誅。莽臣也，雖赤眉、劉玄所殺，亦書誅之[二]。

劉秀徇潁川，馮異以五縣降。〇玄殺大司徒縯[三]，以劉秀爲破虜大將軍。〇秋，莽將軍王涉、國師劉秀自殺。

涉以秀名應讖，共謀劫莽，事泄自殺，曷爲不以謀劫莽書？不予以討賊之義也。《綱目》之法，雖義事，苟以利心爲之，則不予之以討矣。然則其書自殺何？罪之也。秀爲莽腹心以成其篡，涉其親，臣助之，不義事既成矣，又欲以爲己利焉，則其殺也，自取之而已矣。凡莽臣書自殺者，皆自取之之辭也。甄豐、王涉、劉秀。

成紀隗囂起兵應漢。〇公孫述起兵成都。〇劉望稱帝於汝南，以嚴尤、陳茂爲將、相。玄遣兵擊之，殺望，誅尤、茂。

稱者何？不宜稱者也，故其殺之也書殺。望書殺，則其將、相何以書誅？尤、茂，故莽臣也。

[一]「殺」，宋刻《綱目》本作「誅」。

[二]「據廉丹……書誅之」，此句弘治本爲小字注文。

[三]「殺大司徒縯」，宋刻《綱目》本作「殺其大司徒劉縯」。

是故逆賊之黨，雖易主，猶不免於書誅，《綱目》之討賊，嚴矣！

遣上公王匡攻洛陽，大將軍申屠建攻武關。析人鄧曄起兵，開關迎建。九月，入長安，孝平皇后自焚，崩。衆共誅莽，傳首詣宛。

人也，書鄧曄何？予義且志功也。苟有義，雖人必書，所以勸義也。孝平皇后書更號黃皇室主矣，不書黃皇室主何？內之也。后自劉氏廢，常稱疾不朝會，既聞更號，大怒，因發病不肯起，是則猶有漢氏之心焉。書曰孝平皇后，不絕之於漢也。故莽母、妻皆書死，后雖莽女，雖自焚，猶書崩，《綱目》之權衡，審矣！莽誅書衆，均其攻也[一]。

王匡拔洛陽，誅莽守將王匡、哀章。○冬，十月，玄北都洛。○分遣使者徇郡國。○以彭寵爲漁陽太守。○樊崇降漢，既而逃歸。○莽廬江連率李憲據郡，稱淮南王。○玄封劉永爲梁王。○以劉秀行大司馬事，遣徇河北。○以劉賜爲丞相[二]，令入關，脩宗廟、宮室。

脩，葺舊也。終《綱目》書修宮七。是年、靈帝中平三年、獻帝建安元年、宋癸卯年、唐太宗貞觀四年、五年、憲宗元和十三年。

大司馬秀至河北，除莽苛政，復漢官名。

〔一〕「攻」，據文意，疑當作「功」。
〔二〕「以」，原無，據宋刻《綱目》本、《通鑑》卷三九補。

特筆也。沛公之入咸陽也，書除秦苛法；大司馬之至河北也，書除莽苛政：漢之中興，宜哉！

十二月，王郎稱帝於邯鄲，徇下幽、冀。

甲申 二年。春，正月，大司馬秀北徇薊。○二月，玄遷都長安。○封諸功臣，遣大司馬朱鮪、將軍李軼鎮撫關東。○以李松爲丞相，趙萌爲右大司馬。○徵隗囂爲右將軍。○大司馬秀以耿弇爲長史。○薊城反，應王郎，大司馬秀走信都、和戎，發兵擊邯鄲。○延岑據漢中，漢中王嘉擊降之。○大司馬秀以賈復、祭遵爲將軍〔一〕。○玄遣尚書僕射鮑永安集河東。○大司馬秀拔廣阿。○耿弇以上谷、漁陽兵行定郡縣，會大司馬秀於廣阿。秀以其將寇恂、吴漢等爲將軍。夏，四月，進拔邯鄲，斬王郎。○玄立大司馬秀爲蕭王。○秋，蕭王擊銅馬諸賊，悉收其衆，南徇河內，降之。○公孫述自稱蜀王。○冬，赤眉西攻長安。○蕭王遣將軍鄧禹將兵入關，寇恂守河內，馮異拒洛陽，自引兵徇燕、趙。○玄以隗囂爲御史大夫。○梁王永據國起兵。

永者何？梁王立子也，有國，舊矣。於是莽已誅滅，何以書起兵？不成玄之爲帝也。故不成玄之爲帝，則書起兵而稱梁王；成蕭王之爲帝，則削爵而稱劉永。

秦豐據黎丘，自號楚黎王。○田戎陷夷陵，轉寇郡縣。

〔一〕「○」，原作空格，據宋刻《綱目》本、弘治本、蜀藩本補。

乙酉世祖光武皇帝建武元年。春，正月，方望以前定安公嬰稱帝於臨涇，玄遣兵擊斬之。

定安公，前書莽廢，則不宜廢者也。此其不書故太子何？書故太子，則宜帝矣。長大不能名六畜，尚足以帝乎！故書以稱帝，以者，見以於人也。帝王，所自立者也，見以於人，則不足以帝矣。《綱目》書以稱帝者五，子嬰、盆子、梁蕭正德、蕭莊、閩僧卓巖明。與書使稱帝、魏使梁王詧。遣稱帝齊遣貞陽侯淵明。者，則又異矣。

赤眉至弘農，玄遣兵擊之，大敗，赤眉進至湖。○夏，四月，公孫述稱成帝。○蕭王擊尤來、大槍、五幡，敗之。○朱鮪殺李軼，攻温、平陰，馮異、寇恂擊破之。○蕭王遣將追尤來等，又大破之。○六月，蕭王即皇帝位，改元，大赦。

書即皇帝位何？正統也。終《綱目》書即皇帝位四，漢高帝、世祖、昭烈、晋元帝。非是，無書者矣。

鄧禹擊定河東。○長安亂，玄奔新豐。○赤眉以劉盆子稱帝。○秋，七月，以鄧禹爲大司徒，王梁爲大司空，吴漢爲大司馬，伏湛爲尚書令。○鄧禹渡河，破左輔兵。○帝如懷，遣吴漢等圍洛陽。○八月，玄復入長安。○九月，赤眉入長安，玄奔高陵。○封玄爲淮陽王。○以卓茂爲太傅，封褒德侯。○朱鮪以洛陽降，冬，十月，帝入都之。○淮陽王降於赤眉。○鄧禹引軍屯栒邑。○十一月，梁王永稱帝。○十二月，赤眉殺淮陽王。

孰殺之？張印使人殺之也。印，故臣也，其不書弑何？於是玄降賊矣，則是與印等耳，故以兩下相殺書之，而印書赤眉。《綱目》之法，夷蠻盜賊，書殺不書弑。

隗囂據天水，自稱西州上將軍。○竇融據河西，自稱五郡大將軍。○盧芳據安定，自稱西平王，匈奴迎之，立以爲漢帝。

《綱目》書蠻夷立以爲帝王者三，匈奴於盧芳，突厥於楊政道，契丹於石敬瑭，事成惟敬瑭耳。定楊稱可汗，不與焉。

將軍馮愔反。○鄧禹承制，以隗囂爲西州大將軍。○田邑以上黨降。

二年。丙戌春，正月朔，日食。○遣吴漢等破檀鄉賊於鄴東。○悉封諸功臣爲列侯。○立宗廟、郊社於洛陽。○赤眉大掠長安，西入安定、北地。○鄧禹入長安。○真定王楊謀反，伏誅。○鮑永來降。○大司空梁罷，以宋弘爲大司空。○漁陽太守彭寵反。○延岑反，據漢中，公孫述擊取之。○遣執金吾賈復擊郾，破之。○夏，四月，遣將軍蓋延等擊劉永，圍睢陽。

前書梁王永矣，此其曰劉永何？稱帝也，故削之。曷爲削之？大一統也。

遣吴漢擊宛，宛王賜降。○封兄縯子章爲太原王，興爲魯王，淮陽王子三人爲列侯。○六月，立貴人郭氏爲皇后，子彊爲皇太子。

東漢皇后皆自貴人進，立序也，故悉書立貴人某氏。終東漢之世，書立貴人某氏爲皇后者十四，惟桓后梁氏不書貴人，失序也，故異其文。

秋，賈復擊召陵、新息，皆平之。〇八月，帝自將征五校，降之。〇遣將軍鄧隆討彭寵，不克。〇蓋延克睢陽，劉永走湖陵。〇青、徐群盜張步等降。〇將軍鄧奉反。〇九月，赤眉發掘諸陵，復入長安。〇鄧禹戰不利，走雲陽。延岑屯杜陵。〇冬，遣將軍岑彭、王常等討鄧奉。〇遣將軍馮異入關，徵鄧禹還京師。〇遣光禄大夫伏隆拜張步爲東萊太守。〇十二月，詔復宗室列侯爲莽所絶者。〇三輔大饑，赤眉東出，馮異與戰，破之。

資治通鑑綱目書法第九

起丁亥漢光武帝建武三年，盡乙亥漢明帝永平十八年。

廬　陵　後　學　劉友益修撰
翰林直學士中大夫知制誥同修國史國子祭酒歐陽玄校正

丁亥三年〔一〕。春，正月，以馮異爲征西大將軍。〇鄧禹、馮異與赤眉戰，敗績。〇立四親廟於洛陽。〇鄧禹上大司徒印綬，以爲右將軍。〇馮異大破赤眉於崤底，賊衆東走，帝勒軍宜陽，降之，得傳國璽綬。

書傳國璽綬何？重國寶也。書傳國璽始此。《綱目》凡國寶必書，子嬰奉璽符節以降則書，秦乙未年。得傳國璽綬則書，是年。張寔得璽獻之則書，晉愍帝建興三年。謝尚得傳國璽獻之則書，穆帝永和八年。盜竊梁傳國璽歸之於齊則書，梁壬申年。上皇遣使奉册寶如靈武則書，唐玄宗天寶十五載。册寶至自成都則書，同上年。唐遣使奉册寶如梁則書，昭宣帝四年。晉得傳國寶則書，五代辛巳年。晉作受命寶則書，戊戌年。周更作二寶則書。癸丑年。終《綱目》書得璽三，得寶一，作寶二，奉

〔一〕「三」上，宋刻《綱目》本有「建武」二字。

璽寶三，竊璽一。

二月，劉永立董憲爲海西王，張步爲齊王。步執伏隆，殺之。○三月，以伏湛爲大司徒。○涿郡太守張豐反，彭寵自稱燕王。○帝自將征鄧奉。夏，四月，奉降，斬之。○馮異擊延岑，破之，岑走南陽，關中平。○吴漢圍劉永將蘇茂於廣樂，大破之。○睢陽人反城迎劉永，蓋延引兵圍之。○五月，帝還宮。是月晦，日食。○六月，大將軍耿弇擊延岑，走之，其將鄧仲況以陰降。○秋，七月，遣岑彭擊秦豐於鄧，破之，進圍黎丘。別遣兵徇江東，揚州平。○睢陽人斬劉永以降，諸將立其子紆，復稱梁王。○冬，十月，帝如舂陵，祠園廟。○十一月，還宮。○李憲稱帝。○遣太中大夫來歙使隗囂。

戊子

四年。春，遣鄧禹將兵擊延岑，破之。岑奔蜀，公孫述以爲大司馬。○夏，四月，帝如鄴，遣吴漢擊五校於臨平，破之。遣耿弇、祭遵等討張豐，斬之。弇遂進擊彭寵。○六月，帝還宮。○秋，七月，如譙，遣將軍馬武、王霸圍劉紆於垂惠。○董憲將賁休以蘭陵降[一]，憲攻拔之。○八月，帝如壽春，遣將軍馬成擊李憲。九月，圍舒。○以侯霸爲尚書令。○冬，十月，帝還宮。○隗囂遣馬援奉書入見。○太傅、褒德侯卓茂卒。○十二月，帝如黎丘，遣將軍朱祜圍秦豐，岑彭擊田戎。○公孫述遣兵屯陳倉，隗囂遣兵助馮異擊破之。述遣使招囂，囂斬其使。○以陳俊爲泰山太守。

〔一〕「○」，原無，據宋刻《綱目》本補。

己丑五年。春，正月，帝還宮。○遣來歙送馬援歸隴右。○二月，蘇茂救垂惠，馬武、王霸擊破之，劉紆奔佼彊。○帝如魏郡。○彭寵奴斬寵來降，夷其族，封奴爲不義侯。

書某斬某降多矣，不書所封。據張步安丘侯之類〔一〕。書不義侯何？譏失賞，且非名也。

遣使迎上谷太守耿况還京師〔二〕，封牟平侯。

特書也。其特書何？嘉報功也。帝之業，耿况父子實濟之。

吴漢、耿弇擊富平、獲索於平原，大破之。弇遂進討張步。

世祖之篇，非書反不書討。步也，其書討何？步既降矣，復殺使者，非反乎？故從反例書討。

遣將軍龐萌、蓋延擊董憲。萌反，帝自將討之。○岑彭攻拔夷陵，田戎奔蜀，彭留屯津鄉。○夏，四月，旱，蝗。○竇融遣使奉書入見，詔以融爲凉州牧。○六月，秦豐降，斬之。○董憲、劉紆使蘇茂、佼彊救龐萌，帝自將擊破之。秋，七月，彊以衆降，茂奔張步，憲、萌奔朐，梁人斬紆以降。

高帝自將五，唯韓王信書討，餘書擊，嘗比肩也。世祖自將七，非書征則書討，此其獨書擊何？紆，永子也，永，立子也，紹封，宜矣，非他人比也。故前書據國起兵，此特書擊，《綱目》之權衡，審矣！

〔一〕「丘」，原作「平」，據《通鑑》卷四一改。
〔二〕「遣」上，宋刻《綱目》本有「以郭伋爲漁陽太守」一條。

冬，十月，帝如魯。○耿弇拔祝阿、濟南、臨菑〔一〕，與張步戰，大破之，帝勞弇軍。步斬蘇茂以降，齊地悉平。○初起太學，帝還視之。

初者何？志始也。帝即位於是五年，日不暇給，而能留意學校，親臨視之，帝可謂知所先後矣。書起太學始此，書視學始此。終《綱目》書立太學七，是年、順帝永建六年、後主建興二年魏、晋元帝建武元年、大興三年趙、成帝咸康三年、齊乙亥年元魏。書視學三，是年、後主延熙十九年魏主髦、庚寅年梁。書臨學二，明帝永平二年、晋哀帝隆和元年秦。書詣學二。唐高祖武德七年、太宗貞觀十四年。

十一月，大司徒伏湛免，以侯霸爲大司徒。○十二月，盧芳入塞，掠據五郡。

王莽之世，書匈奴分道入塞，不書入寇，賊莽也。此其書入塞何？未忍以狄狄芳也。至與匈奴、烏桓連兵犯塞，則書寇矣。詳十二年。

隗囂遣子入侍。○交阯牧鄧讓等遣使貢獻。○徵處士周黨、嚴光、王良至京師，黨、光不屈，以良爲諫議大夫。

書不屈何？嘉節守也。書諫議大夫始此。西漢書諫大夫六，韓延壽、夏侯勝、王褒、王吉、貢禹、劉輔。東漢書諫議大夫三，王良、周舉、劉陶。當時諫官之能舉職者，鮮矣。《綱目》書聘士二，徵士二十一，書不至八，安帝延光二年、順帝永和二年、桓帝延熹二年、後主建興四年魏主、丁亥年晋武帝、孝武

〔一〕「○」，原作「聞」，據宋刻《綱目》本、弘治本、蜀藩本改。

太元十二年、壬午年梁武帝、唐太宗貞觀元年。不屈一，是年。不就一，順帝陽嘉二年。不受一，唐玄宗開元六年。不食而卒一，晉穆帝永和六年。遣歸一，昭帝元鳳元年。放還山一。唐昭宣帝天祐二年。終《綱目》書諫議大夫十六，王良、周舉、劉陶、喬豫等、蘇世長、魏徵等、孫伏伽、盧鴻、陽城、吴通玄、韋渠牟、劉栖楚、柳公權、鄭朗、杜光庭、王朴。惟吴通玄、韋渠牟、杜光庭爲譏焉〔一〕。

竇融承制，以莎車王康爲西域大都尉。

庚寅 六年。春，正月，以春陵鄉爲章陵縣，復其徭役。

高帝之復豐沛也，書世世無有所與。於是復徭役如豐沛，則其不書何？非創也。譏於其事端，則餘者略之可也。

吴漢等拔朐，斬董憲、龐萌，江、淮、山東悉平。〇馮異入朝。〇夏，四月，帝如長安，謁園陵。〇遣耿弇等七將軍從隴道伐蜀。〇五月，還宫。〇隗囂反，使其將王元據隴坻，諸將與戰，大敗而還。〇六月，并省縣國，减損吏員。〇秋，九月晦，日食。〇冬，十二月，大司空弘免。〇復田租舊制。〇隗囂遣兵下隴，馮異、祭遵擊破之。〇馮異擊盧芳、匈奴兵，破之，北地、上郡、安定皆降。〇竇融遣弟上書。〇隗囂降蜀。

〔一〕「譏」下，弘治本、蜀藩本有「之」字。

辛卯 七年。春，三月，罷郡國車騎、材官，還復民伍。

高帝之得天下也，書兵罷歸家；世祖之中興也，書罷郡國材官，還復民伍。與書銷兵器、秦。毀兵仗隋。者，其用心之公私，不啻霄壤矣。

公孫述立隗囂爲朔寧王。○是月晦，日食，詔百僚各上封事，不得言聖。

日食書求言有之矣，未有書各者。各者何？無一人不責之以言也。且戒不得言聖，帝之遇災思咎，可謂誠矣，故特書之。

夏，五月，以李通爲大司空。○冬，盧芳朔方、雲中郡降。○以杜詩爲南陽太守。

光武之篇，書太守十一人，杜詩、張堪、第五倫，其尤也；後此，稱廉范而已。自是終東漢之世，太守之賢者，祝良、李固、張綱輩，皆以平盜賊稱，則世道可悲矣。

壬辰 八年。春，遣中郎將來歙伐隗囂，取略陽，斬其守將。夏，閏四月，帝自將征囂，竇融等率五郡兵以從。囂衆皆降，囂奔西城，吴漢引兵圍之。○潁川盜起。秋，九月，帝還宫，六日，自將討平之。

特筆也。帝於是，可謂不敢自暇矣。高帝書留四日，復如廣武；世祖書還宫六日，自將討平之：二祖同一轍也。

冬，公孫述遣兵救隗囂，吴漢引兵下隴。○大水。

癸巳 九年。春，正月，征虜將軍、潁陽侯祭遵卒於軍，詔馮異領其營。

卒於軍何？嘉死事也。終《綱目》書卒於軍者八，祭遵、馮異、馬援、諸葛亮、劉方、段文振、任雅相、李嗣業。皆嘉之也，故書卒於軍。

隗囂死，諸將立其子純。○公孫述遣兵陷夷陵，據荆門。○夏，六月，吴漢等擊盧芳，匈奴救之，漢等不利。○遣來歙、馬援護諸將馮異等屯長安。○秋，八月，歙率異等討隗純於天水。○以牛邯爲護羌校尉。○封陰就爲宣恩侯。

甲午 十年。春，正月，吴漢等擊盧芳將賈覽，破走之。○夏，征西大將軍、夏陽侯馮異卒於軍。

書卒於軍，嘉死事也。

秋，八月，帝如長安，遂至汧，隗囂將高峻降[一]。○冬，十月，來歙等攻破落門，隗純降，王元奔蜀，隴右悉平。○先零羌寇金城，來歙擊破之。○帝還宮。

八月如長安，於是還宮，志久也。

乙未 十一年。春，三月，遣吴漢等將兵會岑彭伐蜀，破其浮橋，遂入江關。

特筆也。浮橋不破，則江關不可入，蜀未易攻也。攻取之際，事有關於成敗者，《綱目》必特筆書之。漢書破蜀浮橋，唐書斷周浮梁，丁巳年。皆特筆也。

〔一〕「囂」，宋刻《綱目》本、弘治本作「純」。

夏，先零羌反，以馬援爲隴西太守，擊破之。○公孫述遣王元拒河池，六月，諸將擊破之。述使盗殺監護使者來歙，詔以將軍馬成代之。○帝自將征蜀，秋，七月，次長安。○岑彭及將軍臧宫大破蜀兵，延岑走，王元以其衆降。○帝還宫。○冬，十月，公孫述使盗刺殺征南大將軍、舞陰侯岑彭。

於是再書述使盗殺，述之所以備禦者，下矣。終《綱目》書使盗殺三。公孫述二、袁術一。

馬成等破河池，平武都，遂與馬援擊破先零羌。○以郭伋爲并州牧。

丙申 十二年。春，正月，吴漢大破蜀兵，遂拔廣都。○秋，七月，將軍馮駿拔江州，獲田戎。○吴漢進攻成都，九月，入其郛。臧宫拔綿竹，引兵與漢會。○大司空通罷。○冬，十一月，公孫述引兵出戰，吴漢擊殺之，延岑以成都降，蜀地悉平。○參狼羌寇武都，馬援擊破之。○詔邊吏料敵、戰守，不拘以逗留法。○盧芳與匈奴、烏桓連兵寇邊，遣將軍杜茂將兵築亭障以備之。

盧芳前書入塞而已，此其書寇何？引狄亂華，則足以寇之矣。

竇融及五郡太守入朝，以融爲冀州牧。○雍奴侯寇恂卒。

丁酉 十三年。春，正月，大司徒霸卒。○詔太官勿受郡國異味。

書，美菲食也。後此，和帝有詔太官勿受遠國珍羞之書，安帝有省薦新物二十三種之書，帝啓之也。與書置檢校進食使者異矣。唐玄宗天寶九載。《綱目》書禁罷貢獻十有四，而禁異味者四。是年、和帝永元十五年、安帝永初六年、辛亥年周。

盧芳奔匈奴。○詔諸王皆降爲公、侯。○以紹嘉公孔安爲宋公，承休公姬常爲衛公。○以韓歆爲大司徒。○夏，四月，吴漢軍還，大饗將士，諸功臣皆增邑更封。○以竇融爲大司空。○五月，匈奴寇河東。

戊戌十四年。莎車、鄯善遣使奉獻，請置都護，不許。○太中大夫梁統請更定律[一]，不報。

己亥十五年。春，正月，免大司徒歆歸田里，歆自殺。○有星孛於昴。○以歐陽歙爲大司徒。○二月[二]，徙邊郡吏民，避匈奴。○夏，四月，追謚兄縯爲齊武公。○詔州郡檢覈墾田、户口。○冬，十一月，大司徒歙有罪，下獄死。○以戴涉爲大司徒。○盧芳復入居高柳。○遣馬成繕治障塞，以張堪爲漁陽太守[三]。

庚子十六年。春，二月，交阯女子徵側、徵貳反。○三月晦，日食。○秋，九月，河南尹、諸郡守十餘人皆有罪，下獄死。○群盜起，冬，十月，詔許相斬除罪，遂皆解散。

盧芳降，立以爲代王。○復行五銖錢。

特筆也。書，善之。

[一]「律」下，宋刻《綱目》本、《通鑑》卷四三有「令」字。

[二]「○」，原作空格，據宋刻《綱目》本補。

[三]「堪」，原作「湛」，據宋刻《綱目》本、弘治本、蜀藩本、《通鑑》卷四三改。

自元鼎元年書鑄五銖，更莽四變，帝至是始復行之。自是至於靈帝無改焉，則以五銖得輕重之中故也。

辛丑　十七年。春，正月，以趙憙爲平原太守。○二月晦，日食。○冬，十月，廢皇后郭氏，立貴人陰氏爲皇后。

《綱目》書廢后多矣，未有繼書立后者。繼書立陰氏，著郭氏所以廢也。是故有陰氏而後郭氏廢，是年。有郁久閭氏而後乙弗氏廢，梁戊午年。有武氏而後王氏廢，唐永徽六年。《綱目》皆聯書之，所以志禍本也。《綱目》中書廢立后，三而已。

進右翊公輔爲中山王[一]。○帝如章陵。○十二月，還宮。○以莎車王賢爲漢大將軍。

西域之不安自此始，故謹書之。

以馬援爲伏波將軍，討交阯。

壬寅　十八年。春，二月，蜀郡守將史歆反，遣吳漢等討之。○三月，帝如河東，祠后土。○馬援與徵側、徵貳戰，大破之。○夏，四月，帝還宮。○五月，旱。○盧芳復反，奔匈奴。○秋，七月，吳漢拔成都，誅史歆。○罷州牧，置刺史。

[一]「右」下，原衍「馮」字，據宋刻《綱目》本、弘治本、《通鑑》卷四三刪。「中山」，宋刻《綱目》本作「沛」。

癸卯 十九年。春，正月，尊孝宣皇帝廟爲中宗，始祠元帝以上於太廟，成帝以下於長安，徙四親廟於章陵。○馬援斬徵側、徵貳。○妖賊單臣等據原武，夏，四月，臧宮破斬之。○六月，廢皇太子彊爲東海王，立東海王陽爲皇太子，改名莊。

於是太子意不自安，願備藩國，則何以直書廢[一]？后廢矣，太子欲不廢，得乎？書曰廢太子，所以深探其情也。

賜雒陽令董宣錢三十萬。

賜錢不書，書董宣何？交美之也。曷爲美之？宣不畏彊禦，帝不私其親而容之，非徒容之，又賞賜焉，可謂交盡其善矣。終《綱目》書賜錢，一而已。

秋，九月，帝如南頓，賜復二歲。

甲辰 二十年。春，二月，還宮。○夏，四月，大司徒涉下獄死，大司空融坐免。○五月，大司馬、廣平侯吴漢卒。○匈奴寇上黨、天水、扶風。○六月，以蔡茂爲大司徒，朱浮爲大司空。○徙中山王輔爲沛王[二]。

東漢封子不悉書，東海王陽不書封。此何以書？輔，廢后子也，后雖被廢，而帝之加恩其子猶若

[一]「直」，原作「置」，據弘治本改。

[二]「徙中山……沛王」，此句宋刻《綱目》本無。

此。以進爲中山王書〔一〕，徙爲沛王書，予存厚也。下書以郭況爲大鴻臚，義同。

以郭況爲大鴻臚。〇冬，十二月，遣馬援屯襄國。

乙巳 二十一年。春，正月，烏桓與匈奴、鮮卑連兵入寇。

鮮卑始見《綱目》〔二〕。

鮮卑寇遼東，太守祭肜擊走之。〇冬，匈奴寇上谷、中山。〇西域十八國遣子入侍，請都護，不許。

丙午 二十二年。春，閏正月，帝如長安，祠高廟，上陵〔三〕。〇二月，還宮。〇夏，五月晦，日食。〇秋，九月，地震。〇冬，大司空浮免，以杜林爲大司空。〇以劉昆爲光禄勳。〇青州蝗。〇匈奴單于輿死，子蒲奴立，求和親，許之。

書求，又切於書請者矣。書求和親始此。終《綱目》書求和親三，求昏二，請和親四，請昏一，及和親一。詳文帝六年。

詔罷邊郡亭候，招降烏桓。〇西域復請都護，不許，遂附於匈奴。

先是，再書請都護不許矣，於是三書。其三書何？嘉自治也，帝亦可謂有定見矣。

〔一〕「以」，弘治本、蜀藩本作「故」。
〔二〕「鮮卑始見《綱目》」，弘治本此條《書法》在「鮮卑寇……擊走之」之下。
〔三〕「上」，宋刻《綱目》本作「園」。

丁未 二十三年。夏，五月，大司徒茂卒。○秋，八月，大司空林卒。○以玉况爲大司徒。○冬，十月，以張純爲大司空。○武陵蠻反，遣將軍劉尚擊之，敗没。○鬲侯朱祜卒。

建武功臣多矣，書卒者十二人，皆顯功者也。祜無顯功，則何以書？祜爲將，多受降，不存首級之功，蓋賢將也，故特書之。

戊申 二十四年。春，正月，匈奴南邊八部立日逐王比爲南單于，款塞内附。○秋，七月，遣馬援征武陵蠻。○冬，十月，匈奴南單于遣使入貢。

己酉 二十五年。春，正月，貊人、鮮卑、烏桓并入朝貢。○南單于擊北單于〔一〕，破之，來請使者監護。○三月晦，日食。○夏，新息侯馬援卒於軍，詔收其印綬。

《春秋》書卒於師，嘉死事也。上書卒於軍，下書收其印綬，帝之失大矣，特書詔譏之。終《綱目》書卒於軍八。詳建武九年。

冬，十月，監軍謁者宗均矯制告諭群蠻，降之。

矯制，雖有功必書矯。《綱目》之修，君臣之義而已矣。

遼西烏桓内屬，置校尉以領之。

〔一〕「北單于」，宋刻《綱目》本作「北匈奴」。

庚戌　二十六年。春，正月，詔增百官俸。○初作壽陵。

皇帝踐阼即起陵邑，漢舊制也。於是帝即位二十六年矣，始作壽陵，制度簡易，故特書初，美之也。是故宣帝作杜陵書初，光武作壽陵書初，明帝作壽陵書初，皆久而後作者也。

辛亥　二十七年。夏，大司徒況卒。○五月，詔三公去大名，改司馬曰太尉。○以趙憙爲太尉，馮勤爲司徒。立南單于庭，置使匈奴中郎將以領之。○秋，南單于遣子入侍。○冬，徙南單于居西河美稷。○北匈奴求和親，不許。○壽張侯樊宏卒。

於是功臣封侯者三百六十五人，其外戚封者四十五人，不皆卒，卒宏何？宏近有德者也，故特書之。

壬子　二十八年。春〔一〕，以魯益東海。

廢興之際，難矣！彊能爲子，帝能爲父，故特書美之。

夏，六月，沛太后郭氏薨。

王太后卒未有書者，此其書何？廢后也。廢后以善終者，鮮矣！帝可謂能存厚，后可爲善處廢，故書薨，交予之。《綱目》之例，自戰國分王外，其書薨者，非不成君、廢帝、廢后，則謚

〔一〕「春」下，宋刻《綱目》本、《通鑑》卷四四有「正月」二字。

爲帝、爲后者也。不然，則帝母也，公主有大功者也。非是，無薨道矣。唐會昌以後，宰相、節鎮有書薨者，誤也。終《綱目》自分王外書薨十四：不成君一，安帝延光四年北鄉侯。廢帝二，晋孝武帝太元十一年海西公奕、己卯年唐鄴公。廢后一，是年沛太后。謚爲帝三，唐高宗上元二年太子弘、玄宗開元二年襄王重茂、二十九年寧王憲。謚爲后一，唐玄宗開元二十五年惠妃武氏。帝母一，晋哀帝興寧元年皇太妃周氏。有功公主一，癸未年唐平陽公主。方鎮三，唐武宗會昌三年劉從諫、宣宗大中十一年王紹鼎、懿宗咸通十三年張允伸。宰相一。唐僖宗乾符元年劉瞻。

秋，八月，遣諸王就國。〇以張佚爲太子太傅，桓榮爲少傅。〇北匈奴乞和親，許之。

書求和親矣，未有書乞和親者。乞，卑辭也，又切於書求者矣。先是，北匈奴嘗求和親，不許，建武二十七年。於是更乞和親，故特書乞。終《綱目》書和親十六，莫善於乞和親，莫不善於結和親。高帝九年。書乞和親，一而已。詳文帝六年。

癸丑 二十九年。春，二月朔，日食。

甲寅 三十年。春，二月，帝東巡。〇閏月，還宫。〇有星孛於紫宫。〇夏，大水。〇膠東侯賈復卒。

乙卯 三十一年。夏，五月，大水。〇晦，日食。〇蝗。

丙辰 建武中元元年。春，正月，以第五倫爲會稽太守。〇二月，帝東巡，封泰山，禪梁陰。

先是，群臣請封禪，不許。至是，感《河圖》文，遂行之。帝於是，亦不得爲有定見矣，書譏之。

三月，司空純卒。〇夏，四月，帝還宮。〇赦，改元。

改元不書，此何以書？非常也。自文帝以來，改元多矣，此其爲非常何？帝即位三十一年，不改元矣，於是特改中元，以是爲異也，故書。是故文帝改後元書更，世祖改中元書改，皆異之也。

六月，以馮魴爲司空。〇司徒勤卒。〇京師醴泉出，赤草生，郡國言甘露降。

宣帝之篇，書鳳皇、甘露降集矣，此其書言甘露降何？疑辭也，若曰郡國之言云爾。是故世祖中元之甘露書言，是年。桓帝永康之黄龍書言，元年。齊高湛之河清書言，陳壬午年。皆疑之之辭也。終《綱目》書甘露二，宣帝元康二年、是年。舍是，無書者矣。

秋，蝗。

書蝗何？爲災也。上書醴泉、赤草，下書秋蝗，則醴泉、赤草之不爲瑞，明矣！是故武帝書産芝九莖而繼書旱，元封二年。世祖書醴泉、赤草而繼書蝗，是年。《綱目》之意，微哉！

冬，十月，以李訢爲司徒。〇尊薄太后曰高皇后，遷吕太后主於園，薄后配食地祇，吕后四時上祭。

書尊薄太后何？譏也。文帝之立也，吕后不書太，絶之於帝矣。則薄太后之尊，宜也，何譏焉？后不書太，誠絶之於文帝矣；其書吕后，則固未嘗絶之於高帝也。於是遷主於園，四時上祭，可乎？尊薄太后曰高皇后，卑其祖也，至以配食地祇，益不稱矣。《綱目》於此書曰尊薄太后曰高皇后，遷吕太后主於園，又書曰薄后配食地祇，吕后四時上祭，辭繁不殺，所以著其甚不可也。

十一月晦，日食。○起明堂、靈臺、辟雍，宣布圖讖於天下。

書起何？兼靈臺言之也。建辟雍，盛典也，而繼有宣布圖讖之書，則帝之所學駁矣，特書讖之。書圖讖始此。終《綱目》書圖讖五，是年、丁亥年晋武帝〔一〕、孝武帝寧康三年秦、齊乙丑年魏、隋文帝開皇十三年。皆禁之者也，惟光武書宣布，爲譏辭。

南單于比死，弟莫立。

丁巳 二年。春，正月，初立北郊，祀后土。

書初何？緩辭也。二年書立郊社於城南矣，至祠后土，則如河東。於是始正北郊之位，蓋中興三十有四年矣，故書初譏之。

二月，帝崩。

賀善贊曰：世祖即位之先，《綱目》有特書三：起兵則書漢宗室，興復帝室，至河北則特書除莽苛政，皆玄等所無也。故其即位也，特書即皇帝位。即位之後，書三大政，要皆有關於風俗運

〔一〕「帝」，弘治本作「晋」，從下句讀。

祚者。元年，首以卓茂爲太傅，封褒德侯，而當時多循吏；天下略定，即起太學，親臨視之，而東都盛儒學；徵三處士，而末造多節義之士。其所以祀漢配天，以垂二百年之基者，實在於此。然其失亦有二焉，以私愛廢皇后、太子，信圖讖，竟事封禪，獨此二者不能不爲盛德之累。至其加恩廢后母子親黨，則又後世人主所難能也。

太子莊即位〔一〕，尊皇后曰皇太后。○三月，葬原陵。○夏，四月，以鄧禹爲太傅，東平王蒼爲驃騎將軍。○燒當羌反，遣兵擊之，敗没。冬，復遣馬武等討之。

戊午 顯宗孝明皇帝永平元年。春，正月，朝原陵。○夏，五月，太傅、高密侯鄧禹卒。○東海王彊卒。

廢太子未有書卒者，書此何？善彊之能處廢也。外此，則惟承乾書卒，然與彊霄壤矣。《綱目》書廢太子十二，書太子廢二，其書卒者，二而已。是年彊、唐太宗貞觀十八年承乾。

秋，七月，馬武等擊羌，破之。○祭肜討烏桓，大破之，罷緣邊屯兵。○好時侯耿弇卒。

己未 二年。春，正月，宗祀光武皇帝於明堂，始服冠冕、玉佩，登靈臺，望雲物。○三月，臨辟雍，行大射禮。○冬，十月，行養老禮。

書，美之也。自光武末年書起明堂、靈臺、辟雍，然徒聞宣布圖讖而已。至是，始盛三雍之儀，

〔一〕「即」下，宋刻《綱目》本、《通鑑》卷四四有「皇帝」二字。

復先代之典，帝於此可謂賢矣，文治可謂盛矣，故詳書之。終《綱目》書臨學二，書視學三，書詣學二，詳光武建武五年。書養老四，是年、後主景耀元年魏主髦、齊壬申年魏主宏、陳癸未年周主邕。而魏宴國老、庶老於華林不與。齊丙子年。

中山王焉就國。

焉者何？郭后所愛子也。建武末年，嘗遣諸王就國矣，明帝請特留之，至是始遣。帝之待廢后，可謂無纖介之嫌矣，特書美之。

帝如長安。〇十一月，遣使者以中牢祠蕭何、霍光，帝過，式其墓。是月還宮。

祭臣不書，此何以書？録功臣也。書祭臣始此。終《綱目》書祭臣六。是年、章帝元和二年祠獻王、安帝延光四年祠楊震、靈帝中平六年祠陳蕃、唐太宗貞觀十九年祠魏徵、肅宗至德二載祠張九齡。

三年。庚申 春，二月，太尉憙、司徒訢免，以郭丹爲司徒，虞延爲太尉。〇立貴人馬氏爲皇后，子炟爲皇太子。〇圖畫中興功臣於雲臺。〇夏，六月，有星孛於天船北。〇大起北宮，既而罷之。

書築宮有之矣，至武帝明光始書起，未書大起也。書大起，非譏歟？帝方大起北宮，未幾以鍾離一疏而立罷，可謂改過不吝矣。上書大起，下書既而罷之，所以見其從諫之勇也。故乙丑宮成，不書。《綱目》宮室書大者五，是年、後主建興五年魏大營宮室、晋穆帝永和元年趙大發民治洛陽宮、宋癸卯年宋大修宮室、梁丙子年齊大治宮室。唯明帝書罷宮室。書罷者二，是年、唐玄宗開元元年、敬宗寶曆二年。皆美之也。

秋，八月晦，日食。○冬，十月，帝奉皇太后如章陵。○大水。

辛酉　四年。春，帝如河内，不至而還。

不至何？美從諫也。凡遊幸，書不至，書不果，皆美也。《綱目》遊幸書不至二，是年、晉武帝辛卯年。不果一。唐高宗總章二年。

冬，十月，司徒丹、司空魴免，以范遷爲司徒，伏恭爲司空。○陵鄉侯梁松下獄，死。○于寘攻莎車王賢，殺之。

蠻夷相殺不書，此何以書？漢殺之也。自漢以賢都護，雖復中寢，而賢猶詐稱，西域大被其害。於是奪于寘國，于寘攻殺之，以是爲漢病也，故書。

壬戌　五年。春，二月，驃騎將軍蒼罷歸藩。

書就國多矣，未有書歸藩者。書歸藩何？特筆也。其特筆何？賢蒼也。若蒼者，可以爲漢藩矣，故自爲驃騎至卒，六書之。

冬，十月，帝如鄴，是月還宫。○十一月，北匈奴寇五原、雲中，南單于擊却之。○安豐侯竇融卒〔一〕。

癸亥　六年。春，二月，王雒山出寶鼎，詔禁章奏浮詞。

〔一〕「安」上，宋刻《綱目》本、《通鑑》卷四五有「十二月」三字。

書禁浮詞何？特筆也。世祖書封事不得言聖，此書禁章奏浮詞，皆特筆也。終《綱目》書得鼎二，武帝元鼎四年、是年。自是，無書得鼎者矣。

甲子七年。春，正月，皇太后陰氏崩。二月，葬光烈皇后。

西漢之世，皇后書崩不書葬，書葬者，必有故也。許后弒、傅太后藩妾。至東漢始書葬，不書葬者，亦必有故也。世祖郭氏、和帝陰氏、桓帝鄧氏、靈帝宋氏皆廢，獻帝何氏弒。后書葬自此始，昭烈以後復不書葬。晉復書之，宋以後不書。惟路太后以讖書。隋、唐復書之。唐自鄭太后而後，無書葬者矣。

北單于求合市〔一〕，許之。〇以宗均爲尚書令〔二〕。

乙丑八年。春，正月，司徒遷卒，以虞延爲司徒。〇以吴棠爲度遼將軍。

建武之末，北匈奴求和親，以皇太子諫不許。後雖許之，漢與南匈奴未隙也。故永平之五北虜入寇，南單于猶擊却之。於是間一歲耳，北虜求合市，則忘其前言，身自許焉。自此疑隙遂開，而度遼營不得不置矣，故謹書之。

秋，大水。〇冬，十月，詔聽有罪亡命者贖。〇是月晦，日食，既，詔群司極言，復以示百官。

特筆也。詔求極言，難矣，而又以示百官，所以開不諱之門也，帝於是可謂賢哉！《綱目》特書

〔一〕「單于」，宋刻《綱目》本、《通鑑》卷四五作「匈奴」。
〔二〕「宗」，原作「宋」，據《通鑑》卷四五改。

復以，深美之。是故食既，大變也。《綱目》書食既十有二，詳惠帝七年。無不有大應者。帝則國家無事，明年而以大有年書，帝誠有以回天矣。終《綱目》書日食三百六十七，書舉士者五，求言者，三而已。詳文帝二年。

以鄭衆爲軍司馬。

一軍司馬爾，何以書？予節也。衆不拜單于，故於是特書予之。

丙寅 九年。夏，四月，詔司隸、刺史歲考長吏殿最以聞。○大有年。

入《綱目》以來，未之有也，於是特書。書大有年始此。終《綱目》書大有年四，是年、梁武帝乙酉年、唐太宗貞觀四年、玄宗開元十三年。皆盛時也；書有年二，後唐丁亥年、己丑年。書大熟一，晉孝武太元七年。書大稔四，梁武帝辛酉年、唐高宗永徽五年、德宗貞元三年、憲宗元和六年。書麥稔一。唐代宗永泰元年。

匈奴遣子入學。

特書也，文治於是極盛矣。終《綱目》一書而已。

丁卯 十年。春，二月，廣陵王荆有罪，自殺，國除。○夏，閏四月，帝如南陽。○冬，十二月，還宮。○以丁鴻爲侍中。

戊辰 十一年。春，正月，東平王蒼來朝。

己巳十二年。春，哀牢内附。○夏，四月，修汴渠隄。

書渠隄，謹溝洫也。書隄始此。終《綱目》書修隄四。是年、後主延熙十五年吴東興隄、丙戌年宋北隄、甲寅年周河隄。

秋，七月，司空恭罷，以牟融爲司空。

庚午十三年。夏，四月，汴渠成。

凡書成，久辭也。自往年四月始修，於是一年而後成，用民多矣，故謹書之。《綱目》渠潭書成三，隄堰書成二，漢汴渠、是年。唐廣運渠、天寶二年。周汴渠、戊午年。梁淮堰〔一〕，丙申年。皆用民久者也。惟周河隄書成不書修，則美其速成也。甲寅年。

冬，十月晦，日食。○十一月，楚王英有罪，廢，徙丹陽。

辛未十四年。春，三月，司徒延有罪，自殺。○夏，四月，以邢穆爲司徒。○故楚王英自殺。○初作壽陵。

初作何？緩辭也。帝於是即位十四年矣，故書初。兩漢作陵書初三，宣帝杜陵、世祖壽陵、明帝壽陵。皆久而後作者也。

壬申十五年。春，二月，帝東巡，耕於下邳。三月，至魯，詣孔子宅。

〔一〕「淮」，原作「堆」，據《綱目》卷三十梁武帝天監十五年「夏四月梁淮堰成」條改。

史書幸孔子宅，此其書詣何？不以位加道也。唯君臨其臣則書幸。《綱目》書詣孔子宅，一而已。唐玄宗開元十三年書幸，疑誤。

封皇子六人爲王。

景帝六子，武廟立三子，皆序，此其不序何？成帝意也。成帝意，則曷爲不序？帝之言曰：「我子豈宜與先帝子等！」於是封域裁半楚、淮陽，帝知節矣。故略之不序者，所以成帝之美也。《綱目》自漢宣帝以下至唐，封子不悉書，有故則書之。

冬，遣都尉耿秉、竇固將兵屯涼州。

癸酉 十六年。春，二月，遣太僕祭肜及竇固等伐北匈奴，固取伊吾盧地；肜不見虜而還，下獄，免，卒。

伊吾盧何？虜要地也，故特筆書之。下獄書卒，既出也。

西域諸國遣子入侍。○夏，五月，司徒穆有罪，下獄死。○是月晦，日食。○以王敏爲司徒。○秋，七月，徙淮陽王延爲阜陵王。○北匈奴大入雲中。

猾夏書寇，此其書入何？譏也。曷爲譏之？兵端自我始也。故廉范破虜不書。

甲戌 十七年。春，正月，謁原陵。○北海王睦卒。○司徒敏卒，以鮑昱爲司徒。○白狼等國入貢。○竇固司馬班超執疏勒王兜題，而更立其故王子忠。○夏，五月，百官上壽。

上壽不書，據兒寬不書。此何以書？譏滿也，自是西北始多事矣。《綱目》責備賢者，故特書譏之。終《綱目》書上壽，二而已。是年、唐代宗大曆元年。

冬，十一月，遣竇固等擊車師，降之，復置西域都護、戊、己校尉〔一〕。

十八年。乙亥 春，二月，竇固軍還。○北匈奴擊車師後王安得，殺之，遂攻戊校尉耿恭，恭擊却之。○夏，六月，有星孛於太微。○秋，八月，帝崩。

賀善贊曰：永平富教之事，《綱目》屢書於策，其間有終《綱目》所無者二事：匈奴遣子入學；日食詔群司極言得失，復以示百官是也。至其一念之微，近於滿假，《綱目》亦無隱乎爾。是以百官上壽，自武帝以來不書，惟此獨書。《春秋》責備賢者，《綱目》於明帝，蓋拳拳焉。

太子炟即位，尊皇后曰皇太后，葬顯節陵。○冬，十月，以趙憙爲太傅，牟融爲太尉，并録尚書事。○十一月，以第五倫爲司空。○西域攻没都護陳睦。北匈奴圍己校尉關寵。車師叛，與匈奴共圍耿恭，詔酒泉太守段彭將兵救之。

自十六年至是三年爾，而邊境亦多事矣。西域之通，其得失何如哉！《綱目》備書之，所以戒也。

是月晦，日食。○以馬廖爲衛尉，防爲中郎將，光爲越騎校尉。○大旱。

〔一〕「尉」下，宋刻《綱目》本有「官」字。

資治通鑑綱目書法第十

起丙子漢章帝建初元年，盡乙丑漢安帝延光四年。

廬陵後學劉友益修撰
翰林直學士中大夫知制誥同修國史國子祭酒歐陽玄校正

丙子 肅宗孝章皇帝建初元年。春，正月，詔廩贍饑民。○詔二千石勸農桑，慎選舉，順時令，理冤獄。○關寵敗没，段彭擊車師，匈奴走，車師復降。罷都護及戊、己校尉官，班超留屯疏勒。

書罷都護、校尉何？善補過也。自置此官，而西北多事甚矣。充國之留屯也，書曰留充國屯田湟中，此則曷爲以班超留屯書？不予超之專留也。

地震。○秋，七月，詔以上林池籞賦與貧民。

元帝之篇，書以公田及苑振業貧民矣，於是復書，志仁民也。故《通鑑》不書，《綱目》特書之。

八月，有星孛於天市。○哀牢王反，郡兵擊斬之。

丁丑 二年。春，三月，詔三公糾非法。○罷伊吾盧屯兵，匈奴復守其地。

特筆也。其特筆何？虜所必争地也。

夏，四月，還坐楚、淮陽事徙者四百餘家。○大旱。○詔齊國省冰紈、方空縠。○燒當羌反，秋，八月，遣將軍馬防、校尉耿恭擊之。○冬，十二月，有星孛於紫宮。

戊寅 三年。春，宗祀明堂。○馬防、耿恭擊羌，大破之。詔徵防還，下恭獄，免其官。

於是恭以言事忤防，監營謁者承望劾恭，恭爲無罪明矣。《綱目》上書擊羌大破之，下書下恭獄，免其官，病帝也。明德太后痛抑馬氏，而小人諂附已如此，則以帝欲尊重舅家之意，有以來之也。

三月，立貴人竇氏爲皇后。○夏，四月，罷治虖沱、石臼河。○冬，十二月，以馬防爲車騎將軍。○有司奏遣諸王歸國，不許。

己卯 四年。春，二月，太尉融卒。○夏，四月，立子慶爲皇太子。○五月，封馬廖等爲列侯，以特進就第。○以鮑昱爲太尉，桓虞爲司徒。○六月，皇太后馬氏崩。○秋，七月，葬明德皇后。○冬，十一月，詔諸儒會白虎觀，議五經異同。

宣帝之篇，嘗書會石渠講五經矣，於是再見。其再見何？嘉尊經也。

庚辰 五年。春，二月朔，日食；舉直言極諫。○夏，五月，以直言士補外官。

直書其事，而貶義見矣。《綱目》書日食三百六十七。而書舉士者五，求言者三。詳文帝二年。惜也！帝之善未盡也。是故上書徵有行義者，下書賜帛遣歸，而昭帝之失見矣；上書舉直言極諫，下書以直言士補外官，而章帝之失見矣。

太傅憙卒。○遣弛刑、義從就班超平西域。

辛巳 六年。夏，六月，太尉昱卒。○是月晦，日食。○秋，七月，以鄧彪爲太尉。○以廉范爲蜀郡太守。

中興太守可稱者，前書杜詩、張堪、第五倫矣，於是復書廉范，皆良吏也。自是以至漢末，裴潛、張嶷，其庶幾焉。若夫祝良、李固、張綱，獨以能平盜賊稱，則所遇之異也。

壬午 七年。春，正月，沛王輔等來朝。○三月，歸國，詔留東平王蒼於京師。

未有書留者，書留東平王蒼，特筆也，交予之。

夏，六月，廢太子慶爲清河王，立子肇爲皇太子。○秋，八月，東平王蒼歸國。○九月，帝如偃師，遂至河內。

書遂至何？遠也，與書不至而還者異矣。詳明帝永平四年。

封蕭何末孫熊爲酇侯。

末孫何？不得其世也。成帝之篇，嘗書封蕭何六世孫喜爲酇侯矣，於是再書，嘉念功也。蕭何之後，《綱目》詳書之。

癸未 八年。春，正月，東平王蒼卒。○下梁竦獄，殺之。○馬廖、馬防有罪，免官就國。○下雒陽令周紆獄，尋赦出之。○以班超爲西域將兵長史。○以鄭弘爲大司農。

元和元年。甲申夏，六月，詔議貢舉法。○秋，七月，詔禁治獄慘酷者。

景帝之世，書詔治獄者務先寬，於是再見，然帝之寬厚長者，又有大過於景帝者矣。

八月，太尉彪罷，以鄭弘爲太尉。○帝南巡。○冬，十月，至宛，以朱暉爲尚書僕射。○十一月，還宫。○以孔僖爲蘭臺令史。

一令史耳，何以書？録賢也。

賜毛義、鄭均穀各千斛。

嘉賞善也。終《綱目》書賜穀二，是年、齊甲戌年魏常珍。皆美也，賜民穀不與焉。

詔除妖惡禁錮者。

二年。乙酉春，正月，詔賜民胎養穀，著爲令。

漢初書令民産子復勿事，志仁政也，高帝七年。於是復見，帝誠長者矣。

詔戒俗吏矯飾者。○二月，行《四分曆》。○帝東巡。○耕於定陶，柴告岱宗，宗祀明堂。三月，至魯，祠孔子。○至東平，祠獻王陵。○夏，四月，還宫，假於祖禰。

《綱目》書巡二十九，始皇五，武帝七，煬帝三，帝亦三書焉，而書辭之詳，亦莫如四君者。然始皇、武帝誇功德，求神仙，煬帝盛儀衛，矜服遠，皆奢欲之所發也。唯帝則舉古典，崇先聖，文治彬彬，視三君天淵矣。故還宫未有書假於祖禰者，於是備書之。

秋，七月，詔定律毋以十一月、十二月報囚。○冬，南單于與北單于戰〔一〕，破之。

蠻夷相攻不書，此何以書？戰勝，受漢賞也。

丙戌 三年。春，正月，詔嬰兒無親屬及有子不能養者，廩給之。

志仁政也，故《通鑑》不書，《綱目》特書之。

帝北巡，耕於懷。○三月，還宮。○夏，四月，收太尉弘印綬，弘自繫獄，出之而卒。

凡書收某印綬，皆無罪之辭也。是故收董賢印綬不書，收竇憲印綬不書，收侯覽印綬不書。

以宋由爲太尉。○五月，司空倫罷。○以袁安爲司空。○燒當羌反。○疏勒王忠詐降，班超斬之。○詔侍中曹褒定漢禮。

丁亥 章和元年。春，三月，護羌校尉傅育擊羌，敗死。○夏，六月，司徒虞免，以袁安爲司徒，任隗爲司空。○秋，鮮卑擊北匈奴，斬優留單于。

蠻夷相攻不書，此其書何？受漢賞也。據宋意書。北匈奴自書大入雲中，猾夏多矣。於是鮮卑斬之，中國之幸也。

護羌校尉張紆擊羌，斬其帥迷吾，其子迷唐據大、小榆谷以叛。○改元。

〔一〕「北單于」，宋刻《綱目》本作「北匈奴」。

改元不書改，此何以書？譏信諛也。是故漢好言者之諛而改章和，則書改元；魏惑謙之之誕而改真君，則書改元；隋信袁充之誣而改仁壽，則書改元：皆譏之也。

八月晦，日食。〇北匈奴五十八部來降。〇曹褒奏所撰制度〔一〕。

制度何？前所詔定禮也。然則曷爲不以禮書之？不成之爲禮也。雜以讖記，是可以爲禮乎！書曰所撰制度，以爲徒褒之所撰云耳。是故不成之爲禮，則曹褒前書定禮，而後書所撰制度；苟成之爲禮，則張説前書定禮〔二〕，而後書《開元禮》成。二十年〔三〕。

班超發諸國兵擊莎車，降之。

二年（戊子）。春，正月，濟南王康、中山王焉來朝。〇帝崩。

賀善贊曰：章帝之篇，《綱目》書詔十六，爲愛民恤刑而發者十，可謂仁厚之主矣。而又垂意禮樂，尊師重學。其失者，獨廢太子、殺梁竦二事耳，所謂白璧之微瑕也。

太子肇即位。〇尊皇后曰皇太后。〇三月，葬敬陵。〇太后臨朝。〇以鄧彪爲太傅，録尚書事，百官總己以聽。

〔一〕「〇」，原作空格，據宋刻《綱目》本補。
〔二〕「定」，弘治本作「修」。
〔三〕「十」下，原有「二」字，據《通鑑》卷二一三删。

哀帝之篇，王莽秉政，嘗書百官總己以聽矣，於是再見，則竇憲意也。竇憲以彪仁厚委隨，故尊崇之，得以自恣。彪雖有愧此名，而視莽、駿之專，則異矣。終《綱目》書百官總己以聽三，王莽、鄧彪、楊駿。惟鄧彪無責焉。

諸王始就國。

書始何？著章帝之友愛也。先是，有司奏遣諸王，不許，至是而後始就國。帝之友愛，蓋終其身焉。

夏，四月，以遺詔罷鹽鐵之禁。〇旱。〇冬，十月，侍中竇憲殺都鄉侯暢，太后以憲爲車騎將軍，使擊北匈奴以贖罪。

前書太后臨朝矣，以鄧彪爲太傅，以遺詔罷鹽鐵，皆太后所以也。此書以竇憲爲將軍可矣，再書太后以者何？譏私也。殺都鄉侯而以爲將軍，刑賞兩失之矣。北匈奴書擊，已降也。

以鄧訓爲護羌校尉，擊迷唐，破之。

己丑　孝和皇帝永元元年。春，鄧訓掩擊迷唐，大破之，諸羌來降。〇下尚書僕射郅壽吏，壽自殺。

於是竇憲專橫，壽數言之，憲遂陷以誹謗，何敞疏論，得減死，徙合浦，未行，自殺。則其不書減死、徙何？甚漢也。書曰下郅壽吏，壽自殺，若死於獄然，所以甚之也。

夏，六月，竇憲擊北匈奴，大破之，登燕然山，刻石勒功而還。

書勒功何？竇憲汰也，故不書紀漢威德，所以專罪憲也。

秋，七月，會稽山崩。○九月，以竇憲爲大將軍。○大水。

庚寅 二年。春，二月，日食。○竇憲遣兵復取伊吾地，車師遣子入侍。

伊吾盧地，於是三書矣。

月氏遣使奉獻。○封齊武王孫無忌爲齊王，威爲北海王。○秋，七月，竇憲出屯涼州。○九月，北匈奴款塞求朝。冬，竇憲遣使迎之，復遣兵襲擊，破之。

求朝，順節也，迎之復擊之，直書其事，貶意自見矣。

辛卯 三年。春，正月，帝冠。○二月，竇憲遣兵擊北匈奴於金微山，大破之，單于走死。○竇憲殺尚書僕射樂恢。

於是恢諫用諸舅，書奏，不省，乞骸骨歸，憲風州郡，迫恢飲藥死。直書竇憲殺之，明微也。

《綱目》修而亂賊懼矣！

冬，十月，帝如長安，竇憲來會。

《綱目》書來朝多矣，未有書來會者，書來會何？憲不臣也。書來會，而憲之氣燄可見矣。自元年至此，《綱目》所書災異外纔十三事，而書竇憲者八，往往皆斥名之，惡專也。自是，一書竇憲還京師，而隨以伏誅書矣。

龜兹、姑墨、温宿諸國來降〔一〕。○十二月，以班超爲西域都護、騎都尉。○帝還宮。

壬辰 四年。春，正月，立北匈奴於除鞬爲單于。○三月，司徒安卒，以丁鴻爲司徒。○夏，四月，竇憲還京師。

乘輿書還，憲還耳，何以書？憲伉也，儼然君矣，故特書還。

六月朔，日食。○地震。○旱，蝗。○大將軍竇憲伏誅。

於是收印綬，遣就國，迫令自殺耳，書伏誅何？正憲罪也。《綱目》自殺書自殺，迫之自殺書殺，當罪書伏誅。

以宦者鄭衆爲大長秋。

大長秋何？宫閫職也。以宦者爲之，常事爾，何以書？賞功也。自鄭衆與於大謀，而宦者之權盛矣，漢室之禍兆矣，故謹書之。

秋，七月，太尉由有罪，策免，自殺。○八月，司空隗卒。○以尹睦爲太尉〔二〕，録尚書事，劉方爲司空。○護羌校尉鄧訓卒，迷唐復反。

上書訓卒，繼書復反，志訓功也。

〔一〕「來」，宋刻《綱目》本、《通鑑》卷四七作「皆」。

〔二〕「○」，原無，據宋刻《綱目》本補。

癸巳五年。春，正月，太傅彪卒。○隴西地震。○北單于畔，遣兵追斬，滅之。

單于未有書畔者，此其書畔何？漢所立也。是故北單于爲漢所立則書畔，南匈奴稱臣於漢則書討，安帝永初三年。《綱目》之名分，嚴矣！

鮮卑徙據北匈奴地。○冬，十月，太尉睦卒，以張酺爲太尉。○梁王暢有罪，詔削二縣。○護羌校尉貫友攻迷唐，走之。○南匈奴單于屯屠何死，單于宣弟安國立。

甲午六年。春，正月，使匈奴中郎將杜崇等殺安國，立左賢王師子爲單于。○司徒鴻卒，以劉方爲司徒，張奮爲司空。○秋，旱。○班超發八國兵討焉耆，斬其王廣。○北匈奴降者脅立屯屠何子逢侯，叛走出塞。遣將軍鄧鴻等擊之，不及，鴻及杜崇等皆坐誅。

於是皆下獄死，書誅，正其罪也。

以陳寵爲廷尉。

自宣帝地節元年書于定國，是後百六十餘年，廷尉不見於《綱目》矣。於是復見，嘉仁恕也。

乙未七年。夏，四月朔，日食。○秋，七月，易陽地裂。

書地裂始此。終《綱目》書地裂三，書地坼三。詳戰國庚午年。

九月，地震。

丙申八年。春，二月，立貴人陰氏爲皇后。○夏，蝗。

丁酉九年。春，三月，隴西地震。〇夏，六月，旱，蝗，除田租及山澤税。

嘉恤民也，故《通鑑》不書，《綱目》特書之。終《綱目》書大旱三十八，書旱五十八，而書恤旱之政者十二；書大蝗十六，書蝗三十七，而書恤蝗之政者二。詳文帝後元六年。世主之以災爲玩者，多矣！

秋，閏八月，皇太后竇氏崩。〇葬章德皇后。〇迷唐寇隴西，遣將軍劉尚討破之。〇九月，司徒方策免，自殺。〇冬，十月，追尊梁貴人爲恭懷皇太后，葬西陵。

東漢書后葬矣，不書地，此其書地何？志禮失也。於是妾母稱皇太后，葬稱西陵，非禮矣。終《綱目》后葬書地七。詳宣帝本始三年。

以吕蓋爲司徒。〇司空奮罷[一]，以韓稜爲司空。

戊戌十年。夏，五月，大水。〇秋，七月，司空稜卒，以巢堪爲司空。〇冬，十月，雨水。〇十二月，迷唐詣闕貢獻。〇以劉愷爲郎。〇南單于師子死，單于長之子檀立。

己亥十一年。春，二月，遣使循行廩貸。

志恤民也，故《通鑑》不書，《綱目》皆特書之。

[一]「〇」，原無，據宋刻《綱目》本補。

庚子十二年。夏，四月，秭歸山崩。〇秋，七月朔，日食。〇太尉酺免，以張禹爲太尉。〇迷唐復叛。

辛丑十三年。春，正月，帝幸東觀。

書幸東觀何？美崇儒也。書幸始此。《綱目》書幸二十有一，多譏辭，未有善於此者矣。

秋，迷唐寇金城，郡兵擊破之。〇雨水。〇冬，詔邊郡舉孝廉。〇鮮卑寇右北平、漁陽。〇司徒蓋致仕，以魯恭爲司徒。〇巫蠻反，寇南郡。

壬寅十四年。春，安定羌反，郡兵擊滅之，復置西海郡。〇夏，四月，荆州兵討巫蠻，大破降之。〇六月，

皇后陰氏廢，死。

皇后陰氏廢何？罪辭也，故書死。終《綱目》皇后書廢者二十一，而以自廢爲文者三，武帝陳后、宣帝霍后、和帝陰后。廢書死，一而已。

大水。〇徵班超還京師。〇冬，十月，立貴人鄧氏爲皇后。〇司空堪罷，以徐防爲司空。〇封鄭衆爲鄛鄉侯。

元帝之篇，書宦者爲中書令而已，未有封侯者也。宦者封侯，漢末之禍始此矣。書宦者封侯始此。終《綱目》宦者書封十。是年鄭衆、安帝建光元年江京等、延光四年孫程等、桓帝建和元年劉廣等、延熹二年單超等、又侯覽等、靈帝光和二年呂强、中平二年張讓、齊辛未年魏符承祖、唐肅宗寶應元年李輔國。封侯非也，封王甚矣。輔國。

癸卯十五年。夏，四月晦，日食。○雨水。○冬，十月，帝如章陵。十一月，還宮。○詔太官勿受遠國珍羞。

自世祖有詔太官勿受郡國異味之書，於是時再見。書，美之也，與書以姚思蓺爲檢校進食使者異矣。唐玄宗天寶九載。

甲辰十六年。秋，七月，旱。○司徒恭免，以張酺爲司徒。八月，卒，以徐防爲司徒，陳寵爲司空。○北匈奴請和親。

乙巳元興元年。春，高句驪寇遼東。

高句驪見《綱目》始此。

冬，十二月，帝崩。太子隆即位。

賀善贊曰：和帝在位，《綱目》書竇憲外，非封拜則天變、邊事而已。然其間如書陳寵爲廷尉，書旱蝗除租稅，書遣使循行廩貸，書詔太官勿受珍羞，蓋亦慈儉之君也。乃能早發英斷，收攬權綱，而又尊儒納諫，動無大過。惜乎！始謀不遠，權奸雖除，而閹豎用事，遂爲東漢基禍之主。《綱目》書封鄭衆爲鄛鄉侯，重惜之也。○惠帝之末，書太子即位而不書立太子，他人子也。於是太后收皇子於民間，則其正統明矣，不書立爲太子何？迎立於發喪之後也。玄孫嬰則何以書？王莽居攝，嬰未嘗即位，書立爲皇太子，所以正名也。然則隆不書立，與少帝何別焉？即位書名，所以爲異也。兩漢太子不書立二，少帝、殤帝。沖帝以下不書立太子者五世，非無子則不早建也。

尊皇后曰皇太后，太后臨朝。○雒陽令王渙卒。

令未有書卒者，其卒渙何？録循吏也。終《綱目》令長書卒者，二人而已矣。王渙、陳寔。

孝殤皇帝延平元年。丙午春，正月，以張禹爲太傅，徐防爲太尉，參録尚書事。○封帝兄勝爲平原王。○以梁鮪爲司徒。○三月，葬慎陵。○清河王慶就國，特加殊禮。

書殊禮始此。終《綱目》通稱殊禮者十，清河王慶、梁冀、齊王攸、會稽王昱、大司馬温、宋王裕、蕭道成、高歡、唐王淵、徐知誥。惟清河王書特加，齊王攸書賜，梁冀、會稽王昱、大司馬温書加，餘皆自加而已。詳高帝十年。

夏，四月，罷祀官不在禮典者。

罷淫祀也。自成帝書罷陳寶祠，於是再見，故《通鑑》不書，《綱目》特書之，所以賢太后也。終《綱目》淫祀書罷者三，成帝建始二年、是年、甲申年魏罷胡神。書壞一，桓帝延熹八年。書特二，辛酉年宋、甲午年陳。書禁一，唐高祖武德九年。書焚一。唐中宗嗣聖五年狄仁傑。

鮮卑寇漁陽，太守張顯戰没。○以鄧隲爲車騎將軍、儀同三司。○司空寵卒。○五月，河東垣山崩。○以尹勤爲司空。○雨水。○減用度，遣宮人。○秋，七月，詔實覈傷害，除其田租。

書救災也，太后於是賢矣。終《綱目》書大水六十三〔一〕，雨水十有五，而書處恤者七。武帝元狩三年、是年、安帝永初元年、宋乙亥年、唐太宗貞觀七年、德宗貞元八年、文宗太和六年。世主以災爲玩者，多矣！

八月，帝崩。太后迎清河王子祜入，即位，太后猶臨朝。

書太后迎何？太后私也。殤帝有兄，疾又非痼，獨與兄騭定策禁中，違衆而立祜焉，以是爲私也，故特書太后。殤帝之初，太后臨朝矣，此其書猶臨朝何？病太后也。曷爲病之？安帝於是亦十三年矣，而猶臨朝，特書曰猶，以爲可歸政而不歸也。終《綱目》書太后臨朝、御殿、稱制、稱詔者二十有二，詳惠帝七年。而書猶者二。安帝鄧太后、桓帝梁太后。

詔檢敕鄧氏賓客。

特筆也，太后於是賢矣。

九月，大水。○葬康陵。○隕石於陳留。○冬，十月，大水，雨雹。○十二月，清河王慶卒。○罷魚龍曼延戲。

自武帝書作魚龍曼延，於是書罷，美之也。然隋徵天下散樂，而魚龍之戲尚存，則奇淫之習，入人者深矣。書罷戲始此。終《綱目》書罷戲伎四。是年、安帝永初三年、戊戌年晋、辛丑年隋。

〔一〕「三」，原作「二」，據弘治本、本書卷三漢孝文帝元年四月《書法》改。

詔舉隱逸，選博士。

詔舉隱逸，《綱目》再書而已。是年、宋辛未年魏。

丁未孝安皇帝永初元年。春，二月，司徒魴卒。〇三月，日食。〇夏，四月，封鄧隲及弟悝、弘、閶皆爲列侯，隲辭不受。

書不受何？嘉讓也。書不受始此。終《綱目》書不受十九，書不拜三，外戚能讓者，騭而已。不受有三：有誠讓者，有僞讓者，有不滿者。是年鄧騭、建光元年薛包、靈帝建寧元年陳蕃、光和二年呂强、獻帝初平二年劉虞、後主延熙十一年徐邈、十二年司馬懿、晋孝武帝太元八年謝玄、宋癸亥年蔡廓、戊寅年雷次宗、陳庚辰年王睎、唐玄宗開元六年盧鴻、代宗廣德二年郭子儀、穆宗長慶四年劉栖楚、五代丙申年周瓌，皆誠讓者也；獻帝建安十五年曹操、後主景耀元年司馬昭、晋安帝義熙六年以後劉裕，皆僞讓者也；唐僖宗乾符三年王仙芝、昭宣帝初朱全忠、戊戌年閩主昶，皆不滿者也。

五月，以魯恭爲司徒。〇六月，罷西域都護及伊吾盧、柳中屯田。

伊吾盧於是四書矣。

諸羌復叛。〇秋，九月，以寇賊、雨水，策免太尉防、司空勤。

特筆也。書策免多矣，未有書所以者，書以寇賊、雨水，譏也。以大臣當天變，於翟方進見之，然猶諱之也。自徐防、尹勤始，而漢世以爲故常矣。直書以寇賊、雨水策免，深譏之。三公經邦燮理，職也，書以寇賊、雨水，非咎之歟？果咎防、勤，則書某某以寇賊、雨水策免矣。凡書策免某，皆無罪者也。

詔減黄門鼓吹及廄馬半食。〇冬，十一月，司空周章自殺。

於是周章謀立平原王勝，則曷爲不以謀逆書？勝，長子也，疾又非痼，衆心歸之。清河之立，太后之私也。章位三公，與其他謀廢立者固異矣，故不書謀逆。書謀逆，則疑於上官桀。然則予之歟？果予之，則不書自殺矣。后無大過，騭又近賢，章不量時而出此計，以爲其死也，自取之而已矣。故不書謀逆，以戒太后之自私；書自殺，以譏大臣之不審。

十二月，詔鄧騭及校尉任尚將兵屯漢陽，以備羌。〇地震，大水，大風，雨雹。

戊申二年。春，正月，鄧騭擊鍾羌，大敗。〇以公田賦與貧民[一]，遣使禀貸冀、兖流民。

以地震、大水、風、雹故也。終《綱目》書大水六十三，雨水十五，而書處恤者七，太后居其二焉，可謂賢矣。

夏，旱。五月，太后親録囚徒。

書親録囚徒何？嘉恤旱也。然則以母后與政，無譏歟？貶必於其重者，書猶臨朝，足以示貶矣。終《綱目》書大旱三十八，書旱五十八，而書恤旱之政者，十有二而已。終《綱目》書親録因六。是年鄧太后、丙寅年宋文帝、齊辛未年魏主宏、癸酉年魏主宏、梁戊申年魏主子攸、乙卯年周世宗。

[一]「〇」，原無，據宋刻《綱目》本補。「以」上，原衍「騭」字，據宋刻《綱目》本、弘治本、蜀藩本、《通鑑》卷四九删。

六月，大水，大風，雨雹。〇秋，七月，太白入北斗。

書太白始此。終《綱目》書太白六。是年、晋惠帝永康元年、穆帝升平元年、安帝義熙五年、唐高祖武德九年、五代己酉年。

冬，任尚與先零羌滇零戰，大敗。詔遣謁者龐參督諸軍屯。〇十一月，徵鄧隲爲大將軍。〇滇零僭稱天子，寇鈔三輔，校尉梁慬破走之。〇地震。

三年。己酉春，正月，帝冠。〇京師大饑，民相食。

民相食，天下無邦矣，而見於京師，至大異也。《綱目》書民相食十，詳漢初丙申年。而見於京師，一而已。終《綱目》書大饑二十六，詳秦初丁巳年。書京師旱饑五。是年、桓帝元嘉元年、唐高宗總章元年、代宗永泰五年、九年。

司徒恭罷。〇夏，四月，令吏民入錢穀，得拜官、賜爵有差。〇南匈奴反。〇秋，九月，海賊張伯路寇濵海九郡。〇烏桓、鮮卑、南匈奴合兵寇五原。〇冬，十一月，南匈奴圍中郎將耿种於美稷，遣中郎將龐雄將兵討之。〇十二月，地震。〇有星孛於天苑。〇雨水。〇并、凉大饑，人相食。

春書京師大饑民相食矣，於是再書并、凉。終《綱目》書人相食十，帝居其二焉；若其一歲再書，則終《綱目》，一而已矣。

詔饗遣衛士勿設戲作樂，減逐疫侲子之半。

庚戌 四年。春，正月，元會，徹樂，不陳充庭車。○遣御史中丞王宗、青州刺史法雄討張伯路。○度遼將軍梁慬、遼東太守耿夔擊南匈奴，破走之。○詔以凉州牧守子弟爲郎。○以虞詡爲朝歌長，討縣境群盜，平之。○三月，南匈奴降。○先零羌寇漢中，太守鄭勤戰死。○地震。○夏，蝗。○張伯路降，復叛入海島。○秋，七月，大水。○九月[一]，地震。

元帝初元正月書地震，七月書復震，異之也。此其一歲再震同也，則其不書復何？一書至再，則不足以爲異矣。終《綱目》一歲再震十有二。詳初元元年。

冬，十月，太后母新野君卒。

宣帝之篇，書外祖母矣，此其書太后母何？帝自外入也。

辛亥 五年。春，正月朔，日食。○地震。○羌寇河内，詔遣兵屯孟津。三月，徙緣邊郡縣避寇。遣侍御史任尚擊羌，破之。

徙民避寇，建武十五年嘗一書矣，於是復見。

法雄擊張伯路，破斬之。○秋，漢陽人杜季貢寇陷上邽。○蝗，雨水。

壬子 六年。春，正月，省薦新物二十三種。

〔一〕「○」，原無，據宋刻《綱目》本補。

自世祖有太官勿受異味之詔，至和帝有詔太官勿受珍羞之書，於是又書省薦新物二十三種，皆可美者也。

三月，蝗。○夏，詔封建武功臣。○五月，旱。○六月，豫章員谿原山崩。○滇零死，子零昌以杜季貢爲將軍。

癸丑 七年。春，正月，太后率大臣命婦謁宗廟。

書，譏非古也。於是帝年二十，宜能從宗廟之事矣，而太后親焉，故《通鑑》不書，《綱目》特書之，所以譏也。

二月，地震。○夏，四月晦，日食。○秋，蝗。

甲寅 元初元年。春，二月，日南地坼。

於是地坼長百餘里，大變也。《綱目》書地坼三，有百三十步者矣，秦庚申年。有八十五丈者矣，順帝陽嘉二年。未有甚於此者也。

三月，日食。○遣兵屯河内以備羌。○夏，旱，蝗。○六月，河東地陷。

書地坼裂多矣，未有書地陷者。地至於陷，大變也，故《通鑑》不書，《綱目》特書之。終《綱目》書地陷，一而已。

羌豪號多掠漢中，斷隴道，校尉侯霸與戰，破之。

隴道何？關要也。攻守之際，地有關於大勢者，《綱目》必特書之。故秦書絶太行道，周赧王五十二年。漢書斷隴道，是年。書斷斜谷閣，獻帝初平二年。唐書斷峽江路。僖宗中和二年。

冬，十月朔，日食。○地震。

乙卯二年。春，號多降。○零昌寇益州，遣中郎將尹就討之。○夏，四月，立貴人閻氏爲皇后。

於是帝即位九年，年二十二矣，立后之遲，未有如此者，而竟得妬后，卒以亂朝。《關雎》憂在進賢，宜矣哉！

五月，旱，蝗。○秋，八月，遼東鮮卑圍無慮。○九月晦，日食。○校尉班雄等擊零昌，大敗。○冬，遣中郎將任尚屯三輔。○以虞詡爲武都太守，擊羌，破之。○十一月，地震。○前虎賁中郎將鄧弘卒。

《綱目》在位書卒，未有卒前官者，卒弘何？録賢也。儉素通經，后族如弘者鮮矣。終《綱目》以前官書卒者，六人而已，是年鄧弘、桓帝建和三年荀淑、靈帝中平四年陳寔、晋懷帝永嘉六年衛玠、成帝咸康二年孔坦、宋丁卯年杜弘文。皆特書也。

丙辰三年。春，地震。○三月，日食。○夏，四月，旱。○度遼將軍鄧遵率南單于擊零昌，破之；任尚又擊破之。○冬，初聽大臣行三年喪。

書初何？嘉復禮也。自文帝遺詔短喪，而漢世公卿、二千石、刺史不得終制。至是改之，故特書初。終《綱目》書聽行三年喪三。是年、桓帝永興二年、齊丙子年魏。

地震。○十二月，任尚擊零昌，殺其妻子。

丁巳 四年。春，二月朔，日食。○武庫災。

火災雖宮殿不悉書，唯武庫悉書之，重國備也。書武庫災始此。《綱目》書災十五，而書武庫災一；書火十一，而書武庫火三。桓帝延熹四年、晉惠帝元康五年、唐玄宗天寶十載。

任尚遣羌殺杜季貢。○夏，四月，策免司空袁敞，敞自殺。○遼西鮮卑入寇，郡兵擊破之。○六月，雨雹。○益州刺史張喬討叛羌，羌皆降散。○秋，七月，雨水。○任尚募羌殺零昌。○越巂夷封離等反。○任尚擊先零羌狼莫，大破走之，西河虔人種羌降，隴右平。○地震。

戊午 五年。春，旱。○永昌、益州、蜀郡夷叛。○秋，八月朔，日食。○冬，十月，鮮卑寇上谷。○鄧遵募羌殺狼莫，封遵爲武陽侯，徵任尚，棄市。

前書任尚募羌殺零昌，此書鄧遵募羌殺狼莫，功一爾。遵以功封，尚以功戮，私之私也，直書譏之。是故馬防、耿恭，同破羌者也，防徵而恭下獄；鄧遵、任尚，皆殺羌者也，遵封而尚棄市。馬、鄧皆賢后，而后族之權猶若此，當時之公論安在哉！凡書棄市，罪辭也。任尚上書徵，無罪焉，無罪而以罪辭書，甚漢也。

地震。

己未 六年。春，二月，地震。○夏，四月，大風，雨雹。

永初元年書大風雨雹矣，二年再書，於是三書。終《綱目》書大風雨雹五，帝居其三焉。

旱。○秋，七月，鮮卑寇馬城塞，鄧遵率南單于擊破之。○冬，十二月朔，日食，既。

安帝自即位，至是纔十三年，書日食九，天戒亦至矣。帝曾弗悟，外則太后專朝，内則閻后妬忌，諸羌歲叛，天下多事。於是日食既焉，陰盛之證，豈不明哉！終《綱目》書日食既十有二，無不有應者。詳惠帝七年。

地震。○豫章芝草生。

於是太守劉祇欲奏而止，則其書之何？予祇也。帝自永初至今，書日食十，地震十四，雨水旱蝗不絶書，而遽有芝草生焉，其不爲瑞，明矣！是故《綱目》於武帝上書甘泉産芝而繼書旱，於安帝下書豫章芝草生而上書日食既、地震，世主亦可以默悟矣。終《綱目》書芝三。武帝元封二年、是年、梁乙酉年。

益州夷降。○敦煌遣吏屯伊吾，車師、鄯善復降。

伊吾盧於是凡五書矣。初書取伊吾盧地；次書罷伊吾盧屯兵，則繼書匈奴復守其地；三書竇憲復取伊吾盧地，則繼書車師遣子入侍；四書罷伊吾盧屯田，則繼書西羌復叛；此書遣吏屯伊吾，則繼書車師、鄯善復降：合而觀之，其爲要地明矣！

庚申 永寧元年。春，三月，北匈奴、車師後王共殺漢吏，詔復置都護、屯兵。○沈氏、當煎、燒當羌入寇。○夏，四月，立子保爲皇太子。○校尉馬賢討羌，破之。○秋，七月朔，日食。○大水。○以楊震爲司徒。○遼西鮮卑降。○地震。○免越騎校尉鄧康官，遣就國。

辛酉 建光元年。春，三月，皇太后鄧氏崩，封鄧隲爲上蔡侯。○葬和熹皇后。○追尊清河孝王曰孝德皇，皇妣曰孝德后。○夏，高句驪、鮮卑寇遼東，太守蔡諷戰歿。○尊嫡母耿姬爲甘陵大貴人[一]。○詔舉有道之士。

詔舉有道，終《綱目》一書而已。

以薛包爲侍中，不拜。

書，予之也。書不拜始此。《綱目》書不拜三，是年薛包、唐穆宗長慶四年劉栖楚、晋丙申年周瓌。書不受十有九。詳永初元年。

徙封鄧隲爲羅侯，遣就國，隲自殺。貶平原王翼爲都鄉侯。

於是隲徙封，就國，不食而死，則曷爲以自殺書？據亞夫、龔勝、陳龜皆書不食。甚遺之者也。隲爲賢臣，貶迫至此，《綱目》之所深惜也。故西平侯廣宗等自殺不書，詔許鄧隲還葬則書。

詔許鄧隲還葬。

書許還葬何？予存厚也。終《綱目》書許還葬二。鄧隲、郭崇韜。

[一]「人」下，底本原有《書法》一條：「既曰嫡母矣，而乃尊之爲甘陵大貴人，此何等稱謂也！直書于册，其失自見。」據（宋）尹起莘：《資治通鑑綱目發明》，此條爲《發明》内容，删去。

以耿寶監羽林車騎，封宋楊四子及宦者江京、李閏皆爲列侯。○秋，八月，燒當羌麻奴入寇，馬賢追擊，破之。○以劉愷爲太尉。○鮮卑寇居庸關，殺雲中太守。○帝幸衛尉馮石府，留飲十日。

特筆也。直書其事，而貶義自見矣。故書留飲十日，所以志安帝之褻；書旬日而還，所以志後主之荒。建興十四年。終《綱目》書君幸諸臣之家五，幸其府二，是年、晋成帝咸康元年、隋煬帝大業三年、唐太宗貞觀十四年、二十年、辛未年梁主晃、甲申年唐主存勖。其書飲宴者二，是年、隋煬帝大業三年。未有留連如此者矣。而微行梁胤府舍，不與焉。桓帝永嘉元年。

雨水。○冬，十一月，地震。○復斷大臣行三年喪。

役諷請也。前書初聽行三年喪，至是纔歷六年耳，雖以陳忠之切諫不能奪，宦官之所不欲，人心之不肖，甚哉！書，惜之也。終《綱目》書復斷行喪二，是年、桓帝延熹二年。書聽終不書復斷者，其惟魏孝文乎！丙子年。

十二月，高句驪王宮圍玄菟，州郡討破之，宮死。

壬戌 延光元年。夏，四月，雨雹。○遼東都尉龐奮承僞詔，斬玄菟太守姚光，徵，抵罪。○秋，七月，地震。○高句驪王遂成降。○虔人羌與上郡胡反，邊兵擊破之。○九月，地震。○冬，鮮卑寇邊。○麻奴降。○雨水。○遣宦者及乳母王聖女伯榮詣甘陵。○汝南黃憲卒。

布衣未有書卒者，卒黃憲，惜賢也。布衣書卒，終《綱目》二人而已矣。黃憲、管寧。

癸亥二年。夏，四月，封王聖爲野王君。

王聖何？乳母也。自宣帝始推恩阿保，賜物而已，未有封也。至是而封君矣。桓帝之世，復侯其子焉。馬惠子初。下及元魏，乃尊爲皇太后，竇氏、常氏。甚哉！終《綱目》書封乳母二，是年王聖、順帝陽嘉二年宋娥。封乳母子一，桓帝永興二年。書尊爲皇太后二。宋壬申年魏、癸巳年。

以班勇爲西域長史，將兵屯柳中。○秋，七月，丹陽山崩。○雨水。○冬，以楊震爲太尉。○十二月，地震。○聘處士周燮、馮良，不至。

甲子三年。春，正月，班勇擊走匈奴田車師者，西域復通。○二月，帝東巡。三月，還，未入宮，策收太尉震印綬，遣歸故郡，震自殺。

未入宮何？急辭也。帝之信讒果矣，故特筆書之。是故書十二月晦殺魏其侯竇嬰，所以志武帝之忍；書未入宮策收太尉震印綬，所以志安帝之急。

夏，六月〔一〕，閬中山崩。○秋，八月，以耿寶爲大將軍。○九月，廢太子保爲濟陰王。○是月晦，日食。○地震，大水，雨雹。

帝即位至是十八年，書地震二十有二，書地陷者一，書地坼者一。《綱目》書地震一百一，而帝

〔一〕「六」，原作「四」，據《通鑑》卷五〇改。

居四之一焉。終《綱目》千三百六十二年，地震之數，無如安帝者矣。

乙丑四年。春，二月，帝南巡。〇三月朔，日食。

安帝即位十九年，書日食者十有三，而一歲再食者一，食三朝者一，食既者一。東漢日食之數，無如安帝者矣。

帝崩於葉，還宮，發喪。

賀善贊曰：安帝即位至發喪，所書一百七十七事耳。爲羌夷盜賊書者五十六，爲災變書者七十，世道可知矣！徒聞狎佞臣，厚保母，疾忠賢，望其弭災靖亂，尚可得乎！

尊皇后曰皇太后，太后臨朝。以閻顯爲車騎將軍、儀同三司，迎北鄉侯懿入，即位。

《綱目》書尊皇后爲皇太后多矣，上必有書即位者也。於是北鄉未立，則孰尊之？自尊也。名號正，則可以臨朝矣。終《綱目》不書即位書尊爲皇太后者，二而已，是年、桓帝永康元年。皆臨朝。

樊豐等下獄，死，耿寶自殺，王聖、伯榮徙雁門。

徙辭有四：書徙某某，廢某徙，貶某徙，無罪之辭也；書某徙者，有罪之辭也。

葬恭陵。〇秋，七月，班勇擊斬車師後王軍就及匈奴使者。〇冬，十月，越巂山崩。〇北鄉侯薨。

北鄉侯書即位，無譏矣，曷爲止書北鄉侯薨？不成乎君也。其不成乎君何？太后私也，貪立幼君以久其權，而又不能以踰年，故不成之也。故皇子辯，正也，未踰年而廢，則稱帝；靈帝中平六年。北鄉侯，非正也，未踰年而薨，則稱侯。《綱目》王侯書卒，此其書薨何？嘗即位也。《綱目》自分王外，書薨之例七，非不成君、廢帝、廢后，則謚爲帝、爲后者也，不然，則帝母也，公主有大功者也。舍是，無薨道矣。唐會昌以後，方鎮、宰相有書薨者，誤也。

十一月，地震。○中黄門孫程等迎濟陰王保入，即位，誅閻顯等，遷太后於離宫，封程等十九人爲列侯。

西漢之篇，書諸大臣迎立代王恒。於是而書中黄門迎濟陰王保入即位，大臣之無謀，可責矣！漢氏之將衰，可悲矣！故不書司空劉授策免，罪之也。遷辭有二：太后遷者，善辭也；遷太后者，逆辭也。閻后譖廢太子，其罪大矣，其以逆辭書之何？非逆辭也，罪辭也。終《綱目》書遷太后於某宫六，詳秦初癸亥年。惟漢閻氏、唐武氏爲罪辭。

葬北鄉侯。○司空劉授策免。○改葬故太尉楊震，祠以中牢。

葬臣不書，此何以書？嘉禮賢也。《綱目》予存厚，故詔許鄧騭還葬書，改葬故太尉楊震書。終《綱目》臣書改葬二，是年、唐中宗神龍元年改葬上洛王韋玄貞。宋路太后、唐息隱王不與焉。○祭臣不書，此何以書？嘉禮賢也。故樊豐敗而後祠楊震，宦官敗而後祭陳、竇，靈帝中平六年。遼水敗而後祀魏徵，唐太宗貞觀十九年。禄山反而後祭九齡，肅宗至德二載。皆事後之思也。終《綱目》書祭臣六。詳明帝永平二年。

資治通鑑綱目書法第十一

起丙寅漢順帝永建元年，盡丙午漢桓帝延熹九年。

廬陵後學劉友益修撰
翰林直學士中大夫知制誥同修國史國子祭酒歐陽玄校正

丙寅 孝順皇帝永建元年。春，正月，帝朝太后於東宫。

書朝太后何？予存厚也。是故朝太后不書，順帝書，是年。靈帝書，建寧四年。皆遷后也，皆不久而以喪書者也。

皇太后閻氏崩。○二月，葬安思皇后。○隴西鍾羌反，馬賢擊破之〔一〕。○秋，七月，以來歷爲車騎將軍。○下司隸校尉虞詡獄，尋赦出之，以爲尚書僕射。左雄爲尚書。

書赦出之多矣，未有能起用之者。於是書以爲僕射，又書左雄爲尚書，帝可謂能從善矣。

遣孫程等十九侯就國。○增置緣邊兵屯。○班勇發諸國兵擊匈奴，呼衍王走之。

〔一〕「破」，宋刻《綱目》本、《通鑑》卷五一作「降」。

丁卯 二年。春，二月，鮮卑寇遼東，郡兵擊破之。○三月，旱。○夏，六月，追尊母李氏爲恭愍皇后。○遣敦煌太守張朗與班勇討焉耆，降之。徵勇下獄，免。

降之者，張朗也，書與班勇何？朗先期也。《綱目》惡專功，故并書之。朗不以先期罰，而勇反以後期罪，漢之無章，甚矣！

秋，七月朔，日食。○以許敬爲司徒。○聘處士樊英以爲五官中郎將。○以處士楊厚、黄瓊爲議郎。

戊辰 三年。春，正月，地震。○夏，六月，旱。○秋，九月，鮮卑寇漁陽。

己巳 四年。春，正月，帝冠。○夏，五月，桂陽獻大珠，還之。○雨水。○秋，九月，詔復安定、北地、上郡。○冬，鮮卑寇朔方。

庚午 五年。夏，四月，旱，蝗。○定遠侯班始棄市。

辛未 六年。春，二月，以沈景爲河間相。○三月，復置伊吾司馬，開屯田。

於是六書伊吾矣。

秋，九月，起太學。

書，予之也。終《綱目》書立太學七。詳光武建武五年。

壬申 陽嘉元年。春，正月，立貴人梁氏爲皇后。○旱。○三月，揚州妖賊章河等作亂，殺長吏。○夏，四月，以梁商爲執金吾。〇冬，護烏桓校尉耿曄遣烏桓擊鮮卑，大獲。〇立孝廉限年課試法。

譏也。其譏何？興廉舉孝而限之年，且試家法，課牋奏，非初意矣。下書增爲四科，甚譏之。

閏十二月，恭陵百丈廡災。

癸酉 二年。春，正月，徵郎顗以爲郎中，不就。〇封乳母宋娥爲山陽君。〇夏，四月，京師地震，詔公卿直言，舉敦樸之士[一]。〇京師地坼，詔引敦樸士對策。

京師地震，《綱目》不書京師，據成帝綏和二年、和帝永元七年、安帝元初六年、延光元年秋、二年冬、三年秋、四年冬、順帝永建三年之類。地道之變，遠近不異也。此其再書京師何？震、坼同月也，警戒至矣。是故代地震、坼而趙以亡，秦庚午年。京師震、坼而漢以衰，綏和二年。《綱目》地震書京師二，順帝以同月震、坼書京師，是年。獻帝以一月再震書京師，興平元年。皆大異也。終《綱目》舉敦樸二。元帝永興元年、是年。

秋，七月，太尉龐參免。〇鮮卑寇馬城。

甲戌 三年。夏，四月，車師後部擊破北匈奴，獲單于母。〇五月，旱。〇秋，七月，鍾羌寇隴西、漢陽。冬，十月，校尉馬續擊破之。〇十一月，司徒劉崎[二]、司空孔扶免。

[一] 「之」，宋刻《綱目》本、《通鑑》卷五一無。
[二] 「崎」，原作「琦」，據宋刻《綱目》本、《通鑑》卷五二改。

乙亥 四年。春，二月，初聽中官得以養子襲爵。

自書封鄭衆爲鄛鄉侯，而中官封爵矣。於是聽以養子襲爵，則德其立己故也，私已甚矣。書曰初，病漢也。

旱。○遣謁者馬賢擊鍾羌，大破之。○夏，四月，以梁商爲大將軍。○秋，閏八月朔，日食。○冬，十月，烏桓寇雲中。○十二月，地震。

丙子 永和元年。冬，十二月，以王龔爲太尉。○以梁冀爲河南尹。

再書以何？殊龔於冀也。《綱目》之别賢不肖，嚴矣。西漢之世，書京兆尹八，自黄霸外皆嚴能者也。東漢都雒百有餘年，河南尹無聞焉。於是始書梁冀兄弟，微楊秉、朱儁，幾無人矣。終東漢書以爲河南尹三，因事見者三。

武陵蠻反。

丁丑 二年。春，以李進爲武陵太守，討平之。○夏，四月，地震。○象林蠻反。○冬，十月，帝如長安，徵處士法真，不至。○地震。○十二月，還宫。

戊寅 三年。春，二月，地震，金城、隴西山崩。○夏，閏四月，地震。○以祝良爲九真太守，張喬爲交趾刺史，招降蠻寇，嶺外悉平。○秋，九月，詔舉武猛任將帥者。○冬，十月，燒當羌那離寇金城，校尉馬賢擊破之。○十二月朔，日食。

己卯 四年。春，正月，中常侍張逵等伏誅。

宦者書伏誅始此。終《綱目》宦者書伏誅十。張逵、王甫、魚朝恩、劉希光、楊朝汶、陳弘志、楊復恭、劉季述、蜀王承休、周孫延希〔一〕。

三月，地震。○夏，四月，馬賢擊那離等，斬之。○秋，八月，太原旱。

庚辰 五年。春，二月，地震。○南匈奴吾斯、車紐等反。夏，五月，詔度遼將軍馬續招降之。○是月晦，日食。○且凍、傅難種羌寇三輔，以馬賢爲征西將軍，討之。○羌寇武都，燒隴關〔二〕。○匈奴吾斯立車紐爲單于，引烏桓、羌、胡寇邊。冬，十二月，遣中郎將張耽將兵擊降之。

辛巳 六年。春，正月，馬賢與羌戰，敗没，東、西羌遂大合。閏月，鞏唐羌寇三輔，燒園陵。○二月，有星孛於營室。○武都太守趙冲擊破鞏唐羌，詔冲督河西四郡兵。○鞏唐羌寇北地。○秋，八月，大將軍梁商卒。

大將軍自岑彭後未有書卒者，於是卒梁商，賢之也。

〔一〕「孫」，原作「係」，據弘治本、蜀藩本、《通鑑》卷二九三改。

〔二〕「隴」，原作「龍」，據《通鑑》卷五二改。

以梁冀爲大將軍，不疑爲河南尹。○以周舉爲諫議大夫。○九月，諸羌寇武威。○是月晦，日食。○冬，十月，徙安定、北地郡。○十一月，遣車騎將軍張喬屯三輔。○徙荆州刺史李固爲泰山太守。

壬午 漢安元年。秋，八月，吾斯等復反。○遣八使分行州郡。○以李固爲將作大匠。○以張綱爲廣陵太守。○冬，罕羌降，罷張喬軍屯。

癸未 二年。夏，四月，以趙冲爲護羌校尉，擊燒當羌，破之。○冬，十一月，使匈奴中郎將馬寔遣人刺吾斯，殺之。○地震。

　於是凉州自九月至十一月，地一百八十震，民死甚衆。《綱目》書地震，未有數於此者矣。

增孝廉爲四科。

　書增爲四科何？譏也。前有試家法、課牋奏二科矣，今復增孝悌、從政爲四。孝悌居四科之一，則孝廉二字皆虚名也，書，甚譏之。

甲申 建康元年。春，趙冲討羌，戰没。○夏，四月，馬寔擊南匈奴左部，破之，胡、羌、烏桓悉降。○立皇子炳爲太子〔一〕。

　漢自是五世無書立太子者，非無子，則不早建者也。

〔一〕「立皇子炳爲太子」，宋刻《綱目》本作「立子炳爲皇太子」。

秋，八月，揚、徐群盜范容等作亂，遣御史中丞馮緄督州兵討之。○帝崩，太子炳即位。

賀善贊曰：順帝之篇，首書改葬楊震，繼書朝太后，又書赦虞詡、左雄，書却貢珠，書起太學，書誅張逵，書擢周舉，皆可紀者也。帝亦後來之賢主歟！

尊皇后曰皇太后，太后臨朝。○以李固爲太尉，録尚書事。○九月，葬憲陵。○地震，詔舉賢良方正之士，策問之。○揚州刺史尹耀討范容，敗没。○冬，十月，交趾蠻夷復反，刺史夏方降之。○九江盜馬勉稱帝於當塗。○群盜發憲陵。

於是葬無幾時耳。《綱目》書陵寢之變七，未有亟於此者矣。詳漢初乙未年。

乙酉　孝冲皇帝永嘉元年。春，正月，帝崩。○徵清河王蒜及渤海孝王子纘至京師。大將軍冀白太后，迎纘入，即位，罷蒜歸國。

纘、蒜并徵，一迎一罷，宜矣，故史稱蒜罷歸國。此其書罷蒜何？誅意也。於是梁冀憚蒜嚴重，違衆罷之。書曰罷蒜，若曰其迎其罷，冀皆有意云耳。漢世書迎立者十君，昌邑書霍光承皇后詔，宣帝書光奏太后，公也。此冀私也，亦書白太后何？太后，梁氏女，書白太后，交責之也。美惡不嫌同辭。下書白太后策免固，迎蠡吾侯志入即位，義同。

葬懷陵。○廣陵張嬰據郡反。○二月，叛羌皆降，隴右復平。○三月，九江都尉滕撫擊馬勉、范容等，斬之。○詔康陵在恭陵上。○冬，十一月，歷陽盜華孟稱帝，滕撫進擊張嬰及孟，皆破斬之，東南悉平。

丙戌 孝質皇帝本初元年。夏，四月，詔郡國舉明經詣太學受業者，歲滿課試，拜官有差。○海水溢。

書海溢始此。終《綱目》書海溢六。是年、桓帝永康元年、靈帝建寧四年、梁庚子年、唐高宗顯慶元年、總章二年。

閏六月，大將軍冀進毒弒帝，白太后，策免太尉固，迎蠡吾侯志入，即位。太后猶臨朝。

迎立，大策也，書帝弒矣，即書蠡吾侯志入即位可也。策免大臣，常事耳，其必先書固何？此特筆也，終《綱目》一而已矣。固不去，則蠡吾之立特未定也。况固方推舉侍醫，此罪人所甚懼者，宜其汲汲於去之。故安漢公之弒帝也，不書進毒，而此則書之，所以著免固之由也。是故質帝之世，先書策免太尉固，而後蠡吾侯可以立；陳文之殂，先書始興王伏誅，而後太子叔寶可以立。一先一後，《綱目》之意微矣。終《綱目》弒書進毒四。梁冀、胡太后、大丞相泰、冢宰護。○冲帝之立，書太后臨朝矣；質帝既立，太后猶臨朝可知也，不書，至是則書之而稱猶，何也？質帝立，年八歲，太后臨朝，無足議也。蠡吾於是年十五矣，以爲可已而不已也，故書猶以譏之[一]。是故安帝立，年十三，而太后猶臨朝，則書猶；殤帝元平元年。桓帝立，年十五，而太后猶臨朝，則書猶：是年。皆可已而不已者也。終《綱目》書猶臨朝，二而已。

[一]「譏」，原作「議」，據弘治本、蜀藩本改。

秋，七月，葬静陵。○九月，追尊河間孝王爲孝穆皇，蠡吾先侯曰孝崇皇。冬，十月，尊母匽氏爲博園貴人。

丁亥 孝桓皇帝建和元年。春，正月朔，日食。○三月，黄龍見譙。○夏，四月，地震。○六月，以杜喬爲太尉。○秋，論定策功，益封梁冀萬三千户，又封其子弟及宦者劉廣等，皆爲列侯。

書迎立君多矣，未有書論定策功者。書定策功何？譏也。桓不討賊而以爲之功，是與聞乎弑矣，書，交譏之。梁冀子弟與宦者并書，賤之甚矣。是故苟可賤也，宋楊四子與江京并書，梁冀子弟與劉廣并書。《綱目》書益封户五，成帝綏和二年河間王良、是年梁冀、齊甲子年豫章王嶷、唐睿宗景雲元年太平公主、玄宗二十三年咸宜公主。未有多於梁冀者也。

八月，立皇后梁氏。

東漢之策，書立貴人某氏爲皇后，恒辭也。此書立皇后梁氏何？后，太后女弟也，倫序亦少乖矣，故異其文。異其文者，所以異其事也。兩漢立后異其文者五，詳惠帝四年。皆有故者也。

九月，地震，策免太尉喬。○冬，十一月，貶清河王蒜爲尉氏侯，徙桂陽，蒜自殺。下李固、杜喬獄，殺之。

於是劉文謀立蒜，則曷爲不書？蒜，宜立者也，書之，則疑於燕王旦。且微此舉，蒜其得免乎？書曰貶爲尉氏侯，徙桂陽，蒜自殺，罪太后也。

戊子二年。春，正月，帝冠。〇三月，白馬羌寇廣漢。〇夏，五月，北宮火，帝徙居南宮。〇改清河爲甘陵。〇秋，大水。

己丑三年。夏，四月晦，日食。〇秋，八月，有星孛於天市。〇大水。〇九月，地再震，山崩。

元帝之篇，書正月地震，七月復震矣。此其并書再震何？同月也。一歲再震，異矣；一月再震，甚大異也。終《綱目》書地震一百一，一歲再震十三〔一〕，而一月再震，則二而已。是年、獻帝興平元年。

前朗陵侯相荀淑卒。

卒前官，録賢也。《綱目》卒前官六。詳安帝元初二年。

庚寅和平元年。春，正月，太后歸政。二月，崩。

前書猶臨朝，譏也。此書歸政，其美之歟？亦譏也。其譏何？太后於是三臨朝矣，正月歸政，二月而崩，蓋精神血氣，其自知也審矣。其與終其身者幾希。是故上書歸政，繼書崩，所以深譏之也。終《綱目》書太后臨朝、御殿、稱詔者二十二，書歸政者四，是年梁太后、晋穆帝升平元年褚太后、孝武帝太元元年褚太后、唐中宗嗣聖三年武太后。皆久臨朝者也。惟晋褚氏無譏焉。

〔一〕「一」、「三」，原作「十」、「二」，據本書卷六漢孝元皇帝初元二年「秋七月地震」條下《書法》改。

三月，帝還北宮。○葬順烈皇后。○封大將軍冀妻孫壽爲襄城君。

凡書婦爵，皆譏也。終《綱目》婦人以封爵見者十有二，詳呂氏丁巳年。惟冼氏無譏焉。

夏，五月，尊博園匽貴人曰孝崇后。○秋，七月，梓潼山崩。

辛卯 元嘉元年。春，正月朔，尚書張陵劾大將軍冀罪，詔以俸贖。

非日食不書晦、朔，此其書朔何？罪冀也。曷爲罪之？春王正朔，萬國會同，而冀帶劍徑入，無人臣禮，罪孰大焉！故罪未有書所劾者，特舉尚書張陵，嘉舉職也。而詔以俸贖，失刑甚矣，直書譏之。是故書十二月晦，所以見武帝殺竇嬰之忍；書正月朔，所以見桓帝罰梁冀之寬：一字之筆削，嚴矣！

夏，四月，帝微行，至河南尹梁胤府舍。是日，大風拔樹，晝昏。

是日者何？著天應之捷也。是故哀帝用丁、傅，而是日日食；桓帝爲微行，而是日大風拔樹，晝昏；隋文立晋王廣，而是日天下地震。《綱目》皆揭而書之，所以著天顯爲世戒也。終《綱目》變異揭書是日者，三而已。

京師旱，任城、梁國饑，民相食。○北匈奴寇伊吾。○冬，十一月，地震，詔舉獨行之士。

書舉獨行，終《綱目》一而已。

詔加大將軍冀殊禮，增封四縣〔一〕，賜以甲第〔二〕。

殊禮有三：入朝不趨，劍履上殿，贊拜不名，其一也；梁冀、會稽王昱、蕭道成、唐王淵。六佾，軒縣，黃鉞，朝車，其一也；齊王攸。位在諸侯王上，其一也。大司馬温。此其曰殊禮何？入朝不趨，劍履上殿，贊謁不名也。蕭何書賜而備書之，至冀則書加而止謂之殊禮，略之也。入朝不趨，略稱殊禮，《綱目》凡四書，惟冀及會稽王昱書加，若蕭道成、唐王淵書自，則自加而已矣。

壬辰 二年。春，正月，西域長史王敬殺于寘王建，于寘攻敬，殺之。〇地震。〇夏，四月，孝崇皇后匽氏崩。〇五月，葬博陵。

后葬不地，此其書地何？尊藩妾以后禮，非常也，故地。凡后葬書地，皆譏也。終《綱目》后葬書地七。詳宣帝本始三年。

秋，七月，日食。〇冬，十月，地震。

癸巳 永興元年。秋，七月，蝗。〇河溢，民饑。以朱穆爲冀州刺史，尋徵下獄，輸作左校。

甲午 二年。春，二月，復聽刺史、二千石行三年喪。

〔一〕「四縣」，宋刻《綱目》本無。
〔二〕「以甲」，宋刻《綱目》本無。

自安帝建安元年書復斷大臣行三年喪，至是三十有四年矣，復書聽行，而止於刺史、二千石，惜哉！

地震。○夏，蝗。○東海朐山崩。○封乳母馬惠子初爲列侯。

乳母封君自王聖始，未侯其子也。馬惠子侯，桓爵之濫，甚矣！特書乳母子，深譏之。

秋，九月朔，日食。○冬，十一月，帝校獵上林苑，遂至函谷關。

書遂至何？遠也。凡書獵，譏也。桓爲何時，遊田自恣，且有遂事，書，甚譏之。自是再書校獵廣成，亦再書遂。（延熹元年、六年。）終《綱目》書獵十三，桓居其三，而皆有遂事，桓亦不知節，甚矣！

泰山、琅邪盜起。

（乙未）永壽元年。春，二月，司隸、冀州饑，人相食。

元嘉之元，書任城、梁國饑，人相食矣，於是復見。《綱目》書人相食十，武再書，莽再書，安再書，桓再書，民之不幸，甚矣！

夏，南陽大水。○巴、益郡山崩。○秋，南匈奴左薁鞬臺耆等反，屬國都尉張奐擊，破降之。

（丙申）二年。春，三月，蜀郡屬國夷反。○秋，鮮卑檀石槐寇雲中，以李膺爲度遼將軍。○以韓韶爲嬴長。

邑長耳，何以書？録賢也。《綱目》書長四，（岑彭、虞詡、韓韶、陳寔。）皆録賢也。

遣中郎將段熲擊泰山、琅邪群盜，平之。○冬，十二月，地震。

丁酉 三年。夏，四月，九真蠻夷反，討破之。○閏月晦，日食。○蝗。○長沙蠻反。

戊戌 延熹元年。夏，五月晦，日食。○蝗。○大雩。

書大雩始此。終《綱目》書大雩二。是年、靈帝延平五年。

秋，七月，太尉黄瓊免[一]。○冬，十月，帝校獵廣成，遂至上林苑。○十二月，南匈奴、烏桓、鮮卑入寇，以陳龜爲度遼將軍，除并、涼一年租賦。○以張奂爲北中郎將。○徵陳龜還，龜不食而卒。

終《綱目》不食而卒三，龔勝、陳龜、辛謐。皆節士也。

以种暠爲度遼將軍。

己亥 二年。春，二月，鮮卑寇雁門。○蜀郡夷寇蠶陵。○三月，復斷刺史、二千石行三年喪。

安帝嘗書聽大臣行三年喪矣，六年而書復斷。桓帝亦書復聽刺史、二千石行三年喪矣，至是亦六年耳，又以復斷書。豈古禮之難復哉？人心之不肖，可悲矣，故《綱目》悉書之。

夏，大水。○秋，七月，皇后梁氏崩。○葬懿獻皇后於懿陵。

后葬不地，此其書懿陵何？不以合葬也，故地。凡后葬書地，非宜合而不合，則不宜合而合者

〔一〕「黄」，宋刻《綱目》本無。

也。否則，不宜陵而陵者也。終《綱目》后葬書地七，詳宣帝本始三年。皆譏也。

八月，大將軍梁冀伏誅，太尉胡廣、司徒韓縯、司空孫朗皆以罪免爲庶人。

於是圍冀第，冀自殺，書伏誅，正其罪也。凡上書事，下書官，官其事也；上書事，下書罪，罪其事也。冀書伏誅，廣等書以罪免，其爲梁氏之黨明矣。三公皆黨梁氏，漢之不危，幸哉！

立貴人鄧氏爲皇后，追廢梁后爲貴人。○封宦者單超等五人爲列侯。○以黄瓊爲太尉。○徵處士徐穉、姜肱、袁閎、韋著、李曇，皆不至。○封皇后兄子鄧康、宦者侯覽等爲列侯，殺白馬令李雲、弘農掾杜衆。

皇后兄子何？譏私也。皇后兄子而與宦者并書，賤之甚矣。是故苟出於私，雖大將軍子弟與宦者并書，建和元年。雖皇后兄子與宦者并書，皆所以賤之也。封若而人，殺若而人，桓之刑賞可知矣。令、掾具官，予直臣也。

冬，十月，以宦者單超爲車騎將軍。

超前封侯，書宦者，以始見也。於是再見，復書宦者何？爲車騎惜也。以宦者爲車騎將軍，而宦官之勢益盛矣。宦者爲將軍，自桓帝始。終《綱目》書宦者爲將軍七，單超、趙忠、高力士再書、程元振、楊復恭、歐陽晃。悖義將軍不與焉。符承祖。將軍過矣，司空甚哉。劉騰、李輔國。

燒當羌反，校尉段熲擊破之。○以陳蕃爲光禄勳。○以楊秉爲河南尹，尋坐論作左校。○以爰延爲五官中郎將。

庚子 三年。春，正月，詔求故太尉李固後。○單超卒。

超，宦者也，其卒之何？病漢也。曷爲病之？賜贈過制，以啟四侯之轉橫，以是爲帝病，故卒之而削其官。東漢諸臣卒，不書官者三，單超、馬日磾、荀攸。皆貶也，牧鎮不與焉。終《綱目》宦官書卒三，楊復光、唐僖宗中和三年。張承業，五代壬午年。皆予之也；惟單超削其官，爲譏焉。

閏月，西羌寇張掖，段熲破降之。○夏，五月，漢中山崩。○秋，七月，長沙零陵蠻反。○冬，十一月，九真餘寇復反，以夏方爲交阯刺史，降之。○泰山賊殺都尉，以皇甫規爲太守，討平之。

辛丑 四年。春，正月，南宮嘉德殿火。○大疫。○二月，武庫火。

自建和二年北宮火徙居南宮，於是十四年耳，南宮又火，踰月而武庫又火，變豈虛生哉！終《綱目》書火十二，詳安帝建元六年。帝凡三書焉。

夏，以劉矩爲太尉。○五月，有星孛於心。○雨雹。○六月，地震。○岱山及博尤來山裂。

岱山何？東岳也。變至四岳，非小變矣。書山裂始此。終《綱目》四岳書裂一，書崩裂一，獻帝初平四年。書崩一，晋安帝義熙五年。皆大變也。

秋，七月，減百官俸，貣王侯半租，賣關内侯以下官。

《綱目》再書益小吏俸矣，宣帝神爵三年、成帝綏和二年。一書增百官俸矣，光武建武二十六年。未有書減俸者。書減百官俸，而國之急亦甚矣。終《綱目》書減俸五，是年、宋庚寅年宋、齊乙亥年魏、梁己亥年魏復減、戊寅年高齊。皆國用不足故也。惟魏減冗官之俸，庶幾知節者焉。齊乙亥年。○西漢之盛也，賜天下半租。東漢之衰也，貸王侯半租，未幾而復有斂田畝税錢之書，則剥及下民矣。終《綱目》書貸錢穀二，是年、唐僖宗乾符五年。後唐貸民以錢不與焉。甲申年。○自秦始書令民納粟拜爵，拜者，自上賜下之辭，未稱買也。至武帝書詔民得買爵矣，買者，自下求上之辭，未稱賣也。於是書賣，則求售於下矣。至唐僖宗，至强貸其錢而除之官，乾符五年。謂之何哉！

九月，以劉寵爲司空。○冬，諸羌復反，徵段熲下獄，遣中郎將皇甫規擊，破降之。

壬寅五年。春，三月，皇甫規討沈氐羌，降之。○夏，零陵賊入桂陽，艾縣賊攻長沙。○地震。○冬，十月，武陵蠻反。○以馮緄爲車騎將軍，討諸蠻，降之。○以楊秉爲太尉。○下皇甫規獄，論輸左校。

癸卯六年。夏，五月，鮮卑寇遼東。○秋，武陵蠻復反，郡兵討平之，馮緄坐免。

坐也者，不當坐者也。連書皇甫規破羌，降之，繼書論輸左校；又書馮緄討諸蠻，降之，繼書坐免：宦官之縱横，甚矣！書，病漢也。

冬，十月，帝校獵廣成〔一〕，遂至上林苑。○十二月，以周景爲司空。○以張奂爲度遼將軍，皇甫規爲使匈奴中郎將。○以段熲爲護羌校尉。○尚書朱穆卒。

〔一〕「帝」，原作「上」，據宋刻《綱目》本改。

尚書未有書卒者，卒朱穆何？賢也。宦官恣横，穆憤發疽而卒，故特書之。

甲辰七年。春，二月，邟鄉侯黄瓊卒。〇三月，隕石於鄠。

《綱目》書隕石十有二，舍是無書者矣，詳秦始皇三十六年。史失之也。

夏，五月，雨雹。〇荆州刺史度尚擊桂陽、艾縣賊，平之。〇冬，十月，帝如章陵。〇段熲擊當煎羌，破之。〇十二月，還宫。

乙巳八年。春，正月，遣中常侍左悺之苦縣，祠老子。

人主崇道教始此，故謹書之。明年，而有親祠濯龍之書矣。

是月晦，日食，詔舉賢良方正。

《綱目》書日食三百六十七，而書求士者五，詳文帝二年。帝居其二，然未聞有改焉，則亦具文而已矣。

中常侍侯覽免，左悺自殺，貶具瑗爲都鄉侯。

三閹之罪著矣，不書以罪何？罪不專在三閹也。不專罪三閹，所以深罪桓帝也。自秦皇以來，惑於宦閹者多矣，未有黨護之如桓帝者。故《綱目》於桓帝之篇，始則書梁冀，末則書宦官而已。宦官書自殺始此[一]，書貶始此。終《綱目》宦官書自殺二，左悺、侯覽。書貶二，具瑗、白志貞。書免二，石顯、侯覽。書削官三。程元振、仇士良、李敬寔。

廢皇后鄧氏，幽殺之。

鄧后本以憂死，則曷爲以殺書？甚帝也。帝多内寵，鄧后妬忌，恒也，而廢送暴室，以致其死，故甚之。《綱目》書殺廢后，自桓帝始。終《綱目》廢后書殺三，是年鄧后、靈帝光和元年宋后、梁庚申年魏乙弗后。晋賈氏爲臣所廢殺，不與焉。

詔李膺、馮緄、劉祐輸作左校。

書論輸多矣，未有書詔者，書詔何？未具獄之辭也，以見黨護閹宦，憎惡正人，皆出於帝意也。《綱目》書詔輸作二。李膺等、劉猛。

詔壞諸淫祀。○夏，五月，太尉秉卒[二]，以劉瑜爲議郎。

秉不書姓，缺也。《綱目》兩漢諸臣卒不書姓者，恒稱也。秉清白忠貞，有大臣節，不當止從恒稱，故知其缺也。

桂陽賊攻零陵，度尚擊斬之。○段熲擊西羌，破之。○秋，七月，以陳蕃爲太尉。○八月，初斂田畝

[一]「書」，原無，據蜀藩本補。

[二]「秉」上，宋刻《綱目》本、《通鑑》卷五五有「楊」字。

税錢。

初者何？志始也。《綱目》重取民，每謹書之。是故高帝爲筭賦則書初，武帝榷酒酤則書初，桓帝歛田畝税錢則書初，晋孝武增民税米則書初，唐定租庸調則書初，德宗作兩税則書始，行間架陌錢則書初，税茶則書初，皆謹其始取民也。詳漢初戊戌年。

九月，地震。〇立貴人竇氏爲皇后。〇以李膺爲司隸校尉。〇以劉寬爲尚書令。

九年。丙午春，正月朔，日食，詔舉至孝。〇司隸、豫州饑。〇以皇甫規爲度遼將軍。〇夏，四月，河水清。

清於桓世，其爲不祥也，審矣！《綱目》書河清二，皆亂季也。自漢桓延熹九年，至高齊壬午年，近四百年爾，則千年一清之説，亦不足信矣。

帝親祠老子於濯龍宫。

親祠何？不當親者也。故文帝祠五帝廟書親，武帝祠竈書親，桓帝祠老子書親，皆不當親而親者也。

六月，南匈奴、烏桓、鮮卑寇掠九郡。〇秋，七月，諸羌復反。〇復以張奂爲護匈奴中郎將，督幽、并、凉州。〇殺南陽太守成瑨、太原太守劉瓆，捕司隸校尉李膺、太僕杜密部黨二百餘人下獄，遂策免太尉蕃。

黨錮諸君子，予之者取其公忠，責之者議其矯激，皆一偏之論也。《綱目》於此，有權衡矣。是故書殺，書捕，書遂策免，而皆具其官，皆所以甚帝也。然二百餘人書曰部黨，則諸君子亦不得不分受其咎矣。

以竇武爲城門校尉。○匈奴、烏桓降，鮮卑走出塞。

資治通鑑綱目書法第十二

起丁未漢桓帝永康元年，盡癸酉漢獻帝初平四年。

廬陵後學劉友益修撰

翰林直學士中大夫知制誥同修國史國子祭酒歐陽玄校正

丁未永康元年。春，正月，東羌復反，段熲擊破之。○夫餘寇玄菟。○夏，四月，羌寇三輔。○五月，地裂。

地裂，非小變也。自和帝永元七年一書，於是再見，故《通鑑》不書，《綱目》特書之。終《綱目》書地裂三。詳秦庚午年〔一〕。

是月晦，日食。○六月，赦黨人歸田里，禁錮終身。○秋，八月，巴郡言黄龍見。

建和初元書黄龍見譙矣，此書曰言黄龍見何？疑辭也。若曰其言如此云耳。是故光武郡國甘露

〔一〕「年」，元刻《書法》本無。

降則書言，中元元年〔一〕。桓帝巴郡黃龍見則書言，是年。齊青州河水清則書言。陳壬午年〔二〕。終《綱目》書龍見十有三，詳惠帝二年〔三〕。惟平帝書越嶲郡上，此書巴郡言，皆疑之之辭也。

大水，海溢。○冬，十月，羌寇三輔，張奐遣司馬董卓擊破之。

書張奐遣何？歸功奐也。乃以不事宦官黜其功，而賞董卓，其私甚矣。《綱目》特書張奐遣〔四〕，病漢也。是故董卓之破羌寇也，書張奐遣；田神功之破史朝義也，書李光弼使：皆歸功遣之者也。唐肅宗寶應元年〔五〕。

十二月，帝崩。尊皇后曰皇太后，太后臨朝。

賀善贊曰：桓帝即位二十二年，自延熹二年以前，所書多爲梁冀；書策免太尉固〔六〕，冀專也；論定策功，冀伐也；立皇后，冀伉也；策免太尉喬，冀忤也；貶清河，殺李、杜，冀誣也；改清河，冀私也；封襄城君，冀嬖也；張陵劾奏，冀犯也；殊禮增封，冀泰也；徵陳龜還，冀惡之也。二年以後，所書多爲宦閹。書封五侯，宦官與謀也；單超將軍，宦官寵過也；楊秉論作，宦官貪縱也；卒單超，贈送過制也；

〔一〕「年」，元刻《書法》本無。
〔二〕「年」，元刻《書法》本無。
〔三〕「帝」，元刻《書法》本無。
〔四〕「綱」上，原衍「此」字，據元刻《書法》本刪。
〔五〕「唐」、「年」，元刻《書法》本無。
〔六〕「太尉」，元刻《書法》本無。

獄皇甫規，宦官仇陷也；免馮緄，宦官所惡也；卒朱穆，憤疾宦官也；膺等輸作，劾奏宦官也；殺成瑨，捕膺等，宦官所疾也。其餘自書災變、邊事外，非報私恩，則事遊畋，急征歛。凡三立后，兩不食死。雖嘗三以震、食舉賢，一徵處士，往往皆具文。其壞諸淫祀，若有見者，然再祀老子，則亦偶然而已。此桓之所以爲桓也。

遣使迎解瀆亭侯宏詣京師[一]。

戊申 孝靈皇帝建寧元年。春，正月，以竇武爲大將軍，陳蕃爲太傅，與司徒胡廣參録尚書事。○解瀆亭侯宏至，入，即位。○二月，葬宣陵。○段熲擊東羌於高平，大破之，以熲爲破羌將軍。○閏月，追尊皇祖爲孝元皇，夫人爲孝元后，考爲孝仁皇，尊母董氏爲慎園貴人。○夏，五月朔，日食。○六月，大水。○録定策功，封竇武爲聞喜侯。

定策功何？譏私也，自梁冀始矣。竇武，忠賢也，則曷爲書之如梁冀？武不能辭，則亦不足貴矣。靈帝不足病也，故下書封陳蕃不受而殊之，善蕃所以愧武也。

封陳蕃爲高陽鄉侯，不受。○段熲追擊東羌，連戰，破之。○秋，九月，太傅陳蕃、大將軍竇武奏誅宦者曹節等，節等殺之，遂遷太后於南宮。

[一]「詣京師」，宋刻《綱目》本無。

書奏誅何？非專也，與書謀誅者異矣。唐文宗太和九年〔一〕。書曹節等何？非濫也，與概書誅宦官者異矣。同上。節等殺之，易辭也。前書以竇武、陳蕃爲某官矣，此則曷爲復書官？惜之也。若曰以太傅、大將軍之重，奏誅宦者，其勢順，其名正，而殺之之易如此，以見節等之强，而陳、竇爲不密矣。《綱目》所深惜也。《綱目》書誅宦官四，是年、中平六年〔二〕、唐文宗太和九年〔三〕、昭宗天復三年〔四〕。而不克者二。是年、唐文宗太和九年〔五〕

冬，十月晦，日食。○十二月，鮮卑、濊貊寇幽、并。○烏桓稱王〔六〕。

己酉二年。春，三月〔七〕，尊慎園貴人董氏爲孝仁皇后，以其兄子重爲五官中郎將。

兄子何？譏私也。

夏，四月，青蛇見御座上，大風雨雷雹，詔公卿言事。

蛇見御座，大異也，終《綱目》一見而已。書詔言事始此。終《綱目》書詔言事四。是年、晋元帝

〔一〕「唐文宗」、「年」，元刻《書法》本無。
〔二〕「年」，元刻《書法》本無。
〔三〕「文宗」、「年」，元刻《書法》本無。
〔四〕「昭宗」、「年」，元刻《書法》本無。
〔五〕「唐文宗」、「年」，元刻《書法》本無。
〔六〕「○」，原作空格，據宋刻《綱目》本、弘治本、蜀藩本補。
〔七〕「三」，原作「正」，據《通鑑》卷五六改。

大興二年〔一〕、齊戊辰年魏主宏〔二〕、唐太宗貞觀十三年〔三〕。

六月，以劉嚻爲司空。〇秋，七月，段熲大破東羌，平之，封熲爲新豐侯。〇九月，江夏蠻反，州郡討平之。〇丹陽山越反，郡兵擊破之。〇冬，十月，復治鉤黨，殺前司隸校尉李膺等百餘人。

膺已廢矣，書前司隸校尉何？廢不以罪也，殺之甚矣。然則諸君子無譏歟？前書部黨，繼書黨人，此書鉤黨，《綱目》固不能不假此以垂戒矣。

是月晦，日食。〇鮮卑寇并州。

庚戌 三年。春，三月晦，日食。〇徵段熲爲侍中。

辛亥 四年。春，正月，帝冠，赦。

赦不悉書。自元帝以來矣，書永康赦，以赦黨人也；書今年赦，以惟黨人不赦也；書中平赦，又以赦黨人也。黨錮顛末，《綱目》謹書之。觀其所書，諸君子之不可深罪，益明矣。

二月，地震，海溢。〇三月朔，日食。〇大疫〔四〕。〇秋，七月，立貴人宋氏爲皇后。〇冬，十月朔，

〔一〕「帝」、「年」，元刻《書法》本無。
〔二〕「年」，元刻《書法》本無。
〔三〕「唐太宗」、「年」，元刻《書法》本無。
〔四〕「〇」，原無，據宋刻《綱目》本補。

帝朝太后於南宮。

朝太后不書，此何以書？遷后也。《綱目》予存義，故特書之。是故順帝朝太后書，靈帝朝太后書，皆遷后也，不久皆以喪書矣。

鮮卑寇并州。

壬子 熹平元年。春，正月，帝謁原陵。〇三月，太傅胡廣卒。〇夏，宦者侯覽有罪，自殺。〇六月，大水。〇皇太后竇氏崩。秋，七月，葬桓思皇后。〇詔司隸校尉劉猛論輸左校。

於是有書朱雀闕，言曹節、王甫幽殺太后者，詔司隸逮捕。猛以其言直，緩之。段熲奏猛論輸左校，則其直書詔何？專病靈也。曷爲病之？人言節、甫幽殺太后，不治節、甫而罪司隸，帝誠何心哉！以是爲帝病，故特書詔。終《綱目》書詔輸作二，李膺、劉猛。皆病其上也。

冬，十月，殺渤海王悝。〇十一月，會稽妖賊許生稱帝。〇鮮卑寇并州。

癸丑 二年。春，正月，大疫。〇夏，六月，地震。〇秋，七月，以唐珍爲司空。〇冬，十二月，鮮卑寇幽、并。〇是月晦，日食。

甲寅 三年。冬，十一月，吴郡司馬孫堅討許生，斬之。〇十二月[一]，鮮卑入北地，又寇并州。

[一]「十」，原無，據宋刻《綱目》本、元刻《書法》本、《通鑑》卷五七補。

乙卯 四年。春，三月，立石經於太學門外。

書，尊經也。自是補遷還成，《綱目》必詳書之。詳梁戊戌年〔一〕。

夏，四月，大水。○鮮卑寇幽州。○六月，螟。

丙辰 五年。夏，益州夷反。○大雩。○殺永昌太守曹鸞，更考黨人，禁錮五屬。○鮮卑寇幽州。

丁巳 六年。夏，四月，大旱，蝗。○鮮卑寇三邊。○以宣陵孝子爲太子舍人。

宣陵孝子何？市賈小民自名也。自名也，曷爲以爲宣陵孝子書？因其稱而稱之，所以著其誣也。而以爲太子舍人，其無義謂，甚矣！

秋，八月，遣校尉夏育等擊鮮卑，敗績。○冬，十月朔，日食。○地震。○鮮卑寇遼西，太守趙苞破之。

戊午 光和元年。春，正月，合浦、交阯烏滸蠻反。○二月朔，日食。○地震。○置鴻都門學。

書，譏也。置學，美事也，則何譏？於是諸生皆出辟舉，往往多無行趍勢之流，其所取者文賦、尺牘，下至鳥篆，果何益於教化哉！是故樂松等圖像立贊不書，削之也。《綱目》書立學，皆美也，惟鴻都門學，及劉表立學，宋立四學，爲譏辭。

〔一〕「年」，元刻《書法》本無。

以張顥爲太尉。

唐珍，中常侍衡弟也。張顥，中常侍奉弟也。司空、太尉皆若人，而論道經邦之事業可知矣。

夏，四月，地震。○侍中寺雌雞化爲雄。

侍中寺何？内署也。舊制，侍中、中常侍出入禁中，至東漢而中常侍皆宦者，於是閹豎用事，牝雞而晨，變不虚生矣。雌化爲雄，異也；女化爲男，甚哉！宋乙丑年[一]。雌雞化雄[二]，《綱目》一書而已。

六月，有黑氣墮温德殿庭中。○秋，七月，青虹見玉堂殿庭中。

書虹始此。終《綱目》書虹二。陳甲申年白虹貫日[三]。

八月，有星孛於天市。○冬，十月，廢皇后宋氏，幽殺之。

於是策收后印綬，后自至暴室，以憂死耳，書幽殺之何？罪信讒也。終《綱目》廢后書殺三。詳桓帝延熹八年[四]。

是月晦，日食。○鮮卑寇酒泉。○初開西邸賣官。

[一]「年」，元刻《書法》本無。

[二]「化」下，原衍「爲」字，據元刻《書法》本、弘治本、蜀藩本删。

[三]「年」，元刻《書法》本無。

[四]「帝」、「年」，元刻《書法》本無。

桓帝之世，書賣關内侯以下官矣。於是而開西邸，若市肆然，雖公卿有常價，謂之何哉！書初開西邸，是又桓帝之所未有也。

己未二年。春，大疫。○太尉橋玄罷。○地震。○夏，四月朔，日食。○宦者王甫伏誅。太尉段熲有罪，自殺。

甫死考掠，書伏誅，正其罪也。凡上書事，下書官，官其事也；上書事，下書罪，罪其事也。梁冀書伏誅，胡廣等書有罪，則廣爲冀黨明矣；王甫書伏誅，段熲書有罪，則熲爲甫黨明矣。

封中常侍吕强爲都鄉侯，不受。

凡封拜書不受，美辭也，而於中常侍見之，《綱目》所深予也。故自趙高以來，未有不書宦者，惟吕强不書，書其官。《綱目》封拜，書不受十有九，不拜二，讓還一。詳安帝永初元年〔一〕。宦官能讓者，吕强而已。終《綱目》宦官可取者三人，吕强以賢，楊復光以功，張承業以忠，舍是無取焉耳。

詔黨錮從祖以下皆釋之。○中郎將張修殺匈奴單于。秋，七月，徵下獄，死。○冬，十月〔二〕，殺司徒劉郃、少府陳球、尚書劉納、衛尉陽球。○巴郡板楯蠻反。○鮮卑寇幽、并。

〔一〕「帝」、「年」，元刻《書法》本無。

〔二〕「十」下，原衍「二」字，據宋刻《綱目》本、元刻《書法》本、《通鑑》卷五七删。

庚申三年。夏，四月，江夏蠻反。○秋，地震。○冬，有星孛於狼、弧。○鮮卑寇幽、并〔一〕。○十二月，立貴人何氏爲皇后。○作罼圭、靈昆苑。○蒼梧、桂陽賊攻零陵，大守楊璇擊破之。

辛酉四年。春，正月，調郡國馬，置騄驥厩丞以領之。○夏，交阯梁龍反，以朱儁爲刺史，擊斬之。○六月，雨雹。○秋，九月朔，日食。○鮮卑檀石槐死。

匈奴單于書死、書立，鮮卑未有書者。於是一書，則特書死何？幸之也。鮮卑自世祖二十一年始見《綱目》，和帝永元五年書徙據匈奴地始盛，至桓帝永壽二年檀石槐始益强，蓋爲邊患二十六年矣。

作列肆於後宮。

凡作宮室，譏也；作列肆，甚譏之也。是故靈帝好狎，則書作列肆於後宮；肅宗好佛，則書置道場於三殿：唐上元二年〔二〕。言非地也。

壬戌五年。春，正月，詔公卿舉刺史、二千石爲民害者。○二月，大疫。○夏，四月，旱。○秋，七月，有星孛於太微。○板楯蠻寇巴郡，以曹謙爲太守，降之。○八月，起四百尺觀。○冬，帝校獵上林苑。

〔一〕「○」，原無，據宋刻《綱目》本補。
〔二〕「唐」、「年」，元刻《書法》本無。

書校獵何？譏禽荒也。是行也，還幸太學，不書，削之也。

以桓典爲侍御史。

侍御史之設久矣，未有書者，始書桓典，嘉舉職也。

癸亥 六年。夏，大旱。○秋，金城河溢。○五原山岸崩。

甲子 中平元年。春，二月，黄巾賊張角等起。○三月，以何進爲大將軍，屯都亭。○赦黨人。遣中郎將盧植討張角，皇甫嵩、朱儁討潁川黄巾。○殺中常侍吕强、侍中向栩、郎中張鈞。

三人，皆宦者所疾者也，故以無罪書殺。然則中常侍而先朝士，可乎？以中常侍而能諫，則尤賢者也。是故苟私也，則朝士序宦官之上而爲譏；鄧康。苟賢也，則朝士序宦官之下而非辱。强雖自殺，書殺，《綱目》勸戒之意，深矣！

夏，四月，太尉楊賜免。○汝南太守趙謙討黄巾，敗績。○五月，皇甫嵩、朱儁與騎都尉曹操合軍討三郡黄巾，破平之。○交阯吏民作亂，以賈琮爲刺史，平之。○盧植圍張角於廣宗，檻車徵還，遣中郎將董卓代之。

圍書徵還，病漢也；書檻車，甚病之。

秋，七月，巴郡張脩反。○八月，遣皇甫嵩討張角，角死。冬，十月，與角弟梁、寶戰，皆破斬之。以嵩爲車騎將軍，領冀州牧。○先零羌及凉州群盜北宫伯玉等反。○朱儁擊南陽黄巾，連破之。○豫州刺史王允討黃巾，破之，徵下獄，減死論。

自建武十八年罷州牧，置刺史，至是百五十餘年，書刺史者，張喬、李固、尹耀、朱穆、夏方、度尚、朱儁、賈琮、王允數人而已。五年增置州牧，而後牧與刺史不可勝書，其以稱職書者，鮮矣！

乙丑二年。春，正月，大疫。

《綱目》書疫十有五，其書大者十一，詳秦戊午年〔一〕。靈帝凡五書焉，民可知矣。而未聞救災之政，靈之爲靈，宜哉！

二月，南宫雲臺災。○黑山賊褚燕降。○三月，以崔烈爲司徒。○北宫伯玉等寇三輔，遣皇甫嵩討之。○夏，四月，大雨雹。○六月，封宦者張讓等十二人爲列侯〔二〕。

史曰「以討張角功」也。破黃巾殺張角者，盧植、王允、皇甫嵩也，或檻車，或下獄，或收印綬；而讓等乃以功封，漢之亡，決矣！

秋，七月，螟。○八月，罷皇甫嵩，遣車騎將軍張温代之。○冬，十月，司空、臨晋侯楊賜卒。

書官、書爵、書姓，自鄧禹以來未有也。於是宦官益横，諸賢得免如賜者，鮮矣。特書，幸

〔一〕「年」，元刻《書法》本無。
〔二〕「二」，原作「三」，據宋刻《綱目》本、《通鑑》卷五八改。

之也。

殺諫議大夫劉陶、前司徒陳耽。

成帝之世，書下諫大夫劉輔獄，爲鬼薪論，然未殺也。書殺諫議大夫劉陶，而漢之亡决矣。自古以來殺諫臣者，未有不亡者也。《綱目》東漢書諫議大夫三，王良、周舉、劉陶。自是無書者矣。終《綱目》諫官書殺四。劉陶、侯昌業、孟昭圖、常濬。

張温擊凉州賊邊章、韓遂，不利。十一月，將軍董卓破走之。○造萬金堂。

譏也。《綱目》書作堂三，漢萬金、秦教武、武后天堂。皆譏之也。王路、漢蠡斯則百，則以災變書。

丙寅三年。春，二月，江夏兵趙慈反。○遣使就拜張温爲太尉。○以宦者趙忠爲車騎將軍。○脩南宫，鑄銅人。

秦鑄金人不書，此何以書？譏不知務也。秦方富强，奢侈之甚，不足責也。黄巾之禍，殆遍天下，而踵秦所爲，以是爲不知務，故書譏之。終《綱目》書鑄六，而書銅人者三，詳後主建興十五年魏〔一〕。皆譏也。

夏，五月晦，日食。○六月，荊州刺史討趙慈，斬之。○冬，十月，武陵蠻反，郡兵討破之。○鮮卑寇幽、并。○徵張温還。

〔一〕「主」、「年魏」，元刻《書法》本無。

丁卯 四年。春，二月，滎陽盜起，河南尹何苗討破之，以苗爲車騎將軍。○韓遂圍隴西，涼州殺刺史以應之，遂圍漢陽，太守傅燮與戰，死之。

殤帝之篇，書張顯戰没矣，安帝之篇，書鄭勤戰死、蔡諷戰没矣，未有書與戰死之者。燮書死之，自劉快以來百七十九年，未之有也。自殤帝至是，書太守二十，非以能破羌書，則以能平盜書，其盛者以死節書，而世道益可悲矣。

漁陽張舉、張純反。○冬，十月，長沙區星反，以孫堅爲太守，討平之，封堅烏程侯。○前太丘長陳寔卒。

邑長不卒，卒陳寔，録賢也。終《綱目》令長書卒二，王渙、陳寔。寔以前長書，甚賢之也。

戊辰 五年。春，二月，有星孛於紫宮。○黄巾餘賊寇太原、河東。○屠各胡寇并州，殺刺史張懿。○以劉焉爲益州牧，劉虞爲幽州牧。○南匈奴右部反，殺其單于羌渠。○大水。○冀州刺史王芬自殺。

芬謀誅宦官，因廢立帝，則曷爲止以自殺書？示戒也。鄭衆專而周章之謀起，趙、張横而王芬之計決，《綱目》不書謀逆，所以爲尊信宦閹者之戒也。然則芬無貶乎？書自殺，所以爲貶也。不量其力，造作非常，祇足以殺其身而已矣。

秋，八月，置西園八校尉。○冬，十月，青、徐黄巾復起。○講武平樂觀。

書講武何？譏也。寇在遠而講武於京師，以爲非禦備也。故元年賊起，繼書屯都亭；五年復起，繼書講武平樂觀：皆深譏之。書講武始此。終《綱目》書講武三，是年、晋安帝元興二年〔一〕、唐玄宗開元元年〔二〕。書大閱二。晋成帝咸康六年〔三〕、康帝建元二年〔四〕。

十一月，涼州賊王國圍陳倉，以皇甫嵩爲左將軍，討之。○遣騎都尉公孫瓚討漁陽賊，走之。

己巳

六年。春，二月，皇甫嵩擊王國，大破之。○三月，劉虞討漁陽賊，斬張純，餘衆降散。○夏，四月朔，日食。○即拜劉虞爲太尉。○遣大將軍進討韓遂。○帝崩。

賀善贊曰：靈帝信宦竪，殺忠賢，當時變異，有終《綱目》所無者四：蛇見御座、黑氣、青虹墮殿庭、雌雞化雄；而又五書大疫，居《綱目》半，帝亦可以知變矣。方且作罼圭，作列肆，起四百尺觀，造萬金堂，鑄銅人，土木盛興，不知社稷之將覆。人有恒言曰桓、靈，靈又甚於桓也〔五〕。

皇子辯即位，尊皇后曰皇太后，太后臨朝。封皇弟協爲陳留王。

〔一〕「帝」、「年」，元刻《書法》本無。
〔二〕「玄宗」、「年」，元刻《書法》本無。
〔三〕「帝」、「年」，元刻《書法》本無。
〔四〕「帝」、「年」，元刻《書法》本無。
〔五〕「賀善……桓也」，此條《書法》原在《綱目》「皇子……陳留王」條下，而以「○」與《書法》「辯何……而已」條相接，據元刻《書法》本移置「帝崩」之下。

辯何以不書太子？未嘗立爲太子也。於是蹇碩潛謀立協，事有不能從容者矣。兩漢書皇子即位者，一而已。

以袁隗爲太傅，與大將軍進參録尚書事。進收宦者蹇碩，誅之。

蹇碩書誅矣，其書進收何？進專也。

五月，遷孝仁皇后於河間，驃騎將軍董重自殺。六月，后暴崩。

書暴崩何？咎遷之者也。

葬文陵。○大水。○秋，七月，大將軍進召董卓將兵詣京師〔一〕。

卓前書將軍矣，此則曷爲不書？於是卓累徵拜不奉詔也。直書董卓，而冠之以進召，罪進也。漢之禍，進爲之〔二〕。

太后詔罷諸宦官。八月，宦官張讓等入宮，殺進，劫太后。

書詔罷宦官矣，張讓等曷爲復以宦官書？譏不力也。於是太后詔復入直不書，書入，惡辭也〔三〕。

〔一〕「詣京師」，宋刻《綱目》本無。

〔二〕「卓前……爲之」，此條《書法》原在《綱目》「以卓爲司空」條下，而以「〇」與《書法》「書詔罷……惡辭也」條相接，據元刻《書法》本移置「詣京師」之下。

〔三〕「書詔罷……惡辭也」，此條《書法》原在《綱目》「以卓爲司空」條下，而以「〇」與《書法》「於是……元年」條相接，據元刻《書法》本移置「劫太后」之下。

帝出至河上。司隸校尉袁紹捕宦者，悉誅之。帝還宫，以卓爲司空。

於是紹勒兵捕宦者，無少長皆殺之，進攻省内，讓等將帝步出，此其先書帝出何？不以播蕩累紹也。宦者書誅，罪之也。然則紹無貶歟？書帝出河上，紹捕宦者，悉誅之，則其專且濫之罪著矣。終《綱目》書誅宦官四，其克者二，漢書悉誅，唐書大誅，皆甚之之辭也。詳建寧元年[一]。

九月，袁紹出奔冀州。卓廢帝爲弘農王，奉陳留王協即位，遂弑太后何氏。

書出奔何？卓强也。紹出奔而弘農遂廢矣，《綱目》聯書之，所以著紹奔之由也。卓自是削不書姓，至伏誅始書之。終《綱目》母后書弑九，秦庶長改弑君母[二]、魏冉弑君之嫡母、董卓弑何太后、晉賈氏弑楊太后、趙石虎弑劉太后、石遵弑劉太后、燕主寶弑段太后、魏胡氏弑高太后、朱全忠弑何太后。弑書殺一。燕主熙殺丁太后。

除公卿子弟爲郎，補宦官，侍殿上。○即拜劉虞爲大司馬。○卓自爲太尉，領前將軍事。

官未有書自爲者，書自爲，專也。官書自爲自卓始，自是不勝書矣。

遣使弔祭陳蕃、竇武及諸黨人，復其爵位。

祭臣不書，此何以書？予思賢也。是故樊豐誅而後祠楊震，宦者敗而後祭陳、竇，遼水衄而後

[一]「年」，元刻《書法》本無。

[二]「秦」，原作「泰」，據元刻《書法》本改。

祀魏徵，禄山反而後祭九齡，皆事後之思也。終《綱目》書祭臣六。詳明帝永平二年〔一〕。

自六月雨至於是月。

恒雨也。昭帝之元，嘗書七月至於十月矣，於是復見。終《綱目》連雨數月者，二而已。

冬，十月，葬靈思皇后。○十一月，卓自爲相國，贊拜不名，入朝不趨，劍履上殿。

此殊禮也。《綱目》備書者四，蕭何、董卓、曹操、劉裕。惟蕭何書賜，卓則書自，操、裕皆直書之而已。

十二月，徵處士申屠蟠，不至。以黄琬爲太尉，楊彪爲司徒，荀爽爲司空。○以袁紹爲勃海太守。

庚午 孝獻皇帝初平元年。春，正月，關東州郡起兵討卓，推袁紹爲盟主。

特筆也。書推爲盟主，將以深責紹也。

卓弑弘農王。

廢君書弑自董卓始。終《綱目》廢君而弑之者二十。弘農王、宋零陵王、營陽王、齊汝陰王、海陵王、涪陵王、梁巴陵王、魏王恭、安定王、東海王、齊中山王、梁主綱、魏主欽、周宋公、陳江陰王、齊濟南王、隋介公、後梁濟陰王、後唐鄂王、漢湘陰公。

卓奏免太尉琬、司徒彪，以王允爲司徒，殺城門校尉伍瓊、尚書周毖。

〔一〕「明帝」、「年」，元刻《書法》本無。

免未有書所自者，書卓奏何？專也。是故王鳳專，則以陳湯爲從事中郎，書鳳奏；董卓專，則免太尉琬、司徒彪，則書卓奏。殺伍、周者，卓也；則以王允者，亦卓也。書以，非譏允歟？允爲卓所以，而卒能誅卓，書以，所以予允也。故灌嬰能與齊連和，則書産使者，乃所以予嬰；王允能使布誅卓，則書卓以者，乃所以予允也。

卓徵蓋勳爲議郎，皇甫嵩爲城門校尉。

二子，忠賢也，則曷爲書卓徵？書卓徵，爲二子惜也。

三月，卓遷都長安，燒洛陽宫廟，發諸帝陵，車駕西遷。

李傕、曹操皆書遷帝於某，逼遷也，此則曷爲以自遷書？其上書卓遷都，燒宫廟，發諸陵，然後書車駕西遷，則其逼脇凄凉之狀自見矣。書卓遷都，專辭也；書車駕西遷，不得不遷之辭也。

卓殺太傅袁隗，滅其家。○長沙太守孫堅舉兵討卓，將軍袁術據南陽，表堅領豫州刺史。

書據何？罪專也。

以劉表爲荆州刺史。

自卓弑以來，徵拜皆書卓以，此其不書卓以何？卓在外也。

曹操與卓兵戰於滎陽，不克，還屯河内。○袁紹以臧洪領青州。

書紹以何？專也。

夏，四月，以劉虞爲太傅。

於是道路壅塞，命不得通，何以書？予虞也。是故苟可予也，雖君命未達，書之。

司空荀爽卒。〇卓壞五銖錢，更鑄小錢。

自建武十五年書復行五銖，至是一百五十三年，未之有改也。卓始壞之，書曰卓壞五銖錢，罪卓也。

省孝和以下廟號。〇以公孫度爲遼東太守。

辛未 二年。春，正月，關東諸將奉大司馬劉虞爲帝，虞不受。

秦立齊君爲東帝，書立，此其書奉何？衆所欲也。故未卒事，不書。書不受，嘉守節也。再書虞，重予之，與書已而去之者大異矣。終《綱目》書奉爲帝，一而已。

二月，卓自爲太師。〇孫堅進兵擊卓，卓敗，西走。堅入洛陽，修塞諸陵而還。

於是書討卓者三，關東、孫堅、朱儁。惟堅書進兵，予義也，故特詳之。修陵必書，重山陵也。終《綱目》書修陵五，是年、晉穆帝永和十二年再書〔一〕、安帝義熙十二年再書〔二〕。書鎮衛山陵一，晉孝武帝太元十一年〔三〕。書按視諸陵一。後唐甲申年〔四〕。

〔一〕「晉」、「年」，元刻《書法》本無。
〔二〕「帝」、「年」，元刻《書法》本無。
〔三〕「晉」、「帝」、「年」，元刻《書法》本無。
〔四〕「年」，元刻《書法》本無。

夏，四月，卓至長安。○六月，地震。○袁紹逐冀州牧韓馥，自領州事。

於是辛評等説馥讓紹，則其直書逐何？誅意也。紹於是不得爲義舉矣。《綱目》終紹之身無予辭，然則推紹爲盟主，何以書？若曰以爲盟主，而卒若是焉，所以深責紹也。

袁紹表曹操爲東郡太守。○卓以張楊爲河内太守。

復書卓以，卓至長安也。

冬，十月，卓殺衞尉張温。○黄巾寇勃海，校尉公孫瓚擊破之。○公孫瓚攻袁紹，以劉備爲平原相。

○袁術使孫堅擊劉表，表軍射殺之。

堅初舉義，《綱目》書討，既而敗卓，特書進兵，皆予辭也。於是而爲術所使，内自相攻，則非死於國矣。書術使，書射殺之，惜之也。

河南尹朱儁移書州郡，徵兵討卓。

移書討卓何？予儁也。書移書始此。終《綱目》書移書一，移檄七，是年〔一〕；晋惠帝永興二年東海

〔一〕「是年」，元刻《書法》本無。

王越〔一〕、愍帝建興四年丞相睿〔二〕、元帝永昌元年譙王承〔三〕、戊辰年梁湘東王繹〔四〕、唐僖宗中和元年鄭畋〔五〕、高駢、哀帝天祐四年淮南等〔六〕。惟丞相睿、湘東王、高駢爲讖辭。

劉焉殺漢中太守，斷斜谷閣。○管寧、邴原、王烈適遼東。

特筆也。三賢去就，《綱目》每謹書之。

壬申 三年。春，正月，卓遣校尉李傕、郭汜、張濟擊朱儁於中牟，破之，遂掠潁川。

書掠，賊之也。

袁紹擊公孫瓚於界橋〔七〕，大敗之。○夏，四月，王允使中郎將呂布誅董卓。詔允録尚書事，以布爲奮威將軍，共秉朝政。

書使何？歸功允也。是故呂布之誅董卓，書王允使；田神功之敗朝義，書光弼使：皆歸功其上者也。誅例有二：書伏誅者，重辭也；直書誅者，快辭也。《綱目》書廢君而弒之者二十，

〔一〕「帝」、「年」，元刻《書法》本無。
〔二〕「建興」、「年」，元刻《書法》本無。
〔三〕「帝」、「年」，元刻《書法》本無。
〔四〕「年梁」，元刻《書法》本無。
〔五〕「唐」、「宗」、「年」，元刻《書法》本無。
〔六〕「哀帝」、「年」，元刻《書法》本無。
〔七〕「擊」，原作「繫」，據宋刻《綱目》本、元刻《書法》本、弘治本、蜀藩本改。

賊討者四；書弑君者七十三，弑書殺者八，賊討者二十六：蓋什得其二三焉，亂豈有極哉！詳周赧王五年〔一〕。

黄巾寇兖州，殺刺史劉岱。曹操入據之，自稱刺史。

於是詔以金尚爲兖州刺史，操逆擊之，尚奔袁術。書據，書自稱，《綱目》之於操，可見矣。

李傕、郭汜等舉兵犯闕，殺司徒王允，吕布走出關。○秋，七月，遣太傅馬日磾、太僕趙岐和解關東。

書和解關東何？譏也。天子者，是非曲直之主也。關東諸將舉兵相攻，其是非曲直必有在矣。不能分辨而匡直之，乃遣大臣持節和解，甚矣其不振也，直書譏之。終《綱目》書遣使和解二，是年〔二〕、唐昭宗乾寧三年〔三〕。皆衰世也。

九月，李傕、郭汜、樊稠、張濟自爲將軍。○以馬騰爲將軍，屯郿。○冬，十月，以劉表爲荆州牧。○曹操遣使上書。○徵朱儁爲太僕。

四年。癸酉春，正月朔，日食。○袁術進兵封丘，曹操擊破之。術走壽春，自領揚州事。○袁紹以其子譚爲青州刺史。○三月，魏郡兵與黑山賊于毒等共覆鄴城。

〔一〕「周」、「王」、「年」，元刻《書法》本無。

〔二〕「是年」，元刻《書法》本無。

〔三〕「唐」、「宗」、「年」，元刻《書法》本無。

書寇陷多矣，未有書覆者。書曰覆鄴城，士民之塗炭甚矣。《綱目》寇陷書覆，一而已。

以陶謙爲徐州牧。○夏，六月，大雨雹。○華山崩裂。

華山何？西嶽也。前書岱山裂矣。桓帝延熹四年〔一〕。裂，異也，未若崩且裂之甚也。是故書華山崩而漢亡，書恒山崩而晋亡，安帝義熙五年〔二〕。皆帝業所由起也。終《綱目》嶽崩者二。

袁紹擊于毒、左髭丈八等，皆斬之。○秋，曹操擊徐州，陶謙走保郯。○冬，十月，地震。○有星孛於天市。○大司馬劉虞討公孫瓚，不克，見殺。

袁紹於瓚書擊，此其書討何？無上也，唯劉虞得書之。殺未有書見殺者，書見殺，不以下加上之辭也。《綱目》之修，名分而已矣。終《綱目》書見殺一。

十二月〔三〕，地震。

〔一〕「帝」、「年」，元刻《書法》本無。
〔二〕「安帝」、「年」，元刻《書法》本無。
〔三〕「二」，原作「一」，據宋刻《綱目》本、元刻《書法》本、《通鑑》卷六〇改。

資治通鑑綱目書法第十三

起甲戌漢獻帝興平元年，盡戊子漢獻帝建安十三年。

廬　陵　後　學　劉友益修撰
翰林直學士中大夫知制誥同修國史國子祭酒歐陽玄校正

甲戌興平元年。春，正月，帝冠。○二月，追尊母王夫人爲靈懷皇后。○劉備救陶謙，謙表備爲豫州刺史。○夏，四月，曹操復攻陶謙，還擊劉備，破之。陳留太守張邈迎吕布以拒操，操還攻之。○五月，將軍郭汜、樊稠并開府如三公。

不書以某，專也。據下楊定、張濟書以。

六月，分涼州，置雍州。○京師地再震。

地震京師，非小變也。順帝嘗書之矣，於是復書，而一月至再焉。終《綱目》書地震一百一，一歲再震十三[一]，詳元帝初元二年[二]。而一月再震二。桓帝建和三年、是年。獻皆見於京師，非桓比矣。

[一]「三」，原作「二」，據本書卷六孝元皇帝初元二年「秋七月地復震」條下《書法》改。

[二]「二」，原作「三」，據本書卷六孝元皇帝初元二年「秋七月地復震」條下《書法》改。

是月晦，日食。〇秋，七月，以楊定爲將軍，開府。〇自四月不雨，至於是月。〇九月，曹操攻呂布，不克，還走鄄城。〇劉焉卒，以其子璋爲益州牧。

不書官何？罪焉也。自是牧鎮卒皆不書官，以爲無上也，故於其卒也壹削之。

陶謙卒，劉備兼領徐州。

於是州人迎備，備推袁術，衆不可，遂領徐州，則非有詔命也。曷爲不稱自？據袁紹、袁術書自領。《綱目》於劉備多恕辭，正也。

馬日磾卒於壽春。

日磾何？太傅也。然則曷爲不書官？使失節也。於是日磾奉使和解關東，袁術詐奪其節，是辱命也，故書卒於壽春而削其官。東漢自牧鎮外，卒不書官者三。單超、日磾、荀攸。終《綱目》卒以地者四，日磾、管寧、太傅越、楊復光。惟日磾、太傅越爲譏辭。

袁術表孫策爲懷義校尉。〇以劉繇爲揚州刺史。

乙亥 二年。春，正月，曹操敗呂布於定陶。〇即拜袁紹爲右將軍。

非三公未有書即拜者，據張温、劉虞皆太尉、大司馬。右將軍直書即拜何[一]？譏也。紹不勤王而漢就拜之，書即拜，所以愧紹也。

[一]「直」，弘治本、蜀藩本作「且」。

二月，李傕殺樊稠，攻郭汜，劫帝入其營。○夏，四月，立貴人伏氏爲皇后。○郭汜攻李傕，傕遷帝於北塢。○李傕自爲大司馬。○曹操攻拔定陶，吕布走歸劉備，留廣陵太守張超守雍丘。○六月，將軍張濟迎帝東歸。秋，七月，發長安，以濟爲驃騎將軍，開府。

書劫帝、遷帝有之矣，此其書迎帝何？本帝意也，故張濟得書將軍。及追帝至陝，則逆矣，復削，稱張濟，而傕、汜不書姓。

八月，曹操圍雍丘，張邈爲其下所殺。○冬，十月，以曹操爲兖州牧。○十二月，帝至弘農，張濟與傕、汜合追帝至陝。帝渡河，入李樂營。

書入李樂營，則與書劫、遷者異矣。

孫策擊劉繇於曲阿，破走之。○劉繇攻豫章，笮融走死，以華歆爲太守。○孫策遣其將朱治據吴郡。○雍丘潰，張超自殺。袁紹圍東郡，執太守臧洪，殺之。○劉虞故吏鮮于輔迎虞子和，攻公孫瓚，破之。

書故吏何？予義也。是故鮮于輔以劉虞故吏書，陳安以晋王保故將書，麻秋、張賀度以故趙將書，劉黑闥以竇建德故將書，翟廷美以湘陰故將書，皆予之也。終《綱目》書故吏一，故將七，唯故楚將利幾書反，成都故將公師藩書寇，爲罪辭，逆黨也。

（丙子）建安元年。春，二月，脩雒陽宫。○夏，六月，劉備與袁術戰於盱眙。吕布襲取下邳，備降於布，遂與并兵擊術。

袁術攻備，爭徐州也，不書，書備與術戰何？不予術之爭也。不予其爭者，不以領徐州累備也。《綱目》於備多恕辭。

秋，七月，帝還雒陽。〇曹操入朝，自爲司隸校尉，録尚書事。

於是董承潛召曹操，操遂將兵詣京師。既至，罪狀韓、張，帝詔勿問，而以操爲司隸校尉，則詔命矣。不書詔以，書自爲何？惡要君也。

曹操遷帝於許，自爲大將軍，封武平侯。

自書張濟迎帝東歸，期年而後書帝還雒陽，曾未改月而復書遷帝於許，操之罪，可勝誅哉！故書之如郭汜。

孫策取會稽，太守王朗降。

前書遣其將據吴郡矣，於是書取會稽，繼又書襲廬江取之，《綱目》於孫氏，自是無取焉矣。

冬，十月，曹操攻楊奉，走之。〇以袁紹爲太尉，曹操自爲司空。

自哀帝正三公分職以尊董賢，而太尉、大司馬位司空上，大將軍位又尊焉。操既自爲大將軍矣，於是以紹不受太尉也，懼，以大將軍讓之，而自爲司空，則讓也，曷爲亦貶書自？《綱目》之法，苟不出於上意，一以自書之。

曹操以荀彧爲侍中、尚書令，荀攸爲軍師，郭嘉爲祭酒。

侍中、尚書令，非司空屬也，曷爲書曹操以爲侍中、尚書令？彧，操謀主也，雖爲漢臣，直操之私人而已矣。特書曹操，以交罪之。

以孔融爲將作大匠。

再書以何？殊融於彧也。不再書以，則融亦操之私人矣。是故殊王龔於梁冀則再書以，順帝永和元年。殊孔融於荀彧則再書以，《綱目》賢邪之辨，嚴矣哉！

募民屯田許下，州郡並置田官。

操所以成霸業者也，故屯田許下則書，開芍陂屯田則書。

呂布復攻劉備，備走歸許，詔以爲豫州牧，遣東屯沛。

於是袁術攻備，布救却之，不書，書復攻備何？惡反覆也。走書歸許，牧書詔以，《綱目》於備多予辭，惟其正而已矣。史書備走歸操，操厚遇之，以爲豫州牧〔一〕。

張濟攻穰城，敗死，族子繡以其衆歸荆州。○劉表立學校，作雅樂。

書學校、雅樂何？譏也。立學校，作雅樂，則何譏？帝室將傾，不能出兵匡國，而方從事禮文之事，若平世然，可謂不知務矣。《綱目》書立學，皆美也，唯鴻都門學、劉表學校及宋四學爲譏辭。

〔一〕「史書……州牧」，此句弘治本爲小字注文。

丁丑二年。春，正月，曹操擊張繡，降之。繡叛，襲操，殺其子昂。○以鍾繇爲司隸校尉，督關中諸軍。

○袁術稱帝，殺故兖州刺史金尚。

先是，詔以尚刺兖州，操逆擊走之，則未上也。書故官何？予節也。是故金尚雖未上而見殺，書故刺史；吕範雖印綬未下而卒，書大司馬：皆予賢也。

三月，以袁紹爲大將軍，兼督冀、青、幽、并四州。

前書即拜紹爲右將軍，繼書以紹爲太尉，於是又書以紹爲大將軍，兼督冀、青、幽、并四州，與書自爲者亦異矣。然則予之歟？譏也。其譏何？紹不勤王，《綱目》歷書其恩數，所以愧之也。

夏，五月，蝗。○以吕布爲左將軍，布擊袁術兵，破之。

術稱帝，國賊也，曷爲不書討？不以討予布也。布則曷爲不以討予之？布非知大義者也。微陳珪，則布亦寇婚媾矣。

袁術遣盗殺陳王寵。○以孫策爲會稽太守，討袁術。○秋，九月，曹操擊袁術，走破之[一]。

以者何？上命也，故策得書討。然則操書擊何？操，漢賊也，以賊擊賊而已矣。一袁術也，策書討，操書擊，《綱目》之權衡，審矣！

下故太尉楊彪獄，尋赦出之。○以金尚子瑋爲郎中。

[一] 「走破」，宋刻《綱目》本、《通鑑》卷六二作「破走」。

拜官未有書某子者，書金尚子何？予節也。是故譏其私，則初書馬惠子；桓帝永興二年。予其節，則瑋書金尚子；本其功，則朗書鄧艾孫：晉初癸巳年。皆《綱目》之特筆也。

劉備誘楊奉，殺之。

戊寅三年。春，曹操復擊張繡。○夏，四月，詔將軍段煨等討李傕，夷三族。○曹操引兵還。五月，劉表救張繡，操擊破之，繡復追敗操軍。○秋，九月，吕布復攻劉備。冬，曹操擊布，殺之。○以劉備爲左將軍。○以孫策爲討逆將軍，封吴侯。

前書以爲會稽太守，討袁術矣，此書以爲討逆將軍，果予策以討賊乎？再命討術，而未聞出一兵，殺一賊，書，所以愧之也。《綱目》於孫氏，自堅以後無取焉。

袁紹攻公孫瓚，圍之。

己卯四年。春，三月，瓚自焚死。○詔漁陽太守鮮于輔都督幽州。○袁紹承制，以烏桓蹋頓爲單于。○以董承爲車騎將軍。○夏，袁術北走，詔劉備將兵邀之，術還走，死。

詔者何？上命也。備之歸許也，史稱操厚遇之，以爲豫州牧，《綱目》則書詔以；其從操擊布而歸也，史稱操表爲左將軍，《綱目》則止書以；其邀袁術也，史稱操遣備，《綱目》則書詔：所以殊備於操也。殊備於操者，全備也，故曰《綱目》於劉備多恕辭。

秋，八月，曹操進軍黎陽。九月，還許，分兵守官渡。○冬，十一月，張繡來降。○復置鹽官。徙司隸校尉治弘農。○劉表遣從事中郎韓嵩詣許。

書詣許何？非朝貢也。表於《綱目》僅一再書，書其恩命，及立學校、作雅樂而已，不聞其有勤王之舉也。今者遣嵩，徒使窺朝廷耳。書曰遣詣許，罪表也。然嵩之歸也，盛稱朝廷，勸遣侍子，可謂知大義者矣，故特書官。

孫策襲廬江，取之，徇豫章，太守華歆降。○曹操復屯官渡。○劉備起兵徐州，討曹操，操遣兵擊之。

紹嘗南兵矣，不書，書曹操進軍，及書紹進軍黎陽，則書攻不書討。討賊義重，《綱目》重以予人也。必若劉備，然後可以書討矣。

庚辰五年。春，正月，操殺車騎將軍董承，遂擊備，破之，備奔冀州。

董承與備同謀誅操，事泄被殺，則曷爲不書故，書殺？書故，是以討賊與承矣。其不以討賊予承，何也？操之入，承爲之。

二月，曹操還官渡，袁紹進軍黎陽。夏，四月，紹遣兵攻白馬，操擊破之，斬其將顔良、文醜。○孫策卒，弟權代領其衆。○秋，袁紹遣劉備略汝、潁，曹操擊走之。備復以紹兵至汝南。

備嘗書討操矣，是亦敵操也，曷爲書略、書至如常辭？非義討也。其非義討何？紹遣之也。

《綱目》惡紹，故汝南之戰，備殺操將不書。

九月朔，日食。○袁紹攻曹操於官渡。冬，十月，操襲破其輜重，紹軍大潰。○有星孛於大梁。○以劉馥爲揚州刺史。○以孫權爲討虜將軍。○劉表攻長沙、零陵、桂陽[一]，皆下之。○益州司馬張魯據漢中，從事趙韙作亂。

（辛巳）六年。春，三月朔，日食。○夏，四月，曹操擊袁紹倉亭軍[二]，破之。○秋，九月，擊劉備於汝南，備奔荆州。○趙韙圍成都，敗死。○張魯取巴郡，詔以魯爲漢寧太守。

（壬午）七年。春，正月，曹操復進軍官渡。夏，五月，袁紹卒，幼子尚襲行州事，長子譚出屯黎陽，操攻敗之。○袁尚遣郭援、高幹徇河東，鍾繇擊破之，斬援。○曹操責孫權任子，權不受命。

書操責何？非爲漢也。書不受命，蓋予之。

（癸未）八年。春，二月，曹操攻黎陽，譚、尚敗走。夏，四月，操追至鄴而還。譚攻尚，不克。○秋，八月，操擊劉表。尚圍譚於平原。冬，十月，操還救[三]，却之。○孫權遣兵討山越，平之。

（甲申）九年。春，二月，袁尚復攻譚。夏，四月，曹操攻鄴。秋，七月，尚還戰，敗走幽州，操遂入鄴，自領冀州牧。○冬，十月，有星孛於東井。○高幹以并州降，復以爲刺史。○十二月，曹操攻平原，拔

〔一〕「陵」、「陽」，宋刻《綱目》本、《通鑑》卷六三無此二字。
〔二〕「軍」，原無，據宋刻《綱目》本、《通鑑》卷六四補。
〔三〕「還」下，宋刻《綱目》本有「軍」字。

之，袁譚走保南皮。○公孫度卒，子康襲行郡事。○丹陽郡吏殺其太守孫翊，翊妻徐氏討殺之。

婦人討賊，《綱目》以來未有也，故特書之。終《綱目》婦人討賊二，孫翊妻徐氏、馮寶妻冼氏。討而能殺之者，一人而已。

乙酉 十年。春，正月，曹操攻南皮，克之，斬袁譚。○幽州將吏逐刺史袁熙，遣使降操，熙、尚俱奔烏桓。○夏，四月，黑山賊帥張燕降。○冬，十月，高幹復叛，詔以杜畿爲河東太守。○以荀悦爲侍中。

丙戌 十一年。春，正月，有星孛於北斗。○曹操擊高幹，斬之，以梁習爲并州刺史。○以仲長統爲尚書郎。○烏桓寇邊。

丁亥 十二年。春，二月，曹操封功臣爲列侯。

功臣何？滅袁氏者也。滅袁氏者也，則其封侯宜矣，曷爲以曹操書？操之滅袁氏，非爲漢也，則功臣亦有功於操而已矣，故以曹操冠之。是故責任子書曹操責，封功臣書曹操封，言非爲漢也。

夏，操擊烏桓。秋，八月，破之，斬蹋頓。袁熙、袁尚奔遼東，公孫康斬之。○冬，十月，有星孛於鶉尾。○孫權母吴氏卒。

孫權母何以書？録賢也。

劉備見諸葛亮於隆中。

特筆也。入《綱目》未有書見賢者，於是特書，交予之也。備之業，定於隆中。終《綱目》書見賢，一而已。

十三年戊子。春，正月，曹操還鄴，作玄武池以肄舟師。○孫權擊江夏太守黃祖，破斬之。○夏，六月，罷三公官，曹操自爲丞相。

特書也。書三公罷、復多矣，此其爲特書何？譏專也。操嘗自爲大將軍矣，既而懼紹，自爲司空以讓之。於是紹滅，愧於復取也，故罷三公官而自爲丞相。如是，則不必爲大將軍，而尊固在矣。操之姦，可勝言哉！

以馬騰爲衛尉。○秋，七月，曹操擊劉表。○八月，操殺太中大夫孔融，夷其族。○劉表卒。九月，操至新野，表子琮舉州降。○劉備奔江陵，操追至當陽，及之，備走夏口。○操進軍江陵。○冬，十月朔，日食。○曹操東下，孫權遣周瑜、魯肅等與劉備迎擊於赤壁，大破之，操引還。

東下何？盛辭也，故特書迎擊。是役也，微迎擊，則吳事去矣。

十二月，孫權圍合肥。○劉備徇荊州，江南諸郡降之。○孫權使其將賀齊討黟賊，平之。

資治通鑑綱目書法第十四

起己丑漢獻帝建安十四年，盡丁未漢後主建興五年。

廬　陵　後　學　劉友益修撰
翰林直學士中大夫知制誥同修國史國子祭酒歐陽玄校正

己丑十四年〔一〕。春，三月，孫權引兵還。〇秋，七月，曹操軍合肥，開芍陂屯田。〇冬，十月，荆州地震。〇十二月，操軍還譙。〇孫權表劉備領荆州牧。

庚寅十五年。春，曹操下令求才。〇二月朔，日食。〇冬，曹操作銅爵臺於鄴。〇十二月，操讓還三縣。

書讓何？譏也。讓，美事也，何譏？僞也。武平書自封，則讓還之爲僞，可知矣。終《綱目》書封拜不受十九，不拜三，讓二，曹操、司馬昭、劉裕，皆譏也。詳安帝永初元年。

孫權南郡守將周瑜卒，權以魯肅代領其兵。

《綱目》卒蜀漢、吴、魏及晋諸臣無不書姓者，具官爵，皆美辭也。惟不書官者，貶辭也，而僭

〔一〕「十」上，宋刻《綱目》本有「建安」二字。

國臣不與焉。

劉備以龐統爲治中從事。○孫權以步隲爲交州刺史。

辛卯

十六年。春，正月，曹操以其子丕爲五官中郎將，爲丞相副。

丞相副，前乎此未有也，操之專錮，於是爲甚焉。書曰曹操以其子丕，罪之也。自是，司馬昭以其子炎副相國，高歡遣其世子澄入鄴輔政，徐温留子知訓江都輔政，皆操之教也。

三月，遣鍾繇擊張魯。○馬超、韓遂等反，秋，曹操擊破之。○冬，劉璋遣使迎劉備，備留兵守荆州而西，璋使備擊張魯。

壬辰

十七年。春，正月，曹操還鄴，贊拜不名，入朝不趨，劍履上殿。

入《綱目》凡三書矣，梁冀略稱殊禮不與[一]。於蕭何，書賜丞相何劍履上殿，入朝不趨；於董卓，書卓自爲相國[二]，贊拜不名，入朝不趨，劍履上殿；於操，則直書曹操還鄴，贊拜不名，入朝不趋，劍履上殿，其兇悖無上氣象可知矣。終《綱目》備書者四，太尉裕與曹操同。略辭稱殊禮者四，梁冀、會稽王昱書加，蕭道成、唐主淵書自。

夏，五月，誅馬騰，夷三族。○六月晦，日食。○秋，七月，螟。○鄜賊梁興作亂，左馮翊鄭渾討平

[一] 「梁冀……不與」，此句弘治本爲小字注文。
[二] 「相國」，原作「丞相」，據弘治本、蜀藩本、《通鑑》卷五九改。

之。○孫權徙治建業。○權長史張紘卒。○權作濡須塢。

塢未有書者，此其書何？關要也。終《綱目》書作塢，一而已。

冬，十月，曹操擊孫權，至濡須。侍中、光禄大夫、參軍事荀彧自殺。

前書曹操以荀彧爲侍中、尚書令，譏彧也。此其書侍中、光禄大夫、參軍事荀彧自殺何？閔彧也。曷爲閔之？身爲漢臣，爲操謀畫以贊其業，業已成矣，甫以正論自詭，其無益可知也。於是自殺，君子以爲自取而已矣。故書自殺，而不書其故。與甄豊、劉秀自殺義同。

十二月，有星孛於五諸侯。○劉備據涪城。

袁術書據南陽，曹操兵據兗州，皆罪之也。備也，則其書據何？《傳》曰：「行一不義而得天下，不爲也。」《綱目》於是，不得爲備隱矣。

十八年（癸巳）。春，正月，曹操引兵還。○并十四州爲九州。○徙濵江郡縣。○夏，五月，曹操自立爲魏公，加九錫。

九錫自莽始書，於是再見。然莽書加安漢公莽九錫，則命猶自上出也；至操書自，則又甚於莽矣。終《綱目》九錫書自者十一，皆操之教也。詳平帝元始三年。

大雨水。○劉璋遣將吴懿等拒劉備，敗績，皆降。備進圍雒城。○秋，七月，魏始建宗廟、社稷〔一〕。

〔一〕「宗廟社稷」，宋刻《綱目》本、《通鑑》卷六六作「社稷宗廟」。

書始何？志僭始也。故不書魏公操，而書曰魏，隱若一敵國矣。《綱目》宗廟書始二，是年、後主延熙十八年吳。書初者一，五代丁巳年北漢。惟吳與北漢爲緩辭。

魏公操納三女爲貴人。

妃妾不書，此其書何？譏也。劉聰納劉殷三女爲貴嬪，書漢主納，此則曷爲以操納書？非帝意也。於是帝所皆操耳目，又納三貴人焉，操之心可知矣。特書操納，誅心也。書妃妾始此。終《綱目》書命納妃妾十，是年魏公操女三貴人、晉懷帝永嘉六年漢主聰二貴嬪〔一〕、唐太宗貞觀八年鄭充華、十一年武才人、高宗永徽五年武昭儀、中宗景龍二年上官昭容、玄宗天寶四載楊貴妃、肅宗至德二載張淑妃、五代辛卯年後唐王淑妃、癸卯年閩尚賢妃。皆譏也，惟鄭氏爲充華爲美辭。至以下納上爲文者，魏公操一人而已。

八月，馬超入涼州，殺刺史。九月，參軍事楊阜起兵攻之，超奔漢中。○冬，十一月，魏初置尚書、侍中、六卿。

此王官也，而魏置之，儼然帝矣。書初，志僭始也。

甲午 十九年。春，張魯遣馬超圍祁山〔二〕，夏侯淵擊却之。○三月，魏公操進位諸侯王上。

〔一〕「二」，原作「三」，據弘治本、蜀藩本、《通鑑》卷八八改。

〔二〕「祁」，原作「祈」，據《通鑑》卷六七改。

位諸侯王上，王莽嘗書之矣。書曰升宰衡，位在諸侯王上，則命猶自上出也；於是書曰魏公操進位諸侯王上，是自進耳。終《綱目》書位諸侯王上二，王莽、曹操。略稱殊禮者一，桓温。然莽書升，温書加，又愈於自進者矣。

夏，四月，旱。〇五月，雨水。

《綱目》書雨水十五，自是無書者矣，史失之也。

閏月，孫權使其將吕蒙攻皖城，破之。〇馬超奔劉備。備入成都，自領益州牧，以諸葛亮爲軍師將軍。

於是璋開城降，備遷之公安，不書，諱之也。然則何以信萬世？書入，書自領，而《綱目》之意見矣。

秋，七月，魏公操擊孫權。〇魏荀攸卒。

於是獻帝在上，漢無恙也，特書魏何？攸之心未嘗有漢也。是故漢在而荀攸卒書魏，心在於魏也；晋亡而陶潛卒書晋，心在於晋也；唐亡而張承業卒書唐，心在於唐也。《綱目》誅心，故荀攸書魏，而削其官焉。

枹罕宋建反，冬，十月，討斬之，諸羌皆降。〇十一月，魏公操弑皇后伏氏及皇子二人。

漢許后嘗弑矣，猶隱之也，未有取於帝側，而親弑之如操者。是可忍也，孰不可忍也，故正名罪之。終《綱目》后爲下所弑三，漢許后、伏后、元魏于后。弑書殺一。晋賈后、唐張后。

十二月，操以高柔爲丞相理曹掾。

乙未 二十年。春，正月，立貴人曹氏爲皇后。

嘗書立大將軍光女爲皇后矣，又書立安漢公莽女爲皇后矣，此其不書立魏公操女何？命自上出也。其自上出何？伏后之弒，帝蓋凜凜矣，於是立其女爲皇后，帝將求以自媚於操也，不亦可悲甚哉！

三月，魏公操擊張魯。〇夏，五月，韓遂爲其下所殺。

爲所殺何？譏不在人也。終《綱目》書爲所殺者十一，漢張邈、韓遂、張飛、宋海陵王休茂、梁蕭勃、唐高開道、五王、僕固瑒、顏真卿、陳仙奇、董璋。夷蠻爲下所殺不與。唐回紇吐迷度忠嗔可汗、南詔勸龍晟、回紇昭禮可汗。

劉備、孫權分荊州，備使關羽守江陵，權使魯肅屯陸口。〇秋，七月，魏公操取漢中，走張魯，留將軍夏侯淵、張郃守之而還[一]。〇八月，孫權攻合肥，大敗而還。〇冬，十月，始置名號侯，以賞軍功。〇十一月，張魯出降，以爲鎮南將軍，封其屬閻圃爲列侯。

閻圃何以封？諫魯毋王也。賞罰不類久矣，書此，其善操與？上書封閻圃，下書魏公操進爵爲王，則非善操也，以是爲欺而已矣。

劉備遣兵擊巴、賨，破之。

[一]「將軍夏侯淵」，宋刻《綱目》本作「夏侯淵及將軍」。

丙申 二十一年。夏，五月〔一〕，魏公操進爵爲王。操殺尚書崔琰〔二〕。

進爵何？自進也。進爵之辭二：進某爵爲王者，上進之也；據晉愍帝建興三年書進代公猗盧爵爲王。某進爵爲王者，自進之也。是年曹操。書殺琰何？操信讒也。上書魏公操進爵，下書殺琰，蒙上文可矣，曷爲再書操？不再書操，則未知其誰殺之。再書操，所以深罪操也。

五月朔，日食。〇以裴潛爲代郡太守。

自書以孫堅爲太守至是，書太守者十八，惟潛始以恩信見稱，則絶無而僅有者也，特書予之〔三〕。

秋，七月，南匈奴單于入朝於魏，遂留居鄴。〇八月，魏以鍾繇爲相國。

丁酉 二十二年。春，正月，魏王操擊孫權軍。三月，權降。〇夏，四月，魏王操用天子車服，出入警蹕。

昔成王賜周公以天子禮樂，蓋追賜也。天子在上，而僭其車服儀制，是二天子矣。操之罪，可勝誅哉！終《綱目》千三百年〔四〕，一書而已。

六月，魏以華歆爲御史大夫。〇冬，十月，魏以世子丕爲王太子。〇劉備進兵漢中，魏王操遣將軍曹

〔一〕「五」，原作「四」，據宋刻《綱目》本、《通鑑》卷六七改。
〔二〕「殺」下，宋刻《綱目》本有「其」字；「尚書」，《通鑑》卷六七作「中尉」。
〔三〕「予」，弘治本、蜀藩本作「嘉」。
〔四〕「年」上，弘治本、蜀藩本有「餘」字。

洪拒之。○孫權陸口守將魯肅卒，權以呂蒙代之。○權遣陸遜討丹陽山越，平之。

戊戌二十三年。春，正月，少府耿紀、司直韋晃起兵討魏王操，不克，死之。

少府、司直，非貴大臣也。非貴大臣而能起兵，《綱目》所深予也，故特書討，書死之，所以愧黨操者深矣！

三月，有星孛於東方。

獻帝之世，先是六書孛矣，於是七書。終《綱目》書孛五十三，而一世七書者，惟武帝、獻帝焉。然武止兵禍，而獻至於失天下，則獻之才不足以挽漢祚之衰故也。

夏，四月，代郡、上谷烏桓反，魏王操遣其子彰擊破之。○劉備擊張郃，不克。○秋，七月，魏王操擊劉備。九月，至長安。

己亥二十四年。春，正月，劉備擊夏侯淵，破斬之。○二月晦，日食。○三月，魏王操出斜谷，劉備將趙雲擊其軍，敗之。夏，五月，操引還，備遂取漢中。○秋，七月，劉備自立爲漢中王。

書自立何？存獻帝也。獻帝在，雖劉備，以自立書之〔一〕。《綱目》君臣之義，凜凜矣！

魏王操號其夫人爲王后。

〔一〕「以」上，弘治本、蜀藩本有「一」字。

其者何？據魏殺夫人甄氏，不書其。其所謂夫人云爾也。婦從夫爵，魏公之有夫人，宜矣，曷爲必稱其夫人？魏公書操自立，則夫人亦其所自謂之而已矣。故號之爲后，書曰魏王操號。

八月，漢中將關羽取襄陽。〇魏王操殺丞相主簿楊脩。〇關中營帥許攸降。〇冬，十月，孫權使吕蒙襲取江陵。魏王操帥師救樊，關羽走還，權邀斬之。十二月，蒙卒。

周瑜、張紘、魯肅卒，皆書官，於是蒙爲大督，則其卒也，不具官何？罪蒙也。劉、孫同仇，而蒙首發相吞之謀，此魏之所以益彊，而漢之所以不復也。故關羽之還，書邀斬之以甚孫權，而蒙之卒不書官。《綱目》於蜀漢、吴、魏及晋諸臣，卒不書官者，吕蒙、孫峻、陳祇、劉穆之四人焉。夷蒙於數子，《綱目》罪之深矣。

以孫權爲驃騎將軍，領荊州牧。

庚子

二十五年[一]。魏文帝曹丕黄初元年。〇是歲僭國一[二]。春，正月，丞相、冀州牧、魏王曹操還至洛陽，卒。太子丕立，自爲丞相、冀州牧。

賀善贊曰：操自兵興以來，《綱目》所書無慮八九十事，未嘗有一語予之。其始與諸將同盟也，書戰不克還；其遷官也，自兖州牧外，書自稱、自爲、自領者凡六；進位、進爵，亦皆以自進

〔一〕「二十五」，宋刻《綱目》本作「延康元」。

〔二〕「是歲」，宋刻《綱目》本作「凡」。

爲文；又書贊拜不名，入朝不趨，劍履上殿；又書用天子車服，出入警蹕：皆罪之也。其所加兵，雖袁術僭帝，張繡、高幹書叛，馬超、韓遂書反，亦止書擊。至劉備、耿紀，則以討操書。而又四書殺無罪，一書遷帝，一書弑皇后，其惡操也，甚矣！於是而卒，書官、書爵、書姓如鄧禹，非予之也，幸之也。使操不死，必將大以不臣終矣。故兩漢諸臣卒，官、爵、姓具者十有六，蕭何、曹參、陳平、霍去病、衛青、金日磾、霍光、張安世、魏相、丙吉、卓茂、祭遵、馮異、吴漢、鄧禹、楊賜。皆美也，操不與焉。

二月朔，日食。○魏以賈詡爲太尉，華歆爲相國，王朗爲御史大夫。○魏王丕遣其弟鄢陵侯彰等皆就國。

鄢陵侯何？漢所封也。漢所封，則漢遣就國爾，書魏王丕遣何？私也。友于義薄，莫甚於曹丕者矣，故直書曰魏王丕遣其弟。

魏立法，自今宦者官不得過諸署令。

《綱目》惡魏甚矣，書立法何？譏也。何譏焉？非天子不制度，丕襲王耳，而專立法，故書譏之。雖然，是良法也。《綱目》懲閹豎之禍，有良法必謹録之。故罷中書官，置尚書員五人書，成帝建始四年。除公卿子弟補宦官書，靈帝中平六年。宦者不得過諸署令書，是年。命宦官毋得衣紗縠綾羅書。唐文宗太和三年。

魏立九品法，置州郡中正。○夏，六月，魏王丕南巡，至譙，大饗軍士、父老。

天子適諸侯曰巡狩，丕襲王耳，其書南巡何？魏自曹操而用天子車服，出入警蹕，其自帝久矣。因而録之，所以著其悖也。况設百戲伎樂，無一年之愛於其父乎！書大饗，甚譏之。終《綱目》書大饗軍士三。光武建武十三年大饗將士、是年、晋成帝咸和七年趙大饗群臣。

漢中將孟達以上庸降魏。〇以賈逵爲豫州刺史。

自兼置州牧以來，靈帝中平五年。書刺史十有七，以稱職書者，前書梁習，此書賈逵，後書徐邈，三人而已耳。

冬，十月，魏王曹丕稱皇帝，廢帝爲山陽公。

書稱，書廢，一削傳禪之説，亂臣賊子，始無以自文矣。《綱目》誅心之法，嚴矣哉！

十二月，魏主丕如洛陽，營宮室。〇魏徙冀州士卒家實河南。

辛丑　昭烈皇帝章武元年。魏黄初二年。

大書章武何？紹昭烈於高、光也。魏篡立，吴割據，昭烈親中山靖王之裔，名正言順，舍此安歸！《綱目》揭章武之元而大書之，然後正閏順逆，各得其所。故曰：「統正於下而人道定矣。」本習鑿齒《漢晋春秋》。

春，正月，魏封孔羡爲宗聖侯。〇魏復五銖錢。

書復何？卓壞之也，於是三十有二年矣。

夏，四月，漢中王即皇帝位。

書即皇帝位何？正統也。故孫、曹皆斥姓名，書稱皇帝，立后、立太子皆不書皇，所以殊之於正統也。終《綱目》書即皇帝位四。詳高帝、光武、昭烈、晋元帝。

孫權徙治武昌。○立宗廟，祫祭高皇帝以下。○五月，立夫人吴氏爲皇后，子禪爲皇太子。○六月，魏殺夫人甄氏。

甄氏何？丕正妃也。丕稱皇帝踰年矣，曷爲猶稱夫人？於是貴嬪郭氏方有大寵，久而不立，丕意有所屬矣。雖微怨言，甄氏欲免，得乎？《綱目》深探其情，故以無罪書殺。

魏祀太祖於建始殿。

建始殿何？譏也。建始殿則何譏？禮，將營宫室，宗廟爲先。去年書如洛陽營宫室矣，及是殿宇已成，而宗廟不立，乃祀太祖於建始殿，如家人禮，則非禮矣。書曰於建始殿，非地也。

是月晦，日食。○秋，七月，帝自將伐孫權。

自初平以來，諸相加兵者書攻、擊而已，此其書伐何？罪吴，且尊漢也。

車騎將軍張飛爲其下所殺。

爲所殺何？譏不戒也。《綱目》書爲所殺十一，詳獻帝建安二十年。夷蠻不與焉，皆譏不在人也。

孫權請和，不許，遂遣陸遜督諸將拒守。○魏築陵雲臺〔一〕。

〔一〕「陵」，原作「凌」，據宋刻《綱目》本、《通鑑》卷六九改。

凡書築臺，譏也。《綱目》書築臺六，詳武帝元鼎二年。皆譏也。

八月，孫權遣使降魏，魏封權爲吴王。○孫權城武昌。○冬，十月，魏以楊彪爲光禄大夫。

彪自政在曹氏，遂稱脚攣，積十餘年，至是始出。書爲光禄大夫，其美之歟？非也。下書管寧不至，則此非美矣。

魏罷五銖錢。

五銖自正月始書復，曾未十月，以穀貴罷之。不七年而復，復終魏之世，非用五銖，即用穀帛〔一〕，未嘗改鑄也。

孫權遣使如魏。○魏遣使求珍物於孫權。○孫權立子登爲太子。○魏置護鮮卑、烏桓校尉。

壬寅 二年。魏黄初三年。○吴大帝孫權黄武元年。○舊國一，新國一，凡二僭國〔二〕。春，正月朔，日食。○魏除貢士限年法。○二月，魏復置戊、己校尉。○帝進軍猇亭。○三月，魏立子弟爲王。○夏，六月〔三〕，吴陸遜進攻猇亭，諸軍敗績，帝還永安。○秋，七月，魏冀州大蝗，饑。○八月，將軍黄權叛，降魏。

道絶降耳，其書叛何？責不死節也。

〔一〕「即」，弘治本、蜀藩本作「則」。

〔二〕「二」，宋刻《綱目》本在「國」字下。

〔三〕「六月」，《通鑑》卷六九作「閏月」。

九月，魏立法，自今后家不得輔政。

《綱目》惡魏，然法有可傳，每每特書之。故宦者不得過諸署令則書，后家不得輔政則書，自諸侯入奉大統，不得顧私親則書。

魏立貴嬪郭氏爲后。○魏遣將軍曹休等擊孫權。○冬，十月，魏作壽陵。○吴王權改元，拒魏。十一月，魏主丕自將擊之。

權嘗再書降魏矣，此其不書叛，書拒何？惡魏也。故雖書魏封權爲吴王，而嘗斥名孫權，不予其受魏封也。於是改元拒魏，然後書吴王權，而國自是得稱吴。《綱目》之惡魏，深矣！然則其書改元也，許之乎？書改元，所以著其拒魏之寔，非予之也。

是月晦，日食。○吴人來聘，遣太中大夫宗瑋報之。

癸卯 後主建興元年[一]。魏黄初四年、吴黄武二年。

始不踰年改元也。

春，魏師攻濡須，別將圍江陵，皆不克，引還[二]。○夏，四月，帝崩於永安，丞相亮受遺詔輔政。五

[一]「後主」，宋刻《綱目》本作「三年後主禪」。
[二]「引還」，宋刻《綱目》本無。

月，太子禪即位〔一〕，尊皇后曰皇太后，封亮爲武鄉侯，領益州牧。

賀善贊曰：玄德未西，《綱目》多恕辭，領徐州不書自，歸操書歸許，操以爲豫州書詔以爲。至書見諸葛於隆中，則《綱目》以來，一書而已。然其得涪城也書據，牧益州也書自，王漢中也書自立，存獻帝也。獻帝既廢，於是特書即皇帝位如高、光，又揭其紀元而大書之，后、太子書皇，存書帝，没書崩。《綱目》於玄德非私也，唯其正而已矣。○自宣帝之末書受遺詔，是後無聞焉，於是復書，亮其人也。終《綱目》書受遺詔六，詳武帝後元二年。司馬懿書受遺，不書詔，不與焉。

六月，魏大水。○益州郡耆帥雍闓等以四郡叛。○秋，八月，魏以鍾繇爲太尉。○遣尚書鄧芝使吴。○立皇后張氏。

兩漢之篇，必書立某氏爲皇后；其書立皇后某氏者，異其文也。異其文者，異其事也。自是迄於東晋，未聞有賢后者，《綱目》例書曰立皇后某氏焉，蓋亦不以是爲異矣。宋以後立后皆不書，至隋、唐而後書。唐自德宗以下，無復書者，德宗之世，一書皇后崩而不書氏。惟昭宗一書。僭國之后，自劉淵以後，非有故不書也。

甲辰　二年。魏黄初五年、吴黄武三年。夏，四月，魏立太學。○吴人來聘，復遣鄧芝報之。○秋，八月，魏主

〔一〕「位」下，宋刻《綱目》本、《通鑑》卷七〇有「改元」二字。

丕以舟師擊吳[一]，臨江而還。○吳尚書曁豔、郎徐彪有罪，自殺。○冬，十一月晦，日食。

乙巳 三年。魏黄初六年、吴黄武四年。春，三月，丞相亮南征。○夏，五月，魏主丕以舟師伐吳。○六月，吳以顧雍爲丞相。○秋，七月，丞相亮討雍闓，斬之，遂平四郡。○冬，十月，魏師臨江而還。○十二月，吳番陽賊彭綺反。

丙午 四年。魏黄初七年、吴黄武五年。春，正月，中都護李嚴移屯江州。○吳令諸將屯田。○魏殺其執法鮑勛，免將軍曹洪官。○夏，五月，魏主丕卒。

主書卒何？尊漢也。至漢亡而後始書吳主殂。賀善贊曰：魏文嗣立踰月，而書遣其弟等皆就國，而兄弟之恩薄；踰時而書大饗軍士、父老，而父子之天滅；是冬而書稱帝、廢帝，而君臣之綱絶；明年而書殺夫人甄氏，而夫婦之義虧；而又書營宫室，築陵雲[二]，求珍物，殺鮑勛，七年之中，失德相望。是以當時書大蝗、饑，書大水，獨魏見之。雖能封宗聖，立太學，瑜不掩瑕矣。

秋，八月，吳王權圍魏江夏，不克。○吳攻襄陽，魏撫軍司馬懿擊破之。○冬，吳王權令陸遜、諸葛瑾損益科條。○魏徵處士管寧，不至。○吳吕岱誘交趾守士徽，殺之。

[一]「擊」，宋刻《綱目》本作「伐」。
[二]「陵」，原作「凌」，據弘治本、蜀藩本、《通鑑》卷六九改。

丁未五年。魏明帝曹叡太和元年、吴黄武六年。春，正月，吴討彭綺，禽之。○二月，魏大營宮室。○三月，丞相亮率諸軍出屯漢中，以圖中原。

劉縯之起，書曰興復帝室，特筆也。於是特書曰以圖中原，其予亮以討復之義矣。自是，亮五伐魏，必書丞相若右將軍，予之也。

夏，四月，魏復行五銖錢。○冬，十二月，魏立貴嬪毛氏爲后。○魏議復肉刑，不果行。

肉刑自漢文帝始書除，於是近四百年矣，而魏欲復之，亦忍矣哉！書不果行，幸之也。終《綱目》書肉刑二。是年、文帝十三年。

魏孟達以新城來歸，魏將軍司馬懿帥兵攻之。

資治通鑑綱目書法第十五

起戊申漢後主建興六年，盡壬申漢後主延熙十五年。

盧陵後學劉友益修撰
翰林直學士中大夫知制誥同修國史國子祭酒歐陽玄校正

戊申六年[一]。魏太和二年、吴黄武七年。春，正月，魏陷新城，孟達死之。

孟達嘗書降魏矣，既而書來歸，美反正也。於是特書死之，其爲徙義之勸，深矣！

丞相亮伐魏，戰於街亭，敗績，詔貶亮右將軍，行丞相事。

書伐魏，尊漢也。街亭之敗，馬謖爲之，書敗績矣，復書貶亮，其不爲賢者諱何？亮自貶也。書曰詔貶，適所以昭平明之治，何諱焉。故自是止書右將軍亮。

夏，四月，魏以徐邈爲凉州刺史。〇五月，大旱。〇吴人誘魏揚州牧曹休戰於石亭，大敗之。

漢書遣間誘匈奴，罪誘之者也。此書誘戰何？罪敗者也。兩軍相向，而爲所誘，以至敗績，不

[一]「六」上，宋刻《綱目》本有「建興」二字。

可以言智矣。《綱目》書誘戰四，詳武帝元光二年。而書敗滅者三，皆罪敗者也。

冬，十二月，右將軍亮伐魏，圍陳倉，不克而還，斬其追將王雙。〇魏以公孫淵爲遼東太守。〇吴大司馬吕範卒。

於是印綬未下，書大司馬何？予賢也。苟賢也，吕範雖印綬未下而卒書大司馬，蔡興宗雖未拜而卒書中書監，皆《綱目》之特筆也。

己酉 七年。魏太和三年、吴黄龍元年。春，右將軍亮伐魏，拔武都、陰平，復拜丞相。〇夏，四月，吴王孫權稱皇帝。〇遣衛尉陳震使吴，及吴主權盟。〇吴以張昭爲輔吴將軍。〇秋，七月，魏制後嗣有由諸侯入奉大統者，不得顧私親。〇九月，吴遷都建業，使上大將軍陸遜輔太子登，守武昌。〇冬，十月，魏立聽訟觀，置律博士。

書作蜚廉、桂觀矣，武帝元封二年。又書起四百尺觀矣，靈帝光和五年。皆譏也。此其書聽訟觀何？美之也。魏主於是能慎罰矣。《綱目》書觀七，魏聽訟、是年。秦聽訟、晋孝武帝寧康三年。宋總明、庚戌年。周通道，陳甲午年。皆美也；蜚廉、桂觀、四百尺觀、望仙觀，唐文宗會昌二年。皆譏也。

書律博士始此。終《綱目》書律博士二。是年、隋癸卯年。

十二月，築漢、樂二城。

庚戌 八年。魏太和四年、吴黄龍二年。春，吴發兵浮海，求夷洲、亶洲。〇二月，魏立郎吏課試法。尚書諸葛誕等有罪，免。○秋，七月，魏寇漢中，丞相亮出次成固。九月，魏師還。

書魏以寇，尊漢也。

魏主叡如許昌。○冬，十二月，吴人攻魏合肥，不克。○丞相亮以蔣琬爲長史。○吴廷尉監隱蕃作亂，伏誅。

辛亥 九年。魏太和五年、吴黄龍三年。春，二月，吴武陵蠻叛，吴主權遣潘濬擊之。○丞相亮伐魏，圍祁山。

○自十月不雨，至於三月。

自秦初書六月不雨至於八月，丙寅年。其後有書四月至於七月者矣，獻帝興平元年。率不過三四月爾。於是而書十月至於三月，是半年也。後此有書正月不雨至於十月者，又甚矣哉！宋庚午年西秦。終《綱目》書某月不雨至於某月者六。詳秦初丙寅年〔一〕。

夏，五月，亮敗魏司馬懿於鹵城，殺其將張郃。○秋，八月，魏令其宗室王侯朝明年正月。

《綱目》周、漢之篇，書來朝多矣，未有書令其朝者。書令其朝何？譏也。魏法，宗室毋得朝覲通往來，至是始詔聽朝明年正月，魏世親親之義，亦薄甚矣！故終魏之世，無書來朝，書令其朝也。

〔一〕「秦」，原作「泰」，據弘治本、蜀藩本改。

中都護李平有罪[一]，廢，徙梓潼。○冬，十月，吳人誘敗魏兵於阜陵。○十一月晦，日食。

壬子 十年。魏太和六年、吳嘉禾元年。春，三月，魏主叡東巡。○吳遣使如遼東，徙其騎都尉虞翻於蒼梧。○秋，九月，魏治許昌宫。○魏伐遼東，不克，還擊吳使者，斬之。

魏書伐何？淵受魏官也，於是數與吳通，故一書伐。

魏以劉曄爲大鴻臚。○吳人擊魏廬江，不克。

癸丑 十一年。魏青龍元年、吳嘉禾二年。春，正月，青龍見魏摩陂井中。二月，魏主叡往觀之。

觀龍不書，據晉武帝太康五年見武庫井中[二]，帝觀之，不書。此何以書？遠也，故特書往。

吳遣使拜公孫淵爲燕王。○夏，閏五月朔，日食。○六月，魏洛陽宫鞠室災。○公孫淵斬吳使者，獻首於魏，魏封淵爲樂浪公。○吳主權自將攻魏新城，不克。○以馬忠爲庲降都督。

甲寅 十二年。魏青龍二年、吳嘉禾三年。春，二月，丞相亮伐魏。○三月，魏山陽公卒。

山陽公自廢至是，十五年矣，於是書卒。書魏山陽公，美存厚也。陳留卒書姓名，山陽則曷爲不書？漢帝，故不忍書也。然則安樂公非帝乎？安樂異世，非漢比也。是故山陽公不書姓名，唐

[一]「都」，原作「軍」，據宋刻《綱目》本、弘治本、蜀藩本、《通鑑》卷七二改。

[二]「見」上，弘治本有「龍」字。

鄴公不書姓名。自魏山陽公十五年卒，其後晋安樂公劉禪八年卒，歸命侯孫皓四年卒，陳留王曹奂三十八年卒，魏啟之也。山陽傳國至晋永嘉，始爲胡寇所滅，魏於前代，可謂厚矣。終《綱目》滅國之君書卒六，山陽、晋安樂、歸命、陳留、陳叔寶、後唐楊溥。書薨一。唐鄴公。

夏，四月，魏大疫，崇華殿災。○丞相亮進軍渭南，魏大將軍司馬懿引兵拒守，亮始分兵屯田。○五月，吴主權擊魏。秋，七月，魏主叡自將擊却之。○八月，魏葬漢孝獻皇帝於禪陵。

書魏葬，予存厚也。終《綱目》滅國之君書葬五，山陽公、晋陳留王、宋晋恭帝、陳梁孝元帝、石晋故唐主。惟晋恭帝弑書葬，故譏之。

丞相、武鄉侯諸葛亮卒於軍。長史楊儀引軍還，前軍師魏延作亂，儀擊斬之。

凡書卒於軍，嘉死事也，故具官、爵、姓。亮自書出屯漢中以圖中原，至是凡五書，伐魏一書，戰街亭敗績二書，圍陳倉斬其將三書，拔武都、陰平四書，敗司馬懿，殺張郃，於是書進軍，書屯田，皆可紀也。唯街亭一敗，馬謖之罪耳。亮方爲足食計，而以卒於軍書矣。《綱目》書卒於軍八，未有以丞相書者。書丞相武鄉侯諸葛亮卒於軍，軍國之可痛，深矣！此《綱目》所甚惜也。自是至晋諸臣卒，具官、爵者十二人。諸葛亮、司馬孚、司馬攸、張軌、温嶠、陶侃、王導、郗鑒、何充、謝安、袁宏、桓沖。○書軍還可矣，書楊儀何？嘉儀也。於是新喪元帥，全軍而歸，儀可謂能權矣。

以吴懿爲車騎將軍，督漢中，蔣琬爲尚書令，總統國事。○遣中郎將宗預使吴。○吴以諸葛恪爲丹陽太守。〇冬，十一月，魏洛陽地震。〇吴潘濬平武陵蠻。

乙卯十三年。魏青龍三年、吴嘉禾四年。春，正月，魏太后郭氏卒。

不書以憂卒何？罪不在魏主也。

中軍師楊儀有罪，廢，徙漢嘉，自殺。〇夏，四月，以蔣琬爲大將軍，録尚書事，費禕爲尚書令。〇魏作洛陽宫。

魏主叡即位九年，書大營宫室，立廳訟觀，治許昌宫，用民多矣。去年書崇華殿災，天意亦可知也。於是又作洛陽宫焉，其逆天戒，亦甚矣！繼有崇華殿災之書，宜哉！

秋，七月，魏崇華殿災。

一崇華也，兩年兩災，天戒凛凛矣〔一〕！《綱目》悉書之，所以戒土木也。

八月，魏立子芳爲齊王，詢爲秦王。〇魏復立崇華殿。

前再書崇華殿災矣，於是再立，逆天戒孰甚焉，故書復。玄宗更集仙爲集賢，則書集賢；唐開元十三年。於是更名九龍殿，則曷爲不書？不書九龍，書崇華，所以著其逆天戒也。是故秦不恤人怨而作阿房則書復，秦二世元年。魏不畏天戒而立崇華則書復。是年。終《綱目》作宫殿書復者，二而已。

〔一〕「矣」上，弘治本、蜀藩本有「然」字。

冬，十月，魏中山王袞卒。〇魏殺鮮卑軻比能。〇魏張掖涌石負圖。

有書隕石者矣，有書立石者矣，未有書涌石者。涌石負圖，而文曰「大討曹」，天之棄曹氏也，決矣！而詔頒天下，以爲嘉瑞，亦愚矣哉！終《綱目》書隕石十二，石立二，書涌石，一而已。

魏以馬易珍物於吳。

前書徵珍物，譏玩物也。至以有用易無用，書曰以馬易，甚譏之。

十四年。丙辰 魏青龍四年、吳嘉禾五年。春，吳鑄大錢。

書大錢何？譏也。於是書大錢一當五百，失輕重之中矣。書大錢始此。終《綱目》書大錢六。是年、延熙元年吳、丁亥年宋、唐肅宗乾元元年、二年、五代己未年唐。

三月，吳婁侯張昭卒。〇夏，四月，帝如湔，觀汶水，旬日而還。

凡書觀，譏也；旬日而還，甚譏之也。是故安帝之幸馮石府〔一〕，書留飲十日，後主之觀汶水，至旬日而還，皆譏之譏也。

武都氐王苻健降。〇冬，十月，有星孛於大辰，又孛於東方。

元封之元嘗書又孛矣，然書秋不書月，則同時也，未有同月書又孛者。一月再孛，甚大異也。終

〔一〕「安」，原作「桓」，據蜀藩本、《通鑑》卷五〇改。

《綱目》書孛不一，三國書又孛者再，若其一月再孛，則是年而已矣。

魏司空陳群卒。○魏令公卿舉才德兼備之士。

丁巳 十五年。魏景初元年、吴嘉禾六年。春，正月，魏黄龍見，以三月爲夏四月。

建丑也。然則書以三月爲四月可矣，書夏四月何？譏非古也。三代改正，不改月數。漢初承秦建亥，書冬十月，則秦、漢雖改正，而其爲冬自若也。今改月數，以三爲四，末論也。而以春爲夏，是變易四時之實矣，故書夏譏之。終《綱目》書改正五。詳始皇二十六年。

夏，六月，魏地震。

《綱目》書地震一百一，而漢世居九十，地道之變，未有多於漢者也。自是五十年不書地震，至晋武太康九年而後書。迄《綱目》之終，所書亦不過當十之一，豈地道之安其常哉？記注蓋多略矣。

魏以陳矯爲司徒。○魏制三祖爲不毁之廟。○秋，七月，魏擊遼東[一]，不利，公孫淵自稱燕王。○皇后張氏崩。○九月，魏大水。○魏主叡殺其后毛氏。

魏嘗書殺夫人甄氏矣，不斥魏主丕，於是而斥魏主叡何？甚叡也。毛氏不得與宴，薄有間焉，常情也，而賜之死，叡亦忍甚矣哉！《綱目》書殺其后二，是年毛氏、晋穆帝永和十一年秦梁氏。廢

[一] 「擊」，宋刻《綱目》本作「伐」。

而殺之三，詳桓帝延熹八年。爲人所殺不與焉。

冬，十月，魏營圓、方丘，南、北郊。

圓方丘澤，高下之義，古也。皆取諸丘，非矣；既立圓、方丘，又有南、北郊，益非矣，故書譏之。下書晉并圓、方丘之祀於南、北郊，善晉也。丙戌年。

吴以諸葛恪爲威北將軍。○魏鑄銅人，起土山於芳林園。

秦鑄金人不書，此其書何？秦不足責，踵秦者可責也。故靈帝鑄銅人則書，中平二年。魏鑄銅人則書。是年。書起土山何？譏勞民也。書起土山始此。終《綱目》書起土山二。是年、丙戌年宋。

魏光禄勳高堂隆卒。○魏作考課法，不果行。

戊午 延熙元年。魏景初二年、吴赤烏元年。春，正月，魏遣太尉司馬懿擊遼東[一]。○二月，魏以韓暨爲司徒。○立皇后張氏。○立子璿爲皇太子。○吴鑄當千大錢。

先是，吴鑄大錢一當五百矣，不書，書大錢。此其書當千何？非常也。當五百，大矣；當千，甚哉！直書，重譏之。終《綱目》書大錢六，莫大於當千者矣。詳建興十四年。

秋，八月，魏司馬懿克遼東，斬公孫淵。○吴中書郎吕壹伏誅。○冬，十二月，蔣琬出屯漢中。○魏主叡有疾，立郭夫人爲后，召司馬懿入朝，以曹爽爲大將軍。

〔一〕「擊」，宋刻《綱目》本作「伐」。

魏嘗再書立貴嬪某氏爲后矣，此則直曰立郭夫人何？略之也。曷爲略之？毛氏之死，釁起郭氏，魏主蓋有心矣。於是疾革，汲汲立焉，惟恐不及，其蔽亦甚矣哉！《綱目》特異其文，所以示譏也。

己未　二年。魏景初三年、吴赤烏二年。春，正月，魏司馬懿至洛陽，與爽受遺輔政。魏主叡卒，太子芳立。

書受遺詔多矣，此其獨書受遺何？不與魏之有詔也。故太子書立，不書即位。叡立不書，芳何以書？正始也。則司馬氏廢主之罪，著矣！賀善贊曰：魏明在位十三年，書土木之事六，首書大營宮室，繼書立聽訟觀，書治許昌宮，書作洛陽宮，書復立崇華殿，書鑄銅人、起土山，而又書如許昌，書東巡，書觀龍，煩民極矣。又其甚，至以小忿而殺其后。《綱目》於是書災三，書地震二，書疫、書涌石、書大水各一。若魏明者，《綱目》無取焉。

二月，魏以司馬懿爲太傅，何晏爲尚書。○夏，以蔣琬爲大司馬。○冬，十月，吴遣將軍呂岱屯武昌。○吴將周胤有罪，廢，徙廬陵。○十二月，魏復以建寅之月爲正。

庚申　三年。魏主曹芳正始元年、吴赤烏三年。春，以張嶷爲越嶲太守。○冬，吴饑。

辛酉　四年。魏正始二年、吴赤烏四年。夏，四月，吴人攻魏，魏擊却之。○吴太子登卒。

卒太子始此。終《綱目》太子書卒者九，吴太子登、代世子寔、魏太子晃、齊太子長懋、梁太子統、隋太子佋、唐太子寧、太子永、後唐太子弘冀。書薨一，唐太子弘。書死一。唐太子重俊。

蔣琬徙屯涪。○魏置淮南、北屯田，廣漕渠。○管寧卒於魏。

布衣也，何以卒？録賢也。終《綱目》布衣書卒二，黄憲、管寧。皆録賢也。然則其書卒於魏何？不使魏得臣之也。是故孟軻，天下之大賢也，書至魏，而不書鄒孟軻；管寧，亦天下之善士也，書卒於魏，而不書魏管寧。

壬戌 五年。魏正始三年、吴赤烏五年。春，正月，中監軍姜維自漢中徙屯涪。○吴立子和爲太子，霸爲魯王。

癸亥 六年。魏正始四年、吴赤烏六年。夏，五月朔，日食，既。

食既，大變也。自是陳祗、黄皓用事，而漢亡矣，故謹書之。終《綱目》書日食三百六十七，而食既者十二，無不有大應者也。詳惠帝七年。

冬，十月，遣前監軍王平督漢中。○十一月，以費禕爲大將軍，録尚書事。○魏揚豫都督王昶徙屯新野。

甲子 七年。魏正始五年、吴赤烏七年。春，正月，吴以陸遜爲丞相。○三月，魏曹爽寇漢中。閏月，費禕督諸軍救之。○夏，四月朔，日食。○五月，魏軍退走。○冬，以費禕兼益州刺史，董允守尚書令。

乙丑 八年。魏正始六年、吴赤烏八年。春，吴殺其太子太傅吾粲。○吴丞相陸遜卒。○秋，八月，皇太后吴氏崩。○冬，十一月，大司馬蔣琬卒。○十二月，尚書令董允卒。以宦者黄皓爲中常侍。

中常侍以宦者爲之，宜矣，則其書何？著亂本也。是故董允卒而黃皓用，是年。李絳出而承璀入，唐憲宗元和九年。《綱目》每聯書之，所以著君子、小人之不兩立也。

丙寅　九年。魏正始七年、吴赤烏九年。春，魏擊高句驪，克丸都。○秋，九月，吴以步隲爲丞相。○吴分荆州爲二部。○赦。○吴罷大錢。○以姜維爲衛將軍，與費禕并録尚書事。

丁卯　十年。魏正始八年、吴赤烏十年。春，二月，日食。○吴作太初宫。

書作宫何？美也。作宫之爲譏多矣，此則曷爲以美書？於是因武昌材瓦，恐妨農桑，可謂有恤民之心者，故書美之。終《綱目》書作宫殿五十六，其以美書者，鮮矣。

魏遷其太后於永寧宫。

遷之者，曹爽也，則其不書曹爽何？據安帝延光四年閻顯，及靈帝建寧元年曹節，皆書主名。均其罪於魏之臣子也。於是爽專朝政，擅遷太后，在朝大臣雖司馬懿等莫之禁，而聽其所爲，書曰魏遷，分罪也。

戊辰　十一年。魏正始九年、吴赤烏十一年。夏，四月，魏以徐邈爲司空，不受。○五月，費禕出屯漢中。

己巳　十二年。魏嘉平元年、吴赤烏十二年。春，正月，魏司馬懿殺曹爽及何晏等，夷其族。

爽罪甚矣，其書殺何？惡懿也。司馬氏之威，始此矣。然則爽無罪歟？爽等不書官，所以罪之也。

魏以司馬懿爲丞相[一]，加九錫，不受[二]。

書以何？命自上出也。不受，則懿亦可謂稍知節矣。《綱目》書九錫十四：詳平帝元始五年。書加某九錫者一，王莽。書以某加九錫而不受者二，懿、朱全忠。書自加者九，曹操、趙王倫、桓玄、蕭道成、蕭衍、陳霸先、楊堅、李淵、王世充。書自加九錫而復辭者二。司馬昭、劉裕。然全忠以不滿而不受，又非懿之比矣。

魏護軍夏侯霸來奔。○三月，吴大司馬朱然卒。○秋，姜維伐魏雍州，不克。○冬，十二月，魏即拜王淩爲太尉[三]。○魏光禄大夫徐邈卒。

十三年。庚午　魏嘉平二年、吴赤烏十三年。秋，吴廢其太子和，殺魯王霸及將軍朱據。冬，十一月，立子亮爲太子。○吴作堂邑塗塘。

作塘必書，重民力也。書作塘始此。終《綱目》書作塘四。吴塗塘、浦里塘、梁緣淮塘、吴越捍海石塘。

[一]「以司馬懿爲」，宋刻《綱目》本作「司馬懿自爲」。

[二]「不」上，宋刻《綱目》本有「復辭」二字。

[三]「拜」下，宋刻《綱目》本有「揚州都督」四字。

十二月，魏擊吴，戰於江陵，大破之。

辛未　十四年。魏嘉平三年、吴太元元年。夏，四月，魏司馬懿殺王淩及楚王曹彪，遂置諸王公於鄴。

淩謀立彪，逆也，不書，書殺何？惡懿也。而因置諸王公於鄴，甚矣，故以遂書之。彪必書曹，殊之於漢宗也。

秋，八月，魏太傅司馬懿卒，以其子師爲撫軍大將軍[一]，録尚書事。○魏分匈奴左部爲二國[二]。○冬，十一月，吴以諸葛恪爲太子太傅，總統國事。○費禕北屯漢壽，以陳祗守尚書令。

壬申　十五年。魏嘉平四年、吴主孫亮建興元年。春，正月，魏以司馬師爲大將軍[三]。○吴立故太子和爲南陽王。○夏，四月，吴主權卒，太子亮立，以諸葛恪爲太傅。

自漢室衰微，群雄竊據，不修職貢[四]，《綱目》無取焉。仲謀代立，《綱目》書予之者三：不遺任子，一也；迎擊曹操，二也；改元拒魏，三也。而襲取江陵，邀殺關羽，遂使魏益以强，漢不可復，《綱目》獨深罪之。故昭烈之師，特書伐。

吴徙其齊王奮於豫章。○冬，十月，吴諸葛恪修東興隄。十二月，魏人擊之，恪與戰於徐塘，魏人敗走。

[一]「以其子師爲」，宋刻《綱目》本作「其子師自爲」。

[二]「左」，原無，據宋刻《綱目》本、弘治本、蜀藩本、《通鑑》卷七五補。

[三]「以司馬師爲」，宋刻《綱目》本作「司馬師自爲」。

[四]「自漢……職貢」，此句弘治本、蜀藩本爲墨條。

資治通鑑綱目書法第十六

起癸酉漢後主延熙十六年，盡己亥晋武帝咸寧五年。

廬陵後學劉友益修撰
翰林直學士中大夫知制誥同修國史國子祭酒歐陽玄校正

癸酉十六年。魏嘉平五年、吴建興二年。春，正月，盗殺大將軍費禕。

盗者何？降人郭循也。麻秋殺苻洪則書故趙將，晋穆帝永和六年。循故魏臣也，志在復讐，則其書盗何？逆順異辭，且咎禕也。曷爲咎之？身爲漢大將軍，而盗得殺之，亦不得不任其咎矣。故書曰大將軍費禕。

二月，吴諸葛恪擊魏。○夏，四月，姜維伐魏，圍狄道。○吴師圍魏新城，不克。○冬，十月，吴殺其太傅諸葛恪，以孫峻爲丞相。

恪罪多矣，其以無罪書殺何？殺不以其罪也。《綱目》之法，雖有罪，而殺之不以其罪，一以無罪書之也。

吴殺其南陽王和。

甲戌十七年。魏主曹髦正元元年、吴五鳳元年。春，二月，魏司馬師殺中書令李豐及太常夏侯玄、光禄大夫張緝，遂廢其后張氏。

書臣子廢其后，自司馬師始。終《綱目》書后爲臣所廢三。魏張后、晋賈后、羊后。

夏，姜維伐魏。○秋，九月，魏司馬師廢其主芳爲齊王，遷之河内。冬，十月，迎高貴鄉公髦，立之。

書廢其主芳，遷之，迎高貴鄉公髦，立之，易辭也，司馬氏之勢成矣。

乙亥十八年。魏正元二年、吴五鳳二年。春，正月〔一〕，魏揚州都督毌丘儉、刺史文欽起兵討司馬師，師擊敗之，欽奔吴，儉走死。

儉等書討，罪師也，故師書擊。於是吴孫峻率兵將襲壽春，欽既攻師，敗退，聞峻至槀臯，遽詣峻降，則降吴也，書奔吴何？爲欽諱也。諱欽，所以惡師也。故儉亦止書走死。

魏大將軍司馬師卒。二月，師弟昭自爲大將軍，録尚書事。○秋，七月，吴孫峻殺朱公主。

於是孫儀謀殺孫峻，不克，死，不書，略之也。而用譖殺先君之女，其罪大矣，故書殺，罪之。

八月，姜維伐魏，敗其兵於洮西，遂圍狄道，不克而還。○冬，吴始作太廟。

前書魏始建社稷、宗廟，志僭始也。此其書始何？緩辭也。吴於是立國改元三十五年矣，而始

〔一〕「正」，原作「二」，據宋刻《綱目》本、弘治本、蜀藩本、《通鑑》卷七六改。

作太廟，特書曰始，所以志其慢也。《綱目》宗廟書始二，書初一。丁巳年北漢主。

丙子十九年。魏甘露元年、吴太平元年。春，正月，以姜維爲大將軍。○夏，四月，魏司馬昭始服袞冕、赤舄。○魏主髦視學。○秋，七月，姜維伐魏，與其將鄧艾戰，敗績。

不書鄧艾敗之，尊漢也。

八月，魏司馬昭自爲大都督，奏事不名，假黄鉞。

效操而未盡敢者也。然奏事不名，與贊拜不名則有間矣。終《綱目》奏事不名，一書而已。書假黄鉞始此。終《綱目》書假黄鉞七，加黄鉞四〔一〕。詳晋惠帝永熙元年。

吴孫峻卒，以其從弟綝爲侍中，輔政。

孫峻何？罪峻也。吴臣卒無不書官者，惟吕蒙、孫峻不書，削之也。

吴大司馬吕岱卒。○冬，十月，吴孫綝殺大司馬滕胤、將軍吕據。

胤、據亦孫儀耳，則何以書？綝，國賊，非峻比也，故書殺，罪之。

魏以盧毓爲司空。○吴孫綝殺將軍王惇。

於是惇及峻從弟憲謀殺綝，綝殺之，曷爲不書憲？憲，弟也，《綱目》之意微矣。是故孫憲，弟也，謀誅綝，綝殺之，則不書殺憲，而止書殺惇；李克寧，叔也，謀作亂，存勖殺之，則不書

〔一〕「加」，原無，據蜀藩本補。

其黨，而書殺：五代戊辰年。輕重之權衡也。

丁丑　二十年。魏甘露二年、吴太平二年。夏，四月，吴主亮始親政。

始親政何？峻專也。終《綱目》書始親政六，是年、宋乙丑年文帝、丁未年魏弘〔一〕、齊辛未年魏宏、陳己卯年周毓、壬辰年周邕。皆或專之者也。

魏揚州都督諸葛誕起兵討司馬昭。六月，昭奉其主髦攻之〔二〕，吴人救之，不克而還。

於是誕不就徵，殺揚州刺史，斂兵自守耳，書起兵討何？予之也。曷爲予之？誕嘗有死難之語，近於以身殉國者。《綱目》於此不書魏主髦自將，書奉其主髦，則非髦意，而制於昭也明矣，故止書攻。凡書奉其主云者，皆不出於其主者也。終《綱目》書奉其主、奉帝四。是年、晉惠帝太安二年再書、永興元年。

姜維伐魏。

戊寅　景耀元年。魏甘露三年、吴景帝孫休永安元年。春，二月，魏司馬昭拔壽春，殺諸葛誕。〇姜維引兵還。

書還何？譏也。何譏？以伐魏出，聞殺諸葛而還，則斯師也，徒乘人之危而已矣，故書譏之。

夏，五月，魏司馬昭自爲相國，封晉公，加九錫，復辭不受。

〔一〕「魏弘」，原作「魏宏」，據弘治本、蜀藩本、《通鑑》卷一三〇改；以下徑改，不再出校。

〔二〕「奉」，宋刻《綱目》本作「以」。

懿嘗辭九錫矣，止書不受，此其書復何？昭自加之，復自辭之，詐已甚矣。上書自爲，下書復辭，後書始受，所以深誅其心也。故自是，昭復三命三讓，皆削之不書。《綱目》書九錫十四，書自爲復辭始受者二，司馬昭、劉裕。晉、宋之初，一轍也。

秋，八月，魏主髦養老乞言於太學。

養老乞言，盛典也，髦能行之，然亦無救於亂矣。終《綱目》書養老四，明帝永平二年、是年、齊壬申年魏主宏、陳癸未年周主邕。惟髦非美辭。

九月，吴孫綝廢其主亮爲會稽王。冬，十月，迎立琅邪王休。休以綝爲丞相，封兄子皓爲烏程侯。○十二月，吴孫綝伏誅。○詔漢中兵屯漢壽，守漢、樂二城。

維之失計，漢所以亡者也，故特書之。

己卯 二年。魏甘露四年、吴永安二年。春，正月，黄龍二見魏寧陵井中。○秋，八月，陳祇卒，以董厥爲尚書令，諸葛瞻爲僕射。

漢、蜀諸臣無不具官卒者，惟陳祇不書，罪之也。漢之亂，陳祇爲之。

庚辰 三年。魏元帝曹奂景元元年、吴永安三年。春，正月朔，日食。○夏，五月，魏司馬昭弒其主髦於南闕下，尚書王經死之。

書南闕下何？迎而弒之也。司馬氏之姦謀豫矣，其姦黨衆矣，於是經以不俱報昭被殺耳，《綱目》特書死之，以見舉朝皆姦黨也。終《綱目》書死之五十五，詳孺子嬰居攝元年。君弑而死之者五。王經也、庾珉王儁也、辛賓也、顔見遠也、宋令詢也。

六月，魏主奂立。

於是昭迎立奂，不書迎立何？罪奂也。國君新弑，奂立不討賊，則與平時奚辨矣，故以恒辭書之。然則魏主濬曷爲書濬立？宋壬辰年。濬，嫡孫也，立而討賊，則無嫌乎立矣。

吴作浦里塘。〇吴會稽王亮自殺。〇冬，魏以王沈爲豫州刺史。

辛巳 四年。魏景元二年、吴永安四年。春，三月，魏遣兵迎吴降將，未行而罷。〇冬，以董厥、諸葛瞻爲將軍，共平尚書事，樊建爲尚書令。〇鮮卑索頭貢，質於魏。

索頭始見《綱目》。

壬午 五年。魏景元三年、吴永安五年。秋，八月，吴立子𩅦爲太子。〇冬，十月，姜維伐魏洮陽，不克。

亮之伐魏也，六伐六書其官。維於是亦六伐矣，皆不書官何？罪維也。不量力而數勦民，《綱目》固不得而予之。

吴以濮陽興爲丞相。〇魏司馬昭殺中散大夫嵇康。〇魏以鍾會都督關中軍事。

癸未 炎興元年。魏景元四年、吴永安六年。〇是歲漢亡。春，詔立故丞相亮廟於沔陽。

書立廟，録功臣也。終《綱目》功臣書立廟二，是年、唐玄宗天寶四載李勣。武氏之崇恩不與焉。

夏，五月，吴交阯殺其太守以降魏。○秋，魏遣鄧艾、鍾會將兵入寇，關口守將傅僉死之，姜維戰敗，還守劍閣。

還守劍閣何？著退屯漢壽之失也。漢之滅，姜維爲之。

冬，十月，吴人來援。○魏司馬昭始稱相國、晋公，受九錫。○衛將軍諸葛瞻及鄧艾戰於綿竹，敗績，及其子尚皆死之。○鄧艾至成都，帝出降，皇子北地王諶死之，漢亡。

書帝出降何？不死社稷也。故諶書爵、書死之，傅僉、諸葛瞻父子書官、書死之。凡國滅書死之，亡國之善辭也，以爲國雖亡，不爲無人焉耳。終《綱目》書死之五十四，詳孺子嬰居攝元年。而國滅書死之者三國。漢之亡也，書傅僉、諸葛瞻、北地王；吴之亡也，書張悌；凉之亡也，書掌據：皆亡國之善辭也。周、秦亡不書亡，此其書漢亡何？所以紹昭烈於高、光也。獻帝之廢，漢未亡也，至此而亡矣，特揭書著之。

吴兵還。○吴以鍾離牧爲武陵太守。○魏赦益州，復半租五年。

書，善魏也。滅國復其民，終《綱目》凡再書。是年、隋文帝開皇九年復陳境十年。

魏以鄧艾爲太尉，鍾會爲司徒。

甲申 魏咸熙元年、吴主孫皓元興元年。○凡二國。春，正月，魏以檻車徵鄧艾，鍾會謀反，伏誅，監軍衛瓘襲艾，殺之。

書襲艾殺之何？艾無罪也。故將士追艾、迎還，不書；後以鄧艾、孫朗爲郎中，則書。

三月，魏晋公昭進爵爲王。

進爵爲王何？自進也。魏公操嘗書之矣，於是書晋公昭，司馬氏之篡，曹氏教之也。反復之理，可畏哉！《綱目》於曹、馬，書辭多同，所以垂萬世戒也。

魏封故漢帝禪爲安樂公。○夏，五月，魏復五等爵。○秋，七月，魏以羅憲爲陵江將軍。○魏使荀顗定禮儀，賈充正法律，裴秀議官制。○吴主休殂，烏程侯皓立。

前書吴主權卒，尊漢也。於是漢亡矣，故休得書殂。

八月，魏晋王昭以其子中撫軍炎爲副相國。冬，十月，立爲晋世子。

操書以其子丕爲丞相副，此書以其子炎副相國，書辭若一，其示人反復之理，深切矣！

十一月，吴殺其丞相濮陽興、左將軍張布。

興、布，小人也，書爵、書殺何？殺不以其罪也。《綱目》之法，雖有罪，而殺之不以其罪，一以殺書之，懲枉濫，正刑罰也。

魏罷屯田官。

乙酉　魏咸熙二年、晋世祖武皇帝司馬炎泰始元年、吴甘露元年。○是歲魏亡晋代，凡二國。夏，五月，魏晋王昭號其妃曰后，世子曰太子。

其者何？其所謂妃也。晉王之有妃，宜矣，曷爲書曰其妃？王所自封，則其妃亦其所自謂之云爾已矣。故號之曰后，亦書晉王昭號。

秋，七月，吴主殺景后及其二子。○八月，魏晉王昭卒，太子炎嗣。○冬，吴遷都武昌。○十二月，晉王炎稱皇帝，廢魏主爲陳留王。○晉大封宗室。○晉除漢、魏宗室禁錮，罷將吏質任。○晉以傅玄、皇甫陶爲諫官[一]。

自靈帝之篇書殺諫議大夫劉陶，及是八十餘年，諫官無書者。於是書傅玄、皇甫陶，嘉得人也。晉之初政，可謂知所先後矣。諫官，終晉世一書而已。是年。外此，則趙書喬豫、和苞爲諫議大夫。晉元帝太興二年。

丙戌晉泰始二年、吴寶鼎元年。春，正月，晉立七廟。○晉除郊祀五帝座。

書，予之也。始郊見爲譏，漢文帝十五年。則除之者爲美矣。終復，復之何？惑哉。己酉年。

三月，吴遣使如晉弔祭。○吴殺其散騎常侍王蕃。○夏，六月晦，日食。○秋，八月，晉主謁崇陽陵。

朝陵，非古也。自明帝始矣，不悉書，書此，嘉孝思也。

吴以陸凱、萬彧爲左、右丞相。○冬，十月朔，日食。○十一月，晉并圓、方丘之祀於南、北郊。○晉罷山陽督軍，除其禁制。○十二月，吴還都建業。

[一]「傅玄」，原作「傅元」，據宋刻《綱目》本、弘治本、蜀藩本、《通鑑》卷七九改；以下徑改，不再出校。

丁亥 晉泰始三年、吳寶鼎二年。春，正月，晉立子衷爲太子。○晉殺其故立進令劉友。

友占官田，罪也，以無罪書殺何？譏偏也。於是李熹奏友及前尚書山濤、中山王睦、尚書僕射武陔各占官田，以爲非罪，則皆無罪也，而獨殺友，是殺無罪也，故以殺書之。

晉徵犍爲李密，不至。○夏，六月，吳作昭明宮。○秋，九月，晉增吏俸。○晉禁星氣、讖緯之學。

星氣、讖緯，曲學也。自光武宣布圖讖，而東漢圖讖之習盛，至是禁之，晉武可謂知所取舍矣。書，予之也。書禁圖讖始此。終《綱目》書禁圖讖四。是年、孝武帝寧康三年、齊乙丑年魏、隋文帝開皇十三年。

晉遣索頭質子歸國。

戊子 晉泰始四年、吳寶鼎三年。春，正月，晉律令成。

凡書成，久辭也。自魏書使賈充正律令，至是而成，五年矣。《綱目》法律書成三。是年、齊辛酉年魏新律成、齊辛未年律書成。

晉詔立考課法，不果行。○晉主親耕耤田。○三月，晉太后王氏殂。○夏，四月，晉太保王祥卒。○秋，七月，衆星西流如雨而隕。○九月，晉大水。○晉揚州都督石苞罷。

己丑 晉泰始五年、吳建衡元年。春，二月，晉以胡烈爲秦州刺史。○晉青、徐、兗州大水。

去年晉書大水矣，於是復大水而連數州焉，變異可謂頻矣。《綱目》書大水六十三，連數州郡者十有一。是年、太康四年、惠帝元康五年、八年、隋煬帝大業七年、唐太宗貞觀七年、八年、中宗神龍元年、德宗貞元八年、宣宗大中十二年、懿宗咸通十四年。

晋以羊祜都督荆州軍事。○晋録用故漢名臣子孫。

故漢名臣何？葛、傅之儔也。録其子孫，晋於是能勸善矣，故書予之。

秋，九月，有星孛於紫宫。○冬，十月，吴左丞相陸凱卒。

庚寅 晋泰始六年、吴建衡二年。夏，四月，吴以陸抗都督諸軍，治樂鄉。○六月，晋胡烈討鮮卑秃髮樹機能，敗死。

辛卯 晋泰始七年、吴建衡三年。春，正月，晋匈奴右賢王劉猛叛，走出塞。○晋豫州刺史石鑒有罪，免。○吴主大舉兵，遊華里，不至而還。

遊未有書大舉兵者，書大舉兵何？譏勞人也。漢明帝之篇，書帝如河内，不至而還，美從善也。此書不至而還，其美之歟？危之也。於是大雪，兵士寒凍殆死，皆曰遇敵便當倒戈，吴主乃還。《綱目》遊幸書不至，書不果，皆美也；惟此爲危辭。終《綱目》遊幸書不至二，漢明帝永平四年、是年。書不果行一。唐高宗總章二年。

夏，四月，晋凉州胡叛，刺史牽弘討之[一]，敗死。○秋，七月，吴復取交阯。○冬，十月朔，日食。○十一月，劉猛寇晋并州。○晋安樂公劉禪卒。

書卒何？予存厚也。於是漢亡八年矣。

壬辰 晋泰始八年、吴鳳凰元年。春，正月，匈奴殺劉猛，降晋。○二月，晋太子衷納妃賈氏。

太子納妃不書，此其書何？志亂始也。終《綱目》書太子納妃三，晋賈妃、宋江氏、周楊氏。皆有故也。

晋太宰、安平王孚卒。○晋散騎常侍鄭徽以罪免。

於是皇甫陶論事，争辯不已，徽請罪之。帝以徽越職妄奏，免其官。《綱目》特書以罪免，所以示面諛者之戒也。

夏，晋益州殺其刺史，廣漢太守王濬討平之，以濬爲益州刺史。○秋，七月，晋以賈充爲司空。○九月，吴步闡據西陵叛，降晋。○冬，十月朔，日食。○十一月，吴陸抗拔西陵，誅步闡，晋羊祜等救之，不及。

書晋救之不及何？嘉抗也。抗聞闡叛，亟遣兵討之，可謂能權矣，故嘉之。終《綱目》救書不及三，是年羊祜、梁乙亥年王琳、同上齊遣兵。惟齊爲譏辭。

[一]「牽弘」，原作「牽宏」，據宋刻《綱目》本、弘治本、蜀藩本、《通鑑》卷七九改。

晉免其國子祭酒庾純官，尋復用之[一]。○吴殺其丞相萬彧、將軍留平、大司農樓玄。

彧、平扈從而思逃，不無罪矣，曷爲與樓玄並書殺？《綱目》澄源正本，略彧、平，所以罪吴主也。其爲盤遊之戒，深矣！

癸巳晉泰始九年、吴鳳凰二年。夏，四月朔，日食。○晉以鄧艾孫朗爲郎中。

拜官未有書某孫者，書鄧艾孫何？記功也。是故書用鄧艾孫朗，所以志晉武之記功；書殺桓沖孫胤[二]，所以志劉裕之賊善。安帝義熙三年。

吴主殺其侍中韋昭。○秋，七月朔，日食。○晉選公卿女備六宫。

書選女入宫始此。《綱目》書采選入宫五，是年、甲午年、太康二年、唐太宗貞觀十三年、後唐乙酉年。唯貞觀書詔，爲豫辭。

九月，吴殺其司市陳聲。

甲午晉泰始十年、吴鳳凰三年。春，正月，日食。○晉詔自今不得以妾媵爲正嫡。○三月，日食。○晉取良家女入宫。

往年選公卿女矣，於是復取良家女，而多至五千人。書選，可也；書取，甚哉！

[一] 「尋復用之」，宋刻《綱目》本無。

[二] 「胤」，原作「允」，據弘治本、蜀藩本、《通鑑》卷一一四改。

吴殺其章安侯奮。〇秋，七月，晋后楊氏殂。〇晋以山濤爲吏部尚書。

吏部尚書未有書者，書山濤何？善其職也。書吏部尚書始此。終《綱目》書以爲吏部尚書二十，山濤、蔡廓、江湛、謝莊等、蔡興宗等、興宗再書、褚淵、何戢、王晏、郭祚、徐勉、崔亮、辛術、徐陵、孔奂、牛弘〔一〕、馬周、褚遂良、裴光庭、楊國忠。知選事三。劉祥道，李嶠，宋昱。兩晋所書，山濤一人而已矣。

晋以嵇紹爲秘書丞。〇吴大司馬、荆州牧陸抗卒。〇晋作河橋。

書作河橋，記功也。書作橋始此。終《綱目》書作橋三。是年河橋、唐玄宗開元九年蒲津、憲宗元和八年吐蕃烏蘭。

晋邵陵公曹芳卒。

於是邵陵廢二十一年矣，及晋始卒，魏之俗猶近厚也，故書予之。

吴比三年大疫。

《綱目》書疫十五，未有書比三年者。三年大疫，民何如哉！吴之亡，决矣！

乙未　晋咸寧元年、吴天册元年。春，正月，吴殺其中書令賀邵。〇夏，六月，索頭遣子入貢於晋。〇秋，七月晦，日食。〇冬，晋追尊祖宗廟。〇晋大疫。

〔一〕「牛弘」，原作「牛宏」，據蜀藩本、《通鑑》卷一七八改。

丙申 晋咸寧二年、吴天璽元年。春，晋徙河南尹夏侯和爲光禄勳。〇秋，八月，吴臨平湖開，石印封發。

書，讖也。吴亡距此四年耳，君臣上下方以爲祥焉，下書晋加羊祜征南大將軍，《綱目》之垂戒，深矣！吴臨平湖開而吴亡，陳臨平湖開而陳滅，率不過三四年耳。變不虚生，信哉！《綱目》書湖開二。是年、陳丁未年。

吴殺其郡守張詠、車浚、尚書熊睦。〇冬，十月，晋加羊祜征南大將軍。〇晋立后楊氏，以后父駿爲車騎將軍。

丁酉 晋咸寧三年、吴天紀元年。春，正月朔，日食。〇三月，晋討樹機能，破之，降諸胡二十萬口。〇秋，七月，有星孛於紫宫。〇晋詔遣諸王就國，封功臣爲公侯。〇晋大水。〇冬，十二月，吴人襲晋江夏、汝南，大略而還。〇吴司直中郎將張俶伏誅。

俶以善譖取寵，至是以姦利事誅，則罪人也。故孫皓自即位至今，凡九書殺，惟張俶以伏誅書。《綱目》之疾讒説，嚴矣！

索頭拓跋力微死。

戊戌 晋咸寧四年、吴天紀二年。春，正月朔，日食。〇夏，六月，晋羊祜入朝。〇秋，晋大水，螟。

終《綱目》書螟五，詳漢武帝元光五年。舍是無書者矣，史失之也。

吴殺其中書令張尚。

自甲申至是，《綱目》凡十一書殺，皆殺無罪也，而孫皓居其十。皓之淫虐如此，不亡，得乎？

冬，晋以衛瓘爲尚書令。○吴人大佃皖城，晋人攻破之。○十一月，晋詔毋得獻奇技異服。○晋以杜預爲鎮南大將軍、都督荊州諸軍事[一]、鉅平侯。羊祜卒。○晋司空何曾卒。○晋清泉侯傅玄卒。

己亥　晋咸寧五年、吴天紀三年。春，正月，樹機能陷晋凉州，晋遣將軍馬隆討之。○晋以匈奴劉淵爲左部帥。

亂華之禍始此矣，《綱目》謹志之。故爲左部帥書，爲匈奴北部都尉書，爲匈奴五部大都督書。

冬，十一月，晋大舉兵，分道伐吴。○十二月，晋馬隆破樹機能，斬之，凉州平。○晋詔議省員吏[二]。

[一]「都」、「諸」，宋刻《綱目》本、弘治本無。
[二]「員吏」，宋刻《綱目》本作「吏員」。

資治通鑑綱目書法第十七

起庚子晋武帝太康元年，盡甲子晋惠帝永興元年。

盧陵後學　劉友益修撰
翰林直學士中大夫知制誥同修國史國子祭酒歐陽玄校正

庚子晋世祖武皇帝太康元年。春，諸軍並進，吴丞相張悌迎戰，死之。三月，龍驤將軍王濬以舟師入石頭，吴主皓出降。

書死之，予節也，未有書迎戰者。書迎戰，死之，重予之也。凡國滅書死之，亡國之善辭也，以爲國雖亡，而不爲無人焉耳。終《綱目》國滅書死之者三國，漢之亡也書傅僉、諸葛瞻、北地王，吴之亡也書張悌，凉之亡也書掌據，皆亡國之善辭也。○書入石頭何？未及國也，而皓出降，與他不死社稷者又異矣。

夏，四月，賜孫皓爵歸命侯，遣使行荆、揚，除吴苛政。

漢高之初入關也，書除秦苛法；世祖之初至河北也，書除莽苛政；於是書曰除吴苛政，其予晋以弔民之師也。

封拜平吳功臣。○冬，十月，尚書胡威卒。○初置司州。○詔罷州郡兵。

漢高嘗書兵罷歸家矣，光武亦嘗書罷車騎材官，還復民伍矣，皆美之也。此書罷州郡兵，其美之歟？譏忘武也。大郡百人，小郡五十，何足以備不虞哉！永寧之後，忘武之弊見矣，故書譏之。

辛丑 二年。春，三月，選吳伎妾五千人入宮。

先是，一書選公卿女矣，一書取良家女矣，皆譏也。於是，復書選吳伎妾，晋武之志益荒矣。故前取五千人不書，於此特書之。終《綱目》書采選五，晋武居三焉。詳癸巳年。

冬，十月，鮮卑慕容涉歸寇昌黎。○揚州刺史周浚移鎮秣陵。

晋世刺史，其可書者皆以戡亂稱。自周浚而下，劉沈、劉琨、王遜、賈疋、麴允、祖逖、陶侃、周訪、譙王承、段匹磾，皆可稱者也。明帝以後，刺史除罷，大抵出於柄國者之意而已矣。

壬寅 三年。春，正月朔，帝親祀南郊。○以張華都督幽州軍事。○夏，四月，魯公賈充卒。

充，弒逆罪人也，書魯公何？晋志也。賈妃之悍，晋武欲廢之，楊后猶曰：「公閭有大勳勞。」然則晋之德充，至矣，書爵，所以著司馬氏之心也。

冬，十二月，以齊王攸爲大司馬、都督青州軍事。○散騎常侍薛瑩卒。

癸卯 四年。春，正月，除祭酒曹志等名，賜齊王攸備物、殊禮。

殊禮何？六佾、軒縣、黄鉞、朝車也。殊禮有三。詳漢桓帝元嘉元年。終《綱目》書殊禮十，詳漢殤帝延平元年。惟齊王攸得書賜；書贊拜不名，劍履上殿四，詳漢高帝七年。惟蕭何得書賜。然則此其先書除曹志名何？以見帝之違正論而疏親賢也。除名之例三：除某名者，無罪之辭也；某以罪除名者，有罪之辭也；但書某除名者，薄乎云爾之辭也。

三月朔，日食。○大司馬齊王攸卒。

書，爲晋惜也。攸舉動以禮，鮮有過事，賢也。至親且賢，徒以荀、馮浸潤，詭爲身後之慮，必欲出之，以至嘔血而卒，帝亦闇甚矣。使齊王不死，豈無益於孱弱之嗣乎？故《綱目》特書，惜之。

夏，琅邪王伷卒。

卒伷何？詳東晋之世也。

冬，河南、荆、揚大水。○歸命侯孫皓卒。

書孫皓卒何？予存厚也，吴滅於是四年矣。

甲辰 五年。春，正月，龍見武庫井中。

乙巳 六年。春，正月，尚書左僕射劉毅卒。○以王渾爲尚書左僕射。○旱。○秋，八月朔，日食。○冬，慕容廆寇遼西。

丙午七年。春，正月朔，日食。○司徒魏舒罷。

丁未八年。春，正月朔，日食。○太廟殿陷。秋，九月，改營之。

上書正月朔日食，下書太廟殿陷，則陷於正月也。陷於正月，營於九月，而成於後二年之四月，帝之慢於宗廟如此，其與遣使作治六日而成者，大異矣。漢昭帝元鳳四年。故十年書太廟成。凡宮室、宗廟書成，皆久而後成者也。

戊申九年。春，正月朔，日食。○夏，六月朔，日食。

日食三朝，大異也。帝之世嘗再書矣，於是又頻三年見之，自《綱目》以來，未之有也。帝即位至是二十四年，書日食十有七，而食三朝者凡五，又且連歲三見，間一歲而國有大喪。變不虚生，信哉！兩晋日食之數，未有如武帝者矣。

大旱[一]。○秋，八月，星隕如雨。○地震。

自漢建興十五年書地震，是後五十年無聞焉，於是再見。

己酉十年。夏，四月，太廟成。○慕容廆降，以爲鮮卑都督。○冬，十月，復明堂及南郊五帝位。○十一月，尚書令荀勗卒。○遣諸王假節之國，督諸州軍事，封子孫六人爲王。○以劉淵爲匈奴北部都尉。

[一]「大」，原無，據宋刻《綱目》本、《通鑑》卷八一補。

庚戌孝惠皇帝永熙元年。夏，四月，以楊駿爲太尉，輔政。〇帝崩，太子衷即位，尊皇后曰皇太后，立皇后賈氏。

不踰年改元也。賀善贊曰：晋武即位以來，書除宗室禁錮，書以傅玄等爲諫官，書罷山陽督軍，書用故漢名臣子孫，書禁獻奇技異服，往往有可觀者。然暗於知子，納妃賈氏，而啟五王之亂；蔽於信讒，疏斥齊王，而失燕翼之謀；昧於防患，尊寵劉淵，而基亂華之禍：《綱目》每深惜而備書之。蓋其以位爲樂，無深長思，是以晋運方新，而災異狎至。書日食十有七，而食三朝者五；書水災四，而連數州者二；書星變四，而孛紫宫者再；而又書大疫，書螟，書旱，雖能開創帝業，身殁而天下大亂，宜矣！

五月，葬峻陽陵，詔群臣增位、賜爵有差。

新喪立后，踰月而葬，葬而行賞，皆亂政也，故詳書譏之。

以楊駿爲太傅、大都督、假黄鉞，録朝政，百官總己以聽。

書假黄鉞自司馬昭始，昭自受鉞，駸駸乎不臣矣。駿始輔政而居之不疑，不至於自禍不止也。故終《綱目》書百官總己以聽三，辭莫詳於楊駿者。詳漢哀帝元壽二年。舍是，無書百官總己者矣。終《綱目》書假黄鉞七，司馬昭、楊駿、謝安、蕭道成、高歡、湘東王繹、楊堅。加黄鉞四。齊王攸書殊禮，會稽王道子、世子元顯、劉裕。

秋，八月，立廣陵王遹爲皇太子〔一〕。○以劉淵爲匈奴五部大都督。○琅邪王覲卒。

辛亥　元康元年。春，三月，皇后賈氏殺太傅楊駿，廢皇太后爲庶人。

婦廢其姑，大惡也，故斥書賈氏。

徵汝南王亮爲太宰，與太保衛瓘録尚書事。○夏，六月，皇后殺太宰亮、太保瓘及楚王瑋。○以賈模、張華、裴頠爲侍中〔二〕，並管機要。

壬子　二年。春，二月，皇后賈氏弑故皇太后楊氏於金墉城。

於是后悉奪太后侍御，絶膳八日而終。直書曰弑，正其罪也，故再斥賈氏。終《綱目》太后書弑九，而爲后所弑二。晋賈氏、魏胡氏。

癸丑　三年。夏，六月，弘農雨雹。

於是雹深三尺，大異也。《綱目》書雹二十有四，有深五寸者矣，元康五年。有深二尺者矣，漢景帝二年。有深二尺五寸者矣，漢宣帝地節四年。未有深於此者也。

甲寅　四年。大饑。○司隸校尉傅咸卒。○慕容廆徙居大棘城。

〔一〕「皇」，原無，據宋刻《綱目》本、《通鑑》卷八二補。

〔二〕「頠」下，宋刻《綱目》本、《通鑑》卷八二有「裴楷」二字。

乙卯五年。夏，六月，東海雨雹[一]。

《綱目》書雹二十四，自是無書者矣，史失之也。詳漢景帝二年。

荆、揚、兖、豫、青、徐州大水[二]。

大異也，水殆半天下矣。終《綱目》水連數州者十一，未有多於此者也。詳晉己丑年。

冬，十月，武庫火。

於是焚累代之寶，及二百萬人器械，大變也。《綱目》書武庫災一，漢安帝元初四年。武庫火三，漢桓帝延熹四年、是年、唐玄宗天寶十載。莫甚於是年矣。

索頭分其國爲三部。

丙辰六年。春，以張華爲司空。○夏，匈奴郝度元反。○秋，八月，秦、雍氏羌齊萬年反。冬，十一月，遣將軍周處等討之。○關中饑，疫。○十二月，略陽氏楊茂搜據仇池。

丁巳七年。春，正月，將軍周處及齊萬年戰，敗，死之。

書死之何？予節也。終《綱目》書死之五十四，詳漢孺子嬰居攝元年。而晋世書十有三，周處、劉

[一]「東海」，宋刻《綱目》本無。

[二]「荆揚兖豫青徐州」，宋刻《綱目》本無。

沈、嵇紹、譙登、庾珉等、吉朗、辛賓、段匹磾、譙王承、卞壼、桓彝、沈勁、吉挹。世亂識忠臣，信哉！

秋，七月，雍、秦旱，疫。○九月，以王戎爲司徒。○索頭猗㐌西略諸國。

戊午 八年。秋，九月，荆、豫、徐、揚、冀州大水。○遣侍御史李苾慰勞漢川流民。

晉之失蜀自苾始，故謹書之。

遣將軍孟觀討齊萬年。

己未 九年。春，正月，觀擊萬年，獲之。○以成都王穎爲平北將軍，鎮鄴；河間王顒爲鎮西將軍，鎮關中。○秋，八月，侍中賈模卒，以裴頠爲尚書僕射。○冬，十一月朔，日食。○十二月，廢太子遹爲庶人。

廢遹者，賈后也，不書皇后何？罪帝也。帝爲人父，而不能辨其詐，則罪固不在人矣。《綱目》正本，故不書后廢；至其殺之也，則書后殺矣。

庚申 永康元年。春，正月，幽故太子遹於許昌。○三月，尉氏雨血，妖星見南方，太白晝見，中台星坼。

終《綱目》書雨血二，漢惠帝四年、是年。書太白六，詳漢安帝永初六年。而書晝見者二，是年、五代己酉年。未有一月之中，異證並作，如斯時者也。至若妖星見，中台坼，《綱目》各一書而已。

皇后殺故太子遹。○夏，四月朔，日食。○趙王倫廢皇后賈氏爲庶人，殺之，遂殺司空張華、僕射裴頠，自爲相國，追復故太子位號。

皇后書弑，恒也，此獨書殺何？弑逆之賊也。然則曷爲不書誅？不以討予倫也。其不以討予倫何？倫志將竊國，則非義討矣。張、裴，附賊后者也，則何以書官？不予倫之專殺也。其書遂殺何？殺后遂殺某某，則其爲后黨明矣。故太子位號，詔復之也，曷爲不書詔？策賈氏之必殺太子，然後借以罪之者，倫之本謀也。不書詔復而繫之倫，所以著倫志也。《綱目》之旨，深矣！終《綱目》皇后弑書殺二，是年晋賈氏、唐肅宗寶應元年張氏。列國之后不與焉。

五月，立臨淮王臧爲皇太孫。

書太孫始此。終《綱目》書太孫三，晋司馬臧、齊昭業、唐重熙。未有終立者也。

秋，八月，淮南王允討趙王倫，不克而死。○趙王倫殺黄門郎潘岳、衛尉石崇等。

賈黨也，書殺、書官何？不予倫之專殺也。

以齊王冏爲平東將軍，鎮許昌。○趙王倫自加九錫。○冬，十一月，立皇后羊氏。○前益州刺史趙廞反。

辛酉 永寧元年。春，正月，以張軌爲凉州刺史。○趙王倫自稱皇帝，遷帝於金墉城，殺太孫臧。

莽書自稱新皇帝矣，於是復見。終《綱目》稱皇帝書自者，二而已。漢孺子嬰初始二年、是年。莽托銅匱，倫托神語，皆無故而然，故書自。

巴氏李特殺趙廞，詔以羅尚爲益州刺史。

廞嘗書反矣，曷爲不以誅書？特私也。初，李庠勸稱尊號，廞托大義斬庠。特於是怨廞，殺之，則是復私怨而已矣。故廞雖書反，《綱目》終不以討予特也。

三月，齊王冏及成都王穎、河間王顒等舉兵討倫，倫遣兵拒之。○閏月朔，日食。○自正月至於是月，五星互經天，縱橫無常。

嘗書熒惑、歲星逆行矣，詳景帝二年。又嘗書五星逆行矣，景帝後三年。然皆有定所也，未有縱橫經天，歷數月而未已者。自是以後，王室相屠，天下大亂，懷、愍播蕩，神州陸沈，此其應矣。終《綱目》星變書經天二，是年、唐高祖武德九年。縱橫無常，則一而已。

夏，四月，成都王穎擊敗倫兵，帥師濟河[一]。左衛將軍王輿等迎帝復位，倫伏誅。

終《綱目》廢帝書復位四。晉惠帝、安帝、唐中宗、昭宗。

六月，以齊王冏爲大司馬，輔政；成都王穎爲大將軍，河間王顒爲太尉，各還鎮。○冬，十月，李特據廣漢，進攻成都。

壬戌 太安元年。夏，河間王顒遣兵討李特，不克。○立清河王覃爲皇太子。○秋，八月，廣漢太守張微討李特，敗死。羅尚擊之，亦敗。○冬，十二月，河間王顒使長沙王乂殺齊王冏。

冏驕奢廢朝，則有罪矣，其書殺何？顒私也。冏以顒意初欲附倫，恨之，正也。顒遂懼逼，使

[一]「帥師濟河」，宋刻《綱目》本作「於溴水」。

乂殺冏，則私矣。《綱目》書殺，所以著骨肉相屠之禍也。

陳留王曹奂卒，晋人葬之，謚曰魏元皇帝〔一〕。

書卒何？予存厚也。自廢至是，三十八年矣。《綱目》卒國滅之主七，山陽公、安樂公劉禪、歸命侯孫皓、陳留王、陳叔寶、楊溥，惟鄭公書薨〔二〕。久而後卒者，無如陳留也。魏葬漢孝獻皇帝書魏，漢篇也，此晋篇也，復書晋人葬之何？予晋人也。《綱目》予存厚，苟有禮於先代，必以國書之。故魏葬漢獻帝書魏，晋葬陳留書晋，陳葬梁孝元書陳，石晋葬故唐主書晋，皆予之也。然則孝獻皇帝不書謚曰，此其書謚曰何？所以重予晋也。世道日降，晋以後國滅之主無不弒者，甚則至滅其族矣，唯唐於鄭公其庶乎！

鮮卑宇文部圍棘城，慕容廆擊破之。

癸亥 二年。春，二月，羅尚大破李特，斬之，李流代領其衆。〇夏，五月，義陽蠻張昌反，詔以劉弘都督荆州軍事。〇李雄攻陷郫城。〇秋，七月，劉弘遣陶侃討張昌，昌走，衆降。別將石冰據臨淮，不下。〇河間王顒、成都王穎舉兵反。九月，帝自將討穎。顒將張方入城，大掠。

〔一〕「晋人……皇帝」，此句宋刻《綱目》本爲小字分注，非大字提要。
〔二〕「惟鄭公書薨」，此句原爲大字正文，據弘治本改小字注文。

顒、穎表乂專朝，與前表冏一也，此則曷爲書反？乂雖專政，非冏比也，而輒舉兵，是反而已矣，故書討。

李流死，雄代領其衆。○冬，十月，長沙王乂奉帝及穎兵戰於建春門，大破之。○十一月，長沙王乂奉帝討張方，不克。穎進兵逼京師，詔雍州刺史劉沈討顒。○十二月，議郎周玘等起兵討石冰[一]。○閏月，李雄攻走羅尚，遂入成都。○封鮮卑段務勿塵爲遼西公。

甲子 永興元年。漢高祖劉淵元熙元年。○成太宗李雄建興元年。○是歲僭國二，大一小一[二]。春，正月，尚書令樂廣卒。○東海王越使張方殺長沙王乂。穎入京師，自爲丞相，尋還鎮鄴。○雍州刺史劉沈及顒戰，敗，死之。○詔羅尚權統巴東三郡。○二月，穎廢皇后羊氏及太子覃。○廣陵度支陳敏及周玘擊石冰於建康，斬之。○顒表穎爲皇太弟，自爲太宰、雍州牧。

皇太弟之名，入《綱目》以來未有也。穎廢太子，意有在矣。顒承穎意，始創此號，而表使爲之。太弟，猶太子也，豈臣下所得表爲之哉？《綱目》上書穎廢太子覃，下書顒表穎爲皇太弟，則顒、穎之相表裏可見矣，交罪之也。書皇太弟始此。終《綱目》書以爲皇太弟六，成都王穎、豫

[一]「討」，弘治本、蜀藩本作「攻」。

[二]「是歲僭國二，大一小一」，此句宋刻《綱目》本作「大國一，小國一，凡二僭國」。

章王熾、慕容沖、唐潁王瀍、壽王傑、南唐景遂。而即位者四，辭位者一，景遂。廢者一。穎。

秋，七月，東海王越奉帝征穎，復皇后、太子。穎遣兵拒戰蕩陰，侍中嵇紹死之，帝遂入鄴[一]，越走歸國。

征者何？上伐下之辭也。長沙王乂書討，此其不書討何？越非能討者也。蕩陰之敗，嵇紹死之，越走歸國，仗義何有焉？故奉其主一也，司馬昭曲在己則書攻，東海王越非能討則書征，必若長沙王乂而後得書討。凡書奉帝、奉其主，皆事不在其上也。

幽州都督王浚、并州刺史東嬴公騰起兵討穎。○八月，穎殺東安王繇，琅邪王睿走歸國。○張方復入京城，廢皇后、太子。○劉淵自稱大單于。○幽、并兵至鄴，穎奉帝還洛陽[二]，浚大掠鄴中而還。

大掠而還何？罪浚也。成師討賊，賊未討而遽還，又因以肆大掠，則不得爲義舉矣。故《綱目》於起兵討穎，則具其官；大掠而還，則斥其名。

冬，十月，李雄自稱成都王。○劉淵自稱漢王。○十一月，張方遷帝於長安，僕射荀藩立留臺於洛陽，復皇后羊氏。○十二月，太宰顒廢太弟穎，更立豫章王熾爲皇太弟。

顒、穎自書舉兵反，斥名而已，太宰其自爲也，書曰太宰顒何？因其稱而稱之，所以著其悖也。

[一]「帝遂」，宋刻《綱目》本作「穎遂以帝」。
[二]「奉」，宋刻《綱目》本作「以」。

至伏誅，則止稱河間王矣。前書表潁爲太弟，則譏之；此書太弟潁，是成之爲太弟，何也？成之爲太弟，所以重罪潁也。表爲太弟，非矣；廢而更立，甚哉！

漢寇太原、西河郡。

資治通鑑綱目書法第十八

起乙丑晋惠帝永興二年，盡戊寅晋元帝太興元年。

廬　陵　後　學　劉友益修撰
翰林直學士中大夫知制誥同修國史國子祭酒歐陽玄校正

乙丑二年。漢元熙二年。夏，四月，張方復廢羊后。

羊氏於是三廢矣。先是，廢與復皆書皇后羊氏，此其直書羊后何？略之也。曷爲略之？後有書漢立妃羊氏爲后者，此其人也，故略之。終《綱目》書后爲臣所廢者三，魏張氏、晋賈氏、羊氏。未有三黜如羊氏者矣。

秋，七月，東海王越自領徐州都督，傳檄討張方。〇成都故將公師藩寇掠趙、魏。

凡書故將，予義也，此其書寇何？成都將也，寇藩所以寇穎也。是故楚，逆賊也，利幾以楚故將書反；穎，反寇也，公師藩以穎故將書寇：《綱目》之予奪，嚴矣！終《綱目》書故將七，詳漢高帝五年。惟利幾、公師藩非予辭。

八月，東海王越、范陽王虓發兵西，豫州刺史劉喬拒之。太宰顒遣張方助喬，冬，十月，襲虓，破之。

○有星孛於北斗。○十一月，將軍周權矯詔立羊后，事覺，伏誅。

羊后爲臣所廢，則立之正也，書伏誅何？矯詔也。《綱目》書矯多矣，然皆事成者也，《綱目》僅得以矯書之，示民有君而已，未有以見矯之當誅也。於是周權矯詔而敗，然後《綱目》正名其罪，書曰伏誅，所以明矯詔之罰，爲後世戒，使知凡書矯者，皆當誅者也。

十二月，成都王穎據洛陽。○范陽王虓自領冀州刺史，擊穎將石超，斬之，劉喬衆潰。○東海王越進屯陽武，王浚遣將祁弘將兵助之。○陳敏據江東，劉弘遣江夏太守陶侃將兵討破之。○漢離石大饑。

丙寅 光熙元年。漢元熙三年、成晏平元年。春[一]，正月朔，日食。○太宰顒殺張方。成都王穎奔長安。

方不書誅，不予顒以討也。方之罪，顒爲之。

三月，五苓夷寇寧州，刺史李毅卒。○夏，四月，東海王越進屯温，遣祁弘入長安，奉帝東還。○六月，至洛陽，復羊后。○成都王雄稱成皇帝。○秋，七月朔，日食。○八月，以東海王越爲太傅，録尚書事，范陽王虓爲司空，鎮鄴。○荆州都督、新城公劉弘卒。○九月，頓丘太守馮嵩執成都王穎，送鄴。兖州刺史苟晞擊斬公師藩。冬，十月，范陽王虓卒。長史劉輿誅穎。

於是劉輿矯詔不書，書誅，重罪穎也。反賊，人得誅之。

十一月，帝中毒，崩。太弟熾即位，尊皇后曰惠皇后，立妃梁氏爲皇后。○十二月朔，日食。

〔一〕「春」上，原有「○」，據宋刻《綱目》本刪。

於是一歲三食，世道何如哉！《綱目》書一歲再食二十有五，詳漢初丁酉年。一歲三食，千三百六十一年，一書而已矣。

南陽王模誅河間王顒。

於是詔徵顒，模要殺之，不書，書誅，重罪顒也。

葬太陽陵。〇以劉琨爲并州刺史。

丁卯 孝懷皇帝永嘉元年。漢元熙四年。春，二月，群盗王彌寇青、徐。〇三月，陳敏將顧榮、周玘殺敏以降。

敏嘗書討矣，於是斬之，則其不書誅何？顧、周不得而誅之也。顧、周則曷爲不得而誅之？顧、周失身從敏，今而殺之，僅足以自贖耳，固不可予之以討也。書曰陳敏將顧榮、周玘，其爲失身者之戒，凜凜矣！然則東越亦從反者，既而誅濞，則何以書誅？越，夷也，《綱目》不治夷狄，而責備賢者。不治夷狄，故書越人誅濞，以開自新之塗；責備賢者，故書敏將殺敏，以示失身之戒。

西陽夷寇江夏。〇立清河王覃弟詮爲皇太子。〇太傅越出鎮許昌。

於是越固求出鎮，帝從之，不書詔越，書越出鎮何？越專也。越之出入自己，無君甚矣，書，罪之也。是故太傅越專則書太傅越出鎮許昌，徐温專則書徐温出鎮潤州，《綱目》之筆削，嚴矣哉！終《綱目》書出鎮四，是年、武帝太元十年、安帝義熙元年、後梁乙亥年。惟劉裕上書以，無譏焉。

以南陽王模都督秦、雍等州軍事[一]。○夏，五月，群盜汲桑、石勒入鄴，殺都督、新蔡王騰，復攻兗州，太傅越遣苟晞討之。

書入、書殺，易辭也，無備甚矣。然則何以書都督？咎騰也。書都督則曷爲咎之？若曰身爲都督，盜得入而殺焉，有愧斯名多矣。

秋，七月，以琅邪王睿爲安東將軍、都督揚州諸軍事，鎮建業。○苟晞擊汲桑、石勒，大破之，桑走死，勒降漢。○冬，十一月朔，日食。○以王衍爲司徒。○太傅越自領兗州牧，徙苟晞爲青州刺史。○王彌及其黨劉靈降漢。○慕容廆自稱鮮卑大單于。○拓跋禄官卒。

始去索頭，書卒，進之也。曷爲進之？弟猗盧將以助晋討[二]，故進之。

戊辰 二年。漢永鳳元年。春，正月朔，日食。○漢劉聰據太行，石勒下趙、魏，王浚擊勒，破之。○二月，太傅越殺清河王覃。

清河王覃，故太子也，不書故太子何？太子之立之廢，非惠帝意也，故從其恒稱。

[一]「等州」，宋刻《綱目》本無。
[二]「討」，原作「封」，據蜀藩本改。

夏，五月，漢王彌寇洛陽，張軌遣督護北宮純入衛，擊，破走之。

書入衛何？予義也。於是王衍督師，純募勇士突陳，王彌大敗。衍復遣王秉追敗之，不書，書純，予義也。書入衛始此。終《綱目》書入衛三，北宮純、何倫、謝尚。惟北宮純以功書；書兵入援十五〔一〕，詳愍帝建興四年。赴難三，詳成帝咸和四年。書詣某所三。詳永嘉六年〔二〕。

秋，七月，漢徙都蒲子。○冬，十月，漢王淵稱皇帝。○十二月〔三〕，漢石勒、劉靈寇魏、汲、頓丘。○成尚書令楊褒卒。

僭國臣爾，其卒之何？録賢也。苟賢矣，雖僭國必録之。終《綱目》卒僭國臣二十有二，晋世居九，成楊褒、范長生、漢劉殷、後趙張賓、秦苻雄、王猛、燕李績、慕容恪、涼宋混。五代居十三焉。唐張承業、蜀王宗儔、吴陳彦謙、徐溫、漢杨洞潛、趙光裔、閩劉贊、漢劉承訓、唐李建勳、周馮道、鄭仁誨、王朴、唐柴克宏。

己巳 三年。漢河瑞元年。春，正月朔，熒惑犯紫微。

非日食不書晦、朔，此其書朔何？記大異也。熒惑犯紫微，異矣，而見於三朝，甚大異也，故

〔一〕「五」，原作「二」，據本卷晋愍帝建興四年《書法》改。

〔二〕「六」，原作「四」，據弘治本、蜀藩本、本卷晋懷帝永嘉六年《書法》改。

〔三〕「二」，《通鑑》卷八六作「一」。

詳之，間一歲而帝還。變不虛生，信哉！終《綱目》星變書正月朔者，一而已。

漢徙都平陽。〇三月，以山簡都督荆、湘等州軍事。〇太傅越入京師，殺中書令繆播〔一〕、帝舅王延等十餘人。

入，惡辭也；殺，專辭也。播以官書，延以親書，越之無君，甚矣！

太尉劉寔罷就第。〇以王衍爲太尉。〇太傅越使將軍何倫領國兵入宿衛。

北宮純書入衛矣，不書所領，此其書領國兵何？誅心也。於是帝所無非越黨者矣，危哉！終《綱目》書入衛三，漢高后二年、武帝建元六年、是年。惟何倫非予辭。

漢寇黎陽，陷之。〇夏，大旱。〇漢石勒寇鉅鹿、常山。〇漢寇壺關，陷之。〇秋，八月，漢寇洛陽，弘農太守垣延襲敗之。〇冬，十月，漢復寇洛陽，北宮純擊敗之。

庚午　四年。漢烈宗劉聰光興元年。春，正月，漢寇徐、豫、兗、冀諸郡。〇琅邪王睿以周玘爲吴興太守。〇漢曹嶷寇東平、琅邪。〇夏，四月，王浚擊漢劉靈，殺之。

劉靈書寇矣，不書討殺何？不予浚以討也。浚則曷爲不予以討？浚名爲晋臣，擁兵觀望，不救國難，雖嘗興兵討潁，初皆迫不得已，既復大掠而還，非心乎帝室者矣。故《綱目》以自相攻擊書之，外之甚矣。

〔一〕「令」，《通鑑》卷八七作「監」。

蝗。○秋，七月，漢寇河內，陷之。○漢主淵卒[一]，太子和立，其弟聰弒而代之。

書卒、書弒如內辭，《綱目》之進漢，有不得已焉耳。據蠻夷書死，弒書殺。主書卒，以晉也。

氏酋蒲洪自稱略陽公。○流民王如寇南陽以附漢。○冬，十月，漢寇洛陽。○以拓跋猗盧爲大單于，封代公。○遣使徵天下兵入援。○漢石勒擊并王如兵，遂寇襄陽。十一月，太傅越率兵討之，次於項。

討未有書率兵者，書率兵何？罪空國也。空國討賊，而久次於外，越之無討志，甚矣！於是徵兵入援，未有至者，越乃悉率見兵空國而行，名爲討勒，實以自衛。卒之倉猝寇至[二]，輿衛缺人，至於步行不前，城陷被執，越之誤國，可勝誅哉！《綱目》書率兵，書次於項，所以重罪越也。凡討伐書次，皆譏也。逗遛五月，未有如越者焉。

寧州刺史王遜滅五苓夷。○漢主聰殺其兄恭。○漢太后單氏卒。

辛未 五年。漢嘉平元年、成玉衡元年。春，正月，漢曹嶷寇青州，苟晞敗走。○石勒寇江夏，陷之。○成寇陷涪，梓潼內史譙登死之。

死讎也，書死之何？予義也。初，登父爲成太守所害，登遂請兵於晉，殺守據涪。及是城陷，不屈見殺，《綱目》予義，故特書死之。

[一]「○」，原無，據宋刻《綱目》本補。

[二]「猝」，原作「卒」，據弘治本、蜀藩本改。

湘州流民作亂，推杜弢爲刺史。○琅邪王睿逐揚州都督周馥，以王敦爲刺史，都督征討諸軍事。

馥，帝命也，故雖睿書逐。《綱目》之修，君臣之分而已矣。

三月，太傅越卒於項，以荀晞爲大將軍，督六州。

於是越討石勒而卒，不書卒於師何？罪越也。自往歲率兵討勒，書次於項，於是五閱月矣，未嘗進兵。《綱目》復書卒於項，見越之畏敵，至死而不敢前也。

夏，四月，漢石勒追敗越軍於苦縣，執王衍等，殺之。

討勒，晋兵也，書越軍何？追罪越也。越無討志，是軍也，自衛而已。衍爲大臣，黨越誤國，及爲勒所執，勸稱尊號，冀以苟免，可賤甚矣！不書太尉，罪之也。

五月，杜弢陷長沙。○漢人入寇。六月，陷洛陽，殺太子詮，遷帝於平陽，封平阿公。○司空荀晞奉豫章王端建行臺於蒙城，荀藩奉秦王業趣許昌。○琅邪王睿遣兵擊江州刺史華軼，斬之。○秋，七月，大司馬王浚自領尚書令。○漢劉曜寇長安，南陽王模出降，曜斬之，遂據長安。模世子保保上邽。○漢石勒陷蒙城，執荀晞及豫章王端。○冬，十月，漢石勒誘王彌，殺之。○馮翊太守索綝等擊敗漢兵於長安，十二月，迎秦王業入雍城。○琅邪王睿以周顗爲軍諮祭酒。○劉琨遣劉希合衆於中山，王浚殺之。○慕容廆擊破鮮卑素喜、木丸部。

壬申 六年。漢嘉平二年。

於是帝遷平陽踰年矣，書六年何？存正統也。帝未遇害，秦王在雍，則正統固在矣。

春，正月，漢主聰納劉殷二女爲貴嬪。

妃妾不書，此何以書？譏同姓也。譏同姓，則書以劉氏爲貴嬪可矣，曷爲必書劉殷？殷亦與有責焉耳。終《綱目》書命納妃妾十，詳漢獻帝建安十八年。其九譏也，惟聘鄭氏爲充華爲美辭。

胡亢起兵竟陵。○二月朔，日食。○琅邪王睿遣將軍紀瞻討石勒於葛陂，勒引兵退。○漢封帝爲會稽郡公。○張軌遣兵詣長安。

書遣兵何？予義也。懷帝之世，書遣北宮純入衛矣，於是復書遣兵詣長安，若軌者，可謂知爲人臣矣，故書予之。終《綱目》書遣兵詣某所者五，張軌遣兵詣長安，是年。殷孝祖帥兵赴建康，宋丙午年。魏趙剛以東荊兵赴長安，梁甲寅年。河西、安西皆遣兵詣行在，唐玄宗天寶十五載。李懷光帥衆赴長安，唐德宗建中四年。皆予之也。

夏，漢封王彰爲定襄郡公。○雍州刺史賈疋等進圍長安，漢劉曜敗走，秦王業入長安。○漢太保劉殷卒。

卒僭國臣，録賢也。

石勒引兵據襄國。○漢劉曜襲晋陽，陷之，劉琨奔常山。○秋，九月，賈疋等奉秦王業爲皇太子，建行臺。○冬，十月，代公猗盧攻晋陽，劉曜敗走，猗盧追擊，大敗之。○十二月，盗殺賈疋。麴允領雍州刺史。

盜者何？彭天護也。譙登復父讐，《綱目》書死之，義之也。此亦復父讐也，其書盜何？天護，臣漢者也，逆順異矣。是故郭循魏臣也，殺漢費禕則書盜；天護漢臣也，殺晋賈疋則書盜：《綱目》示人所從之意，深切矣！賈疋不書官，以上文見也。終《綱目》書盜殺十一。詳周威烈王二十四年。○不書以何？帝在平陽也。然則曷爲不書自領？帝在平陽也。《綱目》一字之筆削，審矣哉！

王浚攻石勒於襄國，大敗而還。

石勒嘗書寇矣，曷爲不書討？據紀瞻書討。浚非心晋者也，故以自相攻擊書之。

大疫。○王敦殺其兄荆州都督澄。

書兄、書官，敦不弟、不臣之罪具矣。

王如詣王敦降。○前太子洗馬衛玠卒。

卒前官，録賢也。終《綱目》卒前官者，六而已。詳漢安帝元初二年。

羌酋姚弋仲自稱扶風公。

癸酉

孝愍皇帝建興元年。漢嘉平三年。春，二月，漢主劉聰弑帝於平陽，庾珉、王雋死之。

戰國之篇，魏人殺衛君書殺，異國辭也。己酉年。聰書漢主，則其書弑何？首足之分也。是故帝書封會稽郡公矣，此復書帝，而漢主斥書劉聰，不以足加首也。珉、雋始以悲憤見惡於聰，繼有告其應劉琨者，於是殺之，而帝亦遇害，則二臣之死，先於帝矣。《綱目》曷爲先書弑？先書弑，所以著二臣之死，爲帝而死也。大書死之，其爲死節之勸，深矣！

三月，漢立其貴嬪劉娥爲后。

娥者何？字也。立后書氏，未有書字者，此則曷爲書字？譏也。何譏？英、娥同位，譏屬少者也。娥，漢同姓。妾同姓，非矣，况立爲后乎！

夏，四月，太子業即位於長安，索綝領太尉。

太子即位矣，綝不書以何？太子尚幼冲，非能以之也，然與書自者有間矣。此《綱目》之變例也。故皇太子未有書奉者，業特書奉；懷帝永嘉六年。非上命未有不書自者，允、綝止書領：《綱目》之權衡，審矣！

漢寇長安，僕射麴允拒之。○石勒遣石虎攻陷鄴而據之。○琅邪王睿以華譚爲軍諮祭酒，陳頵爲譙郡太守。○吴興太守周玘卒。

太守不卒，卒玘何？録功也。太守書卒始此。終《綱目》太守書卒四。周玘、郗超、謝瞻、馮寶。

慕容廆攻段氏，取徒河。○五月，以琅邪王睿爲左丞相，南陽王保爲右丞相，分督陝東、西諸軍事。○左丞相睿以祖逖爲豫州刺史。○陶侃破走杜弢，王敦表侃爲荆州刺史。○冬，十月，氐楊難敵寇陷梁州，刺史張光卒。

於是光卒而後城陷，先書寇陷何？以失守之罪罪光也。曷爲罪之？光殺難敵之子，而求援於茂搜，則難敵之來，宜有以備之矣。不備不虞，不可以師，城之陷，光爲之也。不先書陷，則光得以逃其責矣。

陶侃復擊杜弢，大破之。○漢劉曜寇長安，十一月，麴允破走之。○十二月，石勒遣使奉表於王浚。○左丞相睿遣世子紹鎮廣陵。○代城盛樂及平城。

甲戌　二年。漢嘉平四年。春，正月，有如日隕於地，又有三日相承東行。

如日何？非日也。有三日何？亦非日也。非日也，故曰有，有也者，世所無有者也。漢成之篇，書有兩月相承，晨見東方，建始元年。亦所無有之辭也。愍帝之世，變莫大於此者。至太興元年，又書日夜出，高三丈。晉之中葉，何其多變哉！終《綱目》千三百六十二年，三日相承，夜出三丈，各一書而已矣。

有流星隕於平陽北，化爲肉。

書星隕多矣，未有書所化者。於是肉長三十步，廣二十七步，宇宙以來所未有之大異也。平陽，漢地，《綱目》不書漢，爲天下異之也。

漢石勒復遣使奉表於王浚。○梁州人張咸逐楊難敵，以州降成。○二月，以張軌爲太尉、涼州牧，劉琨爲大將軍。○三月，漢石勒襲薊，陷之，殺王浚。師還，薊降於段匹磾。○左丞相睿以邵續爲平原太守。○襄國大饑。○夏，五月，太尉、涼州牧、西平公張軌卒，子寔嗣。

書卒何？予忠也。軌自書爲凉州刺史，惠帝永寧元年。繼書遣北宮純入衛，懷帝永嘉二年。又書遣兵詣長安，懷帝永嘉六年。又書以爲太尉、凉州牧，至是具官、爵、姓書卒，皆所以重予之也。

六月，漢寇長安，索綝大破之。○漢石勒命州郡閲實户口。○冬，漢主聰以子粲爲相國。

乙亥 三年。漢建元元年。春，正月，左丞相睿以周札爲吴興太守。○二月，以左丞相睿爲丞相、都督中外諸軍事，南陽王保爲相國，劉琨爲司空。○進代公猗盧爵爲王。

書進某爵何？命自上出也，與書魏公操進爵爲王者異矣。漢獻帝建安二十一年。終《綱目》書進某爵爲王七，猗盧、朱全忠再書、李克用、錢鏐、王建、羅紹威。詔某進爵爲王三。周齊公憲、李晟、朱全忠。

三月，杜弢將張彦陷豫章，尋陽太守周訪擊斬之。○漢太子太傅崔瑋、少保許遐伏誅。○漢曹嶷據臨淄。○漢立三后。

書，譏也。自漢立三后，其後也周立四后，立五后，益無謂矣。

夏，六月，盜發漢霸、杜二陵〔一〕。○陶侃擊杜弢，破之，弢走死，湘州平。丞相睿加王敦都督江、揚

〔一〕「陵」下，底本原有《書法》一條：「《綱目》書盜發二陵，分注載得金帛甚多，此亦可爲厚葬者之戒。」據弘治本、蜀藩本及（宋）尹起莘：《資治通鑑綱目發明》，此條爲《發明》内容，删去。

等州軍事。○王敦徙陶侃爲廣州刺史[一]。

直書敦徙，惡專也。據前爲荆州書敦表。

冬，十月，漢寇馮翊，陷之。○張寔得璽，獻之。

丙子 四年。漢麟嘉元年。春，二月，漢殺其少府陳休等七人。○代六脩弒其君猗盧，普根討之而立，尋卒，鬱律立。○張寔遣兵入援。

前書張軌遣督護入衛矣，又書張軌遣兵詣長安矣，於是復書張寔遣兵入援，張氏父子，可謂能事君矣，備書予之。書入援始此。終《綱目》書入援十有五。是年、梁戊辰年湘東王繹、邵陵王綸、鄱陽王範等、韋粲等、庚午年武陵王紀、唐玄宗天寶十五載回紇、于寘王、肅宗寶應元年回紇、德宗建中四年靈武諸道、李晟、僖宗廣明元年王處存、王重榮、昭宗乾寧二年王建、三年李克用。

石勒寇廩丘，陷之。○夏，六月朔，日食。○秋，七月，漢劉曜陷北地，進至涇陽。○漢主聰立婢樊氏爲后。

漢書立三后矣，於是又以婢爲后而位之上，是何以母儀一國乎！故《綱目》直書立婢，而斥名聰，所以深惡之也。立婢，耻矣；立其父婢，又甚哉！終《綱目》書立婢爲后三，漢主聰婢、乙未年閩主璘、丙申年閩主昶，并父婢。未有不斥其名者也。

[一]「王」上，宋刻《綱目》本有「荆州吏杜曾舉兵拒陶侃」十字。「陶」，宋刻《綱目》本無。

漢大蝗。〇冬，十一月，漢劉曜陷長安，帝出降，御史中丞吉朗死之。漢封帝爲懷安侯。

書帝出降，與遷異矣。既至平陽，帝稽首，麴允慟哭，聰怒囚之，允自殺，其視庾珉、王儁等耳，則何以不書？允之慟哭，義也，囚而自殺，則安知其非有不得已者乎！固不可與朗之自殺同矣。珉、儁不書官，朗何以書？朗稱不忍北面事賊，則固晋廷之臣也，故特書官，書死之。

石勒寇樂平，劉琨救之，大敗，樂平遂陷。〇十二月朔，日食。〇劉琨長史以并州叛，降石勒，琨奔薊。〇石勒以李回爲高陽守。〇丞相睿出師露次，移檄北征。

征伐不書出師，書出師何？遷延也。若曰睿無北伐之志，徒見出師露次，移檄北征而已矣。是故睿無北伐之志，則書曰出師露次，移檄北征；是年。高駢無討賊之實，則書曰移檄討賊，出屯東塘：唐僖宗中和元年。皆譏其非誠也。終《綱目》書移書一，漢獻帝初平二年。移檄七，詳初平二年。唯睿及高駢書出次。

丞相睿以邵續爲冀州刺史，劉遐爲平原内史。

丁丑 中宗元皇帝建武元年。漢麟嘉二年。〇凉元公張寔稱建興五年。〇舊大國一，并成小國一，新小國一，凡三僭國。

春，正月，張寔遣司馬韓璞將兵伐漢。

於是璞等竟不能進而還矣，書伐漢何？予義也。張氏父子之事，《綱目》悉書之，所以勸義也。

二月，漢寇滎陽，太守李矩擊敗之[一]。○三月，丞相睿即晋王位。○劉琨、慕容廆皆遣使勸進。

書勸進何？正統也。故雖未即帝位，特書元年。終《綱目》書勸進者，惟晋元帝、漢主知遠而已。

夏，四月，漢主聰殺其太弟乂[二]。○五月，日食。○六月，豫、冀、青、寧等州皆上表勸進。○祖逖取譙城，漢石虎入寇，逖擊走之。○秋，七月，大旱，蝗，河、汾溢。○漢立子粲爲太子。

晋世僭國立太子不悉書，必有故而後書。書立粲，志準弑也。

劉琨、段匹磾討石勒，未行而罷。

未卒事不書，此其書何？予義也。

杜曾攻陷揚口[三]，周訪討破之。○冬，十一月朔，日食。○以劉琨爲太尉。○立太學。○十二月，漢主劉聰弑帝於平陽，辛賓死之。

於是漢暴使帝，賓起，抱帝大慟，聰殺之。趙固揚言欲贖天子，帝遂遇害。是先殺賓也，先書弑帝何？先書弑帝，所以見賓之死，爲帝而死也。大書死之，其爲死節之勸，深矣！

王命課督農功。○河南王吐谷渾卒。

[一]「敗」，宋刻《綱目》本作「走」。

[二]「乂」，原作「又」，據宋刻《綱目》本、弘治本、蜀藩本、《通鑑》卷九〇改。

[三]「揚」，原作「楊」，據宋刻《綱目》本、弘治本、蜀藩本、《通鑑》卷九〇改。

戊寅太興元年。漢主劉曜光初元年。春，遼西公段疾陸眷卒。

卒疾陸眷何？予義也。《綱目》於段氏每詳之，義焉而已矣。

三月，王即皇帝位。

書即皇帝位何？正統也。終《綱目》書即皇帝位四，漢書高祖、光武、昭烈，晋則元帝，舍是，無書即皇帝位者矣。

立王太子紹爲皇太子。〇以慕容廆爲龍驤將軍、大單于。〇以李矩都督河南軍事。〇漢螽斯則百堂災。

火災非宫闕宗廟不書，堂也，何以書？著聰滅也。於是，聰子死者二十一人。

張寔遣使上表。

寔自嗣立，一書得璽獻之，愍帝建興三年。一書遣兵入援，愍帝建興四年。一書遣韓璞將兵伐漢，建武元年。於是書遣使上表，皆予其忠也。寔，可謂世篤忠貞矣。

夏，四月朔，日食。〇加王導驃騎大將軍、開府儀同三司。〇成丞相范長生卒。

成自立國以來，至是十有五年，《綱目》書成政事不一二，而卒其臣者再，録賢也。終《綱目》卒僭國臣二十有二，晋世居九，成有二焉。何地不生才，信哉！

漢殺其尚書令王鑒、中書監、令崔懿之、曹恂。〇五月，段匹磾殺太尉、廣武侯劉琨。

具官何？予義也。琨自書并州刺史，《綱目》凡十一書，遣劉希合衆則書王浚殺之，劉曜襲晋陽則書奔常山，石勒攻樂平則書救之、大敗，樂平遂陷，長史以并州叛則書奔薊，與匹磾討石勒則書未行而罷，殆亦無一大快人意。其餘書爲大將軍，書爲司空，書爲太尉，書上表勸進耳。《綱目》於其遇害，具官書太尉、廣武侯，則亦唯其乃心帝室而已矣。書匹磾殺，罪匹磾也。《綱目》於段氏有取焉，功罪不相掩可也。

青州刺史曹嶷叛，降石勒。○六月，以刁協爲尚書令。○秋，七月，代王鬱律擊劉虎，破之。○漢主聰卒，太子粲立。八月，靳準弒而代之，石勒引兵討準。冬，十月，劉曜自立於赤壁，封勒爲趙公。○十一月，日夜出，高三丈。

　前書有三日相承東行矣，於是又書日夜出高三丈，日之異，莫甚於此者。晉之中世，何多變哉！

以王敦爲荆州刺史。○詔州郡秀、孝復試經策。○十二月，漢將軍喬泰討靳準，斬之[一]。○琅邪王焕卒。

　琅邪王裒卒不書，詳建武元年。書焕卒何？譏也。二帝梓宮未返，而越禮過情於無服之殤，是以譏之。

彭城内史周撫叛，降石勒，詔下邳内史劉遐、泰山太守徐龕討之。○石勒攻拔平陽，斬明奔赤壁，漢主曜族誅之。

[一]「斬」，宋刻《綱目》本、《通鑑》卷九〇作「殺」。

資治通鑑綱目書法第十九

起己卯晉元帝太興二年，盡丁酉晉成帝咸康三年。

廬陵後學劉友益修撰

翰林直學士中大夫知制誥同修國史國子祭酒歐陽玄校正

己卯二年。漢改號趙，光初二年。○後趙高祖石勒元年〔一〕。○舊大國一〔二〕，成、涼小國二，新大國一，凡四僭國。春〔三〕，二月，劉遐、徐龕擊周撫，斬之。○石勒獻捷於漢，漢斬其使。○三月，合祭天地於南郊。○詔琅邪恭王爲皇考〔四〕，既而罷之。

書皇其私親多矣，自漢宣帝以來，未之有改也。下詔未幾，尋繼以罷，元帝於是可謂能從諫矣。

書曰既而罷之，美改過也。

〔一〕「○」，宋刻《綱目》本無。
〔二〕「○」，原無，據弘治本、蜀藩本補。
〔三〕「春」上，原有「○」，據宋刻《綱目》本刪。
〔四〕「詔」，宋刻《綱目》本作「尊」。

夏，四月，將軍陳川以浚儀叛，降石勒。○徐龕以泰山叛，降石勒。○漢徙都長安，立妃羊氏爲后，子熙爲太子。

羊氏何？惠后也。《綱目》書之，其爲中國悲，甚矣！羊氏自爲惠后，三廢三復，於是又下匹非類，視秦毛氏，孝武太元十四年。可以愧死矣。

南陽王保自稱晋王。

書自稱何？譏也。江東正位，晋之社稷有奉矣，而又必稱晋王，是争也，書自譏之。

江東大饑，詔百官言事。○祖逖討陳川，石勒遣兵救之，逖退屯淮南，勒兵守蓬關。○石勒寇幽州，陷之，段匹磾奔樂陵。○梁州刺史周訪擊杜曾，斬之。○漢改號趙。○徐龕寇濟、岱，以羊鑒爲都督，討之。○冬，十一月，石勒稱趙王。○十二月，宇文氏攻慕容廆，廆大敗之，遂取遼東，遣長史裴嶷來獻捷。

書來獻捷，予義也，《綱目》於慕容氏有取焉。

蒲洪降趙。

庚辰 三年。趙光初三〔一〕、後趙二年。春，二月，後趙寇冀州，執刺史邵續，詔以其子緝代之。○趙將尹安等

〔一〕「三」下，宋刻《綱目》本有「年」字。

降。○三月，以慕容廆爲平州刺史。○夏，五月，上邽諸將殺晋王保，保故將陳安降漢以討賊，殺之[一]。

書殺何？不成保之爲晋王也。保書殺矣，殺保者曷爲書賊？予安以討賊之義也，故特書故將。凡書故將，皆予義也。於是，漢改號趙，不書趙，書漢何？漢，不共戴天之讐也。賊可討也，而不免降漢焉，特書漢，所以志讐國而爲安惜也。及其叛也，則書叛趙矣。《綱目》書故將七，詳漢高帝五年。唯利幾書反，公師藩書寇，非予辭。若安書降漢，則亦予之而不盡予也。

羊鑒有罪，除名，以徐州刺史蔡豹代之。○凉州殺其刺史張寔，寔弟茂立。○氐、羌、巴、羯叛趙，趙討平之。○趙立太學。○趙以喬豫、和苞爲諫議大夫。

自晋初書以傅玄、皇甫陶爲諫官，乙酉年。是後五十四年無聞焉，於是復書，則趙也。《綱目》録小善，雖僭國必書之。

秋，七月，後趙兵退走，祖逖進屯雍丘，詔加號鎮西將軍。○八月，梁州刺史周訪卒，詔以甘卓代之。○蔡豹與徐龕戰，敗，伏誅，龕遂降後趙。○後趙定九品，舉六科。○冬，十二月，以譙王丞爲湘州刺史。

〔一〕「漢」，宋刻《綱目》本作「趙」；「以討賊，殺之」，宋刻《綱目》本無。

辛巳 四年。趙光初四〔一〕、後趙三年。春，正月〔二〕，徐龕復降。○三月，日中有黑子。

漢景之篇，書日赤矣，又書日如紫矣，於是書日中有黑子，皆大異也。終《綱目》各一書而已矣。

後趙陷幽、冀、并州，撫軍將軍、幽州刺史段匹磾死之。

書死之，予節也。前書討石勒，此書死之，《綱目》於段氏有取焉。

夏，五月，免揚州僮客，以備征役。○終南山崩。○秋，七月，以戴淵都督司、豫，劉隗都督青、徐諸軍事，王導爲司空，録尚書事。○八月，常山崩。○九月，豫州刺史祖逖卒，以其弟約代之。○後趙以李陽爲都尉。○後趙禁釀酒。○以慕容廆爲車騎將軍、平州牧、遼東公。○代弒其君鬱律，子賀傉立。

子，弒者之子也，於是弒者有主名矣，則曷爲不書？略之也。六修、寔君，其不略之何？六修、寔君，以子弒父，大惡也，此而略之，天理滅矣。

壬午 永昌元年。趙光初五〔三〕、後趙四年。春，正月，王敦舉兵反，譙王丞、甘卓移檄討之。敦分兵寇長沙。

〔一〕「四」下，宋刻《綱目》本有「年」字。
〔二〕「正」，《通鑑》卷九一作「二」。
〔三〕「五」下，宋刻《綱目》本有「年」字。

○封子昱爲琅邪王。○趙封楊難敵爲武都王。○陳安叛趙。○三月，敦據石頭，殺驃騎將軍戴淵、尚書僕射周顗，甘卓還襄陽。夏，四月，敦還武昌。○敦兵陷長沙，湘州刺史、譙王丞死之。○五月，敦殺甘卓。

書卓還何？罪卓也。丞、卓皆嘗予之以討矣，於是或書死之而具其官，或書殺而削其爵，爲義不終者，可以鑑矣！

秋，七月，後趙拔泰山，殺徐龕。○兗州刺史郗鑒退屯合肥[一]。

徐龕、孟達，一也。孟達書死之，漢後主建興六年。此其書殺何？罪龕也。龕之叛，非有劉封之逼，徒以争功故耳。既又寇濟、岱，敗王師，與孟達異矣。故孟達之反正，書來歸；而龕書復降，所以著其反覆也。《綱目》之權衡，審矣！

冬，十月，後趙寇譙，祖約退屯壽春。○閏十一月，帝崩，司空導受遺詔輔政，太子紹即位。

賀善贊曰：琅邪自督揚州，一書遺紀瞻討石勒而已。長安既陷，然後出師露次，移檄北征，故《綱目》特書病之。然其即位止稱晋王，雖中外勸進，弗敢從也。愍帝遇害，始正帝號，亦庶乎知節者。故《綱目》書即皇帝位，如光武。獨其無志遠略，不能盡祖逖之才，遂使河南終淪左衽，惜哉！

[一]「○」，原無，據宋刻《綱目》本補。

後趙右長史張賓卒。○張茂取隴西、南安，置秦州。

癸未 肅宗明皇帝太寧元年。趙光初六〔一〕、後趙五年。春，正月，成寇臺登，陷越嶲、漢嘉郡。○二月，葬建平陵。○三月，後趙寇彭城、下邳，徐州刺史卞敦退保盱眙。○夏，四月，敦移屯姑孰，自領揚州牧，以王導爲司徒。

以者何？敦以之也。王導乃心帝室，而受其以，《綱目》獨不爲賢者諱乎？揚州牧，要職也，視司徒有間矣。書自領揚州牧，以導爲司徒，所以見敦之欲自專也，於導何病哉！故敦自書反以至於死，《綱目》皆削其姓。

寧州刺史王遜卒。○六月，立皇后庾氏，以庾亮爲中書監。

不書后兄亮，亮賢也，與董重、楊駿異矣。

秋，七月，趙擊陳安，斬之，封姚弋仲爲平襄公。○八月，敦表江西都督郗鑒爲尚書令。

王含督江西，書敦以罪專也，此其書表何？敦忌鑒在外，表還內任，則非私鑒矣。《綱目》以表書之，不使夷於王氏之黨也。直書以，不可乎？直書以，則是鑒之遷出上意矣。書曰敦表，所以著敦自固之私也。

〔一〕「六」下，宋刻《綱目》本有「年」字。

後趙寇青州，陷之。○趙擊涼州，張茂降，趙封茂爲涼王〔一〕。○楊難敵降成，復叛，殺成將李坮、李稚。○趙封故世子胤爲永安王。○趙涼王張茂城姑臧。○冬，十一月，敦以王含督江西軍。

書敦以何？罪專也，含亦與受其罪矣。於是敦意欲强王氏，以含督江西，以舒彬刺荆江。舒彬不書，亮其心也。

甲申二年。趙光初七〔二〕、後趙六年。春，正月，敦殺其從事周嵩、周莚及會稽内史周札〔三〕。○後趙陷東莞、東海，攻趙河南，斬其守將。○成主雄立其兄子班爲太子。

於是雄有妾子不立，立班，書立其兄子班，著亂始也，故斥書主。據漢立子粲、子熙下書主。

夏，五月，趙涼王張茂卒，世子駿嗣。

茂自嗣立，雖無可紀，然其死也，以事晋屬其子，且以官非晋命，耻之終身，則亦未嘗忘晋者也。特屈於趙耳，故卒之。書曰趙涼王，閔之也。

六月，加司徒導大都督、揚州刺史，督諸軍討敦。敦復反，秋，七月，至江寧。帝親征，破之，敦死衆潰，其黨錢鳳、沈充伏誅。

〔一〕「王」，原作「主」，據弘治本、蜀藩本、《通鑑》卷九二改。
〔二〕「七」下，宋刻《綱目》本有「年」字。
〔三〕「莚」，原作「筵」，據宋刻《綱目》本、《通鑑》卷九三改。

上書討、下書拒多矣，此其書敦復反何？敦本欲反也，討敦之師未至，而敦兵已至江寧矣，故書反。書親征始此。《綱目》書自將三十八，詳漢高帝五年。書親征二。是年、唐太宗貞觀十八年。

代王賀傉徙居東木根山。

乙酉　三年。趙光初八〔一〕、後趙七年。春，二月，贈故譙王丞、戴淵、周顗等官有差。○許昌叛，降後趙。○立子衍爲皇太子。○夏，五月，以陶侃都督荆、湘等州軍事。○後趙石生寇河南，司州降趙。趙主曜擊生，大敗，司、豫、徐、兖皆陷於後趙。○秋，閏七月，帝崩，司徒導、中書令庾亮、尚書令卞壼受遺詔輔政。太子衍即位，尊皇后爲皇太后，太后臨朝稱制。

賀善贊曰：明帝即位三年，《綱目》所書自王敦外，不過立后、太子，及大臣除、卒數事耳。獨能奮發剛斷，躬殄大憝，可謂明也已矣。故自入《綱目》以來，未有書親征者，於是特書予之。

葬武平陵。○冬，十一月朔，日食。○十二月，段遼弑其君牙而自立。○代王賀傉卒，弟紇那嗣。

丙戌　顯宗成皇帝咸和元年。趙光初九〔二〕、後趙八年。夏，四月，後趙石生寇汝南，執内史祖濟。○六月，以郗鑒爲徐州刺史。○秋，八月，以温嶠爲都督江州軍事，王舒爲會稽内史。○冬，十月，殺南頓王宗，

〔一〕「八」下，宋刻《綱目》本有「年」字。
〔二〕「九」下，宋刻《綱目》本有「年」字。

降封西陽王羕爲弋陽縣王。○後趙使世子弘守鄴〔一〕。○十一月，後趙寇壽春，歷陽内史蘇峻擊走之。○十二月，下邳叛，降後趙。○後趙始定九流，立秀、孝試經之制。

丁亥 二年。趙光初十〔二〕、後趙九年。夏，五月朔，日食。○張駿遣兵攻趙，趙擊敗之，遂取河南地。○冬，徵蘇峻爲大司農，峻與祖約舉兵反。○十二月，峻襲陷姑孰，詔庾亮督諸軍討之，宣城内史桓彝起兵赴難。

書赴難何？予倡義也。蘇峻之亂，書赴難三，若彝者，可謂能急君矣。終《綱目》書赴難三。是年、三年再書。

戊子 三年。趙光初十一〔三〕、後趙太和元年。春，正月，温嶠以兵赴難，至尋陽。二月，尚書令、成陽公卞壺督軍討峻，戰敗，死之，庾亮奔尋陽，峻兵犯闕。

書入援、書赴難多矣，未有書所至者，此其書至尋陽何？罪侃也。其罪侃何？嶠以正月至尋陽，往復數四，方能致侃。《綱目》此書正月至尋陽，後書五月以陶侃入討峻，則逗遛之罪有在矣。

〔一〕「使」下，宋刻《綱目》本有「其」字。「弘」，原作「宏」，據宋刻《綱目》本、弘治本、蜀藩本、《通鑑》卷九三改。
〔二〕「十」下，宋刻《綱目》本有「年」字。
〔三〕「一」下，宋刻《綱目》本有「年」字。

三月，皇太后庾氏以憂崩。峻南屯于湖。〇葬明穆皇后。

書以憂何？罪亮也。亮違衆議，首生厲階，及爲元帥，兵敗身竄，憂及國母，其罪大矣。《綱目》自書葬靈思皇后，是後后無書葬者，至晋而後書之。晋后至是始以崩葬書，前乎此，非弑殺，則陷胡塵已。終《綱目》太后書以憂崩卒三。秦芈氏、晋庾氏、苻秦强氏。

夏，五月，温嶠以陶侃入討峻。峻遷帝於石頭，郗鑒、王舒來赴難。

書以陶侃何？譏侃也。侃見義不勇，屢爲前却，故書以，然則義專歸於温嶠矣。是故九江之歸漢未決，而隨何能以之，則書隨何以；漢王邦三年。陶侃之赴難未勇，而温嶠能以之，則書温嶠以；是年。東荆州之兵赴長安未果，而趙剛能以之，則書趙剛以：梁甲寅年。皆歸功以之者也。〇赴難必書兵，於是鑒流涕誓衆，舒遣兵一萬，則有兵矣，不書以兵何？緩也。凡書來援，書來救，外辭也。鑒、舒，晋臣也，則曷爲書來如外辭？罪之也。峻之反已半年，且既遷帝石頭矣，然後徐徐而來，謂之何哉！書曰來，緩辭也。是役也，《綱目》書赴難者三，書來者，一而已。

峻分兵陷宣城，内史桓彝死之。

於是役也，勇於義者，其惟桓彝乎，故始終皆予辭。

秋，七月，後趙攻壽春，約衆潰，奔歷陽。〇八月，後趙攻趙蒲阪，趙主曜擊破走之，遂攻金墉。〇九月，陶侃、温嶠討峻於石頭[一]，斬之，峻弟逸代領其衆。

前書温嶠以陶侃，此其先侃何？不没其功也。《綱目》於陶侃，心迹不相掩可也。

冬，十二月，後趙王勒大破趙兵於洛陽，獲趙主曜以歸，殺之。

獲，賤辭也。於是曜墜馬被執，曷爲不書執以歸？趙兵大潰，曜方以昏醉被執，則與匹夫何異哉，故賤之，書獲。亡國之君其辭五：死之，上也；執虜，次之；以歸，次之；獲，次之；降爲下。終《綱目》亡國之君書獲三。趙主曜、齊主緯、陳主叔寶。

己丑 四年。趙光初十二[二]、後趙太和二年。○是歲趙亡。大一小二[三]，凡三僭國。春，正月，逸殺右衛將軍劉超、侍中鍾雅。○冠軍將軍趙胤攻拔歷陽，約奔後趙。○趙太子熙奔上邽，後趙取長安。○二月，諸軍討逸，斬之，及西陽王羕。

逸書討斬，宜矣，羕亦書及何？羕，附賊者也，有不得辭其討矣。羕嘗降封弋陽縣王矣，此則曷爲復書西陽王羕？受僞封也。不書弋陽，書西陽，著其附賊之實也。

以褚翜爲丹陽尹。

[一]「於石頭」，宋刻《綱目》本無。

[二]「二」下，宋刻《綱目》本有「年」字。

[三]「大一小二」，宋刻《綱目》本作「大國一，成、涼小國二」。

書，録才也。西漢之世，書爲京兆尹八，自黄霸外皆嚴能者也。東漢書爲河南尹三，而梁冀兄弟居二焉。西晋惟夏侯和以徙官書，東晋書丹陽尹始此。終晋世書丹陽尹三，褚翜、王坦之、王雄。才難，不其然乎！

三月，以陶侃爲太尉，郗鑒爲司空，温嶠爲驃騎將軍、開府儀同三司，庾亮爲豫州刺史。

亮爲豫州，黜也，不書黜何？亮之罪不止是也，故與遷賞者并書以，晋之無章，孰甚焉！

夏，四月，驃騎將軍、始安公温嶠卒，以劉胤爲江州刺史。○秋，八月，後趙石虎攻拔上邽，殺趙太子熙，遂取秦、隴。○冬，十二月，將軍郭默殺劉胤。○代王紇那出奔宇文部，翳槐立。○羌殺河南王吐延。

庚寅　五年。趙建平元年。春，正月，太尉侃討郭默，斬之。○二月，趙王勒稱趙天王，以石虎爲太尉，封中山王。○趙誅祖約，夷其族。

趙也，何以書誅？亂臣賊子，夷狄得而誅之，《綱目》之討叛，嚴矣！

夏五月[一]，詔太尉侃兼督江州。○六月，趙以張駿爲涼州牧。○秋，九月，趙王勒稱皇帝。○趙寇陷襄陽。○更造新宫。

[一]「五」，原作「三」，據宋刻《綱目》本、弘治本、《通鑑》卷九四改。

辛卯六年。趙建平二年。春，三月朔，日食。○夏，趙舉賢良方正，起明堂、辟雍、靈臺。○秋，九月，趙營鄴宮。○冬，有事於太廟。○慕容廆遣使詣太尉侃。

壬辰七年。趙建平三年。春，正月，趙大饗群臣。○趙命太子弘省可尚書奏事。

太子決事自此始。終《綱目》太子書省事二，是年趙太子弘、咸康六年趙太子宣。總百揆一，宋甲申年魏太子晃。書決事、決訟三，唐高祖武德九年、太宗貞觀四年、睿宗景雲二年。書聽政二，唐太宗貞觀十九年、二十三年。書監國七。宋壬戌年魏太子燾、唐太宗貞觀十九年、高宗調露元年、弘道元年、睿宗景雲二年、玄宗天寶十四載、德宗貞元二十年。

秋，太尉侃遣南中郎將桓宣攻拔襄陽，遂留鎮之。

書遣何？歸功侃也。凡功、罪書遣，歸其上也。是故桓宣之拔襄陽書陶侃遣，是年。渾瑊之却吐蕃書郭子儀遣，唐代宗大曆八年。李懷光之破吐蕃書郭子儀遣，大曆十三年。皆歸功於其上之辭也。

趙涼州牧張駿立其子重華爲世子。

癸巳八年。趙建平四年。春，趙遣使來修好，詔焚其幣。

江東之政，差强人意，此一舉而已，故喜書之。

三月，寧州叛，降於成。○夏，五月，遼東公慕容廆卒，世子皝嗣。○秋，七月，趙主勒卒，太子弘立。○八月，趙石虎自爲丞相、魏王。九月，弑其太后劉氏。冬，十月，趙河東王石生等舉兵討之，不克而死。○慕容皝兄翰奔段氏，弟仁據遼東。○張駿遣張淳來上表。

書遣使上表何？予義也。張氏嘗書遣使矣，不書其人，此則曷爲書張淳？予淳也。於是淳自蜀求通，間關險阻，必達君命，可謂賢矣，故書予之。而駿不書趙涼州牧。

甲午 九年。趙主石弘延熙元年。春，正月，仇池王楊難敵卒，子毅嗣，遣使來稱藩。○二月，以張駿爲大將軍。○段遼遣兵攻柳城，破之。○夏，六月，太尉、長沙公陶侃卒。○成主雄卒，太子班立。○以庾亮都督江、荆等州軍事。○秋，以慕容皝爲鎮軍大將軍、平州刺史、遼東公。○冬，十月，成李越弑其主班，而立其弟期。

其弟何？與聞乎弑也。其兄弑逆而己受之，期不得不分受其罪矣。終《綱目》弑書立其兄者一，安帝隆安五年呂超。立其弟者二，是年李越、五代丙戌年王延禀。皆與聞乎弑者也。

十一月，趙石虎弑其主弘，自立爲居攝天王。○慕容皝攻遼東，克之。

乙未 咸康元年。趙太祖石虎建武元年。○成主李期玉恒元年。春，正月朔，帝冠。○三月，幸司徒導府。

《綱目》書君臨諸臣之家五，幸其府二，漢安帝建光元年、是年、隋煬帝大業三年、唐太宗貞觀十四年、二十年、辛未年梁主温、甲申年唐主存勗。唯此與貞觀二十年無譏辭，而微行梁胤府舍不與焉。漢桓帝元嘉元年。

夏，四月，趙王虎南遊，臨江而還。帝親勒兵戒嚴，六日罷。

譏不詳也。彼且還矣，而此方親勒戒嚴，久而後悟，不詳莫甚焉。先書還，所以深譏之也。

大旱。○秋，九月，趙遷都鄴。○趙聽其民事佛。

本胡俗也，趙之有此宜矣，而漢人之爲沙門自此始，故謹書之。自是，書聽民出家二。宋壬辰年魏、梁辛丑年魏。

成殺其臣羅演及故主班母羅氏。

班書故主矣，則其母不書弒何？班本雄兄子，其母非后也，故書殺。

冬，十月朔，日食。○建安君荀氏卒。

明帝母也，號稱止此，晋於是乎可謂能以禮矣，故從書卒。據哀帝母皇太妃周氏書薨。

代王紇那復入，翳槐奔趙。○張駿遣使上疏，請北伐。

駿自嗣立，嘗書遣張淳上表矣，於是又書上疏請北伐，《綱目》悉書之，予義也。張氏四世忠晋，自駿而後，鮮克繼者矣。

丙申 二年。趙建武二年。春，正月，彗星見奎、婁。○慕容皝討其弟仁，殺之。○二月，立皇后杜氏。○前廷尉孔坦卒。

卒前官，録賢也。終《綱目》卒前官，六而已。詳安帝元初二年。

趙作太武殿，東、西宮。

丁酉三年。趙建武三年。春，正月，趙王虎稱趙天王。○立太學。○秋，七月，趙王虎殺其太子邃，更立子宣爲太子。

邃謀弑逆，大罪也，不書伏誅何？咎虎也。初，虎使太子省可尚書事。太子，朝夕視君膳者也，而使與政，非矣。其有不合，則又誚責笞捶，月至再三，雖邃性殘虐，然陷之惡者，虎也。《綱目》澄源正本，故特書殺。終《綱目》太子書殺三，趙邃、魏恂、蜀元膺。書廢殺三，晉遹、唐太子賢、太子瑛。清河王亶、梁太子大器、唐陳王成美，他人殺之，不與焉。

慕容皝自稱燕王。○燕稱藩於趙。○趙納代王翳槐於代，紇那奔燕。○楊初殺楊毅，自稱仇池公，附於趙。

資治通鑑綱目書法第二十

起戊戌晋成帝咸康四年，盡己未晋穆帝升平三年。

廬陵後學劉友益修撰
翰林直學士中大夫知制誥同修國史國子祭酒歐陽玄校正

戊戌四年。趙建武四年。○成改號漢，中宗李壽漢興元年。○代高祖什翼犍建國元年〔一〕。○舊大國一，漢、凉小國二，新小國一，凡四僭國。春，趙王虎、燕王皝合兵攻段氏，破之，虎拔令支，悉取其地。○夏，四月，成李壽弑其主期而自立，改國號漢。○五月，趙王虎擊燕，不克，燕慕容恪追擊，大敗之。○趙冀州大蝗。○以司徒導爲太傅，都督中外諸軍事，郗鑒爲太尉，庾亮爲司空。六月，更以導爲丞相，罷司徒官。○秋，漢霖雨。○冬，十月，光禄勳顔含致仕。

自漢書丞相賢致仕，宣帝地節三年。是後歷東漢僅一書，和帝永元十三年。於是復見，美知止也。終《綱目》書致仕二十二。詳宣帝地節三年。

〔一〕「○」，宋刻《綱目》本無。

代王翳槐卒，弟什翼犍立。〇十二月，趙遣兵迎段遼，燕慕容恪擊敗之，以遼歸，殺之。

遼嘗書弑君矣，不書誅何？殺不以其罪也。故雖有罪，而殺之不以其罪，《綱目》一以殺書之。

己亥　五年。趙建武五年。春，三月，庾亮表請伐趙，詔諭止之。

詔止之矣，其書伐趙何？予亮也。自五胡雲擾，江沱宴安數世矣，於是有能以開復中原爲心者，《綱目》之所予也。自是，庾翼、褚裒、司馬勳、殷浩雖皆無成，而書伐趙者四，北伐者一，皆所以示中國復讐之義，爲臣子徇國之勸也。

代王什翼犍求昏於燕。〇秋，七月，丞相、始興公王導卒，以何充爲護軍將軍，庾冰爲中書監、揚州刺史，參録尚書事。〇八月，改丞相爲司徒。〇太尉、南昌公郗鑒卒，以蔡謨都督徐、兖軍事。〇九月，趙人入寇，攻沔南及邾城，陷之。〇趙以李巨爲御史中丞。〇漢殺其臣李演。〇冬，燕王皝遣長史劉翔來獻捷。〇張駿立辟雍、明堂。

書，譏也。何譏？辟雍，天子之學，明堂，王者之堂，豈臣子所得爲哉？書曰張駿立辟雍、明堂，而貶義自見矣。

庚子　六年。趙建武六年。春，正月，司空庾亮卒，以何充爲中書令，庾翼都督江、荆等州軍事〔一〕。〇慕容翰

〔一〕「州軍」，原作「軍州」，據宋刻《綱目》本、蜀藩本、《通鑑》卷九六改。

自宇文部歸於燕。

書，予之也。曷爲予之？不忘本也，猶有宗國之心焉。

有星孛於太微。○三月，代始都雲中。○秋，漢大閱於成都。

書漢大閱何？志襲壯也，李壽可謂不量力矣。書大閱始此。《綱目》書大閱二，書講武三，詳漢靈帝中平五年。皆譏也。

冬，趙大發兵以伐燕，燕人襲之，入趙高陽，趙師還。○趙命其太子宣及弟韜迭省尚書奏事。

太子省事，非古也。前書趙太子弘矣，於是宣與弟韜迭省，是二太子也。兄弟相屠之禍始此矣，故書譏之。

漢遣使如趙，趙人報之。

辛丑 七年。趙建武七年。春，正月，燕築龍城。○二月朔，日食。○封慕容皝爲燕王。○三月，皇后杜氏崩。夏，四月，葬恭皇后。○詔正土斷、白籍。○秋，代築盛樂城。○燕慕容恪鎮平郭。○漢殺其僕射蔡興、李嶷。

壬寅 八年。趙建武八年。春，正月朔，日食。○二月，豫州刺史庾懌有罪，自殺。○夏，六月，帝崩，琅邪王岳即位。○封成帝子丕爲琅邪王，奕爲東海王。

丕、奕，其兄子也，書成帝子何？正名也。然則廢爲海西公者，其罪不可勝誅矣。

秋，七月，葬興平陵。以何充都督徐州軍事。○冬，十月，燕還都龍城。○十一月，燕王皝擊高句麗，入丸都，載其王釗父屍及母以歸。○十二月，立皇后褚氏。○趙作長安、洛陽宫。○趙徵兵入寇。

癸卯 康皇帝建元元年[一]。趙建武九年。春，二月，高句麗王釗朝貢於燕。○秋，七月，詔議經略中原，庾翼表遣梁州刺史桓宣伐趙。○漢主壽卒，太子勢立。○庾翼移鎮襄陽，詔以翼都督征討軍事，庾冰都督荆、江等州軍事[二]，徵何充爲揚州刺史，録尚書事。

於是翼復請移鎮襄陽，則其不書請何？行而後請也。開復中原，《綱目》所予也，然違詔而行，於臣節爲未順矣，是故先書移鎮，後書詔以爲都督，所以微示譏焉。自經略之議既下，桓宣、庾翼各一出，桓温三出，褚裒、謝尚、殷浩、荀羡、諸葛攸各一出，謝萬、郗曇一出。其間有功無罪者，桓温之討姚襄也；有功有罪者，桓温之伐漢、伐秦也；無功無罪者，桓宣、庾翼、褚裒之伐趙，荀羡、郗曇之伐燕也；有罪無功者，謝尚之屯壽春，殷浩之北伐，諸葛攸、謝萬之伐燕也。

甲辰 二年。趙建武十年。○漢主李勢太和元年。春，正月，趙大閲，罷兵。○燕主皝擊滅宇文部，逸豆歸走死。皝還，殺其兄翰。○熒惑守房、心。趙殺其中書監王波。○桓宣及趙兵戰於丹水，敗績。

[一]「皇」，宋刻《綱目》本無。

[二]「等州」，宋刻《綱目》本無。

晋伐之，不得志，《綱目》所深惜也，故書。

秋，九月，帝崩，太子聃即位，尊皇后曰皇太后，太后臨朝稱制。〇冬，十月，葬崇平陵。〇荆江都督庾冰卒，翼還鎮夏口。

乙巳　孝宗穆皇帝永和元年〔一〕。趙建武十一年。〇燕王慕容皝十二年〔二〕。〇舊大國一，漢、凉、代小國三，新小國一，凡五僭國。春，正月，趙大發民，治長安、洛陽宮。

作宮必書，重民力也。未有書大發民者，書大發民何？罪虎也。是故魏書大營，漢後主建興五年。宋書大脩，癸卯年。齊書大治，丙子年。皆罪之也。惟明帝大起北宮，繼書罷之，爲美辭。漢永平三年。

燕罷苑囿，以給新民。

書，美皝也。《綱目》書罷苑二，是年、齊壬戌年魏。書以苑給民三。詳漢元帝初元元年。

以會稽王昱爲撫軍大將軍、録尚書六條事。〇二龍見於燕之龍山。〇秋，七月，江州都督庾翼卒，以桓温都督荆、梁等州軍事〔三〕。〇漢主勢殺其弟廣。〇冬，十二月，張駿自稱凉王。〇趙以姚弋仲爲冠

〔一〕「孝宗」、「皇」，宋刻《綱目》本無。
〔二〕「慕容」，宋刻《綱目》本無。
〔三〕「等州」，宋刻《綱目》本無。

軍大將軍。

丙午二年。趙建武十二年。○漢嘉寧元年[一]。春，正月，揚州刺史、都鄉侯何充卒。○燕襲夫餘，拔之，虜其王玄以歸。○二月，以光祿大夫蔡謨領司徒。○三月，以顧和爲尚書令，殷浩爲揚州刺史。○夏，四月朔，日食。○五月，涼王張駿卒，世子重華立。○趙殺其尚書朱軌，立私論朝政法。○趙攻涼州，張重華遣主簿謝艾將兵逆戰，大破之。○冬，漢李奕舉兵攻成都，不克而死。

反也，不書反何？勢無道也。《綱目》澄源正本，故書攻不書反，書死不書伏誅。

十一月，桓温帥師伐漢。

庾亮伐趙書表請，咸康五年。於是温亦拜表，其不書表請何？削之也。曷爲削之？拜表，順也；不待報而即行，則專也。《綱目》惡專，直書曰桓温帥師，其爲履霜之戒，深切矣！

丁未三年。趙建武十三年。○是歲漢亡。大一小三[二]，凡四僭國。春，三月，桓温敗漢兵於笮橋，進至成都，漢主勢降，詔以爲歸義侯。○夏，四月，趙攻涼州，張重華遣謝艾將兵擊破之。○趙築華林園。○冬，十月，以張重華爲涼州刺史、西平公。○楊初遣使稱藩，詔以初爲雍州刺史、仇池公。

[一] 「○」，原作空格，據宋刻《綱目》本補。

[二] 「大一小三」，宋刻《綱目》本作「大國一，涼、代、燕小國三」。

戊申 四年。趙建武十四年。秋，八月，趙太子宣殺其弟韜，伏誅。○加桓温征西大將軍。○九月，燕王皝卒，世子儁立。○趙立子世爲太子。

僭國立子不悉書，書趙太子何？譏立少也。遵之弑逆始此矣，故謹書之。

冬，十二月，以蔡謨爲司徒。

己酉 五年。趙太寧元年。春，正月，趙王虎稱皇帝。○趙謫戍梁犢反，虎遣兵擊斬之。○夏，四月，趙主虎卒，太子世立，其兄遵弑之，及其太后劉氏而自立。

負芻以庶兄書殺，秦王政十九年。此則曷爲以弑書？及其太后，則可以書弑矣。

蒲洪遣使來降。○燕以慕容恪爲輔國將軍。○秋，七月，征討都督褚裒率師伐趙，不克而還。

裒亦表請矣，不書表請，書征討都督何？朝命也。書朝命，則雖不書表請可也。與先書移鎮襄陽，後書詔以爲都討者異矣。建元元年。

九月，張重華自稱凉王。○梁州刺史司馬勳伐趙，拔宛城。

於是趙雍州豪傑不樂其帥，遣使告晉。勳帥衆赴之，既而以兵少，不敢進，拔宛城而還，則小勝也，大書伐趙何？予義且惡趙也。

冬，十一月，趙石鑒弑其主遵而自立。

弑遵者，石閔也，其書鑒何？於是遵將殺閔，與鑒謀之，鑒以遵謀告閔，又受其立，則首惡也。

書鑒弒，書自立，《綱目》之誅惡，嚴矣！然則李期何以不書弒？主謀者兄越也，書曰立其弟期，則期亦與聞乎弒而已，非鑒比也。

秦、雍流民立蒲洪爲主。〇十二月，徐、兖都督褚裒卒，以荀羨監徐、兖軍事。〇趙石閔幽其主鑒，殺胡、羯二十萬人。〇燕遣使如涼州。

庚戌　六年。趙主石祗永寧元年。〇魏主冉閔永興元年〔一〕。〇舊大國一，涼、代、燕小國三，新大國一，凡五僭國。春，閏正月，趙石閔殺鑒而自立，改國號魏。

前書幽其主鑒矣，此其不書弒何？鑒、閔同弒其君，則賊一也，賊殺賊而已矣。是故石閔、石鑒同弒其君，而閔殺鑒，則書殺而不書弒；張顒、徐温同弒其君，而温殺顒，則書殺而不書討：此《綱目》之權衡也。

以殷浩督揚、豫等州軍事〔二〕。〇蒲洪自稱三秦王，改姓苻。〇二月，燕王儁擊趙，拔薊城，徙都之。〇魏主閔復姓冉氏。〇故趙將麻秋殺苻洪，洪子健斬秋，遣使來請命。

故趙將何？予義也。然則郭循亦故魏臣也，殺漢費禕，後主延熙十六年。何以書盜？逆順之辭也。書斬不書誅，趙將也；不書殺，洪子也。

〔一〕「〇」，宋刻《綱目》本無。
〔二〕「軍事」，原無，據宋刻《綱目》本、《通鑑》卷九八補。

趙石祇稱帝於襄國。○魏殺其太宰李農。○夏，五月，廬江太守袁真攻魏合肥，克之。○杜洪據長安，苻健擊敗之。○故趙將張賀度等會兵討魏，不克。

故趙將何？予義也，故得書討。然則麻秋亦義也，何以止書殺？閔，弑君賊也，非苻洪比矣。終《綱目》書故將七，詳漢高帝五年。惟利幾、公師藩爲譏辭。

魏主閔徵故散騎常侍辛謐爲太常，謐不食而卒。

書不食何？予節也，故特書故官。《綱目》書不食而卒者三，龔勝、陳龜、辛謐。皆節士也。周亞夫不食而死，不與焉。終《綱目》書徵賢二十有一，書不至八，書不屈、不就、不受、不食而卒，各一而已。

秋，九月，燕徇冀州，取章武、河間。○冬，十一月，苻健入長安，遣使來獻捷。○十二月，免蔡謨爲庶人。

免例有三：免某官者，無罪之辭也；某以罪免者，有罪之辭也；某免者，薄乎云爾之辭也。書免蔡謨，無罪也，然則曷爲不書官？於是以蔡謨爲司徒，固讓不就，三年於此矣。書司徒，則謨未受命也，書光禄大夫，則前領司徒已書之矣，故於此止書名。

辛亥 七年。趙永寧二〔一〕、魏永興二年。○秦主苻健皇始元年〔二〕。○是歲趙亡。舊大國一，涼、代、燕小國三，新大國一，凡五僭國。春，正月，日食。○鮮卑段龕以青州來降。○苻健自稱秦天王。○二月，魏主閔圍趙主祗於襄國，姚弋仲及燕王儁遣兵救之。○三月，魏主閔及趙、燕、姚襄之兵戰，敗績〔三〕。○趙遣其將劉顯伐魏，不克。○秦遣使問民疾苦。○夏，四月，司馬勳會杜洪等兵擊秦，敗還。

晋加秦兵書伐，此其書擊何？會杜洪也。《綱目》正誼不謀利。

趙劉顯弒其主祗而自立。○秋，八月，魏徐、兗、荆、豫、洛州來降。○燕慕容恪取中山。○姚弋仲遣使來降。○冬，十二月，桓温移軍武昌，尋復還鎮。

書移軍何？罪温也。繼書尋復還鎮，而桓温之情得矣。故曰《綱目》修而亂臣賊子懼。

壬子 八年。魏永興三、秦皇始二年〔四〕。○燕主慕容儁元璽元年〔五〕。○是歲魏亡。大二小二〔六〕，凡四僭國。春，正月朔，日食。○秦王健稱皇帝。○杜洪司馬張琚殺洪，自稱秦王。○魏克襄國，殺劉顯，遷其民於鄴。

〔一〕「二」下，宋刻《綱目》本有「年」字。
〔二〕「○」，宋刻《綱目》本無。「主」，宋刻《綱目》本作「高祖」。
〔三〕「○三月……敗績」，此句宋刻《綱目》本作「魏兵敗績」。
〔四〕「年」，宋刻《綱目》本無。
〔五〕「主」，宋刻《綱目》本作「烈祖」。
〔六〕「大二小二」，宋刻《綱目》本作「○舊大國一，涼、代小國二，新大國一」。

劉顯嘗書弑其主矣，此其不書討何？不以討予閔也。曷爲不以討予之？閔亦趙賊也，以賊殺賊而已矣，故止書殺。

趙汝陰王琨來奔，斬之。○殷浩使督統謝尚、荀羡進屯壽春。張遇據許昌叛，降於秦。

張遇之叛，尚激之也，必書殷浩使何？罪使之者也。凡功、罪書使，歸其上也。是故吕布之誅董卓，書王允使；漢獻帝初平三年。謝尚之激張遇，書殷浩使；是年。禄山之敗於奚、契丹，書張守珪使：唐玄宗開元二十四年。皆歸功、罪其上者也。

三月，姚弋仲卒，子襄率衆來歸，詔屯譙城。○夏，四月，燕慕容恪等擊魏，大破之，執其主閔以歸，殺之。○五月，秦主健擊張琚，斬之。○魏人遣使請降。○六月，謝尚得傳國璽，獻之。○謝尚攻張遇於許昌，秦人救之，尚等敗績，殷浩退屯壽春。

張遇前書叛矣，此其不書討，書攻何？遇之叛，尚激之也。書叛以正遇罪，而謝尚不書討，權衡之辭也。

秋，八月，燕慕容評攻鄴，克之，遂留守鄴。○九月，殷浩進屯泗口。○罷遣太學生徒。○冬，十月，謝尚攻許昌，克之。○十一月，燕王儁稱皇帝。

九年。（癸丑）秦皇始三、燕元璽二年。夏，五月，張重華攻秦上邽，拔之，詔進重華凉州牧。○秋，七月，秦殺其司空張遇。

張遇爲秦司空，陰結豪傑，欲滅苻氏，則反也，其以無罪書殺何？遇欲滅秦以降晉，是從義也。《綱目》勸反正，故其辭恕。

殷浩遣兵襲姚襄，不克。冬，十月，遂率諸軍北伐，襄邀敗之，浩走譙城。

王師北伐，襄邀敗之，是反矣，不書反何？專罪浩也。襄無罪而浩襲之，浩之罪也。《綱目》惡首禍，故浩書襲，而襄不書反。至浩免而襄降燕，則襄以叛書，而桓温書討矣。浩軍書遂，譏不備也。

十一月，西平公張重華卒，子曜靈立。○十二月，姚襄徙屯盱眙。○以謝尚都督江西、淮南軍事。○涼州廢其主曜靈，立張祚爲涼公。○燕以慕容霸守常山。

甲寅　十年。秦皇始四、燕元璽三年。○涼王張祚和平元年〔一〕。春，正月，張祚自稱涼王。○殷浩以罪免爲庶人，徙信安，以王述爲揚州刺史。

庾翼、褚裒，皆北伐無成者也，《綱目》無責焉。浩則曷爲以罪書？襲姚襄以取敗，浩之罪也，故雖桓温疏請，不書。

二月，桓温帥師伐秦。

嘗書桓温帥師伐漢矣，於是復書桓温帥師伐秦，罪專也。故後雖一書其功，而專行之罪，則不可

〔一〕「○」，原作空格，據宋刻《綱目》本補。

以功掩，所以示臣子之大義也。

姚襄叛，降於燕。○夏，四月，桓温大敗秦兵於藍田，進軍灞上，三輔皆降。○燕以慕容恪爲大司馬。○五月，江西流民叛，降姚襄，詔屯兵中堂，謝尚入衛。○桓温及秦兵戰，不利，六月，師還。○秦東海王苻雄卒。○秦大饑。

乙卯 十一年。秦主苻生壽光元〔一〕、燕元璽四年。○凉去年號。春，二月，秦大蝗。○夏，秦立子生爲太子。○姚襄據許昌。○六月，秦主健卒，太子生立。○秋，九月，秦殺其后梁氏及太傅毛貴等。○閏月，凉州弑其君祚，立張玄靚爲凉王。○冬，十月，詔謝尚鎮壽春。○十一月，燕慕容恪擊段龕。○十二月，秦殺其丞相雷弱兒。

丙辰 十二年。秦壽光二年〔二〕、燕元璽五年。春，正月，燕慕容恪大破段龕兵，進圍廣固。○秦殺其司空王墮。○凉州遣使稱藩於秦。○以桓温爲征討大都督，督諸軍討姚襄。

書以何？君命也，與直書帥師而削其官者異矣。

〔一〕「苻」，宋刻《綱目》本無。
〔二〕「年」，宋刻《綱目》本、弘治本無。

夏，四月〔一〕，秦太后彊氏以憂卒。○秋，八月，桓温敗姚襄於伊水，遂入洛陽，修謁諸陵〔二〕，置戍而還。○姚襄北走〔三〕，據襄陵。

修陵必書，重山陵也。終《綱目》書修陵五。詳漢獻帝初平元年。

冬，十月朔，日食。○十一月，段龕降燕，慕容恪悉定齊地。○遣司空車灌如洛陽，修五陵。

丁巳 升平元年。秦主苻堅永興元〔四〕、燕光壽元年。春，正月朔，帝冠，太后歸政，徙居崇德宮。

徙辭有二：徙太后某宮者，逆辭也；太后徙某宮者，善辭也。終《綱目》書太后徙居二，太后遷居一，太后歸某宮一，太后居某宮一，皆善辭也。詳漢昭帝元平元年。

燕以乙逸爲左光禄大夫。○二月，太白入東井。○夏，四月，姚襄據黄落，秦遣兵擊斬之，弟萇以衆降秦。○六月，秦苻堅弒其君生，自立爲天王。○秋，七月，秦冀州牧張平降。○八月，立皇后何氏。○冬，十一月，燕徙都鄴。○秦王堅殺其兄東海公法。

殺法者，苟太后、李威也，堅乃慟哭與訣，於其首書堅何？誅心也。不書堅殺，則挾詐者得以欺世矣。

〔一〕「四」，《通鑑》卷一〇〇作「五」。
〔二〕「修」，宋刻《綱目》本作「復」。
〔三〕「〇」，原無，據弘治本、蜀藩本補；「姚」，宋刻《綱目》本無。
〔四〕「主苻」，宋刻《綱目》本作「世祖」。

秦以王猛爲尚書左丞。○燕作銅雀臺。○以王彪之爲左僕射。

戊午二年。秦永興二〔一〕、燕光壽二年。春，正月，秦王堅擊張平，降之。○秋，八月〔二〕，以謝萬監司、豫等州軍事。○秦大旱。○秦殺其特進樊世。

書殺何？甚秦也。樊世之死，世稱任賢不貳者或取焉，《綱目》以殺書之，所以存勳舊也。

燕擊張平，平復降燕。○冬，燕陷河南。○荀羡伐燕，不克而還。以郗曇督徐、兗軍事。○燕使慕容垂守遼東。

己未三年。秦甘露元、燕光壽三年。春，二月，燕主宴群臣於蒲池。○涼宋混誅張瓘。○秦以王猛爲京兆尹。○泰山太守諸葛攸伐燕，敗績。冬，十月，謝萬、郗曇復伐之，曇病引還，萬衆潰，免爲庶人。○十二月，大旱。○秦以王猛兼司隸校尉。

〔一〕「二」下，宋刻《綱目》本有「年」字。

〔二〕「八」，原作「七」，據宋刻《綱目》本、弘治本、蜀藩本、《通鑑》卷一〇〇改。

資治通鑑綱目書法第二十一

起庚申晉穆帝升平四年，盡甲申晉孝武帝太元九年。

廬　陵　後　學　劉友益修撰
翰林直學士中大夫知制誥同修國史國子祭酒歐陽玄校正

庚申四年。秦甘露二〔一〕、燕幽帝慕容暐建熙元年〔二〕。春，正月，燕主儁卒，太子暐立。○二月，燕以慕容恪爲太宰，專録朝政。太師慕輿根伏誅。○三月，燕遣慕容垂守蠡臺。○匈奴劉衛辰降秦。○秋，八月朔，日食，既。

食既，大變也。漢惠之末，五月食既，八月而有大喪；於是八月食既，明年而有大喪。終《綱目》書食既十有二，未有無其應者。免者，其惟漢明帝乎。詳漢惠帝七年。

桓温以謝安爲征西司馬。○冬，十月，烏桓獨孤部、鮮卑没弈干降秦。○燕李績卒。

〔一〕「二」下，宋刻《綱目》本有「年」字。
〔二〕「慕容」，宋刻《綱目》本無。

蜀漢及晉諸臣卒不書官〔一〕，貶辭也。此其貶歟？《綱目》於僭國不皆卒諸臣，其卒之者，皆録賢也。貶之，則不卒之矣。

五年。辛酉 秦甘露三〔二〕、燕建熙二年。○是歲〔三〕，涼奉升平之號。春，正月，劉衛辰叛秦降代。○燕河内太守吕護遣使來降，燕人圍之。○夏，四月，涼宋混卒。○五月，帝崩，琅邪王丕即位。○秋，七月，葬永平陵。○燕拔野王吕護奔滎陽。○九月，立皇后王氏〔四〕。○尊何皇后爲穆皇后。○涼張邕殺宋澄。冬，十月，張天錫誅之。詔以張玄靚爲涼州刺史、西平公。○秦滅張平。○秦舉四科。○吕護復奔燕。

哀皇帝隆和元年。壬戌 秦甘露四〔五〕、燕建熙三年。春，正月，減田租，畝收二升。○二月，以庾希爲徐、兖刺史，袁真監豫、司等州軍事。○拜母貴人周氏爲皇太妃。○燕吕護攻洛陽〔六〕，桓温遣兵救之。秋，七月，燕師引還。○秦王堅臨太學。

晉書遣生徒，秦書臨太學，中國爲可愧矣！特書予之。

〔一〕「蜀」，原作「屬」，據弘治本、蜀藩本改。
〔二〕「三」下，宋刻《綱目》本有「年」字。
〔三〕「○」，原作空格，據宋刻《綱目》本補。
〔四〕「立皇后王氏」，宋刻《綱目》本、《通鑑》卷一○一作「立王氏爲皇后」。
〔五〕「四」下，宋刻《綱目》本有「年」字。
〔六〕「○」，原無，據宋刻《綱目》本補。

冬，十二月朔，日食。○庾希退屯山陽，袁真退屯壽陽。

癸亥〔一〕興寧元年。秦甘露五〔二〕、燕建熙四年。春，三月，皇太妃周氏薨。

書薨何？帝母也。《綱目》自戰國分王外，其書薨者，非不成君、廢帝、廢后，則謚爲帝、爲后者也，不然，則帝母也、有功公主也，非是，無薨道矣。唐會昌以後，方鎮大臣有書薨者，誤也。

夏，五月，加桓温大司馬、都督中外諸軍、録尚書事。○秋，八月，有星孛於角、亢。○凉張天錫弑其君玄靚而自立。○汝南太守朱斌襲燕許昌，克之。

甲子二年。秦甘露六〔三〕、燕建熙五年。○凉西平悼公張天錫元年〔四〕。春，二月，燕慕容評略地河南。○三月，大閲户口，令所在土斷。○帝寢疾，皇太后臨朝攝政。

漢殤鄧太后、桓梁太后再臨朝，皆書猶；魏馮氏、胡氏、唐武氏再臨朝，皆書復。此亦再臨朝者也，其不書猶與復何？非褚太后意也。褚太后凡三臨朝，皆非其意，故《綱目》無譏焉。臨

〔一〕「癸亥」，原無，據《綱目》體例補。
〔二〕「五」下，宋刻《綱目》本有「年」字。
〔三〕「六」下，宋刻《綱目》本有「年」字。
〔四〕「元」，宋刻《綱目》本、弘治本、蜀藩本作「一」。

朝若褚太后可矣，特書攝，太后謙也。

夏，四月，燕陷許昌、汝南、陳郡。○五月，以王述爲尚書令。○加大司馬温揚州牧。○六月，秦以張天錫爲西平公。○秋，七月，大司馬温城赭圻。

城不書，必關要而後書。赭圻耳，書城何？温伉也。故城未有書其人者，斥大司馬温城，罪之也。是故桓温擅城赭圻，則斥書大司馬温；（是年。）知誥擅營宫城，則斥書吴徐知誥：（五代癸巳年。）皆罪其專也。

秦苻騰謀反，伏誅。○燕徙其宗廟、百官於鄴。○燕陷河南諸城。○秦平陽公融等降爵爲侯。

（乙丑）三年。（秦建元元〔一〕、燕建熙六年。）春，正月，皇后王氏崩。

晋后書葬矣，此則曷爲不書？是春帝崩，葬安平陵，因以合葬矣。

劉衛辰復叛代，代王什翼犍擊走之。○大司馬温移鎮姑孰，以弟豁監荆、揚等州軍事。

書移鎮，書以弟，專辭也。

三月〔二〕，帝崩，琅邪王弈即位。○燕陷洛陽，將軍沈勁死之。○葬安平陵。○夏，四月，燕以陽騖爲

〔一〕「元」下，宋刻《綱目》本有「年」字。
〔二〕「三」，《通鑑》卷一〇一作「二」。

太尉。〇六月，益州刺史周撫卒。〇秋，七月，徙會稽王昱爲琅邪王[一]。〇立皇后庾氏。〇匈奴曹轂、劉衛辰叛秦，秦擊降之。〇冬，十一月，梁州刺史司馬勳反，圍成都。大司馬温遣江夏相朱序救之。〇以王彪之爲僕射。

丙寅 帝奕太和元年。秦建元二[二]、燕建熙七年。

帝廢爲海西公矣，史以海西公書，此其書曰帝奕何？奕即帝位六年矣，不予温之得廢之也。然則曷爲名之？孝武即位十四年，而後海西公以薨書，既無帝謚，不稱其名，則將何稱？此《綱目》之變例也。以爲失國名之，則過矣。不可稱廢帝乎？稱廢帝，是予其廢之也。

夏，五月，皇后庾氏崩。〇朱序及益州刺史周楚擊司馬勳，斬之。〇代王什翼犍遣使入貢於秦。〇秋，七月，葬孝皇后。〇秦寇荆州，掠萬餘户而還。〇冬，十月，以會稽王昱爲丞相、録尚書事，加殊禮。

殊禮何？入朝不趨，贊拜不名，劍履上殿是也。《綱目》備書者四，惟蕭何得書賜；略之稱殊禮者四，惟梁冀、會稽王書加，餘皆僭而已矣。詳漢高帝六年。

燕寇兖州，陷魯、高平數郡。〇南陽督護趙億以宛城叛，燕遣趙盤戍之。

[一]「徙」，原無，據宋刻《綱目》本、《通鑑》卷一〇一補。
[二]「二」下，宋刻《綱目》本有「年」字。

丁卯二年。秦建元三〔一〕、燕建熙八年。春，二月〔二〕，燕太宰慕容恪卒。

恪卒而闕國者至矣，《綱目》聯書之，所以戒也。《綱目》卒僭國臣二十一，詳晉懷帝永嘉二年。於恪卒尤深惜之。

匈奴曹轂遣使如燕。○桓豁攻宛，拔之，獲趙盤。○秋，九月，以郗愔都督徐、兖等州軍事。○冬，十月，秦苻柳、雙、庾、武舉兵反〔三〕，秦遣兵討之。○代王什翼犍擊匈奴劉衛辰，走之。

戊辰三年。秦建元四〔四〕、燕建熙九年。春，二月，燕以慕容冲爲大司馬。○秦苻庾以陜城降燕。○三月朔，日食。○秋，七月，秦討苻雙、武、柳，皆斬之。○冬，燕罷蔭户。○十二月，秦拔陜城，斬苻庾。○加大司馬温殊禮。

殊禮何？位諸侯王上也。莽、操皆書位諸侯王上，此其止稱殊禮何？略之也。然莽書升宰衡，位諸侯王上。至操，則以魏公操進位諸侯王上書，是自進矣。温雖略稱殊禮，而書曰加大司馬温，蓋命猶上出也，又愈於操矣。終《綱目》書殊禮十。詳漢殤帝延平元年。

〔一〕「三」下，宋刻《綱目》本有「年」字。
〔二〕「二」，《通鑑》卷一〇一作「五」。
〔三〕「苻庾」，原作「苻庚」，據宋刻《綱目》本、弘治本、《通鑑》卷一〇一改；以下徑改，不再出校。
〔四〕「四」下，宋刻《綱目》本有「年」字。

秦以仇池公楊世爲秦州刺史[一]。

己巳 四年。秦建元五[二]、燕建熙十年。夏，四月，大司馬温帥師伐燕，秦人救之。秋，九月，温及燕人戰於枋頭，不利而還。袁真以壽春叛，降於燕。

　　枋頭之敗，孫盛《春秋》嘗直筆書之矣，此其止書不利何？存中國也。開復之舉，《綱目》常予之，書曰不利而還，不以外加内也。

燕遣郝晷、梁琛如秦。〇冬，十一月，燕慕容垂出奔秦，秦以爲冠軍將軍。〇秦遣使如燕。

　　垂出而闕國者至矣，《綱目》聯書之，所以戒也。

秦遣王猛等伐燕，十二月，取洛陽。〇大司馬温徙鎮廣陵。

庚午 五年。秦建元六[三]、燕建熙十一年。〇是歲燕亡。大一小二[四]，凡三僭國。春，正月，慕容令自秦奔燕。〇燕慕容臧將兵拒秦師，秦王猛擊走之。〇二月，袁真死，子瑾代領其衆，燕、秦皆遣兵助之。夏，四月，大司馬温遣兵擊破之。

[一] 上「秦」字，宋刻《綱目》本、《通鑑》卷一〇一無。
[二] 「五」下，宋刻《綱目》本有「年」字。
[三] 「六」下，宋刻《綱目》本有「年」字。
[四] 「大一小二」，宋刻《綱目》本作「大國一，代、凉小國二」。

袁氏書叛矣，此其不書討何？真之叛，温激之也。《綱目》罪首禍，故謝尚激張遇之叛，則尚不書討而書攻；穆帝永和八年。桓温激袁氏之叛，則温不書討而書擊。是年。

五月，慕容令襲燕龍城，不克而死。○六月，秦王猛督諸軍復伐燕。○秋，七月朔，日食。○八月，秦克壺關。○大司馬温敗袁瑾於壽春，遂圍之。○九月，秦王猛入晋陽。冬，十月，及燕慕容評戰於潞川，敗之，遂圍鄴。○十一月，秦王堅入鄴，執燕主暐，以王猛爲冀州牧、都督關東六州軍事。○十二月，秦遷故燕主暐及鮮卑四萬户於長安。

辛未 太宗簡文皇帝咸安元年。秦建元七年。春，正月，大司馬温拔壽春，獲袁瑾，斬之。○秦徙關東豪傑及雜夷十五萬户於關中。○凉州張天錫稱藩於秦。○吐谷渾入貢於秦。○代世子寔卒。○秦伐仇池，克之，執楊纂以歸。○秦以鄧羌爲鎮軍將軍。○冬，十月，秦王堅如鄴。○十一月，大司馬温入朝，廢帝爲東海王，迎會稽王昱入即位。

書入，書廢，書迎即位，兇悖之氣餤可見矣。

十二月，降封東海王爲海西縣公。

壬申 二年。秦建元八年。春，二月，秦以慕容評爲范陽太守。○三月，秦命關東禮送經藝之士。○夏，四月，遷海西公於吴縣。○六月，秦以王猛爲丞相，苻融爲冀州牧。○秋，七月，帝崩，太子昌明即位。○八月，秦加王猛都督中外諸軍事。○冬，十月，葬高平陵。○三吴大旱，饑。

癸酉 烈宗孝武皇帝寧康元年。秦建元九年。春，二月，大司馬温來朝。○秋，七月，大司馬温卒，以桓沖都督揚、豫、江州軍事。

《綱目》卒蜀漢及晋諸臣，無不書姓者，此其不書何？削之也。自蜀漢及晋卒不書姓者，大司馬温一人而已矣。

皇太后臨朝攝政，以王彪之爲尚書令，謝安爲僕射。

太后於是三臨朝矣。漢殤鄧太后、桓梁太后再臨朝，則書猶；魏馮、胡、唐武氏再臨朝，則書復。於是三臨朝，而《綱目》書之如恒辭，惟無意於擅朝也。凡書臨朝，譏也，惟褚太后無譏焉。再書攝，義同。

冬，秦寇梁、益，陷之。○以王坦之爲中書令，領丹陽尹。○彗星見。

彗星出尾箕[一]，掃東井，燕滅秦之兆明矣。《綱目》不書所出，若曰天有大戒，凡有國者，皆當有警懼之心云耳。

甲戌 二年。秦建元十年。春，二月，以王坦之都督徐、兖等州軍事，詔謝安總中書。

乙亥 三年。秦建元十一年。夏，五月，徐兖都督、藍田侯王坦之卒。○以桓沖爲徐州刺史，謝安領揚州刺

[一] 「慧星」，弘治本作「於是」。

史。○秋，七月，秦丞相、清河侯王猛卒〔一〕。○八月，立皇后王氏。○九月，以徐邈爲中書舍人。○冬，十月朔，日食。○秦置聽訟觀，遣太子入學，禁老、莊、圖讖之學。

自晉初書禁星氣、讖緯之學，於是復書禁老、莊、圖讖，堅可謂知所尚矣。《綱目》於苻氏有取焉，此類是也。然終以讖誤，何哉？太元十年。終《綱目》書禁圖讖四，詳武帝泰始三年。禁老、莊，則一而已。

丙子 太元元年。秦建元十二年。○是歲涼、代皆亡。凡僭國一〔二〕。春，正月朔，帝冠，太后歸政，以謝安爲中書監、録尚書事。

褚太后三臨朝，凡再書歸政矣，皆以帝冠首之，后可謂知節者也。與上書歸政下書太后喪，漢桓帝梁太后。上書歸政下書復稱制者，唐高宗武氏。大異矣。《綱目》書太后歸政四，惟褚氏無譏焉。

秦遣侍臣分巡郡縣。○秋，七月，秦遣兵擊涼州。八月，敗其兵，涼將掌據死之，張天錫降。○詔除度田收租之制。○冬，十一月朔，日食。○秦遣兵擊代，敗之。十二月，代寔君弑其君什翼犍，秦討殺之，遂分代爲二部。

代，弑也，秦書討何？弑逆之賊，夫人得而討之。《綱目》之誅惡，嚴矣！是故祖約反於晉，

〔一〕「清河侯」，宋刻《綱目》本無。
〔二〕「凡」，原無，據宋刻《綱目》本補。

而趙書誅；成帝咸和五年。寔君弑於代，而秦書討。是年。

丁丑 二年。秦建元十三年。春，高句麗、新羅、西南夷皆遣使朝貢於秦。○秦以熊邈爲將作長史。

一將作長史耳，何以書？著秦主之驕侈也。

以朱序爲梁州刺史，鎮襄陽。○秋，七月，以謝安都督揚、豫等州軍事。○冬，十月，以桓冲都督江、荆等州軍事，謝玄監江北軍事。○散騎常侍王彪之卒。○臨海太守郗超卒。

太守卒不書，書卒超何？著愔忠也。終《綱目》卒太守四，詳見愍帝建興元年。皆予之也，惟郗超非予辭。

戊寅 三年。秦建元十四年。春，二月，作新宮。○秦寇梁州[一]。夏，四月，陷南陽。○秋，七月，新宮成。

凡宮室書作，書成，久辭也。此僅五月耳，書成何？速成也。《綱目》久成書成，速成書成。晋自蘇峻遷帝石頭，宮闕灰燼矣。成帝更造新宮，倥偬可知。至此近六十年，改而新之，宜也。二月經始，七月告成，則孝武可謂知節矣，故特書成。終《綱目》書宮成四，詳見漢高帝七年。皆譏也，惟此爲美辭。

秦遣兵分道寇盱眙、彭城、魏興。○九月，秦王堅宴群臣。○冬，十月，大宛獻馬於秦，不受。○秦

[一]「梁」，原作「凉」，據宋刻《綱目》本、《通鑑》卷一〇四改。

豫州刺史苻重謀反，赦，就第。

謀反書赦，譏失刑也。終《綱目》謀反書赦二，燕王旦、苻重。未有不復反者也。

己卯 四年。秦建元十五年。春，二月，秦陷襄陽，執刺史朱序以歸。

執，善辭也，力屈而被執也。

秦陷彭城、淮陰。〇三月，詔減省用度。〇夏，四月，秦陷魏興，太守吉挹死之。〇五月，秦陷盱眙，進圍三阿，謝玄連戰，敗走之。〇秦大饑。

庚辰 五年。秦建元十六年。春，秦復以苻重爲鎮北大將軍，守薊。

書復以何？譏貳過也。謀反而赦，赦而復用，故書譏之。復以爲之辭有四：有改過之辭，有貳過之辭，有不能令之辭，有因人之辭。苻重鎮北將軍，魏蕭寶寅西道大都督，唐宇文融勸農使，蜀張格同平章事，唐嚴旭蓬州刺史，晉馮暉朔方節度，南唐馮延己平章事，皆譏貳過者也。詳漢文帝十四年。

秦作教武堂。

書教武何？譏黷武也，故雖以諫止，猶書之。終《綱目》書作堂三，漢靈帝萬金、秦王堅教武、唐武后天堂。皆譏也。

夏，四月，秦幽州刺史苻洛及苻重舉兵反，秦遣兵擊之，斬重，擒洛，赦之。

書反矣，不書討何？知有天討者，不若是矣，故書擊。重嘗謀反，赦之矣，於是而復與洛反，則赦之不能使人自新，可知也。斬重，當矣，復赦洛焉，謂之何哉！《綱目》書曰擒洛，赦之，譏出虎於柙中也。

以謝安爲衛將軍，與桓沖并開府儀同三司。○六月，秦以苻融爲中書監、都督諸軍、録尚書事，苻丕爲冀州牧，苻暉爲豫州牧。○秋，九月，皇后王氏崩。冬，十一月，葬定皇后。

辛巳 六年。秦建元十七年。春，正月，立佛精舍於殿内。

佛自明帝時入中國，漢永平八年。未有書立佛舍者。書立佛舍，譏尚夷教也；於内殿，益非所矣。是故孝武之立精舍，以於内殿書；是年。肅宗之置道場，以於三殿書；唐上元二年。武宗之立望仙臺，以於禁中書：唐會昌三年。皆譏之譏也。

二月，東夷、西域六十二國朝貢於秦。○夏，六月朔，日食。○冬，十一月，秦寇竟陵，桓沖擊破之，遂拔管城，獲其將閻振、吴仲。○江東大饑。

壬午 七年。秦建元十八年。春，三月，秦司農苻陽、侍郎王皮、尚書郎周虓謀反，事覺，徙邊。

虓，晋臣也，降秦不書，此何以書？罪之也。虓不受秦官，義也，故不書其降以全之。至是爲尚書郎，則秦臣矣，始復異謀，是二心也，於是以反書之，與苻陽等同科。守志不終者〔一〕，可以鑑矣。

秦徙鄴銅駝馬、飛廉、翁仲於長安。

魏徙鍾簴、橐駝不書，書鑄銅人。此徙耳，則其書何？重勞民也。魏嘗欲徙銅人矣，重不可致，然後更鑄。魏不能徙而秦徙之，其不恤民甚矣，特書罪之。

秦以苻融爲征南大將軍。○夏，五月，幽州蝗。○秋〔二〕，八月，秦以裴元略爲巴西、梓潼太守。○九月，秦遣將軍吕光將兵擊西域。○桓冲遣兵伐襄陽。

國而書伐，襄陽一城耳，其書伐何？不以襄陽予秦也。於是秦陷襄陽四年矣。

冬，十月，秦會群臣於太極殿。○秦大熟。

此天所以驕秦而滅之也，故特書之。終《綱目》書大有年四，有年二，大熟一，大稔四，稔一。

詳漢明帝永平九年。

癸未 八年。秦建元十九年。夏，五月，桓冲帥師伐秦，拔筑陽。○秋，八月，秦王堅大舉入寇，詔征討都督

〔一〕「終」，原作「忠」，據弘治本、蜀藩本改。

〔二〕「秋」，原無，據宋刻《綱目》本、《通鑑》卷一〇四補。

謝石、冠軍將軍謝玄等帥師拒之。○以琅邪王道子録尚書六條事。○冬[一]，十一月，謝石、謝玄等大破秦兵於肥水，殺其大將苻融，秦王堅走還長安。

書大舉何？秦恃衆也，故下書大破秦兵，書殺其大將，快辭也。前書大熟，繼書大舉，此書大破，然則恃天幸者，可以鑑矣。

以謝石爲尚書令，進謝玄號前將軍，固讓不受。

書不受何？嘉能讓也。入《綱目》除拜書不受多矣，未有書固讓者。書固讓，深嘉之也。終《綱目》書不受十九[二]，不拜一，讓還一，書固讓者，一而已。

以王國寶爲尚書郎。○初開酒禁，增民稅米，口五石。

書初何？謹始也。《綱目》重取民，故謹書之。書增稅始此。終《綱目》户稅書增二，是年、唐德宗建中三年。增稅錢雜稅書增二。唐德宗建中二年、文宗太和九年。

秦吕光攻龜茲。○秦將軍乞伏國仁叛，據隴右。○丁零翟斌起兵攻洛陽，秦使慕容垂討之，垂叛秦，與斌合。

翟斌書起兵何？羌也。書討何？羌也。垂則曷爲書叛？受秦命也。是故起兵者皆書擊，惟羌

[一]「○」，原無，據宋刻《綱目》本補。
[二]「終綱目」，原闕三字，據弘治本補。

則書討；泓、冲不書叛，惟垂則書叛。《綱目》之修，内外、君臣之分而已矣。

甲申九年。秦建元二十年。○燕世祖慕容垂元年。○後秦太祖姚萇白雀元年。○舊大國一，新大國二，凡三僭國。春，正月，慕容垂自稱燕王，大破秦兵，斬其將石越。○遣將軍劉牢之伐秦，拔譙城。桓冲伐秦，拔魏興、上庸、新城。○二月，荆江都督、豐城公桓冲卒。○燕王垂圍鄴。○燕擊秦枋頭、館陶，取之。○三月，以謝安爲太保。○燕慕容泓起兵華陰，慕容冲起兵平陽，秦遣苻叡擊泓，敗死。夏，四月，叡司馬姚萇起兵北地，自稱秦王。

垂書叛矣，泓、冲書起兵何？燕餘也。興滅繼絶，《綱目》所予也，故恕之。然則垂非燕餘乎？受命討羌，反與羌合，非泓、冲比矣。是故起兵一也，翟斌羌種則書討，泓、冲燕餘則書擊，《綱目》之權衡，審矣哉！萇書叡司馬，則叛秦也，曷爲不以叛書？萇既戰敗，遣人謝罪，堅怒殺之，萇懼，遂奔馬牧，於是尹詳推萇，則非萇心也。《綱目》於此，有以亮之矣。

秦苻定、苻紹以信都、高城降燕。○秦遣兵擊慕容冲[一]，破之，冲奔華陰，泓遂進逼長安[二]。○竟陵太守趙統伐襄陽，克之。○梁州刺史楊亮帥兵伐蜀，屯巴郡。○五月，秦洛州刺史張五虎據豐陽，來降。○六月，崇德太后褚氏崩。○秦王堅擊後秦，敗之。○燕諸將殺慕容泓，立冲爲皇太弟。○燕將

[一]「○」，原另起行，據宋刻《綱目》本改。
[二]「進」，原無，據宋刻《綱目》本、弘治本、蜀藩本、《通鑑》卷一〇五補。

軍慕容麟拔常山、中山，慕容冲大破秦兵，遂據阿房城。○秋，七月，秦梓潼太守壘襲以涪城來降。○葬康獻皇后。○燕殺丁零翟斌。○秦呂光大破龜茲，入據其城。○八月，燕王垂解鄴圍，趨新城。○遣都督謝玄率師伐秦，取河南。○加太保安都督十五州諸軍事，假黄鉞〔一〕。○慕容冲進逼長安。○冬，十月朔，日食。○謝玄遣兵攻秦青州，降之。○燕慕輿文殺劉庫仁。○加謝玄都督七州軍事。○後秦王萇攻新平。○十二月，秦殺其新興侯慕容暐。○燕王垂復圍鄴，謝玄遣劉牢之救之，且饋之粟。

凡書救，予義也。此其書救何？譏忘讎也。故苻丕請師不書，書救之且饋之粟。且也者，甚辭也。

秦梁州刺史潘猛棄漢中走。

〔一〕「假」，宋刻《綱目》本、《通鑑》卷一〇五作「加」。

資治通鑑綱目書法第二十二

起乙酉晉孝武帝太元十年，盡戊戌晉安帝隆安二年。

廬陵後學劉友益修撰

翰林直學士中大夫知制誥同修國史國子祭酒歐陽玄校正

乙酉十年。秦主苻丕太安元〔一〕、燕二〔二〕、後秦白雀二年〔三〕。○西燕主慕容冲更始元年〔四〕。○西秦王乞伏國仁建義元年。○舊大國三，新大國一，小國一，凡五僭國。春，正月，燕慕容冲稱帝於阿房。○西燕主冲襲長安，秦王堅與戰，敗之。○秦益州刺史王廣棄成都走。○燕將軍平規攻薊，拔之。○西燕馮翊太守韋謙來奔。○滎陽郡降。○燕遣將軍慕容麟屯信都，温屯中山。○夏，四月，劉牢之進兵至鄴，燕王垂逆戰，敗走中山。牢之追擊，大敗而還。○太保安出鎮廣陵。

〔一〕「主」，原作「王」，據本年八月苻丕稱帝於晉陽改，宋刻《綱目》本作「哀平帝」。

〔二〕「燕」下，宋刻《綱目》本有「主垂」二字。

〔三〕「秦」下，宋刻《綱目》本有「主姚萇」三字。

〔四〕「主」，原作「王」，據宋刻《綱目》本、弘治本、蜀藩本改。

前書太傅越出鎮許昌，罪專也。於是秦來求救，安請自將救之，則請命矣，書與越同何？病晉也。安自淮淝之捷，上忌其功，道子專權，讒諂交構，安之求出，蓋自危也。書曰太保安出鎮，則晉之君臣有餘責矣。是故書出鎮許昌，所以著越之自專；懷帝永嘉六年。書出鎮廣陵，所以著安之自危；是年。美惡不嫌同辭。

蜀郡太守任權攻拔成都，復取益州。○後秦攻秦新平，拔之。○五月，西燕攻長安，秦王堅出奔五將山。○六月，秦太子宏奔下辨，西燕主沖入長安。○秋，七月，旱，饑，井竭。○後秦圍五將山，執秦王堅以歸。○秦太子宏來奔，處之江州。○八月，太保、建昌公謝安卒。○以琅琊王道子領揚州刺史、録尚書、都督中外諸軍事。○後秦王萇弒秦王堅。

萇書起兵矣，此以王書弒何？萇，堅臣也，雖并稱王，而君臣之分固在也，故叛可不書，弒不可以不書。萇不書弒，則亂臣賊子接迹於天下矣。是故苶、廣皆王也，苶嘗臣廣，則書燕王苶弒遼東王廣；漢初乙未年。萇、堅皆王也，萇嘗臣堅，則書後秦王萇弒秦王堅。故曰《綱目》之修，君臣之分而已矣。

秦苻丕稱帝於晉陽。○燕遣南中郎將慕容和守鄴〔二〕。○劉顯弒其君頭眷而自立。○九月，秦呂光還自龜茲，擊涼州，殺其刺史梁熙而代之。○乞伏國仁自稱單于。○河北州郡復降於秦。○冬，十一月，

〔二〕「南中郎將」，宋刻《綱目》本無。

燕以慕容農爲幽州牧〔一〕，守龍城。○十二月，燕慕容麟攻秦博陵，守將王兖死之〔二〕。○燕定都中山。

丙戌 十一年。秦主苻登太初元〔三〕、燕建興元、後秦建初元、西燕主慕容永中興元年〔四〕。○魏太祖道武帝拓跋珪登國元年。○涼王呂光大安元年〔五〕。○舊大國四，西秦小國一，新大國一，小國一，凡七僭國。春，正月，拓跋珪復立爲代王。○燕王垂稱皇帝。○丁零翟遼據黎陽。○二月，西燕弒其主冲，立段隨爲燕王。○張大豫起兵，攻姑臧。○代徙都盛樂。○三月，泰山太守張願叛，謝玄退屯淮陰。○燕主垂追尊母蘭氏爲文昭皇后。○西燕人殺段隨而東至聞喜，立慕容忠，復稱帝。

段隨書立爲王矣，不書弒何？外之也。曷爲外之？不當立也，故不成其君，而以兩下相殺書之。

夏，四月，代改稱魏。○後秦王萇取長安，稱皇帝。○六月，以楊亮爲雍州刺史，鎮衛山陵。荆州刺史桓石民取弘農。初置湖、陜二戍。○西燕弒其主忠，立慕容永爲河東王。○秦河北州郡復降於燕。○關、隴諸郡復起兵爲秦。

〔一〕「爲幽州牧」，宋刻《綱目》本無。
〔二〕「兖」，原作「袞」，據弘治本、蜀藩本、《通鑑》卷一〇六改。
〔三〕「主」，原作「王」，據蜀藩本改，宋刻《綱目》本作「太宗」。
〔四〕「主」，原作「王」，據宋刻《綱目》本、弘治本改。
〔五〕「大」，原作「天」，據宋刻《綱目》本、《通鑑》卷一〇六改。

前書河北州郡復降於秦，不書燕；河北於是復降於燕，則書秦河北何？不以河北予燕也。河北故燕土，曷爲不以予燕？垂，叛者也。《綱目》書垂以叛，固不得以河北予之矣。然則西燕書起兵，非叛者也。關、隴諸郡，西燕嘗得之，何以不繫之西燕？西燕而既東矣，關、隴則秦舊地，或繫或不繫，《綱目》之權衡審矣。

秋，八月，秦以苻登爲南安王〔一〕。○冬，十月，西燕擊秦，敗之。秦主丕奔東垣，將軍馮該擊殺之。○西燕慕容永稱帝於長子。○海西公奕薨於吳。

嘗書帝奕矣，此其不書帝何？避今帝也。書薨何？故晋主也，所以別於諸臣也。《綱目》自分王外，書薨十有四，而廢主書薨者二。晋海西公、唐鄴公。

秦苻登及後秦主萇戰，大破之。○十一月，秦苻登稱帝於南安〔二〕。○十二月，吕光自稱酒泉公。○秦主登伐後秦。

書伐何？義登也。於是登祀世祖於軍中，所爲必啓，將士皆刻鉾、鎧爲「死」、「休」字，庶乎其有復讐之志矣，故特書伐。既而兵各引還，則非能義討者也，故後復書擊。

丁亥　十二年。秦太初二、燕建興二、後秦建初二、魏登國二年。春，正月，以朱序爲青、兖刺史，鎮淮陰；謝玄

〔一〕「以苻登爲南安王」，宋刻《綱目》本作「苻登起兵南安」。
〔二〕「於南安」，宋刻《綱目》本無。

爲會稽内史。○燕寇東阿，陷之。○秦封苻纂爲魯王[一]。○燕擊張願，破之。以慕容紹爲青州刺史，守歷城。○夏，四月，尊帝母李氏爲皇太妃。○燕慕容柔等自長子歸於燕。○五月，燕使其太原王楷擊翟遼，降之。○徵處士戴逵，不至。○秋，七月，西秦擊鮮卑三部，降之。○後秦主萇軍陰密，以太子興守長安。○魏王珪以燕師擊劉顯，大破之，顯奔西燕。○呂光殺張大豫。○八月，立子德宗爲皇太子。○秦苻師奴殺其兄纂，後秦擊走之，而降其衆。○秦主登進據將軍胡空堡[二]。○冬，十月，翟遼復叛燕。○十二月，後秦攻秦，拔將軍徐嵩壘[三]，嵩死之。○涼州大饑，人相食。

《綱目》書人相食十，詳漢丙申年[四]。舍是無書者矣。

戊子 十三年。秦太初三、燕建興三、後秦建初三、魏登國三年。○西秦王乞伏乾歸太初元年。春，正月，康樂公謝玄卒。○秦主登軍朝那，後秦主萇軍武都。○翟遼自稱魏天王。○呂光殺其武威太守杜進。○夏，四月，以朱序都督司、雍等州軍事，戍洛陽；譙王恬都督兗、冀等州軍事，鎮淮陰。○六月，西秦王乞伏國仁卒，弟乾歸立。○秋，七月，兩秦兵各引還。○八月，魏遣使如燕。

[一] 「封苻纂爲魯王」，宋刻《綱目》本作「苻纂起兵杏城」。
[二] 「將軍」，宋刻《綱目》本、《通鑑》卷一〇七無。
[三] 「將軍」，《通鑑》卷一〇七作「雍州刺史」。
[四] 「申」，原作「戌」，據弘治本、蜀藩本改。

己丑 十四年。秦太初四、燕建興四、後秦建初四、魏登國四年。○凉麟嘉元年。春，正月，燕以慕容隆爲幽州牧[一]，守龍城。○二月，吕光自稱三河王。○秋，八月，秦主登擊安定，後秦主萇襲破其輜重，秦后毛氏死之。

書死之何？予節也。婦人死節，終《綱目》一人而已。秦世氏耳，前書王兖，繼書徐嵩，此書毛氏，死節者凡三人。世亂識忠臣，信哉！終《綱目》書烈婦二。漢獻帝建安九年孫翊妻徐氏、是年毛氏。

冬，十一月，以范甯爲豫章太守。○秦將軍雷惡地降於後秦[二]。

庚寅 十五年。秦太初五、燕建興五、後秦建初五、魏登國五年。春，正月，西燕主永寇洛陽，朱序擊走之；還擊翟遼，又走之。

書又走之，重嘉序也。

二月，以王恭都督青、兖等州軍事。○夏，四月，秦將軍魏揭飛攻後秦之杏城[三]，雷惡地應之，後秦主萇擊斬揭飛，惡地降。○秋，七月，馮翊人郭質起兵應秦，不克。

[一]「爲幽州牧」，宋刻《綱目》本無。
[二]「將軍」，宋刻《綱目》本無。
[三]「將軍」，宋刻《綱目》本無。

人耳，且不克，何以書？予義也。苟義也，雖人必書。故漢書析人，帝玄更始元年。秦書馮翊人，是年。唐書虢州人。中宗嗣聖四年。

八月，劉牢之擊翟遼，敗之，張願來降。○九月，以王國寶爲中書令，王珣爲尚書僕射。

辛卯十六年。秦太初六、燕建興六、後秦建初六、魏登國六年。夏，五月，秦主登及後秦主萇戰，秦師敗績。○西燕寇河南，太守楊佺期擊破之。○魏王珪遣其弟觚如燕。○秋，九月，黜博士范弘之爲餘杭令。

博士爲令，書黜何？惡桓黨也。

冬，十月，魏王珪擊柔然，大破之，徙之雲中。

柔然始見《綱目》。

翟遼死，子釗代領其衆。○劉衛辰攻魏南部，魏王珪大破之，衛辰走死，諸部悉降。○十二月，秦主登攻安定，後秦主萇擊敗之。

壬辰十七年。秦太初七、燕建興七、後秦建初七、魏登國七年。春，三月，後秦殺其將軍王統、徐成。○夏，五月朔，日食。○燕主垂擊翟釗，釗奔西燕。○秋，七月，秦主登引兵逼安定，後秦主萇拒却之。○冬，十一月，以殷仲堪都督荆、益、寧州軍事。○立子德文爲琅琊王，徙道子爲會稽王。○李遼表請脩孔子廟，不報。

李遼何？清河人也，所請兖州廟也，何以書？嘉遼也，故特書而揭名之。兖州，夫子所生也，廟廢不脩，他可知矣。《綱目》前書罷遣太學生徒，繼書立佛精舍，於是書請脩孔子廟不報，重傷晋也。書孔子廟始此。《綱目》書孔子廟三。是年、壬午年宋脩孔子廟、乙酉年梁立孔子廟。

癸巳十八年。秦太初八、燕建興八、後秦建初八、魏登國八年。秋，七月，秦竇衝叛，秦主登討之，後秦使太子興救衝，遂襲平涼。○冬，十月[一]，燕主垂擊西燕。○十二月，後秦主萇卒，太子興帥兵擊秦。

甲午十九年。秦主苻崇延初元、燕建興九、後秦主姚興皇初元[二]、魏登國九年。○是歲秦及西燕亡[三]。大三小二，凡五僭國。春，正月，三河王光以秃髮烏孤爲河西都統。○夏，四月，秦主登及後秦戰，敗績，奔平涼。○五月，西燕主永及燕戰[四]，敗績。○後秦主興立。○六月，追尊會稽太妃鄭氏曰簡文宣太后。○秋，七月，後秦主興擊秦主登，殺之。秦太子崇立，奔湟中。○八月，尊太妃李氏爲皇太后。○燕主垂圍長子，拔之，殺西燕主永。○冬，秦主崇及隴西王楊定攻西秦，兵敗，皆死。定弟盛遣使來稱藩。○秦遣使如燕。

乙未二十年。燕建興十、秦皇初二、魏登國十年。春，正月，燕遣使如秦。○三月朔，日食。○以丹陽尹王雅

[一]「十」，宋刻《綱目》本、《通鑑》卷一〇八作「十一」。
[二]「主」，宋刻《綱目》本作「高祖」。
[三]「亡」上，宋刻《綱目》本有「二國」二字。
[四]「戰」上，宋刻《綱目》本有「主垂」二字。

領太子少傅。○夏，五月，燕遣其太子寶擊魏〔一〕。秋，七月，降其別部，進軍臨河。○禿髮烏孤徙都廉川。○長星見。

《綱目》書長星三矣，漢文帝八年、景帝三年、武帝元狩四年。未有不書所出者。此其止書見何？特略之也。於是長星見自須女，至於哭星，貴人張氏之弒，若合符節矣。《綱目》惡傳會，故止書見。

九月，魏王珪將兵拒燕〔二〕。冬，十月，燕軍夜遁。十一月，追至參合陂，大敗之。

丙申

二十一年。燕主慕容寶永康元〔三〕、秦皇初三、魏皇始元年。○涼龍飛元年。春，閏三月，燕主垂襲魏平城，克之。夏，四月，還，卒於上谷，太子寶立。○五月，燕以慕容德爲冀州牧〔四〕，守鄴；慕容農爲并州牧〔五〕，守晉陽。○燕主寶弒其太后段氏。○六月，燕定士族舊籍。○三河王光自稱涼天王。○秋，八月，魏王珪擊燕。○燕立子策爲太子。

僭國太子，非有故不書立，書立策何？志會之亂也。

〔一〕「遣其」，宋刻《綱目》本無。
〔二〕「王」，原作「主」，據宋刻《綱目》本、弘治本、蜀藩本、《通鑑》卷一〇八改。
〔三〕「主」，宋刻《綱目》本作「烈宗」。
〔四〕「爲冀州牧」，宋刻《綱目》本無。
〔五〕「爲并州牧」，宋刻《綱目》本無。

九月，燕慕容農及魏師戰，敗走，魏遂取并州。○貴人張氏弑帝於清暑殿，太子德宗即位，會稽王道子進位太傅。冬，十月，葬隆平陵。

弑書主名矣，下書即位、進位如常時，則其君臣縱賊之罪，不貶自見矣。道子以自進爲文，專也。○君弑賊不討而急於葬，桓帝嘗見之，漢建和元年。於是再見，直書其事，當時君臣之罪著矣。

魏王珪拔常山。○魏別將拓跋儀攻鄴，燕慕容德擊破之。○封楊盛爲仇池公。○秦陷蒲阪。

丁酉　安皇帝隆安元年[一]。燕永康二、秦皇初四、魏皇始二年。○南涼王禿髮烏孤太初元年。○北涼王段業神璽元年。○舊大國三，西秦、涼小國二，新小國二，凡七僭國。春，正月，帝冠。○以王珣爲尚書令，王國寶爲左僕射。○魏拓跋儀軍潰，燕慕容德追擊[二]，破之。○魏王珪擊信都，降之。○涼王光擊西秦，西秦與戰，殺其弟延。○禿髮烏孤自稱西平王，攻涼，取金城。○二月，燕主寶襲擊魏軍，大敗，奔還。○三月，燕幽平牧慕容會引兵至薊。慕容麟作亂，出走。魏王珪進圍中山，燕主寶奔會軍，慕容詳城守拒魏[三]。

至者何？緩辭也。燕自往歲受兵，君親奔敗，可謂急矣。會表赴援，久之乃至，其不急君父爲

[一]「皇」，宋刻《綱目》本無。
[二]「燕」，宋刻《綱目》本、弘治本無。
[三]「三月……拒魏」，宋刻《綱目》本作「魏王珪遂進圍中山。三月，燕慕容麟作亂，不克，奔西山。燕主寶出走」。

何如！故不書赴援，書至譏之。然則温嶠書至尋陽，則曷爲非譏辭？嶠至尋陽，稽於陶侃，書至，所以罪侃也。晋成帝咸和三年。故《綱目》書曰温嶠以兵赴難，至尋陽。會無行意，徐徐而至，故《綱目》不書赴難，止書曰慕容會引兵至薊。筆削之權衡，審矣！

尊皇太后李氏爲太皇太后，立皇后王氏。○魏兵追燕主寶，慕容會擊却之。夏，四月，寶至龍城，會作亂，不克，奔中山，伏誅。○王恭舉兵反，詔誅僕射王國寶、將軍王緒，恭罷兵還鎮。

恭書反何？正名也。不書反，則以趙鞅藉口者，接迹矣。仲堪何以不書？恭首事也。國寶、緒曷爲書官？譏晋之無政也。恭一舉兵，而爲之殺一僕射、一將軍，以姑息之，無政甚矣。然則曷爲不書殺？書殺，則疑於漢鼂錯。故國寶、緒可誅，不當以恭反遂誅之也。書罷兵還鎮，非善恭歟？殺二大臣而後還，書，所以著其要君之勢也。

以會稽世子元顯爲征虜將軍。

公侯繼世書世子，除、拜未有書世子者。此其書會稽世子何？譏世權也。故爲征虜將軍書世子，録尚書事書世子，都督十六州軍事書世子。

凉沮渠蒙遜叛，拔臨松，據金山。○燕慕容詳稱帝於中山。○凉段業叛，自稱建康公，沮渠蒙遜以衆歸之。○秋，七月，燕慕容麟襲殺詳而自立。魏襲中山，入其郛而還。

詳稱帝矣，何以書殺？不予詳之爲帝也。其不予何？寶在而詳又僭焉，是二君也。

八月，凉郭馨、楊軌叛。○九月，秦太后虵氏卒。

書虵氏何？嘉興孝也。故僭國太后不悉書，於是特書。

秦寇陷湖、陝。○冬，十月，魏王珪及燕慕容麟戰，大破走之，遂克中山。

麟殺詳自立矣，何以斥書名？不予麟之自帝也。其不予何？寶在而麟又僭焉，是二君也。

戊戌　二年。燕主慕容盛建平元〔一〕、秦皇初五、魏天興元年。○南燕主慕容德元年〔二〕。○舊大國三，西秦、涼、南涼、北涼小國四〔三〕，新小國一〔四〕，凡八僭國。春，正月，燕慕容德徙居滑臺，稱燕王。麟謀反，伏誅。魏拓跋儀入鄴。

麟書反、書誅，其予德之自王乎？非予德也，罪麟也。曷爲罪之？上尊號者麟也，反之者亦麟也，書曰伏誅，所以懲反覆也。

魏置行臺於鄴、中山，以和跋、拓跋儀守之。○魏王珪北還，徙山東民夷十餘萬口以實代。○二月，燕主寶將兵發龍城，衛卒段速骨作亂，衆潰而還。○以王愉都督江、豫州軍事。○魏給新徙民田及牛。○魏封爾朱羽健於秀容川。○三月，燕段速骨攻陷龍城，燕主寶出奔，尚書蘭汗誘而弑之。○北涼攻涼，取西郡、晋昌、燉煌、張掖。○夏，六月，涼呂纂擊楊軌、郭麐，破之。○秋，七月，燕長樂王

〔一〕「主」，宋刻《綱目》本作「中宗」。
〔二〕「主」，宋刻《綱目》本作「世宗」。
〔三〕「西」上，原有「○」，據宋刻《綱目》本刪。
〔四〕「新」下，宋刻《綱目》本有「南燕」二字。

盛討殺蘭汗，攝行統制。○魏遷都平城。○王恭、殷仲堪及南郡公桓玄舉兵反〔一〕，玄陷江州。○魏遣使循行郡國。○九月，加會稽王道子黄鉞，討王恭。恭司馬劉牢之執恭以降，斬之，以牢之都督青、兖七州軍事，桓玄爲江州刺史，楊佺期爲雍州刺史〔二〕，敕殷仲堪使回軍。

前書桓玄舉兵反，陷江州矣，此書以桓玄爲江州刺史；此書敕殷仲堪使回軍矣，下書復以殷仲堪督荆、益軍：晋之無政，益甚矣！《綱目》以桓、楊與牢之同書，所以見晋賞之無章也。

南凉取嶺南五郡。○冬，十月，燕長樂王盛稱皇帝〔三〕。○復以殷仲堪督荆、益軍，仲堪等罷兵還鎮。

書復以何？譏不能令也。復督荆、益而後罷兵，書仲堪可也，曷爲以等書之？仲堪不復，則二鎮之兵猶未罷也。然則晋之弱，三鎮之悖，益見矣。復以之例有四：有改過之辭，有貳過之辭，有不能令之辭，有因仍之辭。殷仲堪督荆、益軍，唐時溥感化節度，王建西川節度，崔胤司空、同平章事，後唐石敬瑭河東節度使，皆不能令之辭也。詳漢文帝十四年。

十二月，魏王珪稱皇帝。○妖人孫泰謀亂，伏誅。

〔一〕「舉兵」，原無，據宋刻《綱目》本、弘治本、《通鑑》卷一一〇補。

〔二〕「期」，原無，據弘治本、蜀藩本、《通鑑》卷一一〇補。「楊佺期爲雍州刺史」，宋刻《綱目》本無。

〔三〕「盛」，原無，據宋刻《綱目》本、《通鑑》卷一一〇補。

資治通鑑綱目書法第二十三

起己亥晉安帝隆安三年，盡庚戌晉安帝義熙六年。

廬陵後學劉友益修撰
翰林直學士中大夫知制誥同修國史國子祭酒歐陽玄校正

己亥三年。燕長樂元、秦弘始元、魏天興二年、凉主呂纂咸寧元、北凉天璽元年。春，正月，南凉徙治樂都。○二月，魏主珪襲高車，大破之。○段業自稱凉王。○三月，魏分尚書諸曹，置五經博士。

書置博士何？予道武也。道武始稱皇帝，首有此舉，可謂知所尚矣。

南燕苻廣叛，南燕王德擊斬之，滑臺降魏，德遂東寇青、兖。○追尊所生母陳氏爲德皇太后。○夏，四月，以會稽世子元顯爲揚州刺史。○燕除公侯金帛贖罪法。○秋，七月，秦寇洛陽。八月，魏人來救。

於是佺期求救於魏，魏人來救，則書救、書來，嘉助順也。《綱目》嘉助順，是故魏人來援則書，漢後主炎興元年。魏人來救則書。是年。

魏殺其御史中丞崔逞。○南凉王烏孤卒，弟利鹿孤立，徙治西平。○南燕王德陷廣固，殺幽州刺史辟閭渾，遂都之。○九月，燕遼西太守李朗謀叛，其主盛討誅之。○秦主興降號稱王。○冬，十月，秦陷洛陽。○孫恩寇陷會稽，殺内史王凝之，詔徐州刺史謝琰及劉牢之討破之，以琰爲會稽太守。○以會稽世子元顯録尚書事。○桓玄舉兵攻江陵，殺殷仲堪、楊佺期[一]。

方鎮相攻，晋之不綱甚矣。殷、楊不書官，罪之也。罪之則曷爲不書誅？玄不得而誅之也。

涼王光卒，太子紹立，庶兄纂殺而代之。

庚子 四年。燕長樂二、秦弘始二、魏天興三年。○南燕建平元、南涼王禿髮利鹿孤建和元年。○西涼公李暠庚子元年。○是歲西秦降秦。舊大國三，涼、南涼、北涼、南燕小國四，新小國一，凡八僭國。春，正月，燕主盛自貶號爲庶人天王。○西秦遷都苑川。○二月，燕主盛襲高句麗，拔二城。○三月，魏立慕容氏爲后。○詔桓玄都督荆、江八州軍事[二]，荆、江州刺史[三]。○涼呂弘作亂，涼王纂殺之。○北涼以李暠爲敦煌太守。○夏，五月，孫恩復寇會稽，太守謝琰敗死。恩轉寇臨海，遣兵討之，不克。○六月朔，日食。○秋，七月，太皇太后李氏崩。○秦擊西秦，西秦王乾歸戰敗，奔南涼，遂降秦。○九月，地震。

自晋武太康九年書地震，至是一百一十三年，然後復見。自是至於五代，書地震九而已。然則地

[一]「楊」上，宋刻《綱目》本有「及雍州刺史」五字。
[二]「詔」，宋刻《綱目》本無。
[三]「荆江州刺史」，宋刻《綱目》本無。

震之數，莫甚於兩漢者矣。兩漢書地震九十。

冬，十一月，詔劉牢之討孫恩，走之。○以會稽世子元顯都督揚、豫等十六州軍事。○李暠自稱涼公。○十二月，有星孛於天津。會稽世子元顯解録尚書事。○魏置仙人博士。

仙人博士何？方士也。魏主卒以寒食散誤，故特書譏之。自是服仙藥者，唐太宗於天竺方士、憲宗於柳泌、武宗於趙歸真、宣宗於李玄伯受誤，不一書矣。《綱目》書方士十四人，詳秦始皇二十八年。書仙人博士者，一而已。

魏殺其左將軍李粟。○南燕王德稱帝，更名備德。

辛丑　五年。燕主慕容熙光始元[一]、秦弘始三、魏天興四年。○涼王呂隆神鼎元、北涼王沮渠蒙遜永安元年。春，正月，南涼置都督中外、録尚書官。○二月，孫恩寇句章，劉牢之擊走之。○秦使乞伏乾歸還鎮苑川。○涼呂超弒其君纂而立其兄隆，纂后楊氏自殺。

秦后毛氏書死之，孝武帝太元十四年。此其書自殺何？毛氏死難，書死之，宜也。呂纂之弒，楊氏非有決死之心，不爲呂超所逼，未必自殺，其與死難者固異矣。書曰自殺，權衡之辭也。

三月，孫恩攻海鹽[二]，劉牢之參軍劉裕擊破之。○南涼擊涼，徙其民二千户以歸。○夏，五月，北涼

[一]「主」，原作「王」，據弘治本、蜀藩本改，宋刻《綱目》本作「昭文帝」。

[二]「攻」，宋刻《綱目》本作「寇」。

沮渠蒙遜弑其君業。○孫恩陷滬瀆，殺吴國内史袁崧。○六月，孫恩寇丹徒，劉裕擊破之，恩北走，陷廣陵。○沮渠蒙遜自稱張掖公。○秋，七月，魏徇許昌，東至彭城。○秦伐涼，大破之，西涼、南涼、北涼皆遣使入貢於秦。○八月，以劉裕爲下邳太守，討孫恩於郁洲，大破之。○燕段璣弑其君盛，太后丁氏立盛叔父熙，討璣，殺之。○九月，涼王隆遣使降秦。○冬，十一月，劉裕追擊孫恩，破之。○涼攻魏安，南涼救之。○桓玄表桓偉鎮夏口，刁暢鎮襄陽。

壬寅 元興元年。燕光始二、秦弘始四、魏天興五年[一]。○南涼王禿髮傉檀弘昌元年。春，正月，以尚書令元顯爲征討大都督[二]，加黄鉞，討桓玄。○柔然據漠北，自稱可汗。○南涼攻涼顯美，克之。○桓玄舉兵反。

書討、書拒，恒也，此其書反何？討玄之師未至，而玄兵先至姑孰矣。元顯逗遛之罪，可勝誅哉！

二月，魏襲没奕干，没奕干奔秦。○秦立子泓爲太子。○北涼攻涼姑臧，不克。○玄兵至姑孰。三月，劉牢之叛，附於玄，元顯軍潰。玄入建康，自以太尉總百揆，殺元顯等，以牢之爲會稽内史，牢之自殺。

詳牢之，懲叛者也。

〔一〕「年」，原無，據宋刻《綱目》本補。

〔二〕「尚書令」，宋刻《綱目》本作「會稽世子」。

孫恩寇臨海，郡兵擊破之，恩赴海死。玄以恩黨盧循爲永嘉太守。

書玄以何？著再亂之由也。

南凉王利鹿孤卒，弟傉檀立。○夏，四月，玄出屯姑孰。○三吴大饑。○五月，盧循寇東陽，劉裕擊走之。○秦主興攻魏[一]，敗績，其將姚平死之。○將軍司馬休之、劉敬宣、高雅之奔南燕。○燕王熙殺其太后丁氏。

成殺故主班母羅氏，非母后也，故書殺。丁氏書太后矣，則其不書弑何？罪丁氏也。初，熙得幸丁氏，丁氏廢太子定而立之。既而爭寵，又欲廢熙，熙遂逼之自殺。若此，不足以母一國矣，故特書殺。太后弑書殺，終《綱目》，一而已矣。

玄殺會稽王道子。○北凉梁中庸奔西凉。○秦遣使授南凉、北凉、西凉官爵。

癸卯 二年。燕光始三、秦弘始五、魏天興六年。○是歲凉亡。大三小四，凡七僭國。春，盧循使其黨徐道覆寇東陽，建武將軍劉裕擊破之。○桓玄自爲大將軍。○夏，四月朔，日食。○南燕遣使隱覈蔭户。○五月，燕作龍騰苑。○秋，七月，魏殺其平原太守和跋。○秦徵吕隆爲散騎常侍，以王尚爲凉州刺史。○劉裕追盧循至晉安，破之。○九月，玄自爲相國，封楚王，加九錫。○南燕講武城西。○冬，十一月，楚

[一]「主」，原作「王」，據宋刻《綱目》本、蜀藩本、《通鑑》卷一一二改。

王玄稱皇帝〔一〕，廢帝爲平固王，遷於尋陽。

莽、倫書自稱，玄亦莽、倫也，其不書自何？莽受金匱，即服王冠〔二〕，御前殿，下詔即真；倫詐傳神語，逼奪璽綬，備法駕入宫，即皇帝位：皆無故而然者也，故書自。玄則不然。使卞範之草爲禪詔，帝手書之，或者得以禪讓之説欺天下後世矣，故從魏、晋書法，書稱、書廢。《綱目》一字之筆削，豈苟然哉！

益州刺史毛璩起兵討玄。

書起兵討，予倡義也。故《通鑑》不書，《綱目》特書之。

魏初制冠服。

甲辰三年。燕光始四、秦弘始六、魏天賜元年。春，二月，劉裕起兵京口討玄，玄使弟謙拒之。○南凉去年號，罷尚書官。○三月，劉裕及桓謙戰於覆舟山，大破之，玄出走，裕立留臺於石頭。○魏詔縣户不滿百者罷之。○玄至尋陽，逼帝西上，劉毅等率兵追之〔三〕。○劉裕推武陵王遵承制行事。○劉敬宣、司馬休之自南燕來歸。

〔一〕「玄」上，宋刻《綱目》本有「桓」字。
〔二〕「王」，原作「玉」，據弘治本、蜀藩本、《通鑑》卷一一八改。
〔三〕「劉」上，宋刻《綱目》本有「青州刺史」四字。

來者何？喜辭也。凡奔書歸，嘉復義也。玄虐出奔，玄敗來歸，二子可謂知節矣。《綱目》予復義，故敬宣、休之書，元略書，元彧書，賀拔勝書，獨孤信書。

夏，四月，玄挾帝入江陵。〇何無忌等及玄兵戰於桑落洲〔一〕，大破之，得太廟神主，送建康。〇玄挾帝東下。〇以劉敬宣爲江州刺史。〇燕起逍遥宫。

書起何？峻宇也，故以臺觀之辭書之。凡宫殿書起，皆譏也。終《綱目》宫殿書起五，漢武帝明光、明帝北宫、燕逍遥、陳後主三閣、唐憲宗承暉。惟明帝既而罷之，非譏辭。

五月，劉毅等及玄戰於崢嶸洲，大破之。玄復挾帝入江陵。寧州督護馮遷擊玄，誅之，帝復位。〇閏月，桓振襲江陵，陷之，劉毅等進兵討之，不克。〇六月，毛璩遣兵攻梁州，誅玄所署刺史桓希。〇秋，七月，永安皇后何氏崩。

穆后也，不書葬何？簡也。自哀帝立，尊何皇后爲穆皇后，無母道矣。於是又歷五世，其簡可知也。

九月，魏改官制。〇冬，十月，盧循陷番禺，徐道覆陷始興。〇劉毅等復攻桓振諸城壘，皆克之。〇十一月，魏命宗室、州郡各置師。〇燕王熙與其后苻氏遊白鹿山。

凡書遊，譏也；與其后遊，譏之譏也。終《綱目》書遊八，而書后妃遊者三。是年燕苻氏、梁己亥

〔一〕「何」上，宋刻《綱目》本有「琅邪内史」四字。

年魏太后、後唐乙酉年蜀王衍太后太妃。

十二月，劉毅等進克巴陵。

乙巳義熙元年。燕光始五、秦弘始七、魏天賜二年。○南燕主慕容超太上元、西涼建初元年。春，正月，入江陵，桓振亡走，謙奔秦。○燕伐高句麗，不克而還。○秦以鳩摩羅什爲國師。

侏離之書，於是大布，秦爲之也，故謹志之。《綱目》書國師，一而已，莽國師不與焉。詳漢帝玄更始元年。

西涼公暠遣使來上表。

於是僭國無知尊正統者，故特書嘉之。

二月，帝東還。○益州參軍譙縱殺其刺史毛璩，自稱成都王。

殺璩者，營户也，書縱殺何？權不足也。縱爲衆所逼，不能以死拒之，有不得辭其責者矣。《綱目》蔽罪於縱，所以塞姦雄托不得已者之口也。

三月，桓振復襲江陵，將軍劉懷肅與戰，誅之。○帝至建康，除拜琅邪王德文、武陵王遵、劉裕以下有差。○以劉敬宣爲宣城內史。○夏，四月，以劉裕都督十六州軍事，出鎮京口。○以盧循爲廣州刺史。○南燕主備德封其兄子超爲北海王。○五月，劉毅、何無忌討滅桓玄餘黨，荆、湘、江、豫皆平。○秋，七月，劉裕遣使求和於秦，得南鄉等十二郡。

書得郡，録功也，其書劉裕使何？存中國也。然與書齊人來歸鄆、讙、龜陰之田者，胥壤矣，故書求和得之。

九月，南燕主備德卒，太子超立。○西涼徙都酒泉。

丙午　二年。燕光始六[一]、秦弘始八、魏天賜三年。春，正月，魏增置刺史、守令。○燕王熙襲高句麗，不克。○夏，六月，秦姚碩德自上邽還長安。

朝也，書還何？成興志也。興事碩德如家人禮，車馬服玩，每先二叔而自服其次，國家大政，必咨而後行，可謂能尊尊矣。不書入朝，所以成其不敢臣之之美也。

秦以禿髮傉檀爲涼州刺史，守姑臧。○魏築灅南宮。○秋，八月，劉裕遣將軍毛脩之討譙縱。○南燕段宏奔魏，慕容鍾奔秦。

於是鍾等謀反，不書，書奔，君無道也。

冬，十月，論建義功，封賞劉裕等有差。○西秦乞伏乾歸如秦。

丁未　三年。秦弘始九、魏天賜四年。○燕王高雲正始元年。○夏主赫連勃勃龍升元年。○是歲燕慕容熙亡[二]。舊大國二，南涼、北涼、南燕、西涼小國四，新小國二，凡八僭國。春，正月，秦以乞伏乾歸爲主客尚書。○閏二月，劉裕殺東陽太守殷仲文及桓沖孫胤，夷其族。

[一]「六」，原作「八」，據宋刻《綱目》本改。

[二]「熙」，宋刻《綱目》本作「氏」。

書殺多矣，未有書某孫者，書桓沖孫何？重罪裕也。玄之敗也，詔以桓沖乃心王室，宥其孫胤。今而殺之，違義熙之赦，絶賢者之世，裕罪大矣。然則仲文，玄黨也，曷爲以官書？仲文玄黨，嘗叛玄自歸矣。《綱目》貴徙義，官仲文，所以深惡裕也。

夏，四月，燕后苻氏卒。○燕主熙廢其太后段氏。○六月，赫連勃勃自稱大夏天王。○秋，七月朔，日食。○燕高雲弒其主熙，自立爲天王。○南燕遣使稱藩，獻太樂伎於秦。冬，秦遣其母、妻還之。

先書獻樂伎，惡秦也。若燕主，則可與權矣，《綱目》無譏焉。

夏王勃勃破薛干等部，降之，遂進攻秦及南涼，大破之。○涼公暠復遣使來上表。

書復何？重嘉之也。

四年。戊申 秦弘始十、魏天賜五年。○南涼嘉平元年。春，正月，劉裕自爲揚州刺史、録尚書事。○南燕祀南郊。○夏，五月，譙縱稱藩於秦。○秦遣兵襲南涼，討夏，皆敗績。

夏書討何？勃勃，故秦臣也。一秦兵也，或書襲，或書討，《綱目》之書法嚴矣！是故袁術一也，孫策加之書討，曹操加之則書擊；漢獻帝建安元年。秦兵一也，加於南涼書襲，加於夏則書討。是年。

遣將軍劉敬宣督毛脩之討譙縱，不克，引還。

自誅桓玄餘黨，至是四年，《綱目》凡書晋事，無一不書劉裕者，譏專也。此亦劉裕表遣也，其不書劉裕何？咎裕也。裕始遣脩之將兵討縱，既而承祖作亂，脩之退屯，於是二年矣，乃復遣敬宣督之。《綱目》於遣毛脩之書裕遣，於遣劉敬宣督毛脩之則不書裕使，若出於朝議者，所以見前所遣之卒無功，而著遣之者之咎也，其旨深矣。

冬，十一月，南涼復稱王。〇南燕汝水竭。

燕亡之祥也。是故江水竭而西漢衰，成帝元延元年。汝水竭而南燕亡，是年。《綱目》皆謹書之。終《綱目》書水竭，二而已矣。

己酉五年。秦弘始十一、魏太宗拓跋嗣永興元年。〇燕王馮跋太平元年。〇西秦更始元年。〇舊大國二，南涼、北涼、南燕、西涼、燕、夏小國六，新小國一，凡九僭國。春，正月，秦封譙縱爲蜀王。〇二月，南燕寇掠宿豫。〇乞伏乾歸自秦逃歸。〇三月，恒山崩。

恒山何？北嶽也。崩至四嶽，非小變矣。故書華山崩而漢亡，獻帝初平四年。書恒山崩而晉亡，是年。皆帝業所基也。終《綱目》四嶽書崩，二而已矣。

夏，四月，雷震魏天安殿。

《綱目》書冬雷七，記異也。此四月爾，何以書？震天安殿，則爲魏之不祥也大矣。故大風毀莽王路堂，雷震魏天安殿，皆大異也，《綱目》每謹書之。終《綱目》書雷十，詳漢惠帝五年。而四月雷二，漢成帝元延元年，以無雲故書，是年，以震天安殿故書。舍是，無書雷者矣。

劉裕伐南燕。六月，及燕師戰於臨朐，大破之，遂圍廣固。

南燕往年書寇，宜伐也。裕既表請矣，書劉裕不書帥師何？桓温再伐，皆書帥師。裕違衆議而專行謀也，故稱將不稱師。止書劉裕，蓋將壹以功歸之。

秋，七月，西秦復稱王。○九月〔一〕，秦王興伐夏，夏王勃勃襲而敗之。○冬，十月，西秦以焦遺爲太子太師。○燕弑其君雲，馮跋自立爲天王。

弑君者，離班、桃仁也，不書主名何？君無道也，故馮跋討斬之，不書。

魏清河王紹弑其君珪。齊王嗣討紹，殺之而自立。

魏道武自遷平城，首書遣使循行郡國，可謂有恤民之心；既稱皇帝，即書置五經博士，可謂知經國之本；又書制冠服，定官品，亦庶乎日不暇給，規模宏遠者矣。光啓後人，廟號太祖，宜哉！而惑於方士，以誤其身，則不知學之過也。○凡書自立，篡辭也。齊王嗣，宜立者也，則其書自立何？惟嫡故無嫌也。是故齊王嗣，嫡子也，書討、書自立；是年。西秦熾磐，世子也，書討、書自立：義熙七年。唯無嫌，故也。非嫡也則嫌，不書自立矣。故武陵王駿書討劭矣，必書宋人立駿；文帝元嘉三十年。均王友貞書討賊矣，止書友貞立於大梁，五代癸酉年梁。此而書自，則疑於篡矣。友貞有兄友文。

〔一〕「○」，原無，據宋刻《綱目》本補。

十二月，太白犯虛、危。

庚戌 六年。秦弘始十二、魏永興二年。○是歲南燕亡。大二小六，凡八僭國。春，正月，魏伐柔然。

魏始加柔然，書擊，詳孝武帝太元十六年。此書伐何？始進魏也。於是魏既再世，漸變華風，故進之也。

二月，魏寇盜群起，魏主嗣赦其罪，遣兵討餘寇，平之。

書赦其罪何？善之也。建武之篇，書詔許相斬除罪，於是書赦其罪，皆處盜之良法也。

劉裕拔廣固，執南燕主超，送建康，斬之。○盧循寇長沙、南康、廬陵、豫章，陷之，劉裕引軍還。○三月，江、荆都督何無忌討徐道覆，戰敗，死之。○南凉擊北凉，敗績，遂還於樂都。○夏，四月，劉裕至建康。○五月，豫州都督劉毅及盧循戰於桑落洲，敗績，循進逼建康。○柔然圍魏師於牛川，魏主嗣救之，可汗社崙走死，弟斛律立。○六月，劉裕自爲太尉、中書監，加黄鉞，復辭官而受黄鉞。

上書自爲，下書復辭，後書始受，辭繁不殺，裕之譎見矣。

宗室司馬國璠自弋陽奔秦。

宗室自劉縯外未有書者，此其書宗室何？惡裕也。裕志移晋鼎，先除枝葉，於是國璠遠禍出奔。《綱目》書曰宗室司馬國璠奔秦，又書曰宗室司馬楚之據長社，皆罪裕之辭也。國璠書自弋陽奔秦，言遠避也。

秋，七月，盧循退還尋陽，劉裕遣兵追之。○劉裕遣將軍孫處等率兵襲番禺。○譙縱使桓謙會秦將苟林入寇荆州，刺史劉道規大破斬之。○西秦攻秦略陽、隴西諸郡，克之。○冬，十月，劉裕南擊盧循。○徐道覆寇江陵，劉道規大破之。○十一月，孫處攻番禺，拔之。○十二月，劉裕及盧循戰於大雷，又戰於左里，大破之[一]，循及道覆南走，裕遣將軍劉藩等追之。

[一]「大破之」，宋刻《綱目》本無。

資治通鑑綱目書法第二十四

起辛亥晋安帝義熙七年，盡丁卯宋文帝元嘉四年、魏太武帝始光四年。

廬　陵　後　學　劉友益修撰
翰林直學士中大夫知制誥同修國史國子祭酒歐陽玄校正

辛亥七年。秦弘始十三、魏永興三年。春，正月，秦王興以其子弼爲尚書令。

書，著亂始也。弼自是招權，始有奪嫡之謀矣。

西秦復降於秦。○秦王興命群臣舉賢才。

凡書舉賢，美也。《綱目》録小善，故曹操下令求才書，漢獻帝建安十四年。秦王興命群臣舉賢才書。是年。

夏攻秦杏城，斬其守將姚詳，遂攻安定、東鄉，皆克之。○劉藩等克始興，斬徐道覆。○北凉拔姑臧，遂攻南凉，不克。○南凉攻北凉，大敗而還。○三月，劉裕始受太尉、中書監之命。○夏，四月，盧循寇番禺，不克，走交州，刺史杜慧度擊斬之。○詔劉毅兼督江州軍事。○秋，七月，柔然獻馬、求昏於燕。○西秦攻南凉，敗其兵。○北凉襲西凉，不克。○西秦攻秦柏陽堡、水洛城，皆克之。

壬子八年。秦弘始十四、魏永興四年。○西秦王乞伏熾磐永康元〔一〕、北涼玄始元年。夏，四月，以劉毅都督荊、寧、秦、雍軍事。○六月，西秦乞伏公府弑其君乾歸。秋，世子熾磐討殺之而自立。

凡書自立，篡辭也。熾磐世子也，則其書自立何？惟嫡，故無嫌也。詳義熙五年。

皇后王氏崩。○葬僖皇后。○冬，太尉裕帥師襲荊州，殺都督劉毅。○秦雍州刺史楊佛嵩攻夏〔二〕，夏王勃勃與戰，破之。○北涼遷於姑臧。○十二月，遣益州刺史朱齡石帥師伐蜀。○太尉裕自加太傅、揚州牧，復辭不受。

上書自加，下書復辭，於是再見，裕之譎又可見矣。

癸丑九年。秦弘始十五、魏永興五年。○夏鳳翔元年。春，太尉裕還建康，殺豫州刺史諸葛長民。○詔申土斷之法〔三〕，併省流寓郡縣。○秦太尉索稜以隴西降西秦〔四〕。○夏築統萬城。○秋，七月，朱齡石入成都，譙縱走死，詔齡石監六郡軍事。○冬，魏遣使請昏於秦。○以索邈爲梁州刺史。

甲寅十年。秦弘始十六、魏神瑞元年。○是歲南涼亡。大二小五，凡七僭國。春，三月，太尉裕廢譙王文思爲庶人。

〔一〕「乞伏」，宋刻《綱目》本無。
〔二〕「雍州刺史」，宋刻《綱目》本無。
〔三〕「詔申」，宋刻《綱目》本作「修」；「之」，宋刻《綱目》本無。
〔四〕「太尉」，宋刻《綱目》本無。

襲荆州、殺都督劉毅書太尉裕，殺豫州刺史諸葛長民書太尉裕，廢譙王文思爲庶人書太尉裕，帥師擊荆州書太尉裕，屢書不一書，而裕之不臣昭昭矣。

夏，五月，秦尚書令姚弼有罪，免。〇西秦襲滅南涼，以傉檀歸，殺之。

傉檀何？南涼主也。曷爲不以其主書？國先亡也。於是傉檀襲乙弗，未返而國亡矣，以爲能主其國者，不若是甚也，故止書以傉檀歸。亡國之君其辭五：死之，上也；執虜，次之；以歸，次之；獲，次之；降爲下。

柔然步鹿真逐其可汗斛律而自立，大檀殺而代之。

逐君自立，篡也，不書討，書殺何？不以討予大檀也。曷爲不以討予之大檀？誠義討者，殺步鹿真，迎歸斛律，斯可以言討矣。因而代之，是又一篡也，賊殺賊而已矣，故止書殺。

秋，八月，魏遣于什門如燕。

凡使書名，不辱命也。

九月朔，日食。〇冬，十一月，魏遣使者巡行諸州。〇十二月，柔然侵魏。

乙卯 十一年。秦弘始十七、魏神瑞二年。春，太尉裕帥師擊荆州，都督司馬休之拒戰，衆潰。〇秦遣姚弼將兵守秦州。〇夏攻秦杏城，拔之。〇北涼攻西秦，拔廣武。〇青、冀參軍司馬道賜殺其刺史劉敬宣〔一〕。

〔一〕「〇」，原無，據宋刻《綱目》本補。

應休之也，道賜尋爲敬宣吏所殺。《綱目》於其應休之也不書應，其見殺也不書伏誅，恕道賜也。恕道賜，所以惡裕也。

司馬休之出奔秦，秦以爲揚州刺史。○太尉裕劍履上殿，入朝不趨，贊拜不名。

此殊禮也。《綱目》備書者四，惟蕭何得書賜，卓、操、裕同辭，則僭而已矣。

北凉遣使上表内附。

嘉慕義也，故特書之。

秋，七月晦，日食。○八月，太尉裕還建康。

乘輿書還，裕還耳，何以書？裕强也，儼然君矣。故惟竇憲書還京師，唯劉裕再書還建康，觀其所書强臣，先後一轍也。詳義熙九年。

以劉穆之爲左僕射。○魏荐饑。○秦姚弼謀作亂，其黨唐盛等伏誅。

燕王旦謀反，《綱目》書赦弗治，黨與皆伏誅，漢昭帝元鳳元年。譏失刑也。此其不書赦弗治何？恕辭也。於是興怒弼，將殺之，泓流涕固請，兄弟天倫，《綱目》固不得以失刑病興也。至其再亂賜死，則《綱目》書伏誅，如恒辭矣。

熒惑不見，八十餘日，復出東井。秦大旱。

《綱目》書熒惑五，詳康帝建元二年。未有若此之異者。繼書秦大旱，變不虛生，信哉！

冬，十月，秦送女於魏，魏以爲夫人。

書和親多矣，未有書以爲某者。此書以爲夫人何？魏無信也。前書魏遣使請昏，禮也。秦既送女矣，則以爲夫人而已，以魏爲無信，故特書之。

丙辰 十二年。秦主姚泓永和元、魏泰常元年。春，正月，太尉裕自加都督二十二州軍事。○秦姚弼、姚愔作亂，伏誅。秦王興卒，太子泓立。

《綱目》於姚弼凡五書，所以示匹嫡之戒，嚴矣！

三月，太尉裕自加中外大都督，戒嚴，伐秦。詔遣琅邪王德文脩敬山陵。

自董卓以來，除拜書自多矣，卓三書，操四書，惟裕七書，裕亦專甚矣哉！終《綱目》書自之多，未有如裕者也。

氐王楊盛攻秦，拔祁山，殺其守將姚嵩。○夏攻秦，克上邽、陰密、安定、雍城，秦遣兵擊却之，復取安定。○秋，八月，太尉裕督諸軍發建康。○冀州刺史王仲德入魏滑臺。○冬，十月，將軍檀道濟克洛陽。○詔遣司空、高密王恢之脩謁五陵[一]。

脩陵必書，重山陵也。晉自永和之末，一書桓温，繼書車灌，至是六十年矣。《綱目》於脩敬、脩謁，並是年。皆特書之，蓋喜之也。終《綱目》書脩陵五，書鎮衛山陵一，書按視諸陵一。詳漢獻帝初平二年。

[一]「詔」，宋刻《綱目》本無。

十二月，太尉裕自加相國、揚州牧，封宋公，備九錫，復辭不受。

上書自加，下書復辭，後書始受，於是三見，裕之譎益可見矣。

西秦遣使内附。○秦蒲坂守將姚懿反，伏誅。○魏丁零翟猛雀作亂，魏討平之。

丁巳 十三年。秦永和二、魏泰常二年。○西凉公李歆嘉興元年。○是歲秦亡。大一小五，凡六僭國。春，正月朔，日食。○秦安定守將姚恢反，伏誅。○太尉裕引水軍發彭城。○二月，西凉公李暠卒，世子歆立。○吐谷渾樹洛干死，弟阿柴立。

吐谷渾，其初慕容廆兄也。元帝之初，吐谷渾書卒，於是再見，則曷爲書死？用夷也，故夷之。

三月，將軍王鎮惡攻潼關，與秦太宰姚紹戰，大破之。○太尉裕遣使假道於魏，魏遣兵屯河北，裕遂引兵入河。

書遂何？嘉裕壯也。

弘農人送義租給王鎮惡等軍。

義租何？嘉助順也。於是鎮惡至弘農勸諭不書，而以自致爲文書送，其爲從義之勸，深矣！

夏，四月，太尉裕遣兵擊魏於河上，大破之。○將軍沈林子擊秦姚紹，破之，紹病卒。○太尉裕入洛陽。○魏置六部大人。○秋，七月，將軍沈田子入武關。八月，秦主泓自將擊之，大敗而還。

於是田子與傅弘之俱入關，不書弘之何？怯也。一予一奪，其爲徇國之勸深矣！其爲逗撓之戒嚴矣！

太尉裕至潼關，遣王鎮惡帥水軍自河入渭，大破秦兵，遂入長安，秦主泓出降。○九月，太尉裕至長安，送姚泓詣建康，斬之。

斥姚泓何？既降也，故不書秦主。上書出降，下書斬之，甚晋也。

夏人進據安定。○冬，十月，魏遣將軍刁雍屯固山。○太尉裕自進爵爲王，增封十郡，復辭不受。

某進爵爲王，曹操、司馬昭見之矣，譏自進也，而不書自。於是獨書自何？所以著其復辭之譎也。上書自進，下書復辭，後書始受，至是四見矣。天下之譎，未有如裕者也。

十一月，劉穆之卒。

《綱目》卒漢、晋諸臣不書官者，皆貶也。穆之何貶焉？穆之晋臣，心乎裕而已矣，故削之。使裕已受宋公之命，則其書法亦荀攸耳。荀攸卒書魏。

十二月，太尉裕東還，留子義真都督雍、梁、秦州軍事。○魏置南雍州。○夏王勃勃遣兵向長安。

戊午 十四年。魏泰常三年、夏昌武元年。春，正月，王鎮惡、沈田子帥師拒夏兵，田子矯殺鎮惡，安西長史王脩討田子，斬之。參軍傅弘之擊夏兵，却之。○太尉裕至彭城，解嚴。琅邪王德文還建康。

太尉裕嘗書還建康矣，譏也，此其書還建康何？喜之也。德文一日不可去帝所，久矣。裕既西伐，德文暫出，非得已也。裕至彭城，帝所不可無德文矣，特書喜之。

以劉義隆爲荊州刺史。○三月，遣使如魏。○夏，五月，魏人襲燕，不克。○六月，太尉裕始受相國、宋公、九錫之命。○冬，十月，以西涼公李歆爲鎮西大將軍。○魏天部大人、白馬公崔宏卒。

《綱目》卒魏臣，自崔宏始。宏賢也，故具官卒之。

劉義真殺其長史王脩，關中大亂。十一月，夏王勃勃陷長安，義真逃歸。○夏王勃勃稱皇帝。○彗星見。

於是彗入太微，經北斗，絡紫微，踰月而有東堂之弑矣。變不虛生，信哉！《綱目》書彗十有七，詳周顯王八年。無其應者，鮮矣。

十二月，宋公劉裕弑帝於東堂，奉琅琊王德文即位。

弑帝者，王韶之也，書劉裕何？裕使之也，於是裕特斥書劉。

以北涼王蒙遜爲涼州刺史。

己未恭皇帝元熙元年。魏泰常四年、夏真興元年。春，正月，立皇后褚氏。○葬休平陵。○夏人陷蒲坂。○夏主勃勃殺隱士韋祖思。

交譏之也。殺隱士者何？譏耳。祖思何？譏焉。無道而見，祖思之失也，愧襲勝矣。隱士書殺，終《綱目》二而已，夏韋祖思、唐韋月將。皆兩譏之。

夏主勃勃還統萬。○宗室司馬楚之據長社。○夏，四月，魏主嗣有事於東廟。○西涼地震，星隕。

終《綱目》書星隕五，自是無書者矣。詳漢成帝永始二年。

秋，七月，宋公裕始受進爵之命，移鎮壽陽。○冬，十月，以劉義真爲揚州刺史。○十一月朔，日食。○十二月，宋王裕加殊禮，進太妃爲太后，世子曰太子。

庚申 二年。宋高祖武帝劉裕永初元年、魏太宗明元帝拓跋嗣泰常五年、西秦文昭王乞伏熾磐建弘元年、夏世祖赫連勃勃真興二年、燕太祖馮跋太平十一年、北涼武宣王沮渠蒙遜玄始八年、西涼公李恂永建元年。○是歲晉亡宋代。凡七國。

夏，四月，長星出竟天。六月，宋王裕還建康，稱皇帝，廢帝爲零陵王，以兵守之。

書長星多矣，未有書竟天者。長星竟天，大變也。終《綱目》書長星六，詳漢文帝八年。而竟天者，一而已矣。○以兵守之何？甚宋也。廢興之際，自晉以前猶厚也。魏之山陽，晉之陳留，皆以善終。雖莽於定安，不敢殺也。宋則以兵守之，卒至行弒。自是以後，廢主無不弒者，宋啓之也。他日，齊弒汝陰，且滅其族，復何怪哉！終《綱目》書廢主、廢帝者三十四，晉以前書廢十一，而遇弒殺者二，自殺者一；宋以後書廢二十三，而遇弒殺者十有八。風俗之薄，有自來矣。

宋尊王太后爲皇太后。

宋后不書皇，此其書何？志始也，後削之矣。自宋以下，立后皆不書，必有故而後書。至隋、唐，復書之矣。

宋改晉封爵，封拜功臣子弟有差。○秋，宋交州刺史杜慧度擊林邑，大破降之。○北涼王蒙遜誘西涼公歆與戰，殺之，遂滅西涼。〇八月，宋立子義符爲皇太子。

宋太子不書皇，此其書何？志始也，後削之矣。

宋爲晉諸陵置守衛。

書置守衛何？譏也。置守衛則何譏？廢興之際多矣，先是，滅國之主未有不書卒者，至宋零陵王則以弑書。加禮於死君，而無禮於廢主，則爲欺而已矣。終《綱目》書禮先代陵墓者三，是年宋爲晉，乙亥年齊爲晉，丙子年元魏爲漢、魏、晉。惟宋爲譏辭也。

冬，涼李恂入敦煌，稱刺史。

辛酉　宋永初二年、魏泰常六年。〇是歲西涼亡。凡六國。

宋自庚申四月即位改元[一]，《綱目》不以大書者，紀晉曆之餘也。今則可以大書紀年矣，曷爲於分注書之，而與魏以下并爲列國？曰此《綱目》之大節也。晉自江左偏安，土宇分裂，《綱目》猶大書其紀年者，以承西晉之正統也。宋氏篡晉，承其舊疆，非能恢復混一，其視魏之在北等耳。而魏祖猗盧初亦受封於晉，至是稱帝再世，漸變華風，繼者益可稱述。《綱目》并而書之，夫豈過哉！自是歷齊、梁、陳，至隋文九年，既平江南，天下爲一，而後以開皇大書。故曰「統正於下而人道定矣」。然則其先宋何？內諸夏也。

[一]「四月」，《書法》誤，據《綱目》上文、《通鑑》卷一一九，當作「六月」。

春，二月〔一〕，宋祀南郊，大赦。○宋以廬陵王義真爲司徒，徐羨之爲尚書令、揚州刺史，傅亮爲僕射。○魏築苑。○北凉屠敦煌，殺李恂。○夏，四月，宋毁淫祠。○秋，九月，宋主劉裕弑零陵王於秣陵。

書宋主矣，其書弑何？君臣之分也。東堂之弑，裕斥書劉，既而廢帝，書裕而已，此其再書劉何？重弑也。廢興之際多矣，滅國之主書弑自裕始，再斥書劉，所以重罪裕也。至道成弑汝陰，則不書蕭矣，非創也，故略之。略道成，所以重罪創者也。

冬，十一月，葬晋恭帝於冲平陵。

晋惠之篇，上書陳留王曹奂卒，下書晋人葬之。雖晋篇也，復再書晋，予晋厚也。於是非宋篇也，宋葬晋帝，其不書宋何？削之也。曷爲削之？身親弑焉，而禮葬之以爲欺，與晋人不可同日語矣。是故魏葬漢孝獻書魏，晋葬陳留王書晋，陳葬梁孝元書陳，石晋葬故唐主書晋，惟宋葬晋恭帝不書宋，《綱目》之意微矣！

凉晋昌守唐契叛。○宋豫章太守謝瞻卒。

太守不卒，卒瞻，録賢也。《綱目》自宋、魏至陳，諸臣卒無不書官者，非賢不録也。具官爵卒者十九人。蔡興宗、高允、王儉、蕭嶷、王肅、蕭穎胄、源懷、曹景宗、元懷、元澄、韋叡、裴邃、賀拔勝、高歡、宇文泰、斛律金、于謹、段韶、韋孝寬。

〔一〕「二」，《通鑑》卷一一九作「正」。

壬戌 宋永初三年、魏泰常七年。春，宋以徐羡之爲司空、録尚書事。〇宋以廬陵王義真都督豫、雍等州軍事[一]。〇秦、雍流民入梁州，宋遣使賑之。

書宋賑之，録善也。

夏，四月，宋封楊盛爲武都王。〇五月[二]，宋主裕殂，太子義符立。

宋祖之末代晋也，《綱目》屢書其功，擊孫恩凡四書，擊盧循凡七書，討玄再書，伐燕再書，伐秦四書。代晋以後，再書其善，書毁淫祠，書賑流民，皆予之也。然於其君臣之際，終不少貸。是故七書自官，再書僭殊禮，三書殺無罪，再書弑，一書廢，名義蓋凛凛矣。至若滅國之主書弑自宋始[三]，君子尤深罪之。

魏立子燾爲太子，監國。

書太子監國始此。終《綱目》太子書監國七，是年、唐太宗貞觀十九年、高宗調露元年、弘道元年、睿宗景雲二年、玄宗天寶十四載、德宗貞元二十一年。嗣源、郭威不與焉；書省事二，趙太子弘、太子宣。書總百揆一，魏太子晃。書決事、決訟三，唐高祖武德九年、太宗貞觀四年、睿宗景雲二年。書聽政二，唐

[一]「豫雍」，原作「雍豫」，據宋刻《綱目》本、《通鑑》卷一一九改。

[二]「〇」，原無，據宋刻《綱目》本補。

[三]「若」，原無，據弘治本、蜀藩本補。

太宗貞觀十九年、二十三年。書判事一。周晋王榮。

六月，宋以傅亮爲中書監、尚書令，謝晦爲中書令，謝方明爲丹陽尹。○冬，魏遣司空奚斤督諸將擊宋，取青、兖諸郡，宋遣南兖州刺史檀道濟救之。

癸亥　宋主義符景平元年、魏泰常八年。春，正月，魏取宋金墉。○宋以蔡廓爲吏部尚書，不受。

書不受何？嘉廓也。終宋之世，書以爲吏部尚書六，蔡廓、江湛、謝莊等、袁粲等、蔡興宗、褚淵。書免者一，庾炳之。書殺者一，王僧綽。自庾炳之外，皆名士也。宋世典選，多得其人〔一〕。

魏以刁雍爲青州刺史。○二月，魏築長城。

自秦始書築長城，至此六百二十七年，於是再見。自是而後，東魏繼築，梁癸亥年。齊三築，梁壬申年、乙亥年、丙子年。隋四築，辛丑年、乙巳年、大業二年、四年。民力可勝困哉！

涼、吐谷渾入貢於宋。○魏攻宋虎牢，不克，殺其將公孫表。○魏攻宋東陽城，宋檀道濟帥師救之。

○夏，四月，魏主攻虎牢，不克。

魏主及諸國主自是不名，無正統也。據晋未亡以前皆名。

魏攻東陽城，不克而退，留刁雍戍尹卯。○諸蠻入貢於魏。○涼攻晋昌，克之。○秦遣使入貢於魏。

○閏月，魏拔虎牢，執宋司州刺史毛德祖，遂取司、豫諸郡。

〔一〕「其人」，弘治本、蜀藩本作「人矣」。

執，善辭也，力屈而被執也。

秋，七月，柔然攻北凉，殺其世子政德。

衍「北」字。

冬，十月，魏廣西宫。○十一月，魏取宋許昌、汝陽。○魏主嗣殂，太子燾立。

魏於是始書殂，晋亡也。

魏立天師道場。

道教之盛自此始，故謹書之。珪之始帝也，書置五經博士；燾之始立也，書立天師道場：二祖之異，尚可見矣！書天師始此。終《綱目》書天師二。是年、五代乙未年閩陳守元。

甲子 宋景平二、太祖文帝義隆元嘉元年，魏世祖太武帝燾始光元年。春，正月，宋廢其廬陵王義真爲庶人。○夏，五月，宋徐羡之、傅亮、謝晦廢其主義符爲營陽王，遷於吴。六月，弑之，迎宜都王義隆於江陵，殺前廬陵王義真〔一〕，以謝晦行都督荆、湘等州軍事。

檀道濟何以不書？非主謀也。他日奉命討賊，亦足以自贖矣，故恕之。然則謝晦之都督也，孰以之？以之者，徐、傅也。徐、傅共弑立君，密存三窟，《綱目》書曰以謝晦行都督荆、湘等州軍事，所以深探其不臣之情也。

〔一〕「前廬陵王」，宋刻《綱目》本作「庶人」。

秋，秦攻涼，敗之。〇八月，宋主義隆立。〇柔然寇魏。

柔然於魏書侵，恒也，據晉安帝義熙十年。此其書寇魏何？晉滅，而進魏於宋也。

冬，十一月[二]，吐谷渾王阿柴卒，弟慕璝立。

樹洛干書死矣，詳晉安帝義熙十三年。此則曷爲書卒？晉亡也。於是晉亡，中國無正統，吐谷渾非純夷也，故進之。至隋開皇十一年，中國有主，然後夸吕復書死。

十二月，魏伐柔然，大獲。〇宕昌朝貢於魏。〇夏世子璝殺其弟倫，倫兄昌討璝，殺之。

璝殺倫，昌殺璝，等耳，書討璝何？不父其父也。父欲立少而璝伐之，不父其父甚矣。若是者，人得而討之。璝不書討，則世子之位可以力取矣。然則書世子何？書世子，見其有父在也。是故苟父在，趙太子宣以殺弟書伏誅，夏世子璝以殺弟書討。詳晉穆帝永和四年。

乙丑　宋元嘉二年、魏始光二年、夏主赫連昌承光元年。春，正月，宋主始親聽政。

書始親政何？徐、傅專也。終《綱目》書始親政六，漢後主延熙二十年吴主亮、是年宋主、丁未年魏主弘、辛未年魏主宏、己卯年周主毓、壬辰年周主邕。皆或專之也。

二月，燕有女子化爲男。

漢靈之篇，書雌雞化爲雄矣，猶物也。於是而女化爲男，異孰大焉。燕之不能一紀，宜矣！

〔二〕「二」，《通鑑》卷一二〇無。

三月，魏主尊保母竇氏爲保太后。

漢宣之初，阿保賜物而已；至漢安王聖，延光二年。漢順宋娥，則封君；陽嘉二年。及漢桓，又封其子；永興二年。於是，至尊爲太后。保太后，過矣；皇太后，甚哉！故斥書魏主。終《綱目》保母尊爲太后者二，是年竇氏、癸巳年常氏。皆魏也。

魏以長孫嵩爲太尉，長孫翰爲司徒，奚斤爲司空。〇夏，四月，秦襲凉於臨松，敗之。〇魏遣使如宋。〇六月，武都王楊盛卒，子玄立。〇秋，秦擊黑水羌，破之。〇八月，夏主勃勃殂，世子昌立。〇冬，十月，魏主伐柔然，走之。

丙寅 宋元嘉三年、魏始光三年。春，正月，宋討徐羡之、傅亮，殺之，以王弘爲司徒、揚州刺史、録尚書事，彭城王義康都督荆、湘等州軍事。謝晦舉兵反江陵。〇閏月，宋子劭生。

子生不書，書劭，志亂始也。是故漢皇子據生書，皇子弗陵生書，宋子劭生書，魏子恂生書，魏主之子詡生書，皆亂始也。終《綱目》書子生五，書孫生一。漢宣帝甘露三年皇孫驁。

宋主自將討謝晦，二月，殺之。〇三月，宋以謝靈運爲秘書監，顔延之爲中書侍郎。〇夏，五月，宋以檀道濟爲江州刺史，到彦之爲南豫州刺史。〇宋遣使巡行郡縣。〇宋主親臨聽訟。

聽訟必書，重民命也。故漢太后親録囚徒則書，宋主親臨聽訟則書，魏主親決疑獄則書，魏主親録囚徒則書，魏主聽訟於華林則書，周主親録囚於内苑則書。詳漢安帝永初二年。

六月，宋以王華、王曇首、殷景仁、劉湛爲侍中，謝弘微爲黃門侍郎。○宋遣使如魏。○秋，秦攻涼。○夏襲秦苑川，秦師還。○宋大旱，蝗。○冬，十月，魏主自將攻夏。○十一月，夏攻秦，入枹罕。○魏主入統萬，別將取蒲阪及長安。○魏罷漏户繒帛[一]，以屬郡縣。

丁卯　宋元嘉四年、魏始光四年。春，正月，魏主還平城。○宋主謁京陵。○夏，四月，魏遣使如宋。○宋前交州刺史杜弘文卒。

卒前官，録賢也。終《綱目》卒前官六，詳漢獻帝興平元年。舍是，無卒前官者矣。

五月，魏主發平城。○宋中護軍王華卒。

宋、魏至陳，諸臣卒無不書官者，非賢不卒也。

六月朔，日食。○夏主及魏主戰於統萬，敗走上邽，魏取統萬。○秦遣使入貢於魏。○秋，八月，魏主還平城。○夏安定降魏。○冬，十一月，魏封楊玄爲南秦王。○晉徵士陶潛卒[二]。

潛卒於宋，書晉何？潛始終晉人也。《綱目》予節，故《通鑑》不書，於是特書之。是故晉亡矣，潛心乎晉，則卒書晉；唐亡矣，張承業心乎唐，則卒書唐。徵士書卒，終《綱目》一人而已矣。

[一] 「帛」，原無，據宋刻《綱目》本、《通鑑》卷一二〇補。

[二] 「徵」，宋刻《綱目》本作「處」。

資治通鑑綱目書法第二十五

起戊辰宋文帝元嘉五年、魏太武帝神䴥元年，盡庚寅宋文帝元嘉二十七年、魏太武帝太平真君十一年。

廬陵後學劉友益修撰
翰林直學士中大夫知制誥同修國史國子祭酒歐陽玄校正

戊辰 宋元嘉五年、魏神䴥元年。○西秦王乞伏暮末永弘元年、北涼承玄元年、夏主赫連定勝光元年。春，二月，魏人及夏戰於上邽，執其主昌以歸。夏赫連定稱帝於平涼，魏人追之，敗績，夏復取長安。

亡國之君其辭五：死之，上也；執虜，次之；以歸，次之；獲，次之；降爲下。昌後叛魏見殺，不書受魏爵也，故略之。

夏，五月，秦王乞伏熾磐卒，世子暮末立。○六月，宋以王弘爲衛將軍、開府儀同三司。○涼侵秦，秋，秦及涼平。○冬，十一月朔，日食。○涼復攻秦。

書復何？背約也。是年秦及涼平矣，故書罪之。

己巳 宋元嘉六年、魏神䴥二年。春，正月，宋以彭城王義康爲司徒、録尚書事，江夏王義恭都督荆、湘等州軍事。○丁零降魏。○三月，宋立子劭爲太子。○宋以殷景仁爲中領軍。○秦殺其尚書辛進。○夏，四月，魏主伐柔然。○五月朔，日食。○宋以王敬弘爲光禄大夫。○凉及吐谷渾侵秦，秦敗之，獲凉世子興國。○柔然紇升蓋可汗大檀出走，魏主追至涿邪山。秋，七月，引還。大檀死，子敕連可汗吴提立。○武都王楊玄卒，弟難當廢其子保宗而自立。○八月，魏遣兵擊高車，降之。○冬，十月，魏以崔浩爲撫軍大將軍。○十一月朔，日食，星晝見。秦地震。

日食至星晝見，大變也。終《綱目》書日食星見二。是年、唐肅宗上元二年。

庚午　宋元嘉七年、魏神䴥三年。春，三月，宋遣將軍到彦之等伐魏。

魏奚斤督諸將伐宋書擊，壬戌年。此其書伐何？河南，故宋土，曲直之辭也。故魏取金墉、武牢、滑臺，皆繫之宋。

魏勅勒叛，擊滅之。○夏，六月，宋以楊難當爲武都王。○秋，七月，魏河南諸軍退屯河北，宋到彦之等取河南。○八月，魏遣將軍安頡擊宋師。○林邑入貢於宋。○九月，燕王馮跋殂，弟弘殺其太子翼自立。○魏主如統萬。○秦自正月不雨[一]，至於是月。

《綱目》書自某月不雨至於某月者六，詳秦初丙寅年。未有久於此者也。去年地震，野草皆反，於是恒暘，凡九閱月，秦之亡兆也。

冬，十月，宋鑄四銖錢。

〔一〕「秦」上，原有「西」字，據宋刻《綱目》本、《通鑑》卷一二一删。

宋自是三十七年，錢幣凡七變〔一〕。是年鑄四銖，丁亥年鑄大錢，戊子年罷，甲午年鑄孝建四銖，乙巳年鑄二銖，十一月罷，丙午年斷新錢，專用古錢。《綱目》錢幣自王莽外，更變之亟，無如宋者矣；而敝惡之極，亦無如宋者矣。

宋到彦之保東平，魏攻宋金墉、虎牢，取之。○秦遷保南安。○十一月，魏主襲平凉，夏主與戰，敗績。○宋遣將軍檀道濟伐魏，到彦之棄軍走。○夏主及魏人戰，敗走上邽，魏取安定、隴西。○魏攻宋滑臺。○凉遣使入貢於魏。○十二月，宋以長沙王義欣爲豫州刺史。

刺史之任，自晋以來專方面，本兵柄，非復漢世刺舉之職也。宋世所任，率多子弟，與晋世又大異矣。

魏人克平凉，復取長安。○宋以垣護之爲高平太守〔二〕。

辛未 宋元嘉八年、魏神䴥四年。○燕王馮弘太興元年、北凉義和元年。○是歲秦、夏皆亡。凡四國。春，正月，宋檀道濟救滑臺，敗魏師於壽張。○夏滅秦，以秦王暮末歸，殺之。○二月，魏克滑臺。○魏主還平城，復境内租一歲。○宋檀道濟引兵還，青州刺史蕭思話棄城走。○魏以王慧龍爲滎陽太守。

自書裴潛、漢獻帝建安二十一年。張嶷，漢後主延熙三年。書太守不知其幾矣，未有以政績書者。至

〔一〕「錢幣」，原作「錢弊」，據弘治本、蜀藩本改；以下徑改，不再出校。

〔二〕「高」上，《通鑑》卷一二二有「北」字。

是，然後魏書王慧龍，宋書孔靈符。由是至隋，改郡爲州無聞焉。甚矣！賢守之不多見也。

夏，六月，夏主定擊涼，吐谷渾襲敗之，執定以歸。○閏月，柔然請平於魏。○魏遣使如宋求昏。○宋以劉湛爲太子詹事、給事中。○秋，八月，涼遣子入侍於魏。○吐谷渾奉表於魏。○九月，魏以崔浩爲司徒，長孫道生爲司空。○魏遣使授涼王蒙遜官爵。○魏徵世胄、遺逸。

《綱目》書徵士二十有一，詳漢光武建武五年。未有不書其人者。此則曷爲不書？不勝書也，於是徵盧玄等凡數百人。

冬，十月，魏使崔浩定律令。

壬申　宋元嘉九年、魏延和元年。春，正月，魏尊保太后爲皇太后，立子晃爲太子。

保母竇氏也。太后非矣，加皇，又甚焉。然則前尊爲保太后，則斥書主，此則曷爲不書？貶於其事端，足矣。癸巳年，魏主濬尊常氏爲皇太后，不書主，義同。

三月，宋以王弘爲太保，檀道濟爲司空，還鎮尋陽。○吐谷渾送故夏主定於魏，魏人殺之。○魏改代爲萬年，尋復舊號。○夏，五月，宋太保王弘卒。○宋遣使如魏。○六月，宋以司徒義康領揚州刺史。○秋，七月，宋以殷景仁爲尚書僕射，劉湛爲領軍將軍。○吐谷渾告捷於宋。○宋益州人趙廣作亂，圍成都。○魏主攻燕，圍和龍。○冬，十二月，燕長樂公崇以遼西叛，降魏。○宋益州參軍裴方明討趙廣，破之。○魏遣太常李順如涼。

癸酉 宋元嘉十年、魏延和二年。○北凉王沮渠牧犍永和元年。春，正月，魏以樂安王範爲長安鎮都大將。○二月，魏以馮崇爲遼西王。○魏以陸俟爲散騎常侍。○宋荆州遣兵救成都，擊賊，破之。○夏，四月，凉王蒙遜卒，子牧犍立。○五月，林邑遣使入貢於宋。○宋裴方明擊趙廣等，大破平之。○魏人攻燕。○秋，九月，宋以甄法崇爲益州刺史。○冬，十一月，楊難當襲宋漢中，據之。○宋謝靈運有罪，誅。

靈運之罪，薄昭之比也，書誅，宜矣。

甲戌 宋元嘉十一年、魏延和三年。春，宋梁、秦刺史蕭思話討楊難當，破之。○魏及柔然和親。○宋復取漢中。○燕王弘稱藩於魏。○凉遣使奉表於宋。○六月，魏人伐燕。

魏加燕書攻，恒辭也，此其書伐何？燕，魏藩矣。《綱目》一字之權衡，如此哉！

秋，魏主擊山胡，克之。

乙亥 宋元嘉十二年、魏太延元年。春，正月朔，日食。○燕王弘稱藩於宋。○凉有神投書於敦煌東門。

書神何？著凉亡之徵也。終《綱目》書神二。詳唐玄宗天寶四載。

夏，四月，宋以殷景仁爲中書令、中護軍。○五月，魏以穆壽爲宜都王。○西域九國遣使入貢於魏。○六月，高麗王璉遣使入貢於魏。○宋大水[二]，設酒禁。○秋，七月，魏伐燕。○宋禁擅鑄像、造

[二] 「○」，原無，據宋刻《綱目》本補。

寺者。

禁擅者爾，何以書？予知節也。終《綱目》書禁擅立寺三。是年、戊午年東魏、己亥年石晉。

丙子 宋元嘉十三年、魏太延二年。○是歲燕亡。凡三國。春，三月，宋殺其司空檀道濟。○楊難當自稱大秦王。○夏，魏伐燕，燕王弘奔高麗。○秋，七月，魏伐楊難當於上邽，降之。○冬，魏置野馬苑。○宋鑄渾儀。

渾儀必書，重象器也。是故宋鑄渾儀則書，是年。唐造渾天儀則書，太宗貞觀七年。造黃道遊儀則書，玄宗開元九年。水運渾天成則書。開元十三年。書渾儀始此。終《綱目》書渾儀四，書儀一〔一〕。唐中宗嗣聖三年〔二〕。

柔然絶魏和親，寇其邊。

丁丑 宋元嘉十四年、魏太延三年。春，三月，魏以南平王渾爲鎮東大將軍，鎮和龍。○夏〔三〕，五月，魏詔吏民告守令罪。

於是詔吏民得告守令爾，直書詔吏民告守令罪何？病魏也。是詔一行，難乎爲上矣。

〔一〕「儀」，《綱目》卷四十一唐中宗嗣聖三年作「太儀」。本書下同，不再出校。
〔二〕「中」，原作「高」，據蜀藩本、《綱目》卷四十一改。
〔三〕「○」，原作空格，據宋刻《綱目》本補。

西域朝貢於魏。○涼遣子入侍於魏，遣使如宋。

戊寅 宋元嘉十五年、魏太延四年。春，二月，宋以吐谷渾慕利延爲隴西王。○三月，魏罷沙門五十以下者。

廢佛教之漸也。後六年，而有私養沙門之禁矣。終《綱目》書沙汰僧尼三。是年、唐高祖武德九年、玄宗開元二年。

高麗殺故燕王弘。○秋，七月，魏伐柔然，不見虜而還。○冬，十一月朔，日食。○宋立四學，以雷次宗爲給事中，不受。

書立四學何？譏也。道一而已，儒無不通，又有史學、文學之分，固已非矣。玄何爲者，而可與儒并列哉？《綱目》書立學，皆美也，惟靈帝鴻都門學、劉表學校與宋四學爲譏辭。

己卯 宋元嘉十六年、魏太延五年。○是歲涼亡。凡二國。春，二月，宋以衡陽王義季都督荆、湘等州軍事。○楊保宗奔魏，魏以爲武都王，守上邽。○夏，六月，魏主伐涼。秋，九月，姑臧潰，涼王牧犍降。

秦加涼書攻，此其書伐何？涼受魏爵也。《綱目》之筆削，嚴矣！

柔然寇魏，不克。○冬，十月，魏以樂平王丕鎮涼州。○魏張掖王禿髮保周據郡叛。○十二月，宋太子劭冠。

太子冠未有書者，此其書何？劭，元惡也，其生、其立、其冠，《綱目》皆謹書之。終《綱目》書太子冠二。是年、唐太宗貞觀五年。

魏主還平城。○魏命崔浩、高允脩國史。○魏除田禁。

庚辰 宋元嘉十七年、魏太平真君元年。春，正月，沮渠無諱寇魏酒泉。

蒙遜之滅西涼也，歆弟李恂奔北山，既而據郡，《綱目》書曰涼李恂入敦煌，稱刺史，無譏辭也。無諱亦牧犍弟也，涼亡出奔敦煌，至是攻酒泉而拔之，則曷爲書魏酒泉，且斥以寇？沮渠再世魏爵，既被伐而降矣，涼之故土皆魏土也。於是出而竊地，非寇何哉？《綱目》之予奪也，審矣！其辨名分也，嚴矣！故前年於分注書涼亡，據李恂是年分注猶書改元永建，次年分注始書西涼亡。今年書寇，至受宋爵，王河西，則《綱目》以爵卒之，無貶焉。

夏，四月朔，日食。○六月，魏大赦，改元。

改元不書改元，此何以書？譏也。於是改曰太平真君，取寇謙之神書之文也，故書譏之。是故漢好言者之諛而改元章和，則書改元；章帝章和元年。魏惑謙之之誕而改元真君，則書改元；是年。隋信袁充之誣而改元仁壽，則書改元：文帝仁壽元年。皆譏之也。

秋，七月，魏討禿髮保周，殺之。沮渠無諱降。○冬，十月，宋領軍劉湛有罪，誅。以彭城王義康爲江州刺史，江夏王義恭爲司徒、録尚書事，始興王濬爲揚州刺史。

辛巳 宋元嘉十八年、魏太平真君二年。春，正月，宋以彭城王義康爲都督江、交、廣州軍事。○魏新興王俊謀反，伏誅。○魏人伐酒泉，克之。○楊難當寇宋漢川，宋遣兵討之。○宋晉寧郡反，討平之。

壬午 宋元嘉十九年、魏太平真君三年。春，正月，魏主詣道壇，受符籙。

漢章帝幸孔子宅則書詣，尊師也。此道壇也，亦書詣何？以見其尊非所尊也。美惡不嫌同辭。書受籙始此。終《綱目》人主書受籙者有三。是年、唐會昌元年武宗、會昌六年宣宗。

夏，四月，沮渠無諱西據鄯善，李寶入據敦煌。○五月，宋討楊難當，平之。魏人救之，不克。

書討而救，罪救者也。

秋，七月晦，日食。○九月，沮渠無諱襲據高昌，宋以無諱爲河西王。○冬，十月，柔然遣使如宋。○十二月，宋脩孔子廟。

自晉書李遼請脩孔子廟不報，至是又五十年矣，始書宋修，嘉之也，亦傷之也。終《綱目》書孔子廟三。詳晉孝武帝太元十七年。

魏以李寶爲敦煌公。○宋雍州蠻反。○魏尚書李順有罪，誅。

癸未 宋元嘉二十年、魏太平真君四年。春，正月，魏擊宋仇池，取之。○烏洛侯國遣使如魏。○夏，四月，魏殺其武都王楊保宗。秋，七月，宋立楊文德爲武都王。○九月，魏主襲柔然，走之。○冬，十一月，宋人攻魏濁水戍，敗績。○十二月，魏主還平城。

甲申 宋元嘉二十一年、魏太平真君五年。春，正月，宋主耕籍田，大赦。○魏太子晃總百揆[一]。○魏禁私養沙門、巫覡。○魏令公卿子弟皆入太學。○二月，魏尚書令劉絜有罪，誅，樂平王丕以憂卒。○宋以江夏王義恭爲太尉。○夏，六月，河西王沮渠無諱卒，弟安周代立[二]。○魏罷舊俗所祀胡神。○秋，八月，魏主畋於河西。

書魏畋何？美從諫也。《綱目》書田三，惟魏太武非譏辭；書獵十三，惟唐太宗非譏辭。詳周顯王十四年。

宋以衡陽王義季爲兗州刺史[三]，南譙王義宣爲荆州刺史。○柔然敕連可汗死，子處羅可汗吐賀真立。○敦煌公李寶入朝於魏，魏人留之。

乙酉 宋元嘉二十二年、魏太平真君六年。春，正月朔，宋行《元嘉曆》。

日食書朔，記曆未有書朔者，此其書朔何？始正朔也。於是何承天以前曆合朔，月食不在朔、望，更撰新曆，皆取嬴縮定其小餘以正之。詔以是朔行焉，故特書朔。終《綱目》書曆之變十有九，其書朔者，一而已。詳漢武帝太初二年。

〔一〕「○」，原無，據宋刻《綱目》本補。
〔二〕「代立」，宋刻《綱目》本作「嗣」。
〔三〕「兗」上，《通鑑》卷一二四有「南」字。

宋以武陵王駿爲雍州刺史。○三月，魏詔中書以經義決疑獄。○夏，四月，魏伐鄯善。○秋，七月，宋討群蠻，平之。○鄯善降魏，西域復通。○八月，魏徙雜民於北邊。○魏伐吐谷渾，慕利延走據于闐。○九月，魏盧水胡蓋吴反。○冬，十一月，魏人侵宋。○十二月，宋太子詹事范曄謀反，伏誅。○宋廢其彭城王義康爲庶人，徙安成郡。

自劉湛之誅，再書義康。《綱目》於其君臣無譏辭，雖賜扶令育死不書，蓋亮宋也。至是，則書廢、書徙矣。其書之何？甚之也。然則義康無罪乎？熙先牋義康，陳圖讖而已，未嘗與聞反計也。而廢徙之，且絶屬籍，甚矣，況終殺之乎。故其殺之也，書殺其弟而斥宋主。

宋始備郊廟之樂。

書始何？緩辭也。宋氏有國幾三十年，於是始能備樂，其慢於郊廟，甚矣！故書譏之。凡宗廟書始，皆譏慢也，惟北漢初立七廟，非譏辭。丁巳年。

丙戌 宋元嘉二十三年、魏太平真君七年。春，正月，魏主討蓋吴，宋發兵援之。

書討而援，罪援者也。

宋伐林邑。○三月，魏誅沙門，毁佛書、佛像。

誅者何？罪辭也。罪者，長安佛者耳，境内沙門豈皆有是罪乎？從夷教，滅人倫，以爲四民之蠹，其爲罪也大矣。終《綱目》沙門書誅三，是年、宋戊戌年、齊辛酉年。佛教書廢三，是年、陳甲午年周廢佛道教、唐會昌五年毀天下佛寺，僧尼並勒歸俗。然皆不數年而復。魏七年、周六年、唐不一年。雖至沙汰僧道，亦不一二月而罷。異端撲滅之難如此，可勝嘆哉！

魏人侵宋。○魏上邽東城反，州兵討平之。○宋師克林邑。○夏，六月朔，日食。○魏築塞圍。○宋築北隄，立玄武湖，起景陽山於華林園。

書，重民力也。終《綱目》書作隄四，立湖一，起山二。漢後主建興十五年、是年，餘詳漢明帝永平十二年。

秋，七月，宋以杜坦爲青州刺史。○八月，魏長安鎮將陸俟討蓋吳，斬之。安定胡劉超反，俟又斬之。

書又斬之，重嘉俟也。

吐谷渾復還故土。

丁亥　宋元嘉二十四年、魏太平真君八年。春，三月，魏殺沮渠牧犍。

魏殺赫連定書故夏主，牧犍，故凉王也，則何以不書？已降也。是故姚泓不書，牧犍不書，皆已降也。《綱目》之筆削，嚴矣！

宋鑄大錢。○宋衡陽王義季卒。○冬，十月，宋胡誕世據豫章反，討平之。○楊文德據葭蘆，五郡氐皆應之。

戊子　宋元嘉二十五年、魏太平真君九年。春，正月，魏人擊楊文德，文德敗走漢中，宋免其官，削爵土。○魏山東饑，罷塞圍役者。○宋吏部尚書庾炳之有罪，免。○夏，四月，宋以武陵王駿爲徐州刺史。○宋罷大錢。○秋，悅般國遣使如魏〔一〕。○魏擊焉耆、龜茲。冬，十二月，破之，西域平。○魏主伐柔然，不見虜而還。

己丑 宋元嘉二十六年、魏太平真君十年。春，正月，魏主復伐柔然，可汗遁走。○秋，七月，宋以隨王誕爲雍州刺史〔二〕。○九月，魏主伐柔然，大獲。○冬，宋雍州蠻反。

庚寅 宋元嘉二十七年、魏太平真君十一年。春，正月，宋將軍沈慶之討蠻，平之。○二月，魏主侵宋，圍懸瓠。○三月，宋減百官俸。○夏，四月，魏師還。○宋以江湛爲吏部尚書。○六月，魏殺其司徒崔浩，夷其族。○秋，宋人大舉侵魏，取碻磝，圍滑臺。冬，十月，魏主自將救之，宋將軍王玄謨退走。

前再書宋伐魏矣，此書大舉而止曰侵何？忿兵也。蓋自宋討楊難當而魏救之，魏討蓋吳而宋援之，於是魏再侵宋。今之此舉，則亦交侵而已矣。故其後魏復取碻磝，不繫之宋，不與此舉之爲克復也。

十一月，魏主進至魯郡，以太牢祠孔子。

漢章祠孔子書至，此書進至何？嘉專也。魏主方事干戈，而知崇先聖，特爲此行，《綱目》書曰

〔一〕「悅般」，宋刻《綱目》本、弘治本、《通鑑》卷一二五作「般悅」。

〔二〕「隨」，《通鑑》卷一二五作「廣陵」。

進至，且以以太牢書同於高帝，宜矣！終《綱目》書祠孔子五，書謁孔子祠一，詳漢高帝十二年。而魏書祠孔子者再，是年、乙亥年。一書進至，一書如，皆予其專之辭也。

雍州參軍柳元景大破魏師於陝，斬其將張是連提，進據潼關而還。○魏永昌王仁克懸瓠，遂敗宋師於尉武，殺其將劉康祖，進逼壽陽。○魏主攻彭城，不克。○宋取陰平、平武郡。○十二月，魏主引兵南下，攻盱眙，不克，進次瓜步。宋人戒嚴，守江。○魏及宋平。

資治通鑑綱目書法第二十六

起辛卯宋文帝元嘉二十八年、魏太武帝太平真君十二年〔一〕，盡乙巳宋明帝泰始元年、魏文成帝和平六年〔二〕。

廬陵後學劉友益修撰

翰林直學士中大夫知制誥同修國史國子祭酒歐陽玄校正

辛卯　宋元嘉二十八年、魏太平真君十二年〔三〕。春，正月，魏師還。○宋主殺其弟義康。○魏復取碻磝。○魏主攻盱眙，宋將軍臧質拒之，魏師退走。二月，過彭城，宋人追之，不及。○宋令民遭寇者〔四〕，蠲其稅調〔五〕。○三月，魏主還平城。○魏以盧度世爲中書侍郎。○夏，四月，魏荊州刺史魯爽及其弟秀奔宋。○宋以何尚之爲尚書令，徐湛之爲僕射。○魏更定律令。○六月，魏太子晃卒。○秋，宋青、冀刺史蕭斌、將軍王玄謨以罪免。○宋、魏復通好。

〔一〕「帝太平真君十二」，宋刻《綱目》本作「正平元」。
〔二〕「文成帝」，宋刻《綱目》本作「高宗」。
〔三〕「太平真君十二」，宋刻《綱目》本作「正平元」。
〔四〕「宋」，宋刻《綱目》本無。
〔五〕「其稅調」，宋刻《綱目》本無。

叙宋魏上，内諸夏也。

宋以王僧綽爲侍中。

壬辰 宋元嘉二十九年、魏高宗文成帝濬興安元年。春，二月，魏中常侍宗愛弑其君燾〔一〕，而立南安王余。

賀善贊曰：太武即位，首立天師道場，繼書詣道壇，受符籙，雖能汰沙門，廢佛寺，蓋好尚之異也。然書徵世胄，遺逸，令公卿子弟入學，詔以經義决疑獄，亦駸駸乎變夏矣。至其進至魯郡，以太牢祠孔子，《綱目》獨深予而特書之。功業不終，惜哉！

夏，五月，宋人侵魏。○宋尚書令何尚之致仕，尋復起之〔二〕。

書起之何？譏尚之也。致仕而復起多矣，據唐劉仁軌、唐休璟、宋齊丘。《綱目》不書復起，惟尚之特書，誅心也。若曰既已致仕，尋復而起之，是僞而已矣。

宋太子劭、始興王濬巫蠱事覺，赦不誅。

赦不誅何？譏失刑也。燕王旦謀反赦不治，所以有元鳳之反；王氏五侯有罪赦不誅，所以有初始之篡；太子劭等巫蠱赦不誅，所以有末年之禍。《綱目》一以赦書之，所以著不斷之亂也。終《綱目》書赦不誅二，漢成帝鴻嘉三年、是年。書赦弗治一，漢昭帝始元元年。皆大罪也。

〔一〕「中常侍」，宋刻《綱目》本作「宦者」。

〔二〕「尋復起之」，宋刻《綱目》本、《通鑑》卷一二六作「復起視事」。

秋，八月，宋攻碻磝[一]，不克而退。雍州兵進至虎牢，亦還[二]。○吐谷渾王慕利延卒，拾寅立。○冬，十月，魏宗愛弒其君余，魏主濬立，討愛，誅之。○宋西陽蠻反，遣沈慶之討之。○魏殺其外都大官古弼、張黎。○魏隴西屠各叛，討平之。○魏復建佛圖，聽民出家。○魏以周忸爲太尉，陸麗爲司徒，杜元寶爲司空，忸尋坐事賜死。

書賜死始此。賜死之例四：著所坐賜死，周忸、郇公孝協、太平公主、王毛仲。宜死者也；書貶某賜死，竇参、楊牧、韋保衡、孟漢卿。書賜某死，吴通玄、路巖、蘇檢。皆可罪而未宜死者也；止書某賜死，梁王忠。無所坐者也，不宜死者也。

魏行《玄始曆》。

癸巳 宋元嘉三十年、魏興安二年。春，正月，宋以始興王濬爲荆州刺史。○宋遣武陵王駿統諸軍，討西陽蠻。○二月，宋太子劭弒其君義隆及其左衛率袁淑、僕射徐湛之、尚書江湛而自立，以何尚之爲司空。

《綱目》君弒，書及其君母、及其太后有之矣，未有書及其大臣者。大臣書及，必若淑與二湛而後可也。終《綱目》，再見而已。李遠死節，人臣之極致，《綱目》重以予人也。《綱目》書太子弒者二，宋劭、隋廣。子弒不書子者四，代六脩、寔君、魏清河王紹、梁友珪。蓋至是而天理滅矣。《綱

[一]「攻」下，宋刻《綱目》本有「魏」字。

[二]「亦」，宋刻《綱目》本、《通鑑》卷一二六作「引」。

目》之所甚悲也，舉其重而已矣。賀善贊曰：宋文自書立以來，討殺徐、傅，可謂能制義者。自是而後，繼書遣使循行，又書親臨聽訟，亦庶乎知爲政矣。河南用兵，始書曰伐，曲在魏也。自援蓋吴，魏兵再至，宋雖大舉，《綱目》以侵書之。既而致寇深入，生靈荼毒，元嘉之政，自此始衰，而以子禍終矣。

魏尊保太后爲皇太后。

保太后何？常氏也。魏主初立，尊爲保太后焉。太武尊竇氏爲保太后則書，乙丑年。常氏則曷爲不書？非創也，故略之。至其尊爲皇太后，則不可以不書矣。終《綱目》書保母爲皇太后二，前斥書魏主，此止書魏，非創也。

三月[一]，宋劭殺其吏部尚書王僧綽。

自立矣，斥稱宋劭，極惡也。於是殺北第諸王侯不書，書僧綽何？罪僧綽也。僧綽與謀廢劭，死於難可矣。幸其不知，受賊官爵，冀以苟免，其取殺宜也。《綱目》以賊所署職書之，曰其吏部尚書王僧綽，與袁淑輩大異矣。

夏，四月，宋江州刺史、武陵王駿舉兵討劭，宋人立駿。五月，劭及弟濬皆伏誅。

魏高宗、宋世祖皆繼故者也，魏書濬立，此書立駿何？濬嫡孫，當立者也。駿素無寵，書曰宋

〔一〕「三」，原作「二」，據宋刻《綱目》本、弘治本、《通鑑》卷一二七改。

人立之，以見人心之同欲，而與自立者異矣。故駿書宋人立，彧書宋立，皆非嫡故也。宋濬不書爵，賊黨也。

宋復以何尚之爲尚書令。

劭之弑也，繼書以何尚之爲司空，則尚之臣劭矣。元凶既誅，黜之宜也。於是復以爲尚書令，失刑甚矣[一]，書復以深譏之。

宋以柳元景爲護軍將軍。〇宋以南郡王義宣爲荆、湘刺史。〇秋，七月朔，日食。〇宋主殺其弟南平王鑠。〇宋廣州反，討平之。

甲午 宋世祖孝武帝駿孝建元年、魏興光元年。春，正月，宋鑄孝建四銖錢。〇宋立子子業爲太子[二]。〇二月，宋江州刺史臧質以南郡王義宣舉兵反，夏，宋主遣兵討質，誅之。

反未有書某以者，此書臧質以何？質首惡也。質有異志，《綱目》於義宣之反也書質以，其遣兵也書討質，首罪質之辭也。然則義宣無罪乎？義宣雖帝激之，然既從質反矣，故下書伏誅，而削其爵，斥書姓。

宋置東揚州、郢州。〇宋省録尚書事官。〇宋以朱修之爲荆州刺史，劉義宣伏誅。〇秋，七月朔，

[一]「刑」，原作「則」，據弘治本、蜀藩本改。

[二]「宋立子」，宋刻《綱目》本作「宋主立其子」。

日食。

乙未　宋孝建二年、魏太安元年。春，宋鎮北大將軍沈慶之罷就第。〇秋，八月，宋主殺其弟武昌王渾。

渾作檄文，建號改元，以爲戲笑，則罪也。其以無罪書之何？甚宋主也。渾則信有罪矣，年未成人，處以八議，或者罪不至死。今而殺之，甚矣！

宋郊廟初設備樂。

書初何？緩辭也。前書宋始備郊廟之樂矣，於是而書初設，然則前者雖備，猶未設也。宋人慢於郊廟，亦甚矣，故再書初。

冬，十月，宋裁損王侯制度。〇宋以楊元和、楊頭爲將軍。

丙申　宋孝建三年、魏太安二年。春，正月，魏立貴人馮氏爲后。〇二月，魏主立其子弘爲太子。

書立太子多矣，此其斥書魏主何？譏也。於是弘生甫三歲，使其母條記所托，依故事賜死，是亦不可少緩乎？忍哉，其爲君也！故斥書主。終《綱目》立太子斥書主者四，成立兄子班，晋明帝太寧二年。魏立子弘，是年。立子恂，癸酉年。梁立子綱，辛亥年。皆譏也。

宋以宗慤爲豫州刺史。〇秋，七月，宋以西陽王子尚爲揚州刺史。〇八月，魏擊伊吾，克之。〇冬，十月，宋以江夏王義恭爲太宰。〇十一月，魏以源賀爲冀州刺史。〇十二月，宋移青、冀，并鎮歷城。〇魏定州刺史許宗之有罪，誅。〇宋金紫光禄大夫顏延之卒。

丁酉　宋大明元年、魏太安三年。春，正月，魏以尉眷爲太尉、録尚書事。○魏侵宋，入兖州。○夏，六月，宋以顔竣爲東揚州刺史。○秋，七月，宋并雍州爲一郡。○八月，宋以竟陵王誕爲南兖州刺史，劉延孫爲南徐州刺史。

戊戌　宋大明二年、魏太安四年。春，正月，魏設酒禁，置候官。

終《綱目》書酒禁四，詳漢景帝中三年。舍是，無書設禁者矣。

二月，魏以高允爲中書令。○夏，六月，宋以謝莊、顧覬之爲吏部尚書。○宋沙門曇標謀反，伏誅。

於是民高闍及曇標與殿中將軍苗允等謀作亂，立闍爲帝，闍、允不書，書沙門何？垂戒也。書沙門則可以爲垂戒，沙門而謀反，則何不爲矣！人主之尊信異端者，亦可以少悟哉！終《綱目》沙門書反亂者三。是年、齊辛酉年魏沙門法秀作亂、梁乙未年魏冀州沙門作亂。

秋，八月，宋殺其中書令王僧達。

僧達，輕躁罪人也，其書殺何？殺之不以其罪也。《綱目》之法，雖有罪而殺之不以其罪，一以無罪之辭書之。故僧達具官書殺。

冬，十月，魏主伐柔然，刻石紀功而還。○魏侵宋清口，宋青、冀刺史顔師伯連戰破之。○宋以戴法興、戴明寶、巢尚之爲中書舍人。

己亥　宋大明三年、魏太安五年。夏，四月，宋竟陵王誕反廣陵，宋主遣兵討之。○五月，宋殺其東揚州刺史顔竣。〇秋，七月，宋克廣陵，劉誕伏誅。〇宋以沈慶之爲司空。

尚之致仕書復起，慶之亦致仕者，其不書復起何？慶之之出，爲國難也，與尚之異矣。故《綱目》不書復起，而再書罷就第，嘉遠權也。後雖爲太尉不書，見殺而後書，《綱目》於慶之，無譏焉。

九月，宋築上林苑。〇宋徙郊壇，造五路。

庚子 宋大明四年、魏和平元年。春，正月，宋主耕籍田。三月，后親蠶西郊，太后觀禮。

書親耕多矣，未有書親蠶者，書親蠶何？嘉重本也。自漢文帝書詔具親耕桑禮儀，於是始書親蠶，嘉之也。《綱目》重本，故具親耕桑禮儀書，漢文帝十二年。親蠶書，是年。皇后帥命婦親蠶書，唐太宗貞觀元年。祀先蠶書，唐高宗上元二年。賜近臣絲書。唐玄宗開元十五年。

夏，六月，魏伐吐谷渾。〇魏復置史官。

書復置何？久廢也。自崔浩之死，於是十三年矣，故書復譏之。

冬，十月，宋殺其廬陵内史周朗。〇宋以顔師伯爲侍中。〇柔然攻高昌，殺沮渠安周。

辛丑 宋大明五年、魏和平二年。春，正月，雪。

凡書雪，書不時也，未有書正月雪者。此其書何？譏好諛也。於是雪集義恭衣，爲六出，奏以爲瑞，宋主悦之，故書。終《綱目》書正月雪，一而已。

夏，宋立明堂。○宋雍州刺史、海陵王休茂反襄陽，爲其下所殺。○秋，九月朔，日食。○宋司空沈慶之罷就第。○冬，十月，宋以新安王子鸞爲南徐州刺史。○十二月，宋制民歲輸布户四匹。

譏重斂也。晋書民税米口五石〔一〕，詳晋孝武帝太元八年。宋書民輸布户四匹，是年。皆譏之也。

宋禁士族雜婚。

壬寅　宋大明六年、魏和平三年。春，正月，宋始祀五帝於明堂。

書始何？緩辭也。宋氏有國四十餘年矣，明堂之祀於是始舉，宋之慢於郊廟，可勝罪哉！故郊廟備樂則書始，文帝元嘉二十二年。設備樂則書初，孝武帝孝建三年。祀五帝則又書始，是年。皆譏之也。

宋策孝、秀於中堂。○二月，宋復百官禄。○宋殺其廣陵太守沈懷文。

前書殺東揚州刺史顔竣矣，又書殺廬陵内史周朗矣，於是又書殺廣陵太守沈懷文，宋主凡三殺臣矣。

夏，四月，宋淑儀殷氏卒。

妃妾未有書卒者，卒殷氏何？譏厚葬也。卒妃妾始此。終《綱目》卒妃妾四，宋武帝殷氏、唐玄宗武氏、肅宗韋氏、代宗獨孤氏。惟武惠妃書薨。

〔一〕「石」，原無，據《通鑑》卷一〇五補。

秋，九月，宋制沙門致敬人主。

何以書，譏也。曇標之反，嘗欲沙汰沙門，且嚴爲之制矣。牽於近習，竟不能行，乃獨區區責其致敬。不能三年之喪，而緦小功之察，此之謂矣。宋書制沙門致敬人主，是年。唐書詔僧道致拜父母，太宗貞觀五年。皆譏之也。

宋祖冲之請更造新曆，不報。

癸卯　宋大明七年、魏和平四年。春，正月，宋吏部郎江智淵卒。〇夏，宋制非臨軍毋得專殺，非手詔毋得興軍。〇宋以蔡興宗、袁粲爲吏部尚書。〇六月，宋以劉德願爲豫州刺史。〇宋大修宮室。

書大修何？譏也。於是廢高祖陰室以起玉燭殿，不期年而宋主殂於玉燭，豈偶然哉！《綱目》修宮書大者五，詳漢明帝永平三年。皆譏也。

冬，十月，宋主校獵姑孰。〇魏遣散騎常侍游明根如宋。〇十一月，宋主習水軍於梁山。

甲辰　宋大明八年、魏和平五年。夏，閏五月，宋主駿殂，太子子業立。

孝武討賊之初，《綱目》書曰宋人立駿，駿宜立也。既而再書殺其弟，四書殺無罪，書築上林苑，書大修宮室，書校獵姑孰，殆無可紀之善焉。雖曰備廟樂，造五路，耕籍田，立明堂，祀五帝，所謂如禮樂何者已矣！

秋，七月，柔然處羅可汗死，子受羅部真可汗予成立。〇宋以蔡興宗爲新昌太守，王玄謨爲南徐州刺史。○八月，宋太后王氏殂。

宋以來后崩不悉書，其書何？志子業之悖也。

冬，宋饑。

乙巳　宋主子業景和元年、太宗明帝彧泰始元年，魏和平六年。春，宋鑄二銖錢。○夏，五月，魏主濬殂，太子弘立。○魏車騎大將軍乙渾殺司徒陸麗。○六月，魏開酒禁。

自戊戌始禁，於是七年餘矣。

秋，七月，魏乙渾自爲丞相。○八月，宋主殺其太宰、江夏王義恭，尚書令柳元景，僕射顔師伯。

於是顔、柳謀廢子業，立義恭，則逆也，不書，而以無罪書殺何？惡子業也。子業無道，故《綱目》於子業多特筆。顔、柳謀廢主不書，書殺；義陽王昶聚兵移檄不書，書奔；何邁謀立晉安不書，書殺：皆特筆也，皆所以戒淫虐也。

九月，宋主殺其弟新安王子鸞。○宋義陽王昶出奔魏。○宋以袁顗爲雍州刺史，蔡興宗爲吏部尚書。○宋聽民私鑄錢。○冬，十月，宋主殺其會稽太守孔靈符。○十一月，宋主殺其寧朔將軍何邁。○宋主殺其太尉沈慶之。

子業殺人多矣，無不斥書宋主者，惡淫刑也。《綱目》惡淫刑，所殺必斥書主者五君焉，宋子業、齊寶卷、北齊高洋、高緯、陳叔寶。皆淫虐之主也。

宋主幽其諸父湘東王彧等於殿内。〇宋江州刺史、晉安王子勛舉兵尋陽。

於是賜子勛死，鄧琬遂稱子勛令戒嚴，則反耳，其止書舉兵何？惡子業也。故子業之世多特筆，其爲世主之戒，深矣！

宋主殺其南平王敬猷、廬陵王敬先、安南侯敬淵。〇宋弑其君子業，而立湘東王彧。

稱國以弑，君無道也。然則彧之立，孰立之？宋立之也。弑子業者宋也，立湘東者亦宋也，以是爲人心之所同，故書宋。終《綱目》弑稱國者八。詳周安王六年。

宋罷二銖錢，禁鵝眼、綖環錢。〇宋雍、郢、荆州、會稽郡皆舉兵應尋陽。

元代古籍集成 第二輯

韓格平 總主編

史部編年類◎

資治通鑑綱目書法（下）

（元）劉友益 修撰

邱居里 左茹慧 整理

國家出版基金項目
NATIONAL PUBLICATION FOUNDATION

北京師范大学出版集团
BEIJING NORMAL UNIVERSITY PUBLISHING GROUP
北京师范大学出版社

本叢書整理與出版得到
北京師範大學中央高校自主科研基金資助
北京師範大學「九八五」工程基金資助
北京師範大學「二一一」建設基金資助

本書系全國高等院校古籍整理研究工作委員會直接資助項目「元代通鑑學史籍輯校三種」
（項目編號：1108）成果

資治通鑑綱目書法第二十七

起丙午宋明帝泰始二年、魏獻文帝天安元年〔一〕，盡癸亥齊武帝永明元年、魏孝文帝太和七年〔二〕。

廬陵後學劉友益修撰
翰林直學士中大夫知制誥同修國史國子祭酒歐陽玄校正

丙午　宋泰始二年、魏顯祖獻文帝弘天安元年。春，正月，宋遣建安王休仁討江州。晉安王子勛遂稱帝，一徐、司、豫、青、冀、湘、廣、梁、益州皆應之。

尋陽前書舉兵矣，此其書討何？子業昏虐，既已除矣，社稷有奉而復尋干戈，是争也，亂何時而已乎！故稱帝，前乎此未有書遂者，此特書遂，若曰舉兵於昏虐可也，而遂稱帝不可也。凡書遂，遽辭也。是故子勛稱帝書遂，陳霸先稱皇帝書遂，唐武宗即位書遂。

宋兖州刺史殷孝祖帥兵赴建康。

書赴建康何？予從正也。

〔一〕「獻文帝」，宋刻《綱目》本作「顯祖」。
〔二〕「孝文帝」，宋刻《綱目》本作「高祖」；「太」，原作「泰」，據宋刻《綱目》本、《通鑑》卷一三四改。

宋分兵討豫州、會稽。○宋太后路氏殂。

於是太后延宋主，進毒酒中，帝知之，因以上壽，遂殂。宋主於孝武爲異母弟，太后則孝武之母也，其不書弑何？罪不在宋主也，故從恒辭書殂。

二月，宋臺軍克義興。○魏丞相太原王乙渾謀反，伏誅，太后稱制。○宋臺軍克晉陵、吴興、吴郡。○宋以蔡興宗爲僕射，褚淵爲吏部尚書。○宋臺軍克會稽。○三月，宋臺軍敗於赭圻，殷孝祖死，沈攸之代將，擊尋陽軍，大破之。

江左建國久矣，未有書臺軍者，書臺軍何？别外兵也。於是子勛亦稱宋帝，書宋，則不知其爲誰也，故曰臺軍。敗臺軍者，孫冲之也，以自敗爲文何？不以外兵加臺軍也。然則南兵之破，方興力也，曷爲止書攸之？攸之讓不爲統，然後方興感激力戰，則方興之功，攸之之功也。《綱目》歸功攸之，其爲體國忘私之勸，至矣！

宋斷新錢，專用古錢。○夏，四月，宋臺軍拔赭圻。○五月，宋臺軍圍壽陽。○秋，七月，宋以楊僧嗣爲武都王。○八月，宋臺軍克江州，殺子勛。

江州書討矣，其不書誅何？子業、子勛，親也，《綱目》於是有權衡矣。故舉兵應子勛者，其討之也皆不名，必若安都、珍奇、衆敬，降魏而後名。

九月，魏立郡學。○冬，十月，宋主殺其兄之子安陸王子綏等十三人。

於是鄭子綏、荆子頊、會稽子房皆應子勛者也，皆以兄之子書殺而斥宋主。《綱目》權衡之意微矣，吁！

宋徐州刺史薛安都、汝南太守常珍奇叛降於魏。

徐州初應子勛，《綱目》例不名之，此其名之何？叛降魏也。應子勛可也，挈土地以事讐，則非矣，故皆書叛。

宋立子昱爲太子。○魏將軍尉元救彭城，入懸瓠，宋兗州刺史畢衆敬降魏師。

安都、珍奇書叛，此則曷爲不書？宋速之也。殺其子矣，能無懼乎？書曰降魏師，魏師適至而後降之也，與請救於魏者異矣。是故安都、珍奇書叛，而衆敬不書叛，安都、珍奇書降於魏，而衆敬書降魏師，《綱目》有以亮其心矣。

宋豫州平。○宋益州平。○宋僑立兗、徐、青、冀州。○魏取彭城。

丁未　宋泰始三年、魏皇興元年。春，正月，魏取宋淮北四州及豫州淮西地。○魏東平王道符反長安，伏誅。○宋青、冀州平。○魏將軍慕容白曜侵宋青州，取四城。○宋以蔡興宗爲郢州刺史。○魏取升城。○宋以袁粲爲僕射。○秋，八月，宋遣中領軍沈攸之擊彭城，將軍蕭道成鎮淮陰。○魏作大像。

書大像何？譏媚佛也。書作大像始此。終《綱目》書作大像者二。是年、唐武氏再書。

魏人拒擊宋師，走之，遂取下邳。○魏主始親政事。

太后專也。

冬，十月，宋以金贖義陽王昶於魏。

於是魏人不許，則其書何？予宋義也。雖予之也，亦惜之也。以金贖昶，可謂義矣，而以不稱臣故，終以不答，則爲義不終矣。

十二月，常珍奇叛魏歸宋[一]。

歸宋，反正也，必書叛魏何？惡反覆也。《綱目》惡反覆，於其降魏也書叛，其歸宋也亦書叛，及魏拔歷城也則書奔，與書孟達大異矣。據漢後主建興五年，孟達不書叛[二]，書來歸。是故珍奇歸宋書叛魏，是年。陳伯之歸梁書叛魏，丙戌年。趙匡贊、侯益還漢書叛蜀，戊申年。皆惡其反覆者也。

戊申　宋泰始四年、魏皇興二年。春，正月，魏侵宋，宋豫州刺史劉勔擊却之，斬其將闕于拔。○宋東徐、兗州降魏，魏以尉元爲徐州刺史。○二月，魏拔宋歷城。○常珍奇奔宋[三]。○宋車騎大將軍王玄謨卒。○夏，四月，宋減民田租之半。○宋劉勔敗魏兵於許昌。○魏以李惠爲征南大將軍，馮熙爲太傅。○秋，七月，宋以蕭道成爲南兗州刺史。

是歲十月朔，日食，不書，疑漏。

[一]「叛魏歸宋」，宋刻《綱目》本作「復歸於宋」。

[二]「孟」，原作「蓋」，據弘治本、蜀藩本改。

[三]「○常珍奇奔宋」，此句宋刻《綱目》本無。

冬，十二月，宋改葬路太后[一]。○宋以阮佃夫爲游擊將軍。

己酉 宋泰始五年、魏皇興三年。春，正月，魏拔宋青州，執其刺史沈文秀。○二月，魏以慕容白曜爲青州刺史。○魏立三等輸租法，除其雜調。○宋以太尉、廬江王禕爲南豫州刺史。

於是柳欣慰謀反，禕與之通，事覺出之，其不書謀反何？罪宋主也。禕其兄也，而輕侮醜詆，以失其心。《綱目》深探其本，故禕之謀反不書，而其殺也斥書宋主。

夏，五月，魏置僧祇、佛圖户。○六月，魏立子宏爲太子。○宋主殺其兄廬江王禕。○冬，十月朔，日食。○十一月，魏遣使如宋脩好。○十二月，宋以桂陽王休範爲揚州刺史。○宋置三巴校尉。○宋臨海賊起。

庚戌 宋泰始六年、魏皇興四年。春，正月，宋定南郊、明堂歲祀。○宋納太子妃江氏[二]。

納太子妃不書，此其書何？志賄也。於是責百官皆獻，故書譏之。終《綱目》太子書納妃三，晋衷賈氏、是年江氏、周贇楊氏。皆譏也。

魏擊吐谷渾，敗之。○夏，六月，宋以王景文爲僕射、揚州刺史。○宋以南兗州刺史蕭道成爲黄門侍郎，尋復本任。

[一]「路」，宋刻《綱目》本、《通鑑》卷一三二作「昭」。
[二]「納太子妃」，宋刻《綱目》本作「太子昱納妃」

尋復本任矣，何以書？譏受欺也。於是道成不欲内遷，遣騎略魏，魏果遣遊騎行邊，道成以聞，遂復本任。受欺甚矣，故書譏之。

宋立總明觀。〇柔然侵魏，魏主自將擊敗之。

柔然於魏書寇久矣，此其止書侵何？薄其罪也。蓋自壬午遣使如宋〔一〕，而魏襲之，自是又四伐焉，今而脩怨，情也，故止書侵。孝文既立，二年三侵，則不可以復恕矣，故甲寅復書寇。

魏殺其青州刺史慕容白曜。〇宋討臨海賊，平之。

辛亥　宋泰始七年、魏高祖孝文帝拓跋宏延興元年。春，二月，宋主殺其弟晋平王休祐，以巴陵王休若爲南徐州刺史。〇魏西部敕勒叛，討之，不克。〇夏，五月，宋主殺其弟建安王休仁。〇宋以袁粲爲尚書令，褚淵爲僕射。〇秋，七月，宋主殺其弟巴陵王休若，以桂陽王休範爲江州刺史。〇宋主殺其豫州都督吴喜。

明帝之篇，非殺其親戚不斥書主。據泰豫元年，王景文止書宋殺。此其斥宋主何？誅心也。先是，喜討會稽，生送子房，宋主銜之，至是見殺。殺吴喜之心，即殺子房之心也。《綱目》誅心，故以殺親戚例書之，其旨深矣。

宋以蕭道成爲散騎常侍。〇八月，魏主弘傳位於太子宏，自稱太上皇帝。

〔一〕「午」，原作「年」，據弘治本、蜀藩本、《通鑑》卷一二四改。

賀善贊曰：前此有尊其父爲太上皇者，明不統天下也。今魏傳位於其子，稱太上皇帝者，猶總乎萬幾也。

冬，十月，魏敕勒叛，討破之。〇宋人侵魏，魏人擊却之。〇宋作湘宫寺。

前書立佛精舍矣，未有書作寺者，書作寺始此。自是，魏書永明、閑居，梁己丑年。書永寧，梁丙申年。唐書章敬，代宗大曆二年。書八寺，武宗會昌六年。閩書白龍，五代丁酉年。不可勝書矣。終《綱目》書作寺六，精舍不與焉。

壬子[一]宋泰豫元年、魏延興二年。春，正月，宋蠻酋桓誕以沔北降魏。〇二月，柔然侵魏，魏擊走之。〇宋殺其揚州刺史、江安侯王景文。〇夏，四月，宋主彧殂，太子昱立。

明帝之初，《綱目》書宋立，予其立也。即位以來，書殺者八，而子勛之外，殺兄，殺弟，殺其兄之子，斥書宋主者，并吴喜而六。再傳而亡，宜矣！

宋以安成王準爲揚州刺史。〇秋，七月，宋以沈攸之都督荆、襄八州軍事。〇八月，宋中書監、樂安公蔡興宗卒。

中書監未拜，則何以書？予賢也。故官稱其才，則興宗以未拜而卒書中書監；罰不當罪，則楊惲以已廢而殺書故平通侯：漢宣帝五鳳四年。皆《綱目》之特筆也。宋、魏至陳，諸臣卒具官爵者

[一]「子」，原作「午」，據宋刻《綱目》本、弘治本、蜀藩本改。

十九人。詳宋辛酉年。

冬，十月，柔然侵魏，魏擊走之。○宋以劉秉爲僕射。○宋以阮佃夫爲給事中。

再書宋何？不使佃夫同於劉秉也。《綱目》正邪之分，嚴矣！

魏制小祀勿用牲。

癸丑　宋主昱元徽元年、魏延興三年。春，正月，魏詔守令勸農事，除盜賊。○二月，宋以晉熙王燮爲郢州刺史。○吐谷渾寇魏，魏遣兵討降之。○魏以孔乘爲崇聖大夫。○秋，七月，魏制河南六州賦法。

譏重斂也。於是户收絹一疋，綿十斤[一]，租三十石。

冬，十月，武都王楊僧嗣卒，弟文度立，降魏。○宋尚書令袁粲以母喪去職。

未有書母喪去職者，此其書何？嘉守禮也。於是詔粲以衛將軍攝職，粲固辭。當時如粲者，蓋鮮矣，故書嘉之。然則劉湛嘗以母憂去，則曷爲不書？湛，競者也，其去不得已焉耳。終《綱目》書以母喪去二。是年袁粲、唐憲宗元和二十一年王叔文。

十二月朔，日食。○柔然侵魏。○魏州鎮十一水旱。

甲寅　宋元徽二年、魏延興四年。夏，五月，宋江州刺史、桂陽王休範舉兵反，攻建康，右衛將軍蕭道成擊斬

[一]「十」，《通鑑》卷一三三作「一」。

之。○柔然遣使如宋。○六月，宋以蕭道成爲中領軍。○宋荊州刺史沈攸之等攻江州，克之。○魏罷門、房之誅。○秋，七月，柔然寇魏敦煌。○九月，宋以袁粲爲中書監、領司徒，褚淵爲尚書令，劉秉爲丹陽尹。

去年書粲以母喪去職矣，於是復用，則其不書起復何？予粲也。粲以母喪去職，以國難入赴，於是又固求反墓，不許而後受之，可謂得進退之權矣，故不書起復。凡書起復，譏也。是故袁粲以國難不書，是年。杜暹以金革不書。唐玄宗開元十二年。

冬，十一月，宋主冠。

於是宋主年十有二，自加元服，益無所憚矣。《綱目》書帝冠十有三，詳漢惠帝四年。莫長於漢昭帝，莫少於宋主昱。舍是，無書帝冠者矣。

魏建安王陸馛卒。

乙卯 宋元徽三年、魏延興五年。春，三月，宋以張敬兒都督雍、梁二州軍事。○夏，六月，魏初禁殺牛馬。○宋南徐州刺史、建平王景素有罪，奪官。

丙辰 宋元徽四年、魏承明元年。夏，六月，魏太后馮氏弒其主弘[一]，復稱制[二]。

[一]「弒」上，宋刻《綱目》本有「進毒」二字。

[二]「制」下，宋刻《綱目》本有「以王叡爲尚書令」七字。

太后也，書弒何？君一而已，自非大無道，雖太后不免書弒，所以明無二上之義也。終《綱目》書婦人行弒者六，晋皇后賈氏、張貴人、魏太后馮氏、太后胡氏再弒、唐皇后韋氏。太后臨朝稱書復者三[一]。是年魏馮氏、梁乙巳年魏胡氏、唐嗣聖三年武氏。

宋加蕭道成左僕射，劉秉中書令。○秋，七月，宋建平王景素起兵京口，不克而死。

景素往年謀反，書有罪矣，此其書起兵何？罪昱也。於是昱立踰三年矣，昏狂益甚，唯楊、阮是從。景素心存社稷，則其起兵亦不得已耳。故一景素也，前書有罪，今書起兵，則以昱之不能改決矣。《綱目》不輕絶人於惡，三年無改，然後絶之，忠厚之心也。是故書有罪，所以示爲人臣者之義；書起兵，所以示爲人主者之戒。

丁巳 宋順帝準昇明元年、魏太和元年。春，正月，魏略陽氏作亂[二]。二月，討平之。○三月，魏以東陽王丕爲司徒。○秋，七月，宋中領軍蕭道成弒其主昱，而立安成王準，自爲司空、録尚書事。○魏詔工商賤族有役者，止本部丞。○九月，魏更定律令。○宋封楊玉夫等二十五人爵有差。

玉夫何？行弒者也。書封定策功若干人有之矣，未有行弒而書封爵者也。行弒者而顯封之，至二十五人，天理滅矣。書，悲之也。

[一]「稱」下，疑脱「制」字。
[二]「氏」，《通鑑》卷一三四作「民」。

冬，十月，武都王楊文度襲魏仇池，陷之。○魏殺其徐州刺史李訢。

訢證人以自免，小人也，其書殺何？殺之不以其罪也。李敷之死，太后嘗以此弒其君矣。於是又殺訢焉，以爲太后之惡也，故特書殺。

十一月，魏懷州亂，討平之。○宋荆、襄都督沈攸之舉兵江陵，討蕭道成。○宋中書監袁粲、尚書令劉秉謀誅蕭道成，不克而死。○沈攸之攻郢城，不克。○宋以楊運長爲宣城太守。○魏拔葭蘆，斬楊文度，以其弟文弘爲武都王。○宋蕭道成假黄鉞[一]，出頓新亭。

戊午 宋昇明二年、魏太和二年。春，正月，宋沈攸之軍潰，走死。蕭道成自爲太尉、都督十六州諸軍事。○夏，四月，宋蕭道成殺南兖州刺史黄回。○五月，魏禁宗戚士族與非類昏偶，以違制論。○秋，八月，宋禁公私奢侈。○宋以蕭賾爲領軍將軍，蕭嶷爲江州刺史。○九月朔，日食。○宋蕭道成自爲太傅、揚州牧，加殊禮。○冬，十月，宋以蕭映爲南兖州刺史，蕭晃爲豫州刺史。○十二月，魏太后殺其青州刺史、南郡王李惠。

殺李訢止書魏，此其斥書太后何？太后私也。訢實小人，但殺之不以其罪耳。惠之所歷皆有善政，則賢也，而徒以李夫人之父，忌而殺之，其私甚矣，故斥書之。

宋定音樂。○魏以高允爲中書監。

[一]「假」上，宋刻《綱目》本有「自」字。

己未　宋昇明三年、齊太祖高帝蕭道成建元元年、魏太和三年。〇是歲宋亡齊代〔一〕。春，正月，宋以蕭嶷爲荆州刺史，蕭賾爲僕射。〇宋以謝朏爲侍中。

非聞有事也，再書宋以何？殊之也。殊朏於嶷、賾，所以著其非黨也。是故殊王龔於梁冀，則再書以；漢順帝永和元年。殊孔融於荀彧，則再書以；漢獻帝建安元年。殊佃夫於劉秉，則再書宋；壬子年。殊謝朏於嶷、賾，則再書宋；是年。殊侯瑱於霸先，則再書梁；丙子年。殊仁贍於廷構，則再書唐。五代丁巳年。《綱目》正邪之別，嚴矣！

三月朔，日食。〇宋蕭道成自爲相國，封齊公，加九錫。〇齊公道成殺宋臨川王綽。

書宋臨川王何？齊伉已甚也，隱若一敵國矣。《綱目》不繫齊於宋，而書曰齊公某殺宋臨川王某，使若齊人殺宋人云者，所以深著其不臣也。自是齊事書齊，不復繫之宋矣。

齊以王儉爲僕射。〇夏，四月，齊公道成進爵爲王。〇齊王道成殺宋武陵王贊。〇齊王道成稱皇帝，廢宋主爲汝陰王，徙之丹陽。以褚淵爲司空。

淵自宋爲司空矣，於是齊主以爲司徒，不拜，不書，書齊以爲司空何？淵，宋臣也，而心乎齊，既仍舊位，則雖謂齊以之可也。上書齊王道成稱皇帝，下書以淵爲司空，則淵之爲齊佐命，可見矣！《綱目》不書不拜，所以誅其求名之私；書以爲司空，所以彰其欲蓋之迹。

〔一〕「〇是歲宋亡齊代」，此句宋刻《綱目》本無。

齊主以其子嶷爲揚州刺史。○齊主令群臣言事。○魏罷候官。○齊褚淵、王儉等進爵有差。○五月，齊主道成弑汝陰王，滅其族。

宋主裕弑零陵，斥書劉，齊主道成弑汝陰，則曷爲不書蕭？非創也，故略之。繼書滅其族何？重罪齊也。廢興之際，魏、晋以來書之矣。山陽、陳留，未書弑也；至宋而零陵書弑焉，未書滅其族也；至齊而書滅其族焉。宋，罪首也，齊則又甚矣。終《綱目》書滅先代之族六，齊啟之也。是年齊滅劉氏、己卯年齊滅元氏、丁酉年周滅高氏、辛丑年隋滅宇文氏、丙戌年唐滅王衍族、丙辰年南唐滅楊氏。

齊以垣崇祖爲豫州刺史。○魏葭蘆鎮主楊廣香降齊。○齊立世子賾爲太子[一]，諸子皆封王[二]。○秋，九月，魏隴西王源賀卒。○冬，十月，齊以王玄邈爲梁州刺史。○魏遣梁郡王嘉奉丹陽王劉昶以伐齊。

魏師南向，未有書伐者，此其書伐何？惡齊也。齊滅劉氏而篡其位，昶，劉宗也，《綱目》書曰奉丹陽王劉昶，其予魏以義舉矣。

魏使高允議定律令。○契丹入附於魏。

契丹始見《綱目》。

[一]「齊立」，宋刻《綱目》本作「齊主立其」。
[二]「封」，宋刻《綱目》本、《通鑑》卷一三五作「爲」。

庚申 齊建元二年、魏太和四年。春，二月，魏師攻齊壽陽，不克而還。○齊檢定民籍。○齊置巴州。○齊以蕭鸞爲郢州刺史。○夏，五月，齊立建康都墻。○秋，齊甬城、汝南降魏[一]。

不書叛何？齊篡，魏道也。是故甬城、汝南不書叛，南陽不書叛，《綱目》之惡齊，甚矣！

九月朔，日食。○柔然遣使如齊。○魏攻朐山，齊人擊敗之。○冬，十月，齊以何戢爲吏部尚書。○魏徐、兗州民作亂，遣兵討之。

於是淮北四州不樂屬魏，思歸江南，則反正也，以作亂書何？惡齊也，故魏得書討。

十一月，齊制病囚診治之法。

漢宣之篇，書詔上繫囚掠笞瘐死者矣，地節四年。於是復書齊制病囚診治之法，亦可謂能慎獄矣。《綱目》雖惡齊，小善必録焉。

齊以楊後起爲武都王。○十二月，齊以褚淵爲司徒。○魏封尚書令王叡爲中山王[二]。

辛酉 齊建元三年、魏太和五年。春，正月，魏人圍甬城，齊擊敗之。○二月，齊敗魏師於淮陽。○魏沙門法秀作亂，伏誅。

前書沙門曇標作亂矣，於是再見沙門之亂，《綱目》每謹書之，所以爲好異端者之戒也。終《綱

[一]「甬城」，《通鑑》卷一三五作「角城」。
[二]「尚書令」，宋刻《綱目》本無。

目》沙門書謀反作亂三。詳宋戊戌年。

齊罷南蠻校尉官。○夏，五月，鄧至羌入貢於魏。○魏尚書令王叡卒〔一〕。○秋，七月朔，日食。○齊遣使如魏。○九月，魏徐、兗州平，以薛虎子爲徐州刺史。○吐谷渾王拾寅卒，子度易侯立。○魏新律成。

壬戌 齊建元四年、魏太和六年。春，三月〔二〕，齊以張緒爲國子祭酒。○齊主道成殂，太子賾立。

賀善贊曰：齊主之初，《綱目》大書拜官，不聞有功也。惟靳休範一事，《綱目》以擊書之，亦未嘗予以義討也。齊氏之初，既非宋比矣，弑立之後，一書討蕭道成，一書誅蕭道成，四書自官，書假黃鉞，書進爵，亦皆自假、自進而已。其簒位也，書歸、書廢、書徙、書弑，至書滅其族，則又宋人之所未有者。是故魏加兵江左，未嘗書伐，於齊而特書伐焉，《綱目》之意可見矣。

齊以褚淵録尚書事，王儉爲尚書令，王奐爲僕射，豫章王嶷爲太尉。○魏罷虎圈。○夏，六月，齊立子長懋爲太子〔三〕。○秋，齊南康公褚淵卒。○齊罷國子學。

於是設祭酒數月耳，尋以國喪罷之，書，惜之也。書國子學始此。

魏以李崇爲荆州刺史。

〔一〕「尚書令」，宋刻《綱目》本、《通鑑》卷一三五無。
〔二〕「三」，宋刻《綱目》本、《通鑑》卷一三五作「正」。
〔三〕「齊立」，宋刻《綱目》本作「齊主立其」。

宋、齊以來，刺史專方面，本兵柄，大率皆任其子弟而已，未有以善政稱也。惟魏之李崇、是年。高祐，丁卯年。其庶幾焉。

冬，十一月，魏主始親祀七廟。

書始何？前乎此未有也。

癸亥　齊世祖武帝賾永明元年、魏太和七年。春，齊復郡縣官田秩，遷代以小滿爲限[一]。○夏，四月，齊殺其尚書垣崇祖、散騎常侍荀伯玉。○閏月，魏子恂生[二]。

子生不書，此其書何？太后忍也。魏故事，立爲太子，乃殺其母。於是林氏生恂，太后以其當爲太子也，即殺林氏，自撫養之，亦大忍矣。終《綱目》書子生五，孫生一，詳漢武帝太始三年。皆有故者也。恂又兼以叛父書。

五月，齊殺其車騎將軍張敬兒。

於是賜超宗死，則何以不書？超宗言語扇動，其罪大。張敬兒貨易蠻中，疑有異志，則罪未白也，而遽殺之，特書其官爵，所以甚齊也。

秋，七月，齊以王僧虔爲特進、光禄大夫。○冬，十月，熒惑逆行，入太微。○齊遣將軍劉纘如魏。○十二月朔，日食。○魏始禁同姓爲昏。○魏秦州刺史于洛侯有罪，伏誅。

[一]「遷代以」、「爲」，宋刻《綱目》本無。

[二]「魏」下，宋刻《綱目》本有「主之」二字。

資治通鑑綱目書法第二十八

起甲子齊武帝永明二年、魏孝文帝太和八年[一]，盡丙子齊明帝建武三年[二]、魏孝文帝太和二十年。

盧陵後學劉友益修撰
翰林直學士中大夫知制誥同修國史國子祭酒歐陽玄校正

甲子　齊永明二年、魏太和八年。春，正月，齊以竟陵王子良爲司徒。○夏，六月，齊以茹法亮爲中書舍人。○秋，魏始班禄。○冬，十月，齊以長沙王晃爲中書監。○高麗王璉入貢於魏，亦入貢於齊。○十一月，齊以始興王鑒爲益州刺史。○齊增封豫章王嶷四千户。

乙丑　齊永明三年、魏太和九年。春，正月，魏禁讖緯、巫卜。

自晋武書禁星氣、讖緯，至苻秦而書禁老、莊、圖讖，於是復書魏禁讖緯、巫卜，皆《綱目》所予也。終《綱目》書禁圖讖五。詳晋丁亥年。

〔一〕「孝文帝」，宋刻《綱目》本作「高祖」；本條下同，不再出校。
〔二〕「明帝」，宋刻《綱目》本作「高宗」。

齊復立國學。

復立何？嘗罷也，於是喪三年矣。《綱目》國學書復二。唐代宗大曆元年。

三月，魏主封諸弟皆爲王。

書，著友愛也，與書封諸舅皆爲列侯者異矣，故書主。

夏，五月，齊以王儉領國子祭酒。○秋，七月，魏以梁彌承爲宕昌王。○冬，十月，魏詔均田。

王莽詔民男口不盈八而田過一井者，分予族里，《綱目》不書，書不得賣買而已。於是魏詔均田則書之，予魏也。書均田始此。《綱目》書均田三。是年、隋開皇十二年、大業五年。

魏以任城王澄爲都督梁、益、荆州軍事[一]。○齊富陽民唐寓之作亂[二]。○柔然部真可汗死，子伏名敦可汗豆崘立。

丙寅　齊永明四年、魏太和十年。春，正月朔，魏主朝會，始服袞冕。

魏世禮樂之事，《綱目》於其始每詳書之，予之也。

齊討唐寓之，平之。○武都王楊後起卒，種人集始立。○魏置三長，定民户籍。○三月，柔然遣使如魏。○夏，四月，魏制五等公服。○秋，九月，魏作明堂、辟雍。○魏改中書學爲國子學。○魏分置

[一]「爲」，宋刻《綱目》本無。

[二]「齊」，原作「唐」，據宋刻《綱目》本、弘治本、蜀藩本改。

州郡。

丁卯齊永明五年、魏太和十一年。春，正月，魏定樂章。○齊南陽降魏。○魏光禄大夫、咸陽公高允卒。○二月[一]，齊敗魏師，取舞陽。○夏，五月，魏詔宗戚有服者，復勿事。○魏大旱，秋，七月，詔有司賑貸。○八月，柔然侵魏，魏人擊敗之。高車阿伏至羅自立爲王。○九月，魏出宫人，罷末作。

魏主以方富之年而有此詔，於是過人遠矣。終《綱目》書出宫人九。詳漢成帝綏和二年。

冬，十二月，魏以高祐爲西兖州刺史。

戊辰齊永明六年、魏太和十二年。春，正月，魏詔犯死刑而親老無他子、旁親者以聞。○夏，四月，魏侵齊，據隔城，齊擊破之。

嘗書伐齊矣，此其書侵何？齊既易世，故從其恒辭。罰不及嗣，《綱目》之厚也。

齊侵魏，攻泚陽，魏擊却之。○冬，十月，齊始讀時令於太極殿。○齊詔糴買穀帛。○齊吴興饑。○魏主訪群臣言事。

己巳齊永明七年、魏太和十三年。春，正月，魏主祀南郊，始備大駕。○齊以王晏爲吏部尚書。

齊世書爲吏部尚書者二，何戢、王晏。而傾諂如晏者居一焉，官方之失人，宜矣！

[一]「二」，《通鑑》卷一三六作「三」。

夏，五月，齊中書監、南昌公王儉卒〔一〕。○魏汝陰王天賜、南安王楨有罪，免死，奪爵。○秋，八月，魏遣使如齊。○冬，十二月，齊遣使如魏。○齊以張緒領揚州中正，江斅爲都官尚書。

自曹魏書置州中正，是後未有書者，於是始書張緒，嘉稱職也。終《綱目》，一人而已矣。

庚午 齊永明八年、魏太和十四年。春，正月，齊人歸魏隔城之俘。○秋，七月，齊以蕭緬爲雍州刺史。○齊荆州刺史、巴東王子響有罪，伏誅。

既敗臺軍矣，不書反何？子響之反，尹略迫之也。《綱目》原情，故止書有罪。

九月，魏太后馮氏殂。

太后前書弒其主矣，此其以恒辭書何〔二〕？譏魏朝之無大臣也。太后之罪大矣，主幼不知，大臣其不知乎？生不能正，死而絶之可也，而魏主且致孝焉。蓋魏主之至性有過人者，知古禮之當復，而不知大讎之不可忘，則朝無大臣故也。故書謁陵，書祥禫，書遷祔，辭繁而不殺，《綱目》之意微矣。然則何以無貶辭？復古禮是也，何貶焉。獨用非所用，《綱目》所以深惜之。

冬，十月〔三〕，齊以伏登之爲交州刺史。○齊議鑄錢，不果行。○齊免前坐却籍戍邊者〔四〕。○高車遣使

〔一〕「南昌公」，宋刻《綱目》本無。
〔二〕「以」，原無；「何」，原重文；據弘治本、蜀藩本補、删。
〔三〕「十」，《通鑑》卷一三七作「十一」。
〔四〕「坐」，原無，據宋刻《綱目》本、弘治本、蜀藩本補。

如魏。

辛未 齊永明九年、魏太和十五年。春，正月，魏主始聽政。

太后專也。

齊太廟加薦褻味，別祀於清溪故宅。

書薦褻味，祀故宅，譏非古也。

二月，齊遣使如魏。○三月，魏主謁永固陵。○魏自正月不雨，至於夏四月。○魏遣使如齊。○魏作明堂、太廟。○五月，魏主更定律令，親決疑獄。○秋，七月[一]，魏定廟祧之制。○八月，魏正祀典。○九月，魏主祥祭於廟。冬，十月，謁永固陵。十一月，魏主禫祭[二]，遂祀圜丘、明堂，饗群臣，遷神主於新廟。○魏正官品，考牧守。○十二月，高麗王璉卒。○魏主始迎春於東郊。○魏置樂官。○齊律書成。○魏以咸陽王禧爲司州牧。○魏以宦者符承祖爲悖義將軍[三]，封佞濁子。

承祖坐贓應死，削爵禁錮則已矣[四]，加以惡稱而將軍之、而子之，果何謂哉！東都不義侯之繼

[一]「七月」，《通鑑》卷一三七作「閏七月」。

[二]「魏主」，宋刻《綱目》本無。

[三]「符」，《通鑑》卷一三七作「苻」。

[四]「爵」，弘治本、《通鑑》卷一三七作「職」。

也，故從恒辭而書以譏之〔一〕。

魏封李安祖等四人爲侯。

壬申 齊永明十年、魏太和十六年。春，魏主始祀明堂。○魏定行次爲水德。

五德之運，秦始倡行之，《綱目》嘗一書矣。於是始復書魏，皆水德也。舍是，無書者矣。

魏罷租課。○魏詔疏屬、異姓王公遞降一等。○魏主初朝日於東郊。○魏修堯、舜、禹、周公、孔子之祀〔二〕。○夏，四月，魏班新律。○齊大司馬、太傅、豫章王嶷卒〔三〕。

宗臣具官卒，自齊王攸後無聞焉，晋武帝太康四年。於是復見，賢嶷也。

齊以竟陵王子良爲揚州刺史。○秋，七月，吐谷渾遣子入朝於魏。○魏遣使如齊。○八月，魏敗柔然於大磧。柔然殺伏名敦可汗〔四〕。○魏主養老於明堂。○九月，魏主謁永固陵。○冬，齊遣使如魏。○齊詔太子家令沈約撰《宋書》。○魏南陽公鄭羲卒。

癸酉 齊永明十一年、魏太和十七年。春，正月，齊以陳顯達爲江州刺史，崔慧景爲豫州刺史。○齊太子長懋

〔一〕「而」，弘治本、蜀藩本在「以」字下。
〔二〕「禹」下，宋刻《綱目》本有「及」字。
〔三〕「大司馬、太傅」，宋刻《綱目》本無。
〔四〕「柔」上，宋刻《綱目》本有「○」。「殺伏名敦可汗」，宋刻《綱目》本作「弑其可汗伏名敦」。

卒。〇二月，魏主始耕籍田。〇齊雍州刺史王奂有罪，伏誅。〇夏，四月，齊主立其孫昭業爲太孫。

終《綱目》書立太孫三，晋臧、唐重照，皆不終者也，惟昭業立一年而已〔一〕。

五月，魏主親録囚徒。

前書親決疑獄，於是復書親録囚徒，魏主可謂能恤刑矣。

秋，七月，魏主立其子恂爲太子。

子恂生嘗書矣，立爲太子則斥書魏主何？恂於是生十一年，性不好學，立之三載，至欲違父逃叛，跨據恒、朔〔二〕，其惡如是，所由來者漸矣。《綱目》立書魏主〔三〕，殺書魏主，咎不詳也。終《綱目》立太子斥書主者四，詳宋丙申年。皆譏也。

魏詔大舉伐齊。

前書侵齊矣，此復書伐何？魏詔云耳，非事實也。《綱目》因而録之，以著其譎焉。

齊主賾殂，太孫昭業立，以竟陵王子良爲太傅，蕭鸞爲尚書令。

於是稱遺詔，蠲租調，減關市，數事不書何？削之也。曷爲削之？昭業不欲子良輔政，矯稱遺詔以爲太傅，因復假此求信於人，以是爲非情也，故削之。

〔一〕「昭」，原作「照」，據弘治本、蜀藩本改。
〔二〕「跨」，原作「據」，據弘治本、蜀藩本、《通鑑》卷一四〇改。
〔三〕「魏」，原作「主」，據弘治本、蜀藩本改。

魏山陽公尉元卒。○魏主發平城。○齊中書郎王融有罪，伏誅。○九月，齊主追尊其父爲文皇帝[一]。○魏主至洛陽，罷兵。

前書大舉伐齊，此書至洛陽罷兵，因而録之，所以著譎也。古之遷都，不若是之欺矣。

魏關中亂，討平之。○冬，十月，魏營洛都。○魏以王肅爲輔國將軍。○齊益州刺史劉悛坐贓禁錮。

悛以進奉減少獲罪，書坐贓何？追罪悛也。上供有常數，而悛刺三州，皆傾貲以媚世祖，及是不繼，嗣主怒之。《綱目》書曰坐贓，所以爲剥下奉上者之戒也[二]，其旨深矣！

甲戌 齊主昭業隆昌元、昭文延興元、高宗明帝鸞建武元年[三]，魏太和十八年[四]。春，正月，齊以隨王子隆爲撫軍將軍。○魏主南巡，祭比干墓。

書，嘉魏也。《綱目》書祭臣六，未有祭往世之賢者。比干墓書祭一，書封一，皆予之也。貞觀十九年。

齊蕭鸞殺直閤將軍周奉叔。○魏以韓顯宗爲中書侍郎。○三月，魏主還平城。○夏，四月，魏罷西郊祭天。

[一] 「齊」，原作「魏」，據宋刻《綱目》本、《通鑑》卷一三八改。「皇」，宋刻《綱目》本、弘治本、蜀藩本無。

[二] 「者」，原無，據弘治本、蜀藩本補。

[三] 「年」，原無，據宋刻《綱目》本、弘治本、蜀藩本補。

[四] 「年」，原重文，據宋刻《綱目》本、弘治本、蜀藩本删。

祭天南郊，古也。魏世用西，至有蹋壇遶天之稱，不經甚矣。辛未雖正祀典，西郊自若也。及是罷之，故書。

竟陵王子良以憂卒〔一〕。

「竟」上缺「齊」字。

五月朔，日食。○魏遣使如齊。○秋，七月，魏以宋王劉昶都督吳、越、楚諸軍事，鎮彭城。○魏安定王休卒。○齊蕭鸞弒其君昭業，而立新安王昭文，自爲驃騎大將軍、録尚書事，封宣城公〔二〕。○齊以始安王遥光爲南郡太守。○九月，魏主考績，黜陟百官。○齊宣城公鸞殺鄱陽王鏘等七人。○冬，十月，齊宣城公鸞自爲太傅、揚州牧，進爵爲王。○齊宣城王鸞殺衡陽王鈞等四人〔三〕。○魏主發平城。○齊宣城王鸞廢其主昭文爲海陵王而自立〔四〕。○齊禁牧守薦獻。○魏禁蠻毋得侵掠齊境。

特筆也，魏主可謂能兼育矣。

十一月，齊以始安王遥光爲揚州刺史，聞喜公遥欣爲荆州刺史。○齊立子寶卷爲太子〔五〕。○魏主至洛

〔一〕「竟」上，宋刻《綱目》本有「齊」字；「以憂」，宋刻《綱目》本無。
〔二〕「封」，宋刻《綱目》本、《通鑑》卷一三九無。
〔三〕「四人」，《通鑑》卷一三九爲五人。
〔四〕「主」，宋刻《綱目》本作「君」。
〔五〕「齊立」，宋刻《綱目》本作「齊主立其」。

陽。○魏主置牧場於河陽[一]。○齊主鸞弒海陵王。○魏賜郢州刺史韋珍穀帛。

常賜不書，書賜珍何？予珍也。終《綱目》書賜穀二，毛義等、韋珍。書賜帛四，韓福、韋珍、令狐熙、于志寧。皆予之也，惟賜韓福爲譏辭。

十二月，魏禁胡服。○魏主自將伐齊。

嘗書侵齊矣，此其復書伐何？惡鸞也。鸞於是弒二君且自立矣，予魏以伐，所以深惡齊也。

乙亥　齊建武二年、魏太和十九年。春，二月，魏主攻鍾離，不克，遣使臨江，數齊主之罪而還。

敵國相數以罪多矣，不書，於是特書，惡鸞也。前書伐，此書罪，《綱目》之誅亂賊，嚴矣！

魏太師馮熙卒。○夏，四月，魏圍齊南鄭，不克而還。○魏主如魯城，祠孔子，封其後爲崇聖侯。

魏主燾嘗書進至魯郡，祠孔子矣，於是復書如魯城，祠孔子焉。如者何？專辭也。終《綱目》書祠孔子五，魏居其二，詳漢高帝十二年。而又一書進至，一書如，皆予其專之辭也。

魏攻齊赭陽，齊擊敗之。○五月，魏廣川王諧卒。○魏主至洛陽。○魏減冗官之禄。

凡書減俸，譏也。冗官而減之，宜矣。終《綱目》書減俸五，詳漢桓帝延熹四年。惟此非譏辭。

六月，魏禁胡語，求遺書，法度量。

胡服、胡語，魏故俗也，文帝一變，魏於是彬彬矣。求遺書，自漢成河平三年一書之，至是五百

[一]「主」，宋刻《綱目》本、弘治本無。

餘年，然後復見書，嘉之也。

齊殺其領軍蕭諶及西陽王子明等。〇秋，八月，魏置羽林、虎賁。

羽林自漢武始矣，不書，此何以書？譏也。於是置凡十五萬人。

魏立國子、太學、四門、小學。〇魏以薛聰爲直閤將軍。〇九月，魏六宮、文武遷於洛陽〔一〕。〇魏以高陽王雍爲相州刺史。〇冬，十月，魏詔州牧考其官屬得失〔二〕，品第以聞〔三〕。〇十一月，魏主祀圜丘。〇十二月，魏班品令，賜冠服。〇齊修晋諸陵，增置守衛。

《綱目》於蕭鸞無取焉，於是特書，録小善也。

魏行太和五銖錢。

魏始用錢也。終魏之世，再鑄皆五銖，可謂得輕重之中矣。己酉年鑄永安五銖。

丙子 齊建武三年、魏太和二十年。春，正月，魏改姓元氏，初定族姓。〇二月，魏詔群臣聽終三年喪。

詔聽大臣終喪，漢安、桓之世各一書矣，然皆六年而書復斷。於是書魏詔群臣聽終三年喪，而終魏之世無改焉，自上率之故也。比事而觀，得失可見矣。

〔一〕「六宮文武」，宋刻《綱目》本無。
〔二〕「其」，宋刻《綱目》本無。
〔三〕「品第」，宋刻《綱目》本無。

三月，魏宴群臣及國老、庶老於華林園。

不書養老何？因宴及之也，與古乞言之禮異矣，故止書宴。

齊詔去乘輿金銀飾。

書，譏矯也。觀穎冑移在此器之言，則矯可知矣。

魏詔漢、魏、晋諸陵皆禁樵蘇〔一〕。○夏〔二〕，五月，魏主祭方澤。○秋，七月，魏主廢其后馮氏。○魏旱。○八月，魏太子恂有罪，廢爲庶人。

《綱目》書廢太子十有一，皆無罪也，未有書有罪廢者。書有罪廢者，宜廢者也。惟魏太子恂書有罪廢，唐太子承乾書謀反廢。終《綱目》書太子罪廢者，二而已。

冬，十月，魏吐京胡反，州兵討平之。○魏置常平倉。○魏恒州刺史穆泰、定州刺史陸叡謀反，魏主遣任城王澄討擒之。○魏除逋亡緣坐法。

〔一〕「禁樵蘇」下，底本原有《書法》一條：「魏前修堯、舜、禹、周公、孔子之祀，而不及湯、武，亦豈別有意乎？今又詔漢、魏、晋諸陵皆禁樵蘇，在漢氏則固無間然者，若魏、晋，則操、丕、懿、昭皆在焉，何居？雖然，此皆歷代所不能行者，而魏主能行之，姑略其小而取其大可也，此《綱目》之所以特書。」據弘治本、蜀藩本及（宋）尹起莘：《資治通鑑綱目發明》，此條爲《發明》内容，删去。

〔二〕「○」，原無，據宋刻《綱目》本補。

資治通鑑綱目書法第二十九

起丁丑齊明帝建武四年〔一〕、魏孝文帝太和二十一年〔二〕，盡甲申梁武帝天監三年〔三〕、魏宣武帝正始元年〔四〕。

廬陵後學劉友益修撰
翰林直學士中大夫知制誥同修國史國子祭酒歐陽玄校正

丁丑　齊建武四年、魏太和二十一年。春，正月，魏立子恪爲太子〔五〕。○齊主殺其尚書令王晏，以徐孝嗣爲尚書令。○二月，魏主如平城，穆泰、陸叡伏誅，新興公丕以罪免死爲民。○三月，魏主殺其故太子恂。

前書有罪廢爲庶人矣，此其書故太子何？甚魏主也。恂自被廢，頗知悔過，中尉李彪表其謀逆，遽賜之死，則殺之爲過矣，故斥書主。是故廢不以罪，誅以其罪，則趙太子章前書廢太子而後書誅；廢以其罪，殺不以罪，則魏太子恂前書有罪廢而後書殺。《綱目》之權衡，公矣！終《綱

〔一〕「明帝」，宋刻《綱目》本作「高宗」。
〔二〕「孝文帝」，宋刻《綱目》本作「高祖」。
〔三〕「武帝」，宋刻《綱目》本作「高祖」。
〔四〕「宣武帝」，宋刻《綱目》本作「世宗」。
〔五〕「魏立」，宋刻《綱目》本作「魏主立其」。

目》書殺太子三。趙太子邃、魏太子恂、蜀太子元膺。

魏宋王劉昶卒。○魏主還洛陽。○秋，七月，魏立昭儀馮氏爲后。○八月，魏主自將伐齊。

書伐何？惡鸞也。

氏帥楊靈珍叛魏。○九月，魏主攻齊南陽，不克。○魏伐氏，克武興，楊靈珍奔齊。○冬，十一月，魏主圍新野，遂敗齊兵於沔北。○十二月，齊侵魏太倉口，魏豫州刺史王肅敗之。

魏加齊書伐，齊加魏則曷爲書侵？惡鸞也。

齊以劉季連爲益州刺史。○高昌弒其君馬儒。

夷狄書殺，高昌非純夷也，故特書弒。《綱目》夷狄書弒六。是年高昌、隋開皇十七年吐谷渾、十九年突厥、唐貞觀十六年高麗、開成四年回紇、辛亥年契丹。

戊寅　齊永泰元年、魏太和二十二年。春，正月，魏拔新野，齊沔北守將皆棄城走。

於是執齊太守劉思忌，思忌曰：「寧爲南鬼，不爲北臣。」乃殺之，則死節也，其不書何？惡鸞也。失身於弒逆之朝，雖死節如思忌不書，《綱目》之惡鸞，甚矣！

齊主殺其河東王鉉等十人。○二月，魏人克宛。三月，敗齊兵於鄧城。○魏攻齊義陽，齊圍魏渦陽以救之，義陽圍解，齊師亦潰。○魏中尉李彪免，僕射李冲卒。○魏以彭城王勰爲宗師。○夏，四月，齊大司馬王敬則反會稽，至曲阿，敗死。

《綱目》惡鸞，則敬則曷爲以反書？道成弒逆，敬則有力焉，若是而予之，可乎？故齊鸞可惡，敬則則不可予也。然則敬則實斬，其不書伏誅何？所以微示惡鸞之意也。

秋，七月，魏省宮掖費用，以給軍賞。

特筆也。

齊以蕭衍爲雍州刺史。〇齊主鸞殂，太子寶卷立。〇八月，高車叛魏。九月，魏主引兵還討〔一〕，降之。

己卯 齊主寶卷永元元年〔二〕、魏太和二十三年。春，正月，齊遣太尉陳顯達帥師侵魏。

於是齊主鸞殂矣，亦書侵何？寶卷固不足以言伐也。

魏主還洛陽。〇魏后馮氏有罪，退處後宮。〇魏以彭城王勰爲司徒。〇二月，齊師取魏馬圈、南鄉。三月，魏主自將禦之，齊師敗績。〇夏，四月，魏主宏殂於穀塘原，后馮氏伏誅〔三〕，太子恪立。

於是太子發喪，即位，始以遺詔賜馮氏死，此其先書伏誅何？所以著魏主之意也。不先書伏誅，則是太子殺之矣。是故著魏主之意，則先書后馮氏伏誅，而後書太子恪立；著漢主之意，則先書杜重威伏誅，而後書漢主承祐立〔四〕。終《綱目》后書伏誅二。魏馮氏、唐韋氏。賀善贊曰：孝文在位二十九年，《綱目》書其善政二十五，已親政居十三；自居喪外，書禮樂之事二十八，而書

〔一〕「主」下，宋刻《綱目》本有「自齊」二字。
〔二〕「主」下，宋刻《綱目》本有「蕭」字。
〔三〕「后馮氏伏誅」，宋刻《綱目》本作「馮氏誅死」。
〔四〕「漢主」，弘治本、本書卷五十八《書法》作「周王」。

始者七，已親政居二十；書崇先聖、興學校之事八，已親政居其五；至祠孔子，《綱目》特以如魯城書之，與書過、書至、書進至者又異矣。故謚之曰文，宜哉！

魏以彭城王勰爲驃騎大將軍、都督冀、定七州軍事。○魏僕射任城王澄免。○魏主追尊其母高氏爲后。○秋，八月，齊主殺其僕射江祏、侍中江祀，始安王遥光起兵東城，右將軍蕭坦之討平之。

祏、祀，遥光謀廢主，則反也，書殺、書起兵何？惡寶卷也。然則遥光書起兵矣，曷爲復書討？遥光非次，志欲自立，予之，是亂未已也。是故書起兵，所以示爲人主者之戒；書討，所以正爲人臣者之分。

魏南徐州刺史沈陵奔齊。○閏月，齊主殺其僕射蕭坦之、領軍劉暄。○九月，魏主謁長陵。○冬，十月，齊主殺其司空徐孝嗣、將軍沈文季。○十二月，齊太尉陳顯達舉兵襲建康，敗死。○魏以郭祚爲吏部尚書。

庚辰　齊永元二年、魏世宗宣武帝恪景明元年。春，正月，齊豫州刺史裴叔業以壽陽叛，降於魏，魏遣司徒、彭城王勰鎮之。

寶卷之世，反不書反，據遥光、陳顯達、崔慧景。此其書叛何？無匡國之心，而挈地以與人，則叛而已矣。

三月，齊巴西亂，討平之。○魏敗齊師於壽陽，遂取合肥、建安。○夏，四月，齊遣將軍崔慧景將兵討壽陽。慧景還兵，奉江夏王寶玄逼建康，兵敗，皆死。

反也，書還兵何？惡寶卷也。於是蕭懿聞難，投箸而起，將兵濟江，遂敗崔覺，則徇國也，曷爲不書？惡寶卷也。是故惡鸞，則劉思忌之死難不書；惡寶卷，則蕭懿之徇國不書。《綱目》於寶卷之世多特筆，爲人君者，可以鑑矣！

齊以蕭懿爲尚書令。○齊曲赦建康、徐、兖。○秋，八月，齊攻魏壽陽，魏人擊敗之，遂取淮南地。

書魏壽陽何？以壽陽予魏也。魏納齊叛，則曷爲予之？寶卷昏狂，不能自有其地，魏固可得而有之也。然則裴叔業何以書叛？不書叛，則挈地以與人者，接迹於天下矣。是故前書討，所以正叛臣之罪；今書攻，所以示昏君之貶。

齊後宮火。○冬，十月，齊主殺其尚書令蕭懿。

寶卷殺人，《綱目》無不斥書主者，所以深惡之也。《綱目》於刑殺專斥書主者五君焉，宋子業、齊寶卷、北齊高洋、高緯、陳叔寶。皆淫虐之主也。

魏以彭城王勰爲司徒、録尚書事。○十一月，齊雍州刺史蕭衍起兵襄陽，行荆州事蕭穎胄亦以南康王寶融起兵江陵。

於是寶融以衍都督前鋒，則殊衍於寶融何？衍，首義也，故穎胄書亦，亦者，繼事之辭也。

辛巳 齊和帝寶融中興元年、魏景明二年。春，正月，齊南康王寶融稱相國。蕭衍發襄陽。

相國，寶融自稱也，不書自稱何？予寶融也。曷爲予之？寶卷昏狂，宜代之者，寶融而已。

魏彭城王勰歸第，以咸陽王禧爲太保，北海王詳爲大將軍、録尚書事，于烈爲領軍。〇二月，齊蕭衍圍郢城。〇三月，齊相國、南康王寶融廢其君寶卷爲涪陵王而自立。

於是寶融自立於江陵，遥廢寶卷耳。曷爲書之如恒辭？宜廢也。故自是寶卷皆書齊涪陵王，此《綱目》之新例也。終《綱目》，一見而已矣。

夏，五月，魏咸陽王禧謀反，伏誅。〇齊巴東、巴西郡遣兵擊荆州。

寶融廢君自立，休烈、惠訓遣兵討之，則義也，不名之而書擊何？惡寶卷也。寶卷宜廢，故雖守正如二子者，略而不書，所以戒無道也。

齊涪陵王遣軍救郢州，屯加湖。

救書次，譏也。此次也，書屯何？不以不急君病子陽也。子陽則曷爲不以不急君病之？惡寶卷也。寶卷宜廢，故雖不急君如子陽，不書名書軍，不書次書屯，其旨深矣。終《綱目》救書次五，書屯者，一而已。詳周赧王五十七年。

秋，七月，齊雍州刺史張欣泰謀立建安王寶寅，不克而死。〇齊蕭衍克加湖，魯山、郢城降。〇魏揚州刺史、安國侯王肅卒。〇齊殺其寧朔將軍崔偃。〇八月，齊蕭衍克尋陽。〇齊巴東、西軍至上明。〇九月，齊蕭衍引兵東下。〇魏築洛陽諸坊。〇魏立后于氏。〇冬，十月，齊蕭衍圍建康。〇十一月，魏以北海王詳爲司徒。〇齊尚書令、巴東公蕭穎胄卒[一]。

[一] 「巴東公」，宋刻《綱目》本無。

潁胄官爵，寶融所命也。予寶融，故潁胄卒，具官如恒稱。

魏以任城王澄都督淮南軍事。○魏東豫州刺史田益宗侵齊，戰於赤亭，齊人敗績。

魏三書伐齊矣，此其書侵何？寶融[一]，正也，至梁初，則書伐矣。

十二月，齊人弒涪陵王寶卷。蕭衍入建康，以太后令追廢寶卷爲東昏侯，自爲大司馬、承制。

弒者王珍國等也，不書，書國何？君無道也。追廢寶卷，曷爲不書奉太后令？太后在宣德也，故書以，以也者，托也。終《綱目》弒稱國者八。詳周安王六年。

齊大司馬衍執豫州刺史馬仙琕、吳興太守袁昂，既而釋之。

執，善辭也。書執，以嘉二子之守；書既而釋之，以嘉蕭衍之量。

齊大司馬衍入鎮殿中。

特筆也。入鎮殿中，其不爲帝也，幾希矣！

齊始興內史王僧粲襲湘州，不克。

壬午 齊中興二年、梁高祖武帝蕭衍天監元年、魏景明三年。○是歲齊亡梁代[二]。春，正月，齊大司馬衍迎宣德太后入宮，稱制。二月，衍自爲相國，封梁公，加九錫。

入《綱目》書太后稱制多矣，未有書迎者，此其書迎何？衍志也。凡書治國事、臨朝、稱制，

[一]「寶」，原作「寳」，據本卷上文改。

[二]「○是歲齊亡梁代」，此句宋刻《綱目》本無。

皆譏也。免者，惟晋褚氏，宣德其次乎。終《綱目》書治國事二，書臨朝、御殿、稱制者，凡二十有二。詳周赧王八年。

梁公衍殺齊湘東王寶晊。

於是梁伉已甚，隱若一敵國矣。《綱目》不繫梁於齊，所以著其伉也，若曰梁人殺齊人云耳。

梁以沈約爲僕射，范雲爲侍中。○梁公衍進爵爲王。○三月，梁王衍殺齊邵陵王寶攸等三人，鄱陽王寶寅出奔魏。

自書蕭衍自爲相國以下，書法亦如蕭道成，反復之理，可畏也哉！

齊主發江陵〔一〕，以蕭憺都督荆、湘六州軍事。○夏，四月，梁王衍稱皇帝，廢齊主爲巴陵王，遷太后於别宫，封拜其功臣有差。○梁主衍弑巴陵王於姑孰，齊御史中丞顔見遠死之。

予節也。終《綱目》書死之五十四，若其禪代之際能死節者，顔見遠一人而已矣。

梁立贖刑條格。

入《綱目》以來，書詔民得贖罪矣，漢元朔六年。又書令死罪入贖矣，漢天漢四年。又書詔聽有罪亡命者贖矣，漢永平八年。皆一時之政，未立條格也。立爲條格，自梁始。終《綱目》書贖刑三，皆梁也。是年、甲申年、己丑年。

〔一〕「主」，原作「王」，據宋刻《綱目》本、弘治本、蜀藩本改。

梁以蕭寶義爲巴陵王。

前書弒巴陵王矣，此書以寶義爲巴陵王，其予梁乎？弒一巴陵，立一巴陵，且非廢疾，則久矣其爲寶攸矣，何予焉。其視汝陰滅其族者，薄乎云爾而已。

梁徵謝朏、何胤、何點，不至。

書不至何？嘉節守也。梁室革命，萬物維新，而獨能守節不屈，與常書徵士不至者，又異矣。

梁置謗木、肺石函。○魏滅魯陽蠻。○五月，盜入梁宮，捕得，伏誅。

盜者何？孫文明也。張良復讎，《綱目》以韓人書之。此亦復讎也，其書盜何？文明嬖佞，陷君於昏，以至亡國，乃真盜也。《綱目》惡逢君，故書曰盜。是故亡國之臣一也，不爲己亡，則張良以復讎而書韓人；苟爲己亡，則文明以復讎而書盜。

梁江州刺史陳伯之反，兵敗，奔魏。

伯之當反，自謂身受明帝厚恩，誓死以報，則義舉也，曷爲以反書？伯之之報，當在蕭衍克尋陽時也。使不束甲請罪，誠死如席恭祖，猶不得以死節書。今既受命爲江州矣，非反何哉？

六月，梁益州刺史劉季連反。○秋，八月，梁定正雅樂。○冬，十一月，梁立子統爲太子〔一〕。○梁大旱，饑。

〔一〕「梁立」，宋刻《綱目》本作「梁主立其」。

癸未　梁天監二年、魏景明四年。春，正月，梁以沈約、范雲爲左、右僕射〔一〕，尚書令王亮廢爲庶人。

廢辭有二：廢某爲庶人者，無罪之辭也；某廢爲庶人者，有罪之辭也。亮則曷爲罪之？亮在前朝，依違取容，署牋獻首，則身爲之倡，既乃奉璽綬詣梁宮，是則罪之大者也。

劉季連降梁。○夏，四月，魏以蕭寶寅爲齊王。○梁頒新律〔二〕。○五月，梁僕射范雲卒〔三〕，以左丞徐勉、將軍周捨同參國政。○梁斷郡縣獻奉。

梁之新政，於是有可稱者，是故置謗木、肺石書，斷郡縣獻奉書。

六月，魏發兵伐梁。

書伐何？梁篡也。於是寶寅請兵，魏主從之，故書伐。

梁以謝朏爲司徒。

朏於宋、齊、梁代謝之際，可謂清矣。齊初嘗廢於家，後復仕齊爲侍中焉。今也逃竄年餘，一旦自詣，既拜新命，乃復不省職事，則此朏亦何爲哉〔四〕！雖與點、胤同書不至，終有間矣。然則朏蓋巧於自脫者，而爲臣之道，則未爲盡也。《綱目》前書徵不至，此書爲司徒，蓋深譏之。

〔一〕「左右」，宋刻《綱目》本無。

〔二〕「頒」，弘治本、《通鑑》卷一四五作「班」。

〔三〕「僕射」，宋刻《綱目》本無。

〔四〕「朏」，弘治本、蜀藩本作「出」。

秋，七月，魏復鹽池之禁。○魏以彭城王勰爲太師。○冬，十月，魏都督元英攻梁義陽，拔數城，攻阜陵，不克。○魏以僕射源懷爲行臺，巡北邊。○梁吉翂請代父死，梁主赦之。

緹縈請贖父刑不書，此何以書？贖刑之與代死異矣，故特書除肉刑，以著孝文之仁。若吉翂之孝，梁主之仁，皆不可以不書也，故交予之。

魏散騎常侍趙修有罪，伏誅。

勅免死徙矣，監罰者加鞭急馬驅之至死〔一〕，其書伏誅何？罪宜誅也。是故苟宜誅也，則趙修以監者鞭驅至死書伏誅，鄭儼以部下所殺書伏誅，《綱目》惡惡之意，深矣！

甲申 梁天監三年、魏正始元年。春，正月，梁襲魏壽陽，不克。○魏攻梁鍾離，梁遣兵救之，大敗。○夏，五月，魏司徒、北海王詳有罪，幽死。○梁司州刺史蔡道恭卒。○魏大旱。○秋，七月，梁角城降魏。○八月，梁義陽降魏。魏立元英爲中山王。○九月，魏築九城於北邊。○魏詔群臣議樂。○冬，十一月，魏營國學。○梁除贖刑法。○十二月，魏更定律令。

魏自辛未使崔浩定律令，至是凡五更，而魏亦自是衰矣。

〔一〕「罰」，弘治本、蜀藩本作「刑」。

資治通鑑綱目書法第三十

起乙酉梁武帝天監四年[一]、魏宣武帝正始二年[二]，盡乙巳梁武帝普通六年、魏孝明帝孝昌元年[三]。

廬　陵　後　學　劉友益修撰
翰林直學士中大夫知制誥同修國史國子祭酒歐陽玄校正

乙酉　梁天監四年、魏正始二年。春，正月，梁置五經博士，立州郡學。

自晉之篇書魏置博士，歷宋、齊未有書者，至是復書，嘉尊經也。梁政於是益有可書者。終《綱目》書置經博士三。詳漢武帝建元五年。舍是，無書者矣。

梁漢中太守夏侯道遷以郡叛，降於魏。魏遣將軍邢巒入漢中，遂取梁州。○夏，四月，梁益州刺史蕭淵藻殺前刺史鄧元起，州民作亂，淵藻討平之。○六月，梁初立孔子廟。

初立何？記始也。宋嘗修魯孔子廟矣，於是淮南皆爲魏境，孔廟隔絕，梁主始創立之，可謂知

[一]「武帝」，宋刻《綱目》本作「高祖」；本條下同，不再出校。
[二]「宣武帝」，宋刻《綱目》本作「世宗」。
[三]「孝明帝」，宋刻《綱目》本作「肅宗」。

所尊矣。書曰初立，深嘉之也。終《綱目》書孔子廟三，詳晋孝武帝太元十七年。舍是，無書者矣。

秋，七月，魏統軍王足攻涪城。八月，大敗梁軍，殺其將魯方達等三十九人。

《綱目》書殺將，未有多於此者矣，故特書若干人。

魏有芝生於太極殿。

書芝再矣，漢武帝元朔二年、安帝元初六年。皆譏也，此其書何？著直臣也。崔光可謂敢言矣。終《綱目》書芝生三，舍是，無書者矣。

冬，十月，梁遣臨川王宏、僕射柳惔帥師伐魏，次於洛口。

魏加梁書伐，此其亦書伐何？魏納叛人也，至殺梁將三十九，則斯師也不爲無名矣，於是特書伐。伐而次，譏也。蕭宏怯懦甚矣，故後書逃歸。自是梁城歸魏，始書叛。

武興氏王楊紹先叛魏。〇十一月，魏王足奔梁。〇巴西叛魏降梁。〇梁大有年。

自漢明帝書大有年，永平九年。於是再見，皆盛時也。終《綱目》書大有年四，永平九年、是年、唐太宗貞觀四年、玄宗開元十三年。書有年二，後唐丁亥年、己丑年。書大熟一，大稔四，麥稔一。詳永平九年。

丙戌 梁天監五年、魏正始三年。春，正月，魏邢巒討武興氏，滅之，置東益州。〇魏秦、涇二州亂。〇二月，魏求直言。〇三月朔，日食。〇魏豫州刺史陳伯之叛，復歸梁。

書復歸梁可矣，書叛何？譏也。何譏？伯之於是，反覆甚矣。故常珍奇反覆則歸書叛，宋丁未年。陳伯之反覆則歸書叛，是年。趙匡贊、侯益反覆則歸書叛，五代戊申年。必若孟達，然後可以書來歸。漢後主建興五年。

夏，四月，魏罷鹽池之禁。○魏遣中山王英督諸軍以拒梁師。五月，梁取宿預、梁城、小峴、合肥等城。○魏以邢巒都督東討軍事。○魏驃騎大將軍、馮翊公源懷卒。○秋，七月，魏討秦、涇二州，平之。○九月，魏邢巒擊梁師，敗之，復取宿預，梁蕭宏逃歸。

凡逃，譏也，唯伐書逃爲甚，故削其爵而斥蕭宏。據前書臨川王宏。

冬，十月，魏徵邢巒還，遣齊王蕭寶寅與元英圍鍾離。○柔然庫者可汗死，子佗汗可汗伏圖立。○魏以羊祉爲梁州刺史，傅豎眼爲益州刺史。

丁亥 梁天監六年、魏正始四年。春，三月，梁將軍曹景宗、豫州刺史韋叡大敗魏師於鍾離。

於是叡受景宗節度，書景宗可也，並書韋叡何？嘉二將也。非景宗之能謙，韋叡之能讓。不至是矣。并書二將，所以著師克之在和也。

夏，六月，梁馮翊等七郡叛降魏。○秋，八月，魏中山王英、齊王蕭寶寅以罪除名。○魏以李崇爲揚州刺史。○冬，十月，梁以徐勉爲吏部尚書。

書勉何？善其職也。梁世書以爲吏部尚書者，勉而已。

閏月，梁以臨川王宏爲司徒，沈約爲尚書令，袁昂爲僕射。

鍾離敗而元英有除名之罰，洛口逃而蕭宏有司徒之除，梁雖盛時，其賞罰反不如衰季之魏矣，書以譏之。

魏尚書令高肇弑其主之后于氏及其子昌。

漢成帝崩，民間讙譁，咸歸罪趙昭儀，《綱目》書帝崩而已。於是后暴疾殂，所生子昌亦尋卒，人皆咎高氏。史稱宮省事秘，莫能詳也。則其直書高肇何？《綱目》有以斷斯獄矣。漢成鄉晨欲起，不能言而崩，則誠疑似也，固不得以疑似而加人罪。若高肇之横，貴嬪之寵，路人知之，所謂莫能詳者，蓋亦史臣之曲筆耳。《綱目》不名其罪，則權姦真可以欺天下、欺後世矣。故曰《綱目》脩而亂臣賊子懼。然則司馬師廢其后不書其主，漢後主延熙十七年。此書其主何？爲子昌書也。殺其君一后一子，肇之罪爲何如哉！

戊子 梁天監七年、魏永平元年。春，正月，梁定官品。○二月，梁置州望、郡宗、鄉豪。○梁以領軍蕭昺爲雍州刺史。○夏，五月，梁以安成王秀爲荆州刺史。○秋，七月，魏立貴嬪高氏爲后。○梁右衛將軍、竟陵公曹景宗卒[一]。○八月，魏京兆王愉反信都，魏遣尚書李平將兵討之。○九月，魏主殺其叔父彭城王勰。○魏李平克信都，執元愉[二]，高肇陰殺之，奏除平名。

[一]「曹景宗卒」，《通鑑》卷一四七在「八月癸丑」。

[二]「元」，宋刻《綱目》本作「王」。

權臣密殺人多矣，《綱目》書其主名而已，未有書陰殺之者。書陰何？譏主闇也。於是群臣奏請誅愉，魏主弗許，則兄弟之愛也。高肇陰使殺之，而不之悟，其昏甚矣。人主之弟，夫孰得而陰殺之？書陰殺之，所以深譏其闇也。上書李平克信都，下書奏除平名，賞罰如此，欲不亂，得乎？

魏郢州叛，降於梁，魏遣兵討之。○冬，十月，魏懸瓠叛降梁。十二月，魏復取之。○魏敗梁師於義陽，復取郢州。○高車敗柔然於蒲類海，殺佗汗可汗，其子豆羅伏跋豆伐可汗醜奴立。

己丑　梁天監八年、魏永平二年。春，正月，梁主祀南郊。

時有請封會稽、禪國山者，梁主不許，曷爲不書？略之也。封禪非古也，況會稽乎。

魏復取三關。

三關者何？平靖、武陽、廣峴也，皆在信陽界，南北朝分疆之要害也。

梁主遣使求成於魏，魏主不肯。

求者何？卑辭也。不肯者何？忍辭也。於是魏董紹囚梁，梁主歸之，使求成於魏，且謂曰：「戰争多年，民物塗炭，吾是以不耻先言。」此仁人之言也。梁爲民屈，而魏主不從，《綱目》書求、書不肯，而皆斥書主，梁、魏之仁不仁分矣。是故紹本魏臣，書曰梁主遣使，嘉屈己也。《綱目》求成書不肯者，一而已。

三月，魏侵梁雍州，梁州兵擊敗之〔一〕。○秋，九月，魏詔太常卿劉芳造樂器。○冬，十一月，魏主親講佛書，作永明、閑居寺。

書親何？異之也。曷爲異之？非所親而親也。書講佛書始此。終《綱目》書人主講佛書二，是年、丙寅年梁武帝。書内出經一，唐代宗永泰元年。書求佛書一，戊戌年魏主。頒《大雲經》不與焉，唐中宗嗣聖七年。書作寺五。詳宋庚戌年。

庚寅　梁天監九年、魏永平三年。春，正月，梁以沈約爲光祿大夫。○梁作緣淮塘。○三月，魏主之子詡生。

子生不書，必關於國家之故而後書，此其書何？志胡后亂魏之始也。然則宋子劭生、魏子恂生不書主，此則曷爲以魏主之子書？詡，竟弑者也，胡氏之毒之也，未必不曰：「此我子也，我殺之何傷。」《綱目》則曰，此魏主之子也，魏之所托以承宗廟、守社稷者也。故於其生也，書曰魏主之子，所以正他日胡氏之爲弑，而非自殺己子之謂也。其旨深矣！終《綱目》書子生五，詳漢武帝元朔元年。書主之子者，一而已。

梁主視學。○夏，四月，梁制尚書令史，初用士流。○六月，梁宣城郡吏作亂，吳興太守蔡撙討平之。○冬，十月，魏中山王英卒。○梁行《大明曆》。

〔一〕「州兵」，宋刻《綱目》本無。

辛卯 梁天監十年、魏永平四年。春，正月，魏元會始用新舞。○梁以張稷爲青、冀刺史。○魏汾州山胡反，討平之。○三月，梁朐山叛，降魏。夏，五月，梁遣兵圍朐山。冬，十二月，取之。○魏以甄琛爲河南尹。

壬辰 梁天監十一年、魏延昌元年。春，正月，梁免老小質作。○魏以高肇爲司徒，清河王懌爲司空。○冬，十月，魏立子詡爲太子。○十一月，梁五禮成[一]，行之。

漢曹褒禮成，書曰奏所撰制度，此其曰五禮成何？予之也。自齊世祖選學士脩五禮，至是多年矣，所歷者非一人矣，亦庶乎非苟作者。與定於二年之中，決於一夫之手者異矣，故書禮書成。凡書成者，久辭也。

癸巳 梁天監十二年、魏延昌二年。春，二月，梁鬱洲叛，降魏，梁討平之。○閏月，梁侍中沈約卒。○夏，五月，魏壽陽大水。○六月，梁新作太廟。○秋，八月，魏恒、肆二州地震、山鳴。

於是踰年不已，民覆壓死者甚衆，則大變也，魏大亂之徵見矣。終《綱目》書地震一百一，有自九月至十一月者矣，漢順帝漢安二年涼州。未有久於此者也。○書山鳴始此。

魏以崔光爲太子少傅。

〔一〕「五」上，宋刻《綱目》本有「修」字。

甲午梁天監十三年、魏延昌三年。春，二月，梁主耕籍田。〇魏東豫州亂，討平之。〇冬，十一月，魏遣司徒高肇督諸軍侵梁益州。

書督諸軍矣，其書侵何？魏無辭也。

梁築淮堰。〇魏以楊津爲華州刺史。〇魏免其侍御史陽固官。

乙未梁天監十四年、魏延昌四年。春，正月，魏主恪殂，太子詡立。〇魏侍中王顯伏誅，以太保高陽王雍、尚書令任城王澄同總國事。〇二月，魏司徒高肇伏誅。〇魏以高陽王雍爲太尉，清河王懌爲司徒，廣平王懷爲司空。〇魏尊貴嬪胡氏爲太妃，廢其太后高氏爲尼。〇魏復百官禄，蠲綿、麻税。〇夏，四月，梁淮堰潰，復築之。〇魏破叛氐於沮水。〇六月，魏冀州沙門作亂，討平之。

法秀、曇標作亂書主名，此其不書法慶何？衆也，故書討平之。終《綱目》書沙門反亂者三。詳齊辛酉年。

秋，八月，魏侍中于忠殺僕射郭祚、尚書裴植，免太保、高陽王雍，遣就第。

孰免之？于忠也。殺之者于忠，則免之者亦于忠也。然則曷爲書侍中？以侍中而免太保，其横甚可知矣。

魏尊太妃胡氏爲太后。〇魏以清河王懌爲太尉，廣平王懷爲司徒，任城王澄爲司空，于忠爲尚書令，元乂爲散騎侍郎[一]，乂妻胡氏爲女侍中。

漢書太后封女弟嬃爲臨光侯矣，胡氏亦太后妹也，書乂妻何？並命也，譏其重者而已矣。書女侍中始此。終《綱目》書女侍中三。是年魏胡氏、陳己丑年齊陸令萱、五代庚戌年南漢宮人盧瓊仙、黄瓊芝。

九月，魏太后稱制，以于忠爲冀州刺史，司空澄領尚書令。○梁攻魏西硤石，據之。○魏以胡國珍爲中書監。○冬，十月，魏奪常山公于忠、博平公崔光爵。十二月，以高陽王雍爲太師、録尚書事。○魏晋壽郡叛，降梁。○魏太后攝行祭事。

漢安之策，書太后率大臣命婦謁宗廟矣，於是再見，直書其事，不待貶而義見矣。

大寒[二]，淮、泗皆冰。

秦書四月大寒矣，記異也。此十二月爾，大寒恒也，則其書何？於是築堰，士卒死者什有七八，則其爲害也大矣，故特書之。不書梁，天下之辭也。終《綱目》書大寒，二而已。秦王政七年、是年。

丙申 梁天監十五年、魏肅宗孝明帝詡熙平元年。春，二月，魏攻硤石[三]，克之。○魏侍中侯剛有罪，削户三百。○三月朔，日食。○夏，四月，梁淮堰成。

[一] 「元乂」，宋刻《綱目》本、弘治本、蜀藩本作「元乂」，《通鑑》卷一四八至一五〇，或作「元叉」，或作「元乂」；本書下同，不再出校。

[二] 「大」上，宋刻《綱目》本有「梁」字。

[三] 「攻」下，宋刻《綱目》本有「梁」字。

書成何？久也。自甲午始築，於是跨三年而後成，用民多矣。凡宮室、宗廟、溝渠、隄堰書作，書成，皆久辭也。

魏復封于忠爲靈壽公，崔光爲平恩侯。○梁圍魏武興。秋，七月，魏擊敗之，遂復取東益州。○九月，梁淮堰壞。

自甲午始築，未半年而堰壞。於是復築，負者肩穿，疫死相枕，蠅蟲晝夜聲合，築之數月，淮、泗大寒，堰卒二十萬，死者復什七八，又四閱月而後成。成未半年而復壞，緣淮城戍村落十餘萬口，皆漂入海。此其初，謀取壽陽耳，豈無他策，乃出此計，害未及魏而先自敗矣。《綱目》於築堰成壞凡四書之，所以重惜民命，而深罪梁主也。

魏詔議邊鎮選舉法。○冬，魏作永寧寺。○柔然大破高車，殺其王彌俄突。

丁酉 梁天監十六年、魏熙平二年。春，正月，魏制諸錢新舊通行，巧僞者罪之。○魏考勳籍。○三月，梁詔文錦不得爲人、獸之形。○魏司徒廣平王懷卒，以胡國珍爲司徒。○夏，四月，梁罷宗廟牲牢，薦以蔬果。

書，譏也。何譏？淮堰一役，死者數十萬。生人之不恤，而何有於象人！何有於禽獸！若梁主者，所謂雖有仁心，而人不被其澤者也。《綱目》前書詔文錦不得爲人、獸之形，此書罷宗廟牲牢，皆譏之也。

冬，十二月，柔然遣使如魏。○梁以馮道根爲豫州刺史。○魏採銅鑄錢。

戊戌梁天監十七年、魏神龜元年。春，二月，梁安成王秀卒。○夏，四月，魏司徒胡國珍卒[一]，追號太上秦公。

國珍，后父耳，號之太上，非名甚矣，直書譏之。○人臣稱太上始此。

魏復徵綿、麻稅。

復者何？嘗蠲也。乙未蠲之，戊戌而徵之，故書復，與漢書復收半租者大異矣[二]。景帝元年。《綱目》租稅書復二。

魏主始月一視朝。

太后制政也。

五月，梁司徒、臨川王宏有罪，免，尋復其位。○魏補《三字石經》。

於是會元乂之亂，遂寢，則未卒事也，其書之何？嘉尊經也。故苟有重道之心，雖未卒事必書。《綱目》書《石經》五。漢靈帝熹平四年、是年、又丙寅年、陳己亥年、唐文宗開成二年。

秋，七月，魏河州羌反，討平之。○九月，魏太后胡氏弒其故太后高氏。

俱太后矣，其書弒何？胡，故妾也，故胡氏雖貴，而嫡妾之分不可泯。《綱目》之名分，嚴矣！

[一]「司徒」，宋刻《綱目》本無。

[二]「半」，原作「平」，據弘治本、蜀藩本改。

高氏書故太后，不予魏主之廢之也。《綱目》太后書弒八，詳漢靈帝中平六年。舍是，無書者矣。

魏遣使如西域求佛書。

自秦以鳩摩羅什爲國師，而佛書布中國，是後遂有親講者矣。於是復使西域，得百七十部而還。侏離之言，盈於天下，魏爲之也，故謹書之。魏之盛也書求遺書，齊乙亥年。及其衰也書求佛書，世變可覩矣。終《綱目》書求佛書，一而已。

魏復鹽禁。

於是十六年間，鹽禁凡三變矣。

己亥 梁天監十八年、魏神龜二年。春，正月，梁以袁昂爲尚書令，王暕、徐勉爲僕射。○魏太后始稱詔。○二月，魏羽林、虎賁作亂，殺將軍張彝。

自增置羽林、虎賁，及是二十餘年耳，其弊遂見，至於戕殺大臣，而莫敢窮問焉。魏之不綱若此，姦雄有以窺國矣。故謹書之。

魏以崔亮爲吏部尚書，立停年格。

魏之選舉失人自此始，特書志之。終魏之世，書以爲吏部尚書二，郭祚、崔亮。惟郭祚其庶幾乎。○後世資格用人始此。

魏以任城王澄爲司徒，京兆王繼爲司空。○魏復減百官禄。○魏陳仲儒奏律準法，不行。

書不行何？惜之也。禮樂之事，《綱目》每詳書之。是故仲儒奏律準書，王朴作律準書。終《綱目》書律準，二而已。

秋，八月，魏中尉元匡免，復以爲平州刺史。

書復以何？美改過也。

九月，魏太后遊嵩高。

凡遊，譏也；太后遊，譏之譏也。《綱目》書遊八，詳晋安帝元興三年。而后書遊三。燕符氏，魏太后，蜀太后、太妃。

冬，十二月，魏司徒、任城王澄卒。○高麗王雲卒。○魏汰郎官。

庚子　梁普通元年、魏正光元年。春，正月，日食。○梁左將軍馮道根卒。○高麗入貢於梁。○秋，七月，魏侍中元乂殺太傅、清河王懌，幽太后於北宮。

於是僕射游肇不肯下署，既乃憤邑而卒，則何以不書？略之也。太后見幽，爲大臣者宜以討逆爲己任，憤邑何及哉！必若中山王熙，則《綱目》大書之矣。終《綱目》書幽太后二，魏胡氏、齊胡氏。幽木葉山者不與焉。兀欲幽其祖母。

江、淮、海溢。○魏相州刺史、中山王熙起兵討元乂，不克而死。弟略奔梁，梁以爲中山王。○梁車騎將軍、永昌侯韋叡卒。

書叡卒而書其官何？叡仕佞佛之時，能特立而不阿世主之好，此其可予者也。

魏以高陽王雍爲丞相。○柔然殺伏跋可汗，其弟阿那瓌立，尋出奔魏，國人立婆羅門爲可汗。○冬，十月，魏以汝南王悦爲太尉。○十一月，魏立阿那瓌爲蠕蠕王。○魏以京兆王繼爲司徒。○魏遣使如梁。

辛丑 梁普通二年、魏正光二年。春，正月，梁置孤獨園。○魏發兵納阿那瓌於柔然，不克。

納者，不宜納者也。阿那瓌則曷爲不宜納？婆羅門書國人立，則阿那瓌爲不宜納矣。書發兵，譏敝内也。

三月，魏元乂殺將軍奚康生，以宦者劉騰爲司空，京兆王繼爲太保，崔光爲司徒。

幽遷太后，騰嘗預謀矣，不書以宦者，故略之也。於是以爲司空，則書以宦者，故重之也。殺者元乂，則以者亦元乂。崔光嘗立節者，今乃爲乂所以，《綱目》列之於劉騰之下〔一〕，所以深愧之也。終《綱目》書宦者爲司空二。劉騰、李輔國。

秋，七月，梁以裴邃爲豫州刺史。○高車擊柔然，柔然可汗婆羅門降魏。冬，十月，魏分柔然爲二國，以處阿那瓌、婆羅門〔二〕。○十一月，魏討叛氐，不克。

壬寅 梁普通三年、魏正光三年。夏，四月，高車王弟越居殺其王伊匐而自立〔三〕。○五月朔，日食，既。

〔一〕「綱」，原作「剛」，據弘治本、蜀藩本改。
〔二〕「以處阿那瓌、婆羅門」，此句宋刻《綱目》本無。
〔三〕「殺」，宋刻《綱目》本作「弑」。

食既，大變也。是歲正德奔魏逃歸，而侯景渡江之禍始此矣。《綱目》書食既十有二，未有無其應者也。

冬，十一月，魏行《正光曆》。○梁西豐侯正德奔魏，既而逃歸。○柔然王婆羅門叛魏，魏討而執之。

柔然未有書叛者，此其書叛何？已降也。一字之權衡，嚴矣！

癸卯 梁普通四年、魏正光四年。春，二月，柔然大饑，魏遣使撫之。○三月，魏司空劉騰卒[一]。

騰，乂黨也，嘗幽太后矣，書卒、書官何？譏失刑也。

夏，四月，柔然王阿那瓌執魏使者，犯魏邊，魏發兵擊之，不及而還。

婆羅門書叛、書討，阿那瓌執魏使，則曷爲書擊之？病魏也。納所不宜納，以自取侮，魏亦不能無責矣。書擊不書討，所以示敝內事外者之貶也。

魏沃野鎮民破六韓拔陵反。

元魏之亂始此。

冬，魏司徒崔光卒[二]。○十一月朔，日食。○十二月，梁鑄鐵錢。

梁世書鑄錢者再，是年、丁丑年。書鑄鐵錢，譏也。書鑄鐵錢始此。終《綱目》書鑄鐵錢二。是年、

[一]「司空」，宋刻《綱目》本無。

[二]「司徒」，宋刻《綱目》本無。

五代乙酉年楚。

甲辰　梁普通五年、魏正光五年。春，三月，魏遣臨淮王彧督諸軍討拔陵。夏，四月，高平敕勒胡琛反。拔陵陷武川、懷朔鎮。五月，彧兵敗績，魏復遣都督李崇討之。○魏秦州莫折大提反，陷高平。大提死，子念生代領其衆，魏遣兵討之。○秋，七月，魏將軍崔暹討拔陵，戰於白道，敗績。○莫折念生寇魏東益州，不克。○八月，梁徐州刺史成景儁拔魏僮城[一]。○魏都督元志討莫折念生，戰於隴口，敗績。○魏改鎮爲州。○魏秀容人乞伏莫于等反，酋長爾朱榮討平之。○九月，梁取魏睢陵、荆山，襲壽陽，不克。○魏涼州亂，刺史宋穎以吐谷渾討平之[二]。○冬，十月，梁取魏建陵、曲木、琅邪等城。○魏營州人就德興反，魏遣兵討之，不克。○胡琛寇魏豳、夏、北華三州，魏遣兵討之。○魏朔方胡反，夏州刺史源子雍討平之。○魏以費穆爲朔州刺史。○魏北討都督李崇免。○十一月，莫折念生遣其弟天生陷魏岐州，殺都督元志。○蜀賊寇魏雍州，討平之。○十二月，梁復取三關，圍魏郢州，不克。○魏汾州胡反。○魏秦州平。○梁以散騎常侍朱异掌機政。

掌機政何？譏也。何譏？國家機密，凡腹心大臣皆與知焉。梁之禍，朱异始也[三]，故謹志之。

[一]「僮」，宋刻《綱目》本、《通鑑》卷一五〇作「童」。

[二]「渾」下，宋刻《綱目》本有「兵」字。

[三]「始」，弘治本作「力」。

乙巳　梁普通六年、魏孝昌元年。春，正月，梁取魏南鄉郡及馬圈等城。○魏徐州刺史元法僧反，魏發兵討之，遂降梁。○魏行臺蕭寶寅、都督崔延伯討莫折天生，敗之，岐、雍、隴東皆平。○梁裴邃敗魏師於壽陽。○魏討徐州，不克。梁以元法僧爲司空。○二月，魏元乂解領軍。

特筆也。領軍解，而乂之伏誅決矣。是故霍氏之將誅也，先書罷其屯兵；漢宣帝地節三年。元乂之將誅也，先書解領軍：是年。皆特筆也。

三月，梁遣豫章王綜總督衆軍，攝徐州事。召元法僧等還建康。○柔然阿那瓌爲魏討拔陵，敗之，自稱敕連頭兵豆伐可汗。○夏，四月，魏太后復臨朝，誅其尚書令元乂，以元順爲侍中，鄭儼、徐紇、李神軌爲中書舍人。○胡琛遣其將万俟醜奴寇魏涇州，崔延伯討之，敗死。○五月，梁豫州刺史、夷陵侯裴邃卒。○梁人圍小劍，魏擊敗之。○六月，梁豫章王綜叛，降魏。魏師入彭城，立綜爲丹陽王，更名贊。○西部鐵勒降魏，魏廣陽王深擊拔陵，破之，降其衆二十萬。○秋，八月，魏柔玄鎮民杜洛周反於上谷，魏遣兵討之。○冬，十二月，魏荆、郢群蠻叛，魏討敗之。梁取魏順陽、馬圈。○梁邵陵王綸有罪，免官，削爵土。○魏山胡劉蠡升反。

資治通鑑綱目書法第三十一

起丙午梁武帝普通七年〔一〕、魏孝明帝孝昌二年〔二〕，盡壬子梁武帝中大通四年、魏孝武帝永熙元年。

廬陵後學劉友益修撰
翰林直學士中大夫知制誥同修國史國子祭酒歐陽玄校正

丙午 梁普通七年、魏孝昌二年。春，正月，魏以楊津爲北道大都督。○魏五原降户鮮于脩禮反。○二月，魏西部敕勒斛律洛陽反。三月，爾朱榮討平之。○夏，四月，魏以元順爲太常卿。○魏朔州鮮于阿胡反。○魏都督李琚討杜洛周，敗死。○魏長孫稚討鮮于脩禮，敗績。○五月，元略自梁歸於魏，魏以爲侍中。

凡奔書歸，善辭也，猶有宗國之心焉，故善之。是故劉敬宣、司馬休之書來歸，元略書歸，元彧書歸，賀拔勝書歸，獨孤信書歸，皆善之也。

魏復以廣陽王深爲北道大都督。

〔一〕「武帝」，宋刻《綱目》本作「高祖」；本條下同，不再出校。
〔二〕「孝明帝」，宋刻《綱目》本作「肅宗」。

復以爲何？嘉改過也。深嘗爲北道都督矣，城陽王徽譖之，於是代深。今而復用，是也，而使元融、裴衍潛爲之備。疑人勿任，任人勿疑，於此復兩失之，卒之使深盤桓自疑，而爲葛榮所殺。《綱目》書此，予之也，亦惜之也。

秋，七月，魏行臺常景敗杜洛周於范陽。○鮮于阿胡陷魏平城。○八月，賊帥元洪業殺鮮于脩禮，降魏，其黨葛榮復殺洪業而自立。○魏安北將軍爾朱榮執肆州刺史，而以爾朱羽生代之。

刺史何？尉慶賓也。曷爲不名？執，善辭也，慶賓無備，以至被執，則非力屈者矣。然則何以不書襲？不書襲書執，所以見爾朱之强也。刺史專方面，本兵柄，而易置之如奕棋，爾朱不臣之迹兆於此矣，故謹書之。是故書執肆州刺史，以羽生代之，所以著爾朱之無君；書以白文珂爲西京留守，所以著郭威之無君也。

葛榮襲殺魏都督章武王融、廣陽王深。○就德興陷魏平州。○莫折念生降魏，既而復反。破六韓拔陵誘胡琛，殺之。○冬，十一月，梁侵魏，取壽陽。

於是降城五十二，獲男女七萬五千人。初，蕭綜既叛，梁主密召夏侯亶還，曰：「俟淮堰成，復進。」至是淮堰水盛，亶復侵魏，李憲遂降，則淮堰蓋三脩矣。其不書何？削之也。淮堰再築再壞，死者無慮數十萬人，於是三脩，其損費又可知矣，而所獲未償所失四分之一，故削之。削之者，不以壽陽之得歸之堰也。

魏幽州民執行臺常景叛，降杜洛周。

丁未　梁大通元年、魏孝昌三年。春，正月，葛榮陷魏殷州，刺史崔楷死之，榮遂圍冀州。

自六鎮之叛，陷州郡多矣，未有以死節書，於是書崔楷。若楷者，可謂知難不避者矣，故特書以嘉之。

魏蕭寶寅討莫折念生，敗績，魏以楊椿爲行臺。○魏主戒嚴，北討，不果行。

凡征討書不果，譏也。《綱目》書不果行十有一，而於征討書之者五，丁未年魏主再書、唐嗣聖五年武氏、上元元年肅宗、五代辛亥年周主。惟武氏及周主非譏辭。

莫折天生寇雍州，敗死，衆潰。○梁侵魏，圍東豫州及琅邪，克三關。○魏以房景伯爲東清河太守。

魏自辛未書以王慧龍爲滎陽太守，至是九十餘年矣，於是始書景伯。是時郡守，惟景伯庶乎以德爲政者，故書嘉之。

二月，莫折念生據潼關。○梁攻彭城[一]，魏人擊却之。○三月，魏主戒嚴，西討，不果行。○梁主捨身於同泰寺。

直書其事，不待貶而義見矣。書捨身始此。終《綱目》書捨身四，梁武帝、陳高祖。梁武帝凡三書焉[二]。陳叔寶捨身不書，太建壬寅。不於寺，故略之。

〔一〕「○」，原作空格，據宋刻《綱目》本補。

〔二〕「梁」上，原衍「四」字，據文意刪。

夏，四月，魏復以蕭寶寅爲西討大都督。

書復以何？譏貳過也。涇州之敗，嘗免爲庶人矣，於是復用寶寅，竟殺酈道元而反，故書譏之。

秋，七月，魏陳郡亂，討平之。○魏樂安王鑒以鄴叛，降葛榮。○魏李神軌殺高謙之。

謙之爲奴所告，死耳，罪神軌何？復怨也。於是神軌得幸太后，先赦殺之。書神軌，所以病太后也。

梁將彭群圍魏琅邪，敗死。○八月，魏大都督源子邕拔鄴城，誅元鑒。○九月，秦州人殺莫折念生，以州降魏。○冬[一]，十月，梁將湛僧智、夏侯夔圍魏廣陵，克之。

於是夔助之攻城，降於夔，則夔功也，并書二將何？僧智讓也，故嘉之。是故鍾離之勝，景宗與韋叡并書；廣陵之克，僧智與夏侯并書：皆嘉其讓也。

梁將陳慶之攻魏渦陽，克之。

於是曹仲宗與慶之共攻克之，則其獨書慶之何？仲宗怯也。是故沈田子、傅弘之，俱入武關者也，弘之怯不書而書田子；陳慶之、曹仲宗，共克渦陽者也，仲宗怯不書而書慶之：《綱目》之於功罪，審矣！其爲勸戒，明矣！

魏蕭寶寅殺關右大使酈道元，舉兵反，魏遣行臺長孫稚討之。○十一月，梁以蕭淵藻爲北討都督，鎮

[一]「○」，原作空格，據宋刻《綱目》本補。

渦陽。○葛榮陷魏冀州，殺都督源子邕、裴衍，遂寇相州，不克。

戊申 梁大通二年，魏孝昌四〔一〕、敬宗孝莊帝子攸永安元年。春，正月，杜洛周陷魏定州，執行臺楊津，遂陷瀛州。

○魏大赦。

魏赦未有書者，此何以書？譏也。於是潘嬪生女，太后詐言皇子，大赦改元。赦之無義謂，莫甚於此，故特書譏之。

魏長孫稚討蕭寶寅，敗之，寶寅奔万俟醜奴。○葛榮殺杜洛周，并其衆。○魏太后胡氏進毒弑其主詡，而立臨洮王世子釗。

其子也，書弑何？尊無二上也。於是詡立十四年矣，非大無道，太后安得毒而殺之！《綱目》於其生也，正其名曰魏主之子，於其死也，書其主而正其罪曰弑，所以尊先君，重社稷，且以明無二上之義也。豈其曰己子，而可以率意殺之哉！終《綱目》書婦人行弑者六，詳宋丙辰。而書太后弑者二。魏馮氏、胡氏。

三月，葛榮陷魏滄州。○魏爾朱榮舉兵晉陽。夏，四月，至河陽，立長樂王子攸，而沈太后胡氏及幼主釗於河，殺王公以下二千人，自爲都督中外諸軍事，封太原王，遂入洛陽。

反也，不書反書舉兵何？正太后之爲賊也。然至於沈幼主，殺王公二千人，則榮亦賊矣。書曰

〔一〕「四」下，宋刻《綱目》本有「年」字。

遂入洛陽，入，惡辭也。然則釗，太后所立也，其成之爲幼主何？成之爲幼主，所以正罪榮也。

魏徐紇奔泰山，鄭儼伏誅。

儼爲部下所殺耳，書伏誅何？罪宜誅也。

魏汝南王悦、臨淮王彧、北海王顥出奔梁。○魏郢、青、南荆州皆叛，附於梁。○五月，魏立肅宗嬪爾朱氏爲后。

肅宗何？魏主其叔也。立后書氏，恒也，書曰立肅宗嬪，醜之甚矣。然則其不斥魏主何？兼罪榮與其臣也。立后亂倫，《綱目》必謹書之。是故魏書肅宗嬪，唐書太宗才人，閩再書父婢，晋書叔母，皆深醜之也。

爾朱榮還晋陽，以元天穆爲侍中、録尚書事，兼領軍將軍。

榮嘗自封太原王矣，不書太原王榮何？據高歡自爲丞相，書丞相歡。削之也。榮沈幼主，殺王公，則賊也，故削之，而終榮之身不書爵。然則曷爲不書魏？去魏，所以見天穆之爲侍中，榮以之也。

魏主聽訟於華林園。○魏詔聽民入粟。○梁遣將軍曹義宗圍魏荆州。○六月，元彧自梁歸於魏。

凡奔書歸，善辭也，猶有宗國之心焉，故善之。

魏免其侍郎高乾、高昂官。○魏河間邢杲反。○万俟醜奴稱帝。○秋，八月，魏泰山太守羊侃據郡降梁。○九月，葛榮圍魏相州，爾朱榮討擒之，冀、定、滄、瀛、殷皆平。○魏爾朱榮自爲大丞相。○

冬，十月，梁立元顥爲魏王，遣將軍陳慶之將兵納之。〇魏遣將軍費穆救荆州，獲曹義宗。〇十一月，魏復取泰山郡，羊侃、徐紇奔梁。〇十二月，魏幽州韓樓反。

己酉　梁中大通元年、魏永安二年。春，正月，魏主追尊其父勰爲皇帝。

哀帝追尊其父，未論禮之當否[一]，於是直稱文穆皇帝，甚矣。《綱目》不書文穆，譏在於皇帝，不在於文穆也。

夏，四月，魏王顥拔滎城，稱皇帝。

不書自立，書稱何？不予顥之自稱也。社稷有主，而仗讐國以伐其宗，是争也。故《綱目》終顥之身稱魏王。

魏元天穆討邢杲，平之。〇五月，魏王顥取梁國、滎陽、虎牢。〇魏主子攸奔河内。顥入洛陽[二]，以陳慶之爲車騎大將軍。

名子攸何？失國也。

六月，魏都督費穆伏誅。

誅穆者，顥也，不成顥之爲帝，則曷爲以誅書？河陰之役，穆助榮爲虐，是亦賊而已矣。逆賊，

[一]「否」下，弘治本、蜀藩本有「是時國祚以殊大宗也」九字。
[二]「顥」上，弘治本有「〇」相隔，與「魏主子攸奔河内」爲别一條；《書法》「名子攸何？失國也」，置於「河内」之下。

人得而誅之。

魏湖陽叛，降於梁。○閏月，魏爾朱榮渡河，魏王顥走死，陳慶之走歸梁。魏主子攸歸洛陽，榮自爲天柱大將軍。○秋，七月，魏以高道穆爲中尉。○魏始鑄永安五銖錢。○魏巴州叛，附於梁。○八月，魏太保楊椿致仕。

椿自丁未求解都督，於今三年矣，一免於爾朱之酷，再免於魏顥之忌，於是而後致仕書，危之也，而卒不免世隆之誣殺。生於亂世，難矣哉！

九月，梁主捨身於同泰寺。

梁主再捨身矣，於是親講《涅槃經》，曷爲不書？書其重者，則餘者略之可也。

魏討韓樓，獲之，幽州平。○万俟醜奴寇魏東秦州，陷之。○冬，十一月，就德興降魏，營州平。○魏以城陽王徽爲太保，蕭贊爲太尉，長孫稚爲司徒。○十二月，梁以陳慶之爲北兗州刺史。

庚戌　梁中大通二年，魏永安三〔一〕、主曄建明元年。春，正月，魏復取巴州。○三月，魏遣都督爾朱天光討万俟醜奴。夏，四月，獲之，遂克高平，獲蕭寶寅，皆誅之。

魏自拔陵反後，盜賊蠭起，賊帥雖送洛斬之，書死殺而已，此其書誅何？稱帝也。寶寅始欲仗魏復讐，終乃反魏作亂，其罪大矣，不誅何以爲《綱目》！

〔一〕「三」下，宋刻《綱目》本有「年」字。

六月，梁以元悦爲魏王。〇秋，七月，魏討万俟醜奴餘黨，滅之，三秦、河、渭、瓜、凉、鄯州皆平。〇魏以宇文泰爲征西將軍，行原州事。〇九月，長星見。

《綱目》書長星六，詳漢文帝九年。舍是，無書長星者矣。

魏爾朱榮至洛陽，與太宰元天穆皆伏誅。〇魏僕射爾朱世隆反，與汾州刺史爾朱兆立長廣王曄於長子。冬，十二月，入洛陽，遷其主子攸於晋陽而弑之。

兆亦反者也，獨書世隆反何？罪世隆也。魏主之謀誅榮也，曰殺榮與天穆而赦其黨。榮既伏誅，魏主大赦，世隆非其親弟，必在赦例矣。今乃首爲亂階，故特書反，而書與汾州刺史爾朱兆云云。然則弑逆雖兆之罪，而世隆亦與，受其惡矣。

魏紇豆陵步蕃大破爾朱兆於秀容，兆及晋州刺史高歡擊殺之，兆使歡統六鎮。

書兆使何？幸之也。曷爲幸之？歡不得六鎮，則爾朱未易亡也。書曰兆使歡統六鎮，天奪之魄矣。是故劉章封朱虚入宿衛而諸吕誅，《綱目》書曰太后封；高歡得六鎮而爾朱滅，《綱目》書曰兆使：皆莫之爲而爲者也。

魏齊州亂，刺史蕭贊走死。

於是齊州附爾朱兆，贊走，卒於陽平，則不忍負魏者也。不書卒，書死何？叛父之人，小節不足録也。故贊雖卒，而從盜賊例書死，《綱目》之誅惡，嚴矣！

梁以陳慶之爲南、北司州刺史。

辛亥 梁中大通三年，魏節閔帝恭普泰元〔一〕、主朗中興元年。春，二月，魏樂平王爾朱世隆廢其主曄，而立廣陵王恭。○魏幽州行臺劉靈助反。○魏河北大使高乾起兵信都，以冀州迎高歡。

書起兵何？惡爾朱也。然則曷爲不書討爾朱氏？討爾朱者，高歡也。故此書以冀州迎高歡，下書高歡起兵討爾朱氏，是乾之功止於迎歡而已，安得以討予之。

魏封其故主曄爲東海王。○魏以爾朱世隆爲太保。○魏以高歡爲渤海王。○魏都督侯淵討劉靈助，誅之。○夏，四月，梁太子統卒。○梁主立子綱爲太子。六月，封孫歡爲豫章王，譽爲河東王，詧爲岳陽王。

斥梁主何？譏也。何譏？先是，梁主信讒，太子統終身慚憤，不能自白。及卒，梁主欲立統子，銜其舊事，不立，立綱。以是爲梁主之私，而非天下之公也，故斥書主。自是，梁立太子不悉書。據太子大器。終《綱目》立太子斥書主者四。詳宋丙申年。

魏冀州刺史高歡起兵，討爾朱氏。

氏者何？舉族可誅也，故不書主名。是故霍氏舉族皆反則書氏，爾朱氏舉族可誅則書氏，《綱目》一字之筆削，嚴矣！

魏廣宗王爾朱天光殺侍中楊侃。秋，七月，爾朱世隆殺司空楊津、太保楊椿，夷其族，津子愔奔信都。

〔一〕「元」下，宋刻《綱目》本、蜀藩本有「年」字。

○梁賜其宗戚湯沐〔一〕，食鄉亭侯有差。○冬，十一月〔二〕，魏高歡立渤海太守元朗，自爲丞相，敗爾朱兆等軍於廣阿。○魏南兖州人執刺史劉世明以降於梁，梁遣歸魏。

執，善辭，曰力屈而被執也〔三〕。故降皆譏辭，惟執以降爲非譏。處變如世明者，可以無愧矣，故書其歸。元略、元彧嘗自梁歸魏矣，不書遣，此書遣歸何？善梁主也。人執以來，與來奔者異矣，而能不奪其志，宥而遣之，梁主於是有君人之度焉。書曰梁遣歸魏，美梁也。

壬子 梁中大通四年，魏普泰二〔四〕、中興二〔五〕、孝武帝脩永熙元年。春，正月，梁以袁昂爲司空。○梁封西豐侯正德爲臨賀王。○魏丞相歡克相州，以楊愔爲行臺右丞。○二月。梁以元法僧爲東魏王。○梁邵陵王綸有罪，免爲庶人，既而復之。

書既而復之何？譏過慈也。故槐里令朱雲言事得罪，既而釋之，爲美矣；邵陵王綸有罪免，既而復之，則何以爲譏辭？得者，不當得者也，故釋之爲美；有者，所實有者也，故復之爲譏。

三月，魏主朗入居於鄴，高歡自爲太師。

〔一〕「湯」，原無，據《通鑑》卷一五五補。
〔二〕「一」，《通鑑》卷一五五無。
〔三〕「曰」，弘治本、蜀藩本作「也」，從上句讀。
〔四〕「二」下，宋刻《綱目》本有「年」字。
〔五〕「二」下，宋刻《綱目》本有「年」字。

書魏主何？成朗之爲君也。成朗之爲君，將以正罪歡也，故自爲太師則削其官，至破殺爾朱兆，乃書大丞相。

閏月，魏爾朱天光等會兵攻鄴，高歡擊破之。○夏，四月，魏將軍斛斯椿執爾朱天光、度律，送鄴，世隆伏誅，仲遠奔梁。○魏雍州刺史賀拔岳誅爾朱顯壽。○高歡入洛陽，廢其主恭及朗，而立平陽王脩，自爲大丞相。

高歡自三月自爲太師，削其官矣，此復不書魏何？歡伉也。書廢其主多矣，未有連書廢二主者，於是書曰廢其主恭及朗，歡罪可勝言哉！

魏爾朱度律、天光伏誅。○五月，魏封其故主朗爲安定王。○魏主脩弑其故主恭。

廢主書弑多矣，未有書其故主者，書其故主何？無爵也。《綱目》之法，廢主有爵書爵，無爵書其故主。《綱目》書弑其故主二。魏主恭、西魏主欽。

秋，七月，魏大丞相歡討爾朱兆，走之，遂據晉陽。

討爾朱兆，正也，因而據有晉陽，則專甚矣，故書據，書遂。《綱目》於高歡，自是無取焉。

冬，十一月，魏主脩弑安定王朗、東海王曄。

恭書弑，宜矣，朗、曄立數月耳，其書弑何？一日，亦君臣也。魏主於是，蓋三弑君矣。

十二月，魏主殺汝南王悦。○魏立后高氏。

資治通鑑綱目書法第三十二

起癸丑梁武帝中大通五年〔一〕、魏孝武帝永熙二年〔二〕，盡丁卯梁武帝太清元年、魏文帝大統十三年、東魏孝静帝武定五年〔三〕。

廬陵後學劉友益修撰
翰林直學士中大夫知制誥同修國史國子祭酒歐陽玄校正

癸丑 梁中大通五年、魏永熙二年。春，正月，魏大丞相歡襲秀容，殺爾朱兆。

前書討爾朱兆矣，此其不書誅何？歡既據晉陽，則與爾朱等耳，兆雖爲賊，歡不得而誅之也。故爾朱氏之死皆書誅，惟兆以歡殺之，止書殺。

魏罷諸行臺。○魏以賀拔勝爲荆州刺史。○三月，阿至羅復附於魏。○魏徐州刺史高乾伏誅，大都督高敖曹奔晉陽。

〔一〕「武帝」，宋刻《綱目》本作「高祖」；本條下同，不再出校。
〔二〕「帝」，宋刻《綱目》本無。
〔三〕「帝」，宋刻《綱目》本無。

乾嘗書起兵矣，此書伏誅何？罪乾也。曷爲罪之？漏泄機事，且啟歡以簒者，斯人也。《綱目》之筆削，審矣！

夏，四月，魏青州人耿翔殺其刺史降梁，梁以翔爲刺史。

書梁以爲刺史，病梁也。人弑其君以叛而受之，因使代焉，是以弑君之利教其下也，《綱目》特書而病之。

五月，魏下邳叛，降於梁。○秋，八月，魏以賀拔岳爲雍州刺史。○九月，魏大丞相歡分封邑以頒勳義。

於是歡表讓王爵，不許，請分封邑以頒勳義，許之，不書請何？誅意也。歡有不臣之心，將以是結人心而用之。《綱目》直書歡分封邑，所以著高歡之心也。

冬，十二月，魏人侵梁雍州。

此賀拔勝也，書人何？譏也。魏主授勝荆州，以敵歡也。勝宜厲兵秣馬以待上命，乃區區生事於梁，非其事矣。《綱目》書人，書侵，深譏之也。其後赴義不勇，中道而還，卒爲侯景所逐，宜矣！

魏大丞相歡使翟嵩如關中。

甲寅　梁中大通六年、魏永熙三年、東魏孝静帝善見天平元年。○是歲魏分爲二，凡三國。春，正月，魏大丞相歡攻紇豆陵伊利，執之。○魏永寧浮圖災。

火災非宮闕、宗廟不書，書浮圖災何？譏也。魏之君臣崇信異教，而其效乃爾，故書譏之。終《綱目》書災十五，而書浮圖災者二，是年、梁丙寅年。皆所以垂戒也。

魏秦州刺史侯莫陳悦殺賀拔岳，魏以宇文泰統其軍。○夏，四月朔，日食。○魏宇文泰討侯莫陳悦，誅之，遂定秦、隴，魏以泰爲關西大都督。

悦、岳兩下相殺耳，其書討誅何？罪悦也。魏主方將仗岳自救，而悦殺之，且復附歡以拒召命，是黨賊也。書討，書誅，宜矣！

六月，魏大丞相歡舉兵反。○秋，七月，魏主脩奔長安。歡入洛陽，推清河王亶承制决事。魏主以宇文泰爲大將軍、尚書令。○魏大丞相歡屯華陰，使侯景取荆州，賀拔勝奔梁。○魏閤内都督趙剛以東荆州兵赴長安，遇盜，敗没。

於是剛召馮景昭入援，既而從之，不書景昭何？美剛功也。景昭顧望，非剛兵不行矣，故削之。書曰趙剛以東荆州兵赴長安，歸功剛也，故雖遇盜敗没，《綱目》必書之。是故九江之歸漢未决，而隨何能以之，則書隨何以；漢王邦三年。陶侃之赴難未勇，而温嶠能以之，則書温嶠以；晋成帝咸和三年。東荆州之入援未果，而趙剛能以之，則書趙剛以；是年。皆歸功以之者也。

冬，十月，魏大丞相歡立清河世子善見於洛陽。○魏以宇文泰爲大丞相。○梁伐東魏。

魏亂久矣，梁之加兵，書襲、書取、書圍、書侵而已，此其書伐何？善見之立，非正也，故書伐。

十一月，東魏遷於鄴。○閏十二月，魏大丞相泰進毒，弑其君脩。○魏獨孤信克荆州，東魏人襲之，信奔梁。

前書歡取荆州矣，於是克之，不爲東魏荆州何？土，魏土也，東魏不得而有之。故自是，東魏攻魏則書侵，魏攻東魏則書伐；東魏取魏地則書取魏某地，魏取東魏地則直書某地而已。魏正也。《綱目》之予奪，明矣！

乙卯 梁大同元年、魏文帝寶炬大統元年、東魏天平二年。春，正月朔，魏大丞相泰立南陽王寶炬。○魏將軍李虎克靈州。○魏大丞相泰自爲都督中外諸軍事，封安定公。○魏立后乙弗氏。○東魏大丞相歡擊稽胡，斬劉蠡升。○東魏大丞相歡自爲相國，假黃鉞，加殊禮，復辭不受。

書復辭何？譏也。既自爲之，復自辭之，其譎甚矣。《綱目》上書自爲，下書復辭不受者三人焉，司馬昭、劉裕、高歡。權臣一轍也。

東魏人襲魏華州，不克。○魏作新制二十四條。○魏大丞相泰以蘇綽爲行臺左丞。

凡拜官書某以某，譏專也。此書泰以何？美泰也。泰於是能用才矣，故美之。

夏，五月，魏大丞相泰自加柱國。○秋，七月，魏東益州叛，降於梁。○八月，東魏作新宮。○魏趙剛以東荊州歸於魏〔一〕。
書趙剛以何？再歸功剛也，故不書李愍。東荊州，東魏地也，不書東魏東荊州何？尺土皆魏也。
冬，十一月，梁侍中徐勉卒。○魏梁州叛，降於梁。○東魏封高洋爲太原公。○十二月，東魏始賦文武官禄。○魏與柔然和親。
於是柔然求婚東魏，高歡以常山王妹爲蘭陵公主，妻之。魏亦以元翌女爲化政公主，妻可汗弟。不書東魏何？柔然本魏臣也，求婚東魏，東魏從之，猶可也。未嘗求魏，自與和親，魏之屈甚矣。特書魏與柔然和親，傷之也。
丙辰梁大同二年、魏大統二年、東魏天平三年。春，正月，東魏大丞相歡襲魏夏州，取之。魏靈、涼州亦叛附於歡。
附東魏也，書附於歡何？附東魏，即附賊也。書附東魏，則未知其爲非也，故特書附於歡，此《綱目》之特筆也。凡魏人附東魏，則書叛；東魏人歸魏，則不書叛。歸魏，正也。
二月，東魏大丞相歡遣其世子澄入鄴輔政，東魏以爲尚書令、京畿大都督。
此曹操以子丕爲丞相副之故智也。高歡封爵皆書自，澄爲尚書令，則曷爲不書高歡以？上書高

〔一〕「○」，原作空格，據宋刻《綱目》本補。

歡遣，下書東魏以，見其主之不得不以也。《綱目》辭繁而不殺，意可見矣。

東魏大丞相歡以陳元康爲功曹。○三月，梁處士陶弘景卒。

特筆也。布衣卒黄憲、漢安帝延光元年。卒管寧[一]，漢後主延熙四年。徵士卒陶潛，宋文帝元嘉四年。處士卒陶弘景，是年。皆特筆也。處士書卒，終《綱目》一人而已矣。

夏，四月，梁以江子四爲右丞。○秋，七月，魏賀拔勝自梁歸於魏。○九月，東魏行臺侯景侵梁，梁陳慶之擊破之[二]。

梁加東魏書伐，此其書侵何？不予東魏之自立也。故凡東魏加人，皆書侵。

冬，十二月，東魏及梁平。○魏大饑。

丁巳　梁大同三年、魏大統三年、東魏天平四年。春，正月，東魏大丞相歡侵魏，魏大丞相泰擊破之，殺其將竇泰。歡別將襲魏洛州，執其刺史泉企。○夏，六月，東魏遣使如梁。○魏獨孤信自梁歸於魏。○秋，八月，魏大丞相泰伐東魏，克恒農，遣使諭降河北城堡。○梁脩長干塔。

書作寺多矣，未有書脩塔者。書脩塔，譏也。書脩塔始此。終《綱目》書作塔二，是年、丙寅年。皆梁也。

[一]「卒」，弘治本無。

[二]「破」，宋刻《綱目》本作「敗」。

閏九月，梁以武陵王紀爲益州刺史。○東魏大丞相歡侵魏。冬，十月，魏大丞相泰迎戰渭曲，大敗之。

迎戰何？予之也。是故周瑜書迎擊，漢獻帝建安十三年。張悌書迎戰，晋武帝太康元年。宇文泰書迎戰，是年。皆予之也。

魏大丞相泰伐東魏，東魏秦州降，泰遂略定汾、絳。

東魏地不書東魏，書東魏秦州何？魏自有秦州也。書東魏秦州，所以别其爲蒲坂也。

魏取洛陽、豫州，潁、梁、廣、陽等州皆降。○東魏濮陽、陽平盜起，濟州刺史高季式討平之。

戊午 梁大同四年、魏大統四年、東魏元象元年。春，正月朔，日食。○二月，東魏遣行臺侯景治兵虎牢，復取汾、潁、豫、廣四州。○魏廢其后乙弗氏，立柔然女郁久閭氏爲后。

凡廢立聯書，所廢因所立也。是故有陰氏而後郭氏廢，漢光武建武十七年。有郁久閭氏而後乙弗氏廢，是年。有武氏而後王氏廢，唐高宗永徽六年。《綱目》皆聯書之，所以志禍本也。魏加柔然常書伐，臣之也。至是乃后其女焉，又爲之殺故后，魏於是不振甚矣。書曰立柔然女，深譏之也。

秋，七月，梁大赦。

脩長干塔大赦不書，於是得舍利大赦，則何以書？梁主溺於異教，一赦甚矣，又可再乎？雖欲略之，不可得也。

八月，東魏遣兵圍魏金墉，魏大丞相泰救之，斬其將高敖曹；復戰，不利，引還。○魏長安亂，大丞相泰討平之。○東魏大丞相歡拔金墉，魏師走。○東魏范陽人起兵應魏，東魏討平之。

盧景裕兄弟也，不書叛，書起兵何？應魏，正也。郭質起兵則書名，此但人之何？景裕不能死志，苟免於歡，則亦不足録也已。故東魏得書討，《綱目》人之而不書其名，其爲不能守義之戒，深矣！

冬，十二月，魏復取洛陽及廣州。○東魏禁擅立寺。○盜殺魏廣州刺史李延孫。

殺之者，長史也，其書盜何？延孫自父長壽不從東魏，每以澄清爲己任，則魏之忠臣也。殺魏忠臣，是黨賊也，亦賊而已矣，故書盜。

魏取宜陽，行臺王思政城玉壁〔一〕，徙鎮之。

城不書，必關要而後書，故自是凡四書玉壁。

東魏改停年格。

己未　梁大同五年、魏大統五年、東魏興和元年。春，正月，梁以何敬容爲尚書令。○魏大丞相泰置行臺學。

書泰置何？嘉泰也。

夏，五月，東魏立后高氏。○秋，九月，東魏城鄴。○冬，十月，魏置紙筆於陽武門以求言。

皆東魏所未有也，特書嘉之。終《綱目》書求言一，是年。求直言五。詳漢文帝二年。

〔一〕「玉壁」，原作「玉璧」，據宋刻《綱目》本、弘治本、蜀藩本、《通鑑》卷一五八改；以下徑改，不再出校。

十一月，東魏行《興光曆》。○梁分諸州爲五品。○魏制禮樂。

長安草創，泰念及此，書，予之也。

庚申 梁大同六年、魏大統六年、東魏興和二年。春，二月，柔然侵魏，魏主殺其故后乙弗氏。○夏，閏五月朔，日食。○秋，八月，梁司空袁昂卒。○冬，十一月，吐谷渾遣使如東魏。

辛酉 梁大同七年、魏大統七年、東魏興和三年。秋，七月，魏以宇文測爲大都督、行汾州事。○九月，魏省官員，置屯田，頒六條。○冬，十月，東魏頒《麟趾格》。○十二月，梁交州李賁反，遣兵討之。○東魏大稔。

書大稔始此。終《綱目》書大稔四，是年、唐高宗永徽元年、德宗貞元三年、憲宗元和六年。大熟一。晋孝武帝太元七年。

壬戌 梁大同八年、魏大統八年、東魏興和四年。春，正月，梁安成妖人作亂。三月，江州司馬王僧辯討平之。○魏初置六軍。○秋，八月，東魏以侯景爲河南大行臺。○冬，十月，東魏大丞相歡圍魏玉壁，不克而還。○十二月，梁盧子略作亂廣州，參軍陳霸先討平之。

癸亥 梁大同九年、魏大統九年、東魏武定元年。春，二月，東魏北豫州刺史高仲密以虎牢降魏。三月，魏大丞相泰帥軍應之，及東魏大丞相歡戰於邙山，大敗而還。○夏，四月，清水氏叛魏，魏遣使喻降之。○東魏復取虎牢。○東魏以侯景爲司空。○秋，八月，東魏以斛律金爲大司馬。○冬，十一月，東魏築長城於肆州。

甲子　梁大同十年、魏大統十年、東魏武定二年。春，三月，東魏以高澄爲大將軍、領中書監。○夏，四月〔一〕，梁尚書令何敬容有罪，免。○五月，魏大都督、琅邪公賀拔勝卒。○秋，七月，魏更權衡度量，頒新制。○東魏以崔暹爲中尉，宋遊道爲左丞。○冬，十月，東魏括户均賦。

乙丑　梁大同十一年、魏大統十一年、東魏武定三年。春，正月，東魏作晉陽宮。○三月〔二〕，魏遣使如突厥。

突厥始見《綱目》。

夏，六月，魏作《大誥》。

莽作大誥不書，此何以書？莽詐而魏實也，故書魏不書莽。

梁遣兵討李賁，敗之。○冬，梁復贖刑法。

四十四年，立、罷、復，凡三書矣。《綱目》書贖刑三，皆梁也。

梁散騎常侍賀琛上書論事，詔詰責之。

前書江子四爲右丞，美從諫也。梁主自是，漸不克終矣。書論事，平辭也；書詰責之，甚辭也。非所責而厚責焉，梁主所以無令終也。《綱目》書上疏論事一，賀琛書詔詰責之，是年。康澄書優

〔一〕「四」，《通鑑》卷一五八作「五」。
〔二〕「三」，《通鑑》卷一五九作「二」。

詔答之，後唐壬辰年。合而觀之，梁主爲有愧矣。

魏遣使執其瓜州刺史鄧彥。

執者，執無罪也。彥不爲無罪，而以執書之何？譏用詐也。彥殺元康，奪其位，討之可也。既以爲刺史，而又遣使執之，非刑矣。《綱目》譏用詐，是故鄧彥書瓜州，是年。王弁書開州〔一〕。唐憲宗元和十四年。

丙寅 梁中大同元年、魏大統十二年、東魏武定四年。春，三月，梁主講佛書於同泰寺。夏，四月，同泰浮圖災，復作之。

魏主講佛書書親，異之也。己丑年。此其不書親何？嘗再捨身，則親講不足異矣。前再講《涅槃》不書，是年、中大同三年。此何以書？爲浮圖災書也。上書講佛書同泰寺，繼書同泰浮圖災，再書同泰，所以著感應之效也。而復作之愚，亦甚矣，書，深譏之。

五月，魏涼、瓜州亂，討平之。〇秋，七月，梁禁用短錢。〇八月，梁以邵陵王綸爲南徐州刺史。

梁主親在上，而諸子已有爭心矣，故其刺州也，悉書之。

東魏遷《石經》於鄴。

書，尊經也。《綱目》於《石經》屢書之。是故立《石經》書，漢靈帝熹平四年。補《石經》書，梁

〔一〕「王」，原作「主」，據蜀藩本、《通鑑》卷二四一改。

戊戌年魏。遷《石經》書，是年魏。徙《石經》於洛陽書，陳己亥年周。《石經》成書。唐文宗開成二年。

魏以韋孝寬爲并州刺史，守玉壁。○梁討李賁，敗之。○冬，十月，梁以岳陽王詧爲雍州刺史。○十一月，東魏大丞相歡侵魏，圍玉壁，不克而還。○東魏大將軍澄如晉陽。○魏度支尚書蘇綽卒。

丁卯　梁太清元年、魏大統十三年、東魏武定五年。春，正月朔，日食。○梁以湘東王繹爲荆州刺史。○東魏大丞相、勃海王高歡卒。

賀善贊曰：高歡自起兵，書討爾朱氏，既而即書自爲丞相、自爲太師，書廢其主恭及朗，自爲大丞相。爾朱既走，即書遂據晉陽，故雖殺兆，《綱目》不書誅書殺，而隨以舉兵反書矣。東魏既建，首書自爲相國、假黄鉞、加殊禮，書遣其世子澄入鄴輔政。其敵魏也，再書爲泰所敗，再書圍玉壁不克，其以勝書者，拔金墉、戰邙山而已。《綱目》於高歡，蓋無取焉。

東魏大行臺侯景以河南降魏。○二月，魏除宫刑。

書除宫刑何？予權也。肉刑自漢文帝始除之矣，於是猶用宫刑，魏之過也。《綱目》書除宫刑，無貶辭，蓋予之矣。終《綱目》恤刑之政，書除十。詳漢惠帝四年。

侯景復以河南叛附於梁，梁封景爲河南王，遣兵援之。

前書以河南降魏不書叛，此其書叛何？歸魏，正也，背魏附梁，則非正矣，故書叛。然則曷爲不書魏侯景？景之心不純乎魏也，故書復以，若曰既以降魏，復以附梁，其反覆可見矣。而受之，而封之，是故魏以景爲大行臺不書，梁封爲河南王則書，譏貪也。

三月，梁主捨身於同泰寺[一]。○夏，四月，東魏大將軍澄如鄴。

鄴者何？東魏所都也。晋陽書如可也，此其書如何？澄不臣也。是故竇憲不臣，則不書朝書會；漢和帝永元三年。高澄不臣，則不書朝書如。是年。《綱目》一字之筆削，嚴矣！

六月，東魏遣兵討侯景，魏遣兵救之。徵景入朝，景不受命，魏師乃還。

景前降魏不書叛，不與東魏以河南也。此其書討何？降魏，正也，復叛附梁，則景固可討矣，故東魏得書討。然則書救之，非譏歟？景既復附於梁，魏方救之，既徵不至，然後乃還，《綱目》辭繁不殺，所以病魏而惡景也。若謂以討書救爲譏魏，則失其旨矣。

秋，七月，梁遣貞陽侯淵明督諸將侵東魏。

梁嘗書伐東魏矣，此則曷爲以侵書？受其叛人，則固不足以伐人矣。

東魏大將軍澄還晋陽，自爲都督中外諸軍、録尚書事、勃海王。○東魏大將軍澄入鄴，幽其主於宫中，殺侍讀荀濟等而還。

入，惡辭也。書入，書幽其主，書殺某等而還，澄之凶燄可見矣。

[一]「寺」下，底本原有《書法》一條：「梁主捨身，《綱目》凡三書於册，然其身猶在，卒莫之捨。捨於佛而佛不受，未幾遂捨於侯景，不惟捨其身，且并其子孫家國捨之，可哀也哉！」據弘治本及（宋）尹起莘：《資治通鑑綱目發明》，此條爲《發明》内容，删去。

九月，梁堰泗水〔一〕，以攻東魏之彭城。冬，十一月，東魏行臺慕容紹宗擊敗之，獲蕭淵明。

攻未有書方略者。秦書决河溝，丙子年。重開河隙也。此泗水耳，其書何？病梁也。梁嘗堰淮以攻壽陽矣，得不償失。《綱目》於其三築，削之不書。於是遣攻彭城，計復出此，而竟無所益，故特書譏之。

十二月，梁立元貞爲咸陽王。○侯景敗東魏兵於渦陽。○魏以鄭穆爲京兆尹。

〔一〕「梁」下，宋刻《綱目》本有「師」字。

資治通鑑綱目書法第三十三

起戊辰梁武帝太清二年〔一〕、魏文帝大統十四年、東魏孝静帝武定六年〔二〕，盡甲戌梁元帝承聖三年〔三〕、魏恭帝元年〔四〕、齊文宣帝天保五年〔五〕。

廬陵後學劉友益修撰
翰林直學士中大夫知制誥同修國史國子祭酒歐陽玄校正

戊辰 梁太清二年、魏大統十四年、東魏武定六年。春，正月，東魏慕容紹宗擊侯景，景衆潰走，襲據壽春〔六〕，梁以爲南豫州牧。

書據何？病梁也。景説黠得入，即遣其將分守四門，則非委身歸義明矣。方且以爲南豫州牧，

〔一〕「武帝」，宋刻《綱目》本作「高祖」。
〔二〕「帝」，宋刻《綱目》本無。
〔三〕「元帝」，宋刻《綱目》本作「世祖」。
〔四〕「帝」下，宋刻《綱目》本有「廓」字。
〔五〕「文宣帝」，宋刻《綱目》本作「顯祖洋」。
〔六〕「春」，《通鑑》卷一六一作「陽」。

甚矣哉！梁主之蔽也。故書據病之。

二月，東魏求成於梁。

求成何？卑辭也。此高澄詭計，侯景所以決反者也，故謹書之。

三月，梁交州司馬陳霸先討李賁，平之。○夏，四月，東魏遣兵圍魏潁川。○五月，魏以宇文泰爲太師。○梁遣散騎常侍徐陵如魏。○秋，七月朔，日食。○東魏罷南郊道壇。

嘗書立天師道場矣，於是而有罷道壇之書，道士多濫故也。終《綱目》道教之黜四：東魏罷南郊道壇，一也；是年。齊以道士爲沙門，二也；丁亥年。周廢佛、道二教，三也；甲午年。唐沙汰僧、道，四也。武德九年。周廢二教纔七年而書復，唐汰僧、道不一二月而書復[一]，皆兼佛教，故其復易也。至魏罷道壇，齊以道士爲沙門，則遂無聞焉。道、佛皆異端也，由是觀之，佛之惑人，又甚於道矣。

八月，東魏遣兵略地江、淮，取二十三州。○梁侯景反壽陽[二]，梁主遣邵陵王綸督諸軍討之。○冬，十月，梁臨賀王正德叛，引侯景兵渡江，梁主命宣城王大器、將軍羊侃督軍禦之。○蕭正德引侯景圍梁臺城。十一月，景以正德稱帝。

〔一〕「復」，弘治本作「罷」。

〔二〕「○」，原無，據宋刻《綱目》本補。

書梁臺城何？外正德也。正德引盜圍國，無君父矣，故外之。《綱目》書以稱帝五。漢劉嬰、劉盆子、梁蕭正德、蕭莊、僧卓巖明。

梁荆州刺史、湘東王繹移檄遣兵赴援。

書遣兵何？罪繹也。則曷爲罪之？君父在難，爲之子者宜身親奔命，如救頭然，而止遣兵，其罪大矣。終《綱目》書入援十五[一]，詳晉愍帝建興四年。赴難三，詳晉成帝咸和四年。入衛三。詳晉懷帝永嘉二年。

梁邵陵王綸還軍赴援，侯景擊之，大潰。〇十二月，梁鄱陽王範、南康王會理將兵入援。〇梁將軍羊侃卒。〇梁散騎常侍韋粲及東、西道都督裴之高、柳仲禮等各以兵入援，推仲禮爲大都督。〇魏太師泰殺其國臣王茂。

己巳 梁太清三年、魏大統十五年、東魏武定七年。春，正月，侯景襲梁援軍，韋粲死之；柳仲禮擊景，敗之。〇梁中領軍朱异卒。

禍梁者，异也，書官書卒何？譏失刑也。

梁北徐州刺史蕭正表以州叛，降東魏。〇梁援軍擊侯景，天門太守樊文皎戰死。〇二月，梁以侯景爲大丞相，與之盟，敕止援軍。湘東王繹次於武城。

[一]「五」，原作「二」，據本書卷十八晉愍帝建興四年《書法》改。

於是景求和也，曷爲不書？書與之盟，病梁也。賊舉兵犯闕，而以爲大丞相，且與之盟，挫威甚矣。援軍既止，賊不背盟乎！書次武城何？罪繹也。景反至今蓋半年矣，繹自遣文皎，尋發江陵，今既四月，始至武城，而又頓兵不進，其不急君父之難，甚矣！臺城既陷，遂各歸鎮，果何安乎！《綱目》前書遣兵赴援，此書次於武城，後書歸江陵，深罪之也。

東魏河内之民歸於魏。〇三月，侯景陷梁臺城，自稱大都督、録尚書事。邵陵王綸奔會稽。柳仲禮等叛，降景。景廢蕭正德以爲大司馬。

書叛降何？非力屈也。於是仲禮及羊鴉仁、王僧辯、趙伯超並開營降，曷爲首罪仲禮？大都督也。自大都督且降矣，餘何責焉，故等之。

梁東徐、北青州及淮陽郡皆叛，降於東魏，東魏遂取梁青州及山陽郡。〇梁湘東王繹歸江陵，殺桂陽王慥。〇侯景陷梁廣陵。〇東魏取梁淮陰。〇梁吴郡太守袁君正以郡叛，附侯景。

先是，景使齎敕召南康王會理，會理性懦，即以廣陵授之，《綱目》書陷而已。於是景遣兵數百略吴郡，君正素怯，遂郊迎之，則獨書叛何？會理聞敕而行，君正出郊迎賊，《綱目》之權衡，審矣！故不書會理，而斥君正。

梁宣城、吴興起兵拒侯景。〇東魏攻魏潁川，魏人擊之，殺其將慕容紹宗、劉豐生。〇夏，東魏大將軍澄如鄴。〇梁岳陽王詧執雍州刺史張纘。〇五月，梁主衍殂，太子綱立。

賀善贊曰：武帝得國之初，《綱目》首書立贖刑條，赦吉翂死，蓋天資近厚故也。其善政亦多有之，徵士求言，尊經興學，禮樂制度，相望於册。是以自漢永平以來，大有年未有書者，於是復書。獨其過於慈柔而廢國家之法，溺於異教而薄宗廟之禮，志取一城而輕數十萬人之命，故再書有罪免，三書捨身，再書作塔，四書淮堰，一書泗堰，《綱目》每深病之。迨夫末年，輕納叛人，遂不克終，悲哉！

魏詔代人復其舊姓。〇六月，梁湘東王繹殺太常卿劉之遴。〇東魏大將軍澄克潁川，以王思政歸魏，師還。

書以歸何？譏也。執以歸，力辭也；以歸，緩辭也。思政於是不得爲節士矣，惜哉！

梁湘東王繹自稱假黄鉞、大都督中外諸軍、承制。〇侯景殺蕭正德。

蕭正德，與景同反者也，怨景賣己，景殺之，而以誅書何？正德爲子則不孝，爲臣則不忠，乃天地間罪人也，人人得而誅之。幸而不正於典刑，而爲同惡者所殺，殺之之人雖非，而其所殺者，則有罪者也，以誅書之，垂戒萬世。

梁永安侯確謀討侯景，不克而死。

侯景之變，武帝子孫臨難無愧者，永安侯一人而已。

梁湘東王繹使其世子方等攻湘州刺史、河東王譽，譽擊之，方等敗死。繹殺其妃徐氏。〇秋，七月，梁廣州刺史元景仲謀反，西江督護陳霸先討誅之。〇梁湘東王繹使信州刺史鮑泉攻湘州。〇梁合州刺史、鄱陽王範以州附於東魏，以乞師。

於是東魏師不果出，書乞師何？嘉其志也。《綱目》予權，故範不書降，書附。

盜殺東魏大將軍、渤海王高澄於鄴。○九月，侯景陷吴興，梁太守張嵊、御史中丞沈浚死之。

侯景之變，以死節書者，韋粲、張嵊、沈浚三人。

梁岳陽王詧攻江陵，湘東王繹遣兵襲襄陽，詧遁還。繹使竟陵太守王僧辯攻湘州。○冬，十月，梁豫章内史莊鐵叛，襲江州，敗走。○十一月，梁湘東王繹遣兵攻襄陽，岳陽王詧乞師於魏，魏遣開府楊忠率師救之。○十二月，侯景陷錢塘、會稽，執梁刺史、南郡王大連。○梁始興太守陳霸先起兵討侯景。

侯景之變，梁之臣子能盡討賊之義，終始無愧者，霸先一人而已矣。

東魏取梁司州。

庚午　梁太宗簡文帝綱大寶元年、魏大統十六年、東魏武定八年、齊顯祖文宣帝高洋天保元年。○是歲東魏亡，齊代〔一〕。

春，正月，東魏高洋自爲丞相、都督中外諸軍、録尚書事，封齊王。○梁以陳霸先爲交州刺史。

於是湘東承制，命刺交州耳。書曰梁以，豈予湘東以承制乎？湘東承制，《綱目》止書自稱〔二〕，未嘗予也。書曰梁以，成霸先也。

〔一〕「齊代」，宋刻《綱目》本無。
〔二〕「止」，弘治本、蜀藩本作「上」。

梁邵陵王綸至江夏，自稱都督中外諸軍、承制。〇魏人圍安陸，獲梁司州刺史柳仲禮，遂取漢東。

獲者何？賤辭也。仲禮爲大都督，僅日一戰，尋復叛降，爲諸將先。今繹叔姪相攻，顧乃盡力所使，可賤甚矣，故書獲。

梁祖皓起兵廣陵，殺侯景將董紹先。

百餘人耳，書起兵何？予義也。《綱目》予義，是故劉崇以百餘人書起兵討莽，新莽居攝元年。祖皓以百餘人書起兵廣陵。是年。

二月，魏師進次石城，梁湘東王繹請盟，魏師還。

書次何？緩辭也。書請盟何？卑辭也。蕭繹君父餓死而不之讐，君兄在難而不之救，日夜攻湘州，攻襄陽，動干戈於同室。及魏師少進，未深入也，則送質求和，甘心焉。《綱目》書次，書請盟，所以深病繹也。

侯景陷廣陵，殺梁祖皓，屠其城。〇三月，梁主禊飲樂遊苑。

書，悲之也。父死身辱，而禊飲焉，可悲甚矣！

梁旱蝗。〇夏，四月，梁王僧辯克湘州，殺河東王譽。〇梁湘東王繹移檄討侯景。

繹前書移檄遣兵矣，於是復書移檄何？譏也。臺城之陷，餘一年矣，高祖之喪，且周期矣，然後發喪，移檄遠近，而終不聞出一兵，殺一賊，是誠何心哉！《綱目》削其發喪，再書移檄，若曰徒能移檄討之云爾。是故睿無北伐之志，則書曰移檄北征；繹無急讐之義，則書曰移檄討侯景；高駢無討賊之心，則書曰移檄討賊。《綱目》書移檄七，詳漢獻帝初平二年。惟睿、繹、駢爲譏辭。

五月，梁鄱陽王範卒。○齊王洋稱皇帝，廢東魏主爲中山王。○梁武陵王紀遣其世子圓照將兵赴援，次於白帝。

景叛三年，紀乃遣兵赴援，有餘罪矣。故不許東下，雖湘東之命，《綱目》直書圓照次於白帝，所以誅紀心也。於是書入援五，自韋粲外餘皆可譏，惟紀爲甚焉。終《綱目》書入援十五，詳晋愍帝建興四年。書入衛三，詳晋懷帝永嘉二年。赴難三，詳晋成帝咸和四年。書次者，一而已。

梁侯瑱殺莊鐵，據豫章。○齊立子殷爲太子。○魏立蕭詧爲梁王。○梁高州刺史李遷仕反，高凉太守馮寶妻洗氏討敗之。

書洗氏何？壯婦節也。婦人討賊，前書孫翊妻徐氏矣，於是再見。終《綱目》婦人書討，二而已。漢獻帝建安九年、是年。

梁王詧入朝於魏[一]。○秋，七月，侯景陷江州及豫章。○齊定律，始立九等户。○九月，梁湘東王繹取郢州，邵陵王綸奔齊昌。侯景兵襲之，綸遂奔齊，齊以爲梁王。○侯景自稱漢王。○冬，十月，魏太師泰伐齊，不戰而還，洛陽、平陽皆降於齊。

〔一〕詧入朝於魏，《通鑑》卷一六三在「秋七月辛酉」。

書伐何？齊簒也。不戰而還，惜之也。

梁寧州刺史徐文盛敗侯景兵於貝磯。〇侯景殺梁南康王會理、武林侯諮。〇魏初作府兵。

初者何？志始也。三代而下，寓兵於農，庶幾古制者，府兵而已，故謹書之。

齊行《天保曆》。

辛未 梁大寶二年、魏大統十七年、齊天保二年。春，二月，魏攻齊汝南，拔之，殺其梁王蕭綸。

魏取東魏地不書東魏，至齊始書齊。始書齊，易姓矣。

梁陳霸先討李遷仕，殺之。〇三月，魏主寶炬殂，太子欽立。〇梁徐文盛克武昌。〇齊以梁湘東王繹爲梁相國、承制。

齊以何？病繹也。繹爲梁宗藩，不急父兄之難，而甘心齊命，是齊鄙也。無恥甚矣，故特書齊，以深病之。

閏月，梁徐文盛伐侯景〔一〕，敗之。

文盛前書敗侯景兵矣，繼書克武昌矣，於是復親與景戰，敗之，特書伐，予功也。

夏，四月，侯景陷梁郢州，執刺史蕭方諸，徐文盛奔江陵。〇五月，魏隴西公李虎卒。〇梁湘東王繹遣大都督王僧辯伐侯景，次巴陵。景攻之，不克。六月，繹使胡僧祐擊景，敗之，獲其將任約，景

〔一〕「徐」，原無，據宋刻《綱目》本、《通鑑》卷一六四補。

遁還。

再書移檄討，於是又一年矣，然後遣僧辯，使僧祐，幸而取勝，尋復令止。《綱目》不没人之功，一一書之。

梁王僧辯克郢州，獲侯景將宋子仙，殺之。○梁湘東王繹誘江安侯圓正，執之。○魏以公主嫁突厥。

魏初嘗以西海公主嫁柔然矣，不書，甲戌年。略之也。此其書何？醜魏也。突厥，柔然之所不屑也，而以公主嫁之，魏於是益衰矣，故特書以公主。

秋，七月，豫章復爲梁。王僧辯克湓城，江州刺史陳霸先引兵會之。

於是于慶欲還豫章，侯瑱閉門拒之，慶走江州，則瑱功也，不書侯瑱何？初以豫章降賊者，瑱也，故削之，書曰豫章復爲梁，此《綱目》之變文也。

八月，侯景廢梁主綱，殺太子大器，而立豫章王棟。○冬，十月，侯景弒梁主綱。○魏侵梁南鄭。

於是蕭繹求援，命蕭循以南鄭與魏[一]，則魏承言取之也，其書侵何？善循也。繹以地予人，非正也；循之不可，正也。書魏以侵，所以善循之守正也。是故予蕭循之守正，則書魏侵梁南鄭；是年。予吴巒之守正，則書契丹攻雲州。五代丁酉年。

侯景將劉神茂以浙東附梁湘東王繹。

〔一〕「循」，蜀藩本作「脩」，據《南史》；本條下同，不再出校。

神茂，首迎賊者也。景敗，始謀叛景，則其書何？予反正也。景將舍是無能自新者矣，書神茂，所以勸也。

侯景廢梁主棟，自稱漢帝。〇十二月，齊主洋弑中山王。〇齊主殺美陽公元暉業。

壬申 梁世祖孝元帝繹承聖元年、魏主欽元年、齊天保三年。春，正月，齊主伐庫莫奚，敗之。〇突厥土門襲柔然，殺頭兵可汗，自號伊利可汗。

突厥始稱可汗。

二月，梁湘東王繹遣王僧辯、陳霸先討侯景。

前書遣王僧辯伐侯景矣，此復書遣何？病繹也。繹有他志，不從大寶之號，遣僧辯等一再有功，復令且頓尋陽，以待兵集。綱弑棟廢，始遣東下，蕭繹之心可知矣。《綱目》再書繹遣，所以誅其心也。

侯景陷東陽。〇三月，梁王僧辯、陳霸先擊敗侯景，景亡走吴。〇梁湘東王繹殺豫章王棟。

棟嘗立矣，止書殺何？景立之也。廢爲淮陰王矣，書故爵何？景廢之也。然則棟可殺歟？棟，歡子也；歡，統子也。繹思自利，而先殺之，書殺，所以罪繹也。

夏，四月，梁武陵王紀稱帝於成都。

自景之反，紀之事止再書，一書次於白帝，一書稱帝於成都，屬辭比事，紀之罪不可掩矣。武帝無義方之素，當其在御，諸子叛父，兄弟心爭。及至臨難，莫顧其君，而競相吞噬，其間可書者，唯永安侯一人，其次則南康、武林二王而已。湘東初未有功〔一〕，而養寇賊以覆邦，殄宗族以專利，其心有大可誅者。如紀，如譽，如詧，如堅，皆坐視社稷之亡而不救，可勝歎哉！

侯景伏誅。○盜竊梁傳國璽，歸之於齊。

張實、謝尚得璽獻之，則書獻，此其書歸何？獻者，自下奉上之辭也；歸者，自此納彼之辭也。一字之權衡，審矣！

齊以楊愔爲僕射，尚太原公主。

太原公主何？魏孝静后也。《綱目》故后改號公主者三，莽黄皇、隋樂平，皆以改號書，此其不書何？太原失節矣，故不書改號。

梁遣兵救南鄭，魏人敗之。○梁以王僧辯爲司徒，陳霸先爲征虜將軍、開府儀同三司。○王偉等伏誅。○梁以魯悉達爲北江州刺史。○齊人侵梁，圍秦郡，陳霸先擊敗之。○齊以辛術爲吏部尚書。

書辛術何？善其職也。高齊之世，書以爲吏部尚書者，辛術一人而已。

梁秦、梁刺史蕭循以州降魏。

以州降矣，不書叛何？薄循罪也。曷爲薄之？先是，湘東求援於魏，命循與魏南鄭。循不可，

〔一〕「初」，弘治本、蜀藩本作「雖」。

魏攻之，及是援絶，遂降。然則循之降魏，繹爲之也。故降不書叛，而書其歸。

秋，七月，梁陳霸先圍廣陵，不克，引還。○梁蕭循自魏歸於江陵。○冬，十月，齊築長城。○梁湘州刺史王琳下獄，其長史陸納入於湘州，以叛。○十一月，梁主繹立。○梁以蕭循爲湘州刺史，陸納襲巴陵，循擊敗之。

癸酉　梁承聖二年、魏主欽二年、齊天保四年。春，正月[一]，魏太師泰自加都督中外諸軍事。○二月，突厥伊利可汗死，弟木杆可汗俟斤立。○三月，梁武陵王紀伐江陵，魏遣大將軍尉遲迥伐成都以救之。

紀嘗稱帝矣，此其曰武陵王何？不成紀之爲帝也。不成之爲帝，則曷爲書伐？於是紀世子圓照啟云：「侯景未平，荆鎮已爲所破。」紀信其言，趣兵東下。《綱目》書曰伐江陵，亮紀之初志也。然紀罪人也，故魏兵亦稱伐。

夏，四月，梁遣王僧辯圍湘州。○魏師圍成都，梁武陵王紀還兵救之，次於西陵。○六月，梁復以王琳爲湘州刺史，陸納降。○秋，七月，梁武陵王紀衆潰，梁主殺之，及其諸子。○八月，成都降魏，魏以尉遲迥爲益州刺史[二]。○九月，梁遣王僧辯還建康，陳霸先還京口。

内臣還未有書遣者，此書梁遣何？咎梁主也。於是梁主安於江陵，遣還二將，卒以無援而亡。

[一]「正」，《通鑑》卷一六五作「二」。

[二]「魏」原無，據宋刻《綱目》本、蜀藩本、《通鑑》卷一六五補。

書曰遣還，所以著梁主之失計也。

梁以陸法和爲郢州刺史。〇齊納蕭退於梁，不克。

納者，不宜納者也，故退不書爵。

冬，十月，齊主伐契丹，大破之。〇十一月，突厥攻柔然，齊主擊之，遷柔然於馬邑川，突厥請降。〇魏太師泰殺尚書元烈。〇十二月，齊宿預叛，降於梁。

甲戌　梁承聖三年、魏恭帝廓元年、齊天保五年。春，正月，齊主擊山胡，敗之。〇梁陳霸先侵齊。

於是霸先圍廣陵，嚴超達圍涇州，侯瑱、張彪皆出石梁，杜僧明助東方白額，規勢大矣，其書侵何？納其叛臣，以規人之土地，固不足以言伐矣。

魏作九命、九秩之典。

後世以九敘品始此。

魏宇文泰廢其主欽而立齊王廓，復姓拓跋氏。

屢書太師泰矣，此其斥宇文泰何？泰再逆也。故廢書宇文泰，弑書宇文泰，再斥宇文，所以重罪泰也。

三月，梁以王僧辯爲太尉，陸法和爲司徒。〇魏遣使如梁。〇齊主殺其尚書左丞盧斐、李庶。〇夏，四月，柔然寇齊，齊主擊敗之。

柔然於魏恒書侵，此書寇齊何？齊所遷也，故下書齊伐。

梁以陳霸先爲司空。○魏宇文泰弒其故主欽。

書故主何？恒也。《綱目》之法，廢主有爵書爵，無爵書其故主。終《綱目》書弒其故主二。壬子年魏主脩、是年。

五月，魏以李遷哲爲信州刺史。○梁以王琳爲廣州刺史。○六月，齊冀州刺史段韶伐梁，拔宿預。

韶討宿預耳，書伐梁何？梁納叛也。故陳霸先等圍齊廣陵則書侵，段韶討宿預則書伐，曲直之辭也。

秋，八月，齊殺其太保高隆之。

高洋即位以來，殺斥齊主者凡九，惡淫刑也。此其止書齊何？於是隆之亦不能無過耳。《綱目》於刑殺，專斥書主者五君焉，宋子業、齊寶卷、北齊高洋〔一〕、高緯、陳叔寶。洋其一也，惟殺隆之不斥書。

齊築四城於洛陽。○梁主講《老子》於龍光殿。

漢桓帝祠老子則書親，延熹八年。魏主講佛書則書親，己丑年。異之也。道、佛一爾，此其不書親何？非創也，故略之。梁主方崇道教，未幾而有烏幔之辱，然則異端亦何益於人之國哉！《綱

〔一〕「北齊」，弘治本、蜀藩本無。

目》上書梁主講《老子》，下書執梁主繹，雖間有事不書，所以示崇信異端者之戒也。

冬，十月，魏遣柱國于謹帥師伐梁。十一月，入江陵。十二月，執梁主繹，殺之。

於是魏兵已至南鄭，而講《老子》猶不輟，玩敵甚矣。《綱目》書十月帥師，十一月入江陵，十二月執梁主繹，殺之，易辭也。自昔亡國之易，未有若此者，蕭繹之受報，宜矣！

魏取襄陽，徙梁王詧，使稱帝於江陵，屯兵守之。

書以稱帝多矣，未有書使者。使者何？敵國之辭也。屯兵，所以助梁也，曷爲不書戍之？名爲助防，實以制詧，此魏人之私也。《綱目》深探其情，故特書守。上書取襄陽，下書守之，存亡繼絶之義，固如是乎？深譏之也。

梁王僧辯、陳霸先奉晋安王方智承制。○魏加益州刺史尉遲迥承制。

資治通鑑綱目書法第三十四

起乙亥梁敬帝紹泰元年〔一〕、魏恭帝二年、齊文宣帝天保六年〔二〕，盡辛卯陳宣帝太建三年〔三〕、齊後主武平二年、周武帝天和六年〔四〕。

廬陵後學　劉友益修撰
翰林直學士中大夫知制誥同修國史國子祭酒歐陽玄校正

乙亥　梁敬帝方智紹泰元年、魏恭帝二年、齊天保六年。○後梁中宗宣帝蕭詧大定元年〔五〕。○凡四國。春，正月，梁王詧始稱帝。

庚午，魏嘗欲立詧爲梁帝矣，詧不肯帝，立爲梁王。蕭繹既亡，復使稱帝，於是始稱，故書始。

梁廣州刺史王琳救江陵，弗及，次於長沙，遣兵伐後梁。

〔一〕「帝」下，宋刻《綱目》本有「方智」二字。
〔二〕「文宣帝」，宋刻《綱目》本作「顯祖」。
〔三〕「宣帝」，宋刻《綱目》本作「高宗」。
〔四〕「武帝」，宋刻《綱目》本作「高祖」。
〔五〕「蕭」，宋刻《綱目》本無。「大」，原作「天」，據宋刻《綱目》本、《通鑑》卷一六六改。

書弗及何？追咎梁主也。忠力如王琳而遠之廣州，是以弗及救也。非譏琳乎？十一月徵兵，十二月而國亡，其弗及宜矣，於琳何譏焉！然則後梁亦梁裔也，曷爲書伐？殺繹者魏也，胥受魏立，自琳視之，則吾讎也。琳有舊主之心焉，故《綱目》書梁、書伐，所以勸義也。終《綱目》救書不及三，羊祜、王琳、是年齊遣兵。惟王琳非譏辭。

齊遣兵救江陵，不及，取梁郢州。

書取郢州何？罪齊也。救人之難，既不及矣，又因以爲利，故罪之。

齊遣梁貞陽侯淵明還梁稱帝，以兵納之。〇二月，梁王方智立。〇三月，齊人克梁東關。〇魏免梁俘數千口。〇夏，五月，梁王僧辯奉淵明歸建康，以梁王方智爲太子。〇六月，齊築長城。

齊於是再書長城矣。

齊人歸郢州於梁。

嘉改過也。

秋，七月，齊主伐柔然，大破之。〇八月，齊以道士爲沙門。

東魏嘗罷道壇矣，丙辰年。於是復書以道士爲沙門，道教凡再黜矣。終《綱目》道教偏廢者再，與佛教並廢者再。甲午年周罷二教[一]、唐武德九年沙汰僧、道[二]。並廢者不久而隨復，偏廢者自是而無聞焉，則佛之惑人，又甚於道矣！

九月，梁陳霸先殺王僧辯，廢淵明。冬，十月，復立方智，稱藩於齊。

淵明稱帝矣，名淵明何？不予其稱帝也。僧辯，中書監也，殺不書官何？不予其奉淵明也。前書方智立，此書立方智，宜立之辭也。方智則何以宜立？繹子也，與懿之子異矣。故杜龕、徐嗣徽輩皆書叛。

梁陳霸先自爲尚書令、都督中外諸軍事。○梁吴興太守杜龕叛，梁遣陳蒨討之。譙、秦刺史徐嗣徽、南豫州刺史任約襲建康[三]，不克，入於石頭以叛。十一月，齊遣兵援之。

叛而書援，罪援者也。

齊主殺其清河王岳。○十二月，梁陳霸先及齊人戰，敗之，徐嗣徽、任約奔齊。○梁以陳寶應爲晋安太守。○魏降其宗室王者爲公。○突厥滅柔然，可汗鄧叔子奔魏，突厥取而殺之。

書取何？易辭也。受人之寄而不能芘焉，魏於是不足以國矣。書曰取而殺之，罪魏也。

[一]「年」，弘治本無。
[二]「年」，弘治本無。
[三]「州」，宋刻《綱目》本無。

丙子　梁太平元年、魏恭帝三年、齊天保七年。春，正月，魏初建六官，以宇文泰爲大冢宰。〇梁陳蒨克吴興，獲杜龕，殺之。〇梁遣兵擊侯瑱於湓城。

杜龕書叛，書討，瑱據江州，則曷爲書擊？瑱不附霸先，非叛於梁也。故據江州不書，書擊侯瑱於湓城。

三月，齊儀同三司蕭軌侵梁，次於蕪湖。

書侵何？齊爲叛援也。

夏，五月，梁建安公淵明卒。〇六月，梁陳霸先及齊師戰，敗之，殺蕭軌及徐嗣徽。

杜龕、嗣徽皆書叛矣，殺之則曷爲不書誅？霸先父子不得而誅之也。故止從蕭軌，書殺。

梁王琳遣使奉表於魏、於齊。〇齊大治宫室。

築宫必書，重民力也。齊立七年，用民多矣，於是復大治宫室，民何堪焉！書曰大治，罪齊也。故自明帝北宫書罷之外，魏書大營，趙書大發民治，宋書大修，齊書大治，皆罪之也。終《綱目》宫室書大五。詳永平三年。

秋，七月，梁陳霸先自爲司徒、揚州刺史，進爵長城公。〇梁以侯瑱爲司空[一]。

於是瑱降，其不書何？不使瑱列於叛人也。瑱不附霸先，非叛梁也。故據江州不書據，降不書

[一]「〇」，原無，據宋刻《綱目》本補。

降，《綱目》之權衡，審矣！霸先自爲司徒，既書梁矣，以侯瑱爲司空，則曷爲再書梁？殊瑱於霸先也。不再書梁，則以之者果霸先矣。是故殊王襲於梁冀，則再書以；漢順帝永和元年。殊孔融於荀彧，則再書以；漢獻帝建安元年。殊佃夫於劉秉，則再書宋；壬子。殊謝朏於蕭嶷，則再書宋；己未。殊侯瑱於霸先，則再書梁；丙子。殊仁贍於廷構，則再書唐：丁巳。《綱目》之區別，嚴矣！

八月，魏陵州獠叛，討平之。〇齊主如晉陽。〇九月，梁陳霸先自爲丞相、録尚書事。〇魏及突厥襲吐谷渾，敗之。〇冬，十月，魏太師、大冢宰、安定公宇文泰卒，世子覺嗣。

賀善贊曰：泰自書統軍回，進官皆書以，既書弑其君脩，則書自官者再，然《綱目》未絶之也。再敵高歡，再伐東魏，一救金墉，一定長安，《綱目》皆書其功。其相魏也，書作新制，書求言〔一〕，書制禮樂，書更權衡度量服制，書除宫刑，書作府兵，書作九命九秩，相望於册。至用蘇綽，置行臺學，直以泰書之，其爲太師、大冢宰，猶不書自也。及其再行廢弑，則《綱目》斥其姓名，重罪之矣。泰之心迹，瑕瑜不相揜可也。

十一月，梁徵王琳爲司空，不至。〇齊併省州縣。〇十二月，魏太師覺自爲周公。〇梁以周迪爲臨川内史。〇齊築長城。

〔一〕「言」，原作「賢」，據弘治本、蜀藩本、本書卷三十二《書法》改。

自秦書築長城，越六百二十七年，而魏一書；宋癸亥。又百二十年，而東魏一書；梁癸亥。至是，齊五年間而三書，壬申、乙亥、是年。前後凡三千餘里，丁丑。築重城四百里不與焉，癸未。築長城二百里不書，不與焉，而又大治宮室。用民如此，齊亡已後矣！

丁丑　梁太平二年、魏恭帝四年、齊天保八年、陳高祖武帝陳霸先永定元年、周孝愍帝宇文覺元年〔一〕，九月以後，世宗明帝毓元年〔二〕。○是歲梁、魏皆亡，陳、周代，并齊，三大國〔三〕，後梁一小國，凡四國〔四〕。春，正月，周公覺稱天王，廢魏主爲宋公，宇文護自爲大司馬。○周主祀圜丘，定郊廟之制。○吐谷渾寇周。○二月，梁蕭勃起兵廣州，次於南康。

王琳書不至，蕭勃書起兵，蓋於是霸先不臣之迹，不可掩矣。故使周文育，止書擊。

周大司馬護殺冢宰趙貴。○梁丞相霸先使周文育擊蕭勃，獲其將歐陽頠、傅泰，勃爲其下所殺。

霸先使何？勃之起兵，以霸先也，於是書使。凡書使，非君命也，故書擊不書討，書殺不書誅。

據魏鄭儼爲部下所殺，《綱目》書伏誅。

〔一〕「宇文」，宋刻《綱目》本無。
〔二〕「毓」，宋刻《綱目》本無。
〔三〕「陳、周代，并齊，三大國」，宋刻《綱目》本作「齊、陳二大國」。
〔四〕「四」，宋刻《綱目》本作「三」。

周宇文護自爲大冢宰。○周冢宰護弑中山王〔一〕。

中山王何？魏恭帝也。弑廢主必書簒君，此其書護弑何？於是覺幼護專，故罪護。《綱目》廢書簒君弑書人者二。齊人弑涪陵王、周冢宰護弑中山王。

三月，周冢宰護殺趙公獨孤信。○夏，四月，梁鑄四柱錢，禁細錢。○梁復以歐陽頠爲衡州刺史，使討廣州，克之。

周文育討廣州書擊，此其書討何？以頠者，梁也。霸先與頠有舊，則曷爲書梁？以頠賢也，不書霸先使，不以霸先之私累頠也。

六月，梁丞相霸先遣兵擊王琳於郢城。

霸先遣何？琳將攻霸先也，故書擊不書討。

齊大蝗。○秋，八月，周人歸故梁主繹之喪於王琳。

於王琳何？琳請之也，故書美之。

九月，梁丞相霸先自爲相國，封陳公，加九錫。○周冢宰護弑其君覺及其柱國李遠，而立寧都公毓。

不書廢何？尋弑也。殺乙弗等不書，書遠，遠忠也。遠死而後覺弑，曷爲先書弑君？先書弑

〔一〕「中山王」，宋刻《綱目》本作「宋公」。

君，所以成遠之忠也。終《綱目》君弒，大臣書及[一]，二而已。宋袁淑等、周李遠。

冬，十月，梁陳公霸先進爵爲王，遂稱皇帝，廢梁主爲江陰王。

書稱皇帝多矣，未有書遂稱者，此其書遂何？遽也。進爵爲王，隨稱皇帝，前乎此無是也，故異之。終《綱目》稱皇帝書遂者，一而已。

陳以蔡景歷爲中書通事舍人。○陳主祠蔣帝廟。

宋罷淫祠，蔣子文以下嘗去之矣。自昭業始升爲帝，於是又親祠之。然則曷爲不書親？斥陳主，則其爲親祠可知矣。陳主初得天下，德其私佑，汲汲於此，故書譏之。

陳置删定郎，治律令。○周祔太祖於太廟。○梁王琳及陳人戰，敗之，獲其將周文育、侯安都，遂克江州。

於是梁亡矣，書梁王琳何？琳之心未嘗無梁也。是故韓雖亡矣，張良有復讎之志，則復書韓張良；梁雖亡矣，王琳有復讎之志，則復書梁王琳；陳雖亡矣，叔慎有復讎之志，則復書陳叔慎。《綱目》之勸義也，深切矣！

陳以蕭乾爲建安太守。○周以令狐整爲豐州刺史。○齊人築重城。○十二月，齊主幽其弟永安王浚、上黨王涣於地牢。

〔一〕「君」，原作「書」，據弘治本、蜀藩本改。

戊寅陳永定二年、周明帝二年、齊天保九年。春，正月，梁王琳伐陳，次於白水，遣使乞師於齊。

書伐何？陳簒也。故自是，梁加於陳書伐，陳加於梁書攻。

周宇文護自爲太師。〇二月，齊北豫州刺史司馬消難叛，入於周。

先是，東人入西不書叛，於是始書。周、齊皆簒也，非魏世比矣。

齊納梁永嘉王莊於梁軍，以王琳爲梁丞相，琳遂以莊稱帝。〇夏，四月，陳主霸先弑江陰王。〇五月，陳主捨身於大莊嚴寺。

佛氏惡殺貴施，霸先方弑其主，復何以捨身爲哉！《綱目》比而書之，深譏之也。終《綱目》書捨身四，梁武帝三，陳高祖一[一]。舍是，無書捨身者矣。

梁丞相琳伐臨川，不克。

丞相琳何？成莊之爲梁主也，故書伐。臨川，周迪也。迪自梁世爲内史，曷爲不書伐迪，書臨川？方是時，梁土皆爲陳境，琳以迪不附陳，故伐之，而迪不從陳者也。《綱目》書陳臨川，則臨川未爲陳，書伐周迪，則迪無辭可伐，故止書伐臨川。於是迪懼請盟，而琳將矛盾，迪因追擊，盡擒之，則大敗矣。《綱目》予琳以義，故止以不克書之。

[一]「梁武帝三，陳高祖一」，此句原爲大字正文，據弘治本改小字注文。又，「高祖」，原作「後主」，據本書卷三十一《書法》改。

秋，八月，陳侯安都、周文育自湓城逃歸。○梁丞相琳歸於湘州。○冬，齊以常山王演録尚書事。○齊減百官禄。○十二月，齊主殺永安王浚、上黨王渙。○陳高凉太守馮寶卒。

護專也。

己卯　陳永定三年、周武成元年、齊天保十年。春，正月，周王始親政。

周改都督爲總管。○夏，四月，齊主殺其膠州刺史杜弼。○閏月，周更定曆。○齊主殺其僕射高德政。○周令有司，毋得糾赦前事。

録善政也，故特書之。

周人敗吐谷渾，置洮州。○五月朔，日食。○齊主殺魏宗室二十五家。○陳豫章内史熊曇朗殺周文育。○齊取梁北江州，刺史魯悉達奔陳。○六月，霖雨。○周王賜處士韋敻號逍遥公，徵魏將軍寇儁入見。

孟嘗君書齊號而已，此書周王何？予周王也。處士賜號，韋敻一人而已矣。終《綱目》臣子書賜號九，詳周顯王四十八年。惟韋敻、郭子儀無譏焉。

陳侯安都敗梁師於左里。○陳主霸先殂，兄子臨川王蒨立。

賀善贊曰：霸先之初，進官書以者三，叛亂書討者四，侯景之變，再予以討，至書其功，曰擊敗侯景，景亡走吳，蓋予之也。既立方智，四書自官，而進爵亦以自進爲文，然後蕭勃得書起兵，而王琳得書伐，以至書廢、書弑，辭義凜然矣。若其稱皇帝書遂，則又自《綱目》以來未之有也。

齊主滅元氏之族。○秋，八月，周王始稱皇帝。

書始何？稱周王三年矣，於是始稱，故書始[一]。

陳主封子伯茂爲始興王。

封子未有書主者，此其書何？予陳主也。陳主於是，可謂知重本矣，可謂能與權矣。終《綱目》封子書主五，是年、庚午蜀宗裕、癸丑周郭榮、己未周宗訓、唐從嘉。伯茂、郭榮、宗訓皆予辭。

周以安成公憲爲益州總管。○冬，十月，齊主洋殂，太子殷立。

賀善贊曰：高洋篡弒以來，書親伐五，書大治宮室一，書築長城三，築四城於洛陽一，築重城一，用民多矣；而又書殺十，而斥書齊主者九，蓋無一善可紀焉。若其淫酗肆虐，則夏、商之季，不是過也。

十一月，梁丞相琳敗陳師於湓城。

庚辰 陳世祖文帝蒨天嘉元年、周武成二年、齊主殷乾明元年、肅宗孝昭帝演皇建元年。春，二月，梁丞相琳伐陳，敗績，與梁主莊皆奔齊。

奔矣，書梁主何？成之爲梁君也。《綱目》書以稱帝五，惟梁主莊則成之爲君。曷爲成之？成

[一]「書」，原作「稱」，據弘治本、蜀藩本改。

莊，所以義琳也。

齊太傅、常山王演殺尚書令楊愔等，自爲丞相、都督中外諸軍事。○陳衡陽王昌自周歸於陳。○三月，齊丞相、常山王演如晋陽。○梁郢州刺史孫瑒降陳。○陳主殺其弟衡陽王昌。○陳遣使如周。○夏，四月，周冢宰護進毒弑其君毓，毓弟魯公邕立。

護於是再書弑其君矣。泰再弑則削其爵，此其書冢宰何？護之舉，泰所教也，貶削在泰，則護不足道矣。

六月，陳人葬梁孝元帝。

書陳人，予厚也。周人歸其喪於琳，於是四年矣，琳奔而葬之，宜也。

秋，八月，齊常山王演廢其主殷爲濟南王而自立。○陳太尉侯瑱攻湘州，周遣軍司馬賀若敦救之。

江陵之陷，湘、巴皆入周矣，不書周湘州何？故梁土也，周不得而有之。故巴陵之降陳，不書周；湘州之降陳，不書周。

冬，十一月，齊以盧叔虎爲太子庶子。○齊主自將擊庫莫奚，走之。○十二月，陳制春夏不斷死刑。

自莽書令犯法者論斬毋須時，至漢章帝始書詔毋以十一、十二月報決。於是而復有此書，陳主可謂能恤刑矣，特書予之。

巴陵降陳。○齊以王晞爲侍郎，不受。○齊置屯田。

辛巳　陳天嘉二年、周高祖武帝邕保定元年、齊世祖武成帝湛太寧元年。春，正月，周太師護自加都督中外諸軍事。

○齊以王琳爲揚州刺史。○湘州降陳，周師還。○二月，周以韋孝寬爲勳州刺史。○三月，周制十二丁兵。○夏，四月朔，日食。○秋，七月，周更鑄錢。

周自是錢幣凡三變。是年一當五，甲午五行大布一當十，己亥永通萬國一當千。終《綱目》錢幣更變之亟，王莽之外，莫如周者矣。莽十八年四變，周十九年三變。

九月，齊主演弑濟南王。○冬，十月朔，日食。○十一月，齊主演殂，弟長廣王湛立，廢太子百年爲樂陵王。

湛之立，孰立之？演立之也。演立之，則百年亦演廢之矣，其以罪湛何？百年竟殺，則廢之者，湛志也。《綱目》誅志，故其以爲樂陵王也，書廢而繫之湛，其殺之也，齊主斥書名。

周遣使如陳。○十二月，陳立鹽賦、榷酤法。

壬午 陳天嘉三年、齊河清元年、周保定二年。○後梁世宗巋天保元年。春，閏二月，齊以高歸彦爲冀州刺史，和士開爲黄門侍郎。○陳遣兵討其江州刺史周迪於臨川。

書於臨川，未受命也，然則書討何？迪與東陽、晋安共相連結，既外敗梁師，復内拒陳命，是欲自專一壑，存三窟也。使迪初即降梁，則《綱目》不書以討矣。

齊以盧潛爲揚州刺史。○陳改鑄五銖錢。

陳氏錢幣凡再變。詳壬午、己亥。

後梁主詧殂，太子巋立。○三月，陳安成王頊自周歸於陳。○陳遣兵討其縉州刺史留異於東陽，異奔晋安。○夏，四月，齊太后婁氏殂。○齊青州言河水清。

漢桓之策書河水清矣，延熹九年。此其曰言，何謂也？蓋疑之之云耳，而因以改元，誣矣。是故光武郡國甘露降則書言，漢中元元年。桓帝巴郡黃龍則書言，永康元年。齊青州河水清則書言，是年。皆疑之之辭也。

周始命貴臣食邑。○五月，齊以斛律光爲尚書令。○秋，齊冀州刺史高歸彦作亂，伏誅。○九月朔，日食。○冬，十月，陳詔省諸費用。○十二月，齊主殺其兄之子太原王紹德。

癸未　陳天嘉四年、周保定三年、齊河清二年。春，正月，齊以高元海爲兖州刺史。○陳周迪衆潰，奔晋安。○周太師護殺梁公侯莫陳崇。○二月，周頒《大律》。○三月朔，日食。○齊城軹關。

於是築城二百里，則曷爲不以長城書？略之也。秦始皇已築長城矣，蓋前後三千餘里。今二百里，其細也，故不書。

夏，四月，周主養老於太學。

自漢明帝首行此禮，於是凡四君矣，名實稱者，其惟明帝乎！永平二年。魏主髦、漢後主景耀元年。魏主宏、齊壬申年。周主邕，皆干其名而已矣。終《綱目》養老四，舍是，無書者矣。

六月，陳殺其司空侯安都。○齊主殺其河南王孝瑜。○秋，九月，陳廣州刺史歐陽頠卒，以其子紇代之。〇周及突厥侵齊。〇冬，十一月，陳討周迪，敗之，遂進軍討陳寶應。

陳之討迪也，書其江州刺史；其討異也，書其縉州刺史；寶應亦其閩州刺史也，曷爲削而斥其名？罪之也。寶應本與周、留互爲三窟，陳氏得國再世矣，既不受其徵命，又主逋逃，是亂也，故並書以討，而獨斥名之。

甲申 陳天嘉五年、周保定四年、齊河清三年。春，正月，齊主及周師戰於晉陽，周師敗績。〇二月朔，日食。〇三月，齊頒律令，制田賦。〇周初令百官執笏。〇夏，六月，白虹貫日，齊主湛殺其兄之子樂陵王百年。

齊主嘗殺兄之子矣，止斥書主，此其斥書名何？重罪湛也。湛之位，百年之位也。廢之樂陵，薄矣；又殺之以應天變，忍哉！故從弒君例，斥名之。終《綱目》書虹二。漢靈帝光和二年、是年。

秋，八月朔，日食。〇九月，周封李昞爲唐公。〇齊人歸宇文護之母於周。

不書自齊歸於周何？據元略、元彧。此齊意也。予齊，所以薄護也。燕主德之母嘗陷秦矣，及其歸也，書曰燕獻伎樂，稱藩於秦，秦以其母、妻歸之，予燕也。於是護不遣使，而韋孝寬移書求之，使段韶之說得行，則母之歸未可期矣。書曰齊歸宇文護之母於周，薄護之辭也

冬，十月，周太師護會突厥侵齊。

前書及突厥，此其書會何？譏也。周不能自爲進退，而聽於夷，卑亦甚矣。及，平辭也；會，

卑辭也。故其後楊檦實降而賤之書獲，護削太師而斥書宇文，皆罪護也。

周迪誘陳南豫州刺史周敷，殺之。

周迪何以不書陳？癸未年書陳。絶於陳也。陳初得國，迪與寶應、留異共相連結而已。陳主蒨立，徵鎮湓城，不至，始遣討之。既而迪衆潰，奔晋安，猶未絶也。於是誘殺陳刺史，則與陳絶矣，故不書陳。

十一月，陳克晋安，獲陳寶應、留異，誅之。○齊擊周師，敗之，獲其少師楊檦。十二月，及宇文護戰於洛陽，大敗之。○齊山東大水。○周滅宕昌，置宕州。

乙酉 陳天嘉六年、周保定五年、齊後主緯天統元年。春，二月，周遣使如突厥逆女。○夏，四月，陳侍中安成王頊免。○彗星見。○齊主湛傳位於太子緯，自稱太上皇帝，以祖珽爲秘書監。

白虹貫日，則殺百年以厭之；彗星示變，則傳位太子以禳之：齊之所以應天者如此，《綱目》比而書之，貶義自見矣。然緯立而齊亡，則天變誠不誣也。

秋，七月朔，日食。○陳遣兵擊周迪，殺之。

迪與陳、留皆書討矣，二子書誅，迪則曷爲書殺？迪，梁之内史也，《綱目》於此有權衡矣。據二子皆陳所命也。

冬，十月，周殺其中州刺史賀若敦。

丙戌陳天康元年、周天和元年、齊天統二年。春，正月，日食。○夏，四月，陳以孔奐爲太子詹事。○陳主蒨殂，太子伯宗立。○五月，陳以安成王頊爲司徒、録尚書事，徐陵爲吏部尚書。

書徐陵何？善其職也。陳世書以爲吏部尚書二，徐陵、孔奐。皆其人也。

秋，八月，周信州蠻反，討平之。○周萬榮郡民作亂，討平之。○冬，十二月，齊主湛殺其河間王孝琬。

齊主自稱上皇矣，復書齊主何？《綱目》以列國書陳、齊，固不可以上皇稱之也。然則曷爲名之？書湛，所以別於緯也。

齊始用士人爲縣令。

縣令，理人之本也，《綱目》每謹書之。是故始用士人爲縣令書，是年。舉堪爲縣令書，唐貞觀二年。引見京畿縣令書，開元元年。召新除縣令試理人策書，四年。敕舉縣令書，九年。頒令長新戒書，二十四年。制舉令録法書。乙卯年周。

丁亥陳主伯宗光大元年、周天和二年、齊天統三年。春，正月朔，日食。○二月，陳安成王頊殺中書舍人劉師知，又殺僕射到仲舉。

書殺多矣，未有書又殺者，書又殺何？甚頊也。

夏，四月，陳湘州刺史華皎叛，附於周。○閏六月，齊左丞相、咸陽王斛律金卒。○秋，八月，齊以東平王儼爲司徒。○九月，周人、梁人會華皎侵陳，敗績。陳遂襲周沔州，執其刺史裴寛。

華皎書叛矣，而周、梁助之，書曰會，醜之也。故王操以柱國，衛公直以總管，皆貶稱人。

齊山東饑。○冬，十一月朔，日食。○齊流祖珽於光州。

戊子 陳光大二年、周天和三年、齊天統四年。春，三月，周納后阿史那氏。

魏立后郁久閭氏，書柔然女，譏也。此突厥女也，不書突厥女何？夷周於突厥也，故從其恒辭。自乙酉書遣使逆女，於是四年矣，始書納后，周卑甚矣，護之失也。

周太傅、燕公于謹卒。○陳攻梁江陵，不克。○夏，四月，齊以和士開爲僕射。○秋，七月，周隨公楊忠卒。○冬，十一月朔，日食。

自辛巳至此，歲歲日食，而一歲再食者三，凡八年合十一食。入《綱目》以來，日食之數，未有如此數年者矣。

陳安成王頊廢其主伯宗爲臨海王，而殺始興王伯茂。○齊主湛殂。○周梁州獠叛，討平之。

己丑 陳高宗宣帝頊太建元年、周天和四年、齊天統五年。春，正月，陳主頊立。○二月，齊徙東平王儼爲琅邪王。

○齊殺其太尉、趙郡王叡。

《綱目》惡淫刑，於宋子業、齊寶卷、高洋、高緯、陳叔寶五君，所殺必斥書主。高緯斥主以殺者五，此其獨書齊何？罪有分也。叡之死，和士開爲之。

夏，四月，齊以高阿那肱爲尚書令，韓長鸞爲領軍，陸令萱爲女侍中，穆提婆爲侍中，祖珽爲秘書監。

元乂妻書女侍中矣，乙未魏。於是再見。終《綱目》書女侍中三。庚戌南漢。

秋，八月[一]，陳廣州刺史歐陽紇反。○冬，十二月，周齊公憲侵齊，圍宜陽。○周、陳復通好。

庚寅 陳太建二年、齊武平元年、周天和五年。春，二月，齊以斛律光爲右丞相。○陳人討歐陽紇，斬之。封陽春太守馮僕母洗氏爲石龍太夫人。

於是封僕爲信都侯、石龍太守，不書，而書石龍太夫人何？本功也。微斯母，僕之所從未可知也。洗氏於是再見《綱目》矣。梁庚午、是年。終《綱目》婦人以封爵見者十有二，詳漢呂后丁巳年。皆譏也，唯洗氏再書皆予辭。又隋開皇十年封譙國夫人。

秋，七月，齊以和士開爲尚書令。○陳遣兵攻梁，周人救之，陳師還。○九月，齊立子恒爲太子。○冬，十月朔，日食。○齊以蕭莊爲梁王。

莊嘗稱梁主矣，此其斥名何[二]？以失地也[三]，故削之。

周平越巂，置西寧州。○齊築城於汾北，周齊公憲還救之。

[一]「八」，《通鑑》卷一七〇作「九」。
[二]「名」，弘治本、蜀藩本作「蕭莊」。
[三]「以」，弘治本、蜀藩本無。

辛卯 陳太建三年、齊武平二年、周天和六年。春，正月，齊斛律光及周韋孝寬戰於汾北，周師敗績。○夏，四月朔，日食。○六月，齊太宰段韶圍周定陽，克之，獲汾州刺史楊敷。○齊取周四戍。○秋，七月，齊琅琊王儼殺和士開。

書殺何？專也。士開僕射，曷爲不書官？罪士開也。罪士開，則曷爲書殺？士開可殺，而非儼之所得殺也。

九月，齊太宰、平原王段韶卒。○齊主殺其弟琅琊王儼。

儼專殺，罪也，曷爲以殺書？《綱目》之法，雖有罪，而殺之不以其罪，一以無罪之辭書之。況年十四者乎！故書殺其弟，而斥齊主。

冬，十月，齊主幽其太后胡氏於北宮。

《綱目》書幽其太后二，魏胡氏、齊胡氏。幽木葉山者不與焉。

十二月，周以基、平、鄀州與梁。

資治通鑑綱目書法第三十五

起壬辰陳宣帝太建四年〔一〕、齊後主武平三年、周武帝建德元年〔二〕，盡癸卯陳後主至德元年〔三〕、隋文帝開皇三年〔四〕。

廬陵後學　劉友益修撰〔五〕
翰林直學士中大夫知制誥同修國史國子祭酒歐陽玄校正〔六〕

壬辰　陳太建四年、齊武平三年、周建德元年。春，二月，齊以祖珽爲僕射。○三月朔，日食。○周主討其太師宇文護〔七〕，殺之。

殺斥主多矣，皆譏也，未有討書主者。書周主何？斷自上也。《綱目》自入周以來，書護者凡十

〔一〕「宣帝」，宋刻《綱目》本作「高宗」。
〔二〕「武帝」，宋刻《綱目》本作「高祖」；「齊後主武平三年、周武帝建德元年」，元刻《書法》本無。
〔三〕「主」下，宋刻《綱目》本有「叔寶」二字。
〔四〕「帝」下，宋刻《綱目》本有「堅」字。
〔五〕「後學」、「修」，元刻《書法》本無。
〔六〕「翰林直學士中大夫知制誥同修國史國子祭酒歐陽玄校正」，元刻《書法》本作空行。
〔七〕本卷「○」，原多作空格，據宋刻《綱目》本補；以下徑補，不再出校。

二：　四書自爲某官，大司馬、上柱國、大冢宰、太師〔一〕。三書殺某人，趙貴、獨孤信、侯莫陳崇〔二〕。三書弑，中山王、周主覺、周主毓〔三〕。一書侵齊，陳甲申年〔四〕。一書敗。同上年〔五〕。其罪如此，不至於討不止也。

周主親政，以其弟齊公憲爲大冢宰，衞公直爲大司徒。○夏，六月，齊主殺其左丞相、咸陽王斛律光，以祖珽知騎兵、外兵事。○秋，八月，齊主廢其后斛律氏。○周使杜杲如陳。○齊立昭儀胡氏爲后。○九月朔，日食。○冬，十月，齊立昭儀穆氏爲右后。

並后，非禮也。自漢書立三后，晉愍帝建興四年劉聰〔六〕。至是書立右后，後此書立四后，陳己亥年周〔七〕。立五后，陳庚子年周〔八〕。不可勝譏也。

十一月，周毁上善殿。

〔一〕「大司馬、上柱國、大冢宰、太師」，元刻《書法》本無。
〔二〕「趙貴、獨孤信、侯莫陳崇」，元刻《書法》本無。
〔三〕「中山王、周主覺、周主毓」，元刻《書法》本無。
〔四〕「陳甲申年」，元刻《書法》本無。
〔五〕「同上年」，元刻《書法》本無。
〔六〕「晉愍帝」，元刻《書法》本無。
〔七〕「陳己亥年周」，元刻《書法》本無。
〔八〕「陳庚子年周」，元刻《書法》本作「並周主贇」。

以壯麗故也，特書美之。此書毁上善殿，下書毁宫室之壯麗者，周主於是可謂賢主矣。終《綱目》宫殿書毁四：是年周上善殿〔一〕，丁酉年周宫室壯麗者〔二〕，唐中宗嗣聖五年乾元殿〔三〕，憲宗元和四年安國碑樓〔四〕，大風毁王路堂不與焉。新莽地皇元年〔五〕。

十二月，齊主廢其后胡氏。

於是令萱激太后，太后怒，呼后出，剃其髮，送還家，廢爲庶人。則其斥齊主何？誅意也。立穆氏爲右后，則固有廢胡氏之心矣。

突厥木杆可汗死，弟佗鉢可汗立，又分立東、西二可汗。

癸巳 陳太建五年、齊武平四年、周建德二年。春，正月，齊以高阿那肱録尚書事。〇齊置文林館。

館未有書者，書此何？譏也。齊政日亂，而汲汲於修文，抑末矣。終《綱目》書館二。是年文林、唐高祖武德九年弘文〔六〕。

〔一〕「周上善殿」，元刻《書法》本無。
〔二〕「年」，元刻《書法》本無；「周宫室壯麗者」，元刻《書法》本作「周主」，爲小字注文。
〔三〕「唐中宗」、「年」，元刻《書法》本無；「乾元殿」，元刻《書法》本爲小字注文。
〔四〕「憲宗」、「年」，元刻《書法》本無；「安國碑樓」，元刻《書法》本爲小字注文。
〔五〕「新」、「地皇元年」，元刻《書法》本無。
〔六〕「是年文林、唐高祖武德九年弘文」，元刻《書法》本作「唯唐弘文爲美辭」，爲大字正文。

三月，周獲白鹿。○夏，四月，陳將軍吴明徹將兵擊齊，取江北數郡。○五月，齊以祖珽爲北徐州刺史。○齊主殺其蘭陵王長恭。○六月，陳克齊灄口等城。○齊主遊南苑，殺其從官六十人，以高阿那肱爲司徒。

書六十人何？甚齊主也。於是賜死者六十人，或曰暍死也，然則殺人以政矣，故書殺。《綱目》書遊八，遊而殘民莫如燕主熙，遊而殺臣莫如齊主緯。詳秦始皇二十九年〔一〕。

秋，七月，陳敗齊師，克巴、青州、山陽、廣陵等城。○八月，周太子贇納妃楊氏。

太子納妃不書，此其書何？著隋篡之始也。終《綱目》書太子納妃三，晉賈氏、宋江氏、周楊氏。皆有故者也。舍是，無書者矣。

冬，十月，齊主殺其侍中張雕、崔季舒。○陳師攻齊壽陽，克之，殺其刺史王琳，遂取齊昌、徐州等城。○齊立婢馮氏爲淑妃。

立淑妃不書，書馮氏何？婢也，故特書之。立婢爲妃，過矣；立婢爲后，甚哉！晉愍帝建興四年漢主聰立婢樊氏〔二〕、五代乙未年閩主璘立父婢陳氏〔三〕、丙申年閩主昶立父婢李氏〔四〕。

〔一〕「年」，元刻《書法》本無。

〔二〕「晉」、「帝」、「年」，元刻《書法》本無。

〔三〕「五代」、「年」、「立」，元刻《書法》本無。

〔四〕「年」、「立」，元刻《書法》本無。

陳定州刺史田龍升以江北叛，入於齊，陳討平之。

甲午 陳太建六年、齊武平五年、周建德三年。春，正月，周詔齊公憲等皆進爵爲王。

書進爵爲王多矣，皆自進也，必若猗盧書進某爵爲王，齊公憲書詔某等皆進爵爲王，然後爲非譏矣。

二月朔，日食。○齊朔州行臺高思好舉兵反，敗死。○三月，周太后叱奴氏殂。

書，嘉終喪也。自漢文廢古，後之人主能終制者，晋武、魏文、周武三君而已矣，故特書之。

夏，五月，周廢佛、道教，毀淫祠。

於是佛教再黜，道教三黜矣。然魏誅沙門七年而復，周廢二教六年而復，其異端撲滅之難，如此哉！

周更鑄五行大布錢。○周立通道觀。

嘉統一也，周主可謂知所宗矣，故書美之。終《綱目》書觀七，詳漢武帝元封二年〔一〕。惟聽訟、總明、通道非譏辭。

秋，七月，周衛王直反，伏誅。○冬，十二月，陳以孔奐爲吏部尚書。○齊殺其南陽王綽。

南陽殘虐，罪人也，不書誅，且具爵何？長鸞誣告，殺不以罪也。高緯濫殺，《綱目》必斥書齊

〔一〕「帝」、「年」，元刻《書法》本無。

主，此則曷爲止書齊？罪有分也。是故殺趙郡王叡不書主，己丑年〔一〕。殺南陽王綽不書主，是年〔二〕。《綱目》之權衡，審矣！

乙未　陳太建七年、齊武平六年、周建德四年。春，二月朔，日食。○三月，周使開府儀同三司伊婁謙如齊，齊人留之。

胡國也。終《綱目》使書留三，漢武帝元狩三年任敞〔三〕、是年伊婁謙、周辛亥年姚漢英〔四〕。唯任敞不書名，辱命也。

夏，四月，陳焚文錦於雲龍門。

晉武帝焚雉頭裘於殿前不書，書毋得獻異服而已。晉戊戌年〔五〕。此其書何？迹誠也。終《綱目》書焚錦三。是年、隋文帝開皇十五年〔六〕、唐玄宗開元二年〔七〕。

秋，七月，周主伐齊，克河陰，攻金墉，不克而還。

〔一〕「己丑年」，元刻《書法》本無。
〔二〕「是年」，元刻《書法》本無。
〔三〕「漢武帝」、「年」，元刻《書法》本無。
〔四〕「年」，元刻《書法》本無。
〔五〕「晉戊戌年」，元刻《書法》本無。
〔六〕「隋文帝」、「年」，元刻《書法》本無。
〔七〕「唐玄宗」、「年」，元刻《書法》本無。

齊公憲書侵，己丑年[一]。此其書伐何？於是周主親政，齊亂已極矣，以有道加無道，故書伐。

閏月，陳敗齊師於呂梁。○冬，十二月朔，日食。

丙申 陳太建八年、齊隆化元年、周建德五年。春，二月，周遣其太子贇伐吐谷渾。○夏，六月朔，日食。○陳太子詹事江總免。

詹事耳，何以書？亡陳者總輩也，故志之。

齊司徒趙彥深卒。○周太子贇還長安。○冬，十月，周主伐齊，取平陽。十一月，齊主攻之，不克。十二月，周主復伐齊，齊主大敗，走晉陽，遂奔鄴。晉陽人立安德王延宗以守，周主拔而執之。

丁酉 陳太建九年、齊幼主恒承光元年、周建德六年。○是歲齊亡，陳、周二大國，後梁一小國[二]，凡三國[三]。春，正月朔，齊主緯傳位於太子恒。周師圍鄴，緯出走，周主入鄴。齊丞相高阿那肱引周師追緯及恒，獲之，遂滅齊。

名緯何？失國且無位也，然則位在恒矣，其不書齊主何？不成恒之爲君也。蓋恒死社稷[四]，則

[一]「年」，元刻《書法》本無。
[二]「後」上，宋刻《綱目》本有「并」字。
[三]「陳、周二大國，後梁一小國，凡三國」，元刻《書法》本無。
[四]「蓋」，元刻《書法》本無。

書齊主矣。

二月，齊廣寧王孝珩、任城王湝起兵信都，周齊王憲伐而執之。○梁主朝周於鄴。○周詔舉山東明經幹治者。○三月，齊東雍州行臺傅伏降周。○夏，四月，周主至長安，封高緯爲温公。○周以李德林爲内史上士。○五月，周主毁其宫室之壯麗者。○秋，八月，周定權衡度量。○周免齊雜户。○周獲九尾狐，焚之。

於是狐已死，骨爾，書焚何？予周也。《綱目》於周武，多予辭。

冬，十月，陳司空吴明徹侵周，圍彭城。○周主殺温公高緯，夷其族。

自己卯書齊滅元氏之族，至此未二十年耳，反覆之理，可畏矣哉！

十一月，周討稽胡，降之。○周省後宫妃嬪之數。

先是，後宫不過十餘人，至是又減，自妃以下八人而已，古今所無有也。《綱目》書出遺宫人九，詳唐太宗貞觀二年〔一〕。唯此書省妃嬪之數，深美之也。

是月晦，日食。○周頒《刑書要制》。○十二月，周徙并州軍民四萬户於關中。○齊范陽王高紹義稱帝於北朔州。

〔一〕「詳唐太宗貞觀二年」，元刻《書法》本無。

戊戌陳太建十年、周宣帝贇宣政元年。春，二月，周上大將軍王軌救彭城〔一〕，獲吳明徹。〇三月，周主初服常冠。

此後世襆頭之始。嗚呼！自有此製以來，三代古制遂不可復矣〔二〕。

夏，五月，周主邕伐突厥，有疾而還。六月殂，太子贇立，以鄭譯爲內史中大夫〔三〕。

賀善贊曰：周武之初，自養老外《綱目》無予辭，三書侵齊，一書侵陳，一書殺無罪，書逆女突厥，書納后叱奴氏，皆護專也。親政以來，首書毀上善殿，繼書獲白鹿，書太后殂，書廢二教、毀淫祠，書立通道觀，三書伐齊，又書毀宮室之壯麗者，書定權衡度量，書焚九尾狐，書省妃嬪之數，其可紀者屢書不一書，惟其賢也。元魏而後，高氏世惡，無足道者，若周武者，其庶幾乎！

周主贇殺其叔父齊王憲。

殺斥主多矣，罕有斥名者，其斥名何？親叔父也，徒以望重，必圖殺之，天理滅矣。是故齊主

〔一〕「救」，原作「攻」，據宋刻《綱目》本、元刻《書法》本、《通鑑》卷一七三改。

〔二〕「此後世襆頭之始。嗚呼！自有此製以來，三代古制遂不可復矣」，元刻《書法》本無。

〔三〕「中」，原無，據宋刻《綱目》本、元刻《書法》本、弘治本、《通鑑》卷一七三補。

殺樂陵王斥書湛，陳文帝天嘉五年〔一〕。周主殺齊王憲斥書贇，是年〔二〕。皆以殺君父例斥名之，此《綱目》之特筆也。然則彭城王勰亦叔父也，不名魏主何？勰之死，高肇之譖也，斥魏主，足以著其罪矣。梁武帝天監七年〔三〕。

閏月，周立后楊氏。〇高紹義入幽州，周人討之，紹義奔突厥。

梁爲陳篡，蕭莊稱帝，《綱目》成其爲君，書梁主莊〔四〕，繼絶之義也。紹義亦莊比也，其名紹義，且書討何？惡齊也。梁爲無罪，陳篡之，不義也。齊有大惡，周伐之，義也。一予一奪，唯其義而已矣，故終其身斥高紹義也。

秋，七月，周以楊堅爲上柱國、大司馬。〇九月，陳主及其群臣盟。

於是叔陵爲王官伯，及之盟，則曷爲斥陳主？無故而盟其臣，陳主之志荒矣，故書譏之。終《綱目》書君臣自相盟誓二。是年、唐中宗嗣聖十六年〔五〕。

冬，十一月，突厥寇周。

〔一〕「陳文帝天嘉五年」，元刻《書法》本無。
〔二〕「是年」，元刻《書法》本無。
〔三〕「武帝」，元刻《書法》本無。
〔四〕「主」，原作「王」，據元刻《書法》本改。
〔五〕「唐中宗」、「年」，元刻《書法》本無。

突厥加齊再書侵〔一〕，此其書寇何？惡紹義也，故止從恒辭。

己亥 陳太建十一年、周静帝闡大象元年。春，正月，周作《刑經聖制》。

癸未書周頒新律，丁亥書周頒《刑書》，於是復書周作《刑經聖制》，十有七年律令三變，而用法益深。終《綱目》書律令之變二十四，更變之亟，未有如周者矣。

二月，周治洛陽宫。〇周主殺其徐州總管王軌及宫正宇文孝伯。〇周與突厥和親。

魏以公主嫁突厥，則書譏之，於是以趙王招女爲公主妻之，則何以止書和親？略之也。突厥强盛，周至納其女以爲后〔二〕，譏其始足矣〔三〕，故略之。

周主贇傳位於太子闡，自稱天元皇帝。〇周徙《石經》還洛陽。〇夏〔四〕，四月，周主贇立妃朱氏爲天元帝后。〇五月，周諸王皆就國。〇秋，七月，陳初用大貨六銖錢。〇周主贇立四后。〇冬，十月，周主贇復道、佛像。

作二像，與並坐耳，書復何？罪贇也。武帝廢二教，毁經、像，是後未有作者。始作二像，身與並坐，令士民縱觀之，是復之也。踰年而有復二教之書，宜矣。

〔一〕「加」，原作「如」，據元刻《書法》本、弘治本改。
〔二〕「至」，原作「主」，據元刻《書法》本改。
〔三〕「始」，原作「和」，據元刻《書法》本、弘治本改。
〔四〕「〇」，原無，據宋刻《綱目》本補。

十一月，周行軍元帥韋孝寬侵陳，克壽陽及廣陵。○周鑄永通萬國錢。

吴作當千大錢書當千，於是亦一當千，則曷爲不書？非創也。貶於其始，則其述者略之可也。

十二月，周初作乞寒胡戲。

漢武之篇，書初作角抵戲，譏玩物也。於是而書作乞寒胡戲，至唐猶有觀潑寒胡戲之書，唐中宗神龍元年〔一〕。則奇淫之溺人甚矣，故書初志之。《綱目》書作戲二，舍是，無書者矣。

周取陳江北地。

不書州郡，書地何？失其民也。於是九郡民皆自拔還江南，《綱目》一字之筆削，審矣！

陳將軍周法尚叛，降於周。

庚子　陳太建十二年、周大象二年。春，正月，周税入市者，人一錢。○三月，周杞公亮作亂，韋孝寬討誅之。

○周主贇立五后。

漢立三后，夷也；至高緯而立二后，非矣。於是周主贇又立四后，增而至五后焉，謂之何哉！

直書其事，而貶義自見矣。

夏，五月，周主贇殂，隨公楊堅自爲大丞相，假黄鉞，居東宮，徵諸王還長安。

特筆也。於是周主入居天臺，因以正陽宮爲丞相府，書曰居東宮何？誅意也。周主雖幼，終不

〔一〕「唐」、「宗」、「年」，元刻《書法》本無。

有子乎！遂入居之，堅欲代周之意可知矣。《綱目》别嫌明微，直書罪之。

周復佛、道二教。

堅意也。堅將有他志，以是求福干譽，直書貶之。

周相州總管、蜀公尉遲迥舉兵相州，討丞相堅，堅遣韋孝寬將兵擊之〔一〕。

書舉兵討，罪堅也。故迥書官、書爵，重予之，而堅兵止書擊。

周丞相堅殺畢王賢。

於是賢謀殺堅，事洩，則何以不書？書殺，堅志也。徵諸王還長安，堅固有盡殺諸王之志矣，雖微此謀，將得免乎？是故畢王賢謀殺堅不書，書殺；趙王招謀殺堅不書，書殺。

秋，七月，突厥執齊高紹義，歸之於周。

紹義嘗書討而削其國矣，此其復書齊何？終暴齊之餘孽也。以爲予其不忘本朝者，過矣。

周青州總管尉遲勤舉兵應相州。○周丞相堅自加都督中外諸軍事。○周鄖州總管司馬消難舉兵應相州。○周丞相堅殺趙王招、越王盛。○八月，周丞相堅遣司録高熲監相州諸軍。○周司馬消難以鄖州降陳。

不書叛何？拒堅不敵，非叛周也。恕司馬，所以惡楊氏也。

〔一〕「擊」，原作「討」，據元刻《書法》本改。

周益州總管王謙起兵於蜀，丞相堅遣行軍元帥梁睿擊之。〇梁遣使如周〔一〕。〇周尉遲迥兵敗自殺。

書周何？迥之舉兵，以爲周也。敗之者，孝寬也，其以自敗爲文何？不以逆加順之辭也。《綱目》之惡堅，甚矣！下書王謙義同〔二〕。

周丞相堅以高熲爲司馬。〇司馬消難奔陳，周復取鄖州。〇周丞相堅以其世子勇爲洛州總管。〇冬，十月，日食。〇周丞相堅殺陳王純。〇周王謙敗死。〇十一月，周相州總管、鄖公韋孝寬卒。〇十二月，周丞相堅自爲相國，進爵隨王，加九錫。〇周隨王堅殺代王達、滕王逌。

辛丑　陳太建十三年、周大象三年，二月以後，隋高祖文帝楊堅開皇元年。〇是歲周亡隋代，凡三國〔三〕。春，二月，隋王堅稱皇帝。〇隋改官名。〇隋主追尊考爲武元帝。〇隋立后獨孤氏。〇隋立世子勇爲太子，諸子皆爲王。〇隋廢周主闡爲介公，改封周太后楊氏爲樂平公主。

《綱目》故后書改封二，漢黃皇室主、周樂平公主〔四〕，皆守節者也，故皆書其改號。若齊之太原公主、魏孝静后，則削之矣。

隋主盡滅宇文氏之族。

〔一〕「梁」上，宋刻《綱目》本有「後」字。
〔二〕「下書王謙義同」，此句原爲大字正文，據元刻《書法》本、弘治本改小字注文。
〔三〕「凡三國」，元刻《書法》本無。
〔四〕「漢黃皇室主、周樂平公主」，此句原爲小字注文，據元刻《書法》本、弘治本改大字正文。

丁酉殺高緯夷其族之報也，隋不鑑之，而又甚焉。滅國自蕭道成始書滅其族，未書盡滅也。於是始書盡滅，隋之不永，宜哉！

隋徵蘇威爲太子少保。○三月，隋以賀若弼爲吴州總管，韓擒虎爲廬州總管。○隋以蘇威爲納言。○夏，四月，隋放散樂，禁雜戲。○隋築長城。

自秦始書長城，其後元魏一書，東魏一書，高齊三書，今隋又見書矣。終《綱目》書築長城十，詳秦始皇三十三年[一]。而隋自是凡四書焉，用民如此，欲長有天下，難矣！

五月，隋主堅弑介公闡。○秋，七月，隋定服色。

後世人君服黄始此[二]。

八月，吐谷渾寇涼州，隋遣兵擊敗之。○九月，隋以蜀王秀爲益州總管。○隋僕射高熲督諸軍侵陳。○隋鑄五銖錢。

自是終隋世無書改鑄者，五銖爲輕重之中，信矣！《綱目》用五銖無改者三[三]，西漢元狩五年以後，東漢與隋，皆終其世無改者也。

隋上柱國鄭譯有罪，除名。○冬，十月，隋初行新律。

[一]「詳秦始皇三十三年」，元刻《書法》本無。
[二]「後世人君服黄始此」，元刻《書法》本無。
[三]「三」，原作「二」，據元刻《書法》本改。

此後世以笞、杖、徒、流、死定罪始此[一]。

隋以梁彦光爲相州刺史，房恭懿爲海州刺史。○十二月，隋聽民出家，賦錢寫書、造像。

二教再黜再復，寫書、造像可知矣，未聞有賦錢爲此者。書賦錢，甚譏之也。繼又申之以毁像之禁，隋主之用情異教，亦至矣，而其應何如哉！

突厥佗鉢可汗死，分立四可汗。○突厥伐隋，隋遣都尉長孫晟如突厥。

猾夏書寇，恒也，未有書伐者，書伐隋何？痛周之無臣也。自堅之篡，周之臣子恬然臣之，千金公主獨能請於可汗，爲周復讎，《綱目》與其志義，故再書伐。此《綱目》之變例也。終《綱目》外加内得書伐者二，是年千金公主以突厥伐隋[二]、辛亥年劉崇以契丹伐周[三]。皆以復讎也。

壬寅　陳太建十四年、隋開皇二年。春，正月，陳主頊殂，始興王叔陵作亂，伏誅，太子叔寶立。○隋以晋王廣爲河北行臺尚書令，蜀王秀爲西南行臺尚書令，秦王俊爲河南行臺尚書令。○陳遣使請和於隋。二月，隋師還。○夏，五月，突厥伐隋，入長城。○六月，隋作新都於龍首山。○冬，十二月，隋遣兵拒突厥，却之。○隋罷江陵總管。

[一] 「此後世以笞、杖、徒、流、死定罪始此」，元刻《書法》本無。

[二] 「是年千金公主以突厥伐隋」，元刻《書法》本無。

[三] 「辛亥年」，元刻《書法》本無。

癸卯　陳後主叔寶至德元年、隋開皇三年〔一〕。春，正月，陳以長沙王叔堅爲江州刺史。○二月朔，日食。○陳以毛喜爲永嘉内史。○三月，隋遷於新都。○隋減調役，弛酒鹽禁。○隋詔求遺書。

自漢成河平三年書求遺書，至元魏再見，於是三見。惜乎！見於賦錢寫書之後也。

夏，四月，吐谷渾寇隋臨洮。○隋遣元帥、衛王爽伐突厥，大破之。

突厥書伐隋矣，隋亦書伐何？蓋存中國也。再書伐隋，既足示復讎之義矣。以首加足〔二〕，不可以言侵也。

陳郢州叛，降隋，隋主弗納。

弗納叛臣，盛節也。自《綱目》以來，於是始見，繼是凡三書之。蓋隋文於此有過人者矣，書隋主，予之也。

隋命左、右僕射分判六部。

此六部之名，始見於此〔三〕。

五月，隋總管竇榮定與突厥戰於涼州，突厥請盟而還。○六月，突厥寇幽州，隋總管李崇戰死。

〔一〕「三」，原作「元」，據元刻《書法》本改。

〔二〕「首」，原作「手」，據元刻《書法》本改。

〔三〕「此六部之名，始見於此」，元刻《書法》本無。

突厥再書伐隋矣，此書寇何？盟而復背也。李崇之處死，審矣，曷爲不書死之？書戰死，惜之也。崇嘗欲從尉遲迥矣而不果，使其死於此時，《綱目》必以死節予之矣。書曰隋總管李崇，惜乎不爲周死，而死於隋也。

秋，八月朔，日食。○陳以長沙王叔堅爲司空。○冬，十一月，隋罷郡爲州。○十二月，陳司空、長沙王叔堅免。○隋更定律，置博士。○隋沿河置倉運粟，以給長安。○隋杞州刺史和千子免〔二〕。

〔二〕「千」，原作「干」，據弘治本、《通鑑》卷一七五改。

資治通鑑綱目書法第三十六

起甲辰陳後主至德二年、隋文帝開皇四年，盡丁卯隋煬帝大業三年。

廬陵後學劉友益修撰[一]

翰林直學士中大夫知制誥同修國史國子祭酒歐陽玄校正[二]

甲辰 陳至德二年、隋開皇四年。春，正月朔，日食。○梁主入朝於隋。○隋頒《甲子元曆》。○二月，突厥達頭可汗降隋。○夏[三]，四月，隋伐吐谷渾，敗之。○五月，陳以江總爲僕射。○六月，隋作廣通渠。○秋，八月，陳將軍夏侯苗叛，降於隋，隋主弗納。○九月，隋詔公私文翰並宜實録。○隋與突厥和親。○冬，十一月，隋遣使如陳。○陳起臨春、結綺、望仙閣。

閣未有書者，此其書何？非常也。於是各高數十丈，連延數十間，皆以沉、檀爲之，故書。終《綱目》書起閣，一而已。

[一]「後學」、「修」，元刻《書法》本無。

[二]「翰林直學士中大夫知制誥同修國史國子祭酒歐陽玄校正」，元刻《書法》本作空行。

[三]「○」，原作空格，據宋刻《綱目》本補。

乙巳 陳至德三年、隋開皇五年。春，正月朔，日食。〇隋頒五禮。〇夏，五月，隋初置義倉，貌閲户口，作輸籍法。

書置義倉，予良法也，故書初。《綱目》書義倉，一而已。〇此後世義倉之始〔一〕。

梁主巋殂，太子琮立。〇秋，八月，突厥可汗遣子入朝於隋。〇陳主殺其中書通事舍人傅縡。

斥書主何？惡淫虐也。《綱目》於刑殺必斥書主者五君焉，宋子業、齊寶卷、北齊高洋、高緯、陳叔寶〔二〕，皆淫虐之主也。舍是，刑殺無專斥主者矣。

隋復置江陵總管。〇隋築長城。

丙午 陳至德四年、隋開皇六年。〇梁後主琮廣運元年〔三〕。春，正月，党項羌請降於隋。〇隋頒曆於突厥。

頒曆外夷始此〔四〕。

二月，隋制刺史上佐每歲入朝考課。〇秋，閏八月，隋殺其上柱國梁士彦、宇文忻、劉昉。

三人怨望，有異心，則罪也，曷爲不書誅？咎隋主也。佐命功臣，而以善兵加忌，或免之，或

〔一〕「〇此後世義倉之始」，元刻《書法》本無。

〔二〕「宋子業、齊寶卷、北齊高洋、高緯、陳叔寶」，此句原作小字注文，據元刻《書法》本改大字正文。

〔三〕「〇」，原作空格，據宋刻《綱目》本補。

〔四〕「頒曆外夷始此」，元刻《書法》本無。

疏之，則隋主亦少負矣，故於是特書殺。

冬，十月，隋以楊尚希爲禮部尚書。○隋以秦王俊爲山南行臺尚書令。○陳以江總爲尚書令。○吐谷渾太子訶請降於隋，隋主弗納。

丁未 陳禎明元年、隋開皇七年。○是歲梁亡，凡二國〔一〕。春，正月，隋制諸州歲貢士三人。○二月〔二〕，隋開揚州山陽瀆。○突厥沙鉢略可汗死，弟莫何可汗處羅侯立。○夏，五月朔，日食。

陳自得國至亡三十三年，由己卯及今二十九年，而書日食二十六〔三〕，己卯年、辛巳年二、壬午年、癸未年、甲申年二、乙酉年、丙戌年、丁亥年二、戊子年、庚寅年、辛卯年、壬辰年二、甲午年、乙未年二、丙申年、丁酉年、庚子年、癸卯年、甲辰年、乙巳年、是年〔四〕。天戒至矣。自古日食之數，未有甚於此時者也。

秋，九月，隋滅梁，以其主蕭琮爲莒公。

於是蕭巖、蕭瓛驅萬口奔陳，隋主聞之，遂廢梁國，不書，書滅梁何？誅意也。嘗罷江陵總管

〔一〕「凡二國」，元刻《書法》本無。

〔二〕「二」，《通鑑》卷一七六作「夏四」。

〔三〕「六」，元刻《書法》本作「七」。

〔四〕「己卯年、辛巳年二、壬午年、癸未年、甲申年二、乙酉年、丙戌年、丁亥年二、戊子年、庚寅年、辛卯年、壬辰年二、甲午年、乙未年二、丙申年、丁酉年、庚子年、癸卯年、甲辰年、乙巳年、是年」，元刻《書法》本無。

矣，戚昕小犯，亦豈不可訓責，而復置焉。既而徵其主入朝，又使崔弘慶將兵戍之，隋主之意可知矣。雖微巖、瓛之舉，其能免乎？直書滅梁，隋志也。

冬，十一月，隋主如馮翊，祠故社。○陳臨平湖開。

書湖開何？記異也。故吴臨平湖開而吴亡，陳臨平湖開而陳滅。陳主不知修省，自賣爲奴，何益哉[一]！

陳主殺其大市令章華。

戊申　陳禎明二年、隋開皇八年。春，三月，隋下詔伐陳。

高熲督諸軍書侵，辛丑年[二]。此書伐何？叔寶無道也。

夏，五月，陳主廢其太子胤，立子深爲太子。○冬，十月，隋以晋王廣爲淮南行省尚書令、行軍元帥，帥師伐陳。○突厥莫何可汗死，兄子頡伽施多那都藍可汗立。○吐谷渾裨王木彌降隋[三]。

己酉　隋高祖文皇帝開皇九年。春，正月，總管賀若弼、韓擒虎進軍滅陳，獲其主叔寶。

亡國之君其辭五：死之，上也；執虜，次之；以歸，次之；獲，次之；降爲下。此其書獲

[一]「何」上，原有「則」字，據元刻《書法》本删。
[二]「年」，元刻《書法》本無。
[三]「木」，原作「莫」，據宋刻《綱目》本、元刻《書法》本、弘治本、蜀藩本、《通鑑》卷一七六改。

何？非降非執，窺井得之，則獲而已矣。然則曷爲先書滅？陳無抗者，則已滅矣，滅不繫其獲也。賀若之謀，擒虎之勇，俱爲有功，二將並書，一先一後，《綱目》有以斷此訟矣。終《綱目》亡國之君書獲三。劉曜〔一〕、齊緯、陳叔寶。

晉王廣入建康，誅陳都督施文慶等五人。

文慶書誅，罪之也。罪之則曷爲具官？若曰身爲都督，而不能一戰云爾。至書孔範等，則削其官矣。故陳臣惟施文慶書都督，惟周羅睺書都督。

以許善心爲散騎常侍。○陳水軍都督周羅睺降。○遣使巡撫陳地州郡。○二月，置鄉正、里長。○將軍宇文述拔吴東揚州，執其刺史蕭巖、蕭瓛以歸，殺之。

蕭巖、蕭瓛何？驅民以奔陳者也。於是巖既降隋矣，歸而殺之，逞忿也。然則吴東揚州曷爲不書陳？陳既亡也。陳既亡則不書陳，吴東揚州可矣，不可書陳刺史乎？隋之殺之，逞忿而已，怒在巖、瓛，而不在於陳刺史也。有天下而讎一夫，隋主之度，於是爲不弘矣。《綱目》不書陳，使若自殺其刺史者，所以志主之褊也。

陳湘州刺史陳叔慎起兵長沙，敗死。

吴東揚州不書陳，陳亡也，此其復書何？叔慎之心未嘗無陳也，陳亡而有復讎之志者，叔慎一

〔一〕「劉」，元刻《書法》本作「趙」。

人而已。故《綱目》於其始拒隋也書起兵，其斬之也書死，予義也。是故韓雖亡矣，張良有復讐之志，則書韓張良；秦始皇二十九年〔一〕。梁雖亡矣，王琳有復讐之志，則書梁王琳；陳武帝永定二年〔二〕。陳雖亡矣，叔慎有復讐之志，則書陳叔慎：是年〔三〕。皆予其義也。

陳馮魂以嶺南降，陳地悉平。○夏，四月，晋王廣班師，俘陳叔寶至京師，獻於太廟，論功行賞有差。

書滅國多矣，未有書俘者。書俘何？賤獲者也。終《綱目》滅國書俘二。陳叔寶、王世充等。

復故陳境十年，餘州一年。

滅國弔民，善政也。嘗書魏復益州半租五年矣，漢後主炎興元年〔四〕。於是再見。終《綱目》滅國書復其民二，未有厚於此者也。

投陳孔範等於邊裔。○以陳江總、袁憲等爲開府儀同三司。

孔、江皆狎客也，皆亡陳者也，一刑一賞，謂之何哉？《綱目》比而書之，得失見矣。

詔除毀兵仗。

〔一〕「秦始皇二十九年」，元刻《書法》本無。
〔二〕「陳武帝永定二年」，元刻《書法》本無。
〔三〕「是年」，元刻《書法》本無。
〔四〕「漢」、「年」，元刻《書法》本無。

秦書銷兵器，始皇二十六年〔一〕。譏私也。於是復書除毀兵仗，秦、隋一轍矣。是後又書收天下兵器，開皇十五年〔二〕。書禁民間軍器，煬帝大業五年〔三〕。至於鐵叉、搭鉤之類皆禁之〔四〕，隋文又甚矣。

殺樂安公元諧。

或告諧反不書，書殺，《綱目》有以斷斯獄矣。

閏月，以蘇威爲僕射，楊素爲納言。○秋，七月，群臣請封禪，不許。

漢世祖末年群臣請封禪，不許，不書。光武建武三十年〔五〕。此何以書？卒不封禪也。與六年不許，而十一年詔議封禪禮者異矣。唐太宗貞觀十一年〔六〕。

八月，以王雄爲司空。○冬，十二月，詔定雅樂。○以辛公義爲岷州刺史。

書公義何？嘉良吏也。自漢書第五倫、廉范之後，蜀漢書裴潛、張嶷，元魏書王慧龍，以循良

〔一〕「始皇二十六年」，元刻《書法》本無。
〔二〕「開皇」，元刻《書法》本無。
〔三〕「煬帝」、「年」，元刻《書法》本無。
〔四〕「叉」，原作「乂」，據《通鑑》卷一八一改。
〔五〕「光武」、「年」，元刻《書法》本無。
〔六〕「唐太宗」、「十一年」，元刻《書法》本無。

稱者無幾人。隋文罷郡爲州，書公義，書劉曠，開皇十一年〔一〕。書令狐熙，開皇十五年〔二〕。良吏始班班矣。

庚戌 十年。春，二月，以李德林爲湖州刺史。○以柳莊爲饒州刺史。○殺楚州參軍李君才於殿内。

殺未有書地者，書殿内何？譏非地也。隋主暴急，殺人殿廷屢矣，不悉書，書殿内，舉重也。

夏，五月，詔軍人悉屬州縣。○六月，制民年五十免役收庸。○秋，七月，以楊素爲内史令。○冬，十一月，江南亂，以楊素爲行軍總管，討平之。○番禺夷反，遣給事郎裴矩討平之。以馮盎爲高州刺史，洗氏爲譙國夫人。

洗氏於是三見《綱目》矣。《綱目》書婦人封爵十二，皆譏也，詳漢高后丁巳年〔三〕。惟洗氏爲予辭。

辛亥 十一年。春，二月，吐谷渾可汗夸吕死，子世伏立。

吐谷渾書卒久矣，復書死何？於是天下一統，中國有主矣，故復書死。《綱目》内外之辨，謹矣哉！

以劉曠爲莒州刺史。○是月晦，日食。○秋，八月，殺滕王瓚。

〔一〕「開皇」、「年」，元刻《書法》本無。
〔二〕「開皇」、「年」，元刻《書法》本無。
〔三〕「漢高后」，元刻《書法》本作「吕氏」；「年」，元刻《書法》本無。

十二年（壬子）。秋，七月，蘇威以開府就第，尚書盧愷除名。○是月晦，日食。○八月，制諸州死刑悉移大理奏裁。

書，美恤刑也。漢景五年詔獄疑者讞之[一]，然非疑者不讞也。於是制死罪悉移大理奏裁，庶乎不輕殺人者。其後復詔三奏然後行刑，則益加審矣。開皇十六年[二]。

冬，十月，新義公韓擒虎卒。○十二月，以楊素爲僕射，與高熲專掌朝政，領軍大將軍賀若弼除名。○詔免河北、河東功調，減田租。○遣使均田。

十三年（癸丑）。春，二月，作仁壽宮。○禁藏讖緯。

書禁讖緯之學有之矣，未書禁藏也。此其書禁藏何？譏也。光武宣布圖讖則譏之，禁藏也，何譏焉？以隋爲有留天下之私，故譏也。終《綱目》書圖讖五，而書禁者四，詳漢光武建武中元元年[三]。惟隋爲譏辭。

秋，七月晦，日食。○詔議明堂制度。

[一]「漢景」，元刻《書法》本作「景帝」。
[二]「開皇」，元刻《書法》本無。
[三]「詳漢光武建武中元元年」，元刻《書法》本無。

　書議何？不果立也。終《綱目》書議明堂制度二，是年、唐高宗總章二年〔一〕。皆不果立者也。

突厥突利可汗請婚，許之。

甲寅 十四年。夏，四月，行新樂。〇六月，始給公卿以下職田。〇秋，七月，以蘇威爲納言。〇詔直太史劉孝孫等定曆，已而罷之。〇關中旱饑。八月，帝如洛陽。〇冬，閏十月，詔高仁英、蕭琮、陳叔寶修其宗祀，官給器物。

　書官給器物何？予隋也。雖予之也，亦傷之也。《綱目》書曰官給，則三族之不能自給可知矣。歷叙三族，而不及宇文氏，非以盡滅其族乎！《綱目》言外之意，深矣！

齊州刺史盧賁有罪，除名。〇散騎侍郎王劭上《皇隋靈感志》。

　世祖宣布圖讖，則書讖之。於是上令宣示天下，則不書，何也？《綱目》責備賢者，隋文不學，何足深譏。獨王劭獻佞無恥，《綱目》所甚惡也。不書宣示，所以專罪劭也。

乙卯 十五年。春，正月，帝東巡，祀天於泰山。

　未有書祀天者，書祀天，非郊也。歲旱謝咎，故特書之。

二月，收天下兵器。〇三月，還宮。〇仁壽宮成，以封德彝爲内史舍人。

〔一〕「高宗」、「年」，元刻《書法》本無。

凡上書事，下書官，官其事也。於是楊素薦才不書，書宫成，誅意也。素之薦，帝之擢，以宫成而已矣。是故上書仁壽宫成，下書以封德彝爲内史舍人，則知其爲賞宫成之功；是年[一]。上書廣運潭成，下書加韋堅左散騎常侍，則知其爲賞潭成之功。唐玄宗天寶二年[二]。

夏，六月，鑿底柱。○焚相州所貢綾文布於朝堂。

《綱目》書禁罷貢獻十四，詳漢文帝三年。書獻而却者四，莫勇於焚之之舉矣。

秋，七月，納言蘇威免，尋復其位。○冬，十月，以韋世康爲荆州總管。○十二月，敕盜邊糧升以上，皆斬。

書，譏峻法也。先是，法盜一錢以上皆棄市，不書，遄罷也。書此，則邊糧之法竟行矣。隋法之嚴如此，及五季，唐書詔盜不計贓并行極法，漢書制盜賊毋問贓多少皆死，尚何怪哉！

詔文武官以四考受代。○賜汴州刺史令狐熙帛三百匹。

十六年。丙辰 夏，六月，初制工商不得仕進。○秋，八月，詔死罪三奏然後行刑。○以光化公主妻吐谷渾[三]。

[一]「是年」，元刻《書法》本無。

[二]「二」，原作「元」，據本書卷四十三改；「唐玄宗天寶二年」，元刻《書法》本無。

[三]「○」，原無，據宋刻《綱目》本補。

自馮跋始，以女妻柔然者屢矣，不書，略之也。惟魏以公主嫁突厥小夷，則書之。此其書何？譏也。堂堂中國，爲天下君，而以公主妻非類，以是爲辱也。故自是至唐，公主外嫁悉書之。

丁巳十七年。春，二月，遣太平公史萬歲討南寧羌，平之。○桂州亂，遣軍討平之，以令狐熙爲總管。○三月，詔諸司論屬官罪，聽律外決杖。

書律外，譏也。唐世簿、尉不免箠楚，則自此始矣。

上柱國劉昶子居士有罪，伏誅。

罪未有書某子者，書昶子何？罪失教也。特筆書之，垂戒之意深矣。

夏，四月，頒新曆。○秋，七月，桂州亂，遣將軍虞慶則討平之。○并州總管秦王俊有罪，免。○以安義公主妻突厥突利可汗。

宗女也，書公主何？據漢武帝元封六年以宗室女爲公主[一]。隋無耻也。隋世以女嫁蠻夷爲故常，《綱目》以是爲不足爲之諱也，故因其所稱而稱焉。安義以宗女書公主，義成以宗女書公主。

冬，欽州刺史甯長真來朝。

甯長真何？蠻酋也。於是何稠信著蠻夷，故書志之。終隋世書來朝者六，自蔡王智積之外，皆蠻夷也。隋世之盛，極矣！甯長真、蔡王智積、啓民再書、諸蕃、處羅可汗。

〔一〕「據漢武帝元封六年以宗室女爲公主」，元刻《書法》本作「據漢元封宗女書宗女」。

十二月，殺魯公虞慶則。

於是人告慶則反不書，書殺，《綱目》有以斷斯獄矣。

高麗王湯卒。○吐谷渾弒其可汗世伏。

蠻夷書殺，吐谷渾書弒何？非純夷也。《綱目》夷狄書弒六，詳齊丁丑年〔一〕。皆變例也。

戊午十八年。春，二月，高麗寇遼西，遣漢王諒將兵討之。

隋伐高麗始此〔二〕。

夏，五月〔三〕，禁畜猫鬼、蠱毒、厭魅野道者。○秋，九月，罷漢王諒兵。○冬，十二月，置行宮十二所。

書行宮始此。終《綱目》書置行宮二，是年、唐玄宗開元二十六年〔四〕。皆奢欲之主也。

南寧夷爨翫反，太平公史萬歲以罪除名。

己未十九年。春，二月，遣楊素等分道伐突厥都藍可汗，未至，都藍擊突利可汗，敗之。夏，四月，突利

〔一〕「年」，元刻《書法》本無。
〔二〕「隋伐高麗始此」，元刻《書法》本無。
〔三〕「五」，《通鑑》卷一七八作「四」。
〔四〕「唐玄宗」、「年」，元刻《書法》本無。

來奔，諸軍遂破都藍及達頭部。○六月，殺宜陽公王世積。

於是或告世積令道人相其貌，有惡言，則罪也，不書，而以無罪書殺何？隋文忌酷，功臣之不殺者鮮矣，雖微告者，其庸免乎？故從梁士彦、元諧、虞慶則例，書殺。

秋，八月，除左僕射高熲名。○九月，以牛弘爲吏部尚書。

書牛弘何？善其職也。隋世書以爲吏部尚書，一人而已矣。

冬，十月，以突厥突利爲啓民可汗，妻以義成公主，處之朔州。

前書光化公主嫁吐谷渾矣，又書安義公主嫁突厥矣，於此復書義成公主嫁啓民，五年三書，中國之辱，未有甚於隋世者也。

十二月，突厥弒其都藍可汗雍虞閭。

突厥未有書弒者，此其書弒何？進都藍也。曷爲進之？初，都藍父沙鉢略病，以子弱，遺令立處羅。既死，都藍迎處羅，處羅辭，都藍曰：「叔可反屈於卑幼乎？父命不可廢也。」五六反，卒立之。處羅又死，都藍乃立。若此，不可以異類鄙之矣。故於其見殺也，特書弒。此《綱目》之變例也。

庚申

二十年。春，二月，賀若弼坐事下獄，赦出之。

書赦出之何？譏失有罪也。《綱目》書赦出之五，相國何、周紂、虞詡、楊彪〔一〕，上書下某獄，皆釋，無罪之辭也；惟賀若弼，上書某坐事下獄，爲譏辭〔二〕。

夏，四月，突厥達頭可汗犯塞，詔晋王廣等擊却之。○六月，秦王俊卒，國除。

國除未有不書故者，據燕王建、長沙王芮、睢陽張昌等。不書故，無故也。秦王好内，崔妃毒之致疾，信有過矣。遣使陳謝，帝峻責之，遂使慚怖而卒。崔妃之子固以母罪廢之，俊有庶子，亦廢不立，帝之寡恩，甚矣！直書國除，甚帝也。

冬，十月，廢太子勇爲庶人。○殺太平公史萬歲。○十一月，立晋王廣爲皇太子。是日，天下地震。

地震之辭有三：某郡地震者，一方之辭也；概書地震者，非一方之辭也；天下地震者，無一方不震之辭也。然則書是日何？捷也。《綱目》於天地之變，書是日者三：漢哀帝用丁、傅而是日日食，桓帝微行而是日大風拔樹晝昏，隋文立廣而是日天下地震，《綱目》皆揭是日書之，所以著感應之捷也。天下地震，終《綱目》一書而已矣。

禁毁佛、天尊及神像。○徵同州刺史蔡王智積入朝。○以王伽爲雍令。

令不書，書王伽，録賢也。自是至唐，書以爲令長者，往往多貶黜者矣。終《綱目》書以爲令十

〔一〕「相國何、周紂、虞詡、楊彪」，此句原爲小字注文，據元刻《書法》本、弘治本改大字正文。
〔二〕「辭」，原無，據元刻《書法》本、弘治本補。

二，詳秦丙午年〔一〕。貶黜者十，唯王伽、徐愉爲升焉〔二〕。

辛酉仁壽元年。春，正月，改元。

非始建國不書改元，此何以書？譏也。於是袁充奏言，開皇以來，冬至之景漸短，至十七年，短於其舊三寸七分。其説曰：京房有言，太平日行上道。於是改元仁壽。然考其時，日食、地震變異迭見，其不爲太平明矣。豈是年始用新曆，冬至有差故歟？《綱目》特書改元，譏相蒙也。是故漢惑諂者之言而改章和，則書改元；章帝章和元年〔三〕。魏惑謙之之言而改太平真君，則書改元；宋文帝元嘉十七年〔四〕。隋信袁充之言而改仁壽，則書改元：是年〔五〕。皆譏也。

以蘇威爲僕射。〇二月朔，日食。〇夏，五月，突厥九萬口來降。〇六月，遣十六使巡省風俗。〇廢太學及州縣學，改國子爲太學。

尋改國子爲太學矣，則其書廢何？傷之也。晉嘗罷遣太學生徒，穆帝永和八年〔六〕。曰軍興故也；

〔一〕「年」，元刻《書法》本無。
〔二〕「唯」，原無，據元刻《書法》本、弘治本、蜀藩本補。
〔三〕「章帝章和元年」，元刻《書法》本無。
〔四〕「宋文帝元嘉十七年」，元刻《書法》本無。
〔五〕「是年」，元刻《書法》本無。
〔六〕「帝」、「年」，元刻《書法》本無。

齊嘗罷國子學，壬戌年[一]。曰國哀故也；隋方盛時，無故有此，識者有以知其不永也。

冬，十一月，祀南郊。

常祀不書，書此何？譏也。郊也，何譏？譏謝瑞應也。隋文以智力取天下，故樂假符瑞以一衆心。頒《靈感志》，欺人也；郊謝瑞應，欺天也。

以衛文昇爲遂州總管。○以馮盎爲漢陽太守。

二年。壬戌 春，三月，突厥入寇，楊素擊破之。

於是突厥渡河掠啓民人畜而去，其書入寇何[二]？內啓民也。啓民終身北藩，斯可以內之矣。

秋，七月，以韋雲起爲通事舍人。○徵蜀王秀還京師。○八月，皇后獨孤氏崩。

自宋以來，后崩、葬不悉書，非皇后，略之也。於是而後復書。至唐德宗，一書皇后崩，而不書氏，不書葬。自是，無書皇后崩者矣。

冬，十月，以楊達爲納言。○閏月[三]，詔修定五禮。○葬獻皇后。○十二月，廢蜀王秀爲庶人，除治書侍御史柳彧名，配懷遠鎮。

[一]「年」，元刻《書法》本無。
[二]「何」，原作「河」，據元刻《書法》本、弘治本、蜀藩本改。
[三]「○」，原無，據宋刻《綱目》本補。

秀奢僭有罪矣，其以無罪書何？廢不以其罪也。於是廣、素誣秀，上信，廢之，故或亦以無罪例書之矣〔一〕。

詔楊素三五日一入省，論大事。○交州俚帥作亂，遣總管劉方討降之。

癸亥三年。秋，八月，幽州總管燕榮有罪，誅。○九月，置常平官。○龍門王通獻策，不報。

策未有書獻者，書獻策，不報，交譏之也。終《綱目》獻書書不報者二。漢成帝永始三年梅福、是年王通〔二〕。

突厥啓民可汗歸國。

甲子四年。春，正月，帝如仁壽宮。○秋，七月，太子廣弑帝於大寶殿而自立，遂殺故太子勇，流尚書柳述、侍郎元巖於嶺南。

賀善贊曰：隋文之初，《綱目》一書其官，不聞有功也。周宣帝殂，即書自爲大丞相，假黃鉞，居東宮，不臣見矣。於是尉遲迥書討堅，而尉遲勤、司馬消難、王謙皆以舉兵書。既而四書堅殺，一書自爲相國，進爵隋王，加九錫，而以稱皇帝繼之矣。稱帝之後，書廢，書弑，至其滅宇文氏之族書盡，則又蕭齊以來所未有也。故突厥得以再書伐。自是再書築長城，七書殺無罪，書

〔一〕「之矣」，元刻《書法》本作「某名」。
〔二〕「漢成帝永始三年梅福、是年王通」，元刻《書法》本作「梅福上書」。

盜升糧斬，書聽律外杖，書廢太學，皆譏也。然三書弗納叛人，與夫減租調，審死刑，求遺書，

置義倉，不許封禪，《綱目》亦不没其實焉。

貶許善心爲給事郎[一]。○并州總管漢王諒起兵晉陽，遣楊素擊[二]，虜以歸，殺之。

書起兵何？賊廣也。然則曷爲不書討？諒不以討賊名也。於是廣以高祖璽書召諒，諒發書無驗，唱言素反，起兵討之，則未聞大寶殿之事矣。

冬，十月，葬泰陵。○除婦人及奴婢、部曲之課，令男子二十二成丁。○十一月，帝如洛陽。○塹龍門，達上洛，以置關防。

書置關防，特筆也。天子之守，可知矣。

陳叔寶卒。

姓名何？無爵也。《綱目》滅國之君書卒七，魏山陽、安樂、晉歸命、陳留、隋陳叔寶、唐酅公、楊溥。無爵者，叔寶一人而已。

以洛陽爲東京。

乙丑 煬帝大業元年。春，正月，立皇后蕭氏。

[一]「郎」，原作「中」，據宋刻《綱目》本、元刻《書法》本、《通鑑》卷一八〇改。

[二]「擊」，元刻《書法》本作「執」。

立后自宋以來不書，列國也。於是始書，至唐代宗而後無書者，惟昭宗一書。五季之后，非有故不書也。

廢諸州總管府。○立晉王昭爲皇太子。○遣劉方擊林邑。○二月，以楊素爲尚書令。○詔天下公除。

公除未有書者，此何以書？著欺也。身行弑逆，而詔使天下公除，已猶淺色、鐵帶，吾誰欺，欺天乎？故《綱目》特書之。

三月，命楊素營東京宮室。○開通濟渠，引汴水，開邗溝，置離宮，造龍舟。

辭繁不殺，不待貶而意見矣。書溝始此，書離宮始此，書舟始此。終《綱目》書開渠十，詳秦乙卯年〔一〕。書開溝瀆三，隋丁未年山陽瀆〔二〕、是年邗溝、唐德宗貞元十二年刁溝〔三〕。書造舟四，是年、大業十一年更造〔四〕、唐太宗貞觀二十一年大船〔五〕、敬宗寶曆元年競渡船〔六〕。書置離宮，一而已。

夏，四月，劉方大破林邑，還，卒於師。

〔一〕「年」，元刻《書法》本無。
〔二〕「年」，元刻《書法》本無。
〔三〕「德宗」、「年」，元刻《書法》本無。
〔四〕「大業」，元刻《書法》本無。
〔五〕「太宗」，元刻《書法》本無。
〔六〕「年」，元刻《書法》本無。

《綱目》書卒於師八，詳漢光武建武九年〔一〕。多具官者，嘉死事也。方驩州總管也，其不書何？罪方也。林邑僻遠，未聞猾夏，徒以多寶故伐之，而方窮兵深入，士卒死者至什四五，其罪大矣。故前書擊，此書卒，皆削其官。《綱目》書卒於師不具官者二，劉方、任雅相。惟方終始不書官，爲譏焉。

五月，築西苑。○秋，七月，廢滕王綸、衛王集，徙之邊郡。○八月，帝如江都。○契丹寇營州，遣謁者韋雲起以突厥兵討平之。○鐵勒叛西突厥，自立爲莫何可汗。

丙寅

二年。春，正月，併省州縣。○二月，新作輿服、儀衛。

書新作何？譏靡也。

夏，四月，還東京。○六月，以楊素爲司徒。○秋，七月，制百官不得計考增級。○太子昭卒。○始建進士科〔二〕。

後世進士之科始此〔三〕。

楊素卒。

〔一〕「漢光武」，元刻《書法》本無。

〔二〕「○始建進士科」，此句宋刻《綱目》本、元刻《書法》本無。

〔三〕「後世進士之科始此」，元刻《書法》本無。

楊素何？司徒越公也。然則曷爲不具官？貶也。素與聞乎弒，故削之。自宋至陳不皆卒諸臣，所卒無不書官者，録賢也。至是，始復以不書官爲貶矣。自是至唐，卒不書官者四十二。詳唐太宗貞觀三年[一]。

八月，封孫倓爲燕王，侗爲越王，侑爲代王。○冬，十月，置洛口、回洛倉。○徵天下散樂。

丁卯三年。春，正月，突厥啓民可汗來朝。○三月，殺故長寧王儼及其弟七人。○夏，四月，詔頒新律。○改州爲郡。○更定官制。○六月，詔爲高祖建別廟。

立廟未有書詔者，此其書詔何？未果立也。未果立，則何以書？罪廣也。高祖喪已三年，廟制未定。許善心之議善矣，憂後世之毀及己也，遂有此詔焉。又以方事巡幸，竟不果立，其慢宗廟而自尊大，甚矣！故《綱目》書罪之。

帝北巡，次榆林郡，啓民可汗及義成公主來朝。吐谷渾、高昌皆入貢。

終《綱目》書巡二十九，而始皇五，武帝七，煬三書巡，七書如。奢欲之主，蓋一轍也。詳秦始皇二十八年[二]。

秋，七月，築長城。○殺太常卿高熲、尚書宇文弢、光禄大夫賀若弼。○免内史令蕭琮、僕射蘇威官。

[一]「詳唐太宗貞觀三年」，元刻《書法》本無。

[二]「八」，原作「七」，據弘治本、蜀藩本、本書卷二《書法》改；「詳秦始皇二十八年」，元刻《書法》本無。

〇八月，帝至金河，幸啟民可汗帳。〇還至太原，營晋陽宫。〇宴御史大夫張衡宅。〇遂還東都。
〇以楊文思爲納言。〇冬，以裴矩爲黄門侍郎，經略西域。
特筆也。其特筆何？罪開邊也。自矩首唱遠略，通西域，征高麗，而天下怨毒，遂至於亡矣。
是故經略一也，書經略中原，所以予晋人之規復；康帝建元元年〔一〕。書經略西域，所以罪隋人之
開邊。是年〔二〕。蓋美惡不嫌同辭。

〔一〕「建元」，元刻《書法》本無。
〔二〕「是年」，元刻《書法》本無。

資治通鑑綱目書法第三十七

起戊辰隋煬帝大業四年，盡戊寅七月[一]。

廬陵後學劉友益修撰[二]

翰林直學士中大夫知制誥同修國史國子祭酒歐陽玄校正[三]

戊辰 四年。春，正月，開永濟渠。○以元壽爲内史令。○二月，西突厥入貢。○三月，倭國入貢。○帝如五原，遂巡長城。○夏，四月，營汾陽宮。○齊王長史柳謇之有罪，除名。

驕恣不法，昵近小人，齊王之罪也，罪謇之何？齊王之罪，長史之罪也。《綱目》書曰有罪除名，其爲臣下不匡之戒，深切矣！

置城造屋於萬壽戍，以處突厥啓民可汗。

特筆也。書處降多矣，未有書置城造屋者。書置城造屋，譏敝内也。辭繁弗殺，《綱目》之意

[一]「盡戊寅七月」，宋刻《綱目》本作「盡丁丑隋煬帝大業十三年」。
[二]「後學」、「修」，元刻《書法》本無。
[三]「翰林直學士中大夫知制誥同修國史國子祭酒歐陽玄校正」，元刻《書法》本作空行。

見矣。

秋，七月，復築長城。

隋於是凡四書矣，故書復。復也者，不已之辭也。終《綱目》書築長城十，詳秦始皇三十三年〔一〕。隋居四焉。用民如此，欲不亡，得乎？舍是，無書築城者矣。

裴矩以鐵勒擊吐谷渾，大破之。

韋雲起以突厥兵書遣，大業元年〔二〕。此其不書遣何？矩專也。自矩開邊，中國罷敝，以至於亡，直書裴矩以鐵勒，罪之也。

九月，徵天下鷹師。○冬，十月，赤土入貢。○遣將軍薛世雄擊伊吾，降之。

己巳 五年。春，正月，改東京爲東都。○詔均天下田。○禁民間兵器。○三月，帝巡河右。夏，四月，遣兵擊吐谷渾，不克。西域諸國來朝，獻地，置西海等郡。○冬，十一月，還東都。○以裴蘊爲御史大夫。○突厥啓民可汗死，立其子咄吉爲始畢可汗。○殺司隸大夫薛道衡。

庚午 六年。春，正月，盜入建國門。○諸蕃來朝，陳百戲於端門以示之。

〔一〕「始皇」、「年」，元刻《書法》本無。
〔二〕「大業」，元刻《書法》本無。

凡書戲，譏也；以示諸蕃，深譏之〔一〕。

遣兵攻流求，殺其王，虜其衆以歸。○詔自今非有功者不賜爵。○以散樂配太常。○三月，帝如江都。○除榆林太守張衡名。○以王世充領江都宫監〔二〕。○冬，十二月，文安侯牛弘卒。○穿江南河。○詔百官戎服從駕。

吉行戎服，非事也，亂始兆矣，故謹書之。

徵高麗王元入朝，不至。

辛未　七年。春，二月，帝自將擊高麗。夏，四月，至臨朔宫，徵天下兵會涿郡。

高麗嘗書討矣，文帝開皇十八年〔三〕。此其書擊何？廣賊也，師出無名，故雖自將不書討〔四〕。

山東、河南大水。○冬，十月，底柱崩。○西突厥酋長射匱逐處羅可汗，處羅來朝。○王薄、張金稱、高士達、竇建德等兵起。

書兵起何？賊廣也。自是，凡起兵革，書擊不書討，書殺不書誅。

〔一〕「之」，原作「也」，據元刻《書法》本、弘治本改。

〔二〕「○」，原無，據元刻《書法》本補。

〔三〕「文帝」、「年」，元刻《書法》本無。

〔四〕「雖」，原作「書」，據元刻《書法》本、弘治本改。

壬申八年。春，正月，分西突厥爲三部。○道士潘誕伏誅。

廣殺人多矣，未有書伏誅者，此其書伏誅何？重罪誕也。誕合金丹，法用石膽、石髓，鑿求不得，請以童男女膽、髓各三斛六斗代之，欺罔至此，其罪可勝誅哉！故雖賊廣殺之，《綱目》必以伏誅書也。《綱目》抑左道，於方士必以伏誅書。終《綱目》方士書伏誅七。新垣平、李少翁、欒大、潘誕、柳泌、趙歸真、李玄伯。

遣諸軍分道擊高麗。○内史令元壽卒。○三月，左候衛大將軍段文振卒於師。

具官何？文振賢也，與劉方異矣。終《綱目》書卒於師八。詳漢光武建武九年[一]。

諸軍渡遼水，擊敗高麗兵，遂圍遼東。○夏，五月，納言楊達卒。○六月，帝至遼東，攻城不克。○將軍來護兒以水軍攻平壤，敗績。○秋，七月，將軍宇文述等九軍大敗於薩水而還。○九月，帝還東都，慰撫使劉士龍伏誅，諸將皆除名。○山東大旱。○殺張衡。

張衡何？親行弒逆者也。何爲不書伏誅？所以蔽罪於楊廣也。然則不具官何？衡嘗除名也。

癸酉九年。春，正月，徵天下兵集涿郡，始募民爲驍果。○靈武白瑜娑兵起。○命代王侑留守西京。○二月，復宇文述官爵。○三月，濟陰孟海公起兵，據周橋。○帝復自將擊高麗，命越王侗留守東都。○

[一] 「詳漢光武建武九年」，元刻《書法》本無。

齊郡丞張須陁擊王薄等，破之。○夏，四月，帝度遼水，遣諸將擊高麗。○六月，楚公楊玄感起兵黎陽，圍東都。○帝引軍還，遣宇文述、來護兒等擊楊玄感。○秋，七月，餘杭劉元進兵起。○楊玄感引兵趣潼關。八月，宇文述等追之，玄感敗死。○以唐公李淵爲弘化留守。○吴郡朱燮、晉陵管崇兵起。○殺楊玄感黨與三萬餘人。○冬，十月，遣將軍吐萬緒擊劉元進。○十一月，將軍馮孝慈擊張金稱，敗死。○十二月，内史舍人韋福嗣等伏誅。

玄感黨皆書殺，惡廣也。福嗣亦其黨，獨書伏誅，毋乃助之虐乎？福嗣反覆，見義不明，數廣十罪，似也，未幾而亡歸自首矣。亦既鎖送，李密呼與俱去，乃自謂無罪，猶冀苟全。《綱目》獨書伏誅，所以別於起義者也。

唐縣扶風妖人作亂，討平之。○吐萬緒擊劉元進，破之，管崇敗死。詔徵緒還，遣王世充代將，元進、朱燮皆敗死。○杜伏威起兵，掠江淮。

甲戌 十年。春，二月，徵天下兵伐高麗。三月，帝如涿郡。秋，七月，次懷遠鎮，高麗遣使請降。

前書擊高麗矣，此書伐何？竟降賊也。弑逆之賊，夷狄得而誅之，既降賊矣，故特從恒辭書伐。

冬，十月，還西京。○十一月，祀南郊，大風。

慕容超祀南郊，嘗大風矣，不書大風，略之也，未幾而南燕滅[一]。於是祀南郊，書大風，隋之滅

[一]「滅」下，原有「也」字，據元刻《書法》本删。

也，決矣！

離石胡劉苗王兵起。○汲郡王德仁起兵，據林慮山。○十二月，帝如東都，殺太史令庾質。○齊郡孟讓兵掠盱眙[一]，王世充擊破之。○以張須陁爲河南討捕大使。

乙亥 十一年。春，正月，增秘書省官百二十員。○二月，詔村塢皆築城。○上谷王須拔、魏刀兒兵起。○殺郕公李渾，夷其族。○孔雀集朝堂，百官稱賀。

直書其事，貶義自見矣。

夏，四月，帝如汾陽宮。○以李淵爲山西、河東撫慰大使。○秋，八月，帝巡北邊。突厥始畢可汗入寇，帝入雁門，始畢圍之，九月乃解。

高帝書被圍平城，不以足加首也。此書始畢圍之何？虜賊也，突厥圍之，不足爲賊諱也。然則曷爲以入寇書？弑逆之賊，夷狄得而誅之，乃復解圍，是縱賊也，故從恒辭書寇。

冬，十月，帝還東都。○詔江都更造龍舟。○東海李子通據海陵。○城父朱粲兵起。○十二月，李淵擊敬盤陁等[二]，降之。

丙子 十二年。楚帝林士弘太平元年。春，正月，分遣使者發兵擊諸起兵者。

[一] 「兵」，元刻《書法》本無。

[二] 「擊」下，元刻《書法》本有「破」字。

諸起兵者何？惡廣也。《綱目》賊廣，故不書群盜，書諸起兵者，此《綱目》之新例也。凡書起兵者，皆以自敗爲文。

作毘陵宫。〇三月，宴群臣於西苑。〇張金稱擊破平恩等郡。〇夏，四月，大業殿火。〇魏刀兒將甄翟兒攻太原，將軍潘長文戰死。〇五月朔，日食，既。

食既，大變也，間一歲而隋亡矣。《綱目》書食既十有二，無不有應者，詳漢惠帝七年〔一〕。免者，其惟漢明帝乎！

除納言蘇威名。〇秋，七月，帝如江都，命越王侗留守，殺諫者任宗、崔民象、王愛仁。

殺諫者多矣，未有以諫者書。書諫者何？罪廣，且予三子也。三子官微，書諫者，予之也。十年如東都，殺庾質，今年如江都，殺諫者三人焉，自古未有好遊愎諫如煬帝者矣。若是，有不亡乎！

遣光禄大夫陳稜擊李子通等，敗之。〇冬，十月，許公宇文述卒。

述也，卒書爵何？著廣私也。廣之大逆，述有力焉。《綱目》前以復官爵書，此以爵卒，廣之微情著矣。是故以爵卒賈充，所以著晋氏之私；以爵卒宇文述，所以著楊廣之私。

翟讓、李密起兵攻滎陽，張須陁擊之，敗死。〇十二月，鄱陽林士弘稱楚帝，據江南。〇以李淵爲太

〔一〕「詳漢惠帝七年」，元刻《書法》本無。

原留守，擊甄翟兒，破之。〇蔡王智積卒。〇太僕楊義臣擊張金稱、高士達，斬之。竇建德收其衆，掠取饒陽。詔罷義臣兵。〇帝至江都。〇遣江都通守王世充擊河間格謙，斬之。謙黨高開道收其衆，掠燕地。〇虎賁郎將羅藝起兵涿郡。〇詔李淵擊突厥。

丁丑十三年。恭帝侑義寧元年。〇長樂王竇建德丁丑元[一]、魏公李密元、定楊可汗劉武周天興元、梁王梁師都永隆元、秦主薛舉秦興元、梁王蕭銑鳴鳳元。〇是歲并楚凡八國[二]。春，正月，陳稜討杜伏威，敗績，伏威遂據歷陽。〇竇建德稱長樂王。〇魯郡徐圓朗兵起。〇盧明月掠河南，遣王世充擊斬之。〇二月，馬邑校尉劉武周、朔方郎將梁師都各據郡起兵。〇翟讓、李密據興洛倉，擊敗東都兵，讓推密稱魏公，略取河南諸郡。〇三月，突厥立劉武周爲定楊可汗，取樓煩、定襄、雁門諸郡。〇梁師都取雕陰、弘化、延安等郡，自稱梁帝，引突厥寇邊。〇流人郭子和起兵榆林，突厥以爲屋利設。〇夏，四月，金城校尉薛舉起兵隴西，自稱西秦霸王。〇河南討捕使裴仁基以虎牢降李密，密攻東都，入其郭[三]。〇五月，李淵起兵太原，殺副留守王威、高君雅。〇東都遣兵擊李密，大破之，密退屯洛口。〇六月，李淵遣使如突厥。〇李淵遣世子建成及世民擊西河郡，拔之，斬郡丞高德儒。〇李淵自稱大將軍，開府，置官屬。

[一]「〇」，原作空格，據宋刻《綱目》本補。

[二]「〇」，原作空格，據宋刻《綱目》本補；「〇是歲并楚凡八國」，元刻《書法》本無。

[三]「郭」，原作「乳」，據元刻《書法》本、《通鑑》卷一八三改。

○李密復取回洛倉。○突厥遣使至太原，李淵遣劉文静報之。○秋，七月，李淵引兵至霍邑，代王侑遣郎將宋老生、將軍屈突通將兵拒之。○武威司馬李軌起兵河西，自稱凉王。○薛舉自稱秦帝，徙據天水。○涿郡留守薛世雄擊李密，竇建德襲破之，遂圍河間。○八月，李淵與宋老生戰，斬之，遂取霍邑。○李淵克臨汾、絳郡，劉文静以突厥兵至，遂下韓城。

漢高之篇，書北貉、燕人致梟騎助漢，此其不書致助何？借兵也。然則何以不書借兵？前書遣使如突厥，繼書以劉文静報之，此書劉文静以突厥兵至，雖不直書借兵，而借兵之意見矣。《綱目》於唐事婉而不隱。終《綱目》書蠻夷借兵八，其例有五：致助、入援，順辭也；徵兵、發兵，尊辭也；遣使以某兵至〔一〕，敵辭也；乞師，卑辭也；求救，急辭也。詳漢高帝四年〔二〕。

九月，以江都婦女配將士。○武陽郡降李密。○李密遣徐世勣取黎陽倉。○馮翊太守蕭造降於李淵。淵留兵圍河東，自引軍西。○王世充救東都，合擊李密於洛口。○李淵濟河，遣建成守潼關，世民徇渭北。○柴紹妻李氏及李神通、段綸各起兵以應李淵，關中群盗悉降於淵。

先李氏何？壯其志也。廣世盗不書盗，此其書群盗何？書降淵，則不嫌於書盗矣。終《綱目》書婦人用兵二。洗氏、李氏。

〔一〕「某」，原作「其」，據元刻《書法》本改。

〔二〕「帝」、「年」，元刻《書法》本無。

冬，十月，李淵合諸軍圍長安。〇蕭銑起兵巴陵，自稱梁王。〇王世充及李密戰於洛北，敗績。〇十一月，李淵克長安，殺留守官陰世師等十餘人。

前書王威、高君雅，此書陰世師，皆具官[一]，書殺。《綱目》於唐事，書法不隱如此。

王世充與李密戰於石子河，敗績。〇李密誘翟讓，殺之。〇李淵立代王侑爲皇帝，尊帝爲太上皇。

書尊帝何？見唐兵之不以討賊名也。故化及之弒，不書太上皇，據李兑書弒主[二]。不予唐之尊之也。唐不正名，自是《綱目》書自爲大丞相，書追謚，皆無隱矣。

淵自爲大丞相，封唐王，以建成爲唐王世子，世民爲秦公，元吉爲齊公。〇滎陽郡降李密。〇十二月，唐王淵追謚其大父爲景王，考爲元王，夫人竇氏爲穆妃。〇薛舉侵扶風，唐王淵遣秦公世民擊敗之。〇河池太守蕭瑀以郡降唐。

淵既帝侑，則皆隋也，書降唐何？紀實也。淵以名尊侑，《綱目》以實録[三]，故蕭瑀書降唐，屈突通書降唐，遣招山南、山東書唐遣，遣招河東書唐遣。

唐王淵遣李孝恭、張道源招慰山南、山東諸州，下之。〇屈突通降唐，唐遣通招河東，通守堯君素不下。〇王世充襲李密，敗績。〇唐劉文静取弘農。

[一]「具」，原作「兵」，據元刻《書法》本、弘治本改。

[二]「據李兑書弒主」，此句原爲大字正文，據元刻《書法》本、弘治本改小字注文。

[三]「實」，底本作「時」，據元刻《書法》本、弘治本改。

淵既相侑，則猶隋臣也，《綱目》於隋篇而揭書唐劉文靜，名實見矣。使唐不立侑，於此何議焉！此唐之所以爲大綱不正者也。

唐王淵遣使徇巴、蜀，下之。○蕭銑取豫章，林士弘退保餘干[一]。

戊寅[二]　隋恭帝侑義寧二年、恭帝侗皇泰元年、唐高祖神堯皇帝李淵武德元年[三]。○夏王竇建德五鳳元、凉王李軌安樂元、楚王朱粲昌達元年。○是歲并楚士弘、魏、定楊、梁師都、秦、梁銑，凡十二國[四]。隋煬帝廣、恭帝侑、秦、魏亡[五]。春，正月，唐王淵自加殊禮。○魏公密敗隋王世充於洛北。

書隋王世充何？始夷隋於列國也。自是，隋事皆書隋，而李密輩皆稱國。

唐遣世子建成、秦公世民救東都，以齊公元吉爲太原道行軍元帥。○三月，隋宇文化及弑其君廣於江都，立秦王浩。

秦嘗夷於列國矣，趙高弑帝則書帝，廣則曷爲斥名而書其君廣？弑逆則賊也，與二世又異矣。

[一] 宋刻《綱目》本第三十七卷，至「林士弘退保餘干」結束，義寧二年内容入第三十八卷。

[二] 「戊寅」上，宋刻《綱目》本有「《資治通鑑綱目》第三十八，起戊寅隋恭帝侗皇泰元年、唐高祖武德元年，盡甲申唐高祖武德七年，凡七年。」

[三] 「神」，原作「仁」，據宋刻《綱目》本、元刻《書法》本、弘治本、蜀藩本、《通鑑》卷一八五改。

[四] 「并楚士弘、魏、定楊、梁師都、秦、梁銑，凡十二國」，元刻《書法》本無。

[五] 「隋煬帝廣、恭帝侑、秦、魏亡」，此句宋刻《綱目》本上移至「是歲」之下。

弑逆之賊，而化及君之，君而弑之，書曰其君，以爲化及之所君云耳。

唐王淵自爲相國，加九錫。○宇文化及發江都。○隋吴興太守沈法興起兵，據江表十餘郡。○夏，四月，唐世子建成等還長安。○宇文化及至彭城，魏公密拒之，化及引兵入東郡。○梁王銑稱皇帝。○五月，唐王淵稱皇帝。

漢、唐皆以兵取天下者也，漢高祖書即皇帝位，此其書稱皇帝何？唐之兵不以討賊名也。故《綱目》書自爲大丞相、封唐王，書自加殊禮，書自爲相國、加九錫，書稱皇帝，與魏、晉以下無異矣。

唐罷郡置州，以太守爲刺史。○隋越王侗稱皇帝。

昭烈之立也，書即皇帝位。侗，煬嫡孫也，煬弑而後即位，則書稱皇帝何？煬弑父，則賊也，其子孫豈得與昭烈比哉！《綱目》立書稱皇帝，弑書隋主，列國之也。

突厥遣使如唐。○唐定律令，置學校。○六月，唐以趙公世民爲尚書令[一]，裴寂爲右僕射、知政事，劉文静爲納言，竇威、蕭瑀爲内史令。○唐立四親廟。○唐立世子建成爲皇太子，世民爲秦王，元吉爲齊王。○秦主舉侵唐涇州。○唐以永安王孝基爲陜州總管[二]。○唐廢隋帝侑爲酅國公，而選用其

[一]「趙」，原作「秦」，據宋刻《綱目》本、元刻《書法》本、弘治本、蜀藩本、《通鑑》卷一八五改。

[二]「○」，原作空格，據宋刻《綱目》本補。

宗室。

侑自立爲皇帝，每事書唐而已，未嘗有帝也。此則曷爲以隋帝書？罪唐也。不宜立而立之，既已立之，而又廢之，斯唐罪矣。故雖夷隋列國，而於侑特書帝焉，所以正罪唐也。曷爲名侑？別於侗也。然則書選用其宗室何？予存厚也。自蕭道成弑汝陰王，滅其族，是後廢主之族無得免者。唐於楊氏，不惟不忍加害，又選用焉，可謂厚矣。書廢隋帝侑，罪之也；書選用其宗室，予之也，故書而以殊之。唐事至是，始有可書者矣。

唐以孫伏伽爲治書侍御史。

書，美從善也。高祖初政，即有此書，可謂知務矣。

唐竇威卒，以竇抗、陳叔達爲納言。○魏公密敗宇文化及於黎陽，奉表降隋。○秋，七月，唐秦王世民與秦主舉戰於高墌，敗績。

戰而敗者，文靜也，書世民何？己爲元帥，而以疾自諉，喪師失地，罪誰執哉！直書世民與戰敗績，其示爲人臣子之義，著明矣！

隋王世充殺元文都，隋主以世充爲僕射。魏公密如東都，不至而復。○唐詔廢隋離宮。

前書置離宮，此書廢離宮，十四年間，一置一廢，世主亦可以鑑矣。

長樂王建德定都樂壽。

資治通鑑綱目書法第三十八

起戊寅隋恭帝皇泰元年八月〔一〕、唐高祖武德元年八月〔二〕，盡甲申唐高祖武德七年。

廬　陵　後　學　劉友益修撰〔三〕

翰林直學士中大夫知制誥同修國史國子祭酒歐陽玄校正〔四〕

八月，秦主舉卒，子仁杲立〔五〕。

凡主書卒，有正統也。於是夷隋於列國矣，則其卒秦主何？將予唐以正統也，故秦主書卒，楚主書卒。

唐立李軌爲涼王。○唐遣秦王世民伐秦。○隋人葬煬帝於江都〔六〕。○魏公密與隋戰，大敗，遂以其衆

〔一〕「隋恭帝皇泰元年」，元刻《書法》本無。「帝」下，原有「侗」字，據《綱目》體例刪。

〔二〕「唐高祖武德元年八月」，元刻《書法》本無。

〔三〕「廬陵後學」，元刻《書法》本作「後學廬陵」；「修」，元刻《書法》本無。

〔四〕「翰林直學士中大夫知制誥同修國史國子祭酒歐陽玄校正」，元刻《書法》本作「嘉遇校刊」。

〔五〕「仁杲」，宋刻《綱目》本、《通鑑》卷一八六作「仁果」；本卷下同，不再出校。

〔六〕「○」，原作空格，據宋刻《綱目》本補。

降唐。○秦圍涇州，唐兵敗績，守將劉感死之。○唐遣使如突厥，突厥遣使報之。○唐行《戊寅曆》。

○隋宇文化及弒秦王浩，自稱許帝。

秦王浩何？不成之爲帝也，故立書秦王浩，弒書秦王浩。然則其書弒何？化及前既立之，不書弒，則亂臣得以逭其誅矣。故化及嘗再三不書隋，於是復書，所以正其弒也。

冬，十月朔，日食。○唐以李密爲光禄卿、邢國公。○唐以淮安王神通爲山東安撫大使。○朱粲自稱楚帝，取唐鄧州，刺史呂子臧死之。○隋以王世充爲太尉。○唐以李襲譽爲太府少卿。○唐納言竇抗罷。○十一月，涼王軌稱帝。○唐秦王世民破秦兵，圍折墌，秦主仁杲出降。○徐世勣降唐，賜姓李氏。○唐斬薛仁杲於市。

降書斬，甚之也；於市，又甚焉。

唐遣李密收撫山東。○夏王建德取深、冀、易、定等州。

前書長樂王建德，此書夏王何？隋立之也。於是建德與世充結好，奉表於隋，隋以爲夏王。然則曷爲不書隋立？不以臣隋累建德也。《綱目》於建德，多予辭。

唐以秦王世民爲陝東大行臺。○唐殺隋河東守將堯君素。

隋守將何？見君素之終身隋臣也。前書堯君素不下，此書隋河東守將，而君素之志節著矣。然則曷爲不書死之？廣爲弒逆，其臣雖守節如君素，不得以死節書，所以深惡廣也。殺君素者，君素之左右耳，書唐殺之何？書唐殺之，所以微著君素之節也。是故其見殺也書隋，其贈官也書隋。唐貞觀十二年〔一〕。

唐以羅藝爲幽州總管，擊夏兵，敗之。○唐以西突厥曷娑那可汗爲歸義王。○唐李密叛，行軍總管盛彦師討斬之。

李密於隋書起兵矣，此其書叛何？嘗降唐也，故書討斬之。《綱目》之名分，嚴矣！

高開道據漁陽，自稱燕王。○唐以李素立爲侍御史。○唐以舞胡安叱奴爲散騎侍郎。

直書舞胡，而貶義自見矣。是故唐用安叱奴書舞胡，後唐用陳俊等書伶人，用嚴旭書樂工，皆深譏之也。

涼大饑。

己卯 隋恭帝侗皇泰二年、唐武德二年。○鄭主王世充開明元〔二〕、梁王沈法興延康元、吴王李子通明政元年。○是歲隋、涼、楚粲亡〔三〕，并楚、夏、定楊、梁師都、梁銑，凡九國〔四〕。春，正月，隋王世充殺總管劉孝元、獨孤武都。○唐淮安王神通擊宇文化及於魏縣，走之。

〔一〕「唐」、「年」，元刻《書法》本無；「十二」，原作「十三」，元刻《書法》本作「十一」，據《通鑑》卷一九五、《綱目》卷三十九改。

〔二〕「主」，原作「王」，元刻《書法》本無，據宋刻《綱目》本改。

〔三〕「○」，原作空格，據宋刻《綱目》本補；「楚」，宋刻《綱目》本無。

〔四〕「凡九」，宋刻《綱目》本作「爲十一」；「并楚、夏、定楊、梁師都、梁銑，凡九國」，元刻《書法》本無。

薛舉稱帝，則以秦主舉書，化及亦稱許帝矣，曷爲不書許主化及？化及弑君賊也〔一〕，故削之。然則不書討書擊何？唐有慊也，惟竇建德得書誅。

淮安楊士林擊破朱粲，唐以爲顯州行臺。〇二月，唐定租、庸、調法。〇唐置宗師。〇唐使吐谷渾伐涼。

引夷猾夏必書寇〔二〕，恒也。據盧芳、梁師都。此吐谷渾也，其書伐何？罪涼也。涼嘗受唐爵矣，既而自稱涼帝，唐之伐之爲有名矣。故雖以吐谷渾兵，得稱伐。

朱粲降唐，唐以爲楚王〔三〕。〇夏王建德破宇文化及於聊城，誅之。

書誅何？弑君賊也，不誅，則亂臣賊子接迹於天下矣。《綱目》於隋末諸國，唯夏多予辭。蓋建德之舉常近正〔四〕，故書稱長樂王不書自，據他國皆有書自稱某王。爲夏王不書隋以，破化及則書誅，據淮安書擊。雖以唐攻之，止書擊。據唐於秦、涼、鄭、梁書伐。

唐以宇文士及爲上儀同，封德彝爲内史侍郎。

化及、士及，兄弟也。化及弑逆之賊，士及、德彝其黨也。夏誅之，唐爵之，《綱目》并書於策，

〔一〕「弑」，弘治本、蜀藩本作「殺」。
〔二〕「猾」，原作「滑」，據元刻《書法》本、弘治本改。
〔三〕「唐」，原無，據宋刻《綱目》本、元刻《書法》本補。
〔四〕「舉」，原作「與」，據元刻《書法》本、弘治本、蜀藩本改。

得失見矣。

隋王世充侵唐穀州。○唐并州總管齊王元吉免，尋復本任。○唐以楊恭仁爲凉州總管。○突厥始畢可汗死，弟處羅可汗立。○隋東海、北海、東平、須昌、淮南諸郡皆降於唐。○隋王世充自稱鄭王，加九錫。○唐以鄭善果爲内史侍郎。

前書士及、德彝，繼書元吉、善果，賞刑若此，唐之治體，所以不得爲純粹也。

夏，四月，定楊可汗武周擊唐并州，取榆次。○楚王朱粲殺唐使者，奔東都。

粲受唐爵矣，殺唐使者則叛也，不書叛何？據李密、高開道既降書叛。罪使者也，故止書奔。

鄭王世充稱帝。○夏王建德立楊政道爲鄖公。○定楊可汗武周圍唐并州[一]，齊王元吉拒却之。○鄭主世充取唐伊州[二]，總管張善相死之。○唐遣安興貴襲執凉主軌以歸，殺之，河西平。

書遣襲何？譏也。王者之師，不若是矣。

五月，鄭主世充弑隋主侗。○六月，定楊將宋金剛擊唐并州，唐以裴寂爲總管，拒之。○秋，七月，唐置十二軍。○唐以徐圓朗爲兖州總管[三]。○鄭將羅士信降唐。○鄭人侵唐穀州，刺史任瓌大破之。

[一]「唐」，宋刻《綱目》本無。

[二]「○」，原作空格，據宋刻《綱目》本補。

[三]「圓」，原作「圖」，據宋刻《綱目》本、元刻《書法》本、弘治本、蜀藩本、《通鑑》卷一八七改。

○西突厥、高昌遣使入貢於唐。○八月，唐酅公薨〔一〕。

書薨何？廢帝也。自晉書陳留王曹奐卒，是後代興之際，廢主皆弑，無有以卒書者。於是復見，若唐者，可謂近厚矣，其永世也，宜哉！《綱目》前書選用其宗室，此書唐酅公薨，皆予之也。終《綱目》自分王外書薨十四，詳晉武帝太安元年〔二〕。而廢帝書薨者二。晉海西公、唐酅公。

夏王建德取唐邢、滄、洺、相州。○梁王師都以突厥寇延州，唐總管段德操擊破之。○梁主銑遣兵侵唐峽州，刺史許紹擊破之。○唐殺其民部尚書劉文静。○沈法興稱梁王於毗陵，李子通稱吴帝於江都。○杜伏威降唐，唐以爲和州總管。○唐裴寂軍潰，定楊可汗武周取并州，齊王元吉奔長安。○唐殺西突厥曷娑那。

宇文泰收柔然付突厥使者，《綱目》書突厥取而殺之。此亦北突厥使者殺之也，書唐殺之何？罪唐也。西魏受制突厥，書曰突厥取而殺之，譏不立耳。唐方盛時，非西魏比，而縱使殺之，然則非突厥殺之，唐殺之矣。

唐以李綱爲太子少保。○夏王建德取唐趙州。○冬，唐賜羅藝姓李氏。藝破夏兵於衡水。○定楊將宋金剛取澮州，唐遣秦王世民擊之。○夏王建德克唐黎陽，虜淮安王神通，李世勣降，遂定衛、滑、齊、

〔一〕「薨」，宋刻《綱目》本作「卒」。

〔二〕「詳晉武帝太安元年」，元刻《書法》本無。

兖等州〔一〕。○鄭主世充徇地至滑臺，唐汴、亳州降之。○唐以夏侯端爲秘書監。○十一月，唐秦王世民擊宋金剛〔二〕，屯柏壁。○夏人克鄭新鄉，虜其將劉黑闥。

庚辰 唐武德三年。○是歲并楚、夏、定楊、梁師都、梁銑、鄭、梁法興、吴，凡九國〔三〕。定楊、梁法興亡。春，正月，唐克蒲反，隋守將王行本降。○李世勣復歸於唐。○定楊取唐長子、壺關。○唐工部尚書獨孤懷恩謀反，伏誅。○突厥立楊政道爲隋王〔四〕。○二月〔五〕，唐改官名。○唐以封德彝爲中書令。

始正官名而百僚之長首用若人，唐之官不足貴矣。《綱目》比而書之，深譏之也。

夏，四月，唐秦王世民擊宋金剛，破之，定楊可汗武周及金剛皆走死。○五月，夏人侵唐幽州，不克。○唐立老子廟。

書老子廟何？譏誣也。故《通鑑》不書，《綱目》特書之。

六月，顯州人殺唐行臺楊士林，以降於鄭。○秋，七月，唐遣秦王世民督諸軍伐鄭。○九月，鄭顯州總管田瓚以二十五州降唐。○唐攻鄭轘轅，拔之。○鄭濮州降唐。○冬，十月，夏王建德圍幽州，高

〔一〕「定」，宋刻《綱目》本作「克」。
〔二〕「唐」，宋刻《綱目》本無。
〔三〕「并楚、夏、定楊、梁師都、梁銑、鄭、梁法興、吴，凡九國」，元刻《書法》本無。
〔四〕「王」，原作「主」，據宋刻《綱目》本、元刻《書法》本、弘治本、《通鑑》卷一八八改。
〔五〕「二」，《通鑑》卷一八八作「三」。

開道遣使降唐。○鄭管、滎、汴州降唐。○突厥處羅可汗死，弟頡利可汗咄苾立。○鄭遣使如夏乞師。○十二月，鄭許、亳等十一州降唐。○唐峽州兵伐梁，拔荆門鎮。○吴主子通敗梁兵，取京口。杜伏威擊之，子通敗走，襲梁，梁王法興走死。

辛巳　唐武德四年。○是歲夏、鄭、梁銑、吴亡，并楚、梁師都，凡三國[一]。春，正月，唐黔州兵攻梁，拔其五州、四鎮。○唐秦王世民擊鄭，鄭主世充與戰，敗走。○二月，唐以趙郡王孝恭爲夔州總管，李靖爲行軍總管。○唐秦王世民敗鄭主世充於穀水，進圍洛陽。○夏王建德虜孟海公。○三月，唐襲夏鄴城。○突厥寇汾陰。○夏王建德將兵救鄭。夏[二]，五月，唐秦王世民大破擒之，鄭主世充降。○秋，七月，唐以蘇世長爲諫議大夫。

自晋元之篇，書趙以喬豫、和苞爲諫議大夫，至是垂三百年矣。於是復書，予唐也。前書孫伏伽爲治書侍御史，繼書李素立爲侍御史，此書蘇世長爲諫議大夫[三]，皆予之也。與用士及、德彝、善果之時，又異矣。唐初之政，駁而不醇類如此。終唐之世，書諫議大夫十，蘇世長、魏徵等、孫伏伽、盧鴻、陽城、吴通玄[四]、韋渠牟、劉栖楚、柳公權、鄭朗。皆美也，唯吴通玄、韋渠牟爲譏焉。

[一]「并楚、梁師都，凡三國」，元刻《書法》本無。

[二]「夏」，元刻《書法》本爲空格。

[三]「議」，原作「義」，據元刻《書法》本、弘治本、《通鑑》卷一八九改。

[四]「吴通玄」，原作「吴通元」，據元刻《書法》本、弘治本、蜀藩本改；以下徑改，不再出校。

唐秦王世民至長安，獻俘太廟，赦王世充，斬竇建德。

陳之亡也，書俘陳叔寶。於是俘世充、建德以獻太廟，則曷爲不以俘王世充、竇建德書之？不使建德列於世充也，故止書獻俘。然則世充書赦何？有罪也。建德書斬不書誅何？無罪也。有罪者赦，無罪者斬，唐之得失見矣。

唐初行開元通寶錢。

唐自是錢幣凡七變。是年、高宗乾封元年鑄乾封泉寶〔一〕、二年罷、肅宗乾元元年鑄大錢〔二〕、二年更鑄大錢、上元元年敕重輪一當三十〔三〕、寶應元年大小錢皆當一〔四〕。○此後世錢文用「寶」字始此〔五〕。

竇建德故將劉黑闥起兵漳南。

書故將何？予義也。建德之死，唐爲已甚，故黑闥得以起兵書，而唐止書擊。終《綱目》書故將七，利幾、公師藩、陳安、麻秋、張賀度、劉黑闥、翟廷美。惟利幾以故楚將書反，公師藩以成都故將書寇，爲譏辭。

〔一〕「高宗」，元刻《書法》本無。
〔二〕「肅宗」、「年」，元刻《書法》本無。
〔三〕「年」，元刻《書法》本無。
〔四〕「年」，元刻《書法》本無。
〔五〕「○此後世錢文用寶字始此」，元刻《書法》本無。

八月朔，日食。○劉黑闥據鄃縣，唐遣兵擊之。○唐徐圓朗舉兵應劉黑闥。

圓朗書唐矣，應黑闥則叛也，曷爲不以叛書？黑闥之舉，義也；圓朗應之，亦義也。於是降而復叛者皆書叛，惟圓朗書舉兵，所以予義也，故世民之師止書擊。

唐括户口。○唐黜太常樂工爲民。○唐淮安王神通擊劉黑闥，敗績。○冬，十月，唐以秦王世民爲天策上將。○唐遣趙郡王孝恭、李靖伐梁，梁主銑降。

於是斬銑都市，則何以不書？諱之也。唐平諸國，雖降鮮不殺者，淫刑甚矣。然仁杲貪暴，黑闥執降，猶曰有以藉口，故《綱目》悉書之。惟王行本、蕭銑不書，不忍書也。其不忍何？行本各爲其主，蕭銑自紀其敘，皆既降矣，而復斬之。諱之者，甚之也。

十一月，唐杜伏威擊李子通，執送長安。○劉黑闥取唐定州，總管李玄通死之〔一〕。

唐起兵於是四年耳，書死節者已四人焉，劉感、吕子臧〔二〕、張善相、李玄通。其得人心如此〔三〕，唐之成帝業也，宜哉！《綱目》千三百六十二年，書死之者五十四，詳漢孺子嬰居攝元年〔四〕。於是四書，

〔一〕「李玄通」，原作「李元通」，據宋刻《綱目》本、元刻《書法》本、弘治本、蜀藩本、《通鑑》卷一八九改；以下徑改，不再出校。

〔二〕「臧」，原作「誠」，據元刻《書法》本、弘治本、《通鑑》卷一八六改。

〔三〕「得」，原作「爲」，據元刻《書法》本改。

〔四〕「詳漢孺子嬰居攝元年」，元刻《書法》本無。

皆唐也。

高開道叛唐，自稱燕王。

書叛何？嘗降也，故入幽州則書寇。《綱目》之名分，嚴矣！

十二月，唐命秦王世民、齊王元吉擊劉黑闥。

壬午唐武德五年。○漢東王劉黑闥天造元年。○是歲楚亡，并梁，凡三國〔一〕。春，正月，劉黑闥自稱漢東王。○三月，突厥遣使如唐。○唐秦王世民破劉黑闥於洺水，黑闥奔突厥。○夏，六月，劉黑闥引突厥寇山東，又寇定州。

黑闥前書起兵，此其書寇何？引狄亂華，不可以不書寇也。至加兵黑闥，則復書擊。

秋，七月，唐秦王世民擊徐圓朗，杜伏威入朝於唐。○李子通叛唐，伏誅。○隋漢陽太守馮盎降唐。○八月，突厥寇并州，唐遣鄭元璹如師，頡利引兵還。○冬，十月，唐遣齊王元吉擊劉黑闥。淮陽王道玄與黑闥戰，敗没。○楚王林士弘卒，其衆遂散。○十一月，唐遣太子建成擊劉黑闥。○唐封宗室道宗爲任城王。

於是唐宗室封王多矣，不書，書任城，以功也。

十二月，唐魏州總管田留安擊劉黑闥，破之。○唐太子建成兵至昌樂，劉黑闥亡走。

〔一〕「并梁，凡三國」，元刻《書法》本無。

癸未 唐武德六年。○是歲漢東亡，并梁，凡二國〔一〕。春，正月，漢東將諸葛德威執其君黑闥降唐，唐斬之。

書其君何？成黑闥之爲漢東王也。《綱目》予義，故黑闥之起兵書故將，唐攻之書擊，其被執也書其君。

二月，唐平陽公主薨〔二〕。

公主卒未有書者，此其書薨何？特筆也。其特筆何？與於起義者也，非他公主比矣，故書薨。《綱目》自戰國分王外〔三〕，其書薨者，非不成君、廢帝、廢后，則謚爲帝、爲后者也。不然，則帝母也，有大功公主也。唐會昌以後，方鎮、大臣有書薨者，誤也。

徐圓朗走死，其地皆入於唐。○林邑遣使入貢於唐。○幽州總管李藝入朝於唐。○唐廢參旗等十二軍。○三月，梁將賀遂、索同以十二州降唐。○唐前洪州總管張善安反。○夏，唐以裴寂、蕭瑀爲僕射，楊恭仁、封德彝爲中書令。○高開道寇唐幽州，敗走。○六月，苑君璋奔突厥，高滿政以馬邑降唐。○唐岐州刺史柴紹擊吐谷渾，敗之。○秋，八月〔四〕，唐淮南道行臺僕射輔公祏反。○冬，十月，唐殺其崞城總管劉世讓。○唐朔州殺其總管高滿政，降突厥。○唐置屯田於并州。○十二月，唐安撫使李

〔一〕「二」，原作「三」，據宋刻《綱目》本改；「并梁，凡二國」，元刻《書法》本無。
〔二〕「薨」，宋刻《綱目》本作「卒」。
〔三〕「王」，原作「主」，據元刻《書法》本、弘治本改。
〔四〕「八」，原作「七」，據元刻《書法》本、弘治本、蜀藩本、《通鑑》卷一九〇改。

大亮討張善安，執之。

甲申唐高祖神堯皇帝武德七年〔一〕。是歲高開道、輔公祏皆敗死，唯梁師都至貞觀二年乃亡。春，正月，置大中正。

○二月，封高麗王建武爲遼東王。○置州縣鄉學。

自魏書立郡學，宋丙午年〔二〕。至梁武始置州郡學，己酉年〔三〕。隋文遂有廢州縣學之書，仁壽元年〔四〕。於是復置州縣學，而并立鄉學焉。鄉學立，而後庠序滿天下。及開元之盛，令天下州縣里皆置學，則天下無無學之里矣。玄宗開元二十六年〔五〕。

帝詣國子學，釋奠於先聖先師。

學書臨、書視，恒也，此其書詣何？不以人主之位加先聖也。故《綱目》下書孔子宅則上書詣，漢明帝永平十五年〔六〕。下書先聖先師則上書詣。是年〔七〕。終《綱目》書詣學二，是年、太宗貞觀十四

〔一〕「高祖神堯皇帝」，宋刻《綱目》本無。
〔二〕「年」，元刻《書法》本無。
〔三〕「年」，元刻《書法》本無。
〔四〕「年」，元刻《書法》本無。
〔五〕「玄宗」，原作「元宗」，據弘治本、蜀藩本改；以下徑改，不再出校；「玄宗開元」，元刻《書法》本無。
〔六〕「漢明帝」、「年」，元刻《書法》本無。
〔七〕「是年」，元刻《書法》本無。

年〔一〕。書釋奠二。是年、代宗大曆元年〔二〕。

改大總管府爲大都督府。○高開道爲其下所殺，詔以其地爲嬀州。○吴王杜伏威卒。○三月，初定官制。○趙郡王孝恭克丹陽，斬輔公祏。○夏，四月，頒新律令。○初定均田租、庸、調法。○六月，慶州都督楊文幹反，遣秦王世民討平之。○秋，閏七月，突厥入寇，遣秦王世民將兵禦之。○命韋仁壽檢校南寧州都督。○八月，突厥受盟而還。

書受盟何？非請也。何以知其非請？史稱世民又遣人説突厥，則不欲戰之意在我矣。《綱目》書曰受盟，不以外加内也。書外盟始此。盟例四：請盟，卑辭也；受盟，順辭也；與盟，降辭也；來盟，伉辭也。終《綱目》書外盟五，是年、武德九年〔三〕、代宗永泰元年〔四〕、德宗貞元三年〔五〕、穆宗長慶元年〔六〕。書受盟者二。是年、代宗永泰元年〔七〕。

冬，十一月，以裴矩權侍中。

〔一〕「太宗」、「年」，元刻《書法》本無。
〔二〕「年」，元刻《書法》本無。
〔三〕「武德」，元刻《書法》本無。
〔四〕「代宗」、「年」，元刻《書法》本無。
〔五〕「德宗」、「年」，元刻《書法》本無。
〔六〕「穆宗」、「年」，元刻《書法》本無。
〔七〕「代宗」、「年」，元刻《書法》本無。

資治通鑑綱目書法第三十九

起乙酉唐高祖武德八年，盡庚子唐太宗貞觀十四年〔一〕。

廬陵後學　劉友益修撰〔二〕

翰林直學士中大夫知制誥同修國史國子祭酒歐陽玄校正〔三〕

乙酉　八年。春，正月，以張鎮周爲舒州都督。○詔許突厥、吐谷渾互市。○夏，四月，西突厥遣使請昏，許之。○復置十二軍。○秋，七月，突厥寇邊，詔右衛大將軍張瑾禦之，敗績。○九月，令太府檢校諸州權量。○冬，十一月，裴矩罷，以宇文士及權侍中。○加秦王世民中書令〔四〕，齊王元吉侍中。

丙戌　九年。春，正月，詔太常少卿祖孝孫定雅樂。○以裴寂爲司空。○二月，以齊王元吉爲司徒。○初令州縣里閈各祀社稷。○夏，沙汰僧、道。○六月，太白經天，秦王世民殺太子建成、齊王元吉，立世

〔一〕「年」，元刻《書法》本無。

〔二〕「後學」、「修」，元刻《書法》本無。

〔三〕「翰林直學士中大夫知制誥同修國史國子祭酒歐陽玄校正」，元刻《書法》本作空行。

〔四〕「○」，原作空格，據宋刻《綱目》本補。

民爲皇太子，決軍國事。〇罷沙汰僧、道。

建成既死，有赦不書，即書立太子何？不得不即立也。沙汰僧、道，高祖意也，而庚申赦文首罷之，雖曰高祖之赦，實世民意矣。《綱目》書於辛酉決軍國事之下，蔽其失於世民也。世民於此，不惟心術之差，而急於悦人，以忘改父之嫌，亦甚矣！

以魏徵、王珪爲諫議大夫。

書以魏徵、王珪何？美世民也。於是世民決軍國事，舉不棄讐，可謂無我矣，故予之。非譏事讐歟？諫議大夫，天子之諫臣也。世民自爲太子耳，故爲東宮官，今爲天子諫臣，何譏之有。雖曰世民以之，然君父在上，王、魏安得自分彼我乎！《綱目》之書，美世民也。果以事讐爲譏，則必書以爲太子詹事、主簿矣。

帝自稱太上皇。

賀善贊曰：唐取天下，《綱目》書之雖與漢殊，然自即位以來，書置學校，立州縣鄉學，釋奠先聖先師，詔定雅樂，詔沙汰僧、道，書用孫伏伽、李素立、蘇世長，蓋皆予之。至書用隋宗室，書酅公薨，則又宋、齊以來絶無而僅有者也。

廬江王瑗反，幽州將軍王君廓殺之。

書反矣，不書討殺何？不以討予君廓也。曷爲不以討予之？教之反者，君廓也，故止書殺。

秋，七月，以高士廉爲侍中，房玄齡、宇文士及爲中書令，蕭瑀、封德彝爲僕射。〇遣魏徵宣慰山東。

○八月，太子即位。

《綱目》書傳國一，趙主父。書傳位六，魏主弘、齊主湛、齊主緯、周主贇、唐睿宗、順宗。明有受也。此則曷爲不書傳？譏也。若曰帝則自稱太上皇，而太子即位云爾，授受之際，其亦未有以暴白於天下矣。是故太宗之立，書太子即位而不書傳；肅宗之立，書太子即位而不書傳：皆有憾之辭也。

放宮女三千餘人。○立妃長孫氏爲皇后。○突厥入寇，至便橋，帝出禦之[一]，突厥請盟而退。

寇未有書至者，書至便橋，深入也。深入始此[二]。而帝六騎輕出，隔水責之，固有以奪人之心矣。書曰請盟而退，請者何？求盟在彼也，與前書受盟者大異矣。武德七年[三]。

九月，引諸衛將卒習射於顯德殿。

顯德殿何？譏非地也。有司常事而身親之，且又引之殿庭，益非地矣。是故置精舍而非其地則書於内殿，晋孝武帝太元六年[四]。殺人而非其地則書於殿内，隋文帝開皇十年[五]。習射而非其地則書

[一]「禦」，宋刻《綱目》本、《通鑑》卷一九一作「責」。

[二]「深入始此」，此句原爲大字正文，據元刻《書法》本、弘治本改小字注文。

[三]「武德」，元刻《書法》本無。

[四]「晋」、「帝」、「年」，元刻《書法》本無。

[五]「文帝」、「年」，元刻《書法》本無。

於顯德殿，是年。宴回紇使而非其地則書於宣政殿，肅宗至德二年〔一〕。置道場而非其地則書於三殿，肅宗上元二年〔二〕。皆譏也。

定勳臣爵邑。〇禁淫祀雜占。〇置弘文館。

書，美之也，與書齊置文林館者異矣。終《綱目》書館二。陳癸巳年〔三〕、是年〔四〕。

冬，十月朔，日食。〇詔追封故太子爲息隱王，齊王爲海陵剌王，改葬之〔五〕。〇立子承乾爲皇太子。〇蕭瑀免。〇詔民遭突厥暴踐者，計口給絹。〇十一月，降宗室郡王爲縣公。〇十二月，益州獠反。〇遣使點兵。

書遣使何？譏非事也。

以張玄素爲侍御史。〇以張蘊古爲大理丞。

丁亥　太宗文武皇帝貞觀元年。春，正月，宴群臣。〇制諫官隨宰相入閤議事。

〔一〕「肅宗」、「年」，元刻《書法》本無。

〔二〕「肅宗」、「年」，元刻《書法》本無。

〔三〕「陳癸巳」，元刻《書法》本置於「異矣」之後；「年」，元刻《書法》本無。

〔四〕「是年」，元刻《書法》本無。

〔五〕「之」下，宋刻《綱目》本、蜀藩本有「後詔復息隱王爲隱太子，海陵剌王號巢剌王」十八字，此句原爲《綱目》小字分注內容。

良法也。若此，則無不及諫之事矣，故特書之。

更定律令。〇以戴胄爲大理少卿。〇燕郡王李藝反涇州，統軍楊岌討殺之。〇二月，分天下爲十道。

〇三月，皇后帥内外命婦親蠶。

書親蠶何？美重本也。《綱目》美重本，故詔具親耕桑禮儀書，漢文帝十二年〔一〕。后親蠶西郊書，宋庚子年〔二〕。皇后帥命婦親蠶書，是年。祀先蠶書，高宗上元二年〔三〕。賜近臣絲書，玄宗開元十五年〔四〕。皆予之也。

閏月朔，日食。〇命京官五品以上更宿中書内省。〇夏，五月，苑君璋降。〇六月，封德彝卒。

不書官，削之也。

以蕭瑀爲左僕射。〇山東旱，詔所在賑恤，蠲其租賦。

書，美恤民也。太宗之世，書旱二，是年、貞觀十三年〔五〕。書饑一，貞觀二年〔六〕。必書恤旱之政焉，

〔一〕「帝」、「年」，元刻《書法》本無。
〔二〕「年」，元刻《書法》本無。
〔三〕「宗」、「年」，元刻《書法》本無。
〔四〕「宗」、「年」，元刻《書法》本無。
〔五〕「貞觀」，元刻《書法》本無。
〔六〕「貞觀」，元刻《書法》本無。

可謂有志於民矣。《綱目》書旱五十八，大旱三十八，詳漢惠帝五年〔一〕。書不雨六，詳秦初丙寅年〔二〕。書饑二十九，大饑二十六，詳秦初丁巳年〔三〕。而書救災之政者止十有三，詳漢文帝十三年〔四〕。太宗居其三焉。

秋，七月，以長孫無忌爲右僕射。○高士廉罷。○九月朔，日食。○宇文士及罷，御史大夫杜淹参預朝政。

他官参預政事，自此始〔五〕。

冬，十月，嶺南酋長馮盎遣子入朝。○十二月，蕭瑀免。○詔殿中侍御史崔仁師按獄青州。○以孫伏伽爲諫議大夫。○令吏部四時選集〔六〕，併省吏員。○徵隋秘書監劉子翼，不至。

書不至何？美子翼也。子翼亂則進，治則退，曷爲美之？子翼親逢盛世〔七〕，甘於不仕，以奉老母，可謂知所先者。或以爲譏，則過矣。

〔一〕「帝」，元刻《書法》本無。
〔二〕「年」，元刻《書法》本無。
〔三〕「年」，元刻《書法》本無。
〔四〕「詳漢文帝十三年」，元刻《書法》本無。
〔五〕「他官参預政事，自此始」，元刻《書法》本無。
〔六〕「令」，原作「命」，據宋刻《綱目》本、元刻《書法》本、弘治本改。
〔七〕「世」，原作「時」，據元刻《書法》本、弘治本改。

以李乾祐爲侍御史。○鴻臚卿鄭元璹還自突厥。

戊子二年。春，正月，長孫無忌罷。○置六司侍郎，左、右司郎中。○三月朔，日食。○詔自今大辟，並令兩省四品及尚書議之。

美慎罰也。

關内旱饑，赦天下。○夏，四月，詔收瘞隋末暴骸。

自漢高戊戌，書令軍士死者吏爲棺斂，送其家，至是八百餘年，未有書者，於是再見。然高帝之恩及其士卒，而太宗之恩及於天下[一]，仁矣哉！

突厥突利可汗請入朝。○遣右衛大將軍柴紹等討梁師都，其下殺之以降，以其地爲夏州。

唐初諸僭國，非叛未有書討者，此其書討何？召狄且迷復也，故前書寇，隋恭帝侗皇泰二年[二]。今書討。

六月，祖孝孫奏唐雅樂。

前書命孝孫定雅樂，高祖武德九年[三]。此其稱唐雅樂何？孝孫所奏雖不逮古，亦足以爲一代之樂

[一]「於」，原作「其」，據元刻《書法》本、弘治本、蜀藩本改。

[二]「隋恭帝侗皇泰二年」，元刻《書法》本作「己卯」。

[三]「高祖武德九年」，元刻《書法》本無。

矣。喜其足以爲唐雅樂，而亦惜其止於爲唐雅樂也，故特書唐。然與前書定禮，而後書奏所撰制度者異矣。漢章帝章和元年曹褒〔一〕。

畿内蝗。○秋，九月，令致仕官位在本品之上。

此小升降耳，其書何？美之也。曷爲美之？一抑揚間，而所以厲廉退、尊耆舊之意具見矣。

詔非大瑞不得表聞。○出宮女三千餘人〔二〕。

前書放宮女三千餘人矣，於是復書又三千餘，美之也。唐初未聞采選也，而所出已若此，則亡隋之靡，何如哉！終《綱目》書選良家五，而晋武居其三，詳晋武帝泰始九年〔三〕。書出宮人九，而太宗居其二，詳高祖武德九年〔四〕。合而觀之，二君之相去遠矣。

冬，十月，杜淹卒。○殺瀛州刺史盧祖尚。

凡書殺，殺無罪也。太宗賢主，而《綱目》凡五書殺，豈非盛德之玷歟！盧祖尚、張藴古、劉洎、張亮、李君羡。

〔一〕「漢章帝章和元年」，元刻《書法》本無。
〔二〕「女」，宋刻《綱目》本、《通鑑》卷一九三作「人」。
〔三〕「詳晋武帝泰始九年」，元刻《書法》本無。
〔四〕「詳高祖武德九年」，元刻《書法》本無。

十二月〔一〕，以王珪爲侍中。○詔舉堪縣令者。○詔自今奴告主者，斬之。

特筆也。太宗此詔，其關於風教大矣，故謹書之。

遣使立薛延陀夷男爲真珠可汗。

己丑三年。春，正月，耕籍東郊。○裴寂卒。

裴寂、劉文静，皆功臣也。文静殺具官，而寂止書姓名，豈削之歟？病帝也。寂受知高祖，而又有功，縱其有罪，豈不在議功之列，而免之，而流之，帝於愛其所親之義，亦慊矣〔二〕。《綱目》卒裴寂而無可書之官，所以深病帝也。隋、唐以來，諸臣卒不書官者四十二〔三〕，楊素、崔敦禮、辛茂將、高季輔、封德彝、杜淹、裴寂、李義府、竇德玄、劉祥道、楊弘武、李勣、姜恪、許敬宗、閻立本、來恒、崔知温、蘇良嗣、魏元忠、楊再思、豆盧欽望、裴光庭、李林甫、杜鴻漸、田承嗣〔四〕、張延賞、趙憬、裴延齡、賈躭、李吉甫、程异、李德裕、劉瑑、蕭寘、高璩、蕭倣、陸贄、陽城、韋貽範〔五〕。惟裴寂非貶辭。

〔一〕「二」，原作「一」，據宋刻《綱目》本、元刻《書法》本、《通鑑》卷一九三改。

〔二〕「慊」，原作「歉」，據元刻《書法》本、弘治本改。

〔三〕按：《書法》云「隋、唐以來，諸臣卒不書官者四十二」，而下列諸臣名僅三十九人。

〔四〕「嗣」，原無，據本書卷四十六《書法》補。

〔五〕「楊素、崔敦禮、辛茂將、高季輔、封德彝、杜淹、裴寂、李義府、竇德玄、劉祥道、楊弘武、李勣、姜恪、許敬宗、閻立本、來恒、崔知温、蘇良嗣、魏元忠、楊再思、豆盧欽望、裴光庭、李林甫、杜鴻漸、田承嗣、張延賞、趙憬、裴延齡、賈躭、李吉甫、程异、李德裕、劉瑑、蕭寘、高璩、蕭倣、陸贄、陽城、韋貽範」，元刻《書法》本無。

二月，以房玄齡、杜如晦爲僕射，魏徵守秘書監，參預朝政。○夏，四月，上皇徙居大安宮。

徙辭有二：上皇徙居大安宮，是年〔一〕。順辭也；遷上皇於西内，肅宗上元元年〔二〕。逆辭也。

六月，以馬周爲監察御史。○秋，八月朔，日食。○冬，十一月，以荀悅《漢紀》賜涼州都督李大亮。

書，交美之也。文字之賜，終《綱目》僅再書而已，《漢紀》、《帝範》。皆太宗也，賜吐蕃不與焉。玄宗開元十九年〔三〕。

以李靖爲定襄道行軍總管〔四〕，統諸軍討突厥。○十二月，突厥突利可汗入朝。

貞觀之篇，書入朝六，突利〔五〕、謝元深、鞠文泰、馮盎、李思摩、俟利發。皆蠻夷也。唐世盛哉！

杜如晦罷。○閏月〔六〕，蠻酋謝元深等來朝。○濮州刺史龐相壽有罪，免。

庚寅　四年。春，二月，李靖襲破突厥於陰山，頡利可汗遁走。

前書討矣，此書襲何？譏失信也。書討以正猾夏之罪，書襲以示違詔之譏，《綱目》正其誼不謀

〔一〕「是年」，元刻《書法》本無。
〔二〕「宗」、「年」，元刻《書法》本無。
〔三〕「玄宗」、「年」，元刻《書法》本無。
〔四〕「定襄」，宋刻《綱目》本作「通漢」。
〔五〕「利」，原作「厥」，據元刻《書法》本、弘治本、蜀藩本改。
〔六〕「閏」下，宋刻《綱目》本有「十二」二字。

其利〔一〕，此類是矣。

以温彦博爲中書令，戴冑參預朝政，蕭瑀參議朝政。○三月〔二〕，四夷君長詣闕，請帝爲天可汗，許之。

書許之何？譏也。中國帝王，其尊至矣，而顧以可汗之號爲美乎！許其稱，已非也；賜書夷狄，又以自稱，益非也。以此貽謀，願當一設，宜矣！

蔡公杜如晦卒。○夏，四月，行軍副總管張寶相擒突厥頡利可汗以獻。○詔訟不決者，聽於東宮上啓。○加李靖光禄大夫。○林邑遣使入貢。○六月，修洛陽宮。

漢明帝大起北宮，以諫而止，《綱目》書曰既而罷之，美之也。於是上謂玄齡曰：「玄素所言有理，可即罷之。」則曷爲止以脩宮書？不卒罷也，故不書罷，而明年再書脩。

秋，七月朔，日食。○赦百司：「詔敕未便者，皆執奏。」○以李綱爲太子少師，蕭瑀爲太子少傅。○李大亮爲西北道安撫大使。○詔定常服差等。○以李靖爲右僕射。○九月，伊吾來降，置伊西州〔三〕。○以張儉檢校代州都督〔四〕。○冬，十一月，以侯君集參議朝政。○除鞭背刑。

〔一〕「誼」，原作「義」，據元刻《書法》本、弘治本改。
〔二〕「○」，原無，據宋刻《綱目》本補。
〔三〕「伊西」，《通鑑》卷一九三作「西伊」。
〔四〕「○」，原作空格，據宋刻《綱目》本補。

美仁政也。《綱目》恤刑之政書除十，詳漢惠帝四年〔一〕。皆美之也。

高昌王麴文泰入朝。〇大有年。

書大有年何？美恤民也。帝自即位，山東旱則以賑恤書，關中饑則以赦天下書，畿内蝗則繼以出宫女書，其恤民也至矣。於是特書大有年，嘉之也。終《綱目》書大有年四，書有年二。詳漢明帝永平九年〔二〕。

辛卯

五年。春，正月，詔僧、道致拜父母。

書，譏之也。其譏何？二氏之教，其爲不忠不孝也大矣。始行沙汰，隨罷沙汰，而獨拳拳於致拜。不能三年之喪，而緦麻、小功之察〔三〕，此之謂矣。

皇太子冠。

太子冠不書，此其書何？嘉恤農也。於是請追兵備儀仗〔四〕，上以農時，改用十月，故書嘉之。然則曷爲不於十月書？書於正月，所以志有司之請，而著太宗之仁也。終《綱目》太子書冠二。宋

〔一〕「漢」、「帝」、「年」，元刻《書法》本無。
〔二〕「漢明帝」、「年」，元刻《書法》本無；「詳永平九」，元刻《書法》本置於「大有年四」之後。
〔三〕「麻」，原無，據弘治本、蜀藩本補。
〔四〕「追」，原作「造」，據元刻《書法》本、弘治本、《通鑑》卷一九三改。

劭、唐承乾[一]。

詔諸州剗削京觀，加土爲墳。

二年書收瘞暴骸，仁矣；於是復剗削京觀，加土爲墳，以禮於死者，仁之至也。再書美之。

以金帛賜突厥，贖男女八萬口。

贖也，書賜何？尊中國也。於是得男女八萬口，《綱目》特書而備録之，深嘉之也。

夏，六月，新昌公李綱卒。○秋，八月，遣使詣高麗，葬隋戰士。

二年收瘞隋末暴骸，境内也；於是念及高麗戰士，而遣使葬之，可謂仁也已矣，可謂遠也已矣。故屢書美之。

殺大理丞張藴古。○九月，修洛陽宮。

周武帝毁上善殿則書毁，毁宮室之壯麗者則書毁，美之也。於是竇璡鑿池築山，彫飾華靡，上怒毁之，曷爲不書其毁，書其脩？譏也。去年，帝以玄素之言罷脩矣[二]，卒復脩之，是貳過也。既罷之，復脩之，既脩之，復毁之，則毁爲不足稱矣。《綱目》責備賢者，故罷不書罷，毁不書毁。

帝獵於後苑。

[一]「唐承乾」，元刻《書法》本作「是年」。

[二]「玄素」，原作「元素」，據元刻《書法》本、弘治本、蜀藩本改。

太宗獵不悉書，據貞觀四年獵不書〔一〕。書此何？美從諫也。

冬，十月，詔議封建。○十一月，林邑、新羅入貢。○十二月，開党項之地爲十六州。○制：「自今決死刑者皆覆奏，決日徹樂減膳。」○康國求内附。○高州總管馮盎入朝。

壬辰六年。春，正月朔，日食。○群臣請封禪，不許。

書不許何？譏也。何譏？卒許而不果也。光武群臣請封禪，不許不書，以其卒封禪也，故以不書爲譏；太宗群臣請封禪，不許則書，以其卒不得封禪也，故以書爲譏。必若隋文帝，然後書不許，不爲譏矣。

三月，如九成宮。

書，譏遠也。不惟温清之多缺，而厚親薄己之義，亦顛倒矣。

以長樂公主嫁長孫冲。

公主嫁不悉書，此其書何？美從諫也。於是敕有司資送倍長公主，以魏徵諫而止，故書美之。終《綱目》書下嫁十四，太宗長樂、南平、玄宗永穆、憲宗岐陽、宣宗萬壽、廣德〔二〕，皆美也；

〔一〕「貞觀」，元刻《書法》本無。

〔二〕「太宗長樂、南平、玄宗永穆、憲宗岐陽、宣宗萬壽、廣德」，此句原作小字注文，據元刻《書法》本改大字正文。

漢武帝衛長、唐代宗永樂、德宗義章、憲宗普寧、懿宗同昌〔一〕，皆譏在上也；北齊太原、唐太平、安樂〔二〕，皆譏在主也。

置三師官。○夏，四月，鄎公張公謹卒。○秋，閏七月，宴近臣於丹霄殿。

丹霄殿何？外殿也。君臣講論，無非治道，與他宴樂者異矣，故特書之。終《綱目》書宴十六，大宴一。詳漢高帝五年〔三〕。

九月，如慶善宮。○冬，以陳叔達爲禮部尚書。

七年癸巳。春，正月，宴玄武門，奏《七德》、《九功》舞。○王珪罷，以魏徵爲侍中。○造渾天儀。

書造儀何？重象器也。終《綱目》書渾儀四，宋丙子年〔四〕、是年、玄宗開元九年〔五〕、十三年〔六〕。書儀一。中宗嗣聖三年〔七〕。

秋，九月，山東四十餘州水，遣使賑之。

〔一〕「漢武帝衛長、唐代宗永樂、德宗義章、憲宗普寧、懿宗同昌」，此句原作小字注文，據元刻《書法》本改大字正文。
〔二〕「北齊太原、唐太平、安樂」，此句原作小字注文，據元刻《書法》本改大字正文。
〔三〕「帝」、「年」，元刻《書法》本無。
〔四〕「年」，元刻《書法》本無。
〔五〕「玄宗」，元刻《書法》本無。
〔六〕「三」，原作「二」，元刻《書法》本、弘治本、蜀藩本作「一」，據《綱目》卷四十三、《通鑑》卷二一二改。
〔七〕「中宗」、「年」，元刻《書法》本無；「三」，原作「二」，據本書卷四十一《綱目》改。

書，美恤民也。《綱目》書大水六十三，詳漢文帝元年〔一〕。四十餘州，則水無大於此矣，曷爲不書大水？不皆大也。至德宗四十餘州大水，則書大矣。貞元八年〔二〕。終《綱目》書水四十餘州二。

赦死囚三百九十人。

書赦死囚何？譏也。親録囚徒，縱應死者，期以來秋可也，而赦天下死囚，皆縱遣，使之至期來詣京師，則帝欲赦之之意明矣，安得不啓其如約徼幸之心哉！《綱目》不書縱囚，而直書其赦，所以深探太宗之本意也，其旨微矣！

冬，十一月，以長孫無忌爲司空。〇十二月，帝奉太上皇，置酒未央宫。

於是始一書奉太上皇，越二年而以太上皇喪書者矣。夫人主以天下養養母多矣，逮養父者，蓋鮮焉。上皇稱詣九年，太宗躬養之禮僅一見於《綱目》，帝亦少慊於此哉〔三〕！終《綱目》書置酒凡四。詳秦初甲子年〔四〕。

賜太子庶子于志寧、孔穎達等金帛。〇削工部尚書段綸階。

削官之例二：某有罪削階，有罪之辭也；削某階，無罪之辭也。段綸始作淫巧，其以無罪書

〔一〕「詳漢文帝元年」，元刻《書法》本無。
〔二〕「年」，元刻《書法》本無。
〔三〕「慊」，原作「歉」，據元刻《書法》本改。
〔四〕「年」，元刻《書法》本無。

何？病帝也。大匠誨人必以規矩，而求巧匠，且令試之，則罪不在段綸矣。

甲午 八年。春，正月，以李靖等爲黜陟大使，分行天下。○夏，五月朔，日食。○秋，七月，山東、河南大水。○冬，十月，營大明宮。

大明宮何？上皇清暑之地也。營，經始之辭也。宮未及成，而上皇寢疾矣。《綱目》曷爲書之？譏也。自六年如九成宮，馬周有疏，至是二年，始爲上皇清暑之計，而上皇竟不及居，太宗之慢，亦無以自贖矣，故書譏之。

以李靖爲特進。

平章政事之名始此[一]。

吐蕃遣使入貢。

此吐蕃通中國之始[二]。

吐谷渾寇涼州，以李靖爲大總管，帥諸軍討之。○聘鄭氏爲充華，既而罷之。

特筆也。太宗從諫至此，可謂有大過人者矣，特書美之。《綱目》書命納妃妾十，詳漢獻帝建安十八

[一]「平章政事之名始此」，元刻《書法》本無。

[二]「此吐蕃通中國之始」，元刻《書法》本作「吐蕃始見《綱目》」。

年〔一〕。皆譏也，惟此爲美辭。

以皇甫德參爲監察御史。○西突厥咄陸可汗死〔二〕。

乙未九年。春，正月〔三〕，分民貲爲九等。○夏，五月，太上皇崩。○李靖伐吐谷渾，破之。○秋，七月，詔禮官議廟制。○冬，十月，葬獻陵。○十一月，以蕭瑀爲特進，參預政事。

丙申十年。春，正月，突厥阿史那社爾來降。○二月，以荆王元景等爲諸州都督。○三月，吐谷渾請頒曆，遣子入侍。○夏，六月，以温彦博爲右僕射，楊師道爲侍中，魏徵爲特進。○皇后長孫氏崩。○秋，禁上書告訐者。○冬，十一月，葬文德皇后。○十二月，朱俱波、甘棠遣使入貢。○黜治書侍御史權萬紀。○更命統軍、别將爲折衝、果毅都尉。

丁酉十一年。春，正月，以吴王恪等爲諸州都督。○作飛山宫。○定律令。○二月，豫爲山陵終制。○幸洛陽宫。○三月朔，日食。○詔行《新禮》。○以王珪爲魏王泰師。○以南平公主嫁王敬直。

始執婦道也，故書美之。

詔議封禪禮。

〔一〕「帝」，元刻《書法》本無。
〔二〕「死」，宋刻《綱目》本、《通鑑》卷一九四作「卒」。
〔三〕「正」，《通鑑》卷一九四作「三」。

漢文帝議封禪不書，十六年。此其書何？譏也。前書請封禪不許矣，於是而詔議其禮，帝之不能自克如此，故書譏之。《綱目》書議封禪禮儀二。是年、高宗顯慶四年〔一〕。

夏，五月〔二〕，虞公温彦博卒。○六月，以荆王元景、長孫無忌等爲諸州刺史，子孫世襲。

刺史世襲，其爲建國也大矣，使卒行之，治亂未可知也。末世藩鎮，不世襲之世襲矣。

秋，七月，穀、洛溢，詔百官極言過失。

書，美之也。太宗之世，書水災二，而皆有恤民思咎之意，可謂賢主矣。貞觀七年〔三〕、是年。終《綱目》書大水六十三，書雜水溢十有二，書雨水十有五，而書處恤者七，求言者二。詳漢武帝元狩元年〔四〕。世主以災爲玩者，何其多哉！

冬，十月，獵洛陽苑。

美從諫也。

安州都督吴王恪免。○以武氏爲才人。

才人不書，此其書何？謹亂始也，而高宗之慚德，不可掩矣。

〔一〕「高宗」、「年」，元刻《書法》本無。
〔二〕「五」，《通鑑》卷一九五作「六」。
〔三〕「貞觀」，元刻《書法》本無。
〔四〕「漢武帝」、「年」，元刻《書法》本無。

戊戌 十二年。春，正月，頒《氏族志》。

書頒《氏族志》何？譏也。氏族相矜，末俗之失也，其是其非，上之人何與焉。而命官定其高下，又以皇族、外戚爲首，是争名也，故書譏之。其後再改而流爲勳格[一]，益非矣。高宗顯慶四年[二]。

二月，帝發洛陽，觀砥柱，祠禹廟，遂至蒲州。○贈隋堯君素蒲州刺史。○閏月朔，日食。○帝還宫。○宴五品以上於東宫。○夏，五月，永興公虞世南卒。○秋，七月，以高士廉爲右僕射。○吐蕃寇松州。○以薛延陁真珠可汗二子爲小可汗。○冬，十一月，置屯營飛騎。○十二月，以馬周爲中書舍人。○以霍王元軌爲徐州刺史。○西突厥乙毗咄陸可汗立。

己亥 十三年。春，正月，加房玄齡太子少師。○永寧公王珪卒。○二月，以尉遲敬德爲鄜州都督。○詔内職有闕，選良家有才行者充。

書選良家女多矣，未有書詔者，書詔何？豫辭也。末世采選以色，至有選及民女者。於是專選良家，必以才行，故特書善之。終《綱目》書選良家五，詳晋癸亥年[三]。惟此爲豫辭。

[一]「改」，原作「變」，據元刻《書法》本、弘治本、蜀藩本改。
[二]「高宗」、「年」，元刻《書法》本無。
[三]「年」，元刻《書法》本無。

詔停襲封刺史。〇夏，四月，如九成宫。〇突厥結社率作亂，伏誅。〇五月，旱，詔五品以上言事。〇秋，七月，立李思摩爲突厥可汗。〇八月朔，日食。〇冬，十一月，以楊師道爲中書令，劉洎爲黄門侍郎、參知政事。

參知政事之名始此[一]。

十二月，以侯君集爲交河大總管，將兵擊高昌。〇太史令傅奕卒。〇西突厥咥利失可汗死[二]。

庚子 十四年。春，正月，幸魏王泰第。〇二月，詣國子監。

《綱目》下有先聖之文，則上書詣。高祖七年書詣國子監，重釋奠也。此不書釋奠，則其書詣何？譏也。於是釋奠先聖，帝不親而觀禮焉。《綱目》特書曰詣，而無釋奠之文，所以志其簡也。筆削之意，微而顯矣！

三月，流鬼國入貢。〇夏，五月，侯君集滅高昌，以其地爲西州。

唐滅國多矣，雖夷狄未有書滅者，此其書滅何？病唐也。高昌非有猾夏之罪，而徒恃兵力以擊滅之，故《綱目》前書擊，此書滅。

以劉仁軌爲櫟陽丞。

[一]「參知政事之名始此」，元刻《書法》本無。
[二]「死」，宋刻《綱目》本作「卒」。

邑丞未有書者，書仁軌何？嘉能官也。

冬，十一月，詔李淳風考定《戊寅曆》。○詔更定服制〔一〕。○以太常卿韋挺爲封禪使。

前書議封禪禮，譏也；此書封禪使，甚譏之。《綱目》封禪者，五君、秦始皇、漢武帝、光武、高宗、玄宗。一后，周武氏。書封禪使，一而已。

貶司門員外郎韋元方爲華陰令。○十二月，下侯君集等獄，既而釋之。

君集貪不戢下，則罪也，其以無罪書下某獄何？微也。君集滅高昌，其功大矣，小過不録可也，而下之獄。書曰下某等獄，其示議功之法，婉而成章矣。繼書釋之，嘉改過也。

以張玄素爲銀青光禄大夫。○詔諸州有犯十惡罪者，勿劾刺史。

〔一〕「詔」，宋刻《綱目》本無。

資治通鑑綱目書法第四十

起辛丑唐太宗貞觀十五年，盡辛酉唐高宗龍朔元年。

廬　陵　後　學　劉友益修撰〔一〕

翰林直學士中大夫知制誥同修國史國子祭酒歐陽玄校正〔二〕

辛丑　十五年。春，正月，以文成公主嫁吐蕃。

前書吐蕃寇松州矣，其敗之，其請昏，皆不書，特書以公主嫁吐蕃何？病唐也。唐世以是爲撫戎之長策，不復知昏非類、忘讐耻之爲可辱矣。不書請昏，所以深病之也。

如洛陽宫。〇夏，四月，詔以來年二月有事於泰山。〇命太常博士吕才刊定陰陽雜書。〇五月，有星孛於太微，詔罷封禪。

書罷封禪何？譏也。罷之矣，何譏焉？罷以星變，則可譏矣。《綱目》書罷封三，太宗之封泰

〔一〕「後學」、「修」，元刻《書法》本無。

〔二〕「翰林直學士中大夫知制誥同修國史國子祭酒歐陽玄校正」，元刻《書法》本作空行。

山以星孛罷，是年〔一〕。高宗之封嵩山以有疾罷，弘道元年〔二〕。玄宗之封西嶽以祠災罷，天寶九載〔三〕。皆譏也。終《綱目》書孛五十三，詳漢王邦三年〔四〕。舍是，無書者矣。

起復于志寧爲太子詹事。

未有書起復者，據袁粲不書。書起復何？譏也。非有金革之事，奪人之喪，自奪其喪，皆非矣。故雖以舊職起復，而書若新職者，所以志其非金革也。書起復始此。終《綱目》書起復七，是年于志寧〔五〕、玄宗開元二十一年張九齡〔六〕、德宗貞元十三年張茂宗〔七〕、憲宗元和四年盧從史〔八〕、長慶元年田布〔九〕、昭宗天復二年韋貽範〔十〕、五代戊申年史弘肇〔十一〕。皆譏也。免者，其惟田布乎。

〔一〕「是年」，元刻《書法》本無。
〔二〕「年」，元刻《書法》本無。
〔三〕「載」，元刻《書法》本無。
〔四〕「詳漢王邦三年」，元刻《書法》本無。
〔五〕「是年」，元刻《書法》本無。
〔六〕「玄宗」、「年」，元刻《書法》本無。
〔七〕「德宗」、「年」，元刻《書法》本無。
〔八〕「憲宗」、「年」，元刻《書法》本無。
〔九〕「年」，元刻《書法》本無。
〔十〕「昭宗」、「年」，元刻《書法》本無。
〔十一〕「五代」、「年」，元刻《書法》本無。

西突厥咄陸可汗殺沙鉢羅可汗。○遣職方郎中陳大德使高麗。

使書名，美也。此其美之歟？譏也。然則其具官何？若曰以職方出使，而賂遺詭詐，以爲間於外國，非使人之體矣。啟太宗征遼之舉者，大德也，故書譏之。終《綱目》使書名三十二，詳漢高帝五年[一]。惟大德、鄧素、陳覺爲譏焉[二]。

冬，十一月，以李世勣爲兵部尚書。○薛延陀攻突厥，遣李世勣等將兵討破之。

夷蠻相攻，恒也，擊之過矣，書討何？思摩唐所立也，延陀既奉詔矣，於是又違詔而攻之，則罪也，故書討。

壬寅 十六年。春，正月，魏王泰上《括地志》。

獻文不書，此何以書？譏寵過也。於是泰請招士著書，門庭如市，奪嫡之志，此其漸矣，故特書之。

徙死罪者實西州。○括浮民附籍。○以岑文本專知機密。

專知機密何？譏也。國家機密，凡腹心大臣皆與知之。梁書朱异掌機政，甲辰年[三]。唐書岑文本

[一] 「帝」、「年」，元刻《書法》本無。
[二] 「惟大德、鄧素、陳覺爲譏焉」，原無，據元刻《書法》本補。
[三] 「年」，元刻《書法》本無。

專知機密，是年〔一〕。皆譏也。

夏，六月，詔太子用庫物，有司勿爲限制。

承乾不子，太宗有以啟之矣，故謹書之。

秋，七月，以長孫無忌爲司徒，房玄齡爲司空。〇九月，以魏徵爲太子太師。〇西突厥寇伊州，安西都護郭孝恪擊敗之。〇西突厥咄陸可汗爲其下所逐，遣使立射匱可汗。〇冬，十月，鄅公宇文士及卒。

裴寂書卒而已，士及佞人也，具官卒之何？見帝之寵爱終其身也。是故譏寡恩，則裴寂止書卒而不爲貶；譏寵佞，則士及具官卒而不爲褒：《綱目》之旨，深矣！

許以新興公主嫁薛延陀。

《綱目》書以公主嫁外國九，詳漢景帝五年〔二〕。未有書許以者，此其書何？許嫁，非請也。據高祖武德八年西突厥書請昏〔三〕，許之。無故而許之，無故而絕之，帝之失大矣。故下書薛延陀來納幣，詔絕其昏，皆譏失信也。

十一月，高麗泉蓋蘇文弒其王建武。

夷蠻書殺，建武書弒何？進建武也。先是，建武奉詔遣還中國人俘，前後萬數，且又請頒唐曆。

〔一〕「是年」，元刻《書法》本無。

〔二〕「詳漢景帝五年」，元刻《書法》本無。

〔三〕「高祖」，元刻《書法》本無；「書」，原無，據元刻《書法》本補。

武德中嘉其恭順，賜册封之，則唐藩也，不可以夷蠻治之矣，故特書弑。

廣州都督党仁弘有罪，徙欽州。〇十二月，獵於驪山。

美存厚也。帝於是三書獵矣。終《綱目》書獵十有三，詳周顯王十四年〔一〕。漢桓帝居其三，唐太宗居其三，後唐莊宗居其三，惟太宗非譏辭。

詔議反逆緣坐律。

癸卯 十七年。春，正月，鄭公魏徵卒。〇以張亮爲洛州都督。〇圖功臣於凌煙閣。

十八學士圖像文學館不書，此何以書？録功臣也。是故麒麟圖功臣則書，漢宣帝甘露三年〔二〕。雲臺圖功臣則書，漢明帝永平三年〔三〕。凌煙圖功臣則書。是年〔四〕。終《綱目》書圖功臣三，舍是，無書者矣。

齊州都督齊王祐反，伏誅。〇夏，四月，太子承乾謀反，廢爲庶人，立晋王治爲皇太子，貶魏王泰爲東萊郡王。

〔一〕「周顯」，元刻《書法》本作「烈」；「年」，元刻《書法》本無。
〔二〕「漢宣帝甘露三年」，元刻《書法》本無。
〔三〕「漢明帝永平三年」，元刻《書法》本無。
〔四〕「是年」，元刻《書法》本無。

一廢一貶，兩棄不立，太宗可謂善處矣。終《綱目》書廢太子十有一，詳周赧王十六年[一]。皆無罪也，惟魏太子恂書有罪廢，唐太子承乾書謀反廢。終《綱目》書太子反二。漢據、唐承乾。

以太子太保蕭瑀、詹事李世勣同中書門下三品。

同三品之名始此[二]。

六月朔，日食。○遣太常丞鄧素使高麗。○高士廉罷，仍同三品。○詔太子知左、右屯營兵馬事。

前書承乾謀反矣，於是復書詔太子知左、右屯營兵馬事，合而觀之，帝之失可見矣。太宗於太子凡三詔，皆失之。貞觀四年[三]、十六年、是年。

薛延陀來納幣，詔絶其昏。

書詔絶何，病帝也。前書許嫁，此書來納幣，則絶其昏爲無名矣。吐蕃未嘗許也，遣使貢金幣，迎公主，則以文成嫁之；薛延陀許嫁矣，來納幣則絶之。唯彊是與，而不於其信，謂之何哉！

遣使册高麗王藏爲遼東郡王。○秋，七月，貶杜正倫爲交州都督。○踣魏徵碑。○房玄齡等上高祖、今上《實録》。

於是上命監修國史房玄齡撰次以聞，不書命何？罪玄齡也。帝嘗欲觀史矣，而遂良止之，使玄

[一] 「詳周赧王十六年」，元刻《書法》本無。
[二] 「同三品之名始此」，元刻《書法》本無。
[三] 「貞觀」，元刻《書法》本無。

齡亦以是對，則帝意塞矣。書曰房玄齡等上，罪在下也。

九月，新羅乞兵伐高麗，遣使諭之。○徙故太子承乾於黔州，順陽王泰於均州。○冬[一]，十一月，詔黜封德彝贈謚。

《綱目》臣子書贈官十有二，詳漢武帝元光六年[二]。未有書黜贈謚者。此其書黜何？當罪之辭也。終《綱目》謚書黜削二，封德彝、武三思。皆宜黜者也。

甲辰 十八年。春，三月，以薛萬徹爲右衛大將軍。○秋，七月[三]，以劉洎爲侍中，岑文本、馬周爲中書令。○九月，以褚遂良爲黃門侍郎，參預朝政。○郭孝恪擊焉耆，執其王突騎支。

不書遣何？專也。太宗在上，而孝恪專兵，則有以嘗試其喜攻之心矣，故止書擊。

高麗遣使入貢，却之。○冬，十月朔，日食。○帝如洛陽，命房玄齡留守。十一月，以張亮、李世勣爲行軍大總管，詔親征高麗。

書親征何？伐有罪也。於是高麗弑逆，伐之爲有辭矣，故書親征，至再三舉猶書伐，與書自將

[一]「○」，原作空格，據宋刻《綱目》本補。

[二]「詳漢武帝元光六年」，元刻《書法》本無；按：本書卷四漢武帝元光六年，無「臣子贈官」條《書法》。

[三]「七」，《通鑑》卷一九七作「八」。

擊者大異矣。隋煬帝。終《綱目》書親征二，晉明帝太寧二年〔一〕、是年〔二〕。舍是，無書親征者矣。

十二月，武陽公李大亮卒。○故太子承乾卒。

書卒何？予存厚也。然則罪人固可厚歟？廢太子善終，鮮矣。有能存厚，《綱目》所予也。魏太子恂稱主以殺，則承乾書卒，其意可見矣。《綱目》書廢太子十二，詳周赧王十六年〔三〕。惟東海王彊書卒，承乾書卒。

突厥徙居河南，可汗李思摩入朝。

乙巳 十九年。春，正月〔四〕，帝發洛陽。○封比干墓。

元魏嘗書祭比干墓矣，齊甲戌年魏孝文帝〔五〕。於是復見，故特書美之。

三月，至定州，詔皇太子監國。○發定州。○夏，四月，諸軍至玄菟新城。○岑文本卒，以許敬宗檢校中書侍郎。

於是從征而卒，不書卒於師何？非主師也。

〔一〕「帝」、「年」，元刻《書法》本無。
〔二〕「是年」，元刻《書法》本無。
〔三〕「周」、「王」、「年」，元刻《書法》本無。
〔四〕「正」，宋刻《綱目》本、《通鑑》卷一九七作「二」。
〔五〕「齊甲戌年魏孝」，元刻《書法》本無。

李世勣拔蓋牟城。○五月，張亮拔卑沙城。○帝渡遼，拔遼東城。○進軍白巖城，六月，降之。○進攻安市城，大破其救兵於城下。○秋，七月，張亮至建安城，破高麗兵。○九月，薛延陀真珠可汗死，子多彌可汗拔灼立。○帝攻安市城，不下，詔班師。

嘗書進攻安市城矣，上既書帝，此復書帝何？爲不下書也。以萬乘之重，攻一城而不克，挫威甚矣。然則書詔班師何？予知復也。與上書大敗下書帝還，上書楊玄感起兵下書帝引兵還者，又異矣。隋煬帝大業八年、九年〔一〕。

冬，十月，遣使祀魏徵，復立所仆碑。

書，美悔過也。是故樊豐敗而後祠楊震，漢安帝延光四年〔二〕。宦官敗而後祭陳、竇，漢靈帝中平六年〔三〕。遼東敗而後祀魏徵〔四〕，是年。漁陽反而後祭九齡，肅宗至德二年〔五〕。皆事後之思也。終《綱目》書祭臣六，詳漢明帝永平二年〔六〕。祭比干墓不與焉。

帝還至營州，祭戰亡士卒。

〔一〕「隋」上，元刻《書法》本有「並」字；「大業八年、九年」，元刻《書法》本無。
〔二〕「漢」、「帝」、「年」，元刻《書法》本無。
〔三〕「漢」、「帝」、「年」，元刻《書法》本無。
〔四〕「祀」，原作「祠」，據弘治本、蜀藩本、《通鑑》卷一九八改。
〔五〕「肅宗」、「年」，元刻《書法》本無。
〔六〕「漢」、「帝」、「年」，元刻《書法》本無。

五年書遣使詣高麗葬隋戰士，美也。此書祭戰亡士卒，美之歟？譏也。其譏何？帝之葬隋戰士，固有咎隋之心矣。及其晚節不能自克，躬自蹈之，殺其身而禮其鬼，則何益哉！故前書隋戰士，此書戰亡士卒，咎亡之者也。帝之篇，書恤死之政四，貞觀二年、五年春及八月、是年。惟此爲譏辭。

贖諸軍所虜高麗民萬四千口。

前書贖突厥男女八萬口，華人也；此書贖高麗民萬四千口，予之歟？予之也，亦傷之也。曷爲傷之？高麗之俘得以生還，何其幸也！戰亡士卒不可復贖矣，何其不幸耶！《綱目》聯書之，予之之意，不如傷之之深也。

十一月，易州司馬陳元璹以罪免。○十二月，薛延陀寇夏州。○殺侍中劉洎。○以馬周攝吏部尚書。

攝也，其書何？始罷四時選也。唐世書吏部尚書四，馬周、褚遂良、裴光庭、楊國忠。自褚遂良外，皆譏辭。

丙午

二十年。春，正月，夏州兵擊薛延陀，大破之。○遣大理卿孫伏伽等巡察四方。○帝還京師。○三月，詔皇太子聽政。○殺刑部尚書張亮。○閏月朔，日食。○夏，五月，高麗遣使謝罪，却之。

書却之何？譏也。前書高麗遣使入貢，却之爲美，此則何以爲譏？蓋蘇文弒逆懼討，遣使貢金，所謂違亂之賂，不受宜也。於是高麗君臣遣使謝罪，復議討之，是黷武矣。書曰謝罪却之，所以病帝也。

六月，西突厥遣使入貢。〇秋，八月，帝如靈州，遣李世勣擊薛延陀，降之。敕勒諸部遣使請吏。

薛延陀嘗書寇矣，貞觀十九年〔一〕。此其再，不書討何？自反而不縮也。無故而許昏，無故而絕之，其入寇，宜矣！於是而乘其弱，未見其有名也。故延陀自未許昏以前書討，而於此再書擊焉。蓋帝自安市班師之後，急於雪耻，師出無名。故《綱目》惟高麗書伐，餘皆書擊，所以譏其遷戮也〔二〕。

冬，十月，貶蕭瑀爲商州刺史。

自是至開元三年，七十餘載，書以爲刺史者四十，蕭瑀、李緯、褚遂良、柳奭、韓瑗、來濟、杜正倫、李義府、高履行、于志寧、趙瓌、李敬玄、馮元常、騫味道、李孝逸、狄仁傑、韋嗣立、姚元之再書、譙王重福、畢構、張柬之、敬暉、桓彦範、袁恕己、尹思貞、宋璟再書、竇從一、祝欽明、郭山惲〔三〕、李暢、宋王成器再書、幽王守禮、薛謙光、張説、劉幽求、鍾紹京、韋玢〔四〕。自狄仁傑外，皆以貶黜爲之，則刺史之任益

〔一〕「貞觀」，元刻《書法》本無。

〔二〕「戮」，蜀藩本作「怒」。

〔三〕「惲」，原作「暉」，據弘治本、《通鑑》卷二一〇改。

〔四〕「蕭瑀、李緯、褚遂良、柳奭、韓瑗、來濟、杜正倫、李義府、高履行、于志寧、趙瓌、李敬玄、馮元常、騫味道、李孝逸、狄仁傑、韋嗣立、姚元之再書、譙王重福、畢構、張柬之、敬暉、桓彦範、袁恕己、尹思貞、宋璟再書、竇從一、祝欽明、郭山惲、李暢、宋王成器再書、幽王守禮、薛謙光、張説、劉幽求、鍾紹京、韋玢」，元刻《書法》本無。

輕矣。

十二月，帝生日，罷宴樂。

書宴多矣，未有書罷宴者。書罷宴樂何？美之也。以此貽謀，猶有責諸道貢獻者矣。代宗大曆元年〔一〕。書生日始此。終《綱目》書生日四，是年、玄宗開元十七年〔二〕、代宗大曆元年〔三〕、德宗建中元年〔四〕。書罷宴，一而已。

幸房玄齡第。

書，美之也。若帝，可謂能念功矣。終《綱目》書君入諸臣之家五，幸其府二，詳漢安帝建光元年〔五〕。皆譏辭也，惟幸司徒導府，晋成帝咸康元年〔六〕。幸房玄齡第，是年〔七〕。非譏辭。

丁未 二十一年。春，正月，申公高士廉卒。○以敕勒諸部爲州縣。○詔以來年仲春有事於泰山。○以牛進達、李世勣爲行軍大總管，伐高麗。○夏，四月，作翠微宮。○以李素立爲燕然都護。○五月，如翠

〔一〕「代宗」、「年」，元刻《書法》本無。
〔二〕「玄宗」、「年」，元刻《書法》本無。
〔三〕「代宗」、「年」，元刻《書法》本無。
〔四〕「德宗」、「年」，元刻《書法》本無。
〔五〕「漢」、「帝」、「年」，元刻《書法》本無。
〔六〕「成帝」、「年」，元刻《書法》本無。
〔七〕「是年」，元刻《書法》本無。

微宮。○李世勣破南蘇城。○以李緯爲洛州刺史。○秋，七月，作玉華宮。○牛進達拔石城。○八月，詔停封禪。

前書有星孛於太微罷封禪矣，於是以河北水災故，則曷爲不書？不專爲水災也。時以薛延陀新降，土功屢興，故停之。然則前書罷封禪，此書停何？停者，未罷之辭也，姑遲之云耳。人之自克，誠難哉！

骨利幹遣使入貢。○立皇子明爲曹王。

明者何？巢剌王妃所生也。太宗十四子，無不王者，不悉書，書曹王，譏瀆倫也〔二〕。

發江南工人造大船。○冬，十一月，突厥車鼻可汗遣使入貢。○徙順陽王泰爲濮王。○十二月，遣阿史那社爾等擊龜兹。

二十二年戊申。春，正月，作《帝範》以賜太子。○中書令馬周卒。○以崔仁師爲中書侍郎，參知機務。○遣薛萬徹伐高麗。○以長孫無忌檢校中書令。○結骨俟利發入朝。○如玉華宮。○崔仁師坐罪除名，流連州。○三月，故隋后蕭氏卒。

蕭氏何？煬后也。亡國之后未有書卒者，此其書何？美存厚也，於是隋亡唐興餘三十年矣。然

〔二〕「倫」，原作「淪」，據元刻《書法》本、弘治本、蜀藩本改。

則曷爲不書崩？隋失天下也。是故失天下之王書卒，據周赧王〔一〕。失天下之后書卒。《綱目》書故后卒二。是年故隋后〔二〕、五代庚戌年故晉太后〔三〕。

夏，四月，遣武候將軍梁建方擊松外蠻，降之。○西突厥葉護賀魯來降。○五月，遣右衛長史王玄策使天竺，因襲擊之，執其王以歸。

遣玄策者，使天竺爾，襲擊而執其王，玄策之罪也，其不書玄策襲擊何？據高宗調露元年裴行儉襲擊阿史那〔四〕，再書行儉。病帝也。帝自高麗之挫，思立邊功，以雪此耻。故敕勒之降，至於備禮告廟，頒示普天，甚而作詩勒石以侈之。玄策窺見帝心，所以敢有遂事也〔五〕，而未聞薄行專命之罰，則帝之意可知矣。《綱目》書曰遣王玄策使天竺，因襲擊之，執其王以歸，若帝遣之爲此者，所以深病帝也。

宋公蕭瑀卒。○殺華州刺史李君羨。○司空、梁公房玄齡卒〔六〕。○秋，八月朔，日食。○九月，以褚遂良爲中書令。○冬，十月，帝還宮。○雅、眉、邛州獠反。○十一月，奚、契丹内屬。○回紇吐迷

〔一〕「周」，元刻《書法》本無。
〔二〕「是年故隋后」，元刻《書法》本無。
〔三〕「年」，元刻《書法》本無。
〔四〕「高宗」、「年」，元刻《書法》本無。
〔五〕「遂」，原作「此」，據元刻《書法》本、弘治本、蜀藩本改。
〔六〕「空」，原作「徒」，據元刻《書法》本、弘治本、《通鑑》卷一九九改。

度爲其下所殺，詔立其子婆閏。

回紇始見《綱目》。

十二月，阿史那社爾擊龜茲，執其王布失畢。

己酉 二十三年。春，正月，遣驍衛郎將擊突厥車鼻可汗。

郎將何以不名？削之也。帝自安市班師之後，急於雪耻，思立奇功。車鼻入貢，未聞其犯塞也，而遽興師，尤爲無名矣。故例書擊，而於其末也，將不書名。高侃。

三月，帝有疾，詔太子聽政[一]。○夏，四月，如翠微宮。○五月，以李世勣爲疊州都督[二]。○衛公李靖卒。○帝崩，長孫無忌、褚遂良受遺詔輔太子。還宮，發喪，罷遼東兵。

賀善贊曰：太宗令德善政，相望於册，莫難於再書出宮女三千，書聘鄭氏爲充華，既而罷之三事。其失德亦不少，莫大於書殺太子建成、齊王元吉，書帝自稱太上皇，太子即位，書立皇子明爲曹王三事。《綱目》於太宗，予之之意，不如惜之之深也。

以于志寧、張行成爲侍中，高季輔爲中書令。○六月，太子即位。○改官名犯先帝諱者。○以長孫無忌爲太尉，李勣爲開府儀同三司，并同三品。○秋，八月，地震。

[一]「詔太子聽政」，元刻《書法》本無。

[二]「世」，原無，據宋刻《綱目》本、元刻《通鑑》卷一九九補。

於是晋州尤甚，壓死五千餘人。《綱目》書地震一百一，詳秦王政十六年〔一〕。有言民死甚衆者，有言壓死四百餘人者，有言四千餘人者，數未有多於此者也。

葬昭陵。〇九月，以李勣爲左僕射。〇冬，十二月，詔濮王泰開府，置僚屬。

高宗於是爲不宿怨矣。書，美之也。

庚戌　高宗皇帝永徽元年。春，正月，立妃王氏爲皇后。〇詔衡山公主俟喪畢成昏。

喪畢成昏，常禮也，其書何？唐俗以公除昏嫁久矣，於是始正，故特書之。

秋，九月，高偘擊突厥車鼻可汗，擒之。〇冬，十月，李勣解僕射，仍同三品。〇以褚遂良爲同州刺史。

辛亥　二年。春，正月，以黄門侍郎宇文節、中書侍郎柳奭同三品。〇秋，七月，西突厥賀魯殺射匱可汗，自立爲沙鉢羅可汗，詔武候大將軍梁建方等討之。〇八月，以于志寧、張行成爲僕射、同三品，高季輔爲侍中。〇冬，十一月，詔獻鷹隼、犬馬者罪之。

書，美之也。《綱目》書獻而却者四，禁罷貢獻者十四，詳漢文帝元年〔二〕。莫嚴於罪之之詔者矣。

〔一〕「詳秦王政十六年」，元刻《書法》本無。

〔二〕「詳漢文帝元年」，元刻《書法》本無。

壬子三年。春，正月，吐谷渾、新羅、高麗、百濟并遣使入貢。○梁建方等大破處月朱邪於牢山。○以褚遂良爲吏部尚書、同三品。○二月，御安福門樓，觀百戲。

凡觀，譏也；觀戲，甚矣。終《綱目》書觀十，詳漢後主建興十四年〔一〕。而書觀戲者三，是年、中宗神龍元年〔二〕、景龍三年〔三〕。作述一轍也，

三月，以宇文節爲侍中，柳奭爲中書令，韓瑗爲黄門侍郎、同三品。○秋，七月，立陳王忠爲皇太子。○九月，以中書侍郎來濟同三品。○冬，十一月，濮王泰卒。

卒濮王何？善帝也。高宗於是，可謂以恩始終矣。

癸丑四年。春，二月，散騎常侍房遺愛及高陽公主謀反，伏誅，遂殺荆王元景、吴王恪，流宇文節於嶺表。

四人之死，一也，或書伏誅，或書遂殺，《綱目》有以斷斯獄矣。

以李勣爲司空。○秋，九月，北平公張行成卒，以褚遂良爲右僕射。○冬，十一月，以崔敦禮爲侍中。○十二月，高季輔卒。○西突厥咄陸可汗死。

甲寅五年。春，三月，以太宗才人武氏爲昭儀。

〔一〕「詳漢後主建興十四年」，元刻《書法》本無。
〔二〕「年」，元刻《書法》本無。
〔三〕「年」，元刻《書法》本無。

昭儀不書，書武氏，志禍始也。直書太宗才人，而高宗之慚德不可掩矣。故魏主以爾朱爲后，則書肅宗嬪；宋丙申年[一]。高宗以武氏爲昭儀，則書太宗才人：是年[二]。皆惡其瀆倫也。《綱目》之筆，嚴矣哉！

夏，閏四月，帝在萬年宫，夜大水[三]。

書帝在何？咎不明也。三月立昭儀，而閏四月大水夜入寢殿，漂溺三千餘人，女寵之戒昭昭矣！《綱目》聯書之，而特書帝在，若曰天即其所而戒之，雖面命不啻，而帝不悟也。其旨深矣！終《綱目》書大水六十三，詳漢文帝元年[四]。水入宫者，一而已；水書夜者，一而已。是年[五]。

六月，恒州大水。○柳奭罷。○冬，十月，築長安外郭。

外郭未有書者，書此何？重京都也。終《綱目》書築外郭四，是年、中宗嗣聖九年[六]、玄宗開元十八

〔一〕「年」，元刻《書法》本無。
〔二〕「是年」，元刻《書法》本無。
〔三〕「水」，原作「雨」，據宋刻《綱目》本、元刻《書法》本、弘治本、蜀藩本改。
〔四〕「詳漢文帝元年」，元刻《書法》本無。
〔五〕「是年」，元刻《書法》本無。
〔六〕「中宗」、「年」，元刻《書法》本無。

年〔一〕、五代己亥年〔二〕。皆都城也。

大稔。

東魏嘗書大稔矣，梁辛酉年〔三〕。於是再見。終《綱目》書大稔四，梁辛酉年〔四〕、是年、德宗貞元三年〔五〕、憲宗元和六年〔六〕。書大熟一，晋武帝太元七年〔七〕。書有年、大有年不與焉。

以長孫無忌子三人爲朝散大夫。

金尚子瑋書名，漢獻帝建安二年〔八〕。此其不名何？幼也。幼固可略乎？譏也。君不自克而密誘之，臣爲不知而默受之，帝之徇欲，長孫之無識，皆可譏矣。書曰以某子三人而不名〔九〕，譏其上也；書長孫無忌子三人爲朝散大夫，譏其下也。

〔一〕「玄宗」、「年」，元刻《書法》本無。

〔二〕「年」，元刻《書法》本無。

〔三〕「年」，元刻《書法》本無。

〔四〕「年」，元刻《書法》本無。

〔五〕「德宗」、「年」，元刻《書法》本無。

〔六〕「憲宗」、「年」，元刻《書法》本無。

〔七〕「帝」、「年」，元刻《書法》本無。

〔八〕「二」，原作「元」，據蜀藩本、《通鑑》卷六二改；「漢獻帝建安二年」，元刻《書法》本無。

〔九〕「書曰」，原作「當日」，據元刻《書法》本改。

乙卯六年。春，二月，遣營州都督程名振等擊高麗。

高麗前皆書伐，此其書擊何？無辭也。嘗書入貢矣，未聞其犯塞也而擊之，斯師也，爲無名矣。

夏，五月，屯衛大將軍程知節討沙鉢羅〔一〕。○以韓瑗爲侍中，來濟爲中書令。○秋，七月，貶柳奭爲榮州刺史。○以李義府爲中書侍郎。○八月，始置員外，同正官。

員外之名始此〔二〕。

以裴行儉爲西州長史。○九月，貶褚遂良爲潭州都督。

貶柳奭用義府，黜行儉、遂良，皆爲武氏也。屬辭比事，高宗之溺愛甚矣。

冬，十月，廢皇后王氏爲庶人，立昭儀武氏爲皇后。

凡廢立聯書，所廢因所立也。是故有陰氏而後郭氏廢，漢光武建武十七年〔三〕。有郁久閭氏而後乙弗氏廢，齊庚申年〔四〕。有武氏而後王氏廢〔五〕，是年〔六〕。《綱目》皆聯書之，著所因也。然則武氏弑王

〔一〕「屯」上，宋刻《綱目》本有「遣」字。
〔二〕「員外之名始此」，元刻《書法》本無。
〔三〕「漢光武」、「年」，元刻《書法》本無。
〔四〕「年」，元刻《書法》本無。
〔五〕「後」，原作「后」，據元刻《書法》本、弘治本、蜀藩本改。
〔六〕「是年」，元刻《書法》本無。

后，何以不書？略之也。曷爲略之？武氏至於滅唐，則弑后不足言矣。終《綱目》書廢后爲庶人二〔一〕，晉賈氏、唐王氏。韋氏追廢〔二〕，不與焉。

以中書侍郎李義府參知政事。

丙辰 顯慶元年。春，正月，以太子忠爲梁王，立代王弘爲皇太子。

太子廢書廢。陳王成美立爲太子矣，其廢也雖復爲陳王，書廢，未有書以者也，此其書以何？宜廢也。忠則曷爲宜廢？帝之立之，非也。立子以嫡，無嫡以賢。王后利忠母之易制而請之，私也，而遽從之。《綱目》於此書以不書廢，所以見其宜廢也。是故忠不宜立，則廢不書廢，而書以爲梁王；是年〔三〕。旦不宜立，則廢不書廢，而書以爲皇嗣。中宗嗣聖七年〔四〕。終《綱目》書廢太子十一，詳周赧王十六年〔五〕。皆不宜廢者也。惟梁王忠書以，德王裕書黜，與書太子廢者二，魏太子愉、唐太子承乾。皆宜廢之辭也。

二月，贈武士彠司徒，賜爵周國公。

〔一〕「二」，原作「三」，據元刻《書法》本、弘治本、蜀藩本改。
〔二〕「韋氏」，二字原爲小字注文，據元刻《書法》本、弘治本、蜀藩本改大字正文。
〔三〕「是年」，元刻《書法》本無。
〔四〕「中宗」、「年」，元刻《書法》本無。
〔五〕「詳周赧王十六年」，元刻《書法》本無。

書贈賜爵何？譏私也。贈未有賜爵者，於是始見，則士彠其人焉。終《綱目》書贈官十二〔一〕，詳晋明帝太寧三年〔二〕。贈賜爵三，士彠二、韋玄貞。惟贈賜爵皆譏辭。

夏，免山東丁役。〇六月，詔以高祖配昊天於圜丘，太宗配五帝於明堂。〇崔敦禮卒。〇秋，七月，貶王義方爲萊州司户。〇九月，括州暴風，海溢。〇冬〔三〕，十二月，程知節討沙鉢羅，不克，免官。

丁巳 二年。春，正月，遣蘇定方等復擊沙鉢羅。

前再書討矣，此書擊何？譏黷武也。二年不克，又復用師，故譏之，書復擊。

三月，以褚遂良爲桂州都督，李義府兼中書令。〇夏，五月，帝始隔日視事。

宣帝五日一聽事，不書，此其書何？女寵盛也，故書譏之。是故魏主未嘗月一視朝，則書始以爲美；梁戊戌年詡〔四〕。唐世未嘗隔日視事，則書始以爲譏。是年〔五〕。

遣天竺方士歸國。

太宗嘗遣之矣，不書，書高宗何？譏也。方士以長生爲術，帝方極意女寵，方士之方，必多禁

〔一〕「二」，原作「一」，據元刻《書法》本、弘治本、蜀藩本改。
〔二〕「詳晋明帝太寧三年」，元刻《書法》本無；按：本書卷十九晋明帝太寧三年，無「贈官」條《書法》。
〔三〕「〇」，原作空格，據宋刻《綱目》本補。
〔四〕「年」，元刻《書法》本無。
〔五〕「是年」，元刻《書法》本無。

礙，其不相入宜矣。《綱目》上書隔日視事，下書遣方士歸，非美之也。

秋，八月，貶韓瑗、來濟、褚遂良皆爲遠州刺史。

於是柳奭不書，略之也，至殺之，則不可不書矣。

詔廢六天之祀[一]，合方丘、神州爲一祭。○以許敬宗爲侍中，杜正倫爲中書令。○冬，十月，蘇定方擊沙鉢羅，獲之，分立興昔亡、繼往絶二可汗。○以洛陽宮爲東都。○詔禁僧尼受父母及尊者拜。○以劉祥道爲黄門侍郎，知選事。

書知選事始此。終《綱目》書知選事三。劉祥道、李嶠、宋昱。

戊午 三年。春，正月，詔行新禮。○夏，五月，徙安西都護府於龜兹。○冬，十一月，貶杜正倫爲横州刺史，李義府爲普州刺史。○以許敬宗爲中書令，辛茂將爲侍中。○鄂公尉遲敬德卒。

書鄂公卒，幸之也。於是功臣之善終者，鮮矣。

愛州刺史褚遂良卒。

書，幸之也。其不與於四年七月之詔，爲大幸矣。

己未 四年。夏，四月，以于志寧同三品，許圉師參知政事。○削太尉、趙公長孫無忌官封，黔州安置。○六月，改《氏族志》爲《姓氏録》。○以許圉師爲侍中。○辛茂將卒。○詔許敬宗議封禪儀。

[一]「詔」，宋刻《綱目》本無。

書議封禪儀有之矣，皆公議也，未有書詔某人者。書詔許敬宗，譏偏聽也。於是而父子姑婦并配，果禮矣乎？

秋，七月，殺長孫無忌、柳奭、韓瑗。

於是瑗已先卒，書殺何？誅心也。苟有誅意，於其臣雖先卒必書殺，所以病高宗也。奭前與瑗同貶，不書，此何以書？重殺也。無忌三人不書官，無官也。

貶高履行爲永州刺史，于志寧爲榮州刺史。○冬，十月，思結反，遣蘇定方討降之。

庚申 五年。春，二月，帝如并州。○夏，四月[一]，作合璧宫。○六月朔，日食。○秋，七月，廢梁王忠爲庶人。

忠爲太子廢不書廢，此其書廢何？甚帝也。立爲太子固不審矣，以爲梁王可也，而又廢之爲庶人。故從無罪例書廢，所以甚之也，况終殺之乎！

盧承慶免。○遣蘇定方等伐百濟，降之。○冬，十月，初令皇后决百司奏事。

書太后决事有之矣，秦芊氏、齊太史氏。未有皇后决事者。武氏之威，高宗成之也，故書初志之。皇后决事，《綱目》一書而已矣。

辛酉 龍朔元年。夏，四月，遣兵部尚書任雅相等征高麗。○六月，以西域諸國爲州府。○徙潞王賢爲沛王。○鐵勒犯邊，詔武衛將軍鄭仁泰等將兵討之。

[一] 「四」，《通鑑》卷二〇〇作「五」。

資治通鑑綱目書法第四十一

起壬戌唐高宗龍朔二年，盡丙申唐中宗嗣聖十三年〔一〕。

廬陵後學劉友益修撰〔二〕
翰林直學士中大夫知制誥同修國史國子祭酒歐陽玄校正〔三〕

壬戌二年。春，正月，改百官名。○任雅相卒於軍，蘇定方引軍還。

劉方卒於師，不書官，貶也。此其貶與？雅相賢將也，去年遣征高麗，書兵部尚書矣，於是不書官，蒙上文也。

三月，鄭仁泰等敗鐵勒於天山。○夏，五月，以許圉師爲左相。○秋，七月，熊津都督劉仁願等大破百濟於熊津。○八月，以許敬宗同三品。○冬，十月，以上官儀同三品。○許圉師免。○颶海總管蘇海政矯詔殺興昔亡可汗。

〔一〕「年」，元刻《書法》本無。
〔二〕「後學」、「修」，元刻《書法》本無。
〔三〕「翰林直學士中大夫知制誥同修國史國子祭酒歐陽玄校正」，元刻《書法》本作空行。

自是十姓皆附吐蕃，而唐世吐蕃之禍始此矣。故謹志之。

西突厥寇庭州，刺史來濟死之。

書死之何？善濟也。濟於同時諸大臣，可謂得其死所矣。

癸亥三年。春，正月，以李義府爲右相。夏，四月，除名，流嶲州。○蓬萊宮成。本貞觀所營大明宮，龍朔二年繼作，改今名。詳見《會要》〔一〕。

蓬萊宮何？大明宮也。貞觀八年書營大明宮，未成而上皇寢疾。往年四月乃作蓬萊，《綱目》不書作蓬萊，已書其始也。至是宮成，制度宏壯，則是宮之勞費可知矣，故特書成。凡宮室書成，久辭也。是故漢長樂書治書成，隋仁壽書作書成，唐蓬萊書營書成，皆久而後成也。終《綱目》宮室書成四，詳漢高帝十二年〔二〕。惟晋新宮無譏焉。

五月，詔鄭仁泰等分屯涼、鄯，以備吐蕃。

吐蕃始益强也。唐之西患，蘇海政爲之。

秋，九月，熊津總管孫仁師攻百濟，拔之。

甲子麟德元年。春，正月，以殷王旭輪爲單于大都護。○郇公孝協坐贓，賜死。○秋，七月，詔以三年正

〔一〕「本貞觀所營大明宮，龍朔二年繼作，改今名，詳見《會要》」，原無，據元刻《書法》本補。

〔二〕「詳漢高帝十二年」，元刻《書法》本無。

月封禪。〇八月，以劉祥道、竇德玄爲左、右相。〇冬，十月，遣兵代戍熊津。〇十二月，殺同三品上官儀、劉祥道[一]，罷梁王忠，賜死。

梁王忠廢爲庶人矣，書梁王何？不予其廢之也。賜死之例有四：著所坐賜死，魏周忉、郇公孝協、太平公主、王毛仲。宜死者也；書貶某賜死，竇參、楊收、韋保衡、孟漢卿。書賜某死，吴通玄、路巖、蘇檢。皆可罪而未宜死者也；直書某賜死，梁王忠。不宜死者也，無所坐者也。

以樂彦瑋、孫處約同三品。

乙丑 二年。春，三月，以姜恪同三品。〇夏，四月，以陸敦信爲右相，樂彦瑋、孫處約罷。〇五月，行《麟德曆》。〇冬，十月，車駕發東都。十二月，至泰山。

丙寅 乾封元年。春，正月，封泰山，禪社首。〇車駕還，過曲阜，祠孔子。

於是孔子贈太師，則曷爲不書？諱之也。孔子贈太師，而尊老君爲皇帝，亦大不倫矣。諱之者，譏之也。終《綱目》書祠孔子五。詳漢高帝十二年[二]。

至亳州，尊老君爲太上玄元皇帝。〇李義府卒。

於是義府除名矣，不卒可也，而卒之何？幸唐人也。義府雖貶，朝野憂其復入，至是衆心乃安，

[一] 按：據《通鑑》卷二〇一、《綱目》本卷，劉祥道卒於乾封元年九月，麟德元年十二月未被殺，《綱目》此條誤。

[二] 「帝」、「年」，元刻《書法》本無。

故幸之。

夏，四月，車駕還京師。○陸敦信罷。○五月，鑄乾封泉寶錢。○六月，遣金吾衛將軍龐同善將兵伐高麗。○秋，七月，以劉仁軌爲右相。○竇德玄卒。○皇后殺其從兄武惟良。○九月，龐同善大破高麗兵。○劉祥道卒。○冬，十二月，以李勣爲遼東大總管，伐高麗。

丁卯 二年。春，正月，耕籍田。

高宗耕籍不悉書，據永徽三年正月不書。此其書何？美崇質也。

罷乾封泉寶錢。○夏，六月[一]，以楊弘武、戴至德、李安期、張文瓘、趙仁本并同三品。○秋，八月朔，日食。○李安期罷。○九月，李勣拔高麗十七城。

戊辰 總章元年。夏，四月，彗星見於五車。○楊弘武卒。○秋，九月，李勣拔平壤，高麗王藏降，高麗悉平。○冬，十月，以盧迦逸多爲懷化大將軍。

前書遣天竺方士歸國矣，於是又書以盧迦逸多爲懷化大將軍，帝固非有定見者。蓋當此時，年踰不惑，内寵之意輕，而長生之念重矣，豈復記往日之言哉！書，譏之也。

十二月，置安東都護府。○以姜恪、閻立本爲左、右相。○京師、山東、江、淮旱，饑。

[一]「六」，《通鑑》卷二〇一作「四」。

自書大稔而封禪之事起，於是書京師、山東、江、淮旱饑，是年。書關中旱饑，咸亨元年〔一〕。書河南、北旱，儀鳳二年〔二〕。書關中旱蝗，永淳元年〔三〕。屢書不一書矣。

己巳二年。春，二月，以李敬玄同三品。

以同三品入銜始此〔四〕。

以盧承慶爲司刑太常伯。○以郝處俊同三品。○詔定明堂制度。○夏，四月，徙高麗户於江、淮、山南、京西諸州。○六月朔，日食。○秋，八月，詔幸涼州，不果行。

不果行何？美從諫也。凡遊幸書不果，皆美辭。終《綱目》遊幸書不至而還二，漢明帝永平四年〔五〕、辛卯年吴主皓〔六〕。書不果行一，是年〔七〕。唯孫皓不至爲危辭。

九月，大風，海溢。

〔一〕「年」，元刻《書法》本無。
〔二〕「年」，元刻《書法》本無。
〔三〕「年」，元刻《書法》本無。
〔四〕「以同三品入銜始此」，元刻《書法》本無。
〔五〕「漢明帝」、「年」，元刻《書法》本無。
〔六〕「年」，元刻《書法》本無。
〔七〕「是年」，元刻《書法》本無。

終《綱目》書海溢六，詳漢質帝本初元年〔一〕。帝居二焉，陰盛之徵也。自是，無書海溢者矣。

冬，十一月，李勣卒。

勣，功臣也，衛公、鄂公皆具官，此其不書何？削之也。唐祚幾絶，勣之力也，故削之。

定銓注法。

庚午

咸亨元年。春，正月，劉仁軌致仕。○三月，許敬宗致仕。○敕突厥酋長子弟給事東宮。

太子，國本也。太宗父子於其東宮，常有不當詔之詔，《綱目》每謹書之。詔訟不决者聽於東宮上啟則書，太宗貞觀四年〔二〕。詔太子用庫物有司勿爲限制則書，太宗貞觀十六年〔三〕。詔太子知左、右屯營兵馬事則書，太宗貞觀十七年〔四〕。敕突厥酋長子弟給事東宮則書，是年〔五〕。皆所以爲世戒也。

夏，六月朔，日食。○秋，八月，薛仁貴擊吐蕃，敗績。

書擊何？譏也，蠻夷相攻，不治可也。亦既表請和矣，而復伐之，是無名也〔六〕，故書擊。

〔一〕「帝本初」、「年」，元刻《書法》本無。
〔二〕「太宗貞觀四年」，元刻《書法》本無。
〔三〕「太宗貞觀十六年」，元刻《書法》本無。
〔四〕「太宗貞觀十七年」，元刻《書法》本無。
〔五〕「是年」，元刻《書法》本無。
〔六〕「是」，原作「建」，據元刻《書法》本改。

關中旱，饑。○九月，魯國夫人楊氏卒。

楊氏何？武后母也。后母卒未有書者，此其卒之何？譏也。於是敕文武官及内外命婦并詣弔哭，且賜謚曰忠烈，故書譏之。自漢安帝書太后母卒，至是而書后母卒，厚母黨可也，妻黨甚矣。終《綱目》書加恩外氏者三。漢宣帝外祖母博平君〔一〕、安帝鄧太后母新野君、唐武氏母楊氏〔二〕。

閏月，皇后以旱，請避位，不許。○加贈武士彠爲太原王，夫人爲妃。

先是，書贈官凡三矣，未有書加贈者。書加贈何？著恩私之無已也。既贈司徒，爵周公，於是復加贈太原王，私益甚矣，故書加譏之。終《綱目》書贈官十二，詳晋明帝太寧三年〔三〕。書加者，一而已。

趙仁本罷。○冬，十月，詔官名復舊。

辛未 二年。冬，十一月朔，日食。

壬申 三年。春，二月，徙吐谷渾於靈州。○姜恪卒。○夏，四月，吐蕃遣使入貢。○秋，八月，許敬宗卒。○冬，十一月朔，日食。○以劉仁軌同三品。○以邢文偉爲右史，王及善爲左千牛衛將軍。

〔一〕「漢」，元刻《書法》本無。

〔二〕「武氏」，原作「武后」，據元刻《書法》本改；「楊氏」，元刻《書法》本無。

〔三〕「帝」、「年」，元刻《書法》本無。按：本書卷十九晋明帝太寧三年，無「贈官」條《書法》。

癸酉四年。春，三月，詔劉仁軌修改國史〔一〕。○秋，七月，婺州大水。○冬，十月，閻立本卒。○十二月，弓月、疏勒來降。

甲戌上元元年。春，正月，以劉仁軌爲雞林道大總管，討新羅。○三月朔，日食。○以武承嗣爲周國公。○秋，八月，帝稱天皇，后稱天后。○九月，追復長孫無忌官爵。○大酺。○天后表便宜十二條，詔行之。

書詔行之何？病帝也。於是請父在爲母服三年，雖人子所樂聞者，而發於天后，則敵陽之意昭昭矣。是故天后表便宜十二事書行之，是年〔二〕。皇后表請改易制度書從之，中宗神龍元年〔三〕。皆病其上也。

乙亥二年。春，二月，劉仁軌大破新羅。○三月，天后祀先蠶。

常事耳，何以書？於是百官及朝集使皆陪位，非常也，故書。

以韋弘機爲司農卿。○夏，四月，以趙瓌爲括州刺史〔四〕。○太子弘薨〔五〕，謚孝敬皇帝，立雍王賢爲

〔一〕「修改」，宋刻《綱目》本、《通鑑》卷二〇二作「改修」。

〔二〕「是年」，元刻《書法》本無。

〔三〕「中宗」、「年」，元刻《書法》本無；「神龍元」，元刻《書法》本置於「上也」之下。

〔四〕「括」，《通鑑》卷二〇二作「栝」。

〔五〕「薨」，宋刻《綱目》本作「卒」。

太子。

《綱目》卒太子多矣，未有書薨者，此獨書薨何？謚爲帝也。《綱目》自分王外書薨之例七，非不成君、廢帝、廢后，則謚爲帝、爲后者也。不然，則帝母也，有大功公主也。平陽公主。舍是，無薨道矣。唐會昌以後，藩鎮、大臣有書薨者，誤也。然則書謚皇帝何？譏也。君父在上，而以皇帝號其子，是二日二王矣。終《綱目》書謚皇帝四。弘、重茂、憲、倓〔一〕。於是雍王爲太子，不書皇，缺也。《綱目》太子不書皇者五。高宗雍王賢〔二〕、睿宗平王隆基〔三〕、玄宗忠王璵〔四〕、穆宗景王湛、文宗魯王永。

秋，七月，杞王上金澧州安置。○八月，以戴至德、劉仁軌爲左、右僕射，張文瓘爲侍中，郝處俊爲中書令，李敬玄同三品。

丙子 儀鳳元年。春，三月〔五〕，以來恒、薛元超同三品。○閏月，吐蕃寇鄯州。○以高智周同三品。○秋〔六〕，

〔一〕「倓」上，元刻《書法》本有「齊王」二字。
〔二〕「高宗」、「賢」，元刻《書法》本無。
〔三〕「睿宗」，元刻《書法》本無。
〔四〕「玄宗」，元刻《書法》本無；「璵」，原作「興」，據元刻《書法》本改。
〔五〕「三」，原作「正」，據宋刻《綱目》本、元刻《書法》本、《通鑑》卷二〇二改。
〔六〕「〇」，原作空格，據宋刻《綱目》本補。

八月，始遣使詣桂、廣、文、黔等府注擬。○九月，以狄仁傑爲侍御史。○冬，十月，祫享太廟。○郇王素節袁州安置。○以李敬玄爲中書令。

丁丑 二年。春，正月，耕耤田。○二月，以高藏爲朝鮮王，扶餘隆爲帶方王。○郝處俊、高智周罷。○夏，四月，河南、北旱。○張大安同三品。○詔廢顯慶新禮。○秋，八月，徙周王顯爲英王。○命劉仁軌鎮洮河軍。

戊寅 三年。春，正月，百官、四夷朝天后於光順門。

君在而后朝百官、四夷，不待貶而義見矣。《綱目》不書天后朝百官、四夷，書曰百官、四夷朝天后，罪諂者也。○元旦百官朝后始此[一]。

以李敬玄爲洮河道大總管。○夏，五月，幸九成宮。○秋，九月，還京師。○詔復奏《破陣樂》。○侍中張文瓘卒。○李敬玄與吐蕃戰，敗績。○來恒卒。

己卯 調露元年。春，正月，幸東都。司農卿韋弘機免。○二月，吐蕃贊普死。

吐蕃書死始此[二]。

[一] 「○元旦百官朝后始此」，元刻《書法》本無。

[二] 「吐蕃書死始此」，元刻《書法》本無。

夏，四月，以郝處俊爲侍中。○命太子賢監國。○六月，遣吏部侍郎裴行儉立波斯王，行儉襲執阿史那都支以歸。○冬，十月，單于府突厥反，遂寇定州。

庚辰 永隆元年。春，三月，以裴行儉爲定襄道大總管，討突厥，平之。○夏，四月，裴炎、崔知溫、王德真同三品。○秋，七月，吐蕃寇河源。○八月，貶李敬玄爲衡州刺史。○廢太子賢爲庶人，立英王哲爲皇太子。○冬，十一月朔，日食。

辛巳 開耀元年。春，正月，宴百官及命婦於麟德殿。

唐以來書宴多矣，未有及命婦者。宴命婦於殿上，天后之伉也，故謹志之。終《綱目》書宴十六，大宴一，詳漢高帝五年[一]。書及命婦者，一而已矣。是年[二]。

三月，郝處俊罷。○以劉仁軌爲太子少傅。○秋，七月，太平公主適薛紹。

公主下嫁書以，此其不書何？許與行不同時也。許與行不同時，書其行而已。故不書以者，皆書適。日遠甚者，兩書之。代宗永樂。《綱目》公主下嫁不書以者五。高宗太平、中宗安樂、玄宗永穆、宣宗萬壽、懿宗同昌。

以裴炎爲侍中，崔知溫、薛元超爲中書令。○徵處士田遊巖爲太子洗馬。○裴行儉討突厥阿史那伏念，

[一]「帝」、「年」，元刻《書法》本無。

[二]「是年」，元刻《書法》本無。

降之。○冬，十月朔，日食。○徙故太子賢於巴州。

壬午 永淳元年。春，二月，立皇孫重照爲皇太孫。

書立太孫再矣，晋臨淮王臧、齊昭業。皆太子卒者也。太子在而立太孫，非矣。《綱目》書立太孫三，惟此爲譏辭。

夏，四月朔，日食。○關中饑，上幸東都。始書上[一]。○聞喜憲公裴行儉卒。

卒未有書謚者，此其書謚何？予行儉也。曷爲予之？行儉嘗論昭儀之立爲禍始，是以予之。故李勣、行儉皆功臣也，勣不具官，而行儉書謚，一予一奪，其示臣子之大節，嚴矣！入《綱目》以來，大臣卒謚自行儉始。唐臣卒書爵謚者五，行儉、姚崇、蘇頲、李光弼、韋皐。官謚者一，楊綰。具官官爵謚者五，狄仁傑、宋璟、李晟、馬燧、裴度。號官爵謚者一，郭子儀。官爵者二，李泌、渾瑊。具官者二。崔祐甫、韋處厚。

安西都護王方翼破西突厥，平之。○以郭待舉、岑長倩、郭正一、魏玄同并與中書門下同承受進止平章事[二]。○五月，洛水溢。關中旱，蝗。○秋，七月，作奉天宮。○零陵王明自殺。○召薛元超赴東都。○冬，十月，以劉景先同平章事。○突厥骨篤禄寇并州，薛仁貴大破之。○以婁師德爲河源軍經

[一]「始書上」，原無，據元刻《書法》本補。

[二]「與」，原無，據宋刻《綱目》本、《通鑑》卷二〇三補。

略副使。

癸未弘道元年。春，二月，突厥寇定州，圍單于都護府。◯李義琰致仕。

義琰求退，以上怒也，其得書致仕何？義琰正人也，故《綱目》特予之。

崔知温卒。

凡卒不具官，貶也。唐諸臣卒不具官者四十，而高宗之世十有三，詳太宗貞觀三年〔一〕。當時之執政可知矣。

夏，四月，綏州步落稽作亂，討平之。◯五月，突厥寇蔚州。◯秋，七月，詔以來年有事於嵩山。冬，十一月，詔罷之。

書詔罷之何，譏也。何譏？封泰山，非也；封嵩山，益非也。以疾甚罷之，則亦不足美矣。故三詔封嵩、岱，三罷之，皆不書，龍朔二年〔二〕、儀鳳元年〔三〕、調露元年〔四〕。於末也，特書譏之。然則太宗之罷封禪，書星孛於太微，此以疾甚罷，則曷爲不書故？十一月書罷之，十二月書大喪，則其故可知矣。

〔一〕「詳太宗貞觀三年」，元刻《書法》本無。
〔二〕「年」，元刻《書法》本無。
〔三〕「年」，元刻《書法》本無。
〔四〕「年」，元刻《書法》本無。

詔太子監國，以裴炎、劉景先、郭正一兼東宮平章事。

東宮有平章，始見於此[一]。

十二月，帝崩，太子即位，尊天后爲皇太后。

賀善贊曰：高宗在位三十四年，《綱目》書濮王開府，書罪獻鷹犬，皆予之也。自書武氏爲昭儀，而後其可予者，惟幸涼州不果行一事耳。若其瀆亂人倫，委政房闥，幾貽宗社之禍，可勝罪哉！

以劉仁軌爲左僕射，裴炎爲中書令，劉景先爲侍中。〇郭正一罷。

甲申　中宗皇帝嗣聖元年。二月，睿宗文明元年。九月，太后光宅元年。

於是太后以二月廢帝，立睿宗，改元文明。九月，太后改元光宅。不紀光宅，黜武氏也。曷爲不以文明大書？不與武氏之得廢立也，故從《唐鑑》，以嗣聖紀年，而每歲書帝在某州。

春，正月，立妃韋氏爲皇后。〇以韋弘敏同三品[二]。〇二月，太后廢帝爲廬陵王，立豫王旦。

不書迎旦入即位何？據漢諸帝。不予武氏之得廢立也。故自是帝書帝，旦書豫王旦。是禍也，裴炎激之。

[一]「東宮有平章，始見於此」，元刻《書法》本無。
[二]「韋弘敏」，原作「韋宏敏」，據元刻《書法》本、《通鑑》卷二〇三改。

太后以劉仁軌爲西京留守。○太后始御紫宸殿。

曷爲不書臨朝？臨朝，常辭也。書御紫宸殿，則儼然帝矣。

太后以王德真爲侍中，劉禕之同三品。○三月，太后殺故太子賢。○夏，四月，太后遷帝於房州，又遷於均州。○閏五月，太后以武承嗣同三品。○秋，七月，温州大水。○八月，葬乾陵。○太后以馮元常爲隴州刺史。○武承嗣罷。○括州大水〔一〕。

大水何？陰盛之徵也。太后始爲昭儀，則書萬年宫大水，繼書恒州大水；爲皇后，則書括州海溢；至是御殿，則書温州大水，括州大水。然則武氏，禍水也，土之不勝，有自來矣。《綱目》屢書不一書，所以示後世戒也。

九月，太后改元及服色、官名。

旗幟從金色耳。書改服色何？誅意也。金，土子也，其欲代唐之意昭昭矣。

太后立武氏七廟。

追贈其祖可也，爲之立廟亦可也，而必七焉，則已帝制矣。《綱目》别嫌明微，故謹書之。

英公李敬業起兵揚州，太后遣將軍李孝逸擊之。

書起兵何？惡武氏也。故敬業書爵，而孝逸止書擊，其殺之不書誅。

〔一〕「括」，《通鑑》卷二〇三作「栝」。

太后殺侍中裴炎，以騫味道爲内史，李景諶同平章事。

裴炎何？首廢君之禍者也。曷爲不書誅？武氏固廢君者，夫安得而誅之！然則書官何？炎始自侍中遷中書令，未幾日耳，其私心固不欲玄貞之得其處也，故力争之，遂激廢立之禍。及敬業兵起，始請歸政豫王以收公議，由是忤旨。《綱目》書殺以罪太后，而炎則黜官而特書侍中，以追罪其始者一念之私。故雖此時已改侍中爲納言，不書納言，書侍中。《綱目》之旨，微而顯矣！

李敬業取潤州，李孝逸擊殺之。

書取潤州何？志敬業所以敗也。敬業本起揚州，并兵度淮，直指洛陽，易耳。乃反南圖常、潤，義氣索然矣，有不敗乎！

李景諶罷，太后以崔詧同平章事。○郭侍舉罷，太后以韋方質同平章事。○太后殺單于道安撫大使程務挺。

乙酉二年。太后垂拱元年。春，正月，帝在均州。

每歲首必書帝所在，存正統也。

二月，太后以武承嗣、裴居道、韋思謙同三品。○三月，太后遷帝於房州。○沈君諒、崔詧、武承嗣罷[一]。○太后頒《垂拱格》[二]。○太后貶騫味道爲青州刺史。○夏，五月，太后以裴居道爲内史，流王德真於象州，以蘇良嗣爲納言。○太后制百官及百姓皆得自舉。

書，譏也。苟欲干譽，而廉耻之道自此盡矣。

六月，太后以韋待價同三品。○秋，七月，太后以魏玄同同三品。○太后以阿史那元慶爲興昔亡可汗。○太后以僧懷義爲白馬寺主。

寺主耳，書太后以何？醜之也。自是，懷義凡三書太后以。

丙戌 三年。太后垂拱二年。春，正月，帝在房州。○太后歸政於豫王旦，尋復稱制。

晋褚太后嘗歸政矣，後再臨朝不書復，此書復稱制何？誅心也。於是豫王知非誠心，奉表固讓，太后乃復稱制。不書固讓，書尋復稱制，《綱目》所以著其心也[三]。終《綱目》書太后歸政四，詳漢桓帝和平元年[四]。其書尋復稱，一而已。

二月朔，日食。○太后以李孝逸爲施州刺史。○三月，太后置銅匭，受密奏。○夏，四月，太后鑄太儀。○六月，太后以岑長倩爲内史，蘇良嗣、韋待價爲左、右相，韋思謙爲納言。○秋，九月，太后

[一] 「諒」，原作「亮」，據宋刻《綱目》本、《通鑑》卷二〇三改。
[二] 「○」，原無，據宋刻《綱目》本、蜀藩本補。
[三] 「著」，原作「誅」，據元刻《書法》本、弘治本改。
[四] 「帝」、「年」，元刻《書法》本無。

以突厥斛瑟羅爲繼往絶可汗。○有山出於新豐。

嘗書湧石矣，漢後主建興十三年[一]。未有書山出者。書山出何？地道反也，卑者高矣。書山出，終《綱目》一而矣。

太后以狄仁傑爲冬官侍郎。

丁亥 四年。太后垂拱三年。春，正月，帝在房州。○三月，韋思謙致仕。○夏，四月，太后以蘇良嗣爲西京留守。○太后以裴居道爲納言，張光輔平章事。○太后殺同三品劉禕之。○秋，七月，太后以魏玄同爲納言。○突厥寇朔州，太后遣黑齒常之擊之。○九月，虢州人楊初成矯制，募人迎帝於房州，太后殺之。

人，微者，其書何？予之也。晉周權矯詔復立羊后書誅，此則曷爲止書殺？武氏廢帝，非義也；迎帝復位，義也。書誅，則何以勸義！故止書殺之。然則其必書矯何？以爲果義也，雖與權可也。《綱目》勸義之意，深已矣[二]！

冬，十一月[三]，太后流李孝逸於儋州。○太后罷御史監軍。○大饑。

[一] 「漢後主建興十三年」，元刻《書法》本無。
[二] 「深已」，原作「亦深」，據元刻《書法》本、弘治本改。
[三] 「一」，原無，據宋刻《綱目》本、《通鑑》卷二〇四補。

戊子五年。太后垂拱四年。春，正月，帝在房州。○太后立崇先廟。○二月，太后毀乾元殿，作明堂。

書毀乾元何？誅心也。武氏堅冰之坤，以陰代陽，乾元之號，非其意明矣。於是議立明堂，太后因行其計，毀乾元殿，以其地爲之。《綱目》書曰毀乾元殿，作明堂，誅心也。

夏，四月，太后殺太子舍人郝象賢。○五月，太后加號聖母神皇。○六月朔，日食。○江南巡撫大使狄仁傑奏焚淫祠[一]。○秋，八月，琅邪王沖、越王貞舉兵匡復，不克而死，太后遂大殺唐宗室。

書匡復何？特筆也。王莽之篡，惟劉縯書起兵興復；新莽地皇三年[二]。武后之亂，惟琅邪王沖等書舉兵匡復；是年[三]。朱温之僭，惟淮南、西川書移檄興復：昭宣帝天祐四年[四]。皆特筆也。沖，貞子也，曷爲先之？首倡義也。

太后以騫味道、王本立同平章事。○太后拜洛受圖。○明堂成，作天堂。

書成何？重明堂也。故雖作於武氏，其作、其成，其火、其新，《綱目》必詳書之。天堂則貯大像耳，一書始作，以著其徇人欲崇淫祀而已。其成不書，其火不書。

太后詔發兵擊生羌及吐蕃，不果行。

[一]「江」，原作「河」，據《通鑑》卷二〇四改。
[二]「新莽地皇三年」，元刻《書法》本無。
[三]「是年」，元刻《書法》本無。
[四]「昭宣帝天祐四年」，元刻《書法》本無。

己丑六年。太后永昌元年。春，正月，帝在房州。〇太后大饗萬象神宮。〇夏，四月，太后以武承嗣爲納言，張光輔守内史[一]。〇太后殺汝南王煒、鄱陽公諲等十二人，及天官侍郎鄭玄挺。〇秋，七月，太后徙紀王慎於巴州，道卒。

徙死書死，恒也，據淮南王長等。此其書卒何？無罪也。《綱目》徙書卒，一而已。

太后遣韋待價擊吐蕃，大敗，除名，流繡州。〇八月，太后殺内史張光輔。〇九月，太后以僧懷義爲新平道大總管，討突厥。

黑齒常之書擊，此書討何？重辭也。討罪，大義也，而以僧任之，非其人矣。重其辭，所以病太后也。直書其事，不待貶而意自見矣。

閏月，太后殺同平章事魏玄同。〇冬，十月，太后殺鄭王璥等六人。〇太后以范履冰、邢文偉同平章事。〇十一月，太后享萬象神宮，始用周正。

書改正多矣，書曰以某月爲歲首，或曰以某月爲某月，恒辭也。此其書曰用周正何？誅心也。周，士彠始封國也，改用建子，而太后以周代唐之意決矣。《綱目》深探其情，故特書曰用周正。

太后自名曌，改詔曰制。〇除唐宗室屬籍。

[一]「守」，原作「爲」，據宋刻《綱目》本、元刻《書法》本、《通鑑》卷二〇四改。

庚寅　七年。周武氏天授元年。春，正月，帝在房州。○太后以武承嗣爲左相，武攸寧爲納言，邢文偉爲内史，王本立罷。○太后流韋方質於儋州。○二月，太后策貢士於洛城殿。○三月，蘇良嗣卒。

於是大臣不書卒六年矣，多太后所殺也，於是始書良嗣。

四月，范履冰下獄死。○秋，七月，太后流舒王元名於和州。以侯思止、王弘義爲侍御史。○太后頒《大雲經》於天下。

《大雲經》何？僞書也。隋《靈感志》不書頒，此其書頒何？譏也。自欺，非矣；欺人，甚哉！故《大雲經》書頒，武后鼎銘書頒，譏欺人也。

太后殺澤王上金、許王素節。○太后殺南安王潁等十二人，及故太子賢二子。○九月，武氏改國號曰周，稱皇帝，以豫王旦爲皇嗣，改姓武氏。

書稱皇帝廢某爲某多矣，此其不書廢書以何？不予旦之得立也。不予其立，則廢之宜矣，故不書廢。武氏既改國號，自是削其太后，稱武氏焉，所以絶之於唐也。《綱目》之筆削，凛凛矣！

冬，十月，西突厥入居内地。○周以徐有功爲侍御史。○十一月，周易服色，改置社稷、宗廟。

辛卯　八年。周武氏天授二年〔一〕。春，正月，帝在房州。○二月，周流其右丞周興於嶺南。○夏，四月朔，日

〔一〕「天授二年」，宋刻《綱目》本作「載初元年」。

食。○秋，七月，周徙關内户數十萬實洛陽。○八月，周殺其將軍張虔勖。○周改義豐王光順等姓武氏，幽之宮中。○九月，周平章事傅遊藝自殺。

武氏自嗣聖以來，殺人多矣。書太后殺十三〔一〕，太子賢、裴炎、程務挺、劉禕之、郝象賢、汝南王煒、鄱陽公諲、張光輔、魏玄同、鄭王璥〔二〕、澤王上金、許王素節、南安王潁〔三〕。書周殺八〔四〕，張虔勖、格輔元、岑長倩、歐陽通、李安静、裴匪躬、侯思止、劉思禮〔五〕。書周武氏殺一，豫王妃劉氏〔六〕。惟傅遊藝書自殺。自殺何？自取殺也。遊藝首倡改號爲周之議，遂取大位，纔及期年，而以言夢下獄。《綱目》不書下獄，書自殺，若曰其所以死者，自取之云耳。

周以武攸寧爲納言，狄仁傑同平章事。○周殺其同平章事格輔元、右相岑長倩、納言歐陽通。○周殺右將軍李安静。

《綱目》書周所殺，必曰殺其某官某。其者何？外之也。右將軍，天授所命也，則曷爲不書其？

〔一〕「十三」，元刻《書法》本作「十二」。

〔二〕「璥」，原作「敬」，據《通鑑》卷二〇四改。

〔三〕「太子賢、裴炎、程務挺、劉禕之、郝象賢、汝南王煒、鄱陽公諲、張光輔、魏玄同、鄭王璥、澤王上金、許王素節、南安王潁」，元刻《書法》本無。

〔四〕「八」，元刻《書法》本作「六」。

〔五〕「張虔勖、格輔元、岑長倩、歐陽通、李安静、裴匪躬、侯思止、劉思禮」，元刻《書法》本無。

〔六〕「豫王妃劉氏」，元刻《書法》本無。

内安静也。安静不肯署表勸進，可謂義矣。及下制獄，俊臣詰之，辭曰：「唐家老臣，須殺即殺。」則安静心乎唐者也。《綱目》不書其，所以殊安静於武氏之黨也。

周遣使存撫諸道。

壬辰 九年。周武氏如意元年，再改長壽[一]。春，正月，帝在房州。○周武氏引見存撫使所舉人。○周築神都外城。○周以郭霸爲監察御史。○周貶狄仁傑、魏元忠爲縣令。○夏，五月，禁天下屠殺、採捕。

自革命以來，每事必書周，外之也。此則曷爲不書周？禁殺未失也，書周，是善之矣。

秋，七月[二]，周左相武承嗣罷，以李昭德同平章事。○周流其御史嚴善思於驩州。○九月，周更以九月爲社。○冬，十月，周遣兵擊吐蕃，取四鎮。○周武氏殺豫王妃劉氏。

豫王妃何？武氏之婦也。革命以來，所殺恒書周殺，殺婦耳，斥武氏何？武氏殺人多矣，自張虔勖、格輔元、岑長倩、歐陽通、李安静輩，皆托罪而公殺之，故書周。妃死宫中，莫知所瘞，獨斥武氏者，罪不繫於周來也，其旨深矣！

周制宰相撰《時政記》，月送史館。

特筆也。書曰送史館，則史官所記，一受成於宰相矣，是得爲信史乎？書，譏之也。此書撰

[一]「如意元年，再改長壽」，宋刻《綱目》本作「長壽元年」。

[二]「秋七月」，宋刻《綱目》本無，《通鑑》卷二〇五作「秋八月」。

《時政記》，憲書撰《日曆》，同一轍矣。

癸巳十年。周武氏長壽二年[一]。春，正月，帝在房州。○周以婁師德同平章事。○周殺其尚方監裴匪躬。○二月[二]，周殺其侍御史侯思止。○周以萬國俊爲侍御史。○夏，五月，棣州河溢。○秋，九月朔，日食。○周武氏自號金輪聖神皇帝。○突厥可汗骨篤禄死。

甲午十一年。周武氏延載元年。春，正月，帝在房州。○周以婁師德爲河源等軍檢校營田大使。○三月，周以僧懷義爲朔方道大總管，討默啜。

　　書討何？重辭也。於是命領十八將軍，以蘇、李二相爲之長史、司馬，事任重矣，而以一僧總之，果其人乎？《綱目》重其辭，所以病太后也。

夏，五月，周武氏加越古之號。

　　凡加號不書所號，恒也。此其書何？譏非名也。前書金輪，此書越古，後書慈氏，書天册，皆譏其非名也。

秋，八月，周以杜景儉同平章事。○周鑄天樞。○九月朔，日食。○周貶來俊臣爲同州參軍，流王弘義於瓊州。○周貶其内史李昭德爲南賓尉。

[一]「長壽二」，宋刻《綱目》本作「如意元」。

[二]「二」，原作「三」，據宋刻《綱目》本、元刻《書法》本、《通鑑》卷二〇五改。

自書南昌尉梅福，是後未有書者，至是復見。終《綱目》書尉十四，多貶逐者也。李昭德南賓、吉頊安固〔一〕、魏元忠高要、又務川、孫平子都城〔二〕、王同慶贛、王昱高要、韋陟桂嶺、薛邕連山、羊士諤臨化、楊憑臨賀、丁柔立南陽；唯南昌尉梅福以上書書，華陽尉張士喬以諫死書〔三〕。

冬，十一月，周武氏加慈氏之號。○周明堂火。

乙未十二年。周武氏天册萬歲元年。春，正月，帝在房州。○二月朔，日食。○夏，四月，周天樞成。

書鑄書成，譏勞民也。於是賦銅鐵不足，取農器足之。凡書作書成，久辭也。

秋，七月，吐蕃寇臨洮，周遣兵討之。

吐蕃前再書擊，兵端自我也。於是入寇，故以討書之。

九月，周武氏自號天册金輪大聖皇帝。○冬，十月，突厥默啜遣使請降。

不書周何？不以周，故書請也。

十二月，周武氏封嵩山，禪少室。

〔一〕「頊」，原作「項」，據元刻《書法》本、《通鑑》卷二〇六改。
〔二〕「平子」，原作「子平」，據元刻《書法》本改。
〔三〕「唯南昌尉梅福以上書書，華陽尉張士喬以諫死書」，此句原作大字正文，據元刻《書法》本改小字注文。

書，譏也。封泰山，非也；高宗乾封元年〔一〕。封嵩山，益非也。是年〔二〕。其後又有請封西嶽者矣。玄宗天寶九載〔三〕。

周安平王武攸緒棄官隱嵩山。

書隱何？美之也。諸武方爲天派，而攸緒獨能恬澹遠禍，其高人數等矣，故特具官書隱。《綱目》書棄官二，武攸緒〔四〕、劉總。而書棄官隱者，一而已。

丙申　十三年。周武氏萬歲通天元年。春，正月，帝在房州。○周遣婁師德等擊吐蕃，大敗。○周新明堂成。○夏，五月，契丹寇營州，周遣兵擊之，大敗。○秋，九月，周免囚奴，遣武攸宜將之以伐契丹。

武氏佳兵有之矣，未嘗有事契丹也。於是入寇營州，再執唐帥，則釁不在我，故以伐書。而攸宜竟不敢進，其失甚矣，故武懿宗復書擊。

突厥寇涼州，執都督許欽明。

欽明，周所命也，何以不書周？全欽明也。凡執，善辭也，力屈而被執耳。欽明執至靈州城下，猶作隱語，使襲虜營，則亦志節之士也。《綱目》不書周，不以周之臣累欽明也。

〔一〕「高宗乾封元年」，元刻《書法》本無。
〔二〕「是年」，元刻《書法》本無。
〔三〕「玄宗」、「載」，元刻《書法》本無。
〔四〕「武」，元刻《書法》本無。

吐蕃遣使請和。

不書周何？不以周，故書請也。終《綱目》書請和四，是年、睿宗景雲二年〔一〕、代宗永泰元年〔二〕、憲宗元和四年〔三〕。求和二。中宗嗣聖十九年〔四〕、玄宗開元九年〔五〕。

冬，十月，契丹陷冀州，周以狄仁傑爲魏州刺史。○周以姚元崇爲夏官侍郎。○周以徐有功爲殿中侍御史。○十一月，周殺其箕州刺史劉思禮等三十六家，流其親屬千餘人。

書族誅多矣，未有多於此者。書三十六家，甚武氏也。

周以張昌宗爲散騎常侍，張易之爲司衛少卿。○周以婁師德同平章事。

〔一〕「睿宗」，元刻《書法》本無。
〔二〕「代宗」、「年」，元刻《書法》本無。
〔三〕「憲宗」、「年」，元刻《書法》本無。
〔四〕「中宗」、「年」，元刻《書法》本無。
〔五〕「玄宗」、「年」，元刻《書法》本無。

資治通鑑綱目書法第四十二

起丁酉唐中宗嗣聖十四年，盡癸丑唐玄宗開元元年。

廬陵後學劉友益修撰
翰林直學士中大夫知制誥同修國史國子祭酒歐陽玄校正

丁酉十四年。周武氏神功元年。春，正月，帝在房州。○三月，周總管王孝傑與契丹戰，敗死，武攸宜不敢進。○周立突厥默啜爲可汗。○夏，四月，周鑄九鼎成。

三年書鑄大儀矣，八年書鑄天樞矣，於是復書鑄九鼎焉。終《綱目》書鑄六，詳新莽天鳳四年。而后居其三，亦泰甚矣哉！

周以王及善爲内史。○周遣武懿宗、婁師德擊契丹。○六月，周殺其右司郎中喬知之。○周來俊臣伏誅。

武氏殺人多矣，自永徽書房遺愛以後，四十四年無書伏誅者。武氏所殺，多非罪也，於是始書來俊臣，後書閻知微。俊臣誣陷善人，知微受虜僞號，皆大罪人也，故特書誅。

契丹軍潰，斬孫萬榮以降。○周以武承嗣、武三思同三品。○周遣武懿宗等安撫河北。○秋，九月，周以魏元忠爲肅政中丞。○冬，閏十月，以狄仁傑同平章事。

仁傑進用例書周以，恒辭也，此其不書周何？仁傑心乎唐者也。自仁傑相而中宗始有詣行宫之召，《綱目》於其始相特不書周，所以表其爲唐也。故終太后之世，惟狄仁傑同平章事不書周，惟張柬之同平章事不書周，皆心乎唐者也。他日帝既在東都，周之復爲唐已決，則書周以狄仁傑兼納言，無嫌矣。

周以李嶠知天官選事。

戊戌十五年。周武氏聖曆元年。春，三月，帝還東都。

前書築神都外城矣，此其復稱東都何？正名也。神都，武氏所改，既書周，則雖書神都可也。今帝既還，反正有日，黜僞號而復舊名，所以正始也。一字之謹嚴，如此哉！

秋，八月，突厥默啜寇嬀、檀等州。○周以狄仁傑兼納言。○周以武攸寧同三品。○九月，突厥陷趙州，周刺史高叡死之。

許欽明不書周，不以周之臣累之也。高叡以死節書，其過欽明多矣，書曰周刺史何？帝在東都，則周之爲唐决矣，雖書周，無嫌也。

周武氏以帝爲皇太子、河北道元帥，狄仁傑副之，以討默啜。

皇太子書立，恒也，未有書以者，書以爲皇太子何？帝矣而爲太子，非所以也，故不從恒辭。

周以蘇味道同平章事。○冬，十月，周以武懿宗、武攸歸領屯兵。○周以狄仁傑爲河北道安撫大使。○周以姚元崇同平章事。○周閻知微伏誅。以田歸道爲夏官侍郎。○十一月，周以豫王旦爲相王。

旦嘗爲皇嗣矣，於是廢之，則不書廢何？不予武氏之立之也。故旦終始書豫王，自皇帝廢爲皇嗣書以，自皇嗣廢爲相王亦書以。

周置控鶴監。○十二月，周以魏元忠同平章事。○周貶宗楚客爲播州司馬。

己亥　十六年。周武氏聖曆二年。春，正月，帝在東宮。○二月，周遣使禱少室山。○吐蕃贊婆、弓仁降周。

突厥默啜遣使請降不書周，不爲周降也。此其書降周何？帝在東宮。則周之爲唐也决矣，雖書降周，無嫌也。

帝及武攸暨等誓於明堂。○秋，八月，周以王及善爲文昌左相。○周納言婁師德卒。○周以武三思爲内史。○河溢。○周以韋嗣立爲鳳閣舍人。○突厥默啜以其子匐俱爲小可汗。○冬，十一月，周貶吉頊爲安固尉。○十二月，周同平章事陸元方罷。○周以狄仁傑爲内史。

庚子　十七年。周武氏久視元年。春，正月，帝在東宮。○夏，五月朔，日食。○六月，周以張易之爲奉宸令。○周遣將軍李楷固等擊契丹餘黨，平之。○周隴右大使唐休璟破吐蕃於洪源。○周造大像。

先是，嘗作大像貯天堂矣，天堂既火，於是復造。前作大像不書，此其書何？爲仁傑之諫書也。後書復作，爲李嶠之諫書也。《綱目》嘉二子，故書，罷役亦書之。終《綱目》書作大像三。丁未年魏主弘、是年周武氏、二十一年再書。

司空、梁文惠公狄仁傑卒。

仁傑自帝還東都以來，拜官書周已屢矣，無嫌也。其卒也，復不書周何？著仁傑之始終爲唐也。是故大臣卒不書謚，自裴行儉一書之，於是再見。大臣卒書本官，惟仁傑官書中宗所贈，爵書睿宗所封，所以殊仁傑於諸臣也。此《綱目》之特筆也，一人而已矣。唐臣卒具官爵姓謚者五人，狄仁傑、宋璟、李晟、馬燧、裴度。具號官爵謚者一人。郭子儀。

冬，十月，周復以正月爲歲首。○周以韋安石同平章事。○十二月，周開屠禁。

辛丑 十八年。周武氏大足元年，又改長安。春，正月，帝在東宮。○三月，周流張錫於循州。○雨雪。

記異也。終《綱目》書冬雪一，漢元帝建昭二年。書正月雪一，宋辛丑年。書二月雪一，丙子年新莽。書三月雪四，漢景帝中六年、武帝元鼎二年〔一〕、元帝永光元年、是年。書四月雪二，漢成帝建始四年、陽朔四年。自是，無書雪者矣。

夏，六月，周以李迥秀同平章事。○冬，十一月，周以崔玄暐爲天官侍郎。○周以郭元振爲涼州都督。

壬寅 十九年。周武氏長安二年。春，正月，帝在東宮。○周設武舉。○突厥寇鹽、夏，遂寇并州，周遣薛季

〔一〕「二」，原作「三」，據弘治本、蜀藩本、《通鑑》卷二〇改。

昶、張仁愿禦之。○秋，八月，周賜張昌宗爵鄴國公。

書，譏私也。漢世初賜爵，止左庶長，至宣帝以後，賜爵皆侯矣。入唐以來，自贈武士彠外，未嘗書賜爵。唐書賜爵始此，而得昌宗，封爵之輕，甚矣哉！唐世書賜爵十五，昌宗、李多祚等、敬暉等、牛仙客、李林甫等、安禄山、李光弼等、僕固懷恩、郭子儀、李元忠等、韋皋、李愬、裴度、李德裕、楊行密。天寶以前，自李多祚、敬暉外，皆濫授也；至德以後，自楊行密外，其庶幾乎！

九月朔，日食，不盡如鉤。

宋文丁卯年，梁武己巳年，唐開元十七年，日食亦皆不盡如鉤矣，不書，此何以書？爲武氏書也。武氏以陰侵陽，且極矣，故次年而日食之既。終《綱目》書日食不盡如鉤二，是年、玄宗天寶十三載。舍是，無書者矣。

吐蕃遣使求和。

書求和始此。終《綱目》書求和二，是年、玄宗開元九年。請和四，嗣聖十三年、睿宗景雲二年、代宗永泰元年、憲宗元和四年。敵國不與焉。

冬，十月，吐蕃寇茂州，都督陳大慈與戰，破之。○十一月，周命監察御史蘇頲按雪冤獄。○十二月，周以張嘉貞爲監察御史。

癸卯 二十年。周武氏長安三年。春，正月，帝在東宮。○三月朔，日食。○夏，閏四月，周改文昌臺爲中臺。○六月，寧州大水。○秋，七月，周以唐休璟同三品。○九月朔，日食，既。

食既，大變也。往年九月不盡如鉤矣，於是九月又食之既，武氏之陰沴已極，極則反矣。後二年而武氏即世，變不虛生，信哉！終《綱目》書食既十有二，未有無應者也。詳漢惠帝七年。

周貶魏元忠爲高要尉，流張説於嶺南。○周以裴懷古爲桂州都督。○周遣使以六條察州縣。○吐蕃贊普器弩悉弄死[一]。

甲辰 二十一年。周武氏長安四年。春，正月，帝在東宮。○周以阿史那懷道爲西突厥十姓可汗。○周作興泰宮。○周平章事朱敬則致仕。○三月，周以韋嗣立等爲諸州刺史。○夏，四月，周復作大像。○周以天官侍郎崔玄暐同平章事。○周以姚元崇爲春官尚書。○秋，七月，周以楊再思爲内史。○周貶戴令言爲長社令。○周以韋安石爲揚州長史，唐休璟兼幽、營都督。○九月，周以姚元之爲靈武道安撫大使。冬，十月，以秋官侍郎張柬之同平章事。

自革命以來，凡封拜皆書周以，恒辭也。此其不書周何？柬之心乎唐者也。自柬之相，而帝有復位之書矣。《綱目》於其同平章事不書周，所以表其爲唐也。故終太后之世，惟狄仁傑同平章事不書周，惟張柬之同平章事不書周。

周以岑羲爲天官員外郎。○十二月，周張昌宗下獄，既而赦之。

周勃書下某獄，既而赦之，釋無罪之辭也。昌宗書某下獄，既而赦之，釋有罪之辭也。終《綱

[一]「死」，宋刻《綱目》本、《通鑑》卷二〇七作「卒」。

目》下獄書既而赦之二。詳漢文帝四年。

周以陽嶠爲右臺侍御史。

乙巳神龍元年。春，正月，張柬之等舉兵討武氏之亂，張易之、昌宗伏誅，帝復位，大赦。〇遷太后於上陽宮，上尊號曰則天大聖皇帝。

武氏自臨朝稱太后既革命，則削稱武氏，絶之於唐廟也。上書討武氏之亂，《綱目》固已正名其罪矣；此其復書太后何？罪唐朝之君臣也。太后絶唐宗廟，罪莫大焉。中宗知有母而不知有祖，大臣知守常而不知斷義，從其恒稱，所以深譏之也。而復號曰皇帝焉，又甚矣。故《綱目》雖書號曰則天大聖皇帝，而其崩、其葬則從其恒稱。然則書遷太后何？太后得罪宗廟，固不得以自遷爲文也。《綱目》書遷太后六，其辭有二：秦太后、漢靈竇太后、魏郭太后、齊宣德太后〔一〕，皆逆辭也；漢閻太后、唐武太后〔二〕，皆罪辭也。

以張柬之、袁恕己同三品，崔玄暐爲内史，敬暉、桓彦範爲納言，李多祚等進官賜爵有差。〇二月，復國號曰唐。

此書復國號曰唐，世史書革去周號何？武氏所以據尊位，臨萬方，以臣其人民者，豈盡出其智

〔一〕「秦太后……宣德太后」，此句弘治本爲大字正文。

〔二〕「漢閻太后、唐武太后」，此句弘治本爲大字正文。

力哉？因唐之勢耳。彼其革去唐號而稱曰周，特見於稱呼、施之文移焉耳。人心天意之在唐者，固未嘗有渝也。武氏一旦去位，則唐之社稷固自如也，又何俟於復哉！革去周號，唐斯在矣。流貶周宰相韋承慶、房融、崔神慶於嶺南。〇以楊再思同三品。〇姚元之爲亳州刺史。〇復立韋氏爲皇后，贈后父玄貞上洛王。

前書立韋氏爲皇后矣，中宗被廢，則韋氏爲廬陵王妃可知也。然中宗雖書廢，而《綱目》每歲皆以帝書，不予武氏之廢之云耳。帝既復位，則后正位中宮，亦不言可知也，其必以復立書何？著唐再禍之始也。帝既復位，唐復爲唐，韋后復立，唐必再禍，特書復立，若曰唐室之禍，復自此始矣。復之，故重書之。凡事有不必書復而書復者，《綱目》皆有深意焉。韋氏未嘗書廢，而書復立爲皇后，以爲不可立者也；崔旰未嘗書讜，而書復使還鎮，以爲不可使還者也：代宗大曆三年。皆惜之之辭也。然則武士彠再書贈矣，不書后父，玄貞則何以書？書后父，見中宗之汲汲於韋氏，猶前日也。武氏立爲后十七年，而後追王其父；韋氏復立，首贈后父以王。《綱目》聯書之，中宗反正以來之初政，可知矣！

以武三思爲司空。〇貶譙王重福爲均州刺史。〇以武攸暨爲司徒，祝欽明同三品。〇三月，流酷吏於嶺南，死者追貶之，所破家皆復資蔭。〇以袁恕己爲中書令。〇徵武攸緒爲太子賓客。〇夏，四月，以鄭普思爲秘書監，葉静能爲國子祭酒。

監、學清流，長官要職，而以方士居之，直書而貶義自見矣。

以魏元忠、韋安石、李懷遠、唐休璟、崔玄暐并同三品，張柬之爲中書令。○五月，遷周廟主於西京，仍避其諱。

仍者何？不宜仍者也。

賜敬暉等五人王爵，罷其政事。

特筆也。霍氏之將誅，書罷其屯兵；五王之將禍，書罷其政事：皆特筆也。《綱目》於此，凜凜矣！

以岑羲爲秘書少監，畢構爲潤州刺史。○以宋璟爲黄門侍郎。○以楊元琰爲衛尉卿。○皇后表請改易制度，從之。

此天后表十二事之故步也，而皆從之，父子一轍矣。《綱目》前書行之，（高宗上元元年。）此書從之，（是年。）深譏之也。

降河内王武懿宗爵爲公。○以唐休璟、豆盧欽望爲左、右僕射。○以韋安石爲中書令，魏元忠爲侍中。○洛水溢。○秋，七月，以韋巨源同三品。○以漢陽王張柬之爲襄州刺史。○河南、北十七州大水，制求直言。○九月，改葬上洛王韋玄貞。

楊震書改葬，嘉禮賢也。此其書何？譏私也。復位一月而追贈，越八月而改葬，中宗於后父，亦拳拳甚矣。終《綱目》臣書改葬二，（詳漢安帝延光四年。）宋路太后、唐息隱王不與焉。

韋巨源罷，以魏元忠爲中書令，楊再思爲侍中。○冬，十一月，群臣上皇帝、皇后尊號。

帝、后并書何？譏也，失尊無二上之義矣。《綱目》以群臣上冠之，罪群臣也。

上御樓，觀潑寒胡戲。

凡書觀，譏也；觀戲，甚矣！終《綱目》書觀十，詳漢後主建興十四年。而中宗六年三書焉，是年、景龍三年、四年。帝亦早自縱矣。

皇太后武氏崩。○户部奏是歲天下户口之數。

書户口之數始此。終《綱目》書户口數七，是年、玄宗開元十四年、二十八年、天寶十三載、代宗廣德二年、文宗開成四年、武宗會昌五年。兵民數一，德宗建中元年。皆唐也。

丙午二年。春，正月，以李嶠同三品，于惟謙同平章事。○制太平、安樂公主各開府，置官屬。

書開府置官屬多矣，未有以公主書者。公主而有此制，中宗之徇也，直書譏之。

以平陽王敬暉、扶陽王桓彦範、南陽王袁恕己爲諸州刺史。○二月，以韋巨源同三品。○制僧慧範、道士史崇恩等并加五品階。

自武氏始書僧拜官，於是再見僧、道五品，是襲武氏之迹也，再亂宜矣。終《綱目》書僧有官三，懷義、慧範、不空。書道士有官三，崇恩、劉玄静、杜光庭。本教官稱不與焉。

置十道巡察使。○韋安石罷，以蘇瓌爲侍中，唐休璟致仕。○三月，殺駙馬都尉王同皎。○大置員外官。

嘗書置員外同正官矣，未書大也，於是始書大。書大何？譏濫也。中外合三千餘人，其濫莫甚於此矣。

夏，四月，李懷遠致仕。○殺處士韋月將，以尹思貞爲青州刺史，宋璟爲貝州刺史。

隱士書殺，韋祖思見之矣，晋恭帝元熙元年。於是再見。殺至處士，而中宗之爲君可知矣。月將以諫見殺，曷爲不以諫者書？是年。若曰韋氏宫掖之慚德，雖山林之人皆知之矣，而帝不之悟。書處士，所以病中宗也。然月將退處山林，而與聞宫掖之事，亦出位甚矣。書，交病之。

五月，葬則天皇后於乾陵。

后葬不地，合葬也，於乾陵，常矣，其書何？罪大臣也。武氏得罪宗廟，溝而絶之可矣，乃合葬焉，特書於乾陵，所以譏大臣之不能斷也。是故唐后之葬，惟則天書乾陵，不宜合而合也；惟興慶書景陵之側，宜合而不合也。宣宗大中三年。《綱目》之意，微矣！終《綱目》后葬書地七。詳漢宣帝本始三年。

六月，貶敬暉、桓彦範、張柬之、袁恕己、崔玄暐爲遠州司馬。○加周仁軌鎮國大將軍。○秋，七月，立衛王重俊爲皇太子。○以李嶠爲中書令。○敬暉、桓彦範、張柬之、袁恕己、崔玄暐爲武三思所殺。

不書三思殺，書爲所殺何？咎暉等也。惡本不除，昧於遠引，以自取禍，書曰爲所殺，咎在我也。終《綱目》書爲所殺十，詳漢昭烈帝章武元年。張飛、五王，皆譏不在人也。

冬，十月，車駕還西京。○十一月，以竇從一爲雍州刺史。○流鄭普思於儋州。○十二月，突厥默啜寇鳴沙。

景龍元年。丁未春，二月，復崇恩廟。〇三月，吐蕃遣使入貢。〇夏，六月朔，日食。〇秋，七月，太子重俊起兵誅武三思、武崇訓，兵潰而死。

漢據書反，此則曷爲不以反書？江充既死，太子方發中厩車，載射士，出武庫兵，發衛卒，是真反矣。若重俊者，迫於三思、崇訓之謀，且方是時，二武之强，又非可以徒手取也。《綱目》於重俊書起兵，而三思、崇訓書誅，權衡審矣！

帝、后并加尊號。

前書群臣上皇帝、皇后尊號，此則曷爲以自加爲文？譏不在下也。帝、后一體，皇后而表加帝號，是欲群臣之尊己也。帝而許皇后之加號，是自加也，故雖宗楚客之請不書。《綱目》之意，微矣！

貶魏元忠爲務川尉，道卒。〇九月，以蕭至忠、宗楚客、紀處訥同三品，于惟謙罷。〇僧慧範有罪，削其階、爵。

僧罪非謀反作亂不書，此何以書？重階、爵也。慧範一僧耳，階銀青光禄，爵上庸公，濫莫甚於此矣。故因其有罪，特書之。

以楊再思爲中書令，韋巨源、紀處訥爲侍中。〇改羽林千騎爲萬騎。〇殺習藝館内教蘇安恒。

安恒掠名取禍，其以無罪書殺何？病中宗也。帝未復位，安恒一再言人所難，可謂有功於帝矣。就使果聞此謀，猶將宥之。實有功而無報，虛得罪而受誅，是帝之愛三思，甚於愛身也，故書殺病之。

冬，十二月朔，日食。〇遣使詣江、淮贖生。

譏非事也。是故點兵書遣使，贖生書遣使，皆譏之。

戊申 二年。春，二月，赦。〇三月，朔方總管張仁愿築三受降城。

赭圻斥温，譏專也，此書張仁愿何？予功也。美惡不嫌同辭。

夏，四月，置脩文館學士。

以學士名官始見於此。

秋，七月，以張仁愿同三品。〇始用斜封墨敕除官。〇冬，十一月，突騎施犯塞，遣將軍牛師奬將兵討之。〇安樂公主適武延秀。

公主下嫁書以；許與行不同時，則不書以，止書適。前適武崇訓不書，此其書何？瀆倫也。先是，主以崇訓弟延秀美，悦之，崇訓死，因以尚焉，其悖不通問之禮久矣。書適延秀，譏之也。

徵武攸緒入朝。

自武德以來，非蠻夷未有書入朝者，書攸緒何？録賢也。攸緒於是三見《綱目》矣，賢之，故詳書之。

牛師獎與突騎施戰，敗没，遂赦娑葛，立爲可汗。

前書犯塞，書討之，是可罪也。於是一戰而敗，遂即赦之，且立爲十四姓可汗，唐之失馭甚矣！故特書遂。遂，遽辭也。

以婕妤上官氏爲昭容。

昭容不書，書上官氏何？譏寵過也。斬關叩閤之變，帝曾不戒，而又甚焉。

召王公、近臣入閤守歲。

己酉 三年。春，正月〔二〕，幸玄武門，觀宫女拔河。○三月，以韋巨源、楊再思爲左、右僕射，同三品，宗楚客爲中書令，蕭至忠爲侍中，韋嗣立同三品，崔湜、趙彦昭同平章事。○以韋温、鄭愔同三品。○夏，五月，流鄭愔於吉州，貶崔湜江州司馬。○楊再思卒。○秋，七月，突騎施娑葛遣使請降。○八月，以李嶠同三品，韋安石爲侍中，蕭至忠爲中書令。○九月，以蘇瓌爲僕射、同三品。○冬，十一月，祀南郊。○豆盧欽望卒。○以唐休璟同三品。○關中饑。

庚戌 四年。睿宗皇帝景雲元年。春，正月，上觀燈於市里。

〔二〕「正」，《通鑑》卷二〇九作「二」。

凡觀，譏也；觀燈，譏之甚也；於市里，又甚矣。《綱目》書觀燈二。是年、玄宗開元元年。

上御梨園。○夏，四月，幸隆慶池。○五月，宴近臣。

書，譏也。《綱目》書宴十有七，詳漢高帝五年。自是以下，皆譏也。

六月，皇后韋氏弒帝於神龍殿。以裴談、張錫同三品，張嘉福、岑羲、崔湜同平章事。立溫王重茂。

中宗復位以來，殊無一善可紀者。嬖縱韋氏，唐至再亂，不保其身，宜矣！○五人之相也，孰以之？書以於弒帝之下，則以之者，韋氏也。然則五人之爲逆黨也，明矣！重茂不書迎即位何？不予韋氏之得立君也。不予其立，故其廢也，斥名之。

臨淄王隆基起兵討韋氏，并其黨皆伏誅。隆基爲平王，以鍾紹京、劉幽求參知機務，李日知同三品，蕭至忠等貶官有差。

書爲平王何？隆基自王也。然則五人之相也，又孰以之？隆基以之也。首書爲王，繼書以某某，然後下書相王即位，隆基之心可見矣。

相王旦即位，廢重茂復爲溫王。

重茂嘗立矣，斥名之何？不成之爲君也。終《綱目》廢不書主者三，梁蕭正德、蕭淵明、唐重茂。皆立不以正也。

以鍾紹京爲中書令，尋罷之。

書尋罷之何？美從諫也。書尋罷之始此。尋罷之之辭二：有幸之之辭，有惜之之辭。以鍾紹京爲中書令，是年。詔大將軍鄭光賜莊免稅役，宣宗大中六年。唐以宋齊丘知尚書省，五代壬寅年。皆幸之也；以李谿同平章事，昭宗乾寧元年。惜之也。終《綱目》，拜官書尋罷之四。

立平王隆基爲太子。○以薛稷參知機務。○追削武三思等爵、謚，暴其尸。

嘗書黜封德彝贈謚矣，未有書暴其尸者。書暴其尸，快之也。終《綱目》書削謚二，封德彝、武三思。書戮棺三。漢平帝元始五年發定陶共王母及丁姬冢〔二〕、是年、玄宗天寶十二載李林甫。

以姚元之同三品，韋嗣立、蕭至忠爲中書令，趙彦昭、崔湜并同平章事。○加太平公主實封萬户。○贈郎岌、燕欽融、蘇安恒諫議大夫。○秋，七月，贈韋月將宣州刺史。○以崔日用參知機務。○追復故太子重俊位號，及敬暉、桓彦範、崔玄暐、張柬之、袁恕己、李多祚等官爵。○以宋璟同三品。○崔湜、蕭至忠、韋嗣立、趙彦昭、崔日用、薛稷罷。○廢崇恩廟，追廢韋后、安樂公主爲庶人。○八月，譙王重福反，伏誅。

於是重福溺死，書伏誅何？正其罪也。

詔以萬騎補外官，更置飛騎。○罷斜封官。○冬，十月，以薛訥爲幽州經略節度大使。

節度之置始此，故謹志之。

十一月，以姚元之爲中書令。○葬定陵。○許公蘇瓌卒。○十二月，以西城、隆昌二公主爲女官。

〔二〕「定」，原無，據本書卷八「元始五年發定陶共王母及丁姬冢」條補。

譏也。以是爲孝，末矣。公主爲女官，終《綱目》一書而已。

加李朝隱太中大夫。○以宋璟爲吏部尚書，姚元之爲兵部尚書。

兵部不書，書元之何？善其職也。

貶祝欽明、郭山惲爲諸州長史。○姚州蠻反。

辛亥 睿宗皇帝景雲二年。

《綱目》非元年不書號，此二年也，其書號何？改元於去年也。去年分注嘗細書睿宗皇帝景雲元年矣，此其復大書睿宗皇帝何？正始也。中宗弒，重茂廢，宜立者相王旦也。大書睿宗皇帝，所以正其始也。

春，正月，突厥默啜遣使請和。○以郭元振、張説同平章事。○二月，命太子監國，以宋王成器爲同州刺史，豳王守禮爲豳州刺史，太平公主蒲州安置。

於是出二王刺州，公主安置，命太子監國，此其先書監國何？重國本也。先書監國，次書出成器等，則其與於交構，明矣！

復斜封官。○貶姚元之爲申州刺史，宋璟爲楚州刺史，寢二王刺史之命。○劉幽求罷。○以左、右萬騎羽林爲北門四軍。○以韋安石爲中書令，李日知爲侍中。○夏，四月，制：「政事皆取太子處分。」○五月，召太平公主還京師。○復昊陵、順陵。○以薛謙光爲岐州刺史。○六月，置十道按察使。

按察使之名始此。

秋，七月，追復上官氏爲昭容。

昭容爾，書追復何？予徙義也。昭容自重俊叩閤之後，心附帝室，臨淄殺之，爲不恕矣。於是特書，所以勸徙義也。

以韋安石爲左僕射、同三品。〇九月，以竇懷貞爲侍中。〇冬，十月，韋安石、郭元振、竇懷貞、李日知、張説罷，以劉幽求、魏知古、崔湜并同三品，陸象先同平章事。〇遣御史中丞和逢堯使突厥。〇十一月，令百姓二十五入軍，五十五免。〇召司馬承禎至京師，尋許還山。

史崇恩書道士，承禎道士也，不書何？承禎有道者，非黄冠師比也，故不書。然則軒轅集亦有道者，何以書道士？爲迎之書也。

壬子太極元年。玄宗皇帝先天元年。春，正月，祀南郊。

自此以後，天、地又合祭。

竇懷貞、岑羲同三品。〇以蕭至忠爲刑部尚書。

唐世之禍，恒在女子，武、韋可鑒矣。睿宗自景雲二年以來，《綱目》所書二十二事，爲公主而設者十二焉。書蒲州安置之後，書復斜封官，公主之言也；貶姚、宋，公主之怒也；制政事皆取太子處分，則帝欲傳位，公主沮之也；書召還京師之後，書復昊陵、順陵，公主之請也；出薛謙光，公主之訴也；奪安石權，公主之所憾也；再遷竇懷貞，公主之黨也；罷安石等，相幽求、崔湜、象先，皆公主之志也；蕭至忠爲尚書，公主之所引也。朝廷大政，惟公主是從，使非早授大位，其不爲中宗者幾希矣！故《綱目》特詳之。

夏，五月，祭北郊。○六月，以岑羲爲侍中。○幽州大都督孫佺襲奚，敗没。○秋，七月，彗星出西方，入太微。○以竇懷貞爲左僕射、平章軍國重事。○八月，帝傳位於太子。太子即位，尊帝爲太上皇。

彗星之變，高湛嘗書傳位太子矣，梁乙酉年。於是復見。《綱目》上書傳位，下書即位，正也。太宗、肅宗，皆不得與於此。後此，其惟憲宗乎！然星變一也，高湛傳位而齊以亡，睿宗傳位而唐以安，所謂吉凶由人矣。終《綱目》書傳國、傳位七。詳周赧王十六年。

立妃王氏爲皇后。○以劉幽求爲僕射、同三品，魏知古爲侍中，崔湜爲中書令。○流劉幽求於封州。○九月朔，日食。○冬，十月，沙陁金山遣使入貢。○十二月，刑部尚書李日知致仕。

癸丑 玄宗明皇帝開元元年。春，正月，詔衞士二十五入軍，五十而免。○以蕭至忠爲中書令。○二月，御樓觀燈，大酺。○以高麗大祚榮爲勃海郡王。○夏，五月，罷脩大明宮。

太宗再罷脩洛陽宮不書罷，此其書罷脩何？美之也。於是脩宮未畢，上以農務方勤，特敕罷之，可謂有愛民之誠矣，故特書而美之。終《綱目》宮室書罷者三，漢明帝永平三年、是年、敬宗寶曆二年[一]。皆美辭也。

六月，以郭元振同三品。〇秋，七月，太平公主謀逆，賜死，蕭至忠、岑羲、竇懷貞、崔湜伏誅。

上書公主謀逆賜死，下書四人伏誅，則四人爲公主之黨，明矣！《綱目》書公主反逆誅死者四，漢鄂邑、唐高陽、太平，惟安樂以韋后黨書其黨[二]。

以高力士爲右監門將軍，知内侍省事。

呂强不書宦者，賢之也。漢靈帝光和二年。此其不書何？唐世宦者例不書也。例不書也者，不勝書也。然則曷爲書爲將軍？譏也。唐初内侍省不置三品官，中宗時亦鮮有衣緋者，力士爲將軍，而宦官自此盛矣。書爲將軍，著唐世之禍始也。

以張説爲中書令。〇陸象先罷。〇八月，以劉幽求爲左僕射、平章軍國大事。〇九月，以李暢爲虔州刺史。〇罷諸道按察使。〇冬，十月，引見京畿縣令。〇講武於驪山。

書講武何？譏也。何譏？黷武且淫刑，帝兩失之矣。終《綱目》書講武三，詳漢靈帝中平五年。書大閱二，詳晋成帝咸康六年。皆譏也。舍是，無書者矣。

[一]「曆」，原作「鼎」，據弘治本、《通鑑》卷二四三改。「二」，原作「元」，據《通鑑》卷二四三改。

[二]「惟安樂以韋后黨書其黨」，此句弘治本爲小字注文。

以姚元之同三品。○十一月，群臣請加尊號。

尊號，前乎未有也，自高宗、武后始。玄宗始清帝室，治象一新，而臣下猶踵前弊，《綱目》書群臣請，譏諛也。

命中書侍郎王琚行邊。○十二月，改官名。○以姚崇爲紫微令，張説爲相州刺史。○劉幽求罷，以盧懷慎同平章事。

資治通鑑綱目書法第四十三

起甲寅唐玄宗開元二年，盡丁亥唐玄宗天寶六載。

廬　陵　後　學　劉友益修撰

翰林直學士中大夫知制誥同修國史國子祭酒歐陽玄校正

二年（甲寅）。春，正月，定内外官出入恒式。○以盧懷慎檢校黄門監。○置左、右教坊。

直書其事，其爲初政之累多矣。○教坊之名始此。

沙汰僧、尼。

書沙汰何？黜異教也。魏書罷沙門五十以下者矣，（宋戊寅年。）唐初雖一書沙汰僧、道，（高祖武德九年。）不旋踵而書罷焉。於是復書沙汰僧、尼，（是年。）予知節也。終《綱目》異端書沙汰三。

以薛訥同紫微黄門三品，將兵擊契丹。

書以相國將兵，於樊噲見之矣。此書同紫微黄門三品何？重其任也。重其任則曷爲書擊？譏也。帝之好邊功，拒人言，莫此爲甚，故書擊貶之，而卒以敗績削其官，亦何益矣！

二月朔[一]，太史奏日食不應。

書，譏諛也。按九年太史奏《麟德曆》浸疎，日食屢不効。然則日食之不應，曆官之失也，而遽以稱賀，故書譏之。《綱目》書日食三百六十七，詳周安王二十年及漢惠帝七年。書不應者，一而已。

突厥同俄圍北庭，都護郭虔瓘擊斬之。○復置十道按察使。○以徐愉爲恭陵令。○貶劉幽求爲睦州刺史，鍾紹京爲果州刺史。○黜涪州刺史周利貞等十三人。○三月，貶韋安石、韋嗣立、趙彦昭、李嶠爲諸州別駕。○毀天樞。○夏，五月，罷員外、檢校官。○魏知古罷。○六月，以宋王成器等爲諸州刺史。○秋，七月，焚珠玉、錦繡於殿前。

書，予之也。晉武焚雉頭裘於前殿不書，不誠也。明皇初政，勵精誠，有崇儉之意，故《綱目》特書之。《綱目》書焚錦綺三，乙未年陳焚文錦、隋文帝開皇十五年焚綾文布、是年。皆予之也。舍是，無書者矣。

薛訥擊契丹，敗績，詔削其官爵。○襄王重茂薨於房州[二]，謚曰殤皇帝。

書薨何？謚爲帝者也。《綱目》自分王外，其書薨，非不成君、廢帝、廢后，則謚爲帝、爲后者也。不然，則帝母也，有功公主也。舍是，無薨道矣。唐會昌以後，方鎮、大臣有書薨者，誤

[一]「二」，原作「三」，據宋刻《綱目》本、《通鑑》卷二一一改。

[二]「薨」，宋刻《綱目》本作「卒」。

也。以皇帝贈謚，於是再見。

作興慶宮。○八月，出宮人。○吐蕃入寇，以薛訥爲隴右防禦使，擊之。○以武后《鼎銘》頒告中外。

書，譏諛也。武氏書頒《大雲經》，玄宗書頒《鼎銘》，皆譏也。

敕諸州脩常平倉法。○冬，十月，薛訥與吐蕃戰於武街，大破之。○以郭知運爲隴右節度大使。○十二月，立皇子嗣真爲鄫王，嗣謙爲皇太子。

景雲之篇，先書命太子監國，重國本也。此立皇太子也，則曷爲先書鄫王？譏也。玄宗不勝其私，舍長立少，先書嗣真爲鄫王，所以著太子之爲少子也。

置幽州節度、經略大使。

景雲先書以薛訥爲幽州經略節度大使矣，此始書置何？不常置也。至是，始有常除，故特書置，且以志禍始也。

乙卯 三年。春，正月，以盧懷慎爲黄門監。○貶御史大夫宋璟爲睦州刺史。○夏，四月，以薛訥爲涼州大總管，郭虔瓘爲朔川大總管。○山東大蝗。○秋，七月朔，日食。○九月，置侍讀官。

侍讀之名始見於此。

遣薛訥討突厥。

奚、契丹、吐蕃皆書擊，此則曷爲以討書？突厥請和，既稱臣矣，於是復圍北庭，是叛也，故特書討。

郴州刺史劉幽求卒。

刺史多矣，卒幽求何？志帝之薄也。其薄奈何？方天星散落，幽求實贊大計；睿宗疑立太子，幽求力言平王；太平逆黨，又幽求首發其姦：有功如此，而帝待之薄，則帝之私也。蓋韋氏既誅，帝有自取之志，而幽求則曰：「衆約今夕共立相王，何不早定？」比曉，帝乃僅迎相王入輔少帝而已。既而幽求復白：「請相王早即位，以鎮天下。」若此，皆非帝意，此帝所以終外之也。書曰郴州刺史劉幽求卒，《綱目》之意微矣。

以郭虔瓘爲安西四鎮經略大使。○西域八國請降。○冬，十二月，貶崔日知爲歙縣丞。○以韋玢爲冀州刺史。○以突騎施部將蘇祿爲金方道經略大使。

丙辰

四年。春，正月，殺尚衣奉御長孫昕。

昕恃后黨，毆大臣，罪也。帝罪之，公矣。其以無罪之辭書何？昕信有罪，罪不至死也，而殺之，甚矣！《綱目》賞罰之權衡，故樊世書殺，長孫昕書殺。

以鄯王嗣真爲安北大都護，陝王嗣昇爲安西大都護。

諸王遙領外鎮始此。

以倪若水爲汴州刺史。

於是欲重外任，特選京官才望者爲之，帝可謂知所權衡矣。自貞觀二十年以來，《綱目》書以爲刺史者四十餘人，自狄仁傑外，皆貶黜者。以父母斯民之職，而以其所貶黜者爲之，若此而求外任之重，難矣！書此，蓋予之也。

山東復大蝗。

三年書山東大蝗矣，於是復見，故書復。

召新除縣令，試理人策。○夏，六月，太上皇崩。○拔曳固斬突厥默啜以降。○秋，八月，遷中宗於別廟。○突厥降户叛，命薛訥等追討之。○冬，十月，葬橋陵。○十一月，黄門監盧懷慎卒。○以源乾曜同平章事。十二月，以宋璟爲西京留守。

自隋世以來，京尹不書，書留守，越王侗[一]。重留任也。唐有天下且百年，京尹無聞焉，蓋至是四書留守矣。房玄齡、劉仁軌、蘇良嗣、宋璟。《綱目》於此致意，管鑰之任，夫豈輕哉！

閏月，姚崇、源乾曜罷，以宋璟爲黄門監，蘇頲同平章事。○罷十道按察使。○始制郎、御史、起居、遺、補不擬。

良法也，故特書始。

丁巳五年。春，正月，太廟四室壞，行幸東都。

[一]「越王侗」，蜀藩本作「代王侑」。

上書太廟四室壞，下書行幸東都，是壞不以行故矣。然則無譏歟？《春秋》書世室屋壞，譏慢也。况太廟方壞，而行幸自如，則其爲忽宗廟，益甚矣！姚崇賢相，於是凡三獻諛，惜哉！終《綱目》宗廟書壞三。漢宣帝本始四年、是年、五代壬子年蜀大水壞其太廟。

二月，復置營州。○秋，七月，放太常卿姜皎歸田。○以張嘉貞爲天兵軍大使。○以明堂爲乾元殿。○九月，復舊官名，令史官隨宰相入侍，群臣對仗奏事。

良法也。此令一出，則史無不記之事，臣無私謁之言，朝廷清明矣。故書予之。

謫孫平子爲都城尉。○冬，十二月，詔訪逸書。

戊午　六年。春，正月，禁惡錢。○徵嵩山處士盧鴻爲諫議大夫，不受。

書，予之也。《綱目》書徵士二十有一，書不至者八，書不屈、不就、不受、不食而卒各一。詳漢光武建武五年。

夏，四月，敕度鄭銑、郭仙舟爲道士。

書敕度何？美之也。鄭、郭獻詩，志崇道法，蓋執左道以蠱惑其君者也。黜爲道士，足以懲姦人矣。故《綱目》特書敕度。是時玄宗初政清明，故有此敕。後二十年，則有玄學博士之置矣[一]。

秋，八月，令州縣歲十二月行鄉飲酒禮。

〔一〕「玄」，原作「元」，據弘治本、蜀藩本、《通鑑》卷二一四改。

鄉飲酒，古之所以序長幼也。終《綱目》千數百年，行此禮者，開元而已。雖舉一廢百，而《綱目》書之，其亦餼羊之微意歟！

始加賦以給官俸。

官俸未有書所出者，書加賦何？譏也。國之有賦，以給公上之用、百官之禄也。唐初制賦不爲輕矣，當是時，未有養兵之費也，而官俸又取之息錢，是常賦專以給公上爾，人主之心，安得不侈乎！息錢既弊，盍亦以常賦通融給之，又加賦焉，民之不堪可知矣。故特書始。終《綱目》官俸書所出者二，是年、代宗廣德二年税青苗錢給官俸〔一〕。皆譏也。

冬，十一月，帝還西京。○吐蕃請和。○以李邕、鄭勉爲遠州刺史，李朝隱爲大理卿，陸象先爲河南尹。

己未 七年。夏，四月，祁公王仁皎卒。○五月朔，日食。○秋，八月，赦五服并從禮傳。○九月，徙宋王憲爲寧王。○以突騎施蘇禄爲忠順可汗。

庚申 八年。春，正月，宋璟、蘇頲罷。○以源乾曜、張嘉貞同平章事。○夏，五月，復置十道按察使。○以源乾曜爲侍中，張嘉貞爲中書令。○六月，瀍、穀溢。○朔方大使王晙誘殺突厥降户僕固勺磨。

〔一〕「苗」，原作「錢」，據弘治本、蜀藩本、《通鑑》卷二一三改。

凡書誘殺，譏也；書大使，甚譏之也。若曰以中國大使，而行詐於降人，可愧甚矣！

冬，十月，流裴虛己於新州。○十一月，突厥寇涼州。

辛酉　九年。春，正月，改蒲州爲河中府，置中都。○二月，以宇文融爲勸農使。○突厥遣使求和。○夏，四月，敕舉縣令。○六月，罷中都。○秋，七月，蘭池州胡康待賓反[一]，王晙等擒斬之。○九月朔，日食。○康待賓餘黨復叛，貶王晙爲梓州刺史。○梁文獻公姚崇卒。○以張説同三品。○以王君㚟爲河西、隴右節度大使。○冬，十一月，罷諸王都督、刺史，召還。○新作蒲津橋。

西晉之初，書作河橋矣，於是復書蒲津，皆津要也。終《綱目》書作橋三。晉初甲午年、是年、憲宗元和八年吐蕃烏蘭橋。

安州別駕劉子玄卒。

別駕未有書卒者，卒子玄何？録良史也。《綱目》卒別駕，一而已。

造新曆及黄道遊儀。

書曆多矣，唯《太初》書造，於是復見，予一行也。後此，則唯王朴《欽天》書作，蓋皆予之。渾儀必書，重象器也。終《綱目》書渾儀四，書儀一。詳宋丙子年[二]。

[一]「池」，原作「也」，據《通鑑》卷二一二改。

[二]「丙」，原作「内」，據弘治本、蜀藩本改。

壬戌十年。春，正月，幸東都。○夏，四月，以張説兼知朔方軍節度使。○五月，伊、汝水溢。○六月，博州河决。

自王莽辛未書河决，其後無書者，至是七百餘年，始復一書。豈王莽不塞之私，反足以便水之性歟！

制增太廟爲九室。

書，譏非古也。古者天子七廟，唐遷中宗而祀之别廟，非矣。於是復還太廟，而增爲九室，則中、睿昭穆之次，必有所處可也，其如戾古何哉！凡增者，不宜增者也。是故漢壇場珪幣書增，文帝十四年。唐太廟九室書增，是年。宗廟籩豆書增，開元二十四年。皆譏也。

秋，安南亂，遣内侍楊思勖討平之。

書遣内侍何？譏也。亂既平矣，何譏焉？輕國體，重閹權，兩失之矣。内臣總兵始此，故謹書之。《綱目》内臣以軍功見者三。是年、十六年再書、僖宗中和元年楊復光。○此後世内臣專兵之始。

杖秘書監姜皎，流之欽州。○北庭節度使張嵩擊吐蕃，大破之。○張説巡邊，討康待賓餘黨，平之，奏罷邊兵二十萬人。○始募兵充宿衛。

志府兵所以廢也，故特書始。

冬，十月，復以乾元殿爲明堂。

武氏毁乾元作明堂，則新之矣。帝以不依古制，復廢爲殿，似也。别議新之，豈無其地？於是廢已六年，復爲明堂，則人神之瀆，益甚矣！又十六年而復毁爲殿，謂之何哉！故己卯復修東都明堂不書，以爲不足書也，故削之。

十一月，初令宰相共食實封三百户。○十二月，永穆公主適王鈞。

於是敕資送如太平，以一行諫而止。書，美之也。

癸亥 十一年。春，正月，帝北巡，詔潞州給復五年，以并州爲太原府，置北都。

潞州何？潛藩也。高帝之沛，光武之舂陵，則帝鄉也。潛藩耳而復焉，亦濫恩矣，故書譏之。

二月，張嘉貞罷。○祭后土於汾陰。○貶王同慶爲贛尉。○以張説兼中書令。○罷天兵、大武等軍。○三月，帝至西京。○夏，四月，以王晙同三品，兼朔方軍節度大使。○五月，置麗正書院。

書，美之也。太宗書弘文，玄宗書麗正，皆美之也。終《綱目》書書院，一而已。○書書院始此。

秋，八月，敕州縣安集逃户。○尊獻祖、懿祖，祔於太廟。○冬，始置長從宿衛。

志府兵所以終廢也，故再書始。

十二月，貶王晙爲蘄州刺史。○改政事堂爲中書門下〔一〕。

〔一〕「○」，原作空格，據宋刻《綱目》本補。

甲子 十二年。春，三月，以杜暹爲安西副大都護。

於是都護闕，暹以母憂詔起復爲之，不書起復何？金革事也。《綱目》書起復皆譏辭，惟袁粲以國難，杜暹以金革，無譏也，故不書。

夏，五月，停按察使。

自景雲二年至是十四年，凡三置三罷，及三年而復置。政令之不一，甚矣！

復以宇文融爲勸農使。

書復以何？貳過也。帝之興利，始益急矣。

六月，制選臺閣名臣爲諸州刺史。○秋，七月，以楊思勖爲輔國大將軍。

自單超始書爲將軍，至張讓再見，力士三見，然未稱大將軍也。宦者稱大將軍始此。自是，高力士、程元振大將軍，楊復恭上將軍，不可勝書矣。《綱目》宦者稱大將軍三，稱上將軍一。○内臣爲將軍稱大始此[一]。

廢皇后王氏。

於是后兄守一爲后祈祭，書上名，使后佩之，則后亦不爲無罪矣。其以無罪之辭書之何？誅意也。自惠妃嬖而后有必廢之勢，上之欲廢后數年矣，不爲是也。《綱目》深探其情，故書曰廢皇

[一]「○」，原作空格，據弘治本、蜀藩本補。

后王氏。

八月，以宇文融爲御史中丞。〇冬，十一月，帝如東都。〇群臣請封禪。

書群臣請何？罪請者也。自是，帝之驕心始放矣。免於責者，其源乾曜乎！

乙丑 十三年。春，二月，以宇文融兼户部侍郎。〇更命長從宿衛爲彍騎。〇選諸司長官爲諸州刺史。〇三月，禁錮酷吏來俊臣等子孫。〇夏〔一〕，四月，更集仙殿爲集賢殿。

魏明更崇華殿爲九龍不書，書崇華，此其書更名何？嘉與賢也〔二〕。至書名其宮華清，則大非今日之玄宗矣。

遣使如突厥。〇秋，九月，禁奏祥瑞。〇冬，十月，作水運渾天成。〇十一月，封泰山。〇以王毛仲爲開府儀同三司。〇車駕還，幸孔子宅。

漢明帝幸孔子宅書詣，唐高祖、太宗幸國子監亦皆書詣，此其書幸何？誤也；或曰誠不足也，故從其恒辭。

至宋州。〇十二月，帝還東都。〇分吏部爲十銓，親決試判。

親決何？譏也。決試判，有司事也，而親之，下行甚矣，故書親。親者，不宜親者也。

〔一〕「〇」，原作空格，據宋刻《綱目》本補。
〔二〕「與」，蜀藩本作「興」。

大有年。

《綱目》書大有年四，漢明帝永平九年、梁武帝乙酉年、太宗貞觀四年、是年。皆盛時也。舍是，無書大有年者矣。

惠文太子。

十四年。丙寅 春，正月，命張説脩五禮。〇夏，四月，以李元紘同平章事。〇張説罷。〇岐王範卒，贈謚惠文太子。

書贈太子何？譏也。自太子弘薨而皇帝爲贈官矣，自岐王範卒而太子爲贈官矣，至武惠妃薨而皇后亦爲贈官矣。《綱目》悉書之，所以譏也。

五月，户部奏今歲户口之數。〇秋，七月，河南、北大水。〇八月，魏州河溢。〇以杜暹同平章事。〇冬，十月，黑水靺鞨遣使入見。

十五年。丁卯 春，正月，吐蕃入寇，王君㚟追擊至青海西，破之。

至青海西何？譏深入也。是故霍去病擊匈奴至祁連則書至，魏主燾追柔然至涿邪則書至，王君㚟擊吐蕃至青海西則書至，皆深入也。玄宗自是益事邊功矣，故謹書之。

夏，五月，作十王宅、百孫院。〇夏至，賜貴近絲，人一綟。

絲一綟爾，其書何？重親寵也。

秋，七月，冀州河溢。〇許文憲公蘇頲卒。〇九月，吐蕃陷瓜州。〇盜殺王君㚟。

王君㚟何？大將軍也。盜殺黃歇不書相，譏也。此其譏何？君㚟以邊功逢其君，以私怨殺其身，自取之也，故削其官。終《綱目》書盜殺十一，詳周威烈王十四年。不書官者三，黃歇、王君㚟、李輔國。削之也。

突厥遣使入貢。○冬，十月，帝還西京。○以蕭嵩爲河西節度副大使。

戊辰 十六年。春，正月，嶺南獠反，命楊思勖討平之。○以宇文融充九河使。○二月，以張説兼集賢院學士。○改彍騎爲羽林飛騎。○秋，八月，行《開元大衍曆》。○金吾將軍杜賓客破吐蕃於祁連城。○冬，十一月，以蕭嵩同平章事。○十二月，立長征兵分番酬勳法。○制户籍三歲一定，分爲九等。

己巳 十七年。春，三月，朔方節度使信安王禕攻吐蕃，拔石堡城。

石堡，唐故境也，不書復，書攻拔何？譏事邊功也。

限明經、進士及第，每歲毋過百人。

書限何？譏也。於是諸色人仕無所裁損[一]，獨限明經、進士，故書譏之。

夏，四月，禘於太廟。○五月，復置按察使。○杜暹、李元紘、源乾曜罷，以宇文融、裴光庭同平章事，蕭嵩兼中書令。○秋，八月，以帝生日爲千秋節。

[一] 「人」，弘治本作「入」。

生日宴樂舊矣，未以節名也。源、張導諛，而侈費自此廣矣。書曰以帝生日爲千秋節，咎以爲者也。○後世以人君始生之日爲節而表賀之始此。

工部尚書張嘉貞卒。○禁私賣銅、鉛、錫。○貶宇文融爲汝州刺史。○冬，十月朔，日食。

庚午 十八年。春，正月，以裴光庭爲侍中。○二月，初令百官休日，選勝行樂。

書初令何？譏教逸也。欲逸，人心之所不免也，上復令之，莫敢不從矣。自是以至於天寶之亂，故書初。

夏，四月，築西京外郭。○以裴光庭兼吏部尚書。

兼官未有書者，書光庭何？譏也。用循資格自光庭始，故謹志之。是故志罷四時選之失，則馬周以攝書；志用循資格之失，則光庭以兼書。吏部尚書，《綱目》每謹書之。

六月，以忠王浚領河北道行軍元帥，帥十八總管討奚、契丹。

奚、契丹自開元以來皆書擊，此其書討何？討弑君也。《綱目》之筆削，嚴矣！

洛水溢。○冬，十月，吐蕃遣使入貢。○是歲，天下奏死罪二十四人。

辛未 十九年。春，正月，王毛仲有罪，賜死。○以《詩》、《書》賜吐蕃。○上躬耕於興慶宮側。

書，嘉重農也。《綱目》籍田外書耕四，未有書躬者。此其書躬何？漢武、明、章皆巡幸於外，將有事者也。若玄宗，則誠所謂重農者矣。是時玄宗猶有可書之善，故《綱目》詳之，躬耕興慶宫側則書，芙蓉苑中則書。終《綱目》書耕四，詳漢武帝征和四年。舍是，無書者矣[一]。

書，譏也。於是帝事邊功，故有此置，而以白起輩爲十哲。帝之將以兵終，其兆見矣。

三月，置太公廟。

冬，十二月[二]，幸東都。○殺嶲州都督張審素。

審素贓污，不無罪矣，其以無罪書殺何？贓罪未明，而罪以反，則殺之不以其罪也。《綱目》之法，雖有罪而殺之不以其罪，一以無罪之辭書之。故審素書殺，而不去其官。

浚苑中洛水。

壬申 二十年。春，正月，遣信安王禕將兵擊奚、契丹，大破之。○二月朔，日食。○夏，四月，宴百官於上陽東洲。○敕裴光庭、蕭嵩分押左、右廂兵。○秋，八月朔，日食。○九月，《開元禮》成。

書禮成何？成之爲禮也。故成之爲禮，則前書命張説修五禮，後書《開元禮》成；不成之爲禮，則前書命曹褒定漢禮，而後書奏所撰制度。漢章帝建和三年。

冬，十一月，祀后土於汾陰。十二月，還西京。

癸酉 二十一年。春，正月，遣大門藝討渤海，不克。○三月，裴光庭卒。○以韓休同平章事。○閏月，幽

[一] 「者」，原無，據弘治本、蜀藩本補。
[二] 「二」，《通鑑》卷二一三無。

州副總管郭英傑與契丹戰，敗死。○夏，六月，制選人有才行者，委吏部臨時擢用。○秋，七月朔，日食。○冬，十月，左丞相宋璟致仕，歸東都。

《綱目》書致仕多矣，未有書所歸者。書歸東都何？惜賢者之遠也。《綱目》書致仕二十二，詳漢宣帝本始三年。致仕書所歸者，一而已。

蕭嵩、韓休罷。以裴耀卿同平章事，起復張九齡同平章事。

同平章事，一也，别書之何？重起復也。杜暹爲都護不書起復，此何以書？非有金革之事，而奪人之喪，自奪其喪，皆可譏也。《綱目》書起復七，詳太宗貞觀十五年。惟田布非譏辭。

分天下爲十五道，置采訪使。○以楊慎矜知太府出納。

知出納未有書者，書慎矜何？志掊克也。宇文融之後，以興利逢君者稱慎矜焉，故詳録之。

甲戌 二十二年。春，正月，幸東都。

玄宗於是五幸東都矣。五年正月一書，十年正月再書，十二年十一月三書，十九年十二月四書，今年正月五書。近者十月，遠者三年而後還。計二十四年之中，在東都者居半，非東都宫内有怪，書幸東都未已也。自書還西京而後，率皆華清之歲月矣。

二月，秦州地震。○夏，五月，以裴耀卿爲侍中，張九齡爲中書令，李林甫同三品。○上芟麥於苑中。○以裴耀卿爲江淮、河南轉運使，置河口輸場。○以方士張果爲銀青光禄大夫。

於是帝頗信神仙矣，與度鄭、郭爲道士者如二人焉。書曰以方士爲銀青光禄大夫，其褻名器甚矣。

冬，十二月朔，日食。○幽州節度使張守珪斬契丹王屈烈及可突干。○突厥殺其毗伽可汗。○置病坊。

二十三年。乙亥春，正月，耕籍田，御樓酺宴。

書耕籍何？重宗廟也。終《綱目》耕籍田十，詳漢文帝二年。舍是，無書者矣。

三月，張瑝、張琇殺殿中侍御史楊汪以復父讎，敕杖殺之。

瑝、琇何？審素子也。審素前以無罪書矣，於是書復父讎而列叙二子，義之也。而杖殺之，甚矣。書曰敕，病其上也。

秋，七月，加咸宜公主實封千户。

於是諸公主皆加至千户，獨書咸宜何？譏私也。咸宜，惠妃女也。惠妃方嬖，咸宜將下嫁，特命加之，因及諸公主。《綱目》獨書咸宜，所以誅其心也。終《綱目》公主書加封二，太平、咸宜。皆譏也。

冬，閏十月朔，日食。○十二月，册壽王妃楊氏。

王妃不書，書楊氏何？明倫也。是故將書以武氏爲昭儀，則太宗之篇先書以武氏爲才人；將書以楊太真爲貴妃，則開元之策先書册壽王妃楊氏：皆所以明倫也。

以契丹涅禮爲松漠都督。

丙子 二十四年。春，正月，敕聽逃户自首。○突騎施寇北庭，都護蓋嘉運擊破之。○二月，頒《令長新戒》。

令長，近民官也，《綱目》每致意焉。是故齊始用士人爲縣令則書，陳丙戌年。唐舉堪爲縣令則書。太宗貞觀二年。玄宗即位，既引見京畿縣令，開元元年。又召縣令試策，開元四年。又敕以縣令爲舉者賞罰，開元九年。於是又頒《令長新戒》，可謂知所本矣。故《綱目》悉書之。

皇太子更名瑛。○三月，敕禮部侍郎掌貢舉。○夏，四月，張守珪使討擊使安禄山討奚、契丹，敗績。

書使何？罪使之者也。奚、契丹書討，則使之者何罪？使之而不能正其敗績之誅，以至隳國典，胎國禍，則守珪之罪也，故書使。凡功、罪書使，歸之其上也。是故歸罪使之者，則書張守珪使安禄山；是年。歸功使之者，則書李光弼使田神功。肅宗寶應元年。

增宗廟籩豆數，加母黨服。

書增加何？譏也。籩豆有常數，母黨有常服，於是又增加焉，非矣。增也者，不宜增者也；加也者，不宜加者也。

秋，八月，張九齡上《千秋金鑑録》〔一〕。

〔一〕「鑑」，宋刻《綱目》本、《通鑑》卷二一四作「鏡」。

獻文不書，此何以書？重格君也。故《金鑑録》書，《丹扆箴》書，非是皆略之。於是帝生日，則曷爲不書？九齡此録，爲人主者朝夕座右可也，豈一時賦頌之流哉！故不書生日。

冬，十月，帝還西京。〇十一月，賜朔方節度使牛仙客爵隴西縣公。〇裴耀卿、張九齡罷爲左、右丞相，以李林甫兼中書令，牛仙客同三品。

唐宰相罷書爲某官者，録賢也。賢之，故詳之；非是，則與左降者同書罷而已。

丁丑 二十五年。春，正月，置玄學博士。〇二月，立明經問義、進士試經法。〇河西節度使崔希逸襲吐蕃，破之。

襲之者，趙惠琮矯詔耳，曷爲以希逸書？希逸始與吐蕃盟誓，罷去守備矣。將在軍，君命有所不受，而惠琮得以矯詔使之，以失信於邊境，是誰之咎歟？《綱目》以希逸主兵，蔽其罪於希逸也。

夏，四月，殺監察御史周子諒，貶張九齡爲荊州長史。

杖流道卒耳，其書殺何？誅心也。子諒奏彈仙客，怒之可也，而撲之幾絶，及其蘇也，復杖而後流之，則帝之欲殺明矣。《綱目》之法，苟有誅意於其臣，一以殺書之。

廢太子瑛、鄂王瑤、光王琚而殺之。

書廢太子，廢無罪也，而殺之，帝之忍亦甚矣！殺一無罪不可也，况三子乎！是禍也，林甫成之。

五月，流夷州刺史楊濬於古州。○募丁壯長充邊軍。○詔選宗子補官。○秋，七月，大理寺奏有鵲來巢，賜李林甫爵晉國公，牛仙客豳國公。

賜爵不言故，此其言故何？譏也。有鵲來巢而二相受爵，無謂甚矣！

行和糴法，停江淮運。

書和糴始此，然則曷爲不書初？先是，西北行之久矣，至是始推之東、西畿也。終《綱目》書和糴三。是年、德宗貞元三年、八年。

冬，十月，開府儀同三司、廣平文貞公宋璟卒。

書官、書爵、書謚，自狄仁傑以來，於是再見。終唐之世，五人而已矣。狄仁傑、宋璟、李晟、馬燧[一]、裴度。若郭子儀號官爵謚具，則又非五人所可及也。

十二月，惠妃武氏薨[二]，追謚貞順皇后。

妃妾自宋殷氏始書卒，未有書薨者也，此其書薨何？謚爲后也。自是而皇后爲贈官矣。終《綱目》卒妃妾四，宋孝武殷氏、唐玄宗武氏、肅宗韋氏、代宗獨孤氏。惟此獨書薨，譏之譏也。

[一]「燧」，原作「璲」，據弘治本、《通鑑》卷二三五改。

[二]「薨」，宋刻《綱目》本作「卒」。

復以明堂爲乾元殿。

戊寅二十六年。春，正月，以牛仙客爲侍中。○以王璵爲祠祭使[一]。

後世用紙錢代帛始此。

令天下州、縣、里皆置學。

武德嘗置州、縣、鄉學矣，不皆置也。於是令皆置學，則無無學之里矣。特書嘉之。

夏，六月，立忠王璵爲太子，改名亨。○突騎施殺其可汗蘇禄。○秋，九月朔，日食。○貶王昱爲高要尉。○册南詔爲雲南王。

自是浸彊大，爲邊患，至喪師二十萬，則王昱之罪也，故謹志之。南詔見《綱目》始此。

冬，十月，作行宫於兩都間。

書，譏也。終《綱目》書作行宫二，隋文帝開皇十八年、是年。皆奢欲之主也。

置龍武軍。

己卯二十七年。夏，六月，貶張守珪爲括州刺史。○秋，八月，磧西節度使蓋嘉運擊突騎施，擒其可汗骨啜。○追謚孔子爲文宣王。○冬，十二月，更定禘祫之制。

[一]「○」，原無，據宋刻《綱目》本補。按：《通鑑》卷二一四，此事在開元二十五年冬十月，非二十六年正月。

庚辰二十八年。春，正月，荆州長史張九齡卒。

書，惜賢也。終《綱目》長史書卒三，吴張紘、後趙張賓、唐張九齡。於九齡尤深惜之。

三月朔，日食。〇以阿史那昕爲十姓可汗。〇夏，六月，以蓋嘉運爲河西、隴右節度使。〇冬，十月，吐蕃寇安戎城，發關中兵救之。

書發兵可矣，書關中兵何？譏也。於是内備始虚，而天下之勢偏重矣。故特筆書之。

十一月，立莫賀達干爲突騎施可汗。〇是歲户口之數。

辛巳二十九年。春，正月，立賑饑法。

書，美之也。自是以至天寶末年，帝無可書之政矣。其所書者，非惑鬼神，則務聚斂也，寵邊將也；其所誅賞，非爲林甫，則國忠也，貴妃也。書得玄元皇帝像，群臣請加尊號，享玄元皇帝於新廟，以田同秀爲朝散大夫，追尊周上御大夫爲先天太皇、皋繇爲德明皇帝，始祀九宫貴神，帝聞空中神語，改會昌縣爲昭應，加聖祖及諸帝后號謚，得妙寶真符，復加聖祖及諸帝后號，皆惑鬼神也。書以韋堅爲江淮租庸轉運使，廣運潭成，加韋堅左散騎常侍，以楊慎矜爲御史中丞，以楊慎矜爲租庸轉運使，以王鉷爲京畿採訪使，以楊釗判度支事，帥群臣觀左藏，賜楊釗金紫，皆務聚斂也。書以安禄山爲營州都督，以安禄山爲平盧節度使，安禄山入朝，以安禄山兼范陽節度使，安禄山討奚、契丹，敗之，安禄山奏立李靖、李勣廟，以安禄山兼御史大夫，賜安禄山鐵券，賜安禄山爵東平郡王，以安禄山兼河北採訪、處置使，安禄山入朝，爲安禄山起第於親仁坊，以安禄山兼河東節度使，安禄山擊契丹，以安思順爲朔方節度使，哥舒翰、安禄山、安思順入朝，安禄山入朝，加安禄山左僕射，以安禄山爲閑厩使，安禄山歸范陽，安禄山請以蕃將代漢將，從之，安禄山表獻馬，遣中使諭止之，十一月安禄山反。自開元二十九年至於書反，不書安禄山者，天寶五載、八載與十二載三年爾，皆寵邊將也。書以盧絢、嚴挺之爲員外詹事，以楊慎矜爲御史中丞，貶裴寬爲睢陽太守，以韋堅爲刑部尚書，楊慎矜爲租庸轉運使，貶韋堅爲縉雲太守，皇甫惟明爲播州太守〔一〕，李適之罷，以陳希烈同平章事，殺驍騎兵曹柳勣〔二〕、贊善大夫杜有隣，殺北海太守李邕及皇甫惟明、韋堅等，王琚、李適之自殺，殺户部侍郎楊慎矜，以天下歲貢賜李林甫，殺咸寧太守趙奉璋，皆爲林甫也。書流宋渾於潮陽，制追復張易之官爵，賜楊釗名國忠，免駙馬程昌裔官，以楊國忠領劍南節度使，以庫錢易惡錢，以楊國忠爲御史大夫、京畿採訪使，上復幸左藏，以楊國忠爲右相兼文部尚書，以吉温爲御史中丞，楊國忠注選人於都堂，追削李林甫官爵，復以魏、周、隋後爲三恪，以楊國忠爲司空，陳希烈罷，以韋見素同平章事，貶韋陟爲桂嶺尉、吉温爲澧州長史，皆爲國忠也。書册壽王妃韋氏，以楊太真爲貴妃，加嶺南經略使張九章三品，以王翼爲户部侍郎，以楊釗判度支事，以貴妃姊爲國夫人，皆爲貴妃也。此外，亦無幾事耳。夫君心惑溺於上，奸邪專恣於下，欲不亂，可得乎？《綱目》詳書之，所以爲萬世戒也。

夏，閏四月，得玄元皇帝像。

於是帝以夢求得之也。曷爲夢之？信惑之深，發而爲此也。然則其得之何？旨意所在，不得不

〔一〕「州」，弘治本、《通鑑》卷二一五作「川」。

〔二〕「騎」，《通鑑》卷二一五作「衛」。

可矣。書曰得，宜得也。

吐蕃入寇。○秋，七月，突厥殺其登利可汗。○洛水溢。○八月，以安禄山爲營州都督。

自是禄山每事必書，詳亂本也。

冬，十一月，太尉、寧王憲薨[一]，追謚曰讓皇帝。

以皇帝贈謚自太子弘始矣，於是三見。書官書爵，予憲也。《綱目》謚爲帝，書薨。

十二月，吐蕃陷石堡城。

壬午 天寶元年。春，正月，以安禄山爲平盧節度使。○穿三門運渠。○群臣請加尊號。○二月，享玄元皇帝於新廟；越三日，享太廟；越二日，合祀天、地於南郊。

合祀，非古也。自是終唐世，爲永制矣。傳曰：「皇皇后帝，皇祖后稷。」君子曰，禮謂其祖親而先帝也。唐於是重失之。書曰越二日，譏也。

改官名。○以田同秀爲朝散大夫。○三月，以韋堅爲江、淮租庸轉運使。○以盧絢、嚴挺之爲員外詹事。

員外詹事何以書？病玄宗也。二臣，帝所眷者，林甫以計去之，而帝殊不之怪。甚矣其蔽也，故特書病之。

〔一〕「薨」，宋刻《綱目》本作「卒」。

秋，七月朔，日食。○牛仙客卒，以李適之爲左相。○突厥阿布思來降。

癸未 二年。春，正月，安禄山入朝。○三月，追尊周上御大夫爲先天太皇，臯繇爲德明皇帝。○廣運潭成，加韋堅左散騎常侍。

凡功役書成，久辭也。於是鑿苑東，引滻水，二年而成，則其用民力也多矣，故書成。然則其不書始鑿何？略之也。一潭也而書成，則久可知矣。終《綱目》渠潭書成三，詳漢明帝永平十三年。皆久也。

甲申 三載。春，正月，改年曰載。○二月，海賊寇台州，遣河南尹裴敦復討平之。○以安禄山兼范陽節度使。○夏，五月，河西軍擊突騎施，斬莫賀達干，更立骨咄禄爲可汗。○秋，突厥亂，册回紇骨力裴羅爲懷仁可汗。○九月，以楊慎矜爲御史中丞。○冬，十二月，貶裴寬爲睢陽太守。○始祀九宮貴神。

始者何？前乎此無有也。帝之惑於神怪，亦甚矣！故書始譏之。是故漢武親祀竈則書始，元光二年。玄宗祀九宮貴神則書始。是年。是後肅宗祀九宮不書，上元元年。非創也，貶其始而已矣。終《綱目》淫祀書始，二而已。

初令百姓十八爲中，二十三成丁。

乙酉 四載。春，正月，帝聞空中神語。

書帝聞何？譏自欺也。求神仙自秦皇、漢武始，然秦、漢之君，爲人所欺耳。如帝此言，乃自欺也，繼是而有妙寶真符之得矣。自欺者，人亦欺之。

回紇懷仁可汗死。〇二月，以朔方節度使王忠嗣兼河東節度使。〇秋，七月，册壽王妃韋氏。八月，以楊太真爲貴妃。

王妃不書。前書册壽王妃楊氏矣，此其再書韋氏何？著韋之繼楊也。然則楊太真之爲壽王妃，明矣。武氏爲昭儀，書太宗才人，譏瀆倫也。此其爲瀆一也，曷爲不書壽王妃，書太真？書太真，所以志作僞之勞拙也。終《綱目》册王妃，惟壽王再書，舍是，無書册王妃者矣。

九月，以韋堅爲刑部尚書，楊慎矜爲租庸轉運使。〇安禄山討奚、契丹，破之。〇冬，安禄山奏立李靖、李勣廟。

丞相亮廟，習隆請立也，不書某請，此其書禄山奏立何？著欺也。禄山前奏致鳥食蟲，今又奏夢從求食，及廟梁産芝，皆欺也。其譎若此，猶以赤心信之，不至於大亂不止矣！

以王鉷爲京畿采訪使。

丙戌

五載。春，正月，貶韋堅爲縉雲太守，皇甫惟明爲播州太守〔一〕。〇以王忠嗣爲河西、隴右、朔方、河東節度使。〇夏，四月，李適之罷。〇以陳希烈同平章事。〇五月朔，日食。〇秋，七月，敕左降官日馳十驛。〇加嶺南經略使張九章三品，以王翼爲户部侍郎。〇冬，殺驍衛兵曹柳勣、贊善大夫杜

〔一〕「州」，宋刻《綱目》本、《通鑑》卷二一五作「川」。

有鄰。

於是勣爲飛語以陷有鄰，有鄰以無實書殺，宜也，勣則曷爲亦以殺書？殺不以其罪也。有鄰女爲太子良娣，其長女爲勣妻，林甫故實其事以陷太子，因使吉温奏勣首謀。故勣雖傾險，《綱目》舍勣，所以惡林甫也。書之以殺，而後有任其咎者矣。

丁亥六載。春，正月，殺北海太守李邕及皇甫惟明、韋堅等，王琚、李適之自殺。

於是邕與敦復皆以勣黨坐杖死，不書敦復何？略之也。曷爲略之？敦復林甫黨也，黨於林甫而卒爲所殺，亦自取矣，故不書。然則王琚、適之則曷爲止以自殺書？上書殺某某某，下書某某自殺，則其自殺也，有迫之而然矣。

除絞、斬條。

書，予之也。《綱目》恤刑之政書除十，詳漢惠帝四年。皆予之也。

令天下爲嫁母服三載[一]。

嘗敕五服并從經傳矣，既又加母黨服，於是又令嫁母服三載，《綱目》並書之[二]，得失昭然矣。

令士通一藝以上，皆詣京師。

[一] 「爲」，原無，據宋刻《綱目》本、《通鑑》卷二一五補。

[二] 「並」，弘治本作「備」。

於是林甫艱之，覆試無一人及第者，則其書之何？甚玄宗之暗也。終《綱目》書舉經士六，詳漢平帝元始四年。具文無如天寶者矣。

以安禄山兼御史大夫。○夏，四月，王忠嗣解河東、朔方節度。○冬，十月，如驪山温泉，名其宫曰華清。

未有書名其宫者，書名其宫何？譏溺愛也。與前書更集仙爲集賢者，大異矣。

將軍董延光攻吐蕃石堡城，不克。十一月，以哥舒翰充隴右節度使，貶王忠嗣爲漢陽太守。○殺户部侍郎楊慎矜。

慎矜掊克，罪人也，書爵書殺何？甚林甫也。慎矜私語讖書，信有罪矣，不至殺也。誣而殺之，甚矣！

十二月，以天下歲貢賜李林甫。

書，病玄宗也。自書籍以來，未有此賜矣。《綱目》書賜金三，賜銀器一，賜錢一，賜穀二，賜帛四，賜服二，賜第二，賜錦綵一，賜絲一，賜物一，未有大於此者也。

以高仙芝爲安西四鎮節度使。

至是，諸道節度多胡人矣，林甫爲之也。

資治通鑑綱目書法第四十四

起戊子唐玄宗天寶七載，盡戊戌唐肅宗乾元元年。

廬陵後學　劉友益修撰
翰林直學士中大夫知制誥同修國史國子祭酒歐陽玄校正

戊子 七載。夏，四月，以高力士爲驃騎大將軍。○五月，群臣上尊號。○賜安禄山鐵券。

漢爲功臣鐵券，不書，此何以書？譏寵過也。禄山之反，帝之寵過實啟之。書鐵券始此。終《綱目》書鐵券三，是年安禄山、德宗興元二年李懷光、昭宗龍紀二年王行瑜。皆終反者也。

以楊釗判度支事。○冬，十一月，以貴妃姊爲國夫人。

書封后女弟有之矣，吕嬃、元乂妻。未有書妃姊者也。書封妃姊，帝之寵濫甚矣！

改會昌縣曰昭應。○十二月，哥舒翰築神威軍、應龍城。

赭圻，斥温伉也，此其斥翰何？歸功翰也。自築此城，而吐蕃不敢近青海，則翰之功多矣，故稱名。以臣築城一也，有以功書者，張仁愿築三受降城，中宗景龍二年。翰築應龍城，是年。高駢築羅城僖宗乾符三年。是也；有以伉書者，温城赭圻，晋哀帝興寧元年。知誥城金陵五代唐癸巳年。

是也。美惡不嫌同辭。

雲南王歸義死〔一〕。

己丑八載。春，二月，帥群臣觀左藏，賜楊釗金紫。

凡書觀，譏也。自觀左藏，而帝之侈心益張矣。終《綱目》書觀十，詳漢武帝元鼎元年。書賜服二，詳周顯王五年。皆譏也。舍是，無書觀者矣。舍是，無書賜服者矣。

夏，四月，殺咸寧太守趙奉璋。○五月，停折衝府上下魚書。

府兵至是盡廢矣，故終志之。

六月，加聖祖及諸帝、后號謚。○哥舒翰攻吐蕃石堡城，拔之。

信安王禕嘗復石堡矣，書曰攻吐蕃，拔石堡城，雖不書復，而城固唐城也。於董延光書曰攻吐蕃石堡城不克，於哥舒翰書曰攻吐蕃石堡城拔之，繫石堡於吐蕃，何也？石堡一城，得之未足以制敵，不得亦無害於國，繫石堡於吐蕃，所以見其不必爭也。翰能得之，士卒死者猶數萬，則不克者，又可知矣。以一彼一此之城，而每捐數萬人以爭之，仁者不爲也。繫石堡於吐蕃，《綱目》之意微矣！

群臣請加尊號。○始禘祫於太清宮。

〔一〕「死」，宋刻《綱目》本、《通鑑》卷二一六作「卒」。

庚寅九載。春，正月，群臣請封西嶽，許之。○二月，以姚思藝爲檢校進食使。

非事也，非名也，書，醜之。

關中旱，西嶽祠災，制罷封祀。

制罷封祀何？譏也。封泰山，非也；封西嶽，益非也。又不得已而罷，故書譏之。太宗詔封泰山，以星孛罷；高宗詔封泰山，以有疾罷；玄宗許封西嶽，以祠災罷。《綱目》歷歷書之，所以譏也。終《綱目》書罷封三，詳貞觀十五年。書停封一。貞觀二十一年。

夏，四月，流宋渾於潮陽。○五月，賜安禄山爵東平郡王。

漢興初賜爵，止左庶長，宣帝以後，皆侯矣。唐初猶皆書公，敬暉等始賜爵王，則以功故也。於是而繼書禄山，濫已甚矣。終唐之世，書賜爵王者八，敬暉等、安禄山、僕固懷恩、郭子儀、李元忠、郭昕、韋皋、楊行密。武士䕶追賜不與焉。

秋，八月，以安禄山兼河北道採訪處置使。○求殷、周、漢後，廢韓、介、酅公。○冬，十月，得妙寶真符。

寶符、藏符不書，此何以書？譏惑也。田、崔之詐，人能言之，帝亦知之，是可以悟矣。再而至三，反有真符之得焉，符豈果真乎哉？甚矣！帝之難悟也。帝之惑至是，有不可得而揜者矣，故特書譏之。

安禄山入朝。〇制追復張易之兄弟官爵。〇賜楊釗名國忠。

書賜名何？譏不踐其名也。賜名不書，據崔旰賜名寧、程華賜名日華、王延賞賜名虔休、何重順賜名弘敬、韓雄賜名允中、樂行達賜名彦慎、嗢没斯賜名思忠，并不書。甚惡甚美書。書國忠，書正己，書寶臣，書國昌，書全忠，書贊華，其惡也；書茂昭，書弘正，其美也。非是不書。書賜名始此。終《綱目》書賜名五，楊國忠、李正己、張茂昭、田弘正、朱全忠。書賜姓三，婁敬、徐世勣、羅藝。書賜姓名三，李寶臣、李國昌、李贊華。不書賜書削奪一，宋文通賜名李茂貞。不書賜書復其姓名一。李紹貞復姓名霍彦威。

南詔反，陷雲南郡。

辛卯 十載。春，正月，免駙馬程昌裔官。〇爲安禄山起第於親仁坊。

梁冀嘗書賜甲第矣，此則曷爲以起第書？譏壯麗也。臺觀書起，宮廟之高大者書起。於是帝命窮極壯麗，不限財力，故特以起書。然則賜第未有書其地者，書於親仁坊何？譏也。擇里處仁，帝蓋有譏矣。仁者固如是乎？書於親仁坊，所以甚帝之不知人也。終《綱目》書賜第二，漢桓帝元嘉元年、是年。皆譏也，譏莫甚於此矣。魏徵第書贖賜，不與焉。憲宗元和四年。

高仙芝入朝，加開府儀同三司。〇以安禄山兼河東節度使。〇夏，四月，劍南節度使鮮于仲通討南詔蠻，敗績，制復募兵以擊之。〇高仙芝擊大食，敗績。〇秋，八月，武庫火。

於是禄山已蓄異志，而武庫遽火，燒兵器三十七萬，書曰火，人爲之也。終《綱目》武庫書火三，書災一，詳漢安帝元初四年。舍是，無書武庫火災者矣。

安禄山討契丹，大敗。〇冬，十一月，以楊國忠領劍南節度使。

壬辰十一載。春，二月，以粟帛、庫錢易惡錢。〇三月，安禄山擊契丹。〇改吏、兵、刑部爲文、武、憲部。〇夏，户部侍郎、京兆尹王鉷伏誅。

唐得天下百三十六年矣，京兆尹未有書者，於是始見，則以伏誅書，鉷其人也。鉷之罪奈何？窮聚斂以逢君，鉷之罪也。故自天寳以來皆書殺，書誅者，鉷而已。然則自王鉷外，帝之用刑，亦多濫矣哉！

以安思順爲朔方節度使。〇五月，以楊國忠爲御史大夫、京畿採訪使。〇秋，八月，上復幸左藏。〇冬，十一月，李林甫卒。〇以楊國忠爲右相，兼文部尚書。〇以吉温爲御史中丞。〇哥舒翰、安禄山、安思順入朝。

癸巳十二載。春，正月，楊國忠注選人於都堂。

於都堂何？譏專也。於是國忠以右相兼文部，遂於都堂唱注，而召集左相、給事中在座，以奪其省審之權，則專甚矣。故直書譏之。

二月，追削李林甫官爵，剖其棺。

書剖其棺何？甚國忠也。林甫有罪，《綱目》於其卒也削其爵矣，此則曷爲甚之？國忠以謀反誣林甫，非其罪也。故林甫信可罪，罪以反而剖其棺，則甚矣！《綱目》書戮棺三。詳漢平帝元始五年。

夏，五月，復以魏、周、隋後爲三恪。○秋，八月，以哥舒翰兼河西節度使。○冬，十月，帝如華清宮。○以中書舍人宋昱知選事。

十三載。甲午春，正月，安禄山入朝。○加安禄山左僕射。○以安禄山爲閑厩、群牧使。

書群牧使何？病帝也。國忠始以召激禄山，欲其速反。既而泣訴，帝欲加以平章，則復沮之而除僕射，然後禄山之反愈急矣。於是請兼群牧，其欲反可知也，從而命之；又請以蕃將代漢將，其欲反又可知也，則又從而命之：是借賊兵而資盜糧也。然則禄山之反，雖國忠激之[一]，而帝之闇，亦甚矣哉！

二月，復加聖祖及諸帝、后號謚。○以楊國忠爲司空。○三月，安禄山歸范陽。○夏，六月朔，日食，不盡如鉤。

先是，日食不盡如鉤矣，開元十七年十月。《綱目》不書，書日食。此其書何？日，君象也。帝之闇至此已甚，有不可揜者矣，故書。終《綱目》書不盡如鉤二。中宗嗣聖十九年、是年。

劍南留後李宓擊南詔，敗没。

[一]「國」，原無，據弘治本補。

自十載三書敗，至是四矣。明皇開邊之禍及於民，且及其家，而不之悟也，故備書譏之。

秋，八月，陳希烈罷，以韋見素同平章事。○關中大饑。○冬，閏十一月，貶韋陟爲桂嶺尉，吉温爲澧陽長史。○户部奏郡縣户口之數。

於是户九百六十一萬，可謂盛矣。盛極而衰，固其宜也。

乙未十四載。春，二月，安禄山請以蕃將代漢將，從之。

書從之何？譏不悟也。禄山之心，至是益可見矣，而猶不悟，故書譏之。

哥舒翰入朝。○秋，七月，安禄山表請獻馬，遣中使諭止之。○八月，免百姓今載租庸。○冬，十月，帝如華清宫。○十一月，安禄山反。遣封常清如東京，募兵以禦之。

禄山之反，固其獸心，亦帝寵之太過以成其驕，而國忠又數激之以速其反。其求兼群牧，可以悟矣，而帝不悟；至奏補將軍五百，補中郎將二千，可以悟矣，而又不悟；至請以蕃將代漢將，則益可以悟矣，而又不悟；逮其獻馬，然後稍悟，又不爲之備焉。則西南之行，非不幸也。《綱目》詳書之，其爲萬世戒，深切矣！○書募兵何？譏無備也。禄山反狀非一，宜有以備之矣。帝乃恬不加意，倉猝始於東京募兵，亦晚矣哉！書曰以禦之，言其無備，不能以聲罪致討也。《綱目》上書反，下書禦者，一而已。

帝還京師，安慶宗伏誅，以郭子儀爲朔方節度使。○以張介然爲河南節度使。○十二月，以高仙芝爲副元帥，統諸軍屯陝。○禄山陷靈昌及陳留，殺張介然。○制朔方、河西、隴右兵赴行營。○禄山陷滎陽，殺其太守崔無詖。○封常清與賊戰於武牢，敗績。禄山遂陷東京，留守李憕、御史中丞盧奕死之。

書與戰何？不以賊主兵也。自是至禄山敗，凡八書。西晋之板蕩也，書死節者七；劉沈、嵇紹、譙登、庾珉、王儁、吉朗、辛賓。有唐之中否也，書死節亦六人焉。李憕、盧奕、顔杲卿、張興、張巡、許遠。世亂識忠臣，信矣哉！

高仙芝退保潼關，河南多陷。○東平太守、吴王祇起兵討賊。

於是書討賊凡六，吴王祇、顔真卿、顔杲卿、張巡、太子、回紇等。祇其唱也，故重予之[一]。

以永王璘爲山南節度使，潁王璬爲劍南節度使。○制太子監國。

於是上議親征，制太子監國，貴妃銜土請命，事遂寢，可以不書矣，其書之何？譏闇也。事機交急，猶以一女子之言而止，欲無西南之行，得乎！

平原太守顔真卿起兵討賊。○殺高仙芝、封常清，以哥舒翰爲副元帥。

前書常清敗績，遂陷東京，又書仙芝退保潼關，河南多陷，罪二將也。此其以無罪書殺何？令誠譖也。《綱目》之法，雖有罪而殺之不以其罪，一以無罪之辭書之。然則何以不書官？不書，

[一]「予」，弘治本、蜀藩本作「與」。

所以微示奔軍之貶也。

禄山遣兵寇振武，郭子儀使兵馬使李光弼、僕固懷恩擊破之，進圍雲中，拔馬邑。

凡書使，歸功上也。懷恩未保，光弼心乎忠義者，必書子儀使何？著光弼之爲子儀屬也，故特書兵馬使。然則疑郭、李難相統壹者，過矣！

常山太守顏杲卿起兵討賊，河北諸郡皆應之。○吐蕃贊普乞梨蘇死〔一〕。

丙申 十五載。肅宗皇帝至德元載。春，正月，安禄山僭號。

未有書僭號者，書僭號自禄山始。天子在上也，與角逐之時異矣。終《綱目》書僭號八。禄山、思明、朱泚、李希烈、南詔、黄巢、秦宗權、董昌。

以李隨爲河南節度使，許遠爲睢陽太守。

自書貶蕭瑀爲商州刺史，太宗貞觀三十年。書以爲刺史者四十七，惟狄仁傑起復，倪若水選任，其餘無非貶出者。自改刺史爲太守，天寶元年。書以爲太守者五，惟許遠以功進，來瑱以選陞，是年四月。其餘亦無非貶出者。若遠者，可謂無負矣。

賊將史思明陷常山，顏杲卿死之，復陷九郡，進圍饒陽。○以李光弼爲河東節度使。○禄山遣其子慶緒寇潼關，哥舒翰擊却之。○二月，李光弼入常山，執賊將安思義，遂與史思明戰，大敗之。○真源

〔一〕「死」，宋刻《綱目》本、《通鑑》卷二一七作「卒」。

令張巡起兵雍丘討賊。○以李光弼爲河北節度使。○加顔真卿河北採訪使〔二〕，真卿擊魏郡，拔之。○以賀蘭進明爲河北招討使。○夏，四月，郭子儀、李光弼與史思明戰於九門，敗之，進拔趙郡。○以來瑱爲潁川太守。○以劉正臣爲平盧節度使。○以虢王巨爲河南節度使。○五月，郭子儀、李光弼與史思明戰於嘉山，大破之，復河北十餘郡。○六月，哥舒翰與賊戰於靈寶，大敗，賊遂入關。

遂者何？繼事之辭也。常清敗績，書賊遂陷東京；哥舒大敗，書賊遂入關：皆咎之也。於是火拔歸仁執翰以降，則曷爲不書？賊之入關，繫於戰敗，不繫於執降也。是敗也，國忠實促之，《綱目》不書執降，所以重罪國忠也。

帝出奔蜀。

代宗幸陝，德宗幸奉天，皆書如，此其書出奔何？罪無備也。吐蕃、涇卒變起倉猝，則避寇而去，不足深罪也。禄山反謀已久，而恬不爲備，以至狼狽，是故書募兵，書出奔，皆罪無備之辭也。凡播越之辭三：如，緩辭也；奔，急辭也；走，賤辭也。終《綱目》播越書如四，代宗陝、德宗奉天、昭宗石門、華州。書出奔四，秦王堅、燕主寶、是年、唐主從厚。書奔九，秦主丕東垣、秦主崇湟中、燕主寶會軍、燕主弘高麗、魏主子攸河內、魏主脩長安、齊主緯鄴、德宗梁州、僖宗鳳翔。書走六，齊

〔二〕「○」，原作空格，據宋刻《綱目》本補。

君地、夏主勃勃、齊主緯再書、僖宗興元、如散關。書劫二。僖宗寶雞、昭宗鳳翔。〇玄宗即位以來[一]，奢欲固未免，而善政可紀者亦多。自開元末年書立賑饑法，而後殆無一善可書。所書者，非惑鬼神，則務聚斂也，寵邊將也；其所誅賞，非爲李林甫，則楊國忠也，貴妃也。欲無大亂，得乎！

次於馬嵬，楊國忠及貴妃楊氏伏誅。

衆怒殺之，未有書伏誅者，書伏誅何？罪宜誅也。妃妾書伏誅，終《綱目》一人而已矣。

發馬嵬，留太子東討賊。〇帝至扶風。〇太子至平凉。〇帝至河池，以崔圓同平章事。〇陳倉令薛景仙殺賊將，克扶風而守之。〇賊將孫孝哲陷長安。〇郭子儀、李光弼引兵入井陘。劉正臣襲范陽，不克。

不克矣，何以書？予義也。正臣殺賊僞帥，以平盧歸國，正也。於是又將襲破范陽，可謂能忠於爲國矣。《綱目》前書以劉正臣爲平盧節度使，此書襲范陽不克，後書平盧節度使劉正臣卒，雖鴆書卒，皆予之也。

帝至普安，以房琯同平章事。〇秋，七月，太子即位於靈武，尊帝爲上皇天帝，以裴冕同平章事。

書太子即位何？無所受也。直書其事，貶義自見矣。終《綱目》書傳國一，傳位六，詳高祖武德

[一]「〇」，原作空格，據蜀藩本補。

九年。惟於太宗、肅宗無見焉。繼書以裴冕同平章事，蔽其責於裴冕也。

上皇制以太子充天下兵馬元帥，諸王分總天下節制。

太子書即位矣，復書以太子何？譏遽也。馬嵬之發也，留太子東討賊而已。至是制下，則以天下兵馬元帥命之，然則太子即位，非有所受之也明矣。《綱目》歷書之，所以示譏也。

上皇至巴西，以崔渙同平章事，韋見素爲左相。○賊兵寇扶風，薛景仙擊破之。○安禄山遣高嵩使河、隴，大震關使郭英乂斬之。○李泌至靈武。

書至何？喜辭也。於是遣使召之，曷爲不書召？泌非可召而至者也。此《綱目》之特筆也。

河西、安西皆遣兵詣行在。○改扶風爲鳳翔郡。○上皇至成都。○令狐潮圍雍丘，張巡擊走之。○常山諸將討殺太守王俌。

於是俌欲降賊，諸將殺之，特書討，予義也。杲卿之風義，其在人者深矣。

以顏真卿爲工部尚書。○八月，以郭子儀爲靈武長史，李光弼爲北都留守，并同平章事。○回紇、吐蕃遣使請助討賊。

助者何？非借也。故北貊、燕人於漢高，則書致助；回紇、吐蕃於肅宗，則書請助。致助者徑至，請助者得請而後至也。終《綱目》書蠻夷借兵八，詳漢高帝四年。莫善於致助、請助者矣。

上皇以第五琦爲江淮租庸使。○史思明陷九門。○上皇遣使奉册寶如靈武。

奉册寶何？已即位之辭也。故不書傳位，書奉册寶而已。終《綱目》書遣使奉册寶如某二，是年、昭宣帝四年。皆不得已之辭也。

史思明陷藁城。○禄山取長安樂工、犀象詣洛陽。

先是，禄山取百官、宮女送洛陽，不書，此末耳，何以書？書，所以爲示侈誨盜者之戒也。

九月，史思明陷趙郡、常山。○以廣平王俶爲天下兵馬元帥，李泌爲侍謀軍國、元帥長史。○同羅叛，遣郭子儀發兵討破之。○遣使徵兵回紇。

蠻夷借兵之辭五，曰致助，曰請助，曰入援，順辭也；曰徵兵，曰發兵，尊辭也；曰以兵至，敵辭也；曰請救，急辭也；曰乞師，卑辭也。終《綱目》書借兵八，詳漢王邦四年。而書徵、發者二。是年、德宗興元元年。

帝如彭原。○寶册至自成都。○制諫官言事，勿白宰相。

於是革前弊非一端，書此，舉重也。權臣壅蔽皆類此，一改新之，《綱目》所予也，故書。

冬，十月朔，日食，既。

食既，大變也。《綱目》書食既十有二，詳漢惠帝七年。皆人主中年、末年也，其後無有不應者〔一〕。於是帝方即位，則其召此變也，奈何！帝於是時趣取大物，而又内寵良娣，外違李泌，闇已甚矣。此天變所以先爲之戒也。至其弗悟，日食再既，則大咎隨之矣。

〔一〕「有不」，弘治本、蜀藩本作「不有」。

加第五琦山南等道度支使。○以房琯爲招討節度等使[一]，與賊戰於陳濤斜，敗績。○史思明攻陷河北諸郡，饒陽裨將張興死之。○永王璘反，上皇遣淮南節度使高適等討之。

遣討者，肅宗也，書上皇遣何？病肅宗也。肅宗趣取大物，故永王啟保有江表之心。《綱目》書討而不以肅宗主之，所以致自反不縮之嫌也[二]。此特筆也，終《綱目》一而已矣。

回紇遣葛邏支將兵入援。十一月，與郭子儀合擊同羅，破之。

入援何？順辭也。終《綱目》書入援十五，詳晋愍帝建興四年。而書夷兵者三。是年回紇及于闐王、肅宗寶應元年回紇。

十二月，安禄山遣兵陷潁川，執太守薛愿、長史龐堅，殺之。○張巡移軍寧陵，與賊將楊朝宗戰，大破之。○于闐王勝將兵入援。○吐蕃陷威戎等軍。

丁酉 二載。

睿宗二年，大書睿宗皇帝景雲二年，正始也。於是而大書曰肅宗皇帝至德二載，恒也，其不書何？譏也。何譏？譏始之不正也。始無所受，其不正也甚矣。《綱目》不從睿宗例書之，所以病之也。

[一]「等」，原無，據宋刻《綱目》本、弘治本、《通鑑》卷二一九補。

[二]「嫌」，弘治本作「慊」。

春，正月，上皇以李麟同平章事，命崔圓赴彭原。

於是上皇既稱太上皇，改制爲誥矣，而又以李麟同平章事，誠有所不得已也。然則靈武之遽，益可憾矣！

安慶緒殺禄山。

不書弑，賊之也。凡蠻夷盜賊書殺不書弑，故太子臨書謀殺莽，安慶緒書殺禄山，史朝義書殺思明，臣不臣，故子不子也。《綱目》之脩，君臣之分而已矣。

殺建寧王倓。

書殺，殺無罪也。上書安慶緒殺禄山，天未絶於唐也。而下有此書，肅宗之闇如此，唐之興復，幸矣哉！

帝如保定。○史思明等寇太原，李光弼擊破之。○賊將尹子奇寇睢陽，張巡入睢陽，與許遠拒却之。○郭子儀平河東，賊將崔乾祐敗走。○平盧節度使劉正臣卒。○二月，帝至鳳翔。○慶緒使史思明守范陽。

賊僞署官多矣，不書，書守范陽何？恨泌策之不行也。泌之所先攻，賊之所先守矣。書曰使思明守范陽，深惜之也。

江南採訪使李成式討永王璘，璘敗，走死。

璘書反矣，書討宜也。於是皇甫侁擒璘殺之，不書伏誅何？帝有慊也。故再書討，以正謀保江表之罪；不書誅，以致趣取大物之譏。

三月，韋見素、裴冕罷，徵苗晉卿爲左相。○上皇遣中使祭始興文獻公張九齡〔一〕。

書，惜之也。曷爲惜之？惜其晚也。故樊豐敗而後祠楊震，漢安帝延光四年〔二〕。宦者敗而後祭陳、竇，漢靈帝中平六年。遼水敗而後祀魏徵，太宗貞觀十九年。禄山反而後祭九齡，是年。皆事後之思也。然則祀魏徵書姓名，此其書爵謚何？予賢也。九齡之卒，以長史書，於是爵謚既正，故特書之。終《綱目》書祭臣六。詳漢明帝永平二年。

尹子奇復寇睢陽，張巡擊走之。○夏，四月，以郭子儀爲司空、天下兵馬副元帥，與賊戰於清溝，敗績。○房琯罷，以張鎬同平章事。○山南東道節度使魯炅奔襄陽。○貶郭子儀爲左僕射。○六月，將軍王去榮有罪，敕免死自效。

書有罪，譏失刑也。是咎也，肅宗任之，故特書敕。

秋，七月，尹子奇復寇睢陽。○以張鎬兼河南節度使。○蔡希德寇上黨，執節度使程千里。○九月，廣平王俶、郭子儀收復西京。○遣使請上皇還京師。○郭子儀克華陰、弘農。○冬，十月，尹子奇陷睢陽，張巡、許遠死之。

〔一〕「○」，原作空格，據宋刻《綱目》本補。
〔二〕「安帝延光」，原作「殤帝永寧」，據蜀藩本、《通鑑》卷五一改。

巡、遠之死，異時異地，此其并書之何？解惑也。遠之死節雖明，抑又與巡同加追贈，然當其時，巡子去疾已有異議矣。李翺傳巡事，復不及遠焉。《綱目》等而書之，所以破千載之惑也。

廣平王俶、郭子儀等收復東京。〇李泌歸衡山。〇帝發鳳翔，遣韋見素奉迎上皇。〇郭子儀遣兵取河陽及河内。〇嚴莊來降，以爲司農卿。

史思明降，封王、爲節度不書，書嚴莊司農何？譏也。禄山之反，莊實導之，非他從賊者比矣。况又與聞慶緒之逆，乃大憝也。既不能誅而又官之，其失大矣。書，病唐也。

陳留人殺尹子奇，舉城降。〇帝入西京。上皇發蜀郡。

上皇書還西京，此其書入何？還者，故嘗主之之辭也；入者，自外而主之之辭也。前未嘗書出，此固不得以還書也。

安慶緒走保鄴郡。〇以甄濟爲秘書郎，蘇源明知制誥。

秘書郎、知制誥未有書者，此其書何？賞忠也，故特書之。

宴回紇葉護於宣政殿。

書於宣政殿何？傷之也。曷爲傷之？國門外其人也。終《綱目》書宴十六，詳漢高帝五年。書宴蠻夷者，一而已矣。

朝享於長樂殿。〇十二月，上皇還西京。

於是帝累表避位，請還東宮，不書，削之也。其削之何？以爲不近於情而已矣。

赦天下。○立廣平王俶爲楚王。○加郭子儀司徒，李光弼司空，功臣進階賜爵有差。○追贈死節之士。○蠲來載租庸三分之一。○復郡名、官名。○上上皇尊號。○以良娣張氏爲淑妃。

淑妃立不書，書張氏何？志亂始也。

史思明、高秀巖各以所部來降。○制陷賊官以六等定罪。○置左、右神武軍。○故妃韋氏卒。

故妃耳，何以書？離不以罪也，故録之。終《綱目》卒妃妾四，詳玄宗開元二十五年。惟此無譏焉。

戊戌 乾元元年。春，正月，上皇加帝尊號，帝復上上皇尊號。

堯、舜、禹、湯，名而已，未有號也。至周而後有謚，則既没而後誄其行耳。然猶以爲臣子不敢議其君，於是稱天以誄之。未有生存而爲是虚美者，此末世臣子之謟也。今也以父而加尊號於其子，則肅宗無乃有幾微之不可揜者歟！至此有可悲者矣，故書病之。

二月，以李輔國兼太僕卿。

李輔國何？宦者也。宦者有爲將軍者矣，未有爲卿者也。自是而書爲兵部尚書，書爲司空兼中書令，至進爵爲博陸王，極矣，不至於書盜殺不止也。

賊將能元皓舉所部來降。○大赦，改元。

非始建國不書改元，此書改元何？譏也。何譏？肅宗至是三赦矣。即位嘗大赦，常事也，故不書；上皇還西京又赦，以爲非常，宜赦也，故書；至是未兩月，又以改元赦，不已數乎！書曰大赦改元，譏在數赦，不在改元也。

三月，徙楚王俶爲成王。〇立淑妃張氏爲皇后。〇夏，四月，新主入太廟。〇五月，停採訪使，改黜陟使爲觀察使。〇張鎬罷。〇立成王俶爲皇太子，更名豫。〇崔圓、李麟罷，以王璵同平章事。〇贈顔杲卿太子太保，謚曰忠節。

前書追謚死節之士矣，雖張、許不列也，此則曷爲詳之？譏前代之闇也。死節如杲卿，歷世而後得以白，則闇已甚矣。終《綱目》書贈官十二，詳晋明帝太寧三年〔一〕。而書謚曰某者三，顔杲卿忠節、段秀實忠烈、顔真卿文忠。皆死節者也，顔氏兄弟居其二焉。

六月，立太一壇。〇初行新曆。〇貶房琯爲豳州刺史。〇史思明反，殺范陽副使烏承恩。〇秋，七月，初鑄大錢。〇册回紇英武可汗，以寧國公主歸之。〇郭子儀、李光弼入朝。八月，以子儀爲中書令，光弼爲侍中。〇命郭子儀等九節度討安慶緒，以宦官魚朝恩爲觀軍容使。

於是始命爲觀軍容宣慰處置使矣，不書宣慰處置何？削之也。上以郭、李皆勳臣，難相統屬，故命朝恩爲使臨之，名曰處置使，是專行誅矣。郭、李不可以相統，宦官乃可以統郭、李乎？是故唐世宦者例不書宦者，而於此獨書之，所以病肅宗也。然則如之何？《綱目》有以處此矣。

〔一〕「三」，原作「二」，據本書卷四十唐高宗顯慶四年二月條《書法》改。按：本書卷十九晋明帝太寧三年，無「贈官」條《書法》。

等光弼於諸節度，而獨揭子儀之名於其上，固以子儀爲可以統光弼也，其旨深矣。唐世宦者，《綱目》書宦官者三，魚朝恩、吕太一〔二〕、劉克明。皆非常也。

冬，十月，郭子儀等拔衛州，遂圍鄴城。○河南節度使崔光遠拔魏州，史思明復陷之。○以侯希逸爲平盧節度副使。

節度使由軍士廢立始此，故謹志之。自是，楚州殺刺史，河東殺節度，行營殺都統，不可勝書矣。

〔二〕「太」，原作「大」，據弘治本、蜀藩本改。

資治通鑑綱目書法第四十五

起己亥唐肅宗乾元二年，盡戊午唐代宗大曆十三年。

廬陵後學劉友益修撰
翰林直學士中大夫知制誥同修國史國子祭酒歐陽玄校正

己亥二年。春，正月，史思明自稱燕王。○鎮西節度使李嗣業卒於軍。

卒於軍必書，嘉死事也。終《綱目》書卒於軍八，祭遵、馮異、馬援、諸葛亮、劉方、段文振、任雅相、李嗣業。舍是，無書者矣。

二月，月食，既。

月食不書，此其書何？月，后妃象也。張后之敵陽已極，極則必銷，而至於亡。天之厭之也決矣，不三年而輔國殺之，此其應也。終《綱目》書月食，一而已。

三月，九節度之兵潰於相州。

前書郭子儀等九節度討安慶緒矣，此其止書九節度何？無帥也。無帥也則前者曷爲首子儀？書首子儀，而等光弼於諸鎮，所以見子儀之可以帥光弼也。書九節度之兵潰而不書子儀，所以見咎在於無帥也。其旨深矣！

史思明殺安慶緒，還范陽。〇苗晉卿、王璵罷，以李峴、李揆、呂諲、第五琦同平章事。〇以郭子儀爲東畿等道元帥。〇夏，四月，史思明僭號。〇制停口敕處分。

書，予之也。肅宗之政，其可紀者，諫官言事勿白宰相，一也；制停口敕處分，二也：其斯而已矣。

以李抱玉爲鄭、陳、潁、亳節度使。

抱玉，安姓也，於是賜姓李氏，不書何？凡書賜姓，譏也。抱玉耻與逆臣同姓，則賜姓宜矣，故不書。終《綱目》書賜姓三，婁敬、羅藝、徐世勣。賜姓名三，李寶臣、李國昌、李贊華。皆譏也。

回紇毘伽闕可汗死[一]。〇五月，貶李峴爲蜀州刺史。〇秋，七月，召郭子儀還京師，以李光弼爲朔方節度使、兵馬元帥。〇以王思禮爲河東節度使。〇賜僕固懷恩爵大寧郡王。〇寧國公主歸京師。

書歸何？無子也。終《綱目》，公主嫁蠻夷書歸者三。漢宣帝甘露四年烏孫公主、是年寧國公主、武宗會昌元年太和公主。

八月，襄州將康楚元等作亂，破荆州。〇更鑄大錢。

前書初鑄大錢矣，於是書更鑄。自大錢更鑄，而人始相食矣。書更鑄，重傷之。終《綱目》書鑄

[一]「毘」，原作「昆」，據宋刻《綱目》本、弘治本、蜀藩本、《通鑑》卷二二一改。

大錢六，漢後主建興十四年、延熙元年、丁亥年宋、唐肅宗乾元元年、是年、己未年唐。書罷大錢一，戊子年宋。書大小錢皆當一者一。肅宗寶應元年。

冬，十月，李光弼與史思明戰於河陽，大敗之。○十一月，商州刺史韋倫發兵討荊、襄，平之。○貶第五琦爲忠州長史。○十二月，史思明寇陝，衛伯玉擊却之[一]。

庚子上元元年。春，正月，以李光弼爲太尉兼中書令。○以郭子儀領邠寧、鄜坊節度使。

領者何？不行也。子儀收復兩京，功不細矣。相州之潰，咎在無帥，而聽朝恩之譖，召還京師。至是，則又欲假其威名以鎮之。知假其名，而不知用其人，獨何心哉！河陽之戰，使子儀在外與光弼相爲掎角，則可以一戰而擒思明矣。又何待借兵回紇，至受其屈辱，而後僅得成功乎！

書曰領節度使，病肅宗也。

二月，李光弼攻懷州，與史思明戰，破之。○第五琦除名，流夷州。○三月，李光弼破安太清於懷州。夏，四月，破史思明於河陽。○以韋倫爲山南東道節度使，尋以來瑱代之。○閏月，以王思禮爲司空。○追謚太公望爲武成王。○五月，以苗晋卿行侍中。

行官始此。

呂諲罷。○以劉晏爲户部侍郎，充度支、鑄錢、鹽鐵等使。○六月，桂州破西原蠻。○羌、渾寇鳳翔，

[一]「衛伯玉」，原無，據宋刻《綱目》本、《通鑑》卷二二一補。

節度使崔光遠破之。〇敕小錢一當十，其重輪者當三十。〇興王佋卒。〇秋，七月，李輔國遷太上皇於西内。

直書李輔國遷，而肅宗不子之罪著矣，輔國不臣之惡極矣。

命郭子儀出鎮邠州。〇制郭子儀統諸道兵，取范陽，定河北，不果行。

不果行何？惜之也。并塞北出，直取范陽，李泌之深計也，而以一朝恩沮之而止，惜哉！肅宗之進退人才，一則輔國，二則輔國，其決兵計也，一則朝恩，二則朝恩，故雖克復大業，而竟失河北，蓋有由矣！

冬，十一月，江淮都統劉展反。

劉展之反，上失信也，而以反書何？罪展也。展既入廣陵，徇濠、楚，略淮西，陷昇、潤諸州，是真反矣。然激其反者，上不信也。以官爵誘人而圖之，其爲不信也大矣。《綱目》書其新命曰江淮都統，所以病其上也。然則江淮之荼毒，上之人實爲之。

李光弼拔懷州，擒安太清。〇敕平盧兵馬使田神功討劉展。

辛丑 二年。春，正月，田神功擊劉展，斬之，餘黨皆平。〇二月，李光弼與史思明戰於邙山，敗績，河陽、懷州皆陷。〇貶李揆爲袁州長史，以蕭華同平章事。〇三月，史朝義殺史思明。〇貶李光弼爲開府儀同三司。〇夏，四月，梓州刺史段子璋反，討平之。〇復以李光弼爲太尉，統八道行營，鎮臨淮。〇秋，七月朔，日食，既，大星皆見。

至德元載嘗書日食既矣，於是再書食既，而又加暗焉。《綱目》書日食既十有二，未有一世再既如肅宗者。以玄宗之惑溺，謫見於天，一而至再，猶皆不盡如鈎。開元十七年、天寶十四載。肅宗而再至於既，何也？日者，人君之表也。玄宗溺於貨色，君德固已昏矣，然君威猶未奪也。制於小人、女子，則威柄胥失，君之不君甚矣，食既之再，夫豈適然！凡天之示戒，一見再見，則禍至必矣。故再書日食不盡如鈎，而明年祿山反，又明年玄宗出；再書日食既，而明年肅宗即世，張后亦見殺。可不畏哉！《綱目》書日食既，未有無其應者，免者，其惟漢明帝乎！詳漢惠帝七年。

八月，加李輔國兵部尚書。○九月，置道場於三殿。

書置道場，譏也；於三殿，甚譏之也。日食再既，不聞恐懼修省之實，加輔國以尚書，置道場於三殿，肅宗所以應天者蓋如此。且帝以佛能禍福，而以宮人爲之，汚褻甚矣。書曰於三殿，非地也。是故晉孝武之立佛精舍書內殿，肅宗之置道場書三殿，武宗之築望仙書禁中，皆譏之譏也。

制去尊號及年號，以建子月爲歲首。

書，譏也。肅宗所以應天者又如此。天之再譴，其爲輔國、張后明矣。七月而食既，八月而加輔國尚書，是猶父母怒此而復以此反之，有不甚其怒乎！方且置道場、去尊號、改正朔以厭之，果何益哉！《綱目》歷歷書之，垂戒深矣。

制除五品以上官，令舉一人自代。

授官舉人自代始此。

江、淮大饑。○冬，十月，楚州牙將高幹殺其刺史李藏用。○建子月，受朝賀，如正旦儀。○貶劉晏爲通州刺史。○以元載爲度支、鹽鐵、轉運等使。○上朝太上皇於西内。

自輔國劫遷，於是踰年矣，始一書朝，徒以脇於張后故也。又五月，而上皇違世矣。肅宗之罪，其何以自贖哉！

壬寅 寶應元年。春，建寅月，李光弼拔許州。○建卯月，河東軍亂，殺其節度使鄧景山。○行營兵殺都統李國貞、節度使荔非元禮。○建辰月，賜郭子儀爵汾陽王，知諸道行營。○以來瑱爲淮西、河南節度使。○蕭華罷，以元載同平章事，領度支、轉運使如故。

李輔國請之也。自韋倫被代，而節度皆出於輔國矣；自蕭華罷去，而宰相亦出於輔國矣。宰相職無不統，而復領使，則是下行有司之事也。書領度支、轉運使如故，深譏之。凡書如故，皆譏也。終《綱目》書如故四，是年、代宗廣德元年、僖宗中和元年、五代庚戌年。惟鄭畋非譏辭。

建巳月，楚州得寶玉十三枚。

上書得寶玉十三，而下書大喪二，殺后一，寶之爲應乃如此，書，所以示鑑戒也。終《綱目》書得寶，一而已矣。

太上皇崩。○復以建寅爲正月。

魏主叡嘗建丑矣，漢後主建興十五年。不三年而復；武后嘗用周正矣，中宗嗣聖六年。十一年而復；於是肅宗建子，亦不一年而復：是年。夏時信不可易也。自是，終《綱目》無書改正者矣。

帝崩。李輔國殺皇后張氏。

賀善贊曰：肅宗趣取大物而子道悖，制於張后而夫道奪，脅於輔國而君道失，殺齊王倓而父道虧，《綱目》歷書而深病之。儻微郭、李，唐之克復未可知矣。○曹操於伏后，高肇於于后，皆書弑，此其書殺何？罪張后也。張后爲妻而制其夫，爲婦而逆其舅，是大罪逆人也，故不書弑。是故晋賈后書殺，唐張后書殺，皆罪之也。終《綱目》書皇后弑者二，漢許后、伏后。書殺者二，晋賈后、唐張后。列國之后書弑者一。魏于后。

太子即位。○以李輔國爲司空兼中書令。

前書爲太僕卿矣，又書加兵部尚書矣，於是復爲司空，是三公也。宦者書爲司空，魏有劉騰，唐有輔國。

敕大、小錢皆當一。

唐世錢幣七變，肅宗居四，至是而民始安之。自此終唐世，無書改鑄者矣。

李光弼使田神功擊史朝義，大破之。

書使何？歸功光弼也。神功自平劉展，大肆暴横，留連揚州，其非心乎王室明矣。自非光弼號令，豈能成功！故特書使。若都將李晟，則不書使矣。代宗大曆三年。

復以來瑱爲山南東道節度使。

書復以何？美改過也。肅宗信用邇言，專以節鎮餌其臣而圖之，非瑱復請而代宗察焉，則瑱亦劉展矣。然則姑息是乎？曰：瑱之跋扈未明也，與其以詐失人，不若徐爲之計也。使瑱果跋扈，則割其四州，必不肯嘿無一辭，而淮西之徒，必不畏懼而上請矣。

六月，進李輔國爵博陸王。

宦者封侯，過矣，未有封王者也。雖曰實奪其權，然非所以示後世矣，故書譏之。宦者封王，終《綱目》一而已。

以劉晏爲度支、轉運、鹽鐵等使。〇秋，七月，郭子儀入朝。〇台州袁晁作亂。〇以程元振爲驃騎大將軍。〇九月，以來瑱同平章事。〇貶裴冕爲施州刺史。〇回紇舉兵入援。冬，十月，以雍王适爲天下兵馬元帥，討史朝義，大敗之，取東京及河陽。賊將薛嵩、張忠志以州降。

於是遣劉清潭使回紇，徵其兵，其不書徵兵何？諱之也。據至德元載書徵兵回紇。曷爲諱之？回紇既至三城，乃困辱使者，故諱之。諱之，則曷爲書入援？朝義之敗，東京之復，回紇與有功焉，固不得不書之也。

盜殺李輔國。

書盗殺何？病唐也。輔國罪惡滔天，明正刑誅，固已晚矣，而行盗賊之計！直書盗殺，病帝之不能刑也。是故唐不能誅李輔國，而使盗殺之則書盗；晋不能誅楊光遠，而使李守貞殺之則書李守貞：因其實而録之，而上之不能刑著矣。終《綱目》書盗殺十一，書遣盗殺三。詳周威烈王二十四年。

十一月，以張忠志爲成德軍節度使，賜姓名李寶臣。

賜姓名不悉書，據嗢没斯賜李思忠、宋文通賜李茂貞、段凝賜李紹欽、王晏球賜李紹虔、温韜賜李紹中、朱友謙賜李繼麟皆不書。甚美書，甚惡書。書寶臣，譏不踐其名也。賜姓名始此。終《綱目》書賜姓名三，李寶臣、李國昌、李贊華。書賜姓三，婁敬、徐世勣、羅藝。書賜名五。詳玄宗天寶九載。

以僕固懷恩爲河北副元帥。○諸軍圍史朝義於莫州。

癸卯 代宗皇帝廣德元年。春，正月，以劉晏同平章事，度支等使如故。○流來瑱於播州，殺之。○賊將田承嗣以莫州降。李懷仙殺史朝義，傳首京師。○以薛嵩、田承嗣、李懷仙爲河北諸鎮節度使。

拜節度未有總稱諸鎮者，此其稱河北諸鎮何？見河北之盡失也。復失河北，懷恩爲之。

回紇歸國。

《綱目》書蠻夷借兵多矣，未有書其歸者。此其書歸國何？幸之也。知杜子美《留花門》之詩，則知《綱目》書歸國之意矣。是故回紇爲暴三輔，則以歸國書；是年。吐蕃觀望反覆，則以歸國書；德宗興元元年。契丹南向人心驚駭，則以北還書：石晋丙申年。皆幸之之辭也。終《綱目》書蠻夷借兵八，詳漢高帝四年。書還歸者三。

以梁崇義爲山南東道節度留後。

書留後始此。

三月，葬泰陵、喬陵[一]。○夏，四月，李光弼遣將擒袁晁，浙東平。○分河北諸州節度。○敕議舉孝廉。

事竟不行矣，何以書？是絹議也。

秋，七月，群臣上尊號。○九月，遣使徵僕固懷恩入朝，不至。

書徵處士不至者有之矣，未有徵入朝不至者也；書徵蠻夷入朝不至者有之矣，隋煬帝大業六年。未有徵臣子入朝不至者也。於是僕固之不臣，甚矣！

冬，十月，吐蕃入寇，上如陝州，吐蕃入長安，關内副元帥郭子儀擊之，吐蕃遁去。

播越之辭有三：如，緩辭也；奔，急辭也；走，賤辭也。終《綱目》播越書如四，書劫如二，書出奔四，書奔九，書走六。詳玄宗天寶十五載。

十一月，削程元振官爵，放歸田里。

元振之罪大矣，不書有罪何？罪不止於削爵也，故以無罪之辭書之。知其有罪，則不若是輕矣。

[一]「喬」，《通鑑》卷二二二作「建」。

書放歸，譏失刑也。終《綱目》宦官書削官爵二。程元振、仇士良。

宦官呂太一反廣州，討平之。

唐世宦官不書宦官，此其書何？非常也。宦官而反，則非常矣。故以爲觀軍容使則書宦官，肅宗乾元元年魚朝恩。反則書宦官，弑則書宦官，敬宗寶曆二年劉克明。皆非常也。終《綱目》宦官書反二。是年呂太一、昭宗大順二年楊復恭。

十二月，上還長安。○以魚朝恩爲天下觀軍容宣慰處置使，總禁兵。

朝恩前爲宣慰處置使，削不書矣，此其復書之何？一宦官也，至加以天下之大名，則不必削可也。故備書之，而代宗尊寵閹寺之過，不待貶而自見矣。

苗晉卿、裴遵慶罷，以李峴同平章事。○放廣武王承宏於華州。○吐蕃陷松、維、保三州。

甲辰 二年。春，正月，流程元振於溱州。

《綱目》宦官書流二，程元振、吐突承璀。書杖一。辛宗景。

遣刑部尚書顔真卿宣慰朔方行營。

譏不早也，故雖不行，亦書遣譏之。

立雍王适爲皇太子。○以魏博爲天雄軍。

承嗣請之也。軍曰天雄，則跋扈之意可見矣，故書。

僕固懷恩反，寇太原。○以郭子儀爲河中節度等使。○僕固瑒爲其下所殺，懷恩走雲州。○劉晏、李峴罷。

晏交元振者也，峴去元振者也，而以宦官之譖，與晏俱罷。用法如此，唐之僅存，幸矣！《綱目》并書之，所以譏也。

以王縉、杜鴻漸同平章事。○三月，以劉晏爲河南、江淮轉運使。○夏，五月，初行《五紀曆》。○罷孝悌力田及童子科。○六月，罷河中節度及耀德軍。○秋，七月，税青苗錢，給百官俸。

官俸未有書所出者，書所出，譏也。是故玄宗之給官俸書始加賦，代宗之給官俸書税青苗錢，皆譏辭也。終《綱目》書青苗錢，一而已。

臨淮武穆王李光弼卒。

《綱目》卒子儀，號官爵謚具，郭、李齊名，此其止於爵謚何？致不滿也。代宗播越，光弼擁兵不赴國難，君子病之。故雖有太尉、副元帥之官，削不復書，以爲能思其職，則不若是矣。是以大臣不可以不知學，光弼之失，大義不明，而利害之念重也。

僕固懷恩引回紇、吐蕃入寇，詔郭子儀出鎮奉天。○九月，關中蟲蝗、霖雨。○冬，十月，懷恩逼奉天，郭子儀出兵，懷恩退。○懷恩寇邠州，不克而遁。○十二月，加郭子儀尚書令，不受。○户部奏是歲户口之數。

神龍乙巳嘗書户口之數矣，於時户六百一十五萬；至開元丙寅凡二十一年而再書，所增者九十一萬餘户耳；又至開元庚辰凡十四年而復書，所增者一百三十萬餘户也；又至天寶甲午凡十四年而復書，爲户九百六十一萬有奇，所增者一百二十萬餘户也。自甲午至今甲辰十年耳，所減蓋六百七十萬餘户，益之甚難，損之甚易，喪亂之禍，可勝痛哉！

乙巳永泰元年。春，正月，以李抱真爲澤潞節度副使。〇三月，命文武之臣十三人於集賢殿待制。〇吐蕃遣使請和。〇旱。〇夏，四月，以裴諝爲左司郎中。

郎中爾，何以書？嘉服義也。書，文予之。

劍南節度使嚴武卒。〇畿内麥稔。

麥稔不書，此何以書？譏取民也。是舉也，第五琦爲之。終《綱目》書大稔四，詳高宗永徽五年。書麥稔，一而已。

平盧將李懷玉逐其節度使侯希逸，詔以懷玉爲留後，賜名正己。

賜名不書，甚美書，甚惡書。書正己何？譏也。親逐節度而使爲留後，且賜之名，不振甚矣。故以鄭王邈爲節度不書，書留後，譏不振也。逐殺主帥，命爲主帥，自代宗始。於是平盧李懷玉，西川崔旰，盧龍朱希彩，淮西李希烈，《綱目》悉書之。

秋，九月，置百高座，講《仁王經》。

終《綱目》書講經者三，宋己丑年魏主、丙寅年梁武帝、甲戌年梁主繹。皆親講也。此非親講，則其書之何？自内出也。故異教有自内出必書。《仁王經》自内出則書，是年。盂蘭盆自内出則書，大曆三年。皆所以病代宗也。

僕固懷恩誘回紇、吐蕃、雜虜入寇，懷恩道死。召郭子儀屯涇陽。冬，十月，回紇受盟而還，吐蕃夜遁。

書受盟何？不以足加首也，然與請盟異矣。凡内與外盟，其辭有四：請盟，卑辭也；受盟，順辭也；與盟，降辭也；來盟，抗辭也。終《綱目》書誘入寇二，是年僕固懷恩、後晋癸卯年楊光遠。王恢誘匈奴不與焉；書蠻夷受盟二，高祖武德七年、是年。書請盟一，高祖武德九年。書與盟一，德宗貞元三年。書來盟一。穆宗長慶元年。

閏月，以路嗣恭爲朔方節度使。〇郭子儀還河中。〇漢州刺史崔旰殺西川節度使郭英乂。〇流顧繇於錦州。

丙午 大曆元年。春，正月，敕復補國子學生。

復補何？久廢也。書喜之，亦悲之。終《綱目》國學書復者二。乙丑年齊、是年。

以户部尚書劉晏、侍郎第五琦分理天下財賦。〇二月，釋奠於國子監。

非親祀也，則何以書？爲朝恩書也。於是朝恩帥軍將聽講，子弟皆爲諸生，至乃自謂才兼文武，書，傷之也。終《綱目》書釋奠二，高祖武德七年、是年。惟此非美辭。

貶顔真卿爲峽州别駕。○以杜鴻漸爲劍南東、西川副元帥。○以馬璘兼邠寧節度使。○秋，八月，以魚朝恩判國子監事。

宦者判國子監，此古今學校之大辱也。書復補，悲之；書以魚朝恩判國子監事，重悲之。

冬，十月，上生日，諸道節度使上壽。

書，譏賄也，與生日罷宴者異矣。終《綱目》書生日四，詳太宗貞觀二十年。書上壽二。漢明帝永平十七年、是年。

十一月，停什一税法。

書停什一何？予之也。什一，古法也，停則曷爲予之？曰往年畿内麥稔，第五琦請税其麥，畝收什一，曰此古什一法也。行之甫一年，民多流亡，及是而罷。書曰停什一税法，幸之也。

十二月，周智光殺陝州監軍張志斌。○以陳少遊爲宣歙觀察使。

二年。丁未春，正月，詔郭子儀討周智光，斬之。○二月，郭子儀入朝。○夏，六月，杜鴻漸入朝。秋，七月，以崔旰爲西川節度使。○魚朝恩作章敬寺。

作寺非上命不書，朝恩作之，則何以書？爲太后冥福作也，而况毁曲江及華清宫館以助之乎。上書作章敬寺，下書幸章敬寺，則與上命無異矣。故從湘宫、永寧例書之。

九月，吐蕃圍靈州。冬，十月，路嗣恭擊却之。○十二月，郭子儀入朝。

戊申三年。春，正月，上幸章敬寺，度僧尼千人〔一〕。

書聽民出家多矣，晉成帝咸康元年、壬申年魏、辛丑年隋。未有書人數者。書千人，甚之也，又其甚，有書度僧萬人者矣。庚子年閩主曦。佛寺書幸始此。終《綱目》佛寺書幸二，是年、懿宗咸通十二年。捨身、講經不與焉。

三月朔，日食。〇夏，四月，崔旰入朝，復使還鎮。

來朝書遣還鎮有之矣，據田弘正、劉從諫、安審琦。未有書復使還者。書復使還，特筆也。其特筆何？譏失刑也。崔旰前殺節度，則罪人也。於是入朝，可以除之而弗之除，復使還鎮，唐之不能刑甚矣，故特書復。

徵李泌於衡山。

泌前不書徵，貴之也，此則曷爲復書？泌之初至，急義也，於是而不至，則君臣朋友之義缺矣，故書泌至貴之。代宗雖素善泌，以其時考之，則元載專於外，朝恩横於内，其不能用泌可知也。卒之無所建立，而俛就觀察判官之除，亦無據矣，故從恒辭書徵。

追謚齊王倓爲承天皇帝。〇六月，幽州將朱希彩殺其節度使李懷仙，詔以希彩知留後。〇秋，七月，遣右散騎常侍蕭昕使回紇。〇内出盂蘭盆賜章敬寺。〇八月，吐蕃寇靈武。〇以王縉領河東節度使。

〔一〕「僧」，原無，據宋刻《綱目》本、弘治本、蜀藩本、《通鑑》卷二二四補。

○九月，鳳翔都將李晟屠吐蕃定秦堡，吐蕃遁還。

凡書屠，譏也，此其書屠何？吐蕃爲暴甚矣，至是一逞志焉，而華夏之氣少振。書曰吐蕃遁還，予功也。於是李抱玉使之不書，書李晟，歸其事於晟也。終《綱目》書屠八。詳漢初乙未年。

冬，十二月，以馬璘爲涇原節度使。

己酉四年。春，正月，郭子儀入朝。○夏，五月，以僕固懷恩女嫁回紇。

先是，嘗以僕固懷恩女嫁回紇矣，不書，此其書何？予存厚也。懷恩既死，上以舊功養其孤女，至是嫁之，可謂厚矣。故雖册爲崇徽公主不書，以懷恩女書，所以志也。

六月，郭子儀徙鎮邠州。○冬，十月，杜鴻漸卒。○以裴冕同平章事，十二月卒。

十二月卒，譏貪位也。冕嘗相矣，於是老病，受命之際，舞蹈仆地，若此而猶拜焉，其貪甚矣，故聯書譏之。

庚戌五年。春，三月，魚朝恩伏誅。○罷度支、轉運、常平、鹽鐵等使，委宰相領之。○以楊綰爲國子祭酒，徐浩爲吏部侍郎。

唐世書吏部尚書四矣，詳太宗貞觀十九年。未有書吏部侍郎者。書徐浩何？譏賄也。自是書吏部侍郎凡四，書徐浩以志元載之賄，書崔群以志穆宗之私，書韓愈以志逢吉之欺，書陳夷行以志嗣復之忌，皆譏也。

秋，七月，京畿饑。○以李泌爲江西觀察判官。

辛亥 六年。春，二月，詔李抱玉專備隴坻。○嶺南蠻酋梁崇牽作亂，討平之。○三月，河北旱。○秋，八月，以李栖筠爲御史大夫。○以韓滉判度支。

壬子 七年。春，正月，回紇使者犯朱雀門。○秋，七月，盧龍將吏殺其節度使朱希彩。冬，十月，詔以朱泚代之。

癸丑 八年。春，正月，昭義節度使薛嵩卒。○二月，永平節度使令狐彰卒。○夏，五月，貶徐浩爲明州別駕。○回紇使者辭歸。○秋，八月，朱泚遣弟滔將兵戍涇州。○九月，循州刺史哥舒晃反。○召郇模入見。

於是郇模獻言三十事，不書獻言何？郇模此舉，近於行怪，帝召見之，可謂能盡下情矣。書召郇模入見，美召之者也。

冬，十月，加田承嗣同平章事。○吐蕃寇涇、邠，郭子儀遣渾瑊拒却之。○元載奏請城原州。

事竟不行矣，何以書？善載請也。是故此書元載奏請，後書吐蕃城故原州而屯之，蓋惜之也。《綱目》不以人廢言如此。

甲寅 九年。春，二月，郭子儀入朝。○三月，詔以永樂公主妻田華。

下嫁未有書妻者，此許嫁也，其書妻何？譏也。妻者，以爲之妻也。妻者，齊也。田承嗣廟祀安、史父子，謂之四聖，其逆節可見矣。以至尊之女，而齊之逆臣之子，非匹也，故特書妻，深譏之。終《綱目》書公主下嫁十有四，詳漢武帝元鼎四年。書許妻者，一而已。

夏，六月，胡僧不空死。

書死何？夷不空也。賊盜書死，蠻夷書死。書范增，書莽母、妻，書莽太師王舜，書莽大夫揚雄，賊之也；書不空，夷之也。僧死未有書者，此何以書？贈司空，爵肅國公，書，所以病唐也。終《綱目》非蠻夷、盗賊而書死者六，詳漢王邦三年。舍是，無書者矣。

京師旱。秋，七月，雨。

《綱目》書自某月不雨至於某月多矣，不書雨。於是旱未踰月，書雨何？予誠也。先是，京兆尹令作土龍，自與巫覡更舞。上聞撤之，減膳節用，帝可謂知所本矣，故特書予之。

九月，盧龍節度使朱泚入朝。

乙卯 十年。春，正月，田承嗣反，陷相州。

承嗣越境争城耳，書反何？諭之而不奉詔，是真反也，况復陷洺、衛乎。《綱目》一字之貶，不虚矣！

郭子儀入朝。○田承嗣陷洺、衛州。○詔諸道不得輒募兵。○二月，河陽軍士逐三城使常休明。○三月，陝州軍亂。○夏，四月，赦貶田承嗣，發諸道兵討之。○冬，十月朔，日食。○李正己按兵不進，李寶臣襲盧龍軍。○吐蕃寇涇、隴，李抱玉、馬璘等擊破之。○貴妃獨孤氏卒。

妃卒不悉書，此何以書？譏惑溺也。於是上悼妃甚，追謚貞懿皇后，故書譏之。武惠妃謚皇后，則書薨以爲譏，此其書卒何？後書葬貞懿皇后，則雖不書薨可也。

十一月，田承嗣將吴希光以瀛州降。○嶺南節度使路嗣恭克廣州，斬哥舒晃。

丙辰十一年。春，二月，赦田承嗣，入朝。○夏，五月，汴宋軍亂。秋，七月，詔發諸道兵討平之。○冬，十二月，涇原節度使馬璘卒。

丁巳十二年。春，三月，詔復討田承嗣，既而釋之。

承嗣前書反、書討矣，未聞捷也，以其請朝則赦之；請而不至，則復討之；得其謝罪，則又以釋之。《綱目》不書請朝而書赦，不書謝罪而書釋，所以黜承嗣之姦欺，著代宗之不振也。《綱目》書既而釋之三，朱雲上書言事得罪，侯君集上書下某獄，釋無罪之辭也；田承嗣上書討，釋有罪之辭也。

誅元載，貶王縉爲括州刺史〔二〕。

〔二〕「括」，《通鑑》卷二二五作「栝」。

誅例有二：書伏誅者，重辭也；直書誅者，快辭也。誅衛鞅，誅陳豨，誅産、禄，誅濞，誅史歆，誅董卓，誅馬騰，誅步闡，誅穎，誅祖約，誅張瓘，誅元鑒，誅爾朱顯壽，誅元載，誅田希鑒，誅劉銖，直書誅而削去官，皆甚快之辭也。

夏，四月，以楊綰、常袞同平章事。○秋，七月，司徒、文簡公楊綰卒。

裴冕以十月同平章事，十二月卒，則書曰卒而已。綰亦四月拜相，七月而卒，非間有事也，則曷爲不以冕例書之？綰非冕比也，其卒也，《綱目》尤深惜焉，故特書贈官、書謚。

以顏真卿爲刑部尚書。○九月，以段秀實爲涇原節度使。○吐蕃寇原、坊州。○霖雨，度支奏河中有瑞鹽。

書度支奏何？罪罔上也。故先書霖雨，而度支之肆罔見矣。是故黄龍遊江則書越巂郡上，漢平帝元始元年。黄龍見則書巴郡言，漢後主建興十五年。河水清則書青州言，陳壬午年齊。河中瑞鹽則書度支奏，是年。皆咎其欺也。

冬，吐蕃寇鹽、夏，郭子儀遣兵拒却之。○以李納爲青州刺史。

戊午　十三年。春，正月，敕毁白渠碾磑。

小事耳，何以書？美無私也。於是昇平公主有二磑，請存之，上曰：「汝識吾意，當爲衆先。」遂毁之。書敕，所以美代宗也。

回紇寇太原。二月，代州都督張光晟擊破之。○吐蕃寇靈州。○夏，六月，隴右獻猫鼠同乳[一]。○秋，吐蕃寇鹽、慶，又寇銀、麟，郭子儀遣李懷光擊破之。○八月，葬貞懿皇后。

武惠妃薨，書追謚貞順皇后而不書葬，此則曷爲不書追謚而以葬書？譏過制也。於是上悼念不已，殯内殿累年，至是始葬，雖正后不及是矣。《綱目》不書追謚，而從長孫皇后葬例書之，使若正后然者，所以譏也。唐自長孫氏而下，無后書葬者矣，於是特書。

冬，十二月，郭子儀入朝。

自寶應元年至是，子儀凡七書入朝，此子儀所以爲純臣也，光弼愧之多矣。

以路嗣恭爲兵部尚書。

〔一〕「乳」下，底本原有《書法》一條：「猫鼠同乳，此反常妖異之物，而獻以爲瑞，故書以譏之耳。然賀與不賀，又足以覘常衮、崔祐甫之賢否也。」據弘治本、蜀藩本及（宋）尹起莘：《資治通鑑綱目發明》，此條爲《發明》内容，删去。

資治通鑑綱目書法第四十六

起己未唐代宗大曆十四年，盡甲子唐德宗興元元年四月〔一〕。

廬陵後學劉友益修撰
翰林直學士中大夫知制誥同修國史國子祭酒歐陽玄校正

己未 十四年。春，正月，以李泌爲澧州刺史。○二月，田承嗣卒。

節度卒，書某節度使某卒，恒辭也。此其不書何？削之也。承嗣叛逆稽誅，帝雖復其官爵，直筆所不容也，故特削之。

三月，淮西將李希烈逐其節度使李忠臣，詔以希烈爲留後。○以李勉兼汴州刺史。○夏，五月，帝崩，太子即位。

賀善贊曰：代宗之篇，所可録者，謝裴諝，召郇模，嫁懷恩女三事耳。雖能罪三宦，誅元載，其初亦由寵任之過，而其末又皆未得爲盡善焉。至於專事姑息，逐殺主帥，命爲主帥，遂爲後來

〔一〕「唐」，原無，據宋刻《綱目》本、本書《目録》補。

故事，《綱目》尤深咎之。

閏月，貶崔祐甫爲河南少尹。○貶常袞爲潮州刺史，以崔祐甫同平章事。○詔罷四方貢獻，又罷梨園。○尊郭子儀爲尚父，加太尉兼中書令。

尚父何？號也。宰衡書號，王莽。則此曷爲書尊？書尊，所以見子儀之可尊也，而德宗之知所尊，亦著矣。書尚父始此。《綱目》書尚父四，郭子儀書尊，是年。王行瑜書號，昭宗景福二年。劉守光書推，五代辛未年。吴越王鏐書加，五代壬申年。惟子儀得書尊。

詔天下毋得奏祥瑞，縱馴象，出宫女。○以李希烈爲淮西節度使。○以馬燧爲河東節度使。○殺兵部侍郎黎幹。

黎幹小人也，其以無罪書殺何？幹可殺也，以譖訴無實之言而殺之，非其罪矣。《綱目》之例，雖有罪，而殺之不以其罪，一以殺書之。故黎幹書殺，楊炎書殺，崔寧書殺。

以劉晏判度支。○六月，詔冤滯聽詣三司使，及撾登聞鼓。○立皇子五人爲王。○立皇弟二人爲王。

再書立何？不以子加弟也。不以子加弟，則曷爲先書子？先書子，所以著帝之失也。漢文帝封國，先弟而後子。明帝云：「我子安得與先帝子等，封域半楚、淮陽。」二君者，可謂知節矣。德宗初政清明，簡册多可書者，獨於殺黎幹、封子弟二事失之，惜哉！

詔六品以上清望官，日令二人待制。○以白志貞爲神策都知兵馬使。○遣使慰勞淄青將士。○秋，七月朔，日食。○詔議省祖宗謚。

於是事寢不行，其書之何？以是爲可省也，故書之。

罷客省。〇毀元載、馬璘、劉忠翼之第。〇減常貢錦千匹、服玩數千事。〇罷榷酒。〇以張涉爲右散騎常侍。〇八月，以楊炎、喬琳同平章事。〇遣太常少卿韋倫使吐蕃。〇沈既濟上選舉議。〇以曹王皋爲衡州刺史。〇九月，南詔王閤羅鳳死。〇冬，十月，吐蕃、南詔入寇，遣神策都將李晟等擊破之。〇葬元陵。〇十一月，喬琳罷。〇以崔寧爲朔方節度使。〇十二月，立宣王誦爲皇太子。〇詔財賦皆歸左藏。〇晦，日食。〇遣關播招撫湖南盜賊。

庚申 德宗皇帝建中元年。春，正月，始作兩税法。

於是租庸調法盡廢矣，故書始。凡貢賦書始若初，皆重其始爲民害也。是故漢高帝算賦則書初，戊戌年。武帝榷酤則書初，天漢三年。桓帝歛田畝税錢則書初，延熹八年。晋孝武增民税米則書初，太初八年。唐高祖定租庸調則書初，武德七年。德宗作兩税則書始，是年。行間架陌錢則書初，建中四年。税茶則書初。貞元九年。

罷轉運、租庸、鹽鐵等使，貶劉晏爲忠州刺史。〇二月，命黜陟使十一人分巡天下。〇以段秀實爲司農卿。〇以朱泚爲涇原節度使。

於是楊炎怨秀實，徵置散地，用泚代之，私也。以秀實忠幹，使在涇原，則他日無涇卒之變矣。《綱目》謹書之，著亂始也。

三月，張涉坐贓，放歸田里。○以韓洄判度支，杜佑權江、淮轉運使。○夏，四月，劉文喜據涇州作亂，詔朱泚、李懷光討之。○上生日，不受獻。

大曆之元書上生日矣，繼書曰諸道節度使上壽，譏賄也。德宗即位，首不受獻，書，深美之。終《綱目》書生日四，詳太宗貞觀二十年。舍是，無書生日者矣。

吐蕃遣使入貢。五月，復遣韋倫使吐蕃。○涇州諸將殺劉文喜以降。○六月，門下侍郎、同平章事崔祐甫卒。

宰相卒書具官，賢之也。終唐之世，崔祐甫、李泌、韋處厚三人而已。

築奉天城[一]。○回紇頓莫賀殺登里可汗而自立，遣使册命之。○秋，七月，邵州賊帥王國良降。○遥尊帝母沈氏爲皇太后。○殺忠州刺史劉晏。○八月，振武留後張光晟殺回紇使者九百餘人。

九姓胡也，冒名回紇耳。上命回紇使者帥之歸，則書之爲使者何？罪光晟也。兵交，使在其間。况彼以好至，我以禮遣，光晟違命殺之，其逆節見於此矣，故謹書之。

[一]「城」下，底本原有《書法》一條：「按術士桑道茂言，德宗不出數年，有離宫之厄，望奉天有天子氣，宜高大其城，以備非常。不三四年，果有朱泚之亂。德宗思其言，於是幸奉天，果獲其濟。然則治亂皆前定歟？吁！是不然。術士之言，不中者多矣，其億而中者，千百之一二也。道茂知德宗將有離宫之厄，盍勸之親賢遠姦，輕徭薄賦，至誠待下，坦懷不疑。如是而猶有厄焉，歸之天數可也。曾無一言及此，顧惟發丁夫以脩城，既而有變，奔居其中。幸而諸將奮勇，得復舊京，德宗因是之言，一切歸之氣數，不復反己自咎。嗚呼！朱泚之反也，以道茂言脩奉天城而得全，不知懷光之反也，亦曾以人言脩梁州城否乎？何亦得全也！由是觀之，則術士之言，亦億中而已矣。」據弘治本、蜀藩本，此條爲（宋）尹起莘：《資治通鑑綱目發明》内容，删去。

九月，宣政殿廊壞。

小事耳，何以書？嘉不惑也。於是將作奏十月魁岡，未可脩。上曰：「但不妨公害人，則吉矣。」特書以嘉之。

冬，十月，貶薛邕爲連山尉。○以睦王述爲奉迎太后使。○十一月，詔日引朝集使二人，訪遠人疾苦。○始定公主見舅姑禮。○是歲天下兵民之數。

先是，書户口之數屢矣，未有書兵民之數者，於是始書，兵農分也。自府兵廢而兵農分，養兵之費廣矣。至是，而兵居民數四分之一焉。

辛酉 二年。春，正月，成德節度使李寶臣卒，子惟岳自稱留後。○以楊炎、盧杞同平章事。

自喬琳罷，楊炎獨相，於是始兼相盧杞，炎固未嘗罷也。其以楊炎、盧杞并書何？并書楊、盧，所以見帝不專任楊之意也。一楊炎足以誤國，况以盧杞并相乎！

更汴宋軍名曰宣武。○發京西兵戍關東。○夏，四月，加梁崇義同平章事。○五月，增商税爲什一。

譏重歛也。於是以軍興，增及商税，越明年，而田税錢亦增矣。終《綱目》雜税書增二，是年、文帝太和九年。田税書增二。晋孝武太元八年、建中三年。

田悦舉兵寇邢、洺。○六月，以韓滉爲鎮海軍節度使。梁崇義拒命，詔淮寧節度使李希烈督諸道兵討之。○以張萬福爲濠州刺史。○尚父、太尉、中書令、汾陽忠武王郭子儀卒。

號官爵謚具，前乎此未有也，後乎此無有也。終《綱目》千三百六十二年，一人而已矣。

秋，七月，安西、北庭遣使詣闕，詔賜李元忠爵寧塞郡王，郭昕武威郡王。贈袁光庭工部尚書。○楊炎罷，以張鎰同平章事。○詔馬燧、李抱真、李晟討田悦，戰於臨洺，大破之。○平盧節度使李正己卒，子納自領軍務，與李惟岳遣兵救田悦。○八月，李希烈與梁崇義戰，大破之，崇義死，傳首京師。○九月〔一〕，以張孝忠爲成德軍節度使。○加李希烈同平章事，以李承爲山南東道節度使。○冬，十月，殺左僕射楊炎。

楊炎有罪矣，其以無罪書殺何？殺不以其罪也。《綱目》之法，雖有罪，而殺之不以其罪，一以無罪之辭書之。

祫於太廟。○徐州刺史李洧以州降。○十一月，永樂公主適田華。

自許妻至是八年矣，田氏父子反叛非一，方此進討，而以重違先志，竟以嫁之，執小信而虧大義，謂之何哉！其後田華反，勸惟岳殺邵真以從悦，則德之不足以懷禽獸，明矣。《綱目》前書以妻，此書適，詞繁不殺，兩譏之。公主下嫁再書者〔二〕，一而已。

劉洽、唐朝臣等大破青、魏兵於徐州。○詔削李惟岳官爵。○陳少游擊海州，降之。○密州降。

〔一〕「○」，原作空格，據宋刻《綱目》本補。

〔二〕「下」，原作「不」，據弘治本、蜀藩本改。

壬戌 三年。春，正月，馬燧等大破田悦等於洹水，博、洺州降。○朱滔、張孝忠與李惟岳戰，大敗之，趙州降。成德兵馬使王武俊殺惟岳，傳首京師。○李納復陷海、密。○復榷天下酒。○定州降。○二月，以張孝忠爲易、定、滄州節度使，王武俊爲恒冀團練使，康日知爲深趙團練使，以德、棣隸幽州。

薛嵩等之帥河北也，總書諸鎮，此亦河北諸鎮也，其分叙之何？爲武俊叙也。武俊之功大矣，豈日知比哉。既削二州，又惜節鉞，又欲分其糧馬，則謀國者之失也。河北之再禍自此始矣，故詳之。

三月，以李洧兼徐、海、沂觀察使。○夏，四月，朱滔、王武俊反，發兵救田悦，寇趙州，詔李懷光討之。○括富商錢。

去年書增商税矣，於是又書括富商錢，國亦急甚矣！終《綱目》書括財穀三，是年、五代癸卯年晋括民穀、甲辰年晋括民財。皆亂政也。

洺州刺史田昂入朝。○召朱泚入朝，以張鎰兼鳳翔節度使。○五月，詔增税錢。

書，譏重斂也。終《綱目》田税書增二，雜税書增二，詳建中二年。德宗各有其一焉。

以易、定、滄州爲義武軍。○以源休爲光禄卿。○六月，李懷光擊朱滔、王武俊於愜山，敗績。○秋，七月，李晟救趙州。○冬，十月，以曹王皋爲江西節度使。○以關播同平章事。○十一月，加陳少遊同平章事。○朱滔、田悦、王武俊、李納皆自稱王。○十二月，李希烈自稱天下都元帥。

癸亥

四年。春，正月，李希烈陷汝州，詔遣顏真卿宣慰之。○詔東都、汝州節度使哥舒曜討李希烈。二月，克汝州。○三月[一]，曹王皋敗李希烈兵，斬其將，拔黃、蘄州。○李希烈引兵歸蔡州。○荆南軍與李希烈戰，敗績。○夏，四月，以白志貞爲京城召募使。○李晟圍清苑，朱滔救之，晟軍大敗。○初行稅間架、除陌錢法。

書初何？謹始也。是法行，而愁怨之聲盈於遠近矣。○房屋有稅，及官用省錢始此。

秋，七月，遣禮部尚書李揆使吐蕃。○八月，李希烈寇襄城，詔發涇原等道兵救之。○九月，神策、宣武兵襲許州，敗於滬澗。○冬，十月，涇原兵過京師，作亂，上如奉天。朱泚反，據長安。○司農卿段秀實謀誅朱泚，不克，死之。○鳳翔將李楚琳殺節度使張鎰，降於朱泚。○朱泚僭號。○李希烈陷襄城。○以馮河清爲涇原節度使。○殺右僕射崔寧。

崔寧何？崔旰也。旰殺主帥，罪人也。朝而遣還，嘗書復使還矣，失刑爲譏。則今而誅之，宜也，其以無罪書殺何？殺不以其罪也。《綱目》之法，雖有罪，而殺之不以其罪，一以殺書之。

李懷光帥衆赴長安。

書赴長安，予義也。

以蕭復、劉從一、姜公輔同平章事。○泚犯奉天，詔韓遊瓌、渾瑊拒之。○田悅、王武俊寇臨洺。○

[一]「○」，原作空格，據宋刻《綱目》本補。

將軍高重捷及泚兵戰，死。○十一月，以韋臯爲奉義軍節度使。○靈武、鹽、夏、渭北諸將合兵入援[一]，遇賊，潰歸。

邵陵王綸還軍入援，侯景擊之，大潰，書，惜之也。此其不書賊擊之[二]，書遇賊何？罪盧杞也。於是援軍欲從間道，杞固不許，以至遇賊，誤國之罪大矣。終《綱目》書入援十五[三]，入衛三，赴難三，其書潰者二。詳梁武帝太清二年。

李晟將兵入援。渾瑊擊朱泚，破走之，奉天圍解。

書圍解何？不以臣加君也，故不書解圍去。筆削之法，嚴矣！

李懷光至奉天，詔引軍還取長安[四]。

於是懷光破賊有功，朝於行在。杞懼其言己，白帝不見，詔使引軍還取長安。梁州之再辱，始此矣。書至，書詔引軍還，病德宗也。

曹王臯遣使貢獻。

書，予義也。州鎮奉上，常事也，曷爲予之？於是天子在難，南方藩鎮各閉境自守，惟臯數遣

[一]「入」，原無，據宋刻《綱目》本、弘治本、蜀藩本、《通鑑》卷二二九補。

[二]「其」，原作「具」，據蜀藩本改。

[三]「五」，原作「二」，據蜀藩本、本書卷十八晉愍帝建興四年《書法》改。

[四]「軍」，原作「兵」，據宋刻《綱目》本、弘治本、蜀藩本、《通鑑》卷二二九改。

使貢獻，可謂義矣。故貢獻不書，此書曹王，後書韓滉，皆義之也。

十二月，貶盧杞、白志貞、趙贊爲遠州司馬。○以陸贄爲考功郎中。○李希烈陷汴、滑州。陳少遊叛。○關播罷。

甲子 興元元年。春，正月，大赦。○王武俊、田悦、李納上表謝罪。○李希烈僭號。○置瓊林大盈庫於行宮。

大盈有庫，舊矣。於是積諸道貢獻於行宮廡下[一]，而榜之云耳，則其書曰置庫何？病德宗也。德宗志於貨利，在難不悛，故其發見如此。《綱目》書曰置庫，所以深病之也。

以蕭復爲江淮等道宣慰、安撫使。○詔復王武俊、田悦、李納官爵。○遣使發吐蕃兵。

天寶之末，回紇、吐蕃請助討賊，則書請助。於是吐蕃請助收復，則何以不書？削之也。曷爲削之？吐蕃受賂，觀望反覆，無功而歸，則非誠心請助者矣。然則何以書？書發兵，書歸國，所以著夷兵不足恃也。

二月，贈段秀實太尉，謚忠烈。

贈書謚，重死節也。故杲卿書謚忠節，秀實書謚忠烈，真卿書謚文忠，皆死節者也。《綱目》書

[一]「行」，原作「是」，據弘治本、蜀藩本、《通鑑》卷二二九改。

贈官十二，詳晉明帝太寧三年〔一〕。而書謚曰某者，三人而已矣。詳貞元三年。

李希烈圍寧陵。○李晟還軍東渭橋。○加李懷光太尉，賜鐵券。

凡書鐵券，譏也。《綱目》書賜鐵券三，安禄山、李懷光、王行瑜。皆終反者也。

李懷光反，帝奔梁州。

奉天書如，此其書奔何？急也。昇鑾内應，福達輩復邀車駕，自非數子稍知大義，得入駱谷，鮮矣！播越之辭有三：如，緩辭也；奔，急辭也；走，賤辭也。終《綱目》書如四、劫如二，書出奔四，書奔九，書走六。詳玄宗天寶十五載。

加神策行營節度使李晟同平章事。○三月，魏博兵馬使田緒殺其節度使田悦，權知軍府。

權知軍府何？請帥也，故《綱目》特書權。逐殺主帥，用爲主帥，君子所深譏也。必若田緒，然後書以爲節度使，不爲譏矣。

李懷光奔河中。○車駕至梁州。○鳳翔節度使李楚琳遣使詣行在。○夏，四月，以韓遊瓌爲邠寧節度使。○加李晟諸道副元帥。○以田緒爲魏博節度使。○渾瑊以吐蕃兵拔武功。○姜公輔罷爲左庶子。

書，病德宗也〔二〕。三叛謝罪而蕭復出，懷光東奔而公輔罷，帝之性習如此，尚可以有爲哉！

〔一〕「三」，原作「二」，據本書卷四十唐高宗顯慶四年二月條《書法》改。按：本書卷十九晉明帝太寧三年，無「贈官」條《書法》。

〔二〕「宗」，原作「崇」，據弘治本、蜀藩本改。

涇原大將田希鑒殺其節度使馮河清。〇以賈耽爲工部尚書。

工部尚書未有書者，此其書何？美耽也。先是，耽鎮山南，遣其司馬樊澤奏事。澤既復命，有旨以澤代耽，牙將怒，請殺之，耽不許，即日離鎮。代、德以來，方鎮跋扈，未有恭順如耽者也。故特書之。

韓遊瓌引兵會渾瑊於奉天。〇李抱真會王武俊於南宫。

韓遊瓌書會，重兵也。此兩將胥會耳，何以書？師克在和也。於是兩軍相望，尚未相信，微抱真忘身徇義，單騎往見，則兩將終未乎，而朱滔之破未可知也。然則此一會也，所謂繫天下安危者，非過言矣。《綱目》書曰李抱真會王武俊，嘉抱真也。

資治通鑑綱目書法第四十七

起甲子唐德宗興元元年五月，盡庚辰唐德宗貞元十六年。

廬　陵　後　學　劉友益修撰
翰林直學士中大夫知制誥同修國史國子祭酒歐陽玄校正

五月〔一〕，韓滉遣使貢獻。

常貢不書，書此何？嘉滉義也。於是王貢之不供多矣，故前書曹王皋，此書韓滉。

吐蕃引兵歸國。

書歸國何？幸之也。吐蕃觀望反覆，初無大功，而所至肆暴，於是引兵徑歸，中國之幸也。是故回紇爲暴三輔則書其歸，代宗廣德元年。吐蕃觀望反覆則書其歸，是年。契丹南向人心驚懼則書其還，後晋丙申年。皆幸之之辭也。終《綱目》蠻夷借兵書歸者三。

李抱真、王武俊大破朱滔於貝州。

著會南宮之效也，故兩將并書，而以抱真先之。

〔一〕「五」上，宋刻《綱目》本有「甲子」二字。

以程日華爲滄州節度使。○六月，李晟等收復京城，朱泚亡走，其將韓旻斬之以降。

五月書吐蕃歸國，六月書李晟收京，則夷兵之無益明矣。

以李晟爲司徒、中書令，渾瑊爲侍中，駱元光等遷官有差。○上發梁州。○秋，七月，至鳳翔，喬琳、蔣鎮、張光晟等伏誅。○遣給事中孔巢父宣慰河中，李懷光殺之。○車駕還長安。○徵李泌爲左散騎常侍。○八月，顔真卿爲李希烈所殺。

巢父書殺之，此書爲所殺何？爲真卿惜也。何以言之？真卿留蔡於是二十閲月，無生理矣。真卿之死，當於希烈僭號時也。終《綱目》書爲所殺十。詳漢昭烈章武元年。

以李晟爲鳳翔、隴右節度等使，進爵西平王。○遣渾瑊等討李懷光軍於同州。○馬燧討李懷光，取晉、慈、隰州。以渾瑊爲河中節度使，康日知爲晉、慈、隰節度使。○朱滔上表待罪。○冬，十月，詔給朔方行營冬衣。

朔方行營何？懷光兵也。於是懷光既反[一]，惟别貯以俟耳，書給何？嘉意也。德宗此意，可謂近於仁，雖未給猶給也，故先書給。

馬燧取絳州。○以竇文場、王希遷爲監神策軍兵馬使[二]。○閏月，李晟誅田希鑒。○十一月，李澄以

[一]「既」，原作「即」，據弘治本、蜀藩本改。

[二]「竇文場」，原作「竇文瑒」，據宋刻《綱目》本、弘治本、蜀藩本、《通鑑》卷二三一改；以下徑改，不再出校。

鄭、滑降，劉洽克汴州。○加韓滉同平章事。○蕭復罷爲左庶子。○是歲蝗，大饑。

乙丑貞元元年。春，正月，贈顔真卿司徒，謚文忠。

贈書謚，嘉死節也。終《綱目》書贈官十有二，詳晋明帝太寧三年〔一〕。贈書謚者三人，顔杲卿、段秀實、顔真卿。惟顔氏有二焉。

以盧杞爲澧州別駕。○三月，馬燧敗李懷光兵於陶城。夏，四月，燧及渾瑊又破懷光兵於長春宮。○以曹王皋爲荆南節度使，淮西將李思登以隨州降之。○六月，以韋皋爲西川節度使。○朱滔死，以劉怦爲幽州節度使。

田承嗣嘗反矣，書卒；滔既上表待罪，則其書死何？承嗣既赦，滔未赦也。《綱目》一字之貶，嚴矣！

秋，七月，陝虢軍亂，殺其節度使張勸，詔以李泌爲都防禦轉運使。

殺張勸者，達奚抱暉也，不書主名何？《綱目》之法，凡殺主帥，即用爲主帥，則書其主名，所以著姑息也。非是皆略之。

大旱。○八月，馬燧取長春宮，遂及諸軍平河中，李懷光縊死。○加馬燧兼侍中。○赦懷光一子，收

〔一〕「三」，原作「二」，據本書卷四十唐高宗顯慶四年二月條《書法》改。按：本書卷十九晋明帝太寧三年，無「贈官」條《書法》。

葬其尸，罷討淮西兵。

書，予存厚也。懷光反者，厚之則曷爲？予之。懷光之反，盧杞激之也。《綱目》正本，故其死不書伏誅，於是而赦其一子，俾之收葬，足以爲厚矣。

以張延賞爲左僕射。○九月，盧龍節度使劉怦卒，以其子濟知節度事。○劉從一罷。○冬，十二月，户部奏今歲入貢者凡百五十州。

入貢未有書數者，此其書數何？諸鎮之叛，貢道幾絶，於是而有百五十州，故書之，則前乎此之不然，又可知矣。

二年。丙寅 春，正月，以劉滋、崔造、齊映同平章事。○三月，李泌開運道成。

治道未有書其人者，據蒙恬不書。此其書李泌何？予功也。凡成，久辭也，此則曷爲書成？速成也。《綱目》久成書成，速成書成。晋孝武新宫書成，太元三年。李泌運道書成，是年。周河隄書成，五代甲寅年。皆速成者也。

夏，四月，淮西將陳仙奇殺李希烈以降，以仙奇爲節度使。○秋，七月，陳仙奇爲其將吴少誠所殺，以少誠爲留後。

凡書爲所殺，譏自取也。據蜀張飛、唐五王。此其譏歟？不以少誠同於仙奇也，故異其文。異其文者，異其事也，而俱賞之，是以仙奇同於希烈也。唐之無章，甚矣！故自是李萬榮、程懷信逐其主帥，就用爲代，皆不書以爲，是不足深譏也。

以曲環爲陳許節度使。○吐蕃入寇，詔渾瑊、駱元光屯咸陽。○九月，置十六衛上將軍。

於是欲復府兵，不果。不果矣，何以書？以爲宜復也，故志之。

以賈耽爲義成節度使。○京城戒嚴。○李晟遣兵擊吐蕃於汧城，敗之。○冬，十月，李晟遣兵拔吐蕃摧沙堡。○十一月，皇后崩。

自代至僖，后立崩皆無書者。德宗未嘗書立后也，此書后喪而不氏何？譏也。於是淑妃王氏久疾，帝念之，立爲后，册畢而没。立后，大禮也，將以母儀天下，而立之於危病之中，則其播告中外，必有不知平時者矣[一]。《綱目》不書其立，而書其喪，后而不氏，若曰未嘗聞立皇后也。俄而有皇后喪，而不知其氏焉，所以深病帝也。是故漢取他人子爲惠帝子，而不書立太子，獨稱太子即位而缺其名[二]；唐立危病者爲皇后，則不書立皇后，獨書皇后喪而缺其氏：皆所以病之也。自是終唐世，惟順良娣、憲貴妃以太后崩葬書，舍是，正嫡無書者矣。其以太后崩葬書者，皆非嫡也。

吐蕃陷鹽州。○韓滉、劉玄佐、曲環俱入朝。○十二月，以韓滉兼度支、鹽鐵、轉運等使。○吐蕃陷

[一]「知」，弘治本、蜀藩本作「如」。
[二]「稱」，弘治本、蜀藩本作「書」。

夏、銀、麟州。○崔造罷。○李晟入朝。

丁卯三年。春，正月，以張延賞同平章事。○淮西戍兵自鄜州叛歸，過陝，李泌邀擊，斬之。○雲南王異牟尋請内附。○貶齊映爲夔州刺史。○劉滋罷，以柳渾同平章事。○二月，遣右庶子崔澣使吐蕃。○鎮海節度使、同平章事韓滉卒。

節度兼宰相多矣，未有卒書兼職者，此書平章事何？在位也。滉於諸鎮爲最忠順，故其卒也備書之。

以白志貞爲浙西觀察使。

宦官使名多矣，未有爲方鎮者也。宦者而使爲方鎮，與諸藩伍，亦何以服其心哉！終《綱目》書宦官爲方鎮二，唐白志貞、蜀王承休。皆譏之也。

三月，以李晟爲太尉。○夏，五月，以渾瑊爲會盟使。

自屠摧沙堡，吐蕃遣使求和屢矣，不書，書以渾瑊爲會盟使何？蔽其失於中國也。是役也，延賞爲之。

閏月，省州縣官。○以曹王皋爲山南東道節度使。○渾瑊與吐蕃盟於平涼，吐蕃劫盟。

與者何？自我之辭也。然則其受侮也，有以取之矣。外盟之辭四：請盟，卑辭也；受盟，順辭也；與盟，降辭也；來盟，抗辭也[一]。終《綱目》書外盟五，書與者一而已。詳高祖武德七年。

六月，以馬燧爲司徒兼侍中。○以李泌同平章事。○以李自良爲河東節度使。○復所省州縣官。○秋，七月，以李昇爲詹事。○以韓潭爲夏、綏、銀節度使。○以元友直爲諸道句勘兩稅錢帛使。○停西域使者廩給，分隸神策軍。○募戍卒屯田京西。○張延賞卒。○八月朔，日食。○柳渾罷爲左散騎常侍。○幽郜國大長公主，流李昇於嶺南。○九月，吐蕃寇隴州。○回紇求和親，許之。○吐蕃陷連雲堡。○冬，十月，吐蕃城故原州而屯之。

蠻夷之役不書，吐蕃城耳，何以書？惜之也。曷爲惜之？城原州，元載計也。楊炎繼行，反以胎朱泚之禍，則炎之急也。卒使吐蕃城而屯之，於是載之計未可厚非矣。《綱目》一書再書，所以深致惜之之意也。是故吐蕃城故原州書，是年。吐蕃作烏蘭橋書，憲宗元和八年。咎中國之失計也。

李軟奴等作亂，伏誅。○十二月，韓遊瓌入朝。○大稔，詔和糴粟麥。

自開元二十五年始書和糴，至是而和糴之害滋甚。上書大稔，下書和糴，非志喜之辭矣。畿麥稔而什一之稅行[二]，冬大稔而和糴之令下，民亦何樂於歲豐哉！書，傷之也。《綱目》書大稔四，

[一]「抗」，弘治本作「伉」。

[二]「畿」，原作「春」，據弘治本、蜀藩本、《通鑑》卷二三三改。

梁辛酉年、唐高宗永徽五年、是年、憲宗元和六年。惟此非喜書。

四年戊辰。春，正月，以劉昌爲涇原節度使，李元諒爲隴右節度使。○二月，以諸道税外錢帛輸大盈庫。

前書句勘兩税錢帛，未嘗問及税外也。於是運至錢帛，則有税外之名，然則其非惟正之供多矣。既不能推以予民，而又輸之大盈以供私用，鄴侯格君之事業，於是亦少愧哉！書曰輸大盈庫，深譏之也。非是秋尋罷，則歲輸百萬，害當何如矣！

詔葺白起廟，贈兵部尚書。

置太公廟不書詔，此其書詔何？譏非事也。白起之世祀，誖矣，而以荒誕之説，葺廟而褒贈之，書曰詔，譏在上也。

夏，四月，更命殿前射生曰神威軍。○雲南遣使入見。○吐蕃寇涇、邠、寧、慶、鄜州。○六月，徵陽城爲諫議大夫。○秋，七月，以張獻甫爲邠寧節度使。○罷句檢諸道税外物。○冬，十月，回紇來迎公主，仍請改號回鶻。

蠻夷自改號不書，書，重請也。《綱目》書和親，於此莫詳焉。是故求和親書，來迎公主書，以咸安公主歸之書。

吐蕃寇西川，韋皋遣兵拒擊，破之。○十一月，册回鶻長壽天親可汗，以咸安公主歸之。○以張建封爲徐、泗、濠節度使。○横海節度使程日華卒。

己巳五年。春，二月，以程懷直爲滄州觀察使。○以董晋、竇參同平章事。○三月，中書侍郎、同平章事、鄴侯李泌卒。○冬，十月，韋皋遣將擊吐蕃，復巂州。○十二月，回鶻天親可汗死，遣使立其子爲忠貞可汗。○吐蕃寇北庭，回鶻救之。

庚午六年。冬，十月〔一〕，回鶻忠貞可汗爲其下所殺。○吐蕃陷安西。

辛未七年。春，二月，遣使立回鶻奉誠可汗。○詔六軍與百姓訟者，府縣毋得笞辱。

直書其事，而貶意自見矣。

義武節度使張孝忠卒，以其子昇雲爲留後。○秋，八月，以陸贄爲兵部侍郎，解内職。

授新官解舊職，恒也，未有書解某職。書解内職何？特筆也。帝於是無論思之益矣，乃竇參爲之也，特書惜之。是故賜爵未有書罷其職者，五王書罷其政事；中宗神龍元年。拜官未有書解其職者，陸贄書解内職：是年。其惜之也。

吐蕃寇靈州，回鶻擊敗之，九月，遣使來獻俘。

於是再書回鶻敗吐蕃，和戎之利，獨此而已矣。

以吳湊爲陝虢觀察使。

〔一〕「冬十」，《通鑑》卷二三三作「春二」。

壬申八年。春，三月，宣武節度使劉玄佐卒〔一〕。○夏，四月，賜諫議大夫吴通玄死，貶竇參爲柳州別駕〔二〕。○以趙憬、陸贄同平章事。○平盧節度使李納卒。○秋，七月，以司農少卿裴延齡判度支事。○天下四十餘州大水。○八月，遣使宣撫諸道。

太宗之世，水四十餘州矣，不書大，此其書大何？無不大也。延齡大用，小人之陰盛矣。終《綱目》書大水六十三，詳漢文帝元年。連州郡者十有一，詳宋孝武孝建二年。無大於四十餘州者矣。水書四十餘州二，太宗貞觀七年、是年。水患書救災之政七。詳漢武帝元狩三年。

韋臯攻吐蕃維州，獲其大將。○九月，減江淮運米，令京兆、邊鎮和糴。○冬，十一月朔，日食。○貶姜公輔爲吉州別駕。○十二月，以柏良器爲右領軍。

癸酉九年。春，正月，初税茶。

書初何？謹始也。自帝有此書，至文宗書增茶税，至馬氏書收茶税，帝啓之也。德宗即位至是十四年，而作俑害民之事層見疊出，《綱目》於是三志其始焉。是故作兩税法書始，建中元年。行間架、陌錢書初，建中四年。立税茶法書初，是年。皆罪其始爲民害也。

二月，以張昇雲爲義武節度使，賜名茂昭。

〔一〕「劉玄佐」，原作「劉元佐」，據宋刻《綱目》本、弘治本、蜀藩本、《通鑑》卷二三四改。

〔二〕「柳」，《通鑑》卷二三四作「郴」。

書賜名何？美也。曷爲美之？茂昭四請除代，曰：「吾不欲子孫染於污俗。」可謂不負國矣。《綱目》賜名不書，甚美書，甚惡書。終《綱目》書賜名五，楊國忠、李正己、張茂昭、田弘正、朱全忠。惟茂昭、弘正以美書。

城鹽州。○三月，貶竇參爲驩州司馬，尋賜死。○夏，五月，以趙憬爲門下侍郎，與賈耽、盧邁同平章事。○韋皋遣兵攻吐蕃，拔五十栅。○董晋罷。○雲南王異牟尋遣使上表。○秋，七月，詔宰相迭秉筆以處政事。○置欠負耗賸、染練庫。

德宗嘗書置瓊林大盈庫矣，於是再書，譏也。延齡之欺，甚矣！

八月，太尉、中書令、西平忠武王李晟卒。○冬，十二月，宣武軍亂，逐其節度使劉士寧。

《綱目》之法，逐殺主帥而就代之，則書其主名。於是逐士寧者李萬榮也，上以萬榮代之，則其不書主名何？罪士寧也。士寧淫虐，以失衆心，《綱目》略逐者，所以示懲也。然則逐其主帥，就以爲代，奈何而不書？《綱目》至是不一書矣，以爲是唐世之故常，不足復深譏之也。貞元十一年程懷信逐懷直義同。

甲戌 十年。春，正月，劍南、西山羌、蠻來降。○雲南擊吐蕃，大破之，遣使來獻捷。○二月，以劉滻爲秦州刺史。○以李復爲義成節度使。○夏，六月，昭義節度使李抱真卒。○遣使立異牟尋爲南詔[一]。

[一] 「詔」下，原有「王」字，據宋刻《綱目》本、弘治本、《通鑑》卷二三五删。

○冬，十二月，陸贄罷爲太子賓客。

（乙亥）十一年。夏，四月，貶陸贄爲忠州别駕。○五月，以李説爲河東留後。○回鶻奉誠可汗死，遣使立懷信可汗。○秋，七月，以陽城爲國子司業。○八月，司徒、侍中、北平莊武王馬燧卒。○冬，十月，横海軍亂，逐其節度使程懷直。

（丙子）十二年。春，正月，以渾瑊、王武俊兼中書令，嚴震、田緒、劉濟、韋皋并同平章事，諸節鎮悉加檢校官。○三月，以李齊運爲禮部尚書。

書齊運何？譏也。齊運以柔佞得幸，書之，所以病德宗也。終《綱目》書禮部尚書四，（楊尚希、陳叔達、齊運、李絳。）惟齊運爲譏辭。

夏，四月，魏博節度使田緒卒。○以韋渠牟爲右補闕。

書，譏也。渠牟嘲談辯給，帝寵用之。書補闕始此。終《綱目》書以爲補闕者二，（渠牟、魏謩。）惟渠牟爲譏焉。

六月，以竇文場、霍仙鳴爲護軍中尉。

宦官爲中尉，恒也，其書之何？重降麻也。於是文場求降麻，帝諭焚之，而咎宰相之不能拒，書，幸之也。

以嚴綬爲刑部員外郎。○秋，七月，宣武軍亂，以董晋爲節度使。○八月朔，日食。○以陸長源爲宣武行軍司馬。○趙憬卒。○九月，以李景略爲豐州都防禦使。○裴延齡卒。○冬，十月，以崔損、趙宗儒同平章事。○十一月，以韋渠牟爲諫議大夫。

書，譏也。渠牟狡險恌躁，不稱甚矣。終《綱目》書諫議大夫十有六，詳漢光武建武五年。惟吴通玄、韋渠牟、杜光庭爲譏焉。

丁丑 十三年。春，二月，築方渠、合道、木波三城。○以姚南仲爲義成節度使。○吐蕃贊普乞立贊死。○秋，七月[一]，起復張茂宗爲左衛將軍[二]，尚公主。

凡書起復，譏也；書起復尚公主，譏之譏也。德宗之初立也，有縣主將嫁，會上從姊妹卒，命罷之。有司奏供張已備，上曰：「爾愛其寶[三]，我愛其禮。」始則愛禮於縣主，今則於己女不愛焉，前後相反，如二人矣。於是張母遺表請成昏，不書，書起復，蔽其失於德宗也。終《綱目》書起復七，詳太宗貞觀十五年。譏未有甚於此者矣。

九月，盧邁罷。○冬，十月，吴少誠開刁溝。○十二月，以宦者爲宮市使。

戊寅 十四年。秋，七月，趙宗儒罷，以鄭餘慶同平章事。○八月，初置神策統軍。○九月，以于頔爲山南

[一]「七」，《通鑑》卷二三五作「八」。
[二]「將」，原無，據宋刻《綱目》本、《通鑑》卷二三五補。
[三]「寶」，蜀藩本作「費」。

東道節度使。〇吴少誠叛，侵壽州。〇貶陽城爲道州刺史。

十五年。己卯春，宣武節度使董晋卒，軍亂，殺留後陸長源。〇以李錡爲浙西觀察使、諸道鹽鐵轉運使。〇三月，吴少誠寇唐州。〇秋，八月，以上官涚爲陳許節度使。〇以韓弘爲宣武節度使[一]。〇詔削奪吴少誠官爵，令諸道進兵討之。〇冬，十二月，中書令、咸寧王渾瑊卒。

十六年。庚辰春，二月，以韓全義爲蔡州招討使。〇夏，四月，姚南仲入朝。〇五月，韓全義與淮西兵戰於溵南，大潰。〇于頔奏貶元洪爲吉州長史。

廢置不書所自，書所自，皆譏也。書王鳳奏以陳湯爲中郎，漢成帝建始四年。譏在下也；此書于頔奏貶元洪，是年。譏在上也。帝於元洪，頔欲罪則罪之，欲輕則輕之；於薛正倫，頔欲貶則貶之，欲留則留之：初年之剛氣，至是消沮盡矣。書曰于頔奏，所以深病德宗也。

徐、泗、濠節度使張建封卒。〇永州刺史陽履免。

刺史免未有書者，此其書何？譏進奉也。於是履犯贓賄，三司鞫之，則曰：「市馬進奉矣。」上聞此言，第免之。帝之眷眷於進奉者如此，特書，病之也。

以張愔爲徐州團練使。〇以李藩爲秘書郎。

[一]「韓弘」，原作「韓宏」，據宋刻《綱目》本、弘治本、蜀藩本、《通鑑》卷二三五改。

於是杜兼奏藩摇動衆心，上欲殺之，既而見藩儀度曰：「此豈爲惡者邪！」遂改今命。《綱目》前書以竇文場、霍仙鳴爲護軍中尉，此書以李藩爲秘書郎，下書以齊總爲衢州刺史，不行，皆幸之也。德宗本心天理，於此有未盡晦者，故喜書之。

秋，七月，吴少誠襲韓全義於五樓，全義大敗，走保陳州。〇九月，以李元素爲義成節度使。〇貶鄭餘慶爲郴州司馬。〇以齊抗同平章事。〇冬，十月，赦吴少誠，復其官爵。

少誠書叛書討矣，又書襲敗全義矣，未聞其上表謝罪也，而遽赦之，復其官爵，不振甚矣！書，病唐也。

以鄭儋爲河東節度使。

資治通鑑綱目書法第四十八

起辛巳唐德宗貞元十七年，盡戊戌唐憲宗元和十三年。

廬　陵　後　學　劉友益修撰
翰林直學士中大夫知制誥同修國史國子祭酒歐陽玄校正

辛巳十七年。夏，五月朔，日食。○以高固爲朔方節度使。○成德節度使王武俊卒。○秋，九月，韋皋大破吐蕃於雅州。○冬，十月。以韋皋爲司徒、中書令，賜爵南康王。

德宗之篇，藩鎮惟韓滉、韋皋多予辭，故備書之。

壬午十八年。春，正月，吐蕃救維州，韋皋擊敗之，獲其將。○三月，以齊總爲衢州刺史，不行。

不行矣，其書何？嘉徙義也。總以刻剥取寵，給事中許孟容封還詔書，上召奬焉。書，交予之也。

秋，七月，詔百官毋得正牙奏事。

德宗粃政多矣，前書詔六軍與百姓訟，府縣毋得笞辱，此書詔百官毋得正牙奏事，皆失言也。具文，而貶義見矣。

癸未十九年。春，三月，以杜佑同平章事。○遷獻、懿二祖於德明、興聖廟。○以李實爲京兆尹。

唐之策，未有書以爲京兆尹者，於是始書。書李實，惡暴也。唐書以爲京兆尹始此。自是書京兆尹者七，李實、許孟容、柳公綽、韓愈、薛元賞、韋澳、王徽。惟李實爲譏焉。

夏，六月，以孫榮義爲右神策中尉。○自正月不雨，至於秋七月。○齊抗罷。○冬，十月[一]，崔損卒。○十二月，以高郢、鄭珣瑜同平章事。○杖監察御史崔薳，流崖州。

書，譏也。崔薳不諳近例，公罪也。擢爲御史，寄以耳目，而杖之，而流之，甚矣！德宗心性，常與宦官爲一，不自知其罪之之過也。直書譏之。

貶韓愈爲陽山令。

坐請寬賦也。前書正月不雨至於秋七月，而愈猶以此獲罪，聚斂之心累之也。直書譏之。

甲申二十年。春，正月，以任迪簡爲天德軍防禦使。○吐蕃贊普死。○秋，八月，以盧從史爲昭義節度使。○九月，太子有疾。

太子疾不書，此其書何？危之也。於是上春秋高，太子瘖疾，非小憂也，而未聞有處焉。是故間有事不書，即書帝崩，所以甚危之也。

[一]「十」上，《通鑑》卷二三六有「閏」字。

乙酉二十一年。順宗皇帝永貞元年。

是歲順宗即位，八月傳禪，雖不踰年改元，非得已也。

春，正月，帝崩，太子即位。

賀善贊曰：德宗初政清明，有可紀者，自任楊炎、盧杞，遂致大亂。要其終身，大病則有三焉：事姑息也，任閹宦也，好聚斂也。《綱目》書陳仙奇殺，劉玄佐、李納、田緒卒，劉士寧、程懷直逐，元洪奏貶，盧從史節度，皆譏事姑息也；書竇、王神策，志貞觀察，宦者宮市，榮義中尉，崔薳杖流，皆譏寵閹宦也；書括商一，書增税再，書置庫再，兩税、間架陌錢、茶税凡三書始若初，皆譏好聚斂也。性復猜忌，用賢不終。然書李藩秘書，齊總不行，又其天理之未盡晦者，《綱目》亦不隱焉。

以韋執誼同平章事。○李師古發兵屯曹州。○貶李實爲通州長史。○以王伾爲左散騎常侍，王叔文爲翰林學士。

翰林學士之設久矣，於是始書。書叔文、伾，譏也。

大赦，罷進奉、宮市、五坊小兒。

進奉之敝極矣，未有能罷之者。於是首與宮市、五坊小兒并罷之，可謂知所先矣。《綱目》書罷進奉三。是年、憲宗元和三年、四年。

以王伾爲翰林學士。○追陸贄、陽城赴京師，未至卒。

未至卒何？惜之也。終《綱目》書未至卒二，是年陸贄、五代丙辰年柴克宏。皆惜之也。

以杜佑爲度支等使，王叔文爲副使。○以武元衡爲左庶子。○立廣陵王純爲皇太子。○賈耽、鄭珣瑜病，不視事。

特筆也。崔祐甫病不視事不書，此其書何？以叔文也，故特書之。

夏，五月，以范希朝爲神策京西行營節度使，韓泰爲行軍司馬。

行軍司馬，嘗一書陸長源矣，於是再見。其再見何？叔文專也。欲專利權，則使杜佑爲度支，而己爲副；欲專兵柄，則使希朝爲節度，而泰爲司馬。《綱目》特書之，所以著小人之心也。

以王叔文爲户部侍郎。○六月，貶羊士諤爲寧化尉。○韋皋表請太子監國。

表請太子監國多矣，不書，據崔皓、張説。此其書何？美皋也。於是朝臣皆黨叔文，無能言者，皋以西川遠鎮獨表請焉。唐之不危，韋皋力也，特書予之。

王叔文以母喪去位。

嘗書袁粲以母喪去職矣，嘉粲也。此其書叔文何？幸之也。曷爲幸之？叔文不去，伾不歸，太子之監國未必也。終《綱目》書以母喪去二。宋癸丑年袁粲、是年王叔文。

横海軍節度使程懷信卒。○秋，七月，太子監國。

《綱目》書太子監國七，詳宋壬戌年魏太子燾。或書立，或書詔命制，此其不書何？歸功皋也。前書韋皋表請監國矣，於是略之，所以專其功於請者也。《綱目》之意，深矣！

以杜黄裳、袁滋同平章事，鄭珣瑜、高郢罷。〇八月，帝傳位於太子，自號太上皇。貶王伾爲開州司馬，叔文爲渝州司户。〇太子即位。

上書傳位，下書即位，中書太上皇。書〔一〕，太宗、肅宗不得與於斯矣。書法如此，唐之世，前有玄宗，後有憲宗。終《綱目》書傳國、傳位七。詳周赧王十七年。

南康忠武王韋皋卒。

藩鎮卒書某節度使，恒也，此其不書西川節度何？不以韋皋夷於諸鎮也。皋在遠藩，憂及社稷，表請太子監國，豈他鎮比哉！《綱目》書爵書謚，所以深嘉之也。

以袁滋爲西川節度使。〇朗州江漲。〇夏綏節度使韓全義致仕。

勒致仕也，憲宗初政之精神可見矣。然則曷爲以自退爲文？不以惠琳之拒命，累當時矣。

罷裴延齡所置别庫。

書罷何？嘉憲宗也。然則前書置欠負耗賸、染練庫，不書延齡，此其書延齡所置何？本其始也。前書置庫，所以戒人主之闇；此書延齡，所以誅臣子之姦。互文見意，《綱目》之義備矣。

遣使宣慰江淮。〇以鄭餘慶同平章事。〇始令史官撰《日曆》。

〔一〕「中書太上皇書」，弘治本作「中書」，蜀藩本作「至也」。

志時相之姦也。《日曆》云者，猶起草云爾，而刪潤之筆，盡在監修矣，故特書始。周武氏書撰《時政記》，此書撰《日曆》，同轍也。○《日曆》之名始見於此。

貶韓泰、韓曄、柳宗元、劉禹錫爲諸州刺史。○冬，十月，賈耽卒。○葬崇陵。○十一月，祔於太廟。○貶韋執誼爲崖州司户[一]。○貶袁滋爲吉州刺史。○以武元衡爲御史中丞。○再貶韓泰等及陳諫、凌準、程异爲諸州司馬。

再貶多矣，未有書再者，書再貶，快之也。

回鶻懷信可汗卒，遣使立其子爲騰里可汗。○十二月，以劉闢爲西川節度副使，韋丹爲東川節度使。○以鄭絪同平章事。

丙戌　憲宗皇帝元和元年。春，正月，太上皇崩。○劉闢反，命神策行營節度使高崇文將兵討之。○三月，夏綏留後楊惠琳拒命，詔河東、天德軍討斬之。○夏，四月，以高崇文爲東川節度副使。○策試制舉之士。○李巽爲度支、鹽鐵、轉運使。○以元稹、獨孤郁、蕭俛爲拾遺。

書，美之也。書拾遺始此。終《綱目》書以爲拾遺六，元稹等、李渤、狄兼謩、李虞、李愚、張誼。皆美之也，惟李虞爲譏辭。

鄭餘慶罷。○尊太上皇后爲皇太后。○六月，高崇文破鹿頭關，連戰皆捷。○秋，七月，詔征蜀諸軍

[一] 「户」，宋刻《綱目》本、《通鑑》卷二三六作「馬」。

悉取崇文處分。

特筆也。其特筆何？嘉不貳也。蜀之功，憲宗爲之。

葬豐陵。○八月，平盧節度使李師古卒。○九月，堂後主書滑涣伏誅。

一堂吏也，書伏誅何？强也。憲宗頗寵閹宦[一]，初置樞密，附其勢者，雖堂吏能逐宰相。特書伏誅，以是爲鯨鯢也。

高崇文克成都，擒劉闢，送京師，斬之。○徵少室山人李渤爲左拾遺。

於是徵渤不至，不書不至何？譏渤也。以帝爲可與言歟，不當不至。不至矣，是不可言也[二]，而朝政得失輒奏論之。然則雖不至，猶至也。《綱目》不書不至，書爲拾遺，其意微矣。

冬，十月，以高崇文爲西川節度使，柳晟爲山南西道節度使。○十一月，以吐突承璀爲左神策中尉。○回鶻入貢。

夷狄入貢不悉書，此何以書？始以摩尼至也，於是置寺處之。憲宗崇信異端之惑，始於此矣，故特書之。

丁亥 二年。春，正月，司徒杜佑請致仕。

[一]「閹宦」，弘治本、蜀藩本作「宦閹」。

[二]「言」，弘治本、蜀藩本作「帝」。

書致仕多矣，未有書請者，此其書請何？未盡得請也。於是猶命每月一再入朝，因至中書，議大政，則帝之待之也亦厚矣。終《綱目》書致仕二十有二，詳漢宣帝地節三年。書請者，一而已矣。

杜黄裳罷爲河中節度使。〇以武元衡、李吉甫同平章事。〇夏，四月，以范希朝爲朔方、靈、鹽節度使。〇李錡反，制削官爵、屬籍，發諸道兵討之。〇以武元衡爲西川節度使，高崇文爲邠寧節度使。〇鎮海兵馬使張子良執李錡，送京師，斬之。〇盧從史擅出兵，屯邢、洺。

於是從史獻策請圖山東，則其書擅出兵何？誅意也。從史之請，非誠也，而引兵東出，召不時還，故書擅罪之。

群臣上尊號。

自代、德以來無此書矣，於是再見，其吉甫之佞歟！

以白居易爲翰林學士。〇以普寧公主適于季友。〇李吉甫上《元和國計簿》。

書，予之也。吉甫心迹未爲純臣，然甫位宰相，訪裴垍以人物，上《國計簿》使人主知艱難，皆可録之善也。《綱目》固不得而遺之。

戊子 三年。春，正月，大赦，禁長吏詣闕進奉。〇夏，四月，策試賢良方正直言極諫舉人。

前書策試舉人矣，止書曰制舉之士，元和元年。此書賢良方正直言極諫何？譏也。何譏？以直言極諫名之，而惡其直言極諫，不惟久不使調，又因以罪考官，吉甫於是爲不弘矣。特書賢良方正直言極諫，譏虚文也。○唐末黨禍起於此。

以裴均爲右僕射，盧坦爲庶子。○五月，沙陀來降，以其酋長執宜爲陰山兵馬使。

朱邪入中國始此，故謹書之。○此五季唐之始。

秋，七月朔，日食。○以盧坦爲宣歙觀察使。○淮南節度使王鍔入朝。○以裴垍同平章事。○邠宣公杜黄裳卒。○南詔異牟尋死。

己丑 四年。春，正月，南方旱饑，遣使宣慰賑恤。○鄭絪罷，以李藩同平章事。○三月，以李鄘爲河東節度使。○成德節度使王士真卒。○閏月，制降繫囚，蠲租税，出宫人，絶進奉，禁掠賣。

以旱故也，備書予之。然則前書禁長吏進奉，此其書絶何？前日雖禁之，而柳晟、閻濟美、王鍔之徒進奉自若，是未嘗絶也。於是書絶，所以見前禁之具文也。《綱目》之意，微矣！

詔贖魏徵故第，賜其家。○以王士則爲神策大將軍。○立鄧王寧爲皇太子。○夏，四月，山南東道節度使裴均進銀器。

書，譏也。三年赦文禁進奉矣，而柳晟、閻濟美等違赦進奉；四年降制絶進奉矣，而裴均違制復進銀器：帝之幾微，有以來之也。然則柳、閻等進奉不書，此則曷爲書之？憲宗至此，其好貨之病，有不可得而揜者矣，故書。

起復盧從史爲金吾大將軍。

書起復何？譏也。於是從史請討承宗，起爲將軍，則金革之事矣，何譏焉？從史内實親趙，外僞獻策，其出兵邢、洺，其請討承宗，皆詐也，而爲之起復，墮其計矣。是故此書起復，下書誘執，皆譏辭也。

吐蕃請和，許之。〇六月，以范希朝爲河東節度使。〇毁安國寺碑樓。

書，美從諫也。終《綱目》宫室書毁三，周毁上善殿，毁宫室之壯麗者，唐毁安國寺碑樓，皆美之也。

秋，七月，貶楊憑爲臨賀尉。〇九月，王承宗表獻德、棣二州，詔以承宗爲成德節度使；薛昌朝爲保信軍節度使，領德、隸二州。承宗襲昌朝〔二〕，執之以歸。〇吐蕃寇振武、豐州。

前書許和，此復書寇，著和議之不可恃也。

以許孟容爲京兆尹。〇冬，十月，削奪王承宗官爵，發兵討之，以吐突承璀爲招討處置等使。

肅宗以魚朝恩爲宣慰處置使不書，書爲觀軍容。於是居易等諫，既改處置爲宣慰矣，其以處置書何？病唐也。帝方志平僭叛，自視爲何等主，而以宦官主兵，謂之招討處置，是都統矣。《綱目》責備賢者，其書初命，所以深病之。終《綱目》宦官書處置使二。代宗魚朝恩、憲宗吐突承璀。

十一月，彰義節度使吴少誠卒。〇雲南王尋閤勸死。〇田季安取堂陽。

〔二〕「爲保信軍節度使，領德、隸二州。承宗襲昌朝」，原無，據宋刻《綱目》本、《通鑑》卷二三六補十七字。

庚寅五年。春，正月，盧龍節度使劉濟將兵討王承宗，拔饒陽、束鹿。

取堂陽，田季安〔一〕。拔饒陽、束鹿，皆取承宗地也，惟劉濟書爵、書討何？劉濟誠也。然則取堂陽，譚忠所教也，忠亦教人以僞歟？忠之討，所以破超伍者之請也。使所請得行，唐兵其危哉！

吐突承璀討王承宗，戰不利。○貶元稹爲江陵士曹。○三月，以吴少陽爲淮西留後。○吐突承璀誘盧從史，執送京師，以烏重胤爲河陽節度使。

誘執，秦嘗三書矣，至梁辛未繼書，自是未有書者。於是復見，非所望於元和之政也。從史信有罪，誘而執之，則非天討，直書譏之。終《綱目》書誘執五，詳周顯王二十九年。舍是，無書者矣。

秋，七月，制雪王承宗，復其官爵，加劉濟中書令。

憲宗之威令，於是小挫矣，承璀爲之也。故寵信宦官，雖英明如憲宗，不免一誤。《綱目》前書削奪，後書制雪，雖承宗遣使自陳不書，所以爲寵信宦官者之戒也。

瀛州刺史劉總弑其父濟及其兄緄。○九月，罷吐突承璀爲軍器使。○以權德輿同平章事。○冬，十月，以任迪簡爲義武節度使，張茂昭爲河中節度使。○十一月，貶伊慎爲右衛將軍。○以王鍔爲河東節度使。○裴垍罷爲兵部尚書。○十二月，以吕元膺爲鄂岳觀察使。○以李絳爲中書舍人。

〔一〕「田季安」，三字原爲大字正文，據弘治本改小字注文。

辛卯 六年。春，正月，以李吉甫同平章事。○二月，李藩罷爲太子詹事。○以李絳爲户部侍郎。○夏，四月，以盧坦判度支。○五月，以李惟簡爲鳳翔節度使。○六月，詔有司省吏員，并州縣，減仕塗，均俸給。○秋，九月，梁悅報仇殺人，杖而流之。

張瑝、張琇書報父讎，玄宗開元二十三年。此亦父讎也，不書父何？復父讎，義也，而瑝、琇兄弟皆死，則刑已重矣。書復父讎，所以見用刑者之過也。於是杖而流之，善矣，無譏焉，故略之[一]。

冬，十一月，弓箭庫使劉希光伏誅，以吐突承璀爲淮南監軍。

承璀坐希光事，則貶也，不書貶何？監軍非以處罪人也，故從恒辭書以，若曰徙遷官云耳，所以深病憲宗也。

十二月，封恩王等女爲縣主。

縣主不書，書此何？予厚也。終《綱目》書縣主，一而已。○書縣主僅見此。

以李絳同平章事。○太子寧卒。○大稔。

《綱目》書大稔四，詳梁武帝辛酉年。舍是，無書者矣。

壬辰 七年。春，正月，以元義方爲鄜坊觀察使。○夏，四月，以崔群爲中書舍人。○五月，詔蠲淮、浙租

[一]「之」，原無，據弘治本、蜀藩本補。

賦。○秋，七月，立遂王恒爲皇太子。○八月。魏博節度使田季安卒。○冬，十月，魏博兵馬使田興請吏奉貢，詔以興爲節度使。○十一月，遣知制誥裴度宣慰魏博。○置振武、天德營田。○吐蕃寇涇州。

癸巳八年。春，正月，以田融爲相州刺史。○權德輿罷。○賜田興名弘正。

書賜名何？予田興也。前書請吏奉貢，此書賜名弘正，皆予之也。《綱目》賜名不悉書，甚美書，甚惡書。書茂昭，書弘正，甚美也；書國忠，書正己，書全忠，甚惡也。終《綱目》書賜名五，書賜姓三，書賜姓名三。詳玄宗天寶九載。

貶于頔爲恩王傅。○徵西川節度使武元衡入知政事。

入知政事何？未罷相之辭也。先是，崇文請代，以同平章事武元衡爲之，未罷相也。於是徵還，故書曰徵西川節度使武元衡入知政事。後書裴度復入知政事，義同。

夏，六月，大水。○徙受降城於天德軍。

城未有書徙者，此其書徙何？非所徙也。終《綱目》城書徙二，是年受降城〔一〕、五代戊戌年晉澶淵城〔二〕。

〔一〕「受降城」，三字弘治本爲小字注文。

〔二〕「晉澶淵城」，四字弘治本爲小字注文。

秋，九月，吐蕃作烏蘭橋。

蠻夷之役不書，吐蕃橋耳，何以書？橋成而朔方無寧日也。《綱目》之法，苟有關於天下之故，雖蠻夷必書。是故吐蕃築原州城書，德宗貞元三年。吐蕃作烏蘭橋書。是年。

冬，十月，回鶻擊吐蕃。振武軍亂，逐其節度使李進賢。

甲午　九年。春，正月，李絳罷爲禮部尚書。

唐世宰相罷書某罷，恒辭也，唯賢宰相，則雖罷爲外官必書。非是，書罷而已。

以吐突承璀爲神策中尉。

繼書承璀何？著私也。絳與承璀，不兩立者也。絳在相位，承璀無可入之理，絳朝以出，則承璀夕以入矣。憲宗之拳拳於承璀如此，《綱目》比而書之，所以病憲宗也。史稱上欲相絳，先出承璀，吾不信矣。

夏，五月，復置宥州。〇六月，以張弘靖同平章事。〇秋，七月，以岐陽公主適司議郎杜悰。

書下嫁多矣，未有書某官某者[一]。此其書何？於是帝羨權德輿之得婿獨孤郁也[二]，命選公卿子居清貫者尚公主，書司議郎，帝意也。自是，鄭顥書起居郎，于悰書校書郎，韋保衡書右拾遺，終

[一] 下「某」字，原無，據弘治本、蜀藩本補。
[二] 「於是」，原作「何於於」，據弘治本、蜀藩本改。

唐世書下嫁皆清貫者，帝啟之也。

閏月，彰義節度使吳少陽卒。○以烏重胤爲汝州刺史。○冬，十月，李吉甫卒。○十二月，以韋貫之同平章事。

十年（乙未）。春，正月，吳元濟反，制削其官爵，發兵討之。○三月，以柳宗元爲柳州刺史，劉禹錫爲連州刺史。○田弘正遣其子布將兵助討淮西。○盜焚河陰轉運院。○夏，五月，遣御史中丞裴度宣慰淮西行營。○六月，盜殺中書侍郎、同平章事武元衡，擊裴度，傷首。

唐世宰相具官卒者三人，重予之也。於是見殺而具官焉，元衡誠賢相哉！

以裴度同平章事。○秋，七月，靈武節度使李光進卒。○詔絶王承宗朝貢。○八月朔，日食。○李師道遣兵襲東都，捕得，伏誅。○九月，以韓弘爲淮西諸軍都統。○冬，十月，盜焚柏崖倉。十一月，焚獻陵寢宮、永巷。○吐蕃請互市，許之。○十二月，河東節度使王鍔卒。

十一年（丙申）。春，正月，張弘靖罷爲河東節度使。○翰林學士錢徽、知制誥蕭俛罷。

學士、知制誥未有書罷者，此其書何？予斷也。於是討蔡未克，徽、俛各請罷兵，上不聽，黜之，然後異辭息矣。

制削王承宗官爵，發兵討之。○盜斷建陵門戟。

於是凡五書盜，逆黨盛也。然則憲宗之斷，誠不可及矣。

二月，吐蕃贊普死。○以李逢吉同平章事。○南詔勸龍晟爲其下所殺。

凡書爲所殺，譏不在人也。於是勸龍晟淫虐不道，故書譏之。《綱目》夷狄之君，書爲下所殺四。

太宗貞觀二十年吐迷度、德宗貞元六年忠貞可汗、是年勸龍晟、文宗太和六年昭禮可汗。

三月，皇太后崩。○夏，四月，以司農卿皇甫鎛判度支。○五月，李光顔、烏重胤敗淮西兵於陵雲栅。○六月，唐鄧節度使高霞寓大敗於鐵城。○秋，七月，貶高霞寓，以袁滋爲彰義節度使。○八月，韋貫之罷爲吏部侍郎。○葬莊憲皇后。○九月，饒州大水。○李光顔、烏重胤拔陵雲栅。○加李師道檢校司空。○冬，十一月，以柳公綽爲京兆尹。○加李光顔等檢校官。○十二月，義成節度使渾鎬與王承宗戰〔一〕，大敗。○以王涯同平章事。○貶袁滋，以李愬爲唐、鄧節度使。

滋嘗書貶吉州刺史矣，於是又貶撫州，則曷爲不書？削之也。滋再命再辱，是以爲不足書也〔二〕，故削之。

初置淮、潁水運使。

丁酉 十二年。春，二月，置淮西行縣。

書行縣何？特筆也。行縣置而人知有唐，淮西不足平矣，故特書之。

〔一〕「成」，《通鑑》卷二三九作「武」。

〔二〕「是以」，蜀藩本作「以是」。

三月，淮西文城柵降。○夏，四月，淮西郾城降。

一柵一城降，常事耳，何以書？關要也。文城降而後知有李祐，郾城降而後蔡兵盡萃於洄曲，皆愬之所以成功者也，故特書之。

五月，罷河北行營。○李愬擒淮西將李祐。

韋皋獲吐蕃將不書論莽熱，此書李祐何？特筆也。得祐，而蔡可得矣。

六月，吴元濟請降。○秋，七月，大水。○以孔戣爲嶺南節度使。○以裴度兼彰義節度使，充淮西宣慰招討使。○九月，以崔群同平章事，李逢吉罷。○李愬攻吴房，入其外城。○冬，十月，李愬夜襲蔡州，擒吴元濟，檻送京師。

襲未有書時者，書夜襲何？奇愬功也。淮西之功，惟李愬多予辭。是故文城柵降書，擒淮西將書，入吴房外城書，夜襲蔡州擒吴元濟書，賜爵涼國公書。

以李鄘同平章事。○裴度入蔡州。○十一月，上御門受俘，斬吴元濟。○賜李愬爵涼國公，韓弘等遷官有差。○以宦者爲館驛使。

寵任宦閹，憲宗大病也。於是淮蔡甫平，帝之病復作矣，故書譏之。據代宗大曆十四年，本用御史爲使。

以李祐爲神武將軍。○十二月，賜裴度爵晋國公，復入知政事。○貶董重質爲春州司户。

戊戌 十三年。春，正月，李師道奉表納質，并獻三州。○二月，修麟德殿，浚龍首池，起承暉殿。

於是憲宗驕侈之心始放矣，故備書之。

李鄘罷爲户部尚書。

唐世宰相罷，書爲某官者，予辭也。鄘則曷爲予之〔一〕？鄘耻以宦官進，稱疾不見，固辭相位，可謂過人遠矣。是故張弘靖耻諫不行而去，則罷書河東節度；元和十一年。李鄘耻由宦官進而去，則罷書户部尚書：憲宗之世，何多賢相也！

以李夷簡同平章事。○横海節度使程權入朝。○夏，四月，王承宗納質請吏，復獻二州，詔復其官爵。○賜六軍辟仗使印。

辟仗使何？六軍之監軍也。先是，李説請爲監軍鑄印，許之，不書，此其書何？病唐帝也。曷爲病之？病帝之拳拳於宦官，而思重其權也。故以宦官爲館驛使則書，賜六軍辟仗使印則書。書曰賜印，非請也，特書譏之。

五月，以李光顔爲義成節度使。○六月朔，日食。○秋，七月，以李愬爲武寧節度使。○詔諸道發兵討李師道。○李夷簡罷爲淮西節度使〔二〕。○八月，王涯罷。○以皇甫鎛、程异同平章事。○冬，十月，五坊使楊朝汶伏誅。○十一月，以柳泌爲台州刺史。○吐蕃寇夏州。○十二月，田弘正將兵度河，逼鄆州。

〔一〕「予」，原無，據弘治本、蜀藩本補。

〔二〕「西」，《通鑑》卷二四〇作「南」。

資治通鑑綱目書法第四十九

起己亥唐憲宗元和十四年，盡丁巳唐文宗開成二年。

廬陵後學劉友益修撰
翰林直學士中大夫知制誥同修國史國子祭酒歐陽玄校正

己亥十四年。春，正月，遣中使迎佛骨至京師。貶韓愈爲潮州刺史。

書至京師何？遠也。於是自鳳翔迎之。終《綱目》書迎佛骨二，而凶穢之禍無不立見者。憲宗十四年正月書迎佛骨，明年正月以國喪書；懿宗十四年正月書迎佛骨，是年七月以國喪書。事佛求福，反更得禍，韓愈之言，不誣矣！

二月，平盧都將劉悟執李師道，斬之。○以劉悟爲義成節度使。○夏，四月，詔諸道支郡兵馬，并令刺史領之。○程异卒。○裴度罷爲河東節度使。○秋，七月，宣武節度使韓弘入朝。○群臣請上尊號。○沂州役卒王弁殺觀察使王遂。

書役卒何？微也。微也，何以名？爲刺史書也。以主帥，而役卒之賤得以殺之，則不綱甚矣。

左、右軍中尉各獻錢萬緡。

書，病唐也。德宗之病三，一姑息藩鎮，二寵任宦官，三聚斂貨財，憲宗有二焉。

以令狐楚同平章事。○八月，以韓弘爲司徒，兼中書令，張弘靖爲宣武節度使。○魏博節度使田弘正入朝。○庫部員外郎李渤病免。○以王弁爲開州刺史，誘誅之。

憲宗之篇，嘗書誘執盧從史矣，於是復見，譏也。長沙王誘誅英布，則予其功，此其爲譏何？一役卒耳，上以重爵誘而誅之，不刑甚矣。終《綱目》書誘殺九，誘誅二。詳漢高帝十二年。

以田弘正兼侍中，遣還鎮。○十月，安南遣將楊清討黄洞蠻，清作亂，殺都護李象古。○吐蕃圍鹽州。○貶裴潾爲江陵令。○崔群罷爲湖南觀察使。○以狄兼謩爲左拾遺。

庚子 十五年。春，正月，上暴崩於中和殿。閏月，太子即位。

弑也，曷爲不書弑？罪唐之君臣也。弘志弑逆，舉朝恬然，不能究覈以正其誅，而即位如常時。《綱目》止曰暴崩，所以深罪之也。然則其與非弑何别焉？崩而書地，異其文，所以異其事也。是故書暴崩以著君臣之失，書伏誅以正弘志之罪，文宗太和九年。合而觀之，當時之獄具矣。○賀善贊曰：憲宗志平僭叛，所向有功，真中興之主矣。獨以失於承宗，則以任承璀也。蓋帝有二病，一任宦閹，二好進奉。《綱目》終憲之篇，非是，無譏辭者。末年信惑異端，身陷大禍，豈不重可惜哉！○唐世宦官弑君、立君始此。

貶皇甫鎛爲崖州司户，以蕭俛、段文昌同平章事。○柳泌伏誅，貶李道古爲循州司馬。

泌，方士也，《綱目》抑左道，於方士必以伏誅書。繫道古於泌之下，所以示臣子之道，而戒詭遇也。終《綱目》方士書誅七。新垣平、少翁、欒大、潘誕、柳泌、趙歸真、李玄伯。

以薛放爲工部侍郎，丁公著爲給事中。〇尊貴妃郭氏爲皇太后。

有書立貴妃某氏爲皇后矣，未有爲皇太后者也；有書立上母某妃爲皇太后矣，未有尊貴妃者也。此帝母也，書不以尊帝母書，書貴妃，所以志憲宗不正坤闈之失也。貴妃爲皇太后，終《綱目》一書而已矣。

上與群臣皆釋服。

特筆也。自漢文遺詔短喪，滔滔者皆是也，不書，書此何？譏穆宗之君臣也。君弑賊不討，而視如常時，踰月皆釋服，又且因肆赦，而盛陳倡戲焉，人倫滅矣。故特書上與群臣釋服，兩責之也。自此，二月書赦天下，八月書浚魚藻池，九月書大宴，十月書幸華清，重譏之也。

二月，赦天下。〇以柳公權爲翰林侍書學士。

侍書學士未有書者，書公權何？嘉筆諫也。

夏，五月，以元稹爲祠部郎中、知制誥。

知制誥不書，嘗書蘇源明矣，於是復見。其復見何？病之也。曷爲病之？前書貶元稹爲江陵士曹，宦官也；此書以元稹爲祠部郎中、知制誥，亦宦官也。前以忤宦官貶，今以善宦官用，一元稹也，前後相反如二人焉，此《綱目》所以深病之也。

六月〔一〕，葬景陵。○以崔群爲吏部侍郎。○太后居興慶宮。

居者何？順辭也。徙辭有二：書徙某太后者，逆辭也；書某太后徙居某宮者，順辭也。終《綱目》書太后徙居二，崇德褚氏、積慶蕭氏。書太后歸某宮一，漢上官氏。書太后居某宮一，郭氏。書太后遷居某宮一，漢隱太后。皆順辭也。

秋，七月，以鄆、曹、濮節度爲天平軍。○令狐楚罷。○八月，浚魚藻池。○以崔植同平章事〔二〕。○九月，大宴。

《綱目》書宴，於是十有六矣，詳漢高帝五年。未有書大者，此其書大何？譏唐人也。君弑賊不討，未十月而大宴，《綱目》所深罪也。故操卒未半年而曹丕饗士則書大，憲弑未十月而穆宗設宴則書大，皆罪其無父也。舍是，無書大宴者矣。

冬，十月，成德節度使王承宗卒，詔以田弘正代之，王承元爲義成節度使。

承宗請帥也。田興請吏，書請吏，此則曷爲不書？不必書也。田興請吏，詔就命之，不書請吏，則與代、德之姑息何異！書之，所以著田興恭順之節，憲宗應接之宜也。今以承元爲義成，而承元奉詔，則承元之節著矣，不書可也。

〔一〕「六月」，《通鑑》卷二四一作「五月庚申」。
〔二〕「○」，原無，據宋刻《綱目》本補。

吐蕃寇涇州。○幸華清宮。

玄宗之末，三書幸華清宮矣，自後未有書者。於是復書，穆宗可謂忘其親矣。後此，太后書幸華清，敬宗書幸温湯，帝啓之也。

容管遣兵討蠻賊黃少卿，破之。

辛丑穆宗皇帝長慶元年。春，正月，詔河北諸道各均定兩税。○蕭俛罷。○段文昌罷，以杜元穎同平章事。○以王播爲鹽鐵使。○回鶻保義可汗死。○盧龍節度使劉總棄官爲僧，以張弘靖代之。

於是劉總請吏，則何以不書？總弑父與兄，賊也，故削之。然則棄官爲僧何以書？譏失賊也，與書棄官隱嵩山者胥壞矣。終《綱目》書棄官二，中宗嗣聖十二年武攸緒〔一〕，是年劉總〔二〕。

夏，四月，貶錢徽、李宗閔爲遠州刺史，楊汝士爲開江令。

牛李之黨釁成矣，故謹書之。

五月，遣使册回鶻崇德可汗，以太和長公主妻之。○秋，七月，盧龍軍亂，囚節度使張弘靖，推朱克融爲留後。○貶張弘靖爲吉州刺史。○成德兵馬使王庭湊殺節度使田弘正，起復田布爲魏博節度使，討之。

〔一〕「武攸緒」，三字弘治本爲小字注文。
〔二〕「劉總」，二字弘治本爲小字注文。

《綱目》書起復八，皆譏也，惟田布無譏焉。詳太宗貞觀十五年。

瀛州軍亂，執觀察使盧士玫。○詔諸道討王庭湊，以牛元翼爲深冀節度使，庭湊圍深州。○九月，相州軍亂，殺刺史邢濋。○吐蕃遣使來盟，以劉元鼎爲吐蕃會盟使。

來盟何？敵辭也。蠻夷會盟，其辭四：請盟，卑辭也；受盟，順辭也；與盟，降辭也；來盟，抗辭也。《綱目》書外盟五，詳高祖武德七年。皆唐也，莫危於渾瑊，莫辱於元鼎者矣。

朱克融掠易州。○詔兩税皆輸布、絲、纊。○冬，十月，以王播同平章事。○以裴度爲鎮州行營都招討使。○以王智興爲武寧節度副使。○以魏弘簡爲弓箭庫使，元稹爲工部侍郎。

於是裴度言之，則黜也，曷爲書以？病穆宗也。度表三上，上不得已，解弘簡樞密，解稹翰林，而以此職處之。書以，所以見穆宗之恩遇如故也。是故吐突承璀坐事爲淮南監軍，則不書黜書以；憲宗元和六年。魏弘簡有罪爲弓箭庫使，則不書黜書以：是年。皆病其上也。夷稹於弘簡奈何？稹結弘簡以求相位，《綱目》比而書之，所以絶之於士君子之林也，垂戒嚴矣！

宿州刺史李直臣伏誅。○十二月，深州行營節度使杜叔良討王庭湊，大敗，詔以李光顔代之。○以朱克融爲平盧節度使。

壬寅二年。春，正月，盧龍兵陷弓高。○成德兵掠官軍糧運。○魏博將史憲誠殺其節度使田布，詔以憲誠爲節度使。

布自殺，且蔽罪於憲誠何？憲誠爲布腹心，而鼓扇將士，致布於自殺，不書殺，則姦賊得以逭其罪矣。前書以朱克融爲盧龍節度使，此書以史憲誠爲魏博節度使，下書以王庭湊爲成德節度使，而河北復盡，决矣。

二月，以王庭湊爲成德節度使，遣兵部侍郎韓愈宣慰其軍。○以傅良弼爲沂州刺史，李寰爲忻州刺史。○崔植罷，以元稹同平章事。○以裴度爲司空、東都留守。○以李聽爲河東節度使。

穆宗即位以來，政無可紀，獨有誅李直臣，用李聽，免欠錢，復韓愈四事耳。瑕不揜瑜，故《綱目》悉書之。

昭義節度使劉悟執監軍劉承偕。○三月，詔内外諸軍將士有功者奏，與除官。

有功求賞，常情也，無不奏者矣。又詔啓之，有不妄濫者乎？書曰詔，病其上也。

武寧副使王智興作亂，詔以爲節度使。

直書其事，唐之不振，益可見矣。然則崔群被逐，曷爲不書？全群也。曷爲全之？爲賢者諱，《綱目》之厚也。是故崔群不書逐，是年。鄭畋不書逐。僖宗中和元年。

詔留裴度輔政。○王播罷。○夏，四月朔，日食。○詔免江州逃户欠錢。

書，嘉從諫也。書免欠始此。終《綱目》書免欠三。是年、五代丁亥年唐免三司逋負〔一〕、五代甲午年唐

〔一〕「負」，原作「召」，據弘治本、蜀藩本、《通鑑》卷二七六改。

蠲逋租。

六月，裴度罷爲右僕射，元稹罷爲同州刺史。

唐世宰相罷，書曰罷爲某官者，皆賢相也。度書右僕射，宜矣；稹也，而書同州刺史何？譏罰輕也。稹爲邪謀，其罷也，猶刺畿郡，以是爲太輕，故書譏之。

以李逢吉同平章事。○秋，七月，宣武押牙李㝏作亂，討平之。

作亂者，牙將李臣則也，㝏爲所推耳，其首㝏何？㝏既受其所推，朝命徵之復不奉詔，是真亂也。不首罪㝏，則叛亂之臣，皆得有以藉口矣。

冬，十一月，太后幸華清宮，上畋於驪山。

於是上及太后俱幸驪山，首太后何？病太后也。太后信可謂賢矣，而自爲侈靡，何以示母儀於主上哉！《綱目》上書太后幸，下書上畋，正本也。終《綱目》書太后遊幸三，梁己亥年魏太后遊嵩高、是年、五代唐乙酉年蜀太后遊青城。書后遊幸一。晉安帝元興三年燕主熙后遊白鹿、五代唐甲申年唐主后幸張全義第。

十二月，立景王湛爲太子。○初行《宣明曆》。

癸卯 三年。春，三月，以牛僧孺同平章事。○夏，四月，以鄭權爲嶺南節度使。○五月，以柳公綽爲山南東道節度使。○六月，以韓愈爲京兆尹。○秋，八月，幸興慶宮。

幸者何？乘輿所至，必有恩賞，人以爲幸也。內宮未有書幸者，此其書幸何？於是上至通化門，投絹施僧，多至二百匹，故雖太后居之，不書朝書幸，譏濫賜也。

以裴度爲司空、山南西道節度使。○九月[一]，復以韓愈爲吏部侍郎，李紳爲户部侍郎。

甲辰 四年。春，正月，帝崩，太子即位。○二月，貶李紳爲端州司馬。○尊皇太后爲太皇太后，上母王妃爲皇太后。○幸中和殿擊毬。

擊毬不書，據文宗擊毬得疾不書。此何以書？譏忘哀也。中和殿，憲宗遇弑之所也。憲宗之弑僅爾四期，穆宗之喪甫及易月，於此擊毬，忘哀甚矣，故書中和殿。内殿未有書幸者，此其書幸何？於是賞賜宦官、樂人，不可勝紀，故特書幸譏之。蓋至此，而穆宗詒謀之效著矣[二]。

三月，赦。○以劉栖楚爲起居舍人，不拜。

書不拜何？美栖楚也。若栖楚，可謂敢言矣。終《綱目》拜官書不受十九，書讓還一，書不拜三。詳漢安帝永初元年。

夏，四月，以李虞爲拾遺。

書，譏也。何譏焉？八關之一也。終《綱目》書以爲拾遺六，詳憲宗元和元年。惟李虞爲譏辭。

盗入清思殿，中尉馬存亮遣兵討平之。○五月，以李程、竇易直同平章事。○六月，加裴度同平章事。

[一] 「九」，《通鑑》卷二四三作「冬十」。

[二] 「詒」，原作「貽」，據弘治本、蜀藩本改。

○夏綏節度使李祐進馬百五十匹，却之。○冬，十月，賜韋處厚錦綵、銀器[一]。○十一月，葬光陵。○十二月，以劉栖楚爲諫議大夫。○罷泗州戒壇。

書，美從諫也。書戒壇始此。終《綱目》書戒壇二。是年、懿宗咸通二年。

回鶻崇德可汗死。

乙巳 敬宗皇帝寶曆元年。春，正月，赦。○牛僧孺罷爲武昌節度使。○册回鶻昭禮可汗。○二月，浙西觀察使李德裕獻《丹扆六箴》。

獻文不書，此其書何？予格君也。故《金鑑録》書，玄宗開元二十四年。《丹扆箴》書，是年。非是皆略之。

夏，四月，群臣上尊號，赦天下。○秋，七月，鹽鐵使王播進羨餘絹百萬匹。○造競渡船。

凡書舟船，譏也；造競渡船，譏之譏也。終《綱目》書舟船三，詳隋煬帝大業十一年。皆譏也。

八月，昭義節度使劉悟卒。○冬，十月，袁王長史武昭伏誅。○十一月，幸驪山温湯。○十二月，以劉從諫爲昭義留後。○以李絳爲太子少師、分司。

丙午 二年。春，二月，以裴度爲司空、同平章事。○三月，罷脩東都。

[一] 「錦」，原作「綿」，據弘治本、蜀藩本、《通鑑》卷二四三改。

凡脩宮書罷，皆美辭也。終《綱目》宮殿書罷者三，漢明帝永平二年、玄宗開元元年、是年。舍是，無書者矣。

夏，五月，幽州軍亂，殺節度使朱克融而立其子。秋，八月，都將李載義殺之。○遣使迎周息元入禁中。

書迎何？備禮也。自申公、龔勝、耿況以來，聘召未有書迎者，於是復見。終《綱目》聘召書迎五，自漢以前所迎者，賢士也，由唐以後所迎者，道士也，而世主之好尚，可見矣。詳漢武帝建元元年。

九月，李程罷爲河東節度使。○冬[一]，十月，以李載義爲盧龍節度使。○十一月，李逢吉罷。○十二月，宦官劉克明等弑帝於室内，立絳王悟。王守澄等討克明，殺悟，立江王涵。

賀善贊曰：帝在位五年間[二]，《綱目》所書三十一事，而予之者十三條，所譏者六條，而宴遊居其半，可謂善浮於過矣。而卒以宴昵遇弑，然則宴安之爲鴆毒，可不戒哉！○守澄亦宦官也，曷爲不書宦官？予討賊也。悟書殺何？不予悟之受其立也。然則江王宜立矣，何以不書即位？不予守澄之得立君也。《綱目》之權衡，審矣！是故正統雖繼，故有立不書即位者，惟文宗不書

[一]「○」，原作空格，據宋刻《綱目》本補。

[二]「五」，疑當作「三」。

始，以宦閹立也。自是爲宦閹所立者又五君，《綱目》亦不復異書，即位從恒辭，而唐亡矣。○唐世宦官弑君、立君，再見於此。

尊帝母蕭氏爲皇太后。

蕭氏不書妃，據敬宗母書王妃。微也。故文宗母書蕭氏，宣宗母書鄭氏，皆微也。

以韋處厚同平章事。○出宮人，放鷹犬，省冗食，罷別貯、宣索。

書，美之也。終《綱目》書出宮人九，詳漢成帝綏和二年。舍是，無書者矣。

丁未 文宗皇帝太和元年。夏，四月，韋處厚請避位，不許。

書請避位何？嘉處厚也。文宗之立於是四閱月，處厚之相亦四閱月耳，文宗進退巽愞，處厚有以深知其心矣。於是而以避位請，知之明，去之早，處厚其賢哉！故雖不許，《綱目》猶書之，所以嘉處厚也。

以高瑀爲忠武節度使。○五月，以李同捷爲兗海節度使。○六月，以王播同平章事。○秋，七月，葬莊陵。○李同捷不受詔〔一〕。八月，削其官爵，發諸道兵討之。○冬，十一月，横海節度使烏重胤卒。

戊申 二年。春，三月，親策制舉人。

〔一〕「○」，原作空格，據宋刻《綱目》本補。

前書策試制舉之法矣，憲宗元和元年。不書親，此書親策何？譏也。何譏？躬親策之，而不知劉蕡之爲忠，以是爲失人也，故譏之。是故文帝策士而得晁錯則書親，武帝策士而得公孫弘則書親，文宗策士而失劉蕡則書親，皆譏其不知人也。終《綱目》書策士十有一，漢文帝十五年、武帝建元元年、元光元年、成帝建始四年、順帝陽嘉二年、安帝建康元年、壬寅年宋孝武、唐中宗嗣聖七年、憲宗元和元年、三年、是年。書親策者，三而已。舍是，無書策士者矣。

王庭湊陰以兵糧助李同捷。秋，九月，詔削其官爵，命諸軍討之。○王智興拔棣州。○冬，十二月，中書侍郎、同平章事韋處厚卒。

宰相卒具官，予賢也。終唐世三人焉，崔祐甫、李泌、韋處厚。舍是，無書者矣。

魏博軍亂。○以路隋平章事。

三年。己酉 春，正月，義成節度使李聽討魏博亂軍，平之。○二月，横海節度使李祐帥諸道兵擊李同捷，破之。夏，四月，同捷降，滄、景平。○六月，魏州軍亂，殺其節度使史憲誠，推何進滔知留後以拒命。秋，八月，以進滔爲魏博節度使。

直書其事，而譏意自見矣。文宗初立，三年之間，威令稍振，同捷不受詔則討之，王庭湊陰助同捷則討之，魏博軍亂則討之，未嘗不有功也。於是魏州殺帥，推進滔爲留後以拒命，則以進滔爲節度使，何哉？河北用兵，跨歷三載，國力匱竭故也。卒之庭湊微露請服之意，而遂赦之，則威令之詘，復自此始矣。

以殷侑爲齊、德、滄、景節度使。○赦王庭湊，復其官爵。○以李宗閔同平章事。○九月，命宦官毋得衣紗縠綾羅。○冬，十一月，禁獻奇巧及織纖麗布帛。

書，美之也。文宗儉素出於天性，故自即位至是，若此美政，《綱目》悉書之。

南詔寇成都，入其郛。

庚戌

四年。春，正月，以牛僧孺同平章事。○二月，興元軍亂，殺節度使李絳。○三月，以柳公綽爲河東節度使。○以温造爲山南西道節度使，討亂兵，平之。○夏，六月，以裴度爲司徒、平章軍國重事。○秋，七月，以宋申錫同平章事。○九月，以裴度爲山南東道節度使。○冬，十月，以李德裕爲西川節度使。

辛亥

五年。春，正月，盧龍將楊志誠逐其節度使李載義。二月，以志誠爲留後。○三月，貶漳王湊爲巢縣公，宋申錫爲開州司馬。

於是或誣申錫謀立漳王，漳王未必知也，先書貶漳王何？病文宗也。帝之立也，不以其次，謀立漳王之語，有以深中帝之病根，此帝所以大怒也[一]。他日獨雪申錫，而漳王無加恩焉，帝之病根見矣。先書漳王，所以深探帝之微情也。然則申錫何以不書官？罪之也。臣不密則失身，申

[一]「此」，原作「也」，據弘治本、蜀藩本改。

錫何以逭其責哉！

夏，五月，命有司葺太廟。

太廟之變，有書遣使作治者矣，漢昭帝元鳳四年。有書丞相入關脩宗廟者矣，漢帝玄更始元年。非常也。葺太廟命有司，是年。常事耳，其書何？美改過也。於是廟室破漏，踰月不葺，上怒，罰將作等俸，命中使帥工徒葺之。以韋温諫改是命，書曰命有司，美之也。

李德裕索南詔所掠百姓，得四千人。

夷蠻歸所掠多矣，不書，此書李德裕得何？嘉德裕也。先是，杜元穎致寇，南詔入郛大掠而去，則元穎失之也。元穎失之，而德裕能索之，此《綱目》之所嘉也。是故晋得秦南鄉十二郡書劉裕，安帝義熙元年。唐得南詔所掠四千人書德裕，是年。皆歸功得之者也。

秋，八月，以崔鄲爲鄂岳觀察使。○九月，吐蕃將悉怛謀以維州來降，不受。

隋文之初，三書叛降於隋，隋主弗納，美之也。此其書不受何？惜之也。不納者，拒弗納也，義之之辭也；不受者，辭不受也，恨之之辭也。維州，唐故土，代宗廣德元年陷吐蕃，韋皋屢攻不獲，幸其來歸，撫而有之可也。當事者乃以私憾德裕之故，違其所奏，辭而不受，此《綱目》所深惜也。故悉怛謀不書叛，而唐書不受，與書叛降於隋，隋主弗納者大異也。是故悉怛謀降唐書不受，是年。吴遣使如唐書不受，五代戊子年。吐谷渾降晋書不受，五代辛丑年。皆譏之也。

壬子 六年。春，正月，以水旱降繫囚。

書降繫囚何？美恤民也。終《綱目》書大水六十三，書雨水十有五，而書處恤之政者七；詳漢武帝元狩三年。書大旱三十八，又書旱五十八，而書恤旱之政者十有二。詳漢文帝六年。舍是，而無書恤水旱者矣。

群臣上尊號，不受。○回鶻昭禮可汗爲其下所殺。○冬，十月，立魯王永爲太子。○十二月，牛僧孺罷爲淮南節度使。○昭義節度使劉從諫入朝。○以李德裕爲兵部尚書〔一〕。

七年。癸丑 春，正月，加劉從諫同平章事，遣歸鎮。○二月，以李德裕同平章事。○夏，四月，册回鶻彰信可汗。○六月，以李載義爲河東節度使。○以鄭覃爲御史大夫。○李宗閔罷。○秋，七月，以王涯同平章事，兼度支、鹽鐵轉運使。

裴度兼度支不書，此其備書何？著涯之以利進也。

以李程爲宣武節度使。○八月，詔諸王出閤，停進士試詩賦。○加盧龍節度使楊志誠右僕射。○九月，以鄭注爲右神策判官。

於是守澄奏注侍御史，充右神策判官，不書侍御史，書神策判官何？見注之爲閹黨也。

冬，十二月，群臣上尊號，不受。

書上尊號多矣，未有書不受者。於是再書，文宗可謂不徇流俗者矣，故重美之。太和六年、是年。

〔一〕「○」，原作空格，據宋刻《綱目》本補。

上有疾。

甲寅八年。春，二月朔，日食。○夏，六月，旱。○冬，十月，幽州軍亂，逐節度使楊志誠，推史元忠主留務，志誠伏誅。

於是流嶺南道，殺之耳，書伏誅何？不誅，則逐帥要君者，終無刑矣。幸其一見，而正其罪名，所以示大戒於萬世也。是故矯詔未有知其當誅者，因周權之敗而書伏誅；晉惠帝永興二年。日逐帥未有知當誅者[一]，因志誠之敗而書伏誅，是年。《綱目》垂戒之義，備矣！志誠逐帥，在太和五年。

以李宗閔同平章事，李德裕罷爲山南西道節度使，以李仲言爲翰林侍讀學士[二]。○令進士復試詩賦。○以李德裕爲兵部尚書。○十一月，成德節度使王庭湊卒，子元逵自知留後。○以李德裕爲鎮海節度使。○以王璠爲尚書左丞。

乙卯九年。春，正月，以王元逵爲成德節度使。○浚曲江及昆明池。○三月，以史元忠爲盧龍節度使。○夏，四月，以李德裕爲賓客、分司。○以鄭注守太僕卿，兼御史大夫。○路隋罷爲鎮海節度使。○以賈餗同平章事。○貶李德裕爲袁州長史。

書，病帝也。文宗恭儉憂勤，可謂賢主。然用人則不能辨正邪，去弊則不能識先後，每歎去朋黨

[一]「日」，蜀藩本無；「知」下，蜀藩本有「其」字。

[二]「讀」，《通鑑》卷二四五作「講」。

難，而卒自不免於黨。始以李逢吉之言，欲用李仲言爲翰林，德裕難之，是也。而帝乃堅欲用之，至罷德裕以伸其志。又以賈餗善宗閔，怨德裕，遂相餗以擯之，是不謂之立黨乎？不特此也。欲用鄭注爲翰林，李珏非之，則罷李珏學士；欲用鄭注帥鳳翔，固言不可，則罷固言相職。其心深以朋黨爲惡，而竟自蹈於朋黨，其所黨者又皆小人，此所以卒受誤於訓、注，而鬱鬱以終其身也。

五月，以仇士良爲神策中尉。○六月，貶李宗閔爲明州刺史。秋，七月，以李固言同平章事。○貶李甘爲封州司馬。○以鄭注爲翰林侍讀學士〔一〕，貶李珏爲江州刺史。○改江淮、嶺南茶法，增其稅。○陳弘志伏誅。○李固言罷爲山南西道節度使，以鄭注爲鳳翔節度使。○以王守澄爲神策觀軍容使。○以舒元輿、李訓同平章事。○冬，十月，以王涯兼榷茶使。○殺王守澄。

書殺何？疾訓、注也。守澄與弑憲宗矣，曷爲不書誅？守澄與弑，唐傳之言也。然《綱目》於上暴崩之下，分注所述，止謂時人皆言弘志弑逆，及謂宦官王守澄等共立穆宗而已，則固未以唐傳爲然也。使守澄與弑，宜從弘志書伏誅矣。今與殺之説未明，而《綱目》於劉克明之誅，直以討予守澄，合此而觀，書殺之意明矣。

加裴度兼中書令。○十一月，李訓、舒元輿、鄭注等謀誅宦官，不克。以鄭覃、李石同平章事。仇士

〔一〕「讀」，《通鑑》卷二四五作「講」。

良殺訓、注、元輿及王涯、賈餗等。

書誅何？罪宦官也。然書謀誅，則與書奏誅者異矣。陳蓄。前書以舒元輿與李訓同平章事，二相固有序矣。此其首李訓何？訓首謀也。鄭注亦首謀，則曷爲不先注？不使御史先宰相也。然則見殺，則曷爲後元輿？淺謀取敗者，訓、注也；元輿特與聞其謀耳；王涯、賈餗，則又不與聞者，故殊之而書及。若是，則殺之者無罪歟？書仇士良殺某某，則罪士良矣。以爲訓、注淺謀以取敗，故不使涯、餗同之也。《綱目》之權衡。審矣哉！大中之世，詔雪王涯、賈餗，而不及訓、注，《綱目》特爲之大書，意可知也。

十二月，詔罷榷茶。○召六道巡邊使還京師。○以薛元賞爲京兆尹。

丙辰 開成元年。春，二月，加劉從諫檢校司徒。○詔京兆收葬王涯等。○夏，四月，以李固言同平章事。○閏月，以李聽爲河中節度使。○秋，七月，以魏謩爲補闕。○復宋申錫官爵。○冬，十月〔一〕，貶韓益爲梧州司户。

員郎耳，貶爲司户，其書之何？嘉李石也。李石愛人而知其惡，特書予之。

十二月，以盧鈞爲嶺南節度使。

〔一〕「十」，《通鑑》卷二四五作「十一」。

丁巳二年。春，三月，彗星出。

自是國無他異，間二歲而以大喪書矣。終《綱目》書彗星十有七，詳周顯王八年。鮮有無應者也。

夏，四月，以柳公權爲諫議大夫。〇以陳夷行同平章事。〇六月，河陽軍亂，逐其節度使李泳。〇秋，

七月，太子侍讀韋温罷。

太子侍讀未有書罷者，書此何？予温也。温故端士，於是可謂知幾矣。其後太子卒以遊宴譖死，

温亦賢知矣哉！

冬，十月，國子監《石經》成。〇李固言罷。

資治通鑑綱目書法第五十

起戊午唐文宗開成三年，盡丁亥唐懿宗咸通八年[一]。

廬　陵　後　學　劉友益修撰

翰林直學士中大夫知制誥同修國史國子祭酒歐陽玄校正

戊午 三年。春，正月，盜射傷李石。○以楊嗣復、李珏同平章事，李石罷爲荆南節度使[二]。○以李宗閔爲杭州刺史。○夏，五月，禁諸道言祥瑞。○秋，八月，義武節度使張璠卒。○詔神策將吏改官皆先奏聞。○冬，十月，太子永卒。

漢董后、唐憲宗暴崩書暴崩，永暴薨矣，則曷爲止書卒？病文宗也。文宗不明，不能庇及其子，其暴薨也，視之恬不爲異。《綱目》從其恒辭而書之，所以病其上也。

以郭旼爲邠寧節度使。○以張元益爲代州刺史。○吐蕃彝泰贊普死。

己未 四年。春，三月，司徒、中書令、晉文忠公裴度卒。

[一]「八」，原作「十」，據宋刻《綱目》本、本書《目録》改。
[二]「荆南」，原無，據宋刻《綱目》本、弘治本、蜀藩本、《通鑑》卷二四六補。

書官、書爵、書謚，終唐世五人而已。狄仁傑、宋璟、李晟、馬燧、裴度，皆忠賢也。舍是，大臣卒無具官爵謚者矣。

夏，五月，鄭覃罷爲右僕射，陳夷行罷爲吏部侍郎。〇以姚勗檢校禮部郎中。〇秋，七月，以崔鄲同平章事。〇冬，十月，立陳王成美爲皇太子。〇回鶻相掘羅勿弒彰信可汗。

蠻夷書殺，此其書弒何？相弒之也。相弒之，則曷爲書弒？爲相而弒其君，則不可以恒辭書矣。登里、德宗建中元年。烏介，武宗會昌六年。亦相弒之，則何以書殺？非中國所册命也。非册命，則固不可以中國之法治矣。忠貞、德宗貞元六年。昭禮，太和六年。亦册命也，則其不書弒何？忠貞、昭禮，骨肉相殘。王者不治夷狄，雖以中國之法治之，亦難乎責之以詳也。故雖中國所命立，必相弒之而後始書弒。終《綱目》夷蠻書弒六。詳齊丁丑年。

是歲天下户數四百九十九萬六千七百五十二〔一〕。

自廣德甲辰書天下户口之数二百九十餘萬〔二〕，至是六十六年，所增者二百萬耳，甫及天寶之半。生聚之難，如此哉！

庚申 五年。春，正月，立潁王瀍爲皇太弟，廢太子成美爲陳王。

〔一〕「四百九十九萬六千七百五十二」，此句宋刻《綱目》本爲小字分注，非大字提要。
〔二〕「二百九十餘萬」，此句弘治本爲小字注文。

廢立者，仇士良矯詔耳，不書矯詔何？病文宗也。帝惟一子，不能全之，至於暴薨而莫之悟，遂子其姪焉，而又使姦臣得以廢之。《綱目》書立書廢無異辭，若曰帝實爲之也云爾。

帝崩。太弟殺陳王成美，遂即位。

賀善贊曰：文宗恭寬勤儉，多可紀者。然深惡朋黨而不知所辨，欲去宦閹而不知所倚，篇中所載，非二李之出入，則訓、注之始末也。至於太子以暴薨而不書暴，太弟以矯詔立而不書矯，《綱目》尤不滿焉。○即位書遂，譏遽也。陳霸先嘗書之矣，於是再見。武宗有富天下之私，汲汲於成美之死，書曰殺陳王成美，遂即位，陋之也。於是殺安王溶不書，舉其重者而已矣。

夏，五月，楊嗣復罷，以崔珙同平章事。○秋，八月，葬章陵。○李珏罷。九月，以李德裕同平章事。○冬，十月，黠戛斯攻回鶻，破之，回鶻嗢没斯款塞求内附。○魏博節度使何進滔卒，子重順知留後。○蕭太后徙居積慶殿。○十一月，以裴夷直爲杭州刺史。○以李中敏爲婺州刺史。

辛酉 武宗皇帝會昌元年。春，二月，回鶻立烏介可汗。○三月，以陳夷行同平章事。○殺知樞密劉弘逸、薛季稜，貶楊嗣復、李珏遠州刺史，裴夷直驩州司馬。

劉，薛宦官耳，書殺何？無罪也。書殺弘逸、季稜，貶嗣復、珏等，而武宗富天下之陋，益無以自揜矣。終《綱目》宦官書殺三，呂强、王守澄、劉弘逸等。兩下相殺不與焉。曹知愨、田令孜。

夏，六月，詔群臣言事毋得乞留中。

書，予之也。武宗之失，有富天下之私，有崇道教之惑，至他美，則《綱目》未嘗没之。故詔言事毋得乞留中則書，以高少逸爲給事中、鄭朗爲諫議大夫則書。

以何重順爲魏博節度使。○上受法籙於趙歸真。

司馬承禎不書道士，予之也。歸真道士也，其不書何？略之也。書受法籙，則其爲道士明也。是故史崇恩以五品階書道士，劉玄静以學士書道士，軒轅集以迎書道士，杜光庭以諫議大夫書道士，皆處非其據者也。

秋，九月，詔河東、振武備回鶻。○以牛僧孺爲太子太師。○盧龍軍亂。冬，十月，雄武軍使張仲武討平之，詔以仲武知留後。

於是詔在未平之先耳，先書討平之何？仲武得人心，可以策其必能平亂矣。先書平，所以見其非輕授也。

十一月，遣使訪問太和公主。

書，予存厚也，故自此凡四書之。

崔鄲罷。○十二月，遣使慰問回鶻烏介可汗。

壬戌二年。春，正月，以張仲武爲盧龍節度使。○二月，以李紳同平章事。○以柳公權爲太子詹事。○三月，以劉沔爲河東節度使。○夏，四月，嗢没斯帥衆來降。○群臣上尊號。○五月，以嗢没斯爲懷化郡王。〇張仲武擊回鶻，破之。〇陳夷行罷。〇秋，七月，以李讓夷同平章事。〇八月，回鶻入寇，詔諸道出兵禦之。〇以白敏中爲翰林學士。〇冬，十一月，遣使賜太和公主冬衣。〇以高少逸爲給事中，鄭朗爲諫議大夫。〇吐蕃達磨贊普死。

三年（癸亥）。春，正月，劉沔大破回鶻，迎太和公主以歸。〇二月朔，日食。〇黠戛斯遣使獻馬。〇崔珙罷。〇太和公主至京師。〇三月，以趙蕃爲安撫黠戛斯使。〇贈悉怛謀右衛將軍。〇夏，四月，李德裕乞罷，不許。〇昭義節度使劉從諫薨，其子稹自爲留後，詔諸道發兵討之。

《綱目》書薨，自戰國分王外，非未成君、廢帝、廢后，則謚爲帝、爲后者也。不然，則帝母也，有功公主也。方鎮、大臣未有書薨者。自從諫以後，方鎮書薨三，是年劉從諫、宣宗太中十一年王紹鼎、懿宗咸通十三年張允伸。大臣書薨一，僖宗乾符元年劉瞻。疑皆誤。據郭子儀號官爵謚具止書卒。

以崔鉉同平章事。〇築望仙觀於禁中。

蜚廉、桂觀，亦求仙者也，不書地，此書地何？譏之譏也。望仙，惑也；於禁中，亦非地矣。是故晉孝武書立精舍於内殿，唐肅宗書置道場於三殿，此書築望仙觀於禁中，皆深譏之。五年築望仙臺於南郊不書，略之也，書其甚者而已矣。

六月，内侍監仇士良致仕。

宦官未有書致仕者，書士良何？病唐也。甘露之事，士良專殺執政，既又賊傷李石，摇動軍情。

今而使之得以令終，失刑甚矣，故書譏之。或曰：宦官知止，非美之歟？後書削官爵，籍家貲，則此非美矣。終《綱目》書宦官致仕二，仇士良、楊復恭。皆以罪終者也。

吐蕃論恐熱攻尚婢婢於鄯州。

蠻夷自相攻不書，此其書何？進婢婢也。曷爲進之？心乎唐者也。故自是婢婢不一書。

秋，七月，以盧鈞爲昭義節度使。○遣御史中丞李回宣慰河北三鎮。○以石雄爲晋絳行營節度副使。○王元逵破昭義兵，拔宣務栅。○八月，昭義大將李丕降。○詔王宰趣磁州。何弘敬拔肥鄉、平恩。○昭義兵陷科斗寨。○九月，以王宰兼河陽行營攻討使，敬昕爲河陽節度使。○吐蕃尚婢婢遣兵擊論恐熱，大破之。○以石雄爲晋絳行營節度使。○冬，十月，以劉沔爲義成節度使，李石爲河陽節度使。○十一月，以兖王岐爲安撫党項大使，李回副之。○十二月，王宰克天井關。○河東克石會關。

甲子

四年。春，正月，河東都將楊弁作亂，討平之。○三月朔，日食。○以劉沔爲河陽節度使。○黠戛斯遣使入貢。○以劉濛爲巡邊使。○以趙歸真爲道門教授先生。○夏，六月，減州縣冗員。○詔削仇士良官爵，籍没家貲。○秋，七月，遣王逢屯翼城。○以杜悰同平章事。○閏月，李紳罷。昭義將高文端降。○八月，邢、洺、磁三州降，郭誼斬劉稹以降。

於是執誼送京師，斬之，則殺降也，不書何？誼，罪人也，始則勸亂，終則賣主，且非三州降唐，則誼計未必出此。《綱目》以爲可殺，故不書。

加李德裕太尉，賜爵趙國公[一]。〇冬，十一月，貶牛僧孺爲循州長史，流李宗閔於封州。
書，病德裕也。德裕入相以來，御回鶻，討昭義，不可謂無功矣。然有二失，快私讎，一也，自滿假，二也，《綱目》每書譏之。書以李中敏爲婺州刺史，以牛僧孺爲太子太師，以柳公權爲太子詹事，以白敏中爲翰林學士，貶牛僧孺，流李宗閔，殺吴湘，貶韋元質，皆譏其快私讎也；再書群臣上尊號，於黠戛斯降、郭誼降之下，皆譏其自滿假也。君子以爲才略雖高，而未聞道，可謂善論矣。

乙丑五年。春，群臣上尊號。〇義安太后王氏崩。〇以盧弘宣爲義武節度使。〇殺江都令吴湘。〇夏，五月，葬恭僖皇后。〇杜悰、崔鉉罷，以李回同平章事。〇册黠戛斯爲英武誠明可汗。〇秋，七月朔，日食。〇詔毁天下佛寺，僧尼并勒歸俗。
佛教於是三黜矣。
昭義戍卒作亂，討平之。〇置備邊庫。
凡書置庫，譏也。據瓊林大盈、欠負耗賸。此其書何？嘉德裕也。名曰備邊，又以度支主之，則非人主私藏比矣。其後務反德裕，改爲延資，果何義哉！宣宗大中三年。
冬，十月，以道士劉玄静爲崇玄館學士。

[一] 「趙」，原作「衛」，據宋刻《綱目》本、《通鑑》卷二四八改。

書，譏也。釋、道之爲異端，一也。武宗惡釋而好道，則以長生之説，足以惑之耳〔一〕。故《綱目》於受籙趙歸真則書，以歸真爲道門教授先生則書，以玄静爲崇玄館學士則書，皆譏之也。

十二月，貶韋弘質爲某官。

書貶官多矣，未有書曰某官者，書曰某官何？史失之也。史失之，則如勿書？書，病德裕也。於是弘質言宰相權重，德裕以賤人圖柄臣貶之，專莫甚矣。他日啟宣宗灑淅之疑，而不免崖州之貶，宜哉！

詔罷來年正旦朝會。

上有疾也。然則曷爲不以有疾書？上餌金丹，自秋覺疾，而方士以爲换骨。《綱目》不書有疾，若曰惑於邪説，疾而不知其疾云爾，所以譏也。

吐蕃論恐熱擊尚婢婢，大敗。○是歲天下户數。

自開成以來，書天下户數四百九十九萬六千七百有奇，於是六年爾，減四萬一千六百。當是時，非有水旱也，其以河北用兵故歟？《綱目》書户口數七，兵民數一，詳中宗景龍元年。皆唐世也。舍是，無書户口者矣。

丙寅六年。春，二月，以米暨爲招討党項使。○三月，立光王忱爲皇太叔。帝崩，太叔即位。

〔一〕「足」，原作「是」，據蜀藩本改。

終《綱目》書皇太叔，一而已矣。○稱太叔始此。嗚呼！太弟已非，况太叔乎。○賀善贊曰：武宗天資英果，善屬賢相，故能外降黠戛，内平劉稹，《綱目》於此，獨詳書之。然雖知惡釋氏，而溺信道流，則亦未得爲卓然者。至於即位書遂，則自霸先以來，未之有也。

夏，四月，尊帝母鄭氏爲皇太后。○李德裕罷爲荆南節度使。○趙歸真等伏誅。五月，詔上京增置八寺，復度僧尼。

方士也。《綱目》抑左道，方士必以伏誅書。終《綱目》方士書伏誅七。詳漢文帝後元年。○書詔何？病宣宗也。大中之政，務反會昌，三月即位，豈無當急者？而五月首度僧尼，甚而上京特增八寺。《綱目》書增書復，而冠之以詔，所以深病宣宗也。

以白敏中同平章事。○六月，定太廟爲九代十一室。

開元嘗書增太廟爲九室矣，此其書定何？譏也。廟有定制，三昭三穆，與太祖之廟而七，不可增也。而增之，非也；增之而多所改定，亦非也。故書定，深譏之。

秋，七月，回鶻殺烏介可汗。○八月，葬端陵。○以牛僧孺爲衡州長史，李宗閔爲郴州司馬。○九月，鄭肅罷，以盧商同平章事。○罷册黠戛斯可汗使。○以李景讓爲浙西觀察使。○冬，十月，禘於太廟。○上受三洞法籙。

前書受法籙於趙歸真矣，於是復書，病宣宗也。誅歸真者，宣宗也；受法籙者，亦宣宗也。一人之身，半年之間，相反如此，則以長生之説，足以惑其心而已矣。終《綱目》書受籙三。詳宋壬午年。

十二月朔，日食。

丁卯 宣宗皇帝大中元年。春，二月，旱。〇以李德裕爲太子少保、分司。〇盧商罷。〇以崔元式、韋琮同平章事。〇閏月，敕復廢寺。

書毀佛寺，放僧尼，至是不一二年耳。既書度僧尼，又書復廢寺，《綱目》前書以詔，此書以敕，病宣宗也。《綱目》以來，書廢異教者三，魏主燾誅沙門，毀書像，宋丙戌年。周廢佛道，敕毀淫祠，陳甲午年。并武宗而三焉。會昌五年。然魏、周皆六七年而後復，其復之速，未有若唐之甚者也。異端撲滅之難如此，可勝嘆哉！

積慶太后蕭氏崩。〇吐蕃寇河西，河東節度使王宰擊破之。〇夏，六月，復遣使册黠戛斯可汗。〇以令狐綯爲考功郎中、知制誥。〇秋，八月，李回罷。〇葬貞獻皇后。〇作雍和殿。〇冬，十二月，貶李德裕爲潮州司馬。〇復增州縣官三百八十三員。

書復可也，書增何？譏也。凡增者，不宜增者也。德裕省冗官，未見有缺事者。大中君臣動欲反之，謂之何哉！《綱目》書曰復增，深譏之也。

戊辰 二年。春，正月，群臣上尊號。〇貶丁柔立爲南陽尉。

柔立何〔一〕？德裕所棄也。是時務反德裕，柔立於此獨能爲德裕訟冤，可謂至公矣。敏中以私害公，從而貶之，非也，故書譏之。

黠戛斯攻室韋，大破之。○二月，以令狐綯爲翰林學士。○作五王院。○夏，五月朔，日食。○崔元式罷，以周墀、馬植同平章事。○太皇太后郭氏暴崩於興慶宮。

暴崩何？弑也，故地。異其文者，異其事也。於是宣宗之惡，微而顯矣。

秋，九月，貶李德裕爲崖州司户。○以石雄爲神武統軍〔二〕。

書，惡敏中也。德裕之政，私喜怒未免也。超用馬植可矣，有功如雄，徒以德裕所薦，必痛抑之，謂之何哉！《綱目》不書馬植刑部侍郎，而書以石雄爲神武統軍，舉其甚者也。

冬，十一月，萬壽公主適起居郎鄭顥。○葬懿安皇后於景陵之側。

后葬不書地，合葬也。此書景陵之側何？非地也。景陵是也，不合葬而於其側，則非矣。《綱目》祔非其人書地，葬非其所書地，名非其名書地。漢哀傅太后渭陵，元壽元年。唐武乾陵，神龍二年〔三〕。非其人也；漢宣許后杜陵南園，本始三年。桓梁后懿陵，延熹二年。唐郭太后景陵之側，非其地也；是年。漢和梁太后西陵，永元九年。桓匽氏博陵，元嘉二年。非其名也。書葬於景陵之

〔一〕「何」，原作「向」，據弘治本、蜀藩本改。
〔二〕「神」，《通鑑》卷二四八作「龍」。
〔三〕「龍」，原作「武」，據弘治本、蜀藩本、《通鑑》卷二〇八改。

側，而宣宗之惡亦不可揜矣[一]。然則景陵之側一也，葬孝明皇后則曷爲不書？懿宗咸通七年。非嫡，宜也，故不書。《綱目》之筆削，審矣哉！終《綱目》后葬書地七，舍是，無書地者矣。

韋琮罷。

己巳三年。春，正月，以韋宙爲御史。○二月，吐蕃三州七關來降。○夏，四月，周墀罷爲東川節度使。○以崔鉉、魏扶同平章事。○盧龍節度使張仲武卒。○五月，武寧軍亂，逐其節度使李廓，詔以盧弘止代之。○六月，以張直方爲盧龍節度使。○秋，七月，克復河、湟。○冬，十月，改備邊庫爲延資庫。○取維州。○閏十一月，加順宗、憲宗謚號。○張直方歸京師。○李德裕卒。

崖州司户也，不書何？削之也。黨禍不解，德裕與有責焉。

庚午四年。夏，四月，貶馬植爲常州刺史。○六月，魏扶卒，以崔龜從同平章事。○秋，八月，盧龍節度使周綝卒，軍中推張允伸爲留後。○九月，貶孔温裕爲柳州司馬。○吐蕃論恐熱擊尚婢婢，遂掠河西。○冬，十月，以令狐綯同平章事。

辛未五年。春，二月，沙州降。○以裴休爲鹽鐵轉運使。○以李福爲夏綏節度使。○三月，以白敏中充招討党項都統、制置使。○夏，五月，吐蕃論恐熱入朝。

[一]「亦」，蜀藩本作「益」。

自貞觀書結骨俟利發入朝，二十三年。至此近二百年，無書蠻夷入朝者。於是復見，雖其計窮出此，非真慕義，然華夏之氣，庶幾少振矣，故書。

冬，十月，以魏謩同平章事〔一〕。○以白敏中爲邠寧節度使。○十一月，以張義潮爲歸義節度使。○崔龜從罷。

壬申 六年。春，二月，雞山群盜寇掠果州，刺史王贄弘討平之。○三月，詔大將軍鄭光賜莊，免税役，尋罷之。

鄭光何？母舅也。於是尋罷之矣，何以書？譏也。嫡母蒙弑，而妾母是崇，雖罷之，猶譏也。

夏，六月，以畢諴爲邠寧節度使。○閏月，以盧鈞爲河東節度使。○秋，八月，以裴休同平章事。○冬，十月，畢諴招諭党項，降之。○十二月，復禁私度僧尼。

前書復度僧尼，譏也；此書復禁，美之歟？禁私度耳，非罷也，逮懿宗而書置戒壇，度僧尼矣。終《綱目》書禁私度僧尼二。是年、五代乙卯年周。

癸酉 七年。夏，四月，定杖笞法。○冬，十二月，以鄭光爲右羽林統軍。○度支奏歲入之數。

甲戌 八年。春，正月朔，日食。罷元會。

〔一〕「謩」，原作「慕」，據宋刻《綱目》本、弘治本、蜀藩本、《通鑑》卷二四九改。

日食三朝，大變也。宣宗於此，猶知一罷元會，蓋庶幾焉，故書。《綱目》書日食三百六十七，而食於三朝二十八，詳周安王二十年，又漢惠帝七年。惟此書罷元會，他無聞焉。然則雖大變也，世主之玩視者多矣。

二月，以牛叢爲睦州刺史。○秋，九月，以高少逸爲陝虢觀察使。○冬，十月，以李行言爲海州刺史。○詔雪王涯、賈餗等。

九年乙亥。春，正月，成德節度使王元逵卒，軍中立其子紹鼎爲留後。○二月，以李君奭爲懷州刺史。○夏，閏四月，詔州縣作差科簿。○秋，七月，浙東軍亂，逐觀察使李訥。○崔鉉罷爲淮南節度使。○九月，貶李訥爲朗州刺史，杖監軍王宗景，配恭陵。

宣宗威攝閹豎，於是監軍始有書杖配者。終《綱目》宦官書杖，一而已。

冬，十一月，以柳仲郢爲鹽鐵轉運使。○十二月，貶康季榮爲夔州長史。○以鄭祗德爲賓客、分司。

十年丙子。春，正月，以鄭朗同平章事。○夏，五月，以韋澳爲京兆尹。○六月，裴休罷爲宣武節度使。○冬，十月，以鄭顥爲秘書監。○十一月，册回鶻爲懷建可汗。○詔議遷穆宗以下出太廟。

於是議不決，止矣，則其書何？譏也。宣宗弑其嫡母，則薄於穆宗以下，宜矣！故雖景讓建議之法，而《綱目》特書詔議，所以誅宣宗之心也。

以崔慎由同平章事。○詔内園使李敬寔剥色，配南牙。

丁丑十一年。春，正月，以韋澳爲河陽節度使。○二月，魏謩罷爲西川節度使。○秋，七月，以蕭鄴同平章事。○流祝漢貞於天德軍。○八月，成德軍節度使王紹鼎薨，軍中立其弟紹懿。○冬，十月，以尚延心爲河、渭都遊奕使。○鄭朗罷。○遣使迎道士軒轅集於羅浮山。

書道士多矣，《綱目》取二人焉，司馬承禎、軒轅集是也。承禎不書道士，予之也。集亦在所予者，則其書道士何？爲迎之書也。終《綱目》聘召書迎五，申公、龔勝、耿況、周息元、軒轅集。自漢以前，所迎者賢士也；由唐而後，所迎者道士也。世主之好尚，可見矣！

戊寅十二年。春，正月，以王式爲安南都護。○以劉瑑同平章事。○二月，崔慎由罷。○夏，四月，嶺南軍亂，詔以李承勛爲節度使，討平之。○以夏侯孜同平章事。○五月，劉瑑卒。○湖南軍亂，逐觀察使韓琮。○六月，江西軍亂，逐觀察使鄭憲。○蠻寇安南。○秋，七月，宣州軍亂，逐觀察使鄭薫。○河南、北、淮南大水。

盜賊之陰兆矣。自是龐勛亂徐土，芝、巢起山東，而唐遂以亡。變不虛生，信哉！

冬，十月，以于延陵爲建州刺史。○山南東道節度使徐商討湖南亂軍，平之。○以崔鉉爲宣歙觀察使，討亂軍，平之。○以韋宙爲江西觀察使，討亂軍，平之。○十二月，以蔣伸同平章事。

己卯十三年。夏，四月，以廣德公主適校書郎于琮。○武寧軍亂，詔以田牟爲節度使。○秋，八月，帝崩。鄆王漼即位。

賀善贊曰：宣宗厲精求治，樂聞正言，用人惟己，往往有可述者。然嫡母以曖昧而不令終，國本以貪吝而不蚤建，《綱目》每深病之。○於是立爲太子，然後即位，不書，書鄆王何？罪宣宗也。豫建太子，所以重宗廟也。宣宗以位爲樂，諱言嗣續，至以是罷宰相。裴休、崔慎由。既不可諱，倉猝命立，乃在少子，遂使宦官得以外托義舉，竊爲己權。《綱目》書曰鄆王漼即位，譏不豫也。後書晋王儼即位，義同。

尊皇太后爲太皇太后。○李玄伯等伏誅。

書，譏也。宣宗親見憲、武之誤，親行歸真之誅，於是又受誤於玄伯，書曰李玄伯伏誅，所以垂戒萬世也。《綱目》抑左道，凡方士必以伏誅書。終《綱目》方士以名見書者十有四，徐市、新垣平、少翁、欒大、公孫卿、潘誕、盧迦逸多、鄭普思、葉静能、張果、周息元、柳泌、趙歸真、李玄伯。而罪者一，鄭普思。誅者七。新垣平、少翁、欒大、潘誕、柳泌、趙歸真、李玄伯。人主之求長生者，可以鑑矣。

冬，十一月，蕭鄴罷。十二月，以杜審權同平章事。○令狐綯罷，以白敏中同平章事。○南詔僭號，寇陷播州。

蠻夷稱皇帝有之矣，不書僭號，據劉聰書稱皇帝。此其書僭號何？南詔世受唐册，則唐臣也，故從唐臣例書僭號，所以治夷狄也。《綱目》書僭號七。詳玄宗天寶十五載。

庚辰 懿宗皇帝咸通元年。春，正月，浙東賊裘甫作亂。○葬貞陵。○三月，以王式爲浙東觀察使，發諸道兵討裘甫，破之。○夏，五月，禁州縣税外科率。○六月，王式擒裘甫，送京師，斬之。○秋，九月，以白敏中爲司徒、中書令。○冬，十月，追復李德裕官爵，贈左僕射。○夏侯孜罷，以畢諴同平章事。

辛巳二年。春，正月，白敏中罷，以杜悰同平章事。○秋，七月，南蠻攻陷邕州。○九月，以孟穆爲南詔弔祭使。

不果行矣，何以書？嘉杜悰也。杜悰此請，可謂善謀國矣，故特書之。使前辛能知出此，尚有僭號、寇邊之患哉？

壬午三年。春，正月，群臣上尊號。○蔣伸罷。○二月，南詔復寇安南，以蔡襲爲經略使，發兵禦之。○夏，四月，置戒壇，度僧尼。○五月，分嶺南東、西二道，以韋宙、蔡京爲節度使。○秋，七月，徐州軍亂，逐節度使温璋，詔以王式代之。○以夏侯孜同平章事。○蔡京伏誅。○冬，十一月，南詔寇安南。

癸未四年。春，正月，南詔陷交趾，經略使蔡襲死之。

於是城陷力戰，身集十矢，趍監軍船，不及，遂溺海死，非死志也，則何以書死之？自蔡京請罷戍兵，襲作十必死之書以告宰相，襲固知有必死之理矣。寇至弗去，守禦三月，力屈不降，謂非死節可乎？《綱目》書蔡京伏誅於先，書蔡襲死之於後，所以重嘉襲也。自是，歷僖、昭，訖唐亡，天下之亂極矣，書死之者，蔡襲一人而已，安得不深予之！

二月朔，上歷拜十六陵。○三月，歸義軍奏克復凉州。○夏〔一〕，四月，畢諴罷爲兵部尚書。○以康承訓爲嶺南西道節度使。○五月，以楊收同平章事。○杜審權罷。○六月，杜悰罷，以曹確同平章事。○秋，七月朔，日食。○以宋戎爲安南都護。○八月，以吴德應爲館驛使。

以宦官爲館驛使，元和嘗書之矣，常事也，此其書何？自武宗以來，閹竪少戢，當時至有「楊、劉怯懦，隳敗舊風」之語。大中之世，尤痛抑之。懿宗昏懦，復任宦者，書曰以吴德應爲館驛使，所以深病帝也。

冬，十月，以令狐滈爲詹事司直。

甲申 五年。春，正月，貶張雲興元少尹，劉蜕華陰令。○三月，彗星出。

於是星長三尺，太史奏稱瑞星，此其書彗何？抑諛佞也，故直筆書之。

夏，四月，以蕭寘同平章事。○南詔寇邕州，官軍敗没，加康承訓檢校右僕射。

屬辭比事，而賞罰之無章可見矣。

五月，發徐州兵三千人戍邕州。○秋，七月，以康承訓爲將軍、分司，高駢爲嶺南西道節度使。○冬，十一月〔二〕，夏侯孜罷，以路巖同平章事。

〔一〕「○」，原作空格，據宋刻《綱目》本補。

〔二〕「一」，原無，據宋刻《綱目》本、弘治本、蜀藩本、《通鑑》卷二五〇補。

乙酉六年。春，正月，始以懿安皇后配饗憲宗。

書始何，譏也。郭太后之失所久矣，於是乎始得配饗，則宣宗之罪也。

以杜宣猷爲宣歙觀察使。〇三月，蕭寘卒。〇夏，四月，以高璩同平章事。〇六月，高璩卒，以徐商同平章事。〇冬，十月[一]，太皇太后鄭氏崩。

丙戌七年。春，三月，以劉潼爲西川節度使。〇成德節度使王紹懿卒。〇夏，五月，葬孝明皇后。〇六月，魏博節度使何弘敬卒。〇高駢大破南詔蠻，復取交趾。〇冬，十月，楊收罷。〇吐蕃拓跋懷光斬論恐熱，傳首京師。〇以高駢爲静海軍節度使。〇十二月，黠戛斯遣使入貢。

丁亥八年。春，二月，歸義節度使張義潮入朝。〇三月，以李可及爲左威衛將軍。〇秋，七月，懷州民逐刺史劉仁規。

上元以來，書牙將逐其上矣，未有役卒逐其上者也；至元和之末，而書役卒逐其上矣，未有民逐其上者也；於是而書民逐其上矣。書民逐其刺史，而唐之紀綱大壞矣。

以于琮同平章事。

[一]「十」，《通鑑》卷二五〇作「十二」。

資治通鑑綱目書法第五十一

起戊子唐懿宗咸通九年，盡甲辰唐僖宗中和四年五月。

廬　陵　後　學　劉友益修撰
翰林直學士中大夫知制誥同修國史國子祭酒歐陽玄校正

戊子九年〔一〕。夏，六月，以李師望爲定邊節度使〔二〕。○秋，七月，桂州戍卒作亂，判官龐勛將之。冬，十月，陷宿、徐州，囚觀察使崔彥曾。十一月，詔遣康承訓發諸道兵討之。十二月，賊陷滁、和州，攻泗州，不克。○是歲，江、淮旱，蝗。

己丑十年。春，正月，同昌公主適右拾遺韋保衡。○二月，流楊收於驩州，尋賜死。○康承訓大敗賊將王弘立於鹿塘〔三〕。○夏，四月，龐勛殺崔彥曾，自稱天册將軍，與官軍戰，大敗。○馬舉救泗州，殺賊將王弘立，泗州圍解。○六月，陝民作亂，逐觀察使崔蕘。

〔一〕「九年」，原無，據宋刻《綱目》本補。
〔二〕「邊」下，《通鑑》卷二五一有「軍」字。
〔三〕「王弘立」，原作「王宏立」，據弘治本、蜀藩本、《通鑑》卷二五一改；以下徑改，不再出校。

書懷州民逐刺史矣，不書作亂也。於是書作亂，逐觀察使，而風俗之敗壞甚矣。然則爲其上者無貶乎？爲民父母，而至於見逐，不待貶而自見矣。

徐商罷，以劉瞻同平章事。○秋，八月，賊將張玄稔以宿州降〔一〕，引兵進平徐州。

於是康承訓攻宿州，則曷爲不書？歸功玄稔也。其歸功玄稔何？玄稔脅從於賊，心常憂憤，至是，不唯以宿州降，又趨徐州攻下之，則玄稔之功大矣。故自是承訓敗龐勛，勛死，不書，而功賞以玄稔爲首。《綱目》予人反善之意，深切矣！

冬，十月，馬舉克濠州。○以張玄稔爲驍衛大將軍，康承訓爲河東節度使，杜慆爲義成節度使，朱邪赤心爲大同軍節度使，賜姓李，名國昌。辛讜爲亳州刺史。

譏非名也。《綱目》賜姓名不悉書，甚美書，甚惡書。終《綱目》書賜姓名三，皆譏也。○自至德末復改太守爲刺史，至是書以爲刺史者五十六，惟李勉、張萬福、劉瀍〔二〕、傅良弼、李齐、李行言、李君奭、于延陵、辛讜爲賞功，曹王皋、李宗閔爲量進，李納、田融、烏重胤、王弁、張元益不得已授之，齊總以賄，柳泌以左道，其餘皆貶出者。自是以至唐亡，書以爲刺史者十有四，多武將也，以貶出爲之者，亦寡矣。

〔一〕「張玄稔」，原作「張元稔」，據弘治本、蜀藩本、《通鑑》卷二五一改；以下徑改，不再出校。

〔二〕「瀍」，原作「擁」，據弘治本、本書卷四十七改。

流陳蟠叟於愛州。○南詔入寇。十二月，陷嘉、黎、雅州。

庚寅
十一年。春，正月，群臣上尊號。○貶康承訓爲恩州司馬。○二月，南詔進攻成都。○三月，曹確罷。

夏，四月，以韋保衡同平章事。

保衡自右拾遺歲餘入相，則同昌之寵也。後三年而賜死，暴長夭折，信哉！

五月，光州民逐刺史李弱翁。

於是三年三書民逐其上，唐之紀綱掃地矣。

六月，復置徐州觀察使，統三州。○秋，八月，同昌公主卒。

公主卒不書，貞觀書平陽，以功也。此其書何？譏溺愛也。於是公主病、薨，上痛悼不已，貶一宰相、一京尹，殺醫官二十餘人，繫獄者三百餘人，遷怒甚矣，故特書譏之。終《綱目》卒公主二，平陽、同昌。而平陽特書薨。

魏博逐其節度使何全皞。○九月，貶劉瞻爲驩州司户，温璋爲振州司馬。○冬，十一月，以王鐸同平章事。○復以徐州爲感化軍。○十二月〔一〕，以李國昌爲振武節度使。

辛卯
十二年。春，正月，葬文懿公主。

〔一〕「○」，原作空格，據宋刻《綱目》本補。

公主葬不書，雖書薨如平陽，不書，書此何？譏厚費也。方是時，州鎮以無財致亂，刺史以旱災被逐者，往往而是。懿宗溺愛一女，其嫁資，其葬送，率百於舊，所費大矣。《綱目》譏溺愛，故自適韋氏及是，凡三書之，而葬書謚。終《綱目》書公主葬，一而已；書公主謚，一而已。

夏，四月，路巖罷。○五月，上幸安國寺。

自代宗書幸章敬寺，於是再書。其書之何？譏溺愛也。終《綱目》自捨身、講經外，書幸寺三。

冬，十月，以劉鄴同平章事。

壬辰十三年。春，正月，幽州節度使張允伸薨。○二月，于琮罷，以趙隱同平章事。○夏，四月，以張公素爲平盧留後。○五月，殺國子司業韋殷裕。○貶于琮爲韶州刺史。○秋，七月，以李璋爲宣歙觀察使。○八月，歸義節度使張義潮卒，以其長史曹義金代之。

癸巳十四年。春，正月[一]，遣使迎佛骨。夏，四月，至京師。

此憲宗貽謀之效也。懿宗以一公主故幸安國寺，則設齋；萬人迎佛骨，則膜拜流涕，至謂生得見之，死亦無恨，不三月而酬其言。事佛之福[二]，竟何如哉！《綱目》書迎佛骨二，皆未幾而禍及，則凶穢之應也。

[一] 「正」，《通鑑》卷二五二作「三」。
[二] 「福」，蜀藩本作「禍」。

六月，王鐸罷。○秋，七月，帝崩，普王儼即位。

賀善贊曰：懿宗即位十四年，自書禁科率外，他無一善可紀者。《綱目》所書，非崇奉異端，則溺愛一女而已。是以内盗迭興，南詔再亂，民逐其上，而唐室大壞矣。

八月，關東、河南大水。○九月，貶韋保衡爲賀州刺史，尋賜死。

保衡自爲相以來，書貶罷者七，劉瞻、温璋、路巖、于琮再貶、李璋、王鐸，皆保衡所逐也。私作威福多矣，欲不賜死，得乎！

冬，十月，以蕭倣同平章事。○十一月，貶路巖爲新州刺史。

甲午 僖宗皇帝乾符元年。春，正月，關東旱，饑。○賜路巖死。○二月，葬簡陵。○趙隱罷。○以裴坦同平章事。夏，五月，卒。○以劉瞻同平章事。秋，八月，薨。○以崔彦昭同平章事。○冬，十月，劉鄴罷，以鄭畋、盧攜同平章事。○十一月，群臣上尊號。○魏博節度使韓允中卒。○南詔寇西川，陷黎州，入邛崍關。○遣使册回鶻可汗。○濮州人王仙芝作亂。

乙未 二年。春，正月，以高駢爲西川節度使。○以田令孜爲中尉。

於是政令一委令孜，呼爲阿父，故特書之。獻有張父、趙母，僖有阿父，臨亂之君，如一轍矣。

夏，四月，西川軍亂，討平之。○浙西鎮遏使王郢作亂，陷蘇、常州。○五月，蕭倣卒。○六月，以李蔚同平章事。○王仙芝陷濮、曹州，冤句人黃巢聚衆應之。○秋，七月，大蝗。

入唐以來，書大蝗再，未有不書地者。開元三年、四年再書山東。此其不書地何？天下之辭也。於是蝗飛蔽日，所過赤地，宰相賀稱蝗不食稼，其欺甚矣！書，所以著亂亡之徵也。終《綱目》書大蝗十六，詳漢文帝後元六年。舍是，無書大蝗矣〔一〕。

冬，十月，貶董禹爲郴州司馬。○十二月，以宋威爲諸道行營招討使。

丙申三年。春，正月，天平軍亂，詔本軍宣慰之。

書詔宣慰之何？悲不綱也。軍亂可爾，它日殺康傳圭，遣使宣慰，則《綱目》不復書，而唐之不可爲，决矣！

二月，令天下鄉村各置弓刀鼓板，以備群盜。

特筆也。其特筆何？譏也。於是民窮無告，所至盜起，人争歸之，豈無備之患哉？唐之君臣，不能反思致盜之原，而所以備盜者又止於此，書，深譏之。是故隋書詔村塢皆築城，大業十一年。此書令鄉村各置弓刀鼓板，皆譏之也。

三月，崔彦昭罷，以王鐸同平章事。○夏，五月，以李可舉爲盧龍節度使。○六月，雄州地震裂，水涌出。○秋，七月，宋威擊王仙芝於沂州，大破之。○詔忠武節度使崔安潛發兵討王仙芝。○九月朔，日食。○王仙芝陷汝州，又陷陽武，攻鄭州。冬，十月，攻唐、鄧。○高駢築成都羅城。○王仙芝寇

〔一〕「蝗」，弘治本作「者」。

淮南諸州。○以王仙芝爲神策押牙，不受。

凡封拜書不受，嘉讓也。此其書不受何？不滿也。終《綱目》書不受十九，不拜三，讓還一。自是以後，三書不受，王仙芝、梁王全忠、閩王昶。皆慊者也。

丁酉四年。春，二月，王郢陷明、台州。○王仙芝陷鄂州。○黄巢陷鄆州。○南詔酋龍卒，子法立，請和，許之。○閏月，王郢衆降，郢走明州，敗死。○三月，黄巢陷沂州。○夏，四月朔，日食。○賊帥柳彦璋掠江西。○秋，七月，王仙芝、黄巢圍宋州。○王仙芝陷安州。○鹽州軍亂，逐刺史王承顔，詔貶承顔象州司户。○冬，十一月，王仙芝遣尚君長請降，宋威執之以獻，斬之。○黄巢陷濮州。○江州刺史劉秉仁斬柳彦璋。

戊戌五年。春，正月，王仙芝寇荆南。○招討副使曾元裕大破王仙芝於申州，詔以爲招討使，張自勉副之。○大同軍亂，殺防禦使段文楚，推李克用爲留後。○二月，曾元裕大破王仙芝於黄梅，斬之。○黄巢自稱衝天大將軍，陷沂、濮，掠宋、汴。○王仙芝餘黨陷洪州。○黄巢陷虔、吉、饒、信等州。○夏，四月，以李國昌爲大同節度使，國昌不奉詔。○詔河南貸商旅富人錢穀[一]，除官有差。

秦初令民納粟拜爵，拜者，自上賜下之辭，戊午年。未以買書也。至漢武帝始書買，元朔六年。買

[一]「旅」，原作「税」，據宋刻《綱目》本、《通鑑》卷二五三改。

者，自下求上之辭，猶未書賣也。至桓帝始書賣，延熹四年。賣者，自上求下之辭也，然賣之在我，買之在人，非强抑之也。於是强貸，給以空名告身，國莫急於此矣，官莫輕於此矣，故書。

南詔請和親。○五月，鄭畋、盧攜罷。○以豆盧瑑、崔沆同平章事。○六月，以曹翔爲河東節度使。○以高駢爲鎮海節度使。○秋，七月[一]，黄巢寇宣州，入浙東。○九月，李蔚罷，以鄭從讜同平章事。○冬，十月，河東、昭義合兵討沙陀，大敗，昭義節度使李鈞戰死。

沙陀何？李國昌也。曷爲不書姓名？拒命也，故狄之，自是則書沙陀。

十二月，黄巢陷福州。○曹師雄寇掠二浙。

六年。己亥 春，正月，高駢遣將分道擊黄巢，大破之，巢趣廣南。○嶺南西道節度使辛讜遣使如南詔。○河南軍亂，殺節度使崔季康。○夏，四月朔，日食。○以王鐸爲行營招討都統。○秋，九月[二]，黄巢陷廣州。○冬，十月，以高駢爲淮南節度使，充鹽鐵轉運使，崔安潛爲西川節度使。○黄巢陷潭州。○黄巢將尚讓逼江陵，王鐸走，守將劉漢宏作亂。

盜賊未有書逼者，逼者何？未至城也[三]。賊未至城，而帥衆以趣襄陽，故書走。走，賤辭也。鐸

[一]「七」，《通鑑》卷二五三作「八」。
[二]「九」，原作「七」，據宋刻《綱目》本、《通鑑》卷二五三改。
[三]「也」，弘治本、蜀藩本作「池」。

以宰相出爲都統，而望風先走，可恥之甚也，故深賤之。繼書劉漢宏作亂，蔽其罪於走者矣。

山南東道節度使劉巨容大破黃巢於荆門。○十一月〔一〕，王鐸罷，以盧攜同平章事。

庚子 廣明元年。春，正月，沙陀寇忻、代，逼晋陽。○河東軍亂，殺節度使康傳圭〔二〕。

天平軍亂，書詔本軍宣慰之，病唐也。於是遣使宣慰，曰殺節度使，事出一時，各宜自安，勿復憂懼。則其不書宣慰何？略之也。曷爲略之？紀綱掃地，以是爲不足復病也。

二月，殺左拾遺侯昌業。

僖宗昏亂，殺諫臣，宜矣。以昏主亂朝，而拾遺、補闕猶有人焉。書，所以罪僖宗，而予昌業也。

改楊子院爲發運使。○三月，以陳敬瑄爲西川節度使〔三〕。○以鄭從讜爲河東節度使。○以高駢爲諸道行營都統。○夏，四月，以李琢爲蔚、朔節度使。○五月，劉漢宏寇宋、兖，徵諸道兵討之。○以李順融爲樞密使。

爲樞密使多矣，未有書者，書順融何？始降麻也。竇文場之爲中尉也，嘗請降麻，德宗不許。

〔一〕「一」，《通鑑》卷二五三作「二」。

〔二〕「使」，原無，據弘治本、蜀藩本、《通鑑》卷二五三補。

〔三〕「川」，原作「州」，據宋刻《綱目》本、弘治本、蜀藩本、《通鑑》卷二五三改。

至是降麻，遂與宰相等，唐欲不亡，得乎？

六月，黄巢别將陷睦、婺州。○青城妖人作亂，討平之。

於是妖人詐稱陳僕射，尋執誅之。此其書亂、書討平何？譏也。西川大鎮，而徇令孜之請，使賤如敬瑄者以擊毬賭得之，報至，西人莫有知其爲誰者，此所以來詐冒之姦也。非早辨其姦，索馬之後，事有不可測者矣，故書亂、書平之。

朔州降。○黄巢陷宣州。○劉漢宏掠申州。○遣宗正少卿李龜年使南詔，與和親。○秋，七月，黄巢渡江。

黄巢自宋、汴陷虔、吉，嘗渡江而南矣，不書，此其書何？罪高駢也。於是黄巢請降，駢誘致之，而志在專功，散遣諸道之卒。既而忿兵取敗，賊愈猖獗，渡江，渡淮，如入無人之境，而不敢詰，則一私之流弊大矣。《綱目》渡江書，渡淮書，所以深罪之也。

劉漢宏降。○李可舉討李克用，大破之，李琢討李國昌，敗之，國昌、克用亡走達靼。

國昌父子，前狄之，書沙陀矣，此其姓名之何？二李有功，或破其子，或敗其父，不可以不知别也，故姓名之。達靼見《綱目》始此。

黄巢渡淮。○冬，十月，黄巢陷申州，入潁、宋、徐、兖之境。○群盗陷澧州。○十一月，河中虞候王重榮作亂，詔以爲留後。○黄巢陷東都。○以周岌爲忠武節度使，秦宗權爲蔡州刺史。○十二月，黄巢入潼關。○以黄巢爲天平節度使。

先是，巢將渡淮，豆盧瑑請以巢爲天平節度使，非禮甚矣，猶曰未渡淮耳。今既入關，始復出此，亦何及哉！屬辭比事，而時相之庸謬可知矣。

以王徽、裴澈同平章事，盧攜自殺。○黄巢入長安，上走興元。

唐世播越多矣，或書如，或書奔，未有書走者。走，賤辭也。以萬乘之尊，而爲賤者之舉，可耻甚矣！凡播越之辭三：如，緩辭；奔，急辭；走，賤辭。終《綱目》播越書走者六。齊君地、夏赫連昌及赫連定、齊緯、僖宗凡再書。

黄巢僭號。○鳳翔節度使鄭畋合鄰道兵討賊。

書討賊何？予義也。黄巢之亂，首義者鄭畋也，成功者李克用也，罪之魁其高駢與。故《綱目》於鄭畋，再書討賊。

車駕至興元，詔諸道出兵收復京師。○以張濬爲兵部郎中。○義成節度使王處存舉兵入援[一]。○黄巢遣朱温攻河中，節度使王重榮與戰，大破之，遂入援。

辛丑 中和元年。春，正月，幸成都。○以蕭遘同平章事。○以樂朋龜爲翰林學士。○二月，以王鐸同平章事。○加高駢東面都統。○三月，朱温陷鄧州。○以鄭畋爲京城四面諸營都統。○黄巢遣尚讓寇鳳翔，

[一] 「成」，《通鑑》卷二五四作「武」。

鄭畋擊敗之。○赦李克用，遣李友金召之。○鄭畋傳檄天下，合兵討賊。○夏〔一〕，四月，官軍入長安。○黄巢走，還襲之，殺副都統程宗楚、鳳翔司馬唐弘夫，復據長安。○五月，高駢移檄討賊，出屯東塘。

書出屯東塘何？譏不急君也。是故丞相睿無北伐之志，則書出師露次，移檄北征；高駢無討賊之義，則書移檄討賊，出屯東塘：皆深譏也。繼書罷兵還府，而高駢之罪，不可勝誅矣！終《綱目》書移檄七，詳漢獻帝初平二年。惟丞相睿、高駢書出次。

忠武監軍楊復光克鄧州。

自置監軍二百餘年矣，未有以忠力書者，於是特書復光。朱温之至，周岌先降，復光慨慷流涕，忠義激發，遂能使周岌分兵相付，擊敗温賊，克復鄧州。此《綱目》所深嘉也，故大書予之。《綱目》終唐世書監軍七，張志斌、吐突承璀、劉承偕、王宗景、楊復光、田令孜、張承業。惟楊復光以功書，張承業以忠書。

六月，以鄭畋爲司空、同平章事，都統如故。

凡書如故，譏也，此其譏歟？予之也。畋首義討賊，既爲都統，尋破賊兵，於是賞功，進位三事〔二〕，疑於解其兵權也。書曰都統如故，喜辭也。美惡不嫌同辭。

〔一〕「夏」，原無，據宋刻《綱目》本、《通鑑》卷二五四補。

〔二〕「三事」，蜀藩本作「平章」。

李克用陷忻、代州。○秋，七月，以韋昭度同平章事。○西川黄頭軍作亂，討平之。○殺左拾遺孟昭圖。

昭圖上疏，令孜屏不奏，矯詔殺之，則殺之者，令孜也，不罪令孜何？諫臣天子耳目，而宦者得以矯殺之，不君甚矣。不書令孜，所以蔽罪於僖宗也。僖宗於是再殺諫臣矣。

八月，星交流如織，或大如杯碗。

晋惠之篇，書五星互經天，縱横無常，永寧元年。大異也。於是而書交流如織，大如杯碗。亂亡之徵，大抵然矣，書，所以示警也。

感化牙將時溥殺節度使支詳，詔以溥爲留後。

殺支詳者，陳璠也，蔽罪於時溥何？誅心也。溥親逼奪印節，及璠殺之，則賞以刺史，謂非首惡，可乎？不書時溥殺，則叛亂之臣皆得以逭其罪矣。

壽州人王緒作亂，陷光州。○南詔上表款附。○九月，高駢罷兵還府。○以董昌爲杭州刺史。○冬，十月，鳳翔行軍司馬李昌言作亂，鄭畋赴行在。

逐也，不書逐何？爲賢者諱也。《綱目》於鄭畋多恕辭，唯其當而已矣。

裴澈罷。○十二月，武陵蠻雷滿等寇陷朗、衡、澧州。

壬寅二年。春，正月，以王鐸爲諸道行營都統[一]。○二月，朱温據同州。○以鄭畋爲司空、同平章事。○李克用寇蔚州。

前書赦克用，召之矣，此其書寇何？既陷忻、代，復犯蔚州，是賊而已矣。

邛州牙官阡能作亂，陳敬瑄遣兵討之。○夏，四月，王鐸以諸道兵逼長安。○五月，加高駢侍中，罷鹽鐵轉運使。○六月，蜀中群盜應阡能，官軍與戰，大敗。○秋，七月，以鍾傳爲江西觀察使。○劉漢宏寇杭州，董昌擊破之。

漢宏既降爲觀察使矣，書寇何？無故興兵鄰道，志在并兼，是則猶夫人也？故書寇。

九月，朱温以華州降，王鐸以爲同華節度使。○冬，十月，賊帥韓秀昇、屈行從斷峽江路。○以朱温爲河中行營招討副使，賜名全忠。

賜名不書，甚美書，甚惡書。書全忠，甚惡也。終《綱目》書賜姓名五。詳天寶九載[二]。

以王敬武爲平盧留後。○十一月，李克用將沙陀趣河中。

前書寇，罪之也；此書將沙陀趣河中，予之也。《綱目》不絶人於善，故王鐸召之不書。

陳敬瑄遣押牙高仁厚討阡能等，平之。○十二月，以李克用爲雁門節度使。

[一]「都統」，《通鑑》卷二五四作「都都統」。
[二]「詳」下，弘治本有「唐」字。

癸卯三年。春，正月，李克用敗賊將黃揆於沙苑〔一〕，王鐸以克用爲東北面行營都統。○以王鐸爲義成節度使。○以田令孜爲十軍十二衛觀軍容使。○魏博節度使韓簡寇鄆州及河陽，其將樂行達殺之，詔以爲留後。

夷狄、盜賊書寇，藩鎮自相攻耳，書寇何？內鄆、河陽也。於是鄆及河陽猶稟朝命，非魏博比也，而輒謀吞噬，故寇之。後書李可舉、王鎔義同。《綱目》逐殺主帥，命爲主帥，皆譏也，唯命陳仙奇、樂行達，無譏焉。

以王鎔爲成德留後。○三月，李克用圍華州，黃巢遣尚讓救之，克用逆戰，破之。○以楊行愍爲廬州刺史。○夏，四月，陳敬瑄遣高仁厚討峽路群盜，平之。

討阡能，平峽路，仁厚功也，再書敬瑄遣何？分功敬瑄也。敬瑄才雖庸鄙，致寇既非其咎，而能擇賢將委任之，阡能已平，脅從罔治，不失恩信。《綱目》小善必録，故再書敬瑄遣予之。及其殺仁厚也，則直書敬瑄殺，罪之矣。

五月，李克用破黃巢，收復長安。

書，予之也。克用收復京城，功在第一，使國昌不拒大同之命，克用不爲忻、代之寇，則今日之功，光明俊偉矣。《綱目》大書其功，予之也，亦惜之也。

〔一〕「李」，原無，據宋刻《綱目》本、弘治本、蜀藩本、《通鑑》卷二五五補。

六月，黄巢取蔡州，節度使秦宗權降之，合兵圍陳州。○以劉謙爲封州刺史。○秋，七月，以朱全忠爲宣武節度使。○左驍衛上將軍楊復光卒於河中。

復光何？中官也。中官書卒有之矣，單超。未有具官卒者，此則曷爲具官？予復光也。復光慷慨喜忠義，善拊循，激周岌以克鄧州，啟重榮以召沙陀，可謂有功矣。是故楊復光以功則卒具官，張承業以忠則卒具官，中官具官卒，終《綱目》二人而已矣。然則卒書地何？書於河中，所以著其卒於王事也。《綱目》卒書地者四，馬日磾、管寧、太傅越、楊復光。惟寧、光爲美辭，日磾、越，皆譏也。

鄭畋罷爲太子太保。○以裴澈同平章事。○冬，十月，李克用取潞州。○以宗女妻南詔。

宗女外嫁，非爲公主不書〔一〕，據漢文帝元年方士不書。此其書何？予權也。南詔嘗表請和親，於是而妻以宗女，以是爲得宜也，故書之。終《綱目》不爲公主書宗女，一而已。

十二月，忠武大將鹿晏弘據興元。○時溥殺其判官李凝古。○朱全忠據亳州。

甲辰四年。春，二月，東川節度使楊師立舉兵反。三月，詔以高仁厚爲留後，將兵討之。○夏，四月，李克用會許、汴、徐、兖之軍於陳州，黄巢退走。○五月，黄巢趣汴州，李克用等追擊，大破之，尚讓帥衆降，巢收餘衆奔兖州。○李克用至汴州，朱全忠襲之，克用走還。

〔一〕「爲」，原作「惟」，據蜀藩本改。

書還何？予克用也。曷爲予之？克用之兵足以破全忠，而不敢以私復怨，是猶有天子也。書襲、書還，而是非有在矣。然則書走何？危之也。危克用，所以甚全忠也。

高仁厚敗東川兵於鹿頭關，進圍梓州。

資治通鑑綱目書法第五十二

起甲辰唐僖宗中和四年六月[一]，盡丙辰唐昭宗乾寧三年。

廬陵後學劉友益修撰
翰林直學士中大夫知制誥同修國史國子祭酒歐陽玄校正

六月[二]，東川將吏斬楊師立以降，詔以高仁厚爲節度使。○尚讓敗黄巢於瑕丘，賊黨斬巢以降。○天平節度使朱瑄擊秦宗權，敗之。○秋，七月，時溥獻黄巢首。○李克用表乞討朱全忠，詔諭解之。

討者何？罪全忠也。克用親救全忠，而全忠襲之，曲在彼矣。克用不敢專兵相攻，上表請討，不可謂不知有天子者，書曰表乞，予之也。而朝廷兩無予奪，詔諭解之，是何以爲天下君哉！書詔，所以病僖宗也。自是州鎮觀望，擅兵相攻，無復禀命，宜矣！

八月，以李克脩爲昭義節度使。○進李克用爵爲隴西郡王。○以王徽知京兆尹事。

書京兆多矣，未有書知京兆尹事者，此其書何？徽，宰相也。唐世書以爲京兆尹七，詳德宗貞元

[一]「六月」，宋刻《綱目》本在「辰」字下。
[二]「六」上，宋刻《綱目》本有「甲辰四年」四字。

十九年。書知京兆尹事，一而已。

冬，十一月，鹿晏弘據許州，詔以爲忠武節度使。○田令孜殺内常侍曹知慤。○十二月，以陳巖爲福建觀察使。○盗殺中書令王鐸。

殺王鐸者，樂從訓也，曷爲書盗？罪鐸也。從訓非盗，而鐸之侈麗有以誨盗矣。罪之，則何以具官？若曰身爲首相，天子蒙塵，而侈於自奉，致寇取禍，有愧於高位甚矣。《綱目》書盗殺十一，詳周威烈王二十四年。費褘書大將軍，鐸書中書令，皆明不在人也。

以馮行襲爲均州刺史。

乙巳 光啓元年。春，正月，詔招撫秦宗權。○車駕發成都。○淮南叛將張瓌據荆南，郭禹據歸州。○王緒陷汀、漳二州。○三月，車駕至京師。○秦宗權僭號，詔以時溥爲行營都統，討之。○夏，四月，田令孜自兼兩池榷鹽使。

志禍始也。自是，河中旅拒，天子再辱，則令孜之罪也。書曰自兼，深罪之。

李可舉、王鎔寇易、定，王處存擊破之。

方鎮相攻耳，書寇何？内易、定也。於是易、定猶稟朝命，二鎮慮其害己而攻之，是犯王土也，故書寇。是後州鎮往往無上自恣，其加之兵者，雖秦宗權不書寇而書攻矣。

六月，盧龍將李全忠殺李可舉而代之。

李可舉何？節度使也。曷爲不書節度使？削之也。可舉嘗書寇矣，故削之。將校殺帥，有書詔以爲節度使者矣，有書自爲留後者矣，然必邀其大將表請節鉞也，未有直書代之者。直書代之，不用朝命也。於是綱紀掃地，天子擁虛位而已矣。後書朱瑾代齊克讓，義同。

秦宗權遣將孫儒陷東都。○秋，七月，殺右補闕常濬。

僖宗於是三殺諫臣矣，有不亡國者哉！

八月，以趙犨爲蔡州節度使。○王緒前鋒將擒緒，奉王潮爲將軍。○冬，十月，田令孜遣朱玫、李昌符攻河中，李克用救之。○十二月〔一〕，進逼京城，上奔鳳翔。

史書討河中，此其書攻何？令孜專也，故書令孜遣，而二帥不書官。播遷之禍，令孜爲之也。

丙午 二年。春，正月，田令孜劫上如寶鷄。

《綱目》如書劫一。是年寶鷄、昭宗天復元年鳳翔〔二〕。

朱玫、李昌符追逼車駕，上復走入大散關。○二月，至興元。

僖宗於是再走興元矣。前書車駕至興元，此其不書車駕何？散關之走，掖過煙中，夜宿板下，其至興元，別經山道，蓋仗衛有不能從者矣。故上書走，下不書車駕。

〔一〕本卷各條之間，原或另起行，據宋刻《綱目》本改作「○」；以下徑改，不再出校。
〔二〕「天復元年」，原無，據弘治本、蜀藩本、《綱目》卷五十三補。

三月，以孔緯、杜讓能同平章事。○陳敬瑄殺東川節度使高仁厚。○夏，四月，朱玫奉襄王熅權監軍國事，還京師，以鄭昌圖同平章事。○田令孜自爲西川監軍。○五月，朱玫以蕭遘爲太子太保。

朱玫以何？罪蕭遘也。昌圖、遘、澈皆當時大臣也，天子在難，不奔走扈從，而爲朱玫所以，其罪大矣！

朱玫自加侍中，以裴澈判度支，高駢兼中書令，呂用之爲嶺南東道節度使。○六月，詔扈蹕都將楊守亮與王重榮、李克用共討朱玫。○秋，七月，秦宗權陷許州，殺鹿晏弘。○朱玫遣王行瑜寇興州，詔神策都將李茂貞拒之[一]。○以周岳爲武安軍節度使。○八月，盧龍節度使李全忠卒，以其子匡威爲留後。○王潮陷泉州。○冬，十月，朱玫立襄王熅，稱帝，改元。○十一月，董昌取越州。

於是漢宏走，杜雄執宏送昌，斬之，曷爲不書？非義討也，利之而已矣。然則何以不書據？漢宏嘗書寇，非牛勖比也，故止書取。《綱目》之權衡，審矣哉！

十二月，王行瑜還長安，斬朱玫。熅奔河中，王重榮殺之，傳首行在。

朱玫前書討矣，此其不書誅何？行瑜不得而誅之也。行瑜玫黨，嘗寇興州，書誅，是予之以義討矣。熅稱名，不成之爲帝也。然則曷爲不書誅？熅之還，非熅意也，從上鳳翔，適爲所得耳，故詔討之也，止書討朱玫，其稱帝也，書朱玫立，《綱目》之意可見矣！然則熅無罪乎？不能

[一]「貞」下，宋刻《綱目》本有「等」字。

死拒，則其罪也，故例削其爵。

孫儒陷河陽。○天平牙將朱瑾逐泰寧節度使齊克讓而代之。

丁未三年。春，正月，以王行瑜爲静難軍節度使，李茂貞領武定節度使，楊守亮爲山南西道節度使。○以董昌爲浙東觀察使，錢鏐爲杭州刺史。○二月，流田令孜於端州。○代北節度使李國昌卒。○三月，誅僞宰相蕭遘、鄭昌圖、裴澈[一]。

首蕭遘何？罪遘也。遘亦嘗拒玫矣，其罪之何？守不力也。於是玫逼鳳翔，百官迎熅，而遘則宰相也，使復立異死，爲純臣矣。既與俱東，雖不爲册文，亦何及哉！故《綱目》於其爲太子太保也書朱玫以，其誅之也例書僞宰相而首叙之，所以示天下之大戒也。

車駕至鳳翔。○鎮海軍亂，節度使周寶奔常州。○利州刺史王建襲閬州而據之。○夏，四月，淮南都將畢師鐸等發兵討吕用之，克揚州，用之亡走，師鐸執高駢而幽之。

都將幽執主帥，亂也，得書發兵何？高駢昏惑，用之姦邪，罪已大矣，而復受僞官，則賊也。故用之書討，高駢至死削其爵，《綱目》之權衡，審矣！

秦宗權攻汴州，朱全忠拒擊，大破之。

宗權賊也，而又僭號，其不書寇何？據韓簡、李可舉等書寇。夷全忠於宗權也。宗權不書寇，而天

[一]「僞」，原無，據宋刻《綱目》本、弘治本、蜀藩本、《通鑑》卷二五六補。

下藩鎮多若而人矣。下書孫儒攻揚州，義同。

宣州觀察使秦彥入揚州，廬州刺史楊行密引兵攻之。○六月，李昌符作亂，敗走，以李茂貞爲招討使，討之。○河中軍亂，殺節度使王重榮，詔以王重盈代之。○以李罕之爲河陽節度使，張全義爲河南尹。○秋，八月，李茂貞平隴州，李昌符伏誅，詔以茂貞爲鳳翔節度使。○朱全忠取曹州。○秦彥遣兵擊楊行密，大敗而還。○九月，以張濬同平章事。○秦彥殺高駢。○冬，十月，朱全忠拔濮州，進攻鄆州。○楊行密克揚州。○十一月，秦宗權遣孫儒攻揚州，屠高郵。○閏月，以朱全忠兼淮南節度使。○王建攻成都，不克，退屯漢州。○楊行密斬吕用之。

高駢書殺，兩下辭也，此其書斬何？罪人也。罪之，則曷爲不書誅？行密以用之責餉不效，殺之，則非義討矣。然用之有罪，非高駢比也，故特書斬。《綱目》於此，其權衡審矣哉！

十二月，秦宗權陷荊南。○錢鏐取潤州。

戊申 文德元年。春，正月，孫儒殺秦彥、畢師鐸、鄭漢章。○以朱全忠爲蔡州四面行營都統。○二月，以楊行密爲淮南留後。○上至長安。○魏博軍亂，逐其節度使樂彥禎，推牙將羅弘信知留後事。○張全義襲河陽，李罕之奔澤州。○三月朔，日食，既。

食既，大變也。《綱目》書食既十有二，詳漢惠帝七年。自漢惠帝以來，未有無其應者。於是三月食既，未改月而國有大喪，變不虛生，信哉！舍是，無書食既者矣。

立壽王傑爲皇太弟。帝崩，太弟即位。

賀善贊曰：僖宗之篇，非盜賊無書者。然有三事，自唐以來所未有，殺三諫臣是也。即此，足以決唐之必亡矣。

夏，四月，孫儒襲揚州，陷之。○李克用遣兵攻河陽，朱全忠救却之。○羅弘信殺樂彦禎及其子從訓，詔以弘信知魏博留後。○以郭禹爲荆南留後。○五月，朱全忠擊蔡州，克其外城。○六月，以韋昭度爲西川節度使，兼兩川招撫使[一]。○秋，八月，楊行密圍宣州。○朱全忠遣兵擊徐州，大破其兵，遂取宿州。○冬，十月，葬靖陵。○十二月，蔡將申叢執秦宗權以降。○以王建爲永平軍節度使[二]。削陳敬瑄官爵。

己酉 昭宗皇帝龍紀元年。春，正月，以劉崇望同平章事。○王建攻彭州，陳敬瑄遣兵救之，大敗。○二月，秦宗權伏誅。○三月，進朱全忠爵東平郡王。

書進某爵何？上命也。漢、魏、晋末，書某進爵爲王多矣，自進也。唐末王室日卑，然進爵未有非上命者，豈反勝於漢、魏、晋歟？君弱臣强，不得不進之也。

夏，六月，李克用拔磁、洺，殺孟方立。○以楊行密爲宣歙觀察使。○秋，七月，朱全忠攻徐州，不

[一]「兩」，原作「西」，據宋刻《綱目》本、弘治本、《通鑑》卷二五七改。

[二]「○」，原無，據宋刻《綱目》本補。「度」，原無，據宋刻《綱目》本、弘治本、蜀藩本、《通鑑》卷二五七補。

克，引兵還。〇冬，十月，平盧節度使王敬武卒。〇十一月，上更名曄。〇上祀圜丘。〇十二月，田令孜殺劉巨容。

庚戌 大順元年。春，正月，群臣上尊號。〇李克用拔邢州。〇王建攻邛州。〇二月，楊行密取潤州。〇李克用攻雲州。〇以楊行密爲寧國軍節度使。〇夏，五月〔一〕，詔削奪李克用官爵、屬籍，以張濬爲招討制置使，會諸道兵討之〔二〕。〇昭義軍亂，殺留後李克恭。朱全忠取潞州，李克用遣兵圍之。詔以孫揆領昭義節度使〔三〕。〇六月，朱全忠爲宣武、宣義節度使。〇秋，八月，李克用執招討副使孫揆以歸，殺之。

　　於是揆罵賊死，不書死之何？書執、殺，所以罪克用也。然身爲招討，不備不虞，揆亦不得不受其咎矣，故不書昭義節度，書招討。

九月，朱全忠遣兵圍澤州。李克用養子存孝與戰，破之，復取潞州。〇李匡威攻蔚州，李克用養子嗣源擊走之。〇王建克邛州。〇冬，十月，王建取蜀州。〇李克用遣兵拒官軍於趙城，官軍潰，張濬、

〔一〕「五」，原作「四」，據宋刻《綱目》本、《通鑑》卷二五八改。

〔二〕「之」下，底本原有《書法》一條：「書削奪李克用官爵，會兵討之，其名甚正。然考之當時，克用未見可誅之罪，則朝廷是舉，乃無名之師爾。師既無名，而猶書討者，所以存朝廷之體也。若夫張濬以宰臣而爲制將，則其爲主謀之人明矣，他日僨軍而貶，又誰咎哉！」據弘治本及（宋）尹起莘：《資治通鑑綱目發明》，此條爲《發明》内容，刪去。

〔三〕「詔以孫揆領昭義節度使」，此句宋刻《綱目》本爲小字分注，《四庫》本改作大字提要。

韓建遁還。

書遁還何？罪濬等也。唐之愈弱，濬爲之。自是，不得不復克用官爵，加中書令矣；自是，不得不復陳敬瑄官爵矣；自是，而啓王建逐昭度之謀；自是，而成王建專殺敬瑄之威：皆此故也。故書遁還，而去其官矣。

復置昇州。

二年。辛亥 春，正月，朱全忠攻魏博，羅弘信拒之，不克，請和，全忠乃還。○孔緯、張濬罷，以崔昭緯、徐彥若同平章事。○貶孔緯、張濬遠州刺史，復李克用官爵。○孫儒攻宣州。○二月，加李克用中書令，貶張濬繡州司户。○三月，復陳敬瑄官爵，詔顧彥朗、王建罷兵。○以王師範爲平盧節度使。○夏，四月，彗星見，赦天下。

書，譏也。《綱目》千三百六十二年，書彗星十有七，詳周顯王八年。蓋大異矣。昭宗應天之道，如是而已，故書譏之。

王建逐韋昭度，還攻成都。○五月，孫儒遣兵據滁、和，楊行密攻克之。○秋，七月，李克用攻雲州，克之。○王建克成都，自稱西川留後。○九月，以楊復恭爲上將軍，致仕。

宦官致仕，前書仇士良矣，於是再見。《綱目》書以某官致仕四，楊復恭、韋昭度、周玄豹、宋齊丘〔一〕。皆勒致仕也。宦官致仕，終《綱目》二而已。仇士良、楊復恭。

冬，十月，以王建爲西川節度使。○楊復恭謀反，遣天威都頭李順節討之。復恭走興元，與楊守亮等舉兵拒命。

或告之耳，直書謀反何？復恭致書楊守亮，明使訓兵、勿貢獻，其反信矣。故下書討，書伏誅。

李克用攻王鎔，大破之，拔臨城。○朱全忠取曹州。○十二月，殺天威都頭李順節。○孫儒攻宣州。○楊守亮執中使，寇梓州，王建遣兵救之。○福建觀察使陳巖卒。

壬子　景福元年。春，二月，以李茂貞爲山南西道招討使。○王鎔、李匡威攻堯山，李克用遣兵擊破之。○朱全忠擊朱瑄，瑄擊破之。○孫儒圍宣州〔二〕。○楊行密取常、潤州。○以時溥爲太子太師，溥不奉詔。○三月，以鄭延昌同平章事。○李克用、王處存攻王鎔，鎔擊敗之。○夏，四月，以錢鏐爲武勝軍防禦使。楊行密取楚州。○六月，楊行密擊孫儒，斬之，遂歸揚州。○王建圍彭州。○李茂貞取鳳、興、洋州。○秋，八月，以楊行密爲淮南節度使。○李茂貞取興元，楊復恭、守亮等奔閬州。○冬，復以時溥爲感化節度使。

譏不能令也。復以爲之辭四：有改過之辭，有貳過之辭，有不能令之辭，有因仍之辭。殷仲堪

〔一〕「丘」，原作「邱」，據弘治本、蜀藩本改。

〔二〕「○」，原無，據宋刻《綱目》本補。

督荆益軍，晋安帝隆安二年。時溥感化節度，是年。王建西川節度，乾寧四年。崔胤同平章事，天復三年。石敬瑭河東節度，五代甲午年。皆不能令之辭也。詳漢文帝十四年。

以李存孝爲邢、洺、磁節度使。〇十一月，朱全忠遣兵取濠、泗、濮州，遂擊徐州。〇十二月，初行《景福崇玄曆》。〇王建遣兵擊楊守亮於閬州，破之。

二年。癸丑春，正月，以李茂貞爲山南西道節度使，茂貞不奉詔。〇李克用擊王鎔，李匡威救之，克用還攻邢州。〇李匡威爲弟匡籌所逐，奔鎮州。

書爲所逐何？罪匡威也。匡威不兄，有取逐之道，《綱目》澄源正本，故書罪之。是故匡威書爲弟所逐，仁恭書爲子所囚，處直書爲假子所囚，皆罪在父兄也。

以柳玭爲瀘州刺史。〇夏，四月，王建殺陳敬瑄、田令孜。

陳、田，元惡也，不書誅何？建殺之也。於是王建累表請殺二人，朝廷不許，建遂殺之，書誅，是予其專殺也。初，上懲張濬之役，詔復敬瑄官爵，不從建請，然則成王建專殺之威，自張濬始矣。

朱全忠拔徐州，時溥自殺。〇李匡威劫王鎔，鎮人殺之。〇幽州將劉仁恭攻李匡籌，不克，奔河東。〇五月，王潮取福州。〇閏月，以扈蹕都頭曹誠等爲諸道節度使。〇秋，七月，王鎔救邢州，李克用敗之，復與連和。〇楊行密克廬州。〇八月，以覃王嗣周爲京西招討使，討李茂貞。

昭宗憤王室之日卑，欲振綱紀，一失於克用，再失於茂貞，而唐趣於亡矣。書，傷之也。

楊行密取歙州，以陶雅爲刺史。○朱全忠遣兵攻兖州。○九月，以錢鏐爲鎮海節度使。○李克用攻邢州〔一〕。○李茂貞、王行瑜合兵拒官軍，官軍逃潰。貶杜讓能雷州司户。○以韋昭度、崔胤同平章事。○冬，十月，殺雷州司户杜讓能，以李茂貞爲鳳翔兼山南西道節度使。○以王潮爲福建觀察使。

此閩王之基。

楊行密取舒州。○十一月，以王行瑜爲太師，號尚父，賜鐵券。

子儀嘗爲尚父矣，書尊，代宗大曆十四年。此其書號何？行瑜不足尊也。尚父，周所以尊太公也，而謂行瑜可稱乎！終《綱目》書尚父四，行瑜書號，是年。劉守光書推，五代庚午年。錢鏐書加，五代壬申年。惟子儀得書尊。《綱目》書賜鐵券三，安禄山、李懷光、王行瑜。皆終反者也。

十二月，朱全忠請領鹽鐵，不許。○邵州刺史鄧處訥取潭州，殺周岳。

甲寅 乾寧元年。春，正月，李茂貞入朝。○二月，朱全忠大破兖、鄆兵於魚山。○以鄭綮同平章事。○李克用克邢州，殺李存孝。○夏，五月，劉建鋒、馬殷入潭州，殺鄧處訥。○王建克彭州，殺楊晟。○鄭延昌罷。六月，以李谿同平章事，尋罷之。○李克用大破吐谷渾，殺赫連鐸。○秋，七月，李茂貞克閬州。○鄭綮致仕。

〔一〕「○」，原無，據宋刻《綱目》本補。

書，予之也。當是時，內則宦官專恣，外則藩鎮跋扈，强弱皆禍也。鄭綮於是，可謂自知審矣。

徐彦若同平章事。○八月，楊復恭等伏誅。○冬，十一月，楊行密取泗州。○十二月，李克用攻幽州，克之，李匡籌走死。○黄連洞蠻圍汀州，王潮遣兵擊破之。○以劉隱爲封州刺史。

乙卯二年。春，正月，李克用入幽州。○以陸希聲同平章事。○護國節度使王重盈卒〔一〕。○二月，董昌僭號於越州。○復以李谿同平章事，三月，罷。

前書同平章事，尋罷之矣，於是二月復相，而繼書三月罷，何用人之不堅哉？蓋是時藩鎮益强，雖宰相用舍，亦由其意矣。是故行瑜於李谿，克用於張濬，全忠於崔胤，茂貞於蘇檢，皆《綱目》所深悲也。

以劉仁恭爲盧龍節度使。○崔胤罷，以王摶同平章事〔二〕。○以王珂爲護國留後。○楊行密取濠州。○夏，四月，罷諸王將兵。○陸希聲罷。○楊行密取壽州及漣水。○以韋昭度爲太保，致仕。○以劉建鋒爲武安節度使。○五月，制削奪董昌官爵，委錢鏐討之。○王行瑜、李茂貞、韓建舉兵犯闕，殺韋昭度、李谿。○六月，錢鏐遣其將顧全武討董昌。○以孔緯同平章事，張濬爲諸道租庸使。○李克用舉兵討三鎮。秋，七月，王行約、李繼鵬作亂，上如石門鎮。○以崔胤同平章事。○制削奪王行瑜官

〔一〕「○」，原作空格，據宋刻《綱目》本補。

〔二〕「王摶」，原作「王搏」，據宋刻《綱目》本、弘治本、蜀藩本《通鑑》卷二六○改；以下徑改，不再出校。

爵，以李克用爲招討使，討之。〇車駕還京師。〇崔昭緯罷。〇九月，孔緯卒。〇王建遣兵赴援，屯綿州。

援不書地，書地，譏也。綿州，緩辭也。是故書次於白帝，見武陵之慢；梁戊辰年。書屯綿州，見王建之詐。是年。終《綱目》書援十五，詳晉愍帝建興四年。書地者，二而已。

楊行密遣兵救董昌。〇冬，十月，貶崔昭緯爲梧州司馬。〇以孫偓同平章事。〇十一月，李克用克邠州，王行瑜伏誅。〇朱全忠圍兖州。〇十二月，王建遣兵擊東川。〇進李克用爵晉王。〇李克用還晉陽。

於是詔使還鎮，不書詔何？嘉克用也。奉詔討賊，賊既討矣，奉詔而還，克用於是知有臣節矣。不書詔還，深予之也。然則克用不能遂討茂貞，輕聽蓋寓，以貽後患，非失計歟？車駕初還，人心岌岌，蓋寓蓋深知之。使《綱目》於寓有所不可，他日必不以押牙而書卒矣。

丙辰　三年。春，正月，蔣勛據邵州，劉建鋒遣馬殷擊之。〇閏月，李克用遣李存信將兵救兖、鄆，羅弘信襲之，存信軍潰。〇二月，以通王滋判侍衛諸軍事。〇朱全忠遣龐師古擊鄆州。〇夏，四月，河漲。

《綱目》書河溢十，詳晉高祖天福三年。未有書河漲者。漲者何？未溢也。未溢也，何以書？志患始也。於是河漲，將毀滑州，全忠決爲二河，夾城東注，自是爲害滋甚，二十二年，河決者九，詳漢文帝十二年。故謹志之。終《綱目》書河漲，一而已。是年。

李克用攻魏州。○武安軍亂，殺劉建鋒，推馬殷爲留後。

馬楚之基始於此。

五月，董昌去僭號。○楊行密取蘇州。○崔昭緯伏誅。○荆南將許存降於王建。○錢鏐克越州，董昌伏誅。○六月，李克用攻魏博，朱全忠遣其將葛從周救之，還擊兗、鄆，破之。○秋，七月，李茂貞舉兵犯闕，上如華州。○崔胤罷。○以陸扆同平章事。○八月，李克用發兵入援。

於是奏將發兵入援耳，即書入援何？予義也。

王摶罷，以朱朴同平章事。○九月，以王潮爲威武軍節度使。○以馬殷判湖南軍府事。○以崔胤、崔遠同平章事，貶陸扆爲硤州刺史。○冬，十月，以孫偓爲鳳翔四面行營招討使，討李茂貞。

不行矣，何以書？病昭宗也。勃焉而興兵，忽焉而罷之，書，所以著其無成命也。

以王摶同平章事。○以錢鏐爲鎮海、鎮東節度使。○以劉隱爲清海行軍司馬。

行軍司馬耳，何以書？予劉隱也。清海軍變，據境拒命，隱討平之，而能迎帥視事，自僖、昭以來未之有也，特書美之。

資治通鑑綱目書法第五十三

起丁巳唐昭宗乾寧四年，盡丙寅唐昭宣帝天祐三年。

廬　陵　後　學　劉友益修撰
翰林直學士中大夫知制誥同修國史國子祭酒歐陽玄校正

丁巳四年。春，正月，詔罷諸王所領兵及殿後四軍。〇立德王裕爲皇太子。

唐自武宗，四宗無書立太子者，於是復書，亦自是終矣。

朱全忠克鄆州，執朱瑄，進襲兖州，克之，朱瑾奔淮南。〇王建遣華洪將兵攻東川。〇孫偓、朱朴罷。〇張佶克邵州，擒蔣勛。〇三月，朱全忠以葛從周守兖州，朱友裕守鄆州，龐師古守徐州。〇夏，四月，遣使和解兩川。

漢獻之篇，書遣馬日磾、趙岐和解關東矣，於是再見。衰世之政，一轍也。終《綱目》書遣使和解二。

六月，貶王建爲南州刺史，以李茂貞爲西川節度使，覃王嗣周爲鳳翔節度使。〇秋，八月，韓建、劉季述殺通王滋等十一人。〇九月，李克用攻幽州，劉仁恭與戰，敗之。〇冬，十月，以韓建爲鎮國、匡國節度使。○詔削奪李茂貞官爵、姓名，發兵討之。復以王建爲西川節度使。○王建克梓州，顧彦暉自殺。○朱全忠擊楊行密，戰於清口，全忠大敗。○立淑妃何氏爲皇后。

唐自代宗始，無書立后者，於是復書，亦自是終矣。

十二月，威武節度使王潮卒。○南詔驃信舜化上書。○貶張道古施州司户。

戊午

光化元年。春，正月，詔復李茂貞姓名、官爵，罷諸道兵。

書詔，病昭宗也。其病之何？茂貞之跋扈，昭宗有以甚之也。一犯闕矣，以謝罪免之，故至於再犯闕；既命孫偓致討矣，已而又以請罪免之。藩臣而敢於一再犯闕，其請罪，豈真誠哉？乃欲移之西川，使覃王代其任，此令果能行於茂貞乎？其不受代可知也。則又悻悻然削奪官爵，發兵討之，未及奏功，而尋有復爵、罷兵之詔矣。舉措如此，宜茂貞有以易而侮之也。故《綱目》備書之。

以韓建爲修宫闕使。○三月，以朱全忠爲宣武、宣義、天平節度使。○以馬殷知武安留後。○劉仁恭取滄、景、德州。○夏，四月，朱全忠會幽州、魏博兵擊李克用，敗之，拔洺、邢、磁州。○秋，八月，車駕至長安。○遣使宣慰河東、宣武。○九月，錢鏐克蘇州。○魏博節度使羅弘信卒。○以王審知爲威武節度使。○冬，十月，王珙殺前常州刺史王柷。○十一月，以羅紹威爲魏博節度使。○十二月，李罕之據潞州，朱全忠表爲節度使。

己未二年。春，正月，崔胤罷，以陸扆同平章事。○劉仁恭屠貝州。三月，朱全忠遣兵擊敗之，遂攻河東，大敗而還。○夏，六月，以丁會爲昭義節度使。○保義軍亂，殺節度使王珙。○秋，七月，馬殷拔道州。○八月，李克用拔潞州。○九月，以李茂貞爲鳳翔、彰義節度使。

庚申三年。春，二月，李克用治晉陽城。○夏，四月，朱全忠遣兵圍滄州。○六月，以崔胤同平章事，殺司空、同平章事王摶。○秋，七月，李克用遣兵攻邢、洺，以救滄州，汴軍敗還。○九月，以徐彦若爲清海節度使。○崔遠罷，以裴贄同平章事。○朱全忠攻鎮州。○朱全忠取瀛、景、莫州。○馬殷取桂州。○朱全忠遣兵攻定州，義武節度使王郜奔晉陽。○十一月，中尉劉季述幽上於少陽院[一]，而立太子裕。

辛酉天復元年。春，正月朔，神策指揮使孫德昭等討劉季述等，皆伏誅。上復於位，黜太子裕爲德王。

太子書廢多矣，未有書黜者，此其書黜何？季述所帝也。以爲有罪，則季述迫之，以爲無罪，則爲逆臣所立也，故特書黜。《綱目》之權衡，審矣！終《綱目》書廢太子十一，廢書以者一，書黜者一，詳周赧王十六年。爲臣所廢者不與焉。晉太子覃。

進朱全忠爵爲東平王，李茂貞爲岐王。○以韓全誨、張彦弘爲中尉，袁易簡、周敬容爲樞密使。

[一]「述」下，宋刻《綱目》本有「等」字。

中尉、樞密，《綱目》間書之矣，未有如此其備也。此其備書何？惜之也。曷爲惜之？於是四逆既誅，崔、陸獻策，可以從之矣。而謀於武卒，復用宦者，此機一失，激爲南北角立之勢，卒之崔胤外召朱温，而唐遂亡矣。故備書惜之。

二月，朱全忠取河中晋、絳等州，執王珂以歸，殺之。〇以王溥、裴樞同平章事。〇三月，朱全忠遣兵攻河東，取沁、澤、潞、遼等州。〇夏，五月，以朱全忠爲宣武、宣義、天平、護國節度使。前書爲宣武、宣義、天平節度矣，於是兼帥河中，則其再序三鎮何？譏也。兼領四鎮，惟子儀足當之，以授全忠，尾大甚矣。故備書譏之。

李茂貞入朝。〇六月，解崔胤鹽鐵使。

特筆也。自是崔胤始懼，而召全忠矣。故特書之。

冬，十月，朱全忠舉兵發大梁。〇楊行密遣兵攻杭州，擒其將顧全武。〇十一月，韓全誨等劫帝如鳳翔，朱全忠取華州。〇朱全忠引兵至鳳翔城東而還。

還者何？順辭也。全忠爲胤所召，稱兵西向，以致全誨劫遷，《綱目》曷爲不以犯闕書？恕之也。其恕之何？奉詔而還，則猶知有王命矣。是故其發也書舉兵，其還也書還。

以盧光啟參知機務，崔胤、裴樞罷。〇十二月，清海節度使徐彦若卒。〇江西節度使鍾傳取撫州。

壬戌二年。春，正月，以韋貽範同平章事。○二月，李克用遣兵攻慈、隰[一]，逼晉、絳。朱全忠還河中，遣兵擊之。○盜發簡陵。○三月，汴兵圍晉陽。○以楊行密爲行營都統，賜爵吳王。○回鶻遣使入貢。○夏，四月，盧光啟罷。○五月，朱全忠至東渭橋。○韋貽範罷。○進錢鏐爵爲越王。○以蘇檢同平章事。○昇州刺史馮弘鐸襲宣州，敗走，楊行密取昇州。○朱全忠圍鳳翔。

書圍何？悖辭也。全忠至是，始不可得而恕矣。

楊行密攻宿州，不克。○秋，八月，兩浙軍亂。○起復韋貽範同平章事。○王建取興元。○九月，李茂貞攻朱全忠營，敗績。○王建取洋州。○以李茂貞爲鳳翔、静難、武定、昭武節度使。○田頵攻杭州。○冬，十月，楊行密建制敕院。○王建取興州。○朱全忠遣使奉表，迎車駕。

獻帝之遷，李傕書劫，張濟書迎，予濟也。韓全誨書劫遷矣，此書奉表迎，其予全忠乎？罪全忠也。曷爲罪之？表迎之使，當於五月至鳳翔時也。圍之六月，内外阻絶，人至相食，自天子以下不免困阨，而後奉表請迎，心乎勤王者固若是乎？《綱目》先書圍，後書奉表迎，罪之也，故王師範得書討。

十一月，保大節度使李茂勳引兵救鳳翔，朱全忠遣兵取鄜、坊，茂勳降。

華州之厄，克用書入援，此但書救鳳翔何？誅意也。茂勳此舉，非心乎王室者，爲茂貞而已矣。

〔一〕「攻」，宋刻《綱目》本作「取」。

韋貽範卒。

唐臣不書官者四十，舍是，無卒不書官者矣。

錢鏐拒擊田頵，破之。○十二月，李繼昭詣朱全忠降。

癸亥三年〔一〕。春，正月，平盧節度使王師範發兵討朱全忠〔二〕，克兗州。○李茂貞殺韓全誨等。帝幸朱全忠營，遂發鳳翔。復以崔胤爲司空、同平章事。

全誨劫遷天子，大惡也。於是茂貞有請，上喜，收斬之，則國討也，曷爲以茂貞殺書？全誨本恃茂貞，故敢縱横，是使全誨至於劫遷者，茂貞也。《綱目》書曰茂貞殺，若曰殺全誨者，茂貞云爾。

車駕至長安，大誅宦官，以崔胤判六軍十二衛事。

東漢嘗誅宦官矣，書曰袁紹捕宦者，悉誅之。此崔胤也，曷爲不書，書車駕？上意也。然則漢書悉誅，此其書大何？悉，盡辭也；大，衆辭也。於是稍留黄衣幼弱者，故不書悉。《綱目》之權衡，審矣！然何進召董卓以亡漢，崔胤召全忠以亡唐，則一而已。或曰：董卓之兵，《綱目》直書進召，胤召全忠，則曷爲不書？《綱目》上書解崔胤鹽鐵，則繼書全忠舉兵；上書大

〔一〕「三」，原作「二」，據宋刻《綱目》本、弘治本、蜀藩本、《通鑑》卷二六三改。

〔二〕「發」，原作「將」，據宋刻《綱目》本、弘治本、蜀藩本、《通鑑》卷二六三改。

誅宦官，則繼書崔胤判六軍十二衛事：罪固有所在矣。故於其殺也，削其官。

二月，貶陸扆爲沂王傅、分司。〇賜蘇檢死，貶王溥爲賓客、分司。〇賜朱全忠號回天再造竭忠守正功臣。

《綱目》書賜號八，未有十字號者。據事直書，而貶義自見矣，况無一字能稱者乎！

以輝王祚爲諸道兵馬元帥，朱全忠守太尉以副之，進爵梁王，崔胤爲司徒兼侍中。〇貶韓偓爲濮州司馬。〇梁王全忠辭歸鎮。〇以裴樞同平章事。〇三月，梁王全忠遣朱友寧、葛從周擊王師範。〇夏，五月，馬殷襲江陵，陷之。〇王師範以淮南兵擊朱友寧，斬之。秋，七月，梁王全忠擊師範，破之，遣楊師厚攻青州。〇八月，進王建爵爲蜀王。〇楊行密遣兵擊宣、潤州。〇楊師厚逼青州，王師範降。〇冬，十月，王建取夔、忠、萬、施四州。〇葛從周取兖州。〇宿衛使朱友倫卒。〇山南東道節度使趙匡凝取荆南，表其弟匡明爲留後。〇李茂貞、李繼徽舉兵逼京畿。〇十一月〔二〕，楊行密克宣州，斬田頵。〇以獨狐損同平章事，裴贄罷。〇張全義殺左僕射張濬。

張濬輕易反覆，有餘罪矣，其具官何？濬之存，能使全忠畏忌，則濬亦有過人者矣。故特具官，以罪全義。

甲子 天祐元年。春，正月，梁王全忠殺崔胤，以崔遠、柳璨同平章事。

〔二〕「一」，《通鑑》卷二六四作「二」。

殺亂者，全忠也；相遠、璨者，亦全忠也。大而宰相生殺予奪，皆出其手矣，唐有不爲梁乎！

梁王全忠屯河中，表請遷都。上發長安，二月至陝。

書表請，予之歟？上書屯河中，則與劫遷無異矣。方書表請，隨書發長安，方書發長安，隨書至陝，所以著全忠之威也。

王建遣兵迎車駕。

遣迎何？譏也。天子在難，躬迎，事未可知，而遣兵迎，以爲是爲恭而已，故譏之。是故其赴援書屯綿州，其迎駕書遣兵，皆所以深譏之也。

三月，以梁王全忠判六軍諸衞事。○梁王全忠赴洛陽[一]。○遣間使以密詔告難於四方。○楊行密遣兵擊杜洪。○夏，四月[二]，上至洛陽。○以梁王全忠爲護國、宣武、宣義、忠武節度使。○更封錢鏐爲吴王。○命魏博曰天雄軍，進羅紹威爵爲鄴王。○五月，梁王全忠還鎮。○趙匡凝攻夔州，不克。○六月，李茂貞、王建、李繼徽合兵討朱全忠，全忠拒之河中。

茂貞、繼徽再逼京畿，王建不急王室，皆罪人也，其得書討何？全忠强盛，唐祚且移，苟有能抗之者，《綱目》所予也。於是全忠削不書爵。

[一] 本卷各條之間，原或另起行，據宋刻《綱目》本改作「○」；以下徑改，不再出校。

[二] 「四」，《通鑑》卷二六四作「閏四」。

秋，八月，全忠弑帝於椒殿[一]。太子柷即位。[二]

弑君之賊，或書爵，或書姓，恒也，此其并不書姓何？全忠六月書討，既削其爵矣，於是弑君，不可以不重貶也，故再削其姓。賀善贊曰：昭宗即位，首務强兵，志張王室，而性失卞急，不審事宜，是以三命出師，不惟無功，益以長亂，雖唐亡已決，亦其處之不善，祇以速之也。○普王儼不書太子，中尉立之也。此亦玄暉矯立耳[三]，其書太子何？幸之也。當是時，唐旦暮亡，君弑而有正統在，固君子之所幸也，故不得以從恒法也。

以張全義爲河南尹。○楊行密以劉存爲招討使，子渥爲宣州觀察使。○九月，尊皇后爲皇太后。○冬，十月朔，日食。○十二月，楊行密遣馬賓歸長沙。○以劉隱爲清海節度使。

乙丑 昭宣帝天祐二年。

君立踰年改元，恒也。昭宣於是踰年矣，而不改先君之舊號，則臣子之罪也，其畏全忠甚矣。《綱目》非元年不書號，於是特書昭宣帝天祐二年，所以表其爲新君之初年，以正始也。

春，正月，楊行密克潤州，殺安仁義。○二月，朱全忠殺德王裕等九人。

[一]「全」上，宋刻《綱目》本有「朱」字。

[二]「柷」，原作「祝」，據宋刻《綱目》本、弘治本、蜀藩本、《通鑑》卷二六五改。

[三]「玄暉」，原作「元暉」，據弘治本、蜀藩本、《通鑑》卷二六五改；以下徑改，不再出校。

昭宗諸子於是皆死〔二〕，而唐祚之移决矣，故全忠削不書爵。

劉存拔鄂州，執杜洪。○葬和陵。○三月，以王師範爲河陽節度使。○獨孤損、裴樞、崔遠并罷，以張文蔚、楊涉同平章事。○河東押牙蓋寓卒。

押牙未有書卒者，卒蓋寓何？録賢也。克用之克終臣節，寓有力焉。押牙書卒者，終《綱目》一人而已矣。

夏，四月，彗星出西北，長竟天。

《綱目》書彗十有七，未有書長竟天者。彗長竟天，甚大異也，間一歲而唐亡。變不虚生，信哉！終《綱目》書長竟天三：長星竟天而晋亡，恭帝元熙二年。彗星竟天而唐亡，惟孛竟天則兵禍而已。漢武帝建元六年。

六月，殺裴樞、獨孤損、崔遠、陸扆、王溥等三十餘人。

殺之者，全忠也，不書主名何？全忠之惡，至於弑君以及太后，則其殺唐臣者常也，無足深貶者。樞輩皆負國之臣，《綱目》而書曰全忠殺之，則是專罪全忠矣。然則蔣玄暉輩，非負國者歟？其殺之也，曷爲主全忠？蒙上文全忠之名以書殺，又以見賣國於人者，卒不享其利，以爲後世戒也。或書或不書，《綱目》之旨深矣。

〔二〕「諸」，原作「之」，據弘治本、蜀藩本、《通鑑》卷二六五改。

秋，八月，王建取金州。○徵前禮部員外郎司空圖詣闕，尋放還山。

書前官何？美圖也。圖自僖宗時棄官歸隱，蓋智士也。於是詣闕，則陽爲衰野失儀以去，可謂潔身亂世者矣，故特書之。《綱目》書徵士二十有一，而不至者八，不屈者一〔一〕，不就者一，不食而卒者一，不受者一，遣歸者一，放還山者一。詳漢光武建武五年。

九月，梁王全忠遣楊師厚取襄陽，趙匡凝奔廣陵。○楊師厚取江陵，趙匡明奔成都。○冬，十月，以梁王全忠爲諸道兵馬元帥。○梁王全忠擊淮南，不利。○改昭宗謚號。○十一月，吴王楊行密卒，子渥代爲淮南節度使。○以梁王全忠爲相國，封魏王，加九錫，全忠不受。

晉、宋之初，書自加某官，復辭不受，譏詐也。惟司馬懿不書自，書不受，爲無譏。此亦非自加也，其不受亦幾乎誠也，然則予之歟？譏也。何譏？欲速也。篡奪之臣，未有如全忠之欲速者矣。《綱目》拜官書不受十九，惟王仙芝、朱全忠、閩王昶爲慊辭。

十二月，朱全忠弑太后何氏，殺蔣玄暉、柳璨、張廷範。○罷謁郊廟。

罷之矣，何以書？譏欲速也。謁郊廟，常祀也，而全忠以爲欲延唐祚，怒，竟罷之。篡奪之臣，未有如全忠之欲速者矣。

丙寅　三年。春，正月，宣州觀察使王茂章奔杭州。○羅紹威殺其牙軍八千家。○以梁王全忠爲三司都制置

〔一〕「屈」，原作「出」，據弘治本、蜀藩本、《綱目》卷九改。

使。○夏，四月朔，日食。○天雄軍亂，梁王全忠討平之。○鎮南節度使鍾傳卒。○秋，七月，梁王全忠還大梁。○九月，梁王全忠攻滄州，劉仁恭救之。○楊渥取洪州。○楊崇本攻夏州。

崇本之降全忠也，嘗自去其賜姓名矣。既而討全忠，則復其舊焉。《綱目》亦以李繼徽書之，而予之以討，以其未忘李氏也。此其復書楊崇本何？削之也。君弑賊不討，而内自相攻，知有李氏者不如是矣，故削之而下書人。

冬，十月，王建立行臺。○李克用遣兵攻潞州。○梁王全忠遣劉知俊救夏州，邠人大敗。○梁王全忠以高季昌爲荆南留後。○十二月，昭義節度使丁會降於河東，梁王全忠引兵還。

會，全忠所舉也，外降矣，書官何？予會也。先是，昭宗凶問至潞，會帥將士縞素流涕。及嗣昭攻潞，會有梁王凌虐唐室之言，則知有唐室者矣。當是時，能如會者鮮矣，故書官予之。

資治通鑑綱目書法第五十四

起丁卯〔一〕，盡己卯〔二〕。

廬　陵　後　學　劉友益修撰
翰林直學士中大夫知制誥同修國史國子祭酒歐陽玄校正

丁卯四年。四月以後，梁太祖皇帝朱晃開平元年，西川稱唐天復七年。○是歲唐亡，梁、晋、岐、淮南、西川，凡五國；吴越、湖南、荆南、福建、嶺南，凡五鎮。春，正月，淮南牙將張顥、徐温作亂。

書曰作亂，而後亂臣不得以趙鞅藉口矣。

三月，唐遣使奉册寶如梁。

天寶之末，遣使奉册寶如靈武，書上皇。此其不書唐帝何？罪唐臣也。自温謀篡，唐之臣子未有能沮之者。今也自洛如梁，不爲近矣。非有王舜之逼，而不遠授人無難色，書曰如梁，所以深罪舉朝之臣子也，故止書唐。

〔一〕「丁卯」下，宋刻《綱目》本有「唐哀帝天祐四年」七字。
〔二〕「己卯」下，宋刻《綱目》本有「晋王李存勗唐天祐十六年、梁主瑱貞明五年」十八字。

夏，四月，盧龍節度使劉仁恭爲其子守光所囚。

爲所囚何？罪仁恭也。未有父不失道，而爲子所囚者也，《綱目》澄源正本，故書罪之。然則守光無罪歟？子而囚父，罪固不待貶絶而自見矣，故守文舉兵書討。

梁王全忠更名晃，稱皇帝，奉唐帝爲濟陰王。

《綱目》自魏、晋以下，書稱皇帝，廢帝爲某公，爲某王，恒辭也。此其不書廢何？罪唐臣也。唐則奉册寳如梁矣，唐自廢其主也，梁何與焉！略全忠，所以深罪唐臣也。然則予梁乎？書稱皇帝如魏、晋，則固以篡目之矣。終《綱目》廢主書奉二，惟徐知誥無譏焉。

梁以汴州爲東都，開封府，洛陽爲西都，長安爲大安府、佑國軍。○梁以馬殷爲楚王。○梁以敬翔知崇政院事。○梁以朱友文判建昌院事。○淮南、西川移檄興復唐室。

興復不多書，唯劉繽嘗書之[一]，於是再見。然則予二國乎？朱氏篡唐，天下皆梁臣矣，而淮南、西川猶仍唐曆，首倡興復，固不得不一予之。予二國，所以罪天下也。及其倡而不和，二國亦復弛然，西川反欲自帝，而淮南則區區以争弹丸之地，其無意唐室明矣，於是終貶之。

岐王李茂貞開府。○契丹遣使如梁。○梁以錢鏐爲吴越王。○梁以高季昌爲荆南節度使。○梁主封其兄全昱爲廣王。○梁禮部尚書蘇循等致仕。

〔一〕「唯」，原作「維」，據蜀藩本改。

勒致仕也。其書之何？書，所以爲賣國求利者之戒也。書之，則何以爲戒？循等賣國，志求相位，而官稱止此，書曰梁禮部尚書蘇循等致仕，以見卒無其利，而徒爲是鴟梟也。然則曷爲不書詔？梁有慊也。梁人知賣國之不忠，而不知簒國之爲大惡，書詔，是予梁矣。

六月，淮南遣兵擊楚，楚大破之，遂取岳州。○梁侵晉，圍潞州，晉遣周德威等救之。○秋，七月，梁以劉守光爲盧龍節度使。○八月〔一〕，晉敗梁兵於潞州，梁築夾寨守之。○九月，蜀王王建稱帝。○十一月，義昌節度使劉守文舉兵討其弟守光。○梁赦軍士逃亡爲盜者。

戊辰　晉、岐、淮南稱唐天祐五年，梁開平二年。○蜀高祖王建武成元年。○是歲西川稱蜀，凡五國、五鎮。春，正月，晉王李克用卒，子存勖立。○二月，蜀以張格同平章事。○晉兵馬使李克寧謀作亂，晉王殺之。

書謀亂矣，不書討，殺何？克寧，叔也。亦既執之，待以不死，而誅其黨可也。殺之，過矣。

梁主晃弑濟陰王。○夏，五月，晉王攻梁夾寨，破之，潞州圍解。○晉師攻梁澤州，不克。○晉王歸晉陽。○淮南張顥、徐温弑其節度使楊渥，温復攻顥，殺之。

節度爲下所殺多矣，未有書弑者，此其書弑何？唐亡也。上無天子，節鎮專地，爲之屬者皆其臣矣，書弑，所以正君臣之分也。然則温能殺顥，何以不書討？温既與弑，則賊殺賊而已矣，安得以討予之。自是終《綱目》，節度書弑二。趙王鎔、楊渥。

〔一〕「○」，原另起行，據宋刻《綱目》本改。

蜀、岐、晉會兵攻梁雍州，梁遣忠武節度使劉知俊拒却之。

西川嘗書移檄興復矣，於是不書討，書攻何？夷蜀於梁也。曷爲夷之？蜀稱帝號，則不足以言討矣，故與岐、晉皆書攻。

六月，梁殺其金吾將軍王師範，夷其族。〇秋，七月，楚收茶税。

自德宗書初税茶，至文宗而增重其法，茶之爲民害也多矣。王涯既敗，始詔罷焉，於是楚復收之，害未有已也，故謹書之。

淮南將吏推楊隆演爲節度使。〇九月，淮南遣兵攻吴越，圍蘇州。〇冬，十月，華原賊帥温韜發唐諸陵。

盗發必書，重山陵也。終《綱目》書盗發山陵七。詳楚義帝元年。

十一月，晉遣兵擊劉守文，敗之。

梁擊趙以救燕書救，癸酉年。罪梁也。於是守光求救，晉遣兵助之，不書救何？爲晉諱也。當是時，唯晉大國，而稱唐正朔，故《綱目》於晉多予辭。不書救，不以守光之黨累晉也。然守文舉兵書討，而晉擊之，直書其事，意亦不隱矣。

己巳晉、岐、淮南稱唐天祐六年，梁開平三年。〇是歲凡五國、五鎮。春，正月，梁遷都洛陽。〇二月朔，日食。

○梁攻岐，取丹、延、鄜、坊四州。○淮南徐温自領昇州刺史[一]。○夏，四月，梁以王審知爲閩王。○吴越擊淮南兵，破之。○五月，梁殺其佑國節度使王重師，夷其族。○劉守光執其兄守文，進攻滄州。○六月，梁劉知俊叛，奔岐。○秋，七月，梁以劉守光爲燕王。○淮南盡取江西地。○冬，十月，蜀行《永昌曆》。○十一月，岐遣劉知俊攻梁靈州，梁遣兵救之，大敗而還。○蜀蜀州刺史王宗弁罷。

刺史未有書罷者，書宗弁何？美知止也。五季之世，若宗弁者不多見矣，故特書之。

庚午　晉、岐、吴稱唐天祐七年，梁開平四年。○是歲淮南稱吴，凡五國、五鎮。春，正月，劉守光克滄州，殺其兄守文。○二月，岐王承制加楊隆演嗣吴王。

岐王承制爾，何以書？予隆演也。唐室亡矣。隆演，渥弟也，次立，無譏矣。故《綱目》自是從稱吴王。是故苟義當嗣，隆演雖承制書吴王；義不當嗣，守光雖梁命止書守光，雖自帝止書守光。

夏，四月，梁夏州亂，殺節度使李彝昌，以其族父仁福代之。○梁宋州獻瑞麥。○梁貶寇彦卿爲遊擊將軍。○五月，梁天雄節度使羅紹威卒，以其子周翰代之。○六月，梁匡國軍節度使馮行襲卒。○梁以楚王殷爲天策上將軍。○秋，七月，岐、晉合兵攻梁夏州，梁遣兵拒却之。○八月，吴越築捍海石塘，廣杭州城。

[一]「○」，原無，據宋刻《綱目》本補。

城不書，必關要而後書，非關要則京都也。終《綱目》書廣城四，是年杭州、己卯年晉德勝、壬辰年徐知誥金陵、乙卯年周大梁。杭州、大梁，都城也；德勝，關要也；惟金陵，知誥未都先城之。

冬，十一月，蜀主立其假子宗裕等爲王。

封子不書主，此其書何？假子也而悉封王，甚矣，故斥主譏之。終《綱目》封子書主五，詳陳己卯年。惟此爲譏辭。

梁遣兵襲鎮州，取深、冀，鎮、定推晉王爲盟主，晉遣兵救之。〇十二月，梁定《律令格式》，行之。〇梁進軍逼鎮州，晉王救之，次於高邑。

凡救書次，譏也，此其譏歟？美從諫也。於是德威請止高邑，晉王不悦，承業諫而從之。知難而退，君子所許也。美惡不嫌同辭。終《綱目》救書次五，晉鄗、武陵王紀、王琳、晉王、戊申年唐遣兵。惟王琳、晉王非譏詞。

辛未 晉、岐、吳稱唐天祐八年，梁乾化元年。〇蜀永平元年。〇是歲凡五國、五鎮。春，正月朔，日食。

日食正朔，大變也。終《綱目》書日食三百六十七，而正朔日食者二十八，詳周安王十五年及漢惠帝七年。舍是，無書正朔食者矣。

晉王伐梁軍於柏鄉，大破之。

前書梁襲鎮州，罪梁也，故晉書救。至是而大書伐梁軍，則予晉之爲盟主矣。

晋師圍邢、魏，梁兵救之，晋師還。〇三月，梁清海節度使劉隱卒，弟巖知留後。〇夏，四月，岐攻興元，蜀兵擊却之。〇晋王推劉守光爲尚父，梁亦以爲采訪使。

尚父有書尊者矣，郭子儀。有書號者矣，王行瑜。此其書推何？六鎮所推也。尚父，天子所以尊大賢也，豈鎮使得用之乎？而用之守光，無父之人，益非矣。雖曰以稔其惡，終非正也。書，交譏之。諸鎮不書，書晋王何？專咎盟主也。

秋，七月，梁主避暑於河南尹張宗奭第。

避暑何？久辭也，與留飲十日者又異矣。終《綱目》書幸諸臣之家五，幸其府二，詳漢安帝建光元年。譏莫甚於此也。

梁遣楊師厚將兵屯邢州，趙王鎔會晋王於承天軍。〇八月，燕王劉守光稱帝。

守光簒父，《綱目》一再削爵矣，此其書燕王何？不書燕王，無以知稱帝之爲燕帝也。雖書稱帝，《綱目》終不以燕主書之。然守光稱帝[一]，孫鶴諫死，則曷爲不書？曰鶴之死，當於殺守文時也。守文舉義，不克見殺，鶴佐吏也，乃復忍恥事讐，於是而死，則已晚矣[二]，故《綱目》略之。

〔一〕「然」下，弘治本、蜀藩本有「則」字。

〔二〕「則」，弘治本、蜀藩本作「固」。

岐王使劉知俊攻蜀，圍安遠軍。〇九月，梁主如相州。〇冬，十月，晉遣李承勳使於燕。〇十一月，梁主還洛陽。〇幽州參軍馮道奔晉。

奔者何？危不早也。守光囚父殺兄，僭稱大號，道不聞直諫，而區區於易定之役，道所以自全也，而不免〔一〕，而後奔，故書危之。

蜀主自將擊岐兵，大破之。〇劉守光寇易、定，晉遣兵救之。

兩鎮相加書攻、擊，恒也，此其書寇何？守光囚父殺兄，又僭大號，是真賊矣。於是犯晉同盟，故寇之而下書伐。

壬申 晉、岐、吴稱唐天祐九年，梁乾化二年。〇是歲凡五國、五鎮。春，正月，晉師及鎮、定之兵伐幽州。二月，梁主救之，大敗，走還。

殊鎮、定何？尊盟主也。柏鄉之師，晉書伐矣，於是再書伐，皆予之也。晉仍唐曆，舉事近義，故《綱目》多予辭。

滄州人殺劉繼威。

繼威何？節度使也。曷爲不書？削之也。繼威淫虐，指揮張萬進殺之，《綱目》澄源正本，不書萬進書人，垂戒深矣。

〔一〕「而」，蜀藩本作「幾」。

晉師克瓦橋關。〇夏，四月，晉師克瀛州。

澤、雍、夏皆書梁某州，此其不書梁瀛州何？取之也。取之則曷爲不書？不以取非其有爲晉王病也。曷爲不以取非其有爲晉病？河北，唐之河北，晉稱天祐，則猶唐臣也。以唐臣取唐地，何病焉！凡晉之攻梁地不克，則書梁某州；克，則不書梁某州。是故瀛州不書梁，德州不書梁，澶州不書梁，衛、磁不書梁，洺州不書梁，相、邢二州不書梁，滄州不書梁，貝州不書梁。梁取晉地，則書晉某地。是故攻晉魏州書晉，攻晉德勝南城書晉。晉臣降梁書叛，是故潞州降梁以叛書。梁臣降晉則不書叛，是故朱友謙再降晉不書叛，隰州降晉不書叛，魏人降晉不書叛，張萬進降晉不書叛，皆所以重予晉也。其予晉何也？梁篡國，晉臣唐〔二〕，予晉抑梁，正也。

五月，梁主至洛陽。

前書如相州，繼書還洛陽，次書救幽州，敗走，繼書至洛陽，八九月間，梁主之奔走亦疲矣。一一書之，志晉之興也。

劉守光遣兵出戰，晉人擊敗之，擒其將。〇吳徐温攻宣州，克之，殺其觀察使李遇。

遇不朝吳，斥徐温何？温私也，故不書討書攻，不書誅書殺。

六月，梁郢王友珪弑其主晃而自立。〇梁忠武軍亂，殺節度使韓建。

〔二〕「晉」，原無，據弘治本、蜀藩本補。

唐亡，節度書弑矣，此其曷爲書殺[一]？梁鎮也，故不從淮南、趙例。

秋，七月，梁以楊師厚爲天雄節度使。○梁加吴越王鏐尚父。○梁遣兵擊河中，節度使朱友謙降晉。

書爵何？予友謙也。曷爲予之？友珪弑逆，友謙欲討而力不逮，雖降晉可也。凡梁臣降晉不書叛。降晉則曷爲不書叛？梁氏篡國，晉仍唐曆，則猶唐也。挈唐土歸唐人，何叛之有！

梁以敬翔同平章事。○吴以徐温領鎮海節度使。○冬，十月，晉王救河中，梁兵敗走。○梁楊師厚入朝。

凡書入朝，必予辭也。師厚聞召而行，其予之歟？罪師厚也。曷爲罪之？友珪弑逆，師厚所部皆號勁兵，諸鎮又得調用，既以精兵萬人至洛[二]，問罪討賊無難矣。乃立其讐耻，朝覲如儀，受賜而歸，其罪大矣，故書之而削其官。

梁隰州降晉。

癸酉 晉、岐、吴稱唐天祐十年，梁主瑱乾化三年。○是歲凡五國、五鎮。春，正月，晉拔燕順、薊州，安遠、盧臺軍。○二月，梁均王友貞起兵討賊，友珪伏誅。友貞立於大梁，更名瑱。友謙復歸梁。

君弑書討多矣，未有書討賊者，書討賊，予義也。立於大梁何？不以自立累友貞也。然則魏齊

〔一〕「其」，弘治本、蜀藩本作「則」。
〔二〕「兵」，弘治本、蜀藩本作「甲」。

王嗣、西秦熾磐皆討賊而立者也，何以書自立？嫡子，故無嫌也，非嫡也而書自，則疑於奪矣。友謙書復歸，善之也。不敵而降晉，賊討而復歸，可謂善處矣。

三月〔一〕，晉師徇山後八軍及武州，皆下之。○夏，四月，晉師逼幽州，拔平、營州。○梁擊趙以救燕，晉分兵拒之。○六月，蜀以道士杜光庭爲諫議大夫。

嘗書道士加三品階矣，又書以道士爲崇玄館學士矣，未有爲諫議者。書道士爲諫議大夫，譏非人也。終《綱目》書諫議大夫十六，詳漢光武建武五年。惟吳通玄、韋渠牟、杜光庭爲譏焉。

蜀主殺其太子元膺。

殺元膺者，天武衛士也，罪蜀主何？元膺之困，道襲之譖也。《春秋》之法，前有讒而不見，後有賊而不知，則罪其君。蜀主於是，不得辭其責矣。終《綱目》書殺其太子三。趙太子邃、魏太子恂、蜀太子元膺。

晉克瀛、莫州。○梁賜高季昌爵渤海王。○冬，十月，蜀立宗衍爲太子。

五季舍唐、蜀無立太子者。太子，國本也，雖僭國，謹書之。

十一月，晉王入幽州，執劉仁恭及守光以歸。

晉之伐，爲守光也，書執守光可矣，書仁恭何？皆罪人也。曷爲不書仁恭父子？罪各異也，故

〔一〕「三」，原作「二」，據宋刻《綱目》本、弘治本、《通鑑》卷二六八改。

書及以殊之。

十二月，梁遣兵侵吴，吴人擊敗之。

甲戌晉、岐、吴稱唐天祐十一年，梁乾化四年。○是歲凡五國、五鎮。春，正月，劉仁恭、劉守光伏誅。

守光之罪著矣，仁恭也，而并書伏誅何？仁恭爲下則攻其帥，爲臣則忍其君，非罪乎？《綱目》之法，間無事，則蒙上文。晉王入幽州之後，間有事矣，仁恭伏誅，曷爲不以晉誅書？不以仁恭父子之誅，爲晉王私也。若曰仁恭父子得罪於天下，而天下誅之云爾。非咎晉而不予以討與？晉擊守文，非矣，然《綱目》不以救燕書。其伐燕也，殊晉師而書以伐，其非不予晉可知也。然則仁恭、守光各再書劉何？再書劉，所以見其皆可誅，而非相及以罪者也。

鎮、定推晉王爲尚書令，始置行臺。

推者何？相尊也。唐室亡矣，諸國有不臣梁者，於是相推以爵，則亦不亡唐室之意也，故《綱目》悉書之。始置行臺，晉於是乎知節矣。彼移檄興復，不半載而稱帝者，亦何人哉！特書始，予晉也。

高季昌攻蜀夔州，不克。○夏，四月，楚人襲吴黄州，克之。○五月，梁朔方節度使韓遜卒，以其子洙代之。○秋，七月，晉伐梁邢州，不克。○八月，蜀以毛文錫判樞密院。○冬，十一月，南詔寇蜀，蜀遣兵擊敗之。○十二月，蜀攻岐階州，破長城關。

乙亥晋、岐、吴稱唐天祐十二年，梁貞明元年。○是歲凡五國、五鎮。春，二月〔一〕，梁分天雄爲兩鎮。夏，四月，魏人降晋。六月，晋王入魏。○晋拔德州。○秋，七月，晋拔澶州。○晋王勞軍魏縣。○梁劉鄩引兵襲晋陽，不至，還守莘城。○八月，梁復取澶州。○晋遣李存審圍貝州。○梁劉鄩攻鎮、定營，晋師擊敗之。○吴徐温出鎮潤州，留子知訓江都輔政。

晋書太傅越出鎮許昌，譏專也，於是復見。留子輔政，此高歡遣澄入鄴之故智也。温之專，亦甚矣，故馬謙得書誅。

冬，十月，梁康王友敬作亂，伏誅。○十一月，蜀遣兵攻岐，克階、成、秦、鳳州，岐將劉知俊奔蜀。○岐耀、鼎二州降梁。○廣州始與梁絶。

丙子晋、岐、吴稱唐天祐十三年，梁貞明二年，蜀通正元年。○是歲凡五國、五鎮。春，正月，梁以李愚爲左拾遺。○二月，吴將馬謙等起兵誅徐知訓，不克而死。○梁劉鄩攻晋魏州，晋王擊敗之。○梁遣兵襲晋陽，晋將安金全擊却之。○晋王克衛、磁州。○梁遣劉鄩屯黎陽。○夏，四月，晋人克洺州。○梁戍卒作亂，攻宫門，討平之。

書，志梁衰也。戍卒至攻宫門，不振甚矣。是故書羽林殺張彝而魏衰，梁己亥年。書戍卒攻宫門而

〔一〕「二」，《通鑑》卷二六九作「三」。

梁衰，是年。皆亂季之徵也。

秋，七月，梁以吴越王鏐爲諸道兵馬元帥。○八月，晋拔相、邢二州。○契丹寇晋，陷蔚州。○九月，晋王還晋陽。○晋拔滄州。○晋拔貝州。○晋王如魏州。○冬，十月，蜀攻岐，圍鳳翔。○晋王遣使如吴，吴遣兵擊梁，圍潁州。○十二月，楚王遣使如晋。○晋以張瓘爲麟州刺史。○契丹稱帝，改元。

劉淵嘗書稱皇帝矣，於是復見。然生不書主、書名，死不書卒、書死，《綱目》終外之，不得與淵比也。其不得與淵比何也？純夷也。

丁丑晋、岐、吴稱唐天祐十四年，梁貞明三年。○蜀天漢元年、漢乾亨元年。○是歲嶺南稱漢，凡六國、四鎮。春，二月，晋新州裨將盧文進殺其防禦使李存矩，亡奔契丹。

殺存矩者，小校宫彦璋也，首文進何？文進身爲裨將，不能制下，還州見拒，率衆北奔，謂非首罪，可乎？不首文進，則托不得已者，皆有以逭其責矣。

三月，契丹陷晋新州，晋師攻之，不克。○契丹圍幽州。夏，四月，晋王遣李嗣源將兵救之。○五月，吴徐温徙治昇州。○秋，八月，劉巖稱越帝於廣州。○晋師擊契丹，敗之，幽州圍解。○冬，十月，梁以吴越王鏐爲天下兵馬元帥。○晋王還晋陽。○十一月，晋王如魏州。○十二月，蜀殺其招討使劉知俊。○晋王襲梁楊劉，拔之。梁主如洛陽，尋還大梁。

晋取梁地不書梁，楊劉何以書？楊劉，河南地，唐所命也，故予梁。《綱目》之予奪，審矣！下書襲梁鄆州[一]，取之，義同。

戊寅 晉、岐、吴稱唐天祐十五年，梁貞明四年[二]。○蜀光天元年。○是歲凡六國、四鎮。春，正月，晉師掠梁濮、鄆而還。○蜀信王宗傑卒。

卒小國臣，録才也。終《綱目》卒僭國臣二十一，詳晉懷帝永嘉二年。五代凡十三焉。蜀王宗傑、宗儔、吴陳彦謙、徐温、漢楊洞潛、吴柴再用、唐周本、漢趙光裔、唐楊璉、閩劉贊、楚馬希瞻[三]、唐張建封[四]、柴克宏。

夏，六月，蜀主建殂，太子宗衍立。○吴副都統朱瑾殺都軍使徐知訓而自殺。

馬謙書誅矣，此其書殺何？不予瑾以討也。知訓信有罪，瑾以私怨殺之，則非義討矣。

梁人決河以限晉兵，晉王攻之，拔其四寨。

攻取未有書其方略者，此則曷爲以決河書？重開河隙也。此隙一開，連年重爲曹、濮患，唐雖塞之，未幾復壞，至晉天福以後，二十二年九書河決，則梁人之罪也。《綱目》重開河隙，故引河溝以灌魏則書，決河以限晉兵則書。

[一]「鄆」，原作「鄂」，據弘治本改。
[二]「梁」上，原有「○」相隔，據宋刻《綱目》本删。
[三]「希」，原無，據《通鑑》卷二八八補。
[四]「建」，原作「廷」，據弘治本、蜀藩本改。

蜀貶張格爲維州司户。○秋，七月，蜀以王宗弼爲鉅鹿王。○吳以徐知誥爲淮南行軍副使，輔政。○八月，晉王大舉伐梁。

書伐何？義晉也。

蜀以諸王領軍使。○梁泰寧節度使張萬進降晉。○蜀以宦者歐陽晃等爲將軍。

唐世宦官不書，不勝書也。至此而復書，其書之何？此蜀所以亡也。是故歐陽晃等爲將軍，王承休爲龍武指揮使，《綱目》皆以宦官表之。然自是，諸國皆書矣。

冬，十一月，越改國號漢。○吳取虔州。○十二月，晉王與梁軍戰於胡柳陂，周德威敗死。晉王收兵復戰，大破梁軍。

己卯 晉、岐稱唐天祐十六年，梁貞明五年。○蜀乾德元年、吳宣王楊隆演武義元年。○是歲凡六國、四鎮。春，正月，晉築德勝兩城。

書德勝何？關要也。

三月，晉王自領盧龍節度使。○晉以郭崇韜爲中門副使。○夏，四月，吳王隆演建國，改元。○吳越擊吳，戰於狼山，破之。○梁攻晉德勝南城，不克。○秋，七月，吳越攻吳常州，吳人與戰，破之。○晉王以馮道掌書記。○八月，梁以王瓚爲招討使，拒晉兵。○吳與吳越連和。○冬，十月，晉廣德勝北城。

書德勝何？關要也。

梁克兖州，殺張萬進。○十二月，梁王瓚與晉王戰，敗績，梁以戴思遠代之。○吳團結民兵。

資治通鑑綱目書法第五十五

廬陵後學劉友益修撰

翰林直學士中大夫知制誥同修國史國子祭酒歐陽玄校正

起庚辰[一]，盡丙戌[二]。

庚辰　晋、岐稱唐天祐十七年，梁貞明六年。○是歲梁、晋、岐、蜀、漢、吴，凡六國；吴越、湖南、荆南、福建，凡四鎮。春，三月，晋以李建及爲代州刺史。○夏，四月，梁朱友謙取同州，遂以河中降晋。

友謙嘗降晋矣，書官，此其不書官何？削之也。曷爲削之？身爲宗臣，非有友珪之逼也，竊地以私其子，又舉地以歸諸人，以是爲罪也，故削之而書遂。遂，决辭也。然則曷爲不書叛？梁之降晋者，例不書叛也。何以示懲？劉鄩書討，則友謙之罪著矣。

五月，吴宣王隆演卒，弟溥立。○六月，蜀殺其華陽尉張士喬。

於是士喬直諫，蜀主怒，欲誅之，以太后不可，流之黎州，遂赴水死，則曷爲書殺？誅心也。

[一]「辰」下，宋刻《綱目》本有「晋王存勖唐天祐十七年、梁主瑱貞明六年」十七字。

[二]「戌」下，宋刻《綱目》本有「後唐莊宗存勖同光四年、後唐明宗嗣源天成元年」二十字。

《綱目》之法，苟有誅意於其臣，雖自殺，一以殺書之。殺及諫臣，而王衍之亡決矣！

梁遣劉鄩等討同州，晋遣李存審救之。○秋，八月，蜀主北巡。冬，十一月，遣兵侵岐，不克而還。

○趙王鎔殺其司馬李藹，夷其族。

於是所殺三人也，弘規、漢衡則何以不書？犯也。欲正其君，而動干戈於君側，《綱目》無取焉，故略之。王恭書反，張顥、徐温書亂，弘規、漢衡不書殺，而亂臣不得以趙鞅藉口矣。

辛巳　晋、岐稱唐天祐十八年，梁龍德元年，吴睿皇楊溥順義元年〔一〕。○是歲凡六國、四鎮。春，正月，蜀主還成都，廢其后高氏。○晋得傳國寶。

得璽必書，重國寶也。承業之所以死，始此矣。終《綱目》書得璽四。漢光武建武三年、晋愍帝建興三年、穆帝永和八年、是年。

二月，成德將張文禮弒其節度使趙王鎔而代之。

文禮何？假子也。處直之囚書假子都，此則曷爲不以假子德明書？假子而書弒，恒也。唐亡，上無天子，節鎮專地，爲之屬者皆其臣矣。書將以弒，所以正其君臣之分也。故前書張顥、徐温，此書文禮，其旨深矣。唐亡，節度書弒二。楊渥、王鎔。

夏，五月，梁殺其泰寧節度使劉鄩。○六月朔，日食。○秋，晋以蘇循爲節度副使。○八月，晋以符

〔一〕「皇」，原作「王」，據宋刻《綱目》本、弘治本、蜀藩本、《通鑑》卷二八一改。

習爲成德留後，討張文禮。〇冬，十月，梁襲晉德勝北城，晉王擊破之。〇義武節度使王處直爲其假子都所囚。

爲所囚何？罪處直也。曷爲罪之？於是文禮弑逆，處直爲之游説，請緩晉師，既不可，則召契丹，欲以撓晉。黨逆以誨盜，召狄以失衆，處直之罪也。然則都無罪乎？號曰子矣，而囚其父，罪固不待言矣。《綱目》書爲子所囚二。劉仁恭、王處直〔一〕。

吳王溥祀南郊。

諸國王非卒不名，溥何以名？罪溥也。吳蕞爾國，雖上無天子，而行郊祀，僭已甚矣，故斥名罪之。

十一月，晉王自將討鎮州。〇十二月，契丹寇幽州，拔涿州，進寇義武，晉王救之。

義武何？王都也。幽州書寇可矣，都囚假父，亦寇契丹何？中國雖失道，夷狄不得而加之也。

壬午　晉、岐稱唐天祐十九年，梁龍德二年。〇是歲凡六國、四鎮。春，正月，晉王擊契丹，大敗之。〇梁襲晉魏州，不克，攻德勝北城。二月，晉王還魏州，梁兵遁還。〇晉師圍鎮州，不克，退保趙州。夏，四月，晉李嗣昭戰死。〇秋，八月，梁取晉衛州。〇九月，晉王克鎮州，自領之，以符習爲天平節度使。

書自領何？美符習也。符習之請討文禮也，晉以成德留後命之。於是鎮州既克，改命義寧，習

〔一〕「《綱目》書爲子所囚二。劉仁恭、王處直」，原無，據弘治本、蜀藩本補。

無愠色，且請自改河南〔一〕，以取一鎮。不背本，不矜功，不固求，若習者，可謂賢矣。《綱目》前書以習爲成德留後，此書自領之，以爲天平，所以美習也。

冬，十一月，唐特進、河東監軍使張承業卒。

監軍具官卒，於楊復光見之矣，至是再見。其再見何？承業賢也。於是唐亡十六載矣，曷爲冠之以唐？著承業之乃心唐室也。是故張良，心乎韓者也，故韓雖亡而書韓人；陶潛，心乎晉者也，故晉雖亡而書晉徵士；承業，心乎唐者也，故唐雖亡而書唐特進。監軍書卒，終《綱目》二人而已矣。楊復光、張承業。

十二月，晉以張憲權鎮州事。

癸未　岐稱唐天祐二十年；梁龍德三年，盡十月；四月以後，唐莊宗李存勗同光元年。○是歲梁亡，晉稱唐，凡五國、四鎮。春，二月，晉以豆盧革、盧程爲行臺丞相。○梁以錢鏐爲吴越王。○三月，晉李繼韜以潞州叛，降梁，其將裴約據澤州不下。

書不下何？特予守節也，故書法同堯君素；唐高祖武德八年。後書死之，又非君素之所可得者矣。

凡晉臣降梁，則書叛。是年。

夏，四月，晉王存勖稱皇帝於魏州，國號唐。

〔一〕「改」，弘治本、蜀藩本作「攻」。

《綱目》於晋多予辭，此其書稱皇帝如梁何？惜之也。《綱目》予晋，以其不忘唐也。主讐之未滅，而遽自立，《綱目》惜之。書曰國號唐，所以殊朱邪於李氏也。不書，則疑於漢昭烈。

唐以豆盧革、盧程同平章事，郭崇韜、張居翰爲樞密使。○唐建東、西京及北都。○閏月，唐立宗廟於晋陽。○唐遣李嗣源襲梁鄆州，取之，以嗣源爲節度使。○五月，梁遣招討使王彦章攻唐德勝南城，拔之，進攻楊劉。六月，唐主救之，梁兵退。秋，七月，彦章罷。○唐盧程罷。○八月，梁取唐澤州，裴約死之。

書死之何？予節也。終《綱目》書死之五十五，詳孺子嬰居攝元年。而五季書十人焉。裴約、王彦章、姚洪、夏魯奇、宋令詢、沈斌、鞏廷美、趙崇溥、劉仁贍、張彦卿。何代不生才，疾風知勁草，信矣！

梁以段凝爲招討使，遣王彦章、張漢傑攻鄆州。○梁將康延孝奔唐。

延孝何以書？志梁所以亡也。延孝奔唐，而後唐有滅梁之志矣。凡外將，必關於成敗之故而後書。是故得李祐而後淮西之破決，得延孝而後朱梁之亡決，《綱目》每謹書之。

九月，蜀主宴群臣於宣華苑。○冬，十月朔，日食。○唐主救鄆州〔一〕，梁師敗績，王彦章死之。唐主入大梁，梁主瑱自殺，唐遂滅梁。

〔一〕本卷各條之間，原或另起行，據宋刻《綱目》本改作「○」；以下徑改，不再出校。

不書伐梁何？未嘗伐也。故首書救鄆州，中書入，末書遂滅梁。書救鄆，書遂滅，所以志唐之非素畫也；書入，所以志梁之無備禦也。然則唐之得梁爲幸，而梁之失國，非不幸矣！

梁段凝降唐。〇唐貶梁宰相鄭珏以下十一人。〇敬翔、李振、趙巖、張漢傑等伏誅，夷其族。

四人或自殺，或死於外，或正典刑，其等書伏誅何？罪可誅也。敬翔之拒李振，不可謂不知耻，而其自殺，疑亦不可與趙巖之竄同科，例以伏誅書，何也？敬翔教温篡竊，雖不爲李振，能逃教盜之罪乎？例書伏誅，《綱目》之懲惡嚴矣！誅不書唐，蒙上文也。

唐毀梁宗廟，追廢朱温、朱友貞爲庶人。

莽書毀漢高廟，罪之也。此書毀梁宗廟何？予之也。然則晋追廢從珂，書唐主，温則曷爲以故姓名書？賊也，非從珂比矣。終《綱目》書毀先代廟二。新莽始建國二年、是年。

梁諸藩鎮入朝於唐者，皆復其任。〇唐以郭崇韜守侍中。〇梁河南尹張宗奭入朝於唐。

於是宗奭復名全義矣，其以宗奭書何？罪宗奭也。曷爲罪之？先是，朱温避暑其第，淫污殆徧，《綱目》嘗書曰梁主避暑於河南尹張宗奭第矣。及是，宗奭復名全義，入朝於唐。唐主將戮温屍以豁衆憤，全義力救止之，是黨賊而忘其耻也。《綱目》不書全義，書其故名，若曰是嘗書梁主避暑其第者，所以志忘耻懷私之罪也。後此則書全義，從其名矣。《綱目》之旨，深哉！

唐加李嗣源中書令。〇楚王殷遣使入貢於唐。〇吴遣使如唐。〇吴貶鍾泰章爲饒州刺史。〇彗星見。

於是彗出輿鬼，井、鬼相近，未幾而蜀亡，則彗爲蜀亡之兆明矣。不書出輿鬼何？若曰天有大戒，凡有國者皆當有警戒之心。《綱目》惡傅會，故不書所出。終《綱目》書彗十有七，詳周顯王八年。舍是，無書彗者矣。

十一月，唐以李紹欽爲泰寧節度使。○唐朱友謙、温韜入朝。○唐省文武官。○唐廢北都爲成德軍，梁東京爲宣武軍，以宋州爲歸德軍。○唐以趙光胤、韋説同平章事，豆盧革判租庸，兼鹽鐵轉運使。○唐荆南節度使高季興入朝。○唐復以長安爲西京京兆府。○十二月[一]，唐遷都洛陽。○唐復行舊律令。○唐李繼韜入朝，赦之，尋伏誅[二]。○吴復遣使如唐。○高季興還鎮。

《綱目》書來朝多矣，不皆書還。漢河間王來朝書還，卒賢王也；東平王來朝書歸國，重恩禮也；唐崔旰入朝書還鎮，譏失刑也；田弘正來朝書還鎮，美忠順也；劉從諫來朝書歸鎮，譏取輕也；周安審琦來朝書還鎮，美推誠也。此其書還鎮何？危季興也。季興將朝，梁震諫不聽。既至，唐主惑遷言，欲留之，以崇韜諫，遣歸鎮。書曰高季興還鎮，幸之也，而唐主之失著矣。

甲申　後唐同光二年。○是歲岐降後唐，凡四國、四鎮。春，正月，契丹寇幽州。○岐王茂貞遣使入貢於唐。○唐復以宦官爲内諸司使及諸道監軍。

[一]「○」，原無，據宋刻《綱目》本補。
[二]「伏」，原作「復」，據宋刻《綱目》本、弘治本改。

書復以何？志失也。天祐以來，改用士人矣，於是而復用宦者，自此侵干朝政，譖毁陵忽，而諸鎮揺心矣。

唐以王正言爲租庸使。○唐太后至洛陽。○二月，唐主祀南郊，大赦。○唐以李茂貞爲秦王。○唐立夫人劉氏爲后。○三月，蜀主宴近臣於怡神亭。

譏褻也。蜀主於是再書宴矣。終《綱目》書宴十六，大宴一。貞觀十二年以前書宴九，自隋宴外皆美也；景龍四年以後書宴八，皆譏也。詳漢高帝五年。舍是，無書宴者矣。

唐封高季興爲南平王。○唐以李存賢爲盧龍節度使。○唐詔銓司考覈僞濫。○唐遣使按視諸陵。

脩陵必書，重山陵也。終《綱目》書修陵者五，鎮衛一，按視一，詳漢獻帝初平二年。舍是，無書修陵者矣。

夏，四月，唐主加尊號。○唐遣客省使李嚴如蜀。○唐秦王李茂貞卒。○唐澤潞軍亂。○唐貸民錢。

嘗書貸王侯半租矣，漢桓帝延熹四年。又嘗書貸商税富人錢穀矣，僖宗乾符五年。譏取民也。於是貸與民錢，是年。其予之歟？强貸之錢，而使以賤估償絲，巧取亦甚矣，故書譏之。終《綱目》書貸三[一]，取予雖異，皆譏也。

五月，唐以伶人陳俊、儲德源爲刺史。

[一]「書」上，弘治本有「錢穀」二字。

直書其事，而貶義自見矣。莊宗之不終，伶人實爲之。

唐詔州鎮無得修城，毀其守具。

此始皇壞城郭、決隄防之遺意也，於是再見，而秦、唐乃亡於長驅之兵，則多防亦何益哉！書，譏之也。

契丹寇幽州。○唐以李繼曮爲鳳翔節度使。○唐以曹義金爲歸義節度使。○唐討潞州，平之。○六月，唐以李嗣源爲蕃漢馬步總管。○秋，七月，唐發兵塞決河。○八月，唐以孔謙爲租庸使。○唐主獵於近郊。○蜀中書令王宗儔卒。

宗儔本謀廢立，未發而卒，則其卒之何？宗儔，忠臣也，其謀廢立，爲社稷計，蓋可與權者。使其謀早決，蜀未必遽亡矣。《綱目》書卒書官，惜之也。

冬，蜀以宦官王承休爲龍武指揮使〔一〕。○吳越入貢於唐。○吳王如白沙。○唐主獵於伊闕。

前書獵於近郊矣，於是再書，皆譏也。

蜀遣使如唐，罷北邊兵。

於是李嚴方請伐蜀，而蜀乃罷北邊兵以媚敵，欲不亡，得乎！《綱目》書之，所以戒無備也。

十二月，蜀復以張格同平章事。

〔一〕「官」，宋刻《綱目》本、弘治本作「者」。

復以何？嘗相也。於是宗衍德其立己，故再相之。斯人爲相，其何救於亡哉！書曰復以爲相，蓋惜之也。

契丹寇蔚州，唐遣李嗣源禦之。○唐主及后如河南尹張全義第。

凡君入諸臣之家者，譏也；及后，譏之譏也。於是劉后至拜全義爲父，又甚矣！終《綱目》書君入諸臣之家者五，幸其府者二，詳漢安帝建光元年。皆譏也。惟晋成帝幸司徒導府，唐太宗幸房玄齡第，非譏辭焉。

蜀以王承休爲天雄節度使。

唐書白志貞爲浙西觀察使矣，德宗貞元三年。未有宦者爲節度使者也。宦者節度，於是始見，是年。特書以甚之。終《綱目》宦官爲方鎮二。

乙酉 後唐同光三年。○蜀咸康元年、漢白龍元年。○是歲凡四國、四鎮。春，正月，唐主如興唐。○二月，唐以李嗣源爲成德節度使。○漢遣使如唐。○三月，唐黜李從珂爲突騎指揮使。○唐遣使采民女入後宫。

《綱目》書采選良家四，詳晋癸巳年。舍是，無書采選者矣。

唐復以洛陽爲東都，興唐爲鄴都。○夏，四月朔，日食。○大旱。○五月，唐太妃劉氏卒。

太妃立不書，書卒何？志太后所以殂也。劉氏，唐主嫡母；曹氏，則生母也。唐主立劉氏爲太妃，曹氏爲太后，不惟劉氏無愠色，而於太后情好更篤，可謂賢母矣。太后之如洛陽，既别，常不樂，而妃亦邑邑成疾。妃卒，太后自是得疾，遂殂。自古嫡妾易位，不相妬而相睦，未有如此者。《綱目》特書之，所以示勸也。

六月，雨。

《春秋》書六月雨，志喜也。此其志喜歟？記異也。先是，書夏大旱，及是而雨，其爲記異何？雨，喜也；雨而七十五日乃止，百川皆溢，其爲異也大矣。

唐主作清暑樓。〇吴鎮海判官陳彦謙卒。

卒小國臣，録賢也。《綱目》於五代卒小國臣十有三，詳戊寅年蜀。而吴居三焉，陳彦謙、徐温、柴再用。舍是，無書卒者矣。

秋，七月，唐太后曹氏殂。〇八月，唐主殺其河南令羅貫。〇九月，蜀主與太后、太妃遊青城山。

嘗書燕主熙與其后遊白鹿山矣，晋安帝元興三年。於是復見。凡遊，譏也；與后妃遊，譏之譏也。終《綱目》書太后遊幸三，梁己亥年魏太后、唐穆宗長慶二年郭太后、是年。書與后遊幸二。燕主熙與后遊白鹿、唐甲申年唐主與其太妃如張全義第。

唐遣魏王繼岌及郭崇韜將兵伐蜀。〇冬，十月，蜀主東遊。〇十一月，唐師滅蜀，蜀主王衍降。

王衍即位以來，《綱目》凡十六書蜀事，而書用宦官者三，遊宴者五，殺諫臣、廢后者各一，餘則用小人而已。若是，而有不亡者乎？唐師既臨，方且東遊不顧，未有沈湎無懼如王衍者矣。《綱目》上書伐蜀，次書東遊，下書滅蜀，間雖有事不書，所以著王衍之慢，爲後世戒也。《綱目》書滅國，未有先書滅，後書降者。此其先書滅何？蜀無抗者，則已滅矣，滅不繫其降也。是故隋師滅陳，先書滅，後書獲；隋文帝開皇九年。唐師滅蜀，先書滅，後書降。是年。一先一後，《綱目》之權衡審矣！終《綱目》書遊八，詳秦始皇二十九年。舍是，無書遊者矣。

十二月，唐以董璋爲東川節度使。○蜀王宗弼、王承休伏誅。

不書唐誅，承上文也。

閩王王審知卒，子延翰立。○唐以孟知祥爲西川節度使。○唐主獵於白沙。

唐主於是三書獵矣。終《綱目》書獵者九，漢桓帝居其三，唐太宗居其三，莊宗居其三。自太宗外，皆譏也。舍是，無書獵者矣。

漢白龍見。

終《綱目》書龍見十有三，詳漢惠帝二年。舍是，無書龍見者矣。

長和求昏於漢。○閏月，唐詔罷折納、紐配法。○唐遣宦者馬彦珪使蜀軍。

自使其軍多矣，雖藩鎮不書，此其書何？病唐也。崇韜伐蜀，有功無過，徒以宦官延嗣之譖，遽遣彦珪圖之。崇韜之死，蜀土之亂，於是始矣，故謹書之。書曰宦者馬彦珪，病唐主之信伶、宦也。

楚鑄鉛鐵錢。

梁書鑄鐵錢矣，癸卯年。於是再見。是年。終《綱目》書鑄鐵錢，二而已。

丙戌　後唐同光四年，四月，明宗李嗣源天成元年；吴越寶正元年。○是歲蜀亡，閩建國，凡四國、三鎮。春，正月，唐護國軍節度使李繼麟入朝。○唐魏王繼岌殺郭崇韜。

殺崇韜者，劉后教也，書繼岌何？將在軍，君命有所不受，况皇后教乎！繼岌知其無舋，而復爲從襲等所摇，則固不得不任其咎矣。崇韜不書爵何？罪崇韜也。曷爲罪之？崇韜之罪，莫大於請立劉后。唐主之不克終，劉后之貪吝實爲之。故前書立劉夫人爲后，以著崇韜之罪，至其死也，則削其爵。

唐復以故蜀樂工嚴旭爲蓬州刺史。

前書以伶人陳俊等爲刺史，不書梁，此其書蜀何？譏也。莊宗親見蜀以此亡，既滅蜀矣，改其弊政可也，而復以其故樂工爲刺史。書故蜀樂工，書復以，無改於舊之辭也。功業之不終，兆矣！

唐殺其睦王存乂及李繼麟。○唐魏王繼岌發成都。○二月，唐以李紹宏爲樞密使。○唐鄴都亂，遣李紹榮招諭之。○唐李紹琛反於蜀，魏王繼岌使工部尚書任圜討之。○唐李紹榮攻鄴都，不克。○唐從馬直軍士作亂，伏誅。○唐遣李嗣源將親軍討鄴都。○唐以王延翰爲威武節度使。○唐討鄴兵劫李嗣源，入鄴都。○唐任圜破李紹琛，擒之，孟知祥討定餘寇。○唐李嗣源奔相州。

劫嗣源者張破敗，不書，書討鄴兵何？衆辭也，非嗣源之意明矣。是故首書劫，繼書奔，至其引兵大梁也，猶書曰向、曰入。《綱目》於嗣源多恕辭，亦亮其無利之之心而已耳。

唐豫借河南夏秋税。

豫借行，而民不聊其生矣。《綱目》書豫借，一而已。

唐李嗣源引兵向大梁。〇唐殺故蜀主王衍，夷其族。

書殺何？已降也。齊滅元氏之族書齊主，周滅高氏之族書周主，隋滅宇文氏之族書隋主，此其不書唐主何？罪有分也。《綱目》之權衡，審矣！然則姚泓降斬不書故秦主〔一〕，此則曷爲以故蜀主書？唐於蜀，敵國也。

唐主如關東，李嗣源入大梁，唐主乃還。〇夏，四月，唐伶人郭從謙弑其主存勖。李嗣源入洛陽。

從謙，指揮使也，不書，書伶人，所以著寵任伶優者之效也。莊宗戰勝攻取〔二〕，克殄世讎，雖好自矜功，亦一代之英矣。然自滅梁以後，《綱目》所書殆無一善可述者，非徇伶、宦，則務貨色、事田遊而已，卒之人心大去，不保其身。蓋克敵之才雖勝，而君人之道，則未之有聞也。

唐太原軍亂。〇唐李嗣源監國。〇唐以安重誨爲樞密使，張延朗爲副使。〇唐監國嗣源殺劉后及諸王。

劉后不書弑何？罪人也。莊宗之不終，后之貪吝實爲之。殺諸王者重誨也，曷爲斥嗣源？重誨

〔一〕「主」，原作「王」，據蜀藩本改。

〔二〕「攻」，原作「功」，據蜀藩本改。

專殺而無討，則嗣源不得辭其咎矣。《綱目》書嗣源得國多怨辭，於是書監國殺者三，諸王、李紹榮、孔謙。亦責備賢者之意也。

高季興以孫光憲掌書記。○唐張居翰罷，以孔循爲樞密使。○唐監國嗣源殺孔謙，廢租庸使及諸道監軍。

孔謙掊克致亂，罪人也，不書誅何？君弑賊不討，而察察於其細，以爲若正天討，則罪宜有所先矣，故止書殺。然則謙無貶歟？削其爵，足以示貶矣。於是諸道監軍皆命本道殺之，書廢不書殺，略之也。

唐魏王繼岌至長安，自殺。○唐主嗣源立。

書郭從謙弑其主，然後書嗣源入洛陽，書魏王繼岌自殺，然後書嗣源立，皆順辭也。《綱目》於嗣源多怨辭，則亦亮其無利之之心耳。

唐殺其太原尹張憲。○唐大赦。○唐以鄭珏、任圜同平章事。○唐李紹真等復姓名。

初賜姓名不書，略之也，復姓名則何以書？予其復也。唐末不書賜姓名〔一〕，書削，惟李茂貞；五代不書賜姓名，書復，唯紹真等。

唐初令百官轉對。

〔一〕「賜」，原作「其」，據弘治本、蜀藩本改。

五日一轉對，令典也。書初，美之。

唐以安金全爲振武節度使。○唐以趙在禮爲義成節度使。○唐以馮道、趙鳳爲端明殿學士。○唐聽郭崇韜歸葬，復朱友謙官爵。

書聽歸葬何？予存厚也。蓋《綱目》予存厚，故詔許鄧隲還葬書，漢安帝建光元年。聽郭崇韜歸葬書。是年。

六月，唐汴州軍亂，指揮使李彦饒討平之。○秋，七月，唐安重誨殺殿直馬延。○契丹攻渤海，拔夫餘城。○唐遣供奉官姚坤如契丹。○唐豆盧革、韋説罷。○契丹阿保機死〔一〕。○八月朔，日食。○唐孟知祥增置營兵。○唐平盧軍亂，討平之。○九月，契丹德光立。○冬，十月，唐初賜百官春冬衣。○王延翰自稱閩王。○契丹盧龍節度使盧文進奔唐。

文進嘗書亡奔契丹矣，罪即夷也。於是而歸中國，則其不書歸何？誅心也。文進既受虜官，未有歸意，唐雖説之，非迫於所部，則亦未必歸矣。故上書虜官，下書奔，深賤之。

唐以趙季良爲三川制置轉運使，李嚴爲西川都監。○唐罷告身綾軸錢。○十二月，閩王延禀弑其君延翰，而立其弟延鈞。○唐主以其子從榮爲天雄節度使。

〔一〕「阿保機」，原作「安巴堅」，據宋刻《綱目》本、弘治本、蜀藩本、《通鑑》卷二七五改。

資治通鑑綱目書法第五十六

起丁亥〔一〕，盡丙申〔二〕。

廬陵後學劉友益修撰
翰林直學士中大夫知制誥同修國史國子祭酒歐陽玄校正

丁亥 後唐天成二年。○吴乾貞元年。○是歲後唐、漢、吴、閩，凡四國；吴越、荆南、湖南，凡三鎮。春，正月，唐主更名亶。○唐以馮道、崔協同平章事。○唐初令長吏每旬慮囚。○唐孟知祥殺李嚴。○唐主以其子從厚爲河南尹，判六軍諸衛事。○二月，唐以石敬瑭爲六軍諸衛副使。○唐郭從謙伏誅，夷其族。○高季興襲取夔州，唐遣兵討之。○三月，唐初置監牧。○唐鄴都軍亂，討平之。○夏，四月，唐以趙季良爲西川副使。○五月，唐以王延鈞爲威武節度使。○唐兵討荆南，不克，引還。○荆南自附於吴，吴人不受。

書，醜高氏也。舍大臣小，舍近臣遠，可謂不智矣。書曰自附不受，深醜之。

〔一〕「亥」下，宋刻《綱目》本有「後唐明宗天成二年」八字。

〔二〕「申」下，宋刻《綱目》本有「後唐主從珂清泰三年、晉高祖石敬瑭天福元年」十九字。

唐任圜罷。○唐以馬殷爲楚國王。○唐蜀兵敗荆南軍，取夔、忠、萬州。

書唐兵可矣，必書蜀何？上流也。攻取有勢，《綱目》同志之。故司馬錯伐楚取黔中，書因蜀，周赧王三十五年。唐敗荆南取夔、忠、萬，書蜀兵，皆上流也。

秋，七月，唐殺豆盧革、韋説。○唐流段凝、温韜於邊郡。○八月朔，日食。○契丹與唐脩好。

《綱目》書與和親六，及和親一，與盟一，皆以中國主之，内中國也。此其主契丹何？著强也。蠻夷主好，諸夏之衰甚矣！蠻夷主好，終《綱目》一而已。

冬，十月，唐主如汴州。宣武節度使朱守殷反，唐主遣兵討之，遂遣使殺任圜，守殷自殺。

遂者何？遽辭也。明宗既立，張憲、豆盧革、韋説、任圜皆以無罪之辭書殺，《綱目》於此，可謂書法不隱矣。是過也，重誨實爲之。

唐免三司逋負二百萬緡。○吴丞相徐温卒。○唐以石敬瑭爲侍衛親軍都指揮使。○十一月，吴王楊溥稱帝。○十二月，孟知祥脩成都城。

不書唐，外知祥也。前書增營兵，繼書殺李嚴，於是復書脩成都城，而逆節益著矣。以爲是一敵國也，故不書唐。

唐以周玄豹爲光禄卿致仕。

趙鳳於是，可謂善悟主矣；明宗於是，可謂能聽言矣。書，交美之。

唐主立親廟於應州舊宅。○有年。

梁大有年則書梁，此其不書唐何？天下之辭也。自開元十二年書大有年，及是二百餘載，而復以有年書，明宗仁厚之感，所及廣矣，故大書嘉之。終《綱目》書大有年四，有年二。

戊子　後唐天成三年。○漢大有元年。○是歲凡四國、三鎮。春，二月朔，日食。○吳遣使如唐，不受。○三月，唐以孔循爲東都留守，王建立同平章事。○楚人擊荊南，敗之。○楚人擊漢封州，大敗。○夏，四月，唐以從榮爲北都留守。○吳攻楚岳州，大敗。○唐王都反，奚、契丹助之，唐遣招討使王晏球等將兵討破之。

王都何？義武節度也。曷爲不書？都，篡父者也，故削之。是故守光篡父，則終身削，稱守光；王都篡父，則終身削，稱王都。《綱目》討逆之法，嚴矣！

吳遣使如楚。○秋，七月，唐收麴稅。○契丹救定州，王晏球擊走之，擒其將惕隱[一]。

擒惕隱者[二]，趙德鈞牙將也。歸功晏球何？晏球不破走之，則惕隱不可得也[三]。《綱目》之於功罪，明矣！

八月[四]，唐以王延鈞爲閩王。○契丹遣使如唐。○九月，唐温韜、段凝伏誅。

[一] 「惕隱」，原作「特哩袞」，據宋刻《綱目》本、弘治本、蜀藩本、《通鑑》卷二七六改；以下徑改，不再出校。
[二] 「者」，原無，據弘治本、蜀藩本補。
[三] 「則」，原無，據弘治本、蜀藩本補。
[四] 「八」，《通鑑》卷二七六作「七」。

温韜、段凝，爲姦逆於先代者也，此唐也，書伏誅何？書伏誅，以見姦逆之罪，雖易世不可逭也。《綱目》之懲惡，嚴矣！

冬，十一月，唐立哀帝廟於曹州。○十二月〔一〕，荆南節度使高季興卒。

己丑 唐天成四年。○吴大和元年〔二〕。○是歲四國、三鎮。春，二月，唐王晏球克定州，王都伏誅，獲禿餒〔三〕，送大梁，斬之。○三月，唐主殺其子從璨。○楚王殷以其子希聲知政事，總諸軍。○夏，四月，唐禁鐵錫錢。○唐置緣邊市馬場。○唐以從榮爲河南尹，從厚爲北都留守。○唐以趙鳳同平章事。○五月，唐遣使如兩川。

使書如，敵辭也。兩川乃唐鎮，則其書如何？伉也。前孟知祥不書唐，則隱若一敵國矣，故於是特書如。

六月，唐罷鄴都。○秋，七月，唐以高從誨爲荆南節度使。○楚馬希聲殺判官高郁。○有年。

明宗於是再書有年矣，仁厚之感也。《綱目》書大有年四，漢永平九年。而書有年者二，則皆明宗也。舍是，無書者矣。

〔一〕本卷各條之間，原或另起行，據宋刻《綱目》本改作「○」；以下徑改，不再出校。
〔二〕「大」，原作「太」，據宋刻《綱目》本、弘治本、蜀藩本、《通鑑》卷二七六改。
〔三〕「禿餒」，原作「托諾」，據宋刻《綱目》本、弘治本、蜀藩本、《通鑑》卷二七六改。

唐削錢鏐官爵。

方鎮削官爵必書故，如李克用先書拔邢州，王行瑜先書犯闕之類。不書故，削無罪也。於是重誨之專甚矣，故以太師致仕不書，書削官爵，病唐也。

冬，十月，唐以康福爲朔方節度使。〇吳加徐知誥兼中書令。〇唐以李仁矩爲保寧節度使。

庚寅　唐長興元年。〇是歲凡四國、三鎮。春，二月，唐董璋築寨劍門，與孟知祥上表拒命，詔慰諭之。〇三月，唐立淑妃曹氏爲后。〇吳遣兵擊荆南，不克。〇唐河中軍亂，逐其節度使李從珂，討平之。〇夏，六月朔，日食。〇秋，八月，唐告密人邊彦温等伏誅。

書，美之也。明宗於是，能審聽矣。

唐以張延朗爲三司使。〇唐立子從榮爲秦王，從厚爲宋王。〇唐兩川節度使董璋、孟知祥連兵反。

知祥前不書唐矣，此其與璋并書唐何？書唐，所以見其反唐也。自書其反，璋與知祥俱不以唐稱矣。

九月，唐以范延光爲樞密使。〇董璋陷閬州，唐將姚洪死之。

於是仁矩見殺不書，削之也。兩川之禍，仁矩實激之。

唐詔削董璋官爵，遣天雄節度使石敬瑭討之。〇漢取交州。〇冬，十月，孟知祥兵圍遂州，董璋攻利州，不克。〇唐誅董璋之子光業，夷其族。〇董璋兵陷徵、合、巴、蓬、果五州。〇十一月，孟知祥兵陷黔州。○楚武穆王馬殷卒，子希聲嗣。○唐削孟知祥官爵并討之，攻劍州，不克。○契丹東丹王突欲奔唐[一]。○十二月，唐石敬瑭攻劍州，不克。○唐遣安重誨督征蜀諸軍。

辛卯　唐長興二年。○是歲凡四國、三鎮。春，正月，孟知祥兵陷遂州，唐守將夏魯奇死之。○唐召安重誨還。二月，石敬瑭引兵遁歸，兩川兵追之，陷利州。○孟知祥兵陷忠、萬、夔州。○唐以安重誨爲護國節度使。○吳以宋齊丘爲右僕射致仕。

勒致仕也。終《綱目》書致仕二十一，而書以某官致仕者四，楊復恭、韋昭度、周玄豹、宋齊丘。舍是，無書以某官者矣。

唐賜契丹突欲姓名李贊華，以爲懷化節度使。

嗢没斯賜姓名爲懷化郡王則不書[二]，此其書何？病唐也。蒙難來奔，既賜姓名、節鉞寵秩之矣，終復殺之，謂之何哉！以是爲唐病，故特書之。是故賜姓名不書，甚美書，甚惡書。《綱目》書賜姓名三，賜姓三，賜名五，詳唐天寶九載。舍是，無書矣。

唐以李從珂爲左衛大將軍。復錢鏐官爵。○唐以李愚同平章事。○夏，四月，唐以德妃王氏爲淑妃。

立妃不書，書王氏何？重誨出也。初，妃有所求，重誨屢諫抑之。於是重誨出鎮，妃始得行其

[一]「突欲」，原作「托雲」，據宋刻《綱目》本、弘治本、蜀藩本、《通鑑》卷二七七改；以下徑改，不再出校。
[二]「嗢没斯」，原作「烏穆蘇」，據弘治本、蜀藩本、《通鑑》卷二四六改。

志矣。書，病唐也。

閩奉國節度使王延稟舉兵襲福州，敗死。

不書反何？延稟，兄也。於是王仁達擒之以獻，延鈞斬之，則曷爲不書殺其兄，書敗死？罪延稟也。延稟反覆，嘗書弑矣，今又舉兵以襲福州，是亂無已也。略延鈞，所以專罪延稟也。

唐以趙延壽爲樞密使，石敬瑭兼六軍諸衛使。○唐罷麴稅。○唐以宦者孟漢瓊爲宣徽使。○唐殺其太子太師致仕安重誨。

書致仕何？甚唐也。重誨之罪專耳，既致仕，則可以無罰矣，而又以譖殺之，甚哉！

唐遣兩川將吏還諭本鎮。○六月，唐均田稅。○閩作寶皇宮。

書，譏好仙也。漢書蜚廉、桂觀，漢武帝。唐書望仙觀，唐武宗。於是書寶皇宮，皆譏也。

秋，九月，唐敕解縱五方鷹隼。

唐主初立鷹坊，止留二十人，禁中外毋得獻鷹犬。於是又敕解縱，可謂終始惟一矣，特書美之。

冬，十月，唐以王延政爲建州刺史。○十一月朔，日食。○吴以其中書令徐知誥鎮金陵，徐景通爲司徒，輔政。○十二月，唐初聽民鑄田器，畝收税錢。○孟知祥遣李肇守利州。

壬辰　唐長興三年〔一〕。○是歲凡四國、三鎮。春，正月，唐遣兵擊党項，破之。○二月，唐初刻《九經》，版印

〔一〕「三」，原作「二」，據宋刻《綱目》本、弘治本、蜀藩本、《通鑑》卷二七七改。

賣之。

書賣之何？譏也。然學者得書之易自此始，故特書初。

唐賜高從誨爵渤海王。○三月，吴越武肅王錢鏐卒，子元瓘嗣。○契丹遣使如唐。○夏，四月，董璋襲西川。五月，孟知祥擊敗之，璋爲其下所殺，知祥遂取東川。○秋，七月，唐武安節度使馬希聲卒。八月，弟希範嗣。○唐以李從珂爲鳳翔節度使。○唐詔孟知祥補兩川節度使以下官。○吴徐知誥廣金陵城。

廣城，非京都、邊要不書，金陵城也，書廣何？誅意也。知誥將篡，志都金陵，先廣城之。《綱目》深探其情，故以京都例書之，而斥徐知誥。

九月，唐城三河縣。○唐大理少卿康澄上疏論事，唐主優詔答之。

書論事何？予康澄也。澄言六可畏，皆天下大節而常情所忽者，可謂知本之言矣。書曰優詔答之，交予之也。終《綱目》書論事二，賀琛書詔詰責之，梁乙丑年。康澄書優詔答之，然則武帝、明宗，優劣見矣。

冬，十一月，唐以石敬瑭爲河東節度使。○唐蔚州叛，降契丹。

叛者何？張彦超也。曷爲不書主名？略之也。其略之何？彦超素與敬瑭有隙，聞其總管也，遂降契丹，則其叛也，有所激故耳，是以略之。然則曷爲以叛書？去華即夷，不可以不書叛也。

癸巳 唐長興四年。○閩王王延鈞龍啓元年。○是歲凡四國、三鎮。春，正月，閩王王延鈞稱帝，更名璘。○二月，唐定難節度使李仁福卒，子彝超嗣。○唐以孟知祥爲蜀王。○三月，唐以李彝超爲彰武留後，安從進爲定難留後，彝超拒命。○唐以劉瓚爲秦王傅。○唐立子從珂爲潞王，從益爲許王。○閩地震。

《綱目》書地震一百一，自是，無書地震者矣。

吴徐知誥營宫城於金陵。

營宫城，吴將遷也。斥徐知誥何？誅意也。知誥欲王金陵，决矣！

秋，七月，唐安從進討李彝超，不克，引還。○唐賜在京諸軍優給。○唐以錢元瓘爲吴王。○閩以薛文傑爲國計使。○唐主加尊號，賜内外將士優給。

優給何？異恩也。一月再賜，兵驕益甚矣。此五代之一大弊也，故謹書之。

唐以秦王從榮爲天下兵馬大元帥〔一〕。○唐以趙延壽爲宣武節度使，朱弘昭爲樞密使。○唐遣使如吴越。○閩主璘殺其從子繼圖。

謀反也，不書誅何？罪璘也。於是文傑説璘抑挫宗室，繼圖不勝忿，至此。《綱目》深探其本，故以殺書之。

冬，十月，唐以范延光爲成德節度使，馮贇爲樞密使。○唐以李彝超爲定難節度使。○十一月，唐主疾病，秦王從榮作亂，伏誅。

〔一〕「大」，原無，據宋刻《綱目》本、弘治本、《通鑑》卷二七八補。

終《綱目》太子書作亂二，趙太子章、唐秦王。太子書誅三，趙太子章、趙太子宣、唐秦王。舍是，無書太子作亂、伏誅者矣。

唐主亶殂。

賀善贊曰：明宗不以位爲樂，《綱目》於其得國無譏辭。即位數年，善多可紀，是以有年自開元以來未有書者，於是兩書。五季之君若明宗者，亦可謂賢主矣。

閩主璘殺其樞密使吴勖。○十二月，唐主從厚立。○閩主璘殺其指揮使王仁達。

甲午 唐閔帝從厚應順元年，四月以後，唐主從珂清泰元年。○蜀主孟知祥明德元年。○是歲蜀建國，凡五國、三鎮。春，正月，唐以高從誨爲南平王，馬希範爲楚王，錢元瓘爲吴越王。○唐以李重吉爲亳州團練使。○吴人攻閩建州，不克。○唐以唐汭、陳乂爲樞密直學士。○蜀王孟知祥稱帝。○吴徐知誥黜其押牙周宗爲池州副使，尋復召之。○唐以潞王從珂爲河東節度使，石敬瑭爲成德節度使。從珂舉兵鳳翔，唐遣兵討之，官軍降潰。

不書反書舉兵何？罪朱、馮也。然則從珂無罪乎？書遣兵討之，則其罪明矣。

唐潞王從珂至長安。唐主以康義誠爲招討使，將兵拒之，殺馬軍指揮使朱洪實。○唐潞王從珂執西京留守王思同，殺之。

殺思同者，劉延朗也，罪從珂何？思同之執也，從珂欲宥之，未發，延朗不待命殺之，則權不足矣。罪從珂，所以予思同也。罪從珂則曷爲予思同？思同盡心所奉，衆散被執，辭誼凜然，書執、殺，所以微著思同之節也，故特書其官。

唐潞王從珂至陜，諸將及康義誠皆降。○唐主出奔。夏，四月，石敬瑭入朝，遇於衛州，殺其從騎。

出奔何以不地？不知所之也。雖曰且幸魏州，至衛州而後問計，其無成謀明矣。《綱目》書播越，惟齊君地不地，燕主竇不地，唐主不地，卒皆見殺[一]，無成謀故也。

唐孟漢瓊詣潞王從珂降，從珂誅之。

降未有書誅者，書誅何？罪可誅也。然則書降何？書降，所以著罪人之必誅也。非譏殺降歟？果譏，則不書誅，書殺矣。書降、書誅，使天下後世知罪人之不可以苟免也。《綱目》疾惡之意，嚴矣哉！

唐興元、武定兩鎮降蜀。○唐潞王從珂入洛陽，廢其主從厚爲鄂王而自立。○唐主從珂弑鄂王從厚於衛州，磁州刺史宋令詢死之。

書，予義也。令詢之死，非有不得已者，直以大義自裁而已。如此而死，從容甚矣，故特書死之。

唐以郝瓊權判樞密院。○唐康義誠伏誅，夷其族。

[一]「殺」，弘治本作「弑」。

從珂書弑矣，康義誠曷爲猶以伏誅書？義誠自從榮之亂，反覆觀望，今又叛主求容，罪不容於誅矣。以弑書從珂，而以誅書義誠，所以深惡義誠也。

唐賜將士緡錢有差。○五月，唐以韓昭胤爲樞密使，劉延朗爲副使。○唐復以石敬瑭爲河東節度使。○唐以馮道爲匡國節度使，范延光爲樞密使。○唐復以李從曮爲鳳翔節度使。○吳徐知誥幽其主之弟臨川王濛於和州。○秋，七月，唐以盧文紀、姚顗同平章事。○唐流楚匡祚於登州。○蜀主知祥殂，子昶立。○八月，唐詔蠲逋租三百三十八萬。

前書免逋租二百萬緡矣，至是七年而逋租又三百餘萬，明宗年穀屢豐，號爲小康，豈民之貧固若是哉？蓋明宗雖免三司之負，而三司利其徵責勾取，民間之虛數固存耳。至是，壹蠲除之，而後民受其惠矣，故書予之。

唐李愚、劉昫罷。○冬，十月，蜀殺其中書令李仁罕，徙其侍中李肇於邛州。○十一月，吳徐知誥召其子景通還金陵，留景遷江都輔政。○唐葬鄂王於徽陵城南。○旱。○漢平章事楊洞潛卒。

卒小國臣，録賢也。終《綱目》卒僭國臣二十一，而五代十有三，漢居二人焉。楊洞潛、趙光裔。何地不生才，信哉！

乙未 唐清泰二年。○吳天祚元年、閩永和元年。○是歲凡五國、三鎮。春，二月，唐夏州節度使李彝超卒，兄彝殷代之。○蜀主尊其母李氏爲太后。○閩主璘立其父婢陳氏爲后。

立婢爲后，晋愍帝建興四年漢主聰。譏也；立其父婢，譏之譏也。終《綱目》書立婢爲后一，而立父婢爲后二，璘、昶。皆閩也。

三月，唐以趙延壽爲樞密使。〇唐詔開言路。

自唐神龍元年書求直言，後此未有書者。於是書詔開言路，録善也。終《綱目》書開言路一。

吴加徐景遷同平章事。〇夏，六月，吴中書令柴再用卒。〇契丹寇邊，唐北面總管石敬瑭將兵屯忻州。〇唐詔竊盜不計贓，并縱火彊盜，並行極法。

隋書盜邊糧升以上皆斬，譏峻法也。於是又甚焉。後乎此，書漢制盜賊毋問贓多少，皆死。丁未年。季世之法，大抵然矣。此書并何？竊盜非彊盜比而同死，故書并譏之。

秋，七月，唐遣北面副總管張敬達將兵屯代州。〇唐以房暠爲樞密使。〇蜀寇唐金州，不克。

蜀與唐并帝各再世矣，此其書寇何？唐叛臣也，各再歷世，而君臣之分不可泯。《綱目》之法，嚴矣！是故魏、趙、韓與晋并侯三世矣，至廢俱酒，則猶稱以君；蜀與唐并帝再世矣，至侵唐金州，則猶書以寇。故曰《綱目》之修，君臣之分而已矣。

冬，十月，閩李倣弑其主璘，而立福王繼鵬，更名昶。〇荆南梁震退居土洲。

書退居何？未臣也。震成高氏之業，而不肯爲之臣，可謂高矣。《綱目》不書致仕，書退居，所以成其高也。終《綱目》書退居者，一而已。

吴加徐知誥大元帥，封齊王，備殊禮。

終《綱目》書殊禮十，書賜者一，齊王攸。書加者五，清河王慶、梁冀、會稽王昱、桓温、知誥。書自加者四。劉裕、蕭道成、高歡、唐主淵。舍是，無書殊禮者矣。

十一月，閩李倣伏誅。○唐以馬全節爲横海留後。○十二月，唐以馮道爲司空。○閩以陳守元爲天師。

丙申　唐清泰三年；十一月以後，晋高祖石敬瑭天福元年。○閩主昶通文元年。○是歲唐亡晋興，凡五國、三鎮。春，正月，唐以吕琦爲御史中丞。○閩主昶立其父婢李氏爲后。

父婢爲后，閩主璘嘗一書矣，閩主昶復書焉，家教然矣。歷歷書之，所以爲世戒也。終《綱目》書立婢爲后一，父婢爲后二。

夏，四月，楚王希範以其弟希杲知朗州。○五月，唐以石敬瑭爲天平節度使，敬瑭拒命，唐發兵討之。

從珂、敬瑭，一也，彼書舉兵，此書拒命，書討何？罪敬瑭也。請而後命，而又拒焉，過不在上矣，故唐書討。使敬瑭無衛州之事，果能仗大義，責不當立者，又豈直書舉兵而已哉！

唐天雄軍亂，逐節度使劉延皓，以應河東。○秋，七月，唐殺石敬瑭子、弟四人。

董璋之子書誅，此則曷爲書殺？從珂篡弑，豈明宗比哉？《綱目》之權衡，審矣！

唐克魏州。○石敬瑭遣使求救於契丹。

蠻夷借兵之辭五：曰請助，曰致助，曰入援，順辭也；曰發某兵，尊辭也；曰遣使以某兵至，敵辭也；曰乞兵，卑辭也；曰求救，急辭也。《綱目》書蠻夷借兵八，詳漢高帝四年。莫下於求救者矣。

八月，唐張敬達攻晋陽，不克。○九月，契丹德光將兵救石敬瑭，唐兵大敗，契丹圍之，唐主自將次懷州。

自將書次，譏也。終《綱目》自將書次二，唐從珂、石晋主。自將書不果行一。辛亥年周主。

冬，十月，唐括民馬，籍義軍，以拒契丹。

譏無備也。禄山反而後募兵東京，契丹下而後括民兵、籍義旅，亦已晚矣。《綱目》前書以禦，此書以拒，言所恃者獨此也。

十一月，唐以趙德鈞爲行營都統。○契丹立石敬瑭爲晋皇帝，敬瑭割幽、薊等十六州以賂之。

書立爲皇帝何？不宜立也。中國帝王，所自立者也，爲契丹所立，則與盧芳、楊政道等矣。於是又納賂焉，可耻之甚也，直書醜之。此書立爲皇帝，後書以晋主南下，以者，能進退之辭也。五季之得國，莫醜於石晋者矣。

唐趙德鈞降契丹，契丹不受。

書降，醜之也；降而不受，甚醜之也。前書荆南自附於吴，吴人不受。自附不受可也，降而不受，可醜之甚。於是德鈞以降求立，契丹不許。《綱目》惡徼利，故直書譏之。

唐將楊光遠殺招討使張敬達，降於契丹。○晋以趙瑩、桑維翰同平章事。○契丹以晋主南下，破唐兵於團柏。唐主還河陽，趙德鈞降契丹。

以晋主何？中國卑也。中國之盛也，書韋雲起以突厥兵討契丹，隋大業元年。裴矩以鐵勒擊吐谷渾，大業四年。夷貊之兵而中國之臣能以之。及其衰也，號晋皇帝而爲契丹所以，《綱目》所深悲也。降未有再書者，德鈞於是可以愧死矣。書，所以垂戒也。

晋主發潞州，契丹北還。〇唐晋州軍亂，逐守將高漢筠。〇唐主還洛陽。〇晋主至河陽，節度使萇從簡迎降。

降未有書迎者，書迎降，甚譏之也。

唐主從珂自焚死，晋主入洛陽。

孝平皇后書自焚崩，從珂書唐主，則書殂可矣，書自焚死何？罪從珂也。從珂蓋嘗書弒矣。中國所以異於夷貊者，以有君臣也。君而可弒，則與夷貊奚辨哉！故因其自焚，而書死以貶之。凡夷狄、盗賊書死，然則莽自焚書伏誅矣，從珂有罪，則曷爲不書誅？敬瑭之事，非義舉也，夫安得而誅之！

十二月，晋追廢唐主從珂爲庶人，以馮道同平章事。

唐追廢朱温父子書姓書名，此其書唐主何？不予敬瑭之廢之也。從珂雖篡，敬瑭之舉，未見其此善於彼也。故其廢書唐主，其葬書故唐主，皆不予其廢之之辭也。

晋以張希崇爲朔方節度使。〇晋以周瓌爲三司使，不拜。〇唐安遠節度使盧文進奔吴。

文進於是三書奔矣，此其書何？譏也。文進嘗仕契丹而逃之，於是聞契丹以晋主南下，棄鎮奔吴，則安知其非懼禍也！然則何以書唐安遠節度？固唐官也。果以契丹所立爲可恥，而《綱目》予之，則其初歸也，必不書奔矣。三書曰奔，皆以著其有所避也。

高麗擊破新羅、百濟。

資治通鑑綱目書法第五十七

起丁酉〔一〕，盡丙午〔二〕。

廬陵後學劉友益修撰

翰林直學士中大夫知制誥同修國史國子祭酒歐陽玄校正

丁酉 晉天福二年。○南唐烈祖徐誥昇元元年。○是歲吴亡，晉、蜀、漢、閩、南唐代吴，凡五國；吴越、湖南、荆南，凡三鎮。春，正月，日食。○晉天雄節度使范延光殺齊州防禦使秘瓊〔三〕。○晉以李崧同平章事，充樞密使，桑維翰兼樞密使。○吴徐知誥建齊國於金陵。

書封王多矣，未有書建國於某地者，此書於金陵何？終宫城之書也。知誥欲王金陵久矣，首書廣金陵城，繼書營宫城於金陵，於是書建齊國於金陵，所以深誅其意也。

二月，契丹攻雲州，判官吴巒拒之。

〔一〕「酉」下，宋刻《綱目》本有「晉高祖天福二年」七字。

〔二〕「午」下，宋刻《綱目》本有「晉主重貴開運三年」八字。

〔三〕本卷各條之間，原或另起行，據宋刻《綱目》本改作「○」；以下徑改，不再出校。「雄」下，宋刻《綱目》本有「軍」字。

書攻何？不以雲州予契丹也。於是巒恥外臣，閉城自守，書曰拒之，予巒也。《綱目》於巒，屢書之。

三月，吳越王元瓘殺其弟元珦、元球。〇晉葬故唐主於徽陵南。

書葬何？予存厚也。《綱目》於滅國之主，有能葬之者必書。故魏葬漢獻帝書魏，晉葬陳留王書晉，陳葬梁孝元帝書陳，晉葬故唐主書晉。惟宋葬晉恭帝不書宋，宋弑也。

夏，四月，晉遷都汴州。〇吳徐知誥更名誥。

知誥書封齊王、建齊國矣，不書齊王知誥何？略之也。曷爲略之？吳雖稱帝，實列國也，又建國焉，故略之。自是迄篡國，稱名而已。

五月，吳與契丹通使脩好。

前書契丹與唐脩好，主契丹，著强也。丁亥年。此其主吳何？吳意也。風馬牛不相及，而吳不遠脩好焉，書曰吳與，罪吳也。

六月，晉范延光舉兵反，遣楊光遠等討之。〇晉以和凝爲端明殿學士，張誼爲左拾遺。〇晉雲州圍解，以吳巒爲武寧節度副使。〇晉魏府部署張從賓反河陽，入東都。〇閩作白龍寺。〇秋，七月，張從賓攻晉汜水關。〇晉將軍婁繼英等奔汜水。〇晉義成節度使符彥饒舉兵反，指揮使盧順密討平之。

於是彥饒殺白奉進耳，不書殺奉進何？書殺，是兩下相殺而已，恒辭也。直書曰舉兵反，所以誅其心也。故分注於奉進、順密之言皆備之，而大書曰討。

晋楊光遠敗魏兵。杜重威等克汜水，張從賓伏誅。

走而溺也，書伏誅何？惡從賓也。從賓本擊延光，乃爲所誘而反，至殺皇子二人，其罪大矣。故正其罪，書伏誅。

晋安州亂，討平之。〇吴徐誥殺其主之弟歷陽公濛。〇吴徐誥稱帝，國號唐，奉吴主爲讓皇。

廢主書廢，恒也，朱全忠書奉，責唐之臣子耳。此其亦書奉何？恕知誥也。曷爲恕之？號爲讓皇，固不可以廢言也。自宋以來，唐鄭公外，廢主無不書弑者，而吴主獨以卒書。五季之世，僅而有此，固《綱目》之所幸也，故從書奉。然吴實列國，稱皇，非名也。自是，止以故吴主書之。

晋安遠節度使李金全殺其中門使賈仁沼。

殺仁沼者，胡漢筠也，書金全何？金全好諂，縱而不問，則非自殺之一間耳。《綱目》澄源正本，特書罪之。

契丹改號遼。

蠻夷自改號不書，此其書何？契丹嘗書稱帝改元矣，書改號可也，然是後有事仍書契丹，《綱目》終外之。

戊戌 晉天福三年。○蜀廣政元年。○是歲凡五國、三鎮[一]。春，正月，日食。

不書晦朔，先後日也。據梁武帝普通元年。終《綱目》書正月日食三十七，食於朔者二十八，食於晦者二，不書晦朔者七。詳漢惠帝七年。舍是，無書正月食者矣。

唐德勝節度使周本卒。

本，心乎吴者也，官書唐何？咎本也。本不忘吴，忠矣，而受制於其子。亦既請行册命，又勸進焉，書曰唐德勝節度，權不足也。《綱目》於五代卒小國臣十有三，詳五代唐乙酉年。録才也，而本則不能無譏矣。

二月，晉詔求直言。

乙未嘗書唐詔開言路矣，於是復見。五季之世，而有此舉，書，嘉之也。終《綱目》書求言五，開言路一，詔言事四，詔極言三，詔陳過失二，詔上封事一。詳漢宣帝地節三年。

三月，晉禁民作銅器。○晉制諸州奏補將校員數。○夏，五月，唐主詔遷故吴主於潤州。

斥名何？罪詔也。曷爲罪之？吴主之在江都，於金陵未害也，而必遷之。《綱目》所不予也，故以逆辭書遷。

晉制民墾田三年外乃聽傜役。○秋，七月，晉作受命寶。○八月，晉上尊號於契丹。

[一]「○」，原作空格，據宋刻《綱目》本補。

契丹嘗書改號遼矣，不書遼何？外之也。其後雖行朝賀禮，行入閤禮，《綱目》終外之。

契丹遣使如唐。〇九月，范延光復降於晋，晋以爲天平節度使。

予反正也。去年嘗上表待罪，不許矣，於是而降，故書復。《綱目》予反正，故是後致仕書致仕，殺具官書殺。

晋以楊光遠爲天雄節度使。〇冬，十月，契丹加晋主尊號。

乾元之策，書上皇加帝尊號，帝復上上皇尊號，父子辭也。彼契丹爾，晋主以父事之。《綱目》於晋主書上，契丹書加，所以著其父事之實，爲中國悲也。

晋以汴州爲東京開封府，東都爲西京。〇晋停兵部尚書王權官。

書，予權也。於是權耻屈膝，辭使不行，雖謫，榮矣，故特書之。

晋樞密使桑維翰罷。〇交州亂，漢主龑遣其子弘操將兵攻之，敗死。

於是皎公羨求救也，不書救，書攻何？誅心也。救不書救，書攻，終《綱目》一而已矣。

楚王夫人彭氏卒。

僭國夫人也，何以書？録賢也。故楚書彭氏，吴越書馬氏。終《綱目》僭國夫人書卒，二而已。

河決鄆州。

自莽世辛未書河决，是後九百餘年，書河溢、河漲者凡八，其以河決書者，一而已。詳唐玄宗開元十年。及朱梁决河爲二，以疏河漲，唐昭宗乾寧三年。後復决河以限晋兵，戊寅年。晋雖塞之，未幾復壞。甲申年。於是而河決鄆州，明年決博州，二十二年九書河決矣。終《綱目》書河決十有六，詳漢文帝十二年。而五代居其九，梁之罪也。

十一月，晉册閩主昶爲閩國王，不受。

已帝也。《綱目》拜官書不受十九，詳唐僖宗乾符三年。多予辭，唯王仙芝、朱全忠、閩主昶，皆不滿者也。

晉建鄴都，置彰德、永清軍，徙澶州城。〇晉范延光致仕。〇晉聽公私自鑄錢。〇故吴主楊溥卒。

書卒何？予徐誥也。自宋弑零陵，是後滅國之主無不殺者，惟唐鄴公書薨，於是而楊溥亦書卒。若徐誥者，可謂庶幾矣。

晉鳳翔軍亂，討平之。

己亥　晉天福四年。〇閩主曦永隆元年。〇是歲南唐復姓李氏〔一〕，凡五國、三鎮。春，正月，晉以馮暉爲朔方節度使。〇唐主徐誥復姓李氏，更名昪。〇三月，晉加劉知遠、杜重威同平章事。〇晉靈州戍將王彦忠叛。〇夏，四月，晉廢樞密院。〇閩主昶殺其叔父延武、延望。〇晉加楚王希範天策上將軍。〇唐主遷故吴主楊氏之族於泰州。〇秋，七月朔，日食。〇晉以皇甫遇爲昭義節度使。〇晉禁私鑄錢。〇晉以桑維翰爲彰德節度使。〇晉以王廷胤爲義武節度使。〇閩王曦弑其主昶而自立，稱藩於晉。〇河決博州。

〔一〕「〇」，原無，據宋刻《綱目》本補。

○八月，晉以馮道守司徒，兼侍中。○晉以吳越王元瓘爲天下兵馬元帥。○晉以唐許王從益爲郇國公。

書唐何？予存厚也。不絕唐祀，晉於是爲庶幾矣。是故葬故唐主書，以唐許王從益爲郇國公書，以至書求直言，書制民墾田三年外乃聽徭役，書禁造佛寺，書贈賈仁沼、桑千等官。《綱目》於晉祖，其微善亦不没焉。

冬，十月，吳越王夫人馬氏卒。○十二月，晉禁造佛寺。○漢平章事趙光裔卒。

庚子 晉天福五年。○是歲凡五國、三鎮。春，二月，晉北都留守安彦威入朝。○楚平群蠻，立銅柱於溪州。○唐康化節度使楊璉卒。○閩王曦遣兵擊其弟延政於建州，敗績。吳越遣兵救建州，夏，五月，延政擊却之。

擊却之何？罪吳越也。於是延政求救，吳越既至，延政擊之，則曷爲以罪吳越？以兵救人，不及則亦已矣，犒請班師而不許，其志欲何爲哉！上書曰救，下書延政擊却之，則吳越可以自反矣。是故漢主龔謀因救而取交州，則《綱目》不書求救，而書攻之；吳越欲因救而圖延政，則《綱目》不書求救，而書擊却：皆所以遏亂略也。終《綱目》救書却者，一而已。

晉李金全以安州叛，降於唐。晉遣馬全節討之，唐師敗績。○秋，七月，閩主曦城福州西郭〔一〕，度僧萬人。

〔一〕「主」，宋刻《綱目》本、弘治本作「王」。

代宗之策，書度僧尼千人，譏也。閩一小國，而萬人焉，又甚矣。

晋贈賈仁沼、桑千等官，誅龐守榮於安州。○晋西京留守楊光遠殺太子太師范延光。○晋詔諸州倉吏貸死抵罪。○晋罷翰林學士。○晋以楊光遠爲平盧節度使。○冬，十月，晋加吴越王元瓘尚書令。○唐大赦。○唐主如江都。○晋以閩主曦爲閩國王[一]。

辛丑　晋天福六年。○是歲凡五國、三鎮。春，正月，吐谷渾降晋，不受。

隋文之初，三書降隋不納，美之也。此書不受，美歟？悲晋也。其悲之何？於是吐谷渾降晋，畏契丹，逐之出境，故書悲之。是故悉怛謀降唐書不受，吴遣使如唐書不受，吐谷渾降晋書不受，皆譏也。

閩以王延政爲富沙王。○二月，晋彰義節度使張彦澤殺其掌書記張式。○夏，四月，唐以陳覺、常夢錫爲宣徽副使。○唐遣使如晋。○六月，晋成德節度使安重榮執契丹使者，上表請伐契丹。

書請伐何？中國也。於是晋方尊事契丹，重榮違上，則曷爲無譏？不可譏也。至其反，則書反耳。《綱目》存中國，故吴繼書拒，重榮書請伐，無貶辭。

閩王曦殺其兄子繼業。○秋，七月，晋以劉知遠爲北京留守。○吴越府署火。

火災非宮闕、宗廟不書，府署火耳，何以書？嘉恤鄰也。唐主於是可謂賢矣。《綱目》書災十

〔一〕「主」，宋刻《綱目》本、弘治本、《通鑑》卷二八二作「王」。

六，詳漢文帝七年。書火十二，詳漢昭帝元鳳四年。舍是，無書火者矣。

閩王曦自稱大閩皇。○八月，晋以杜重威爲御營使。○晋主如鄴都。○吴越文穆王錢元瓘卒〔二〕，子弘佐嗣。○河决滑州。○冬，十月，晋劉知遠招納吐谷渾白承福等，徙之内地。○閩王曦稱帝。○十一月，晋山南東道節度使安從進舉兵反。○唐定田税。○十二月，荆南、湖南會晋師討襄州。○晋安重榮反，晋遣杜重威擊敗之。

書反矣，不書討何？晋有慊也。重榮不從詔命，決抗契丹，結安從進同反，罪固大矣。晋以畏契丹，至此氣亦少餒焉。故重榮書反，書伏誅，而晋師不書討。若安從進，則再書討矣。《綱目》之權衡，審矣哉！

漢主龑更名龔。

壬寅 晋天福七年，六月，晋主重貴立。○漢主玢光天元年。○是歲凡五國、三鎮。春，正月，晋師入鎮州，安重榮伏誅。

入，易辭也。書師不書將，將無功也。

〔二〕「王」，原作「主」，據宋刻《綱目》本、弘治本、蜀藩本、《通鑑》卷二八二改。

晉以杜重威爲順國節度使[一]。○晉以王周爲彰義節度使[二]。○唐以宋齊丘知尚書省，尋罷之。○晉以陳延暉爲凉州節度使。○夏，四月，晉貶張彦澤爲龍武大將軍。○漢主龑殂，子玢立。○五月，唐以宋齊丘爲鎮南節度使。○六月，晉主敬瑭殂，兄子齊王重貴立。○秋，七月，閩富沙王延政攻汀州，不克，歸，敗福州兵於尤口。○晉以景延廣爲侍衛都指揮使。○漢循州盗張遇賢起，討之，不克。○八月，晉討襄州，拔之，安從進伏誅。○閩王曦殺其從子繼柔。○唐行《昇元條》。○閩以余廷英同平章事。○冬，十月，楚王希範作天策府。○十一月，晉復行官賣鹽法。○十二月，閩以李仁遇同平章事。

癸卯 晉天福八年。○南唐元宗璟保大元年、殷主王延政天德元年、南漢主晟乾和元年。○是歲并殷，凡六國、三鎮。春，二月，晉主還東京。○唐主昪殂。○閩富沙王延政稱帝於建州，國號殷。○晉以桑維翰爲侍中。○唐主璟立。○漢晉王弘熙弑其主玢而自立，更名晟。○閩主曦立尚氏爲賢妃。○夏，四月朔，日食。○五月，殷削其平章事潘承祐官爵。○漢主晟殺其弟弘杲。○閩主曦殺其校書郎陳光逸。○秋，七月，晉遣使括民穀。○吴越貶其都監使章德安於處州。○唐主立其弟景遂爲齊王，景達爲燕王。○九月，晉主尊其母安氏爲太妃。○晉執契丹回圖使喬榮，既而歸之。

[一] 「國」，原作「德」，據宋刻《綱目》本、《通鑑》卷二八三改。
[二] 「義」，原作「儀」，據弘治本、蜀藩本、《通鑑》卷二八三改。

書，志亂本也。亂本自告哀稱孫始，曷爲不書？稱臣契丹，中國之耻也。責其不稱臣，則天理滅矣。晋之禍，不量力者爲之。

冬，十月，晋主立其叔母馮氏爲后。

后，所以敵體至尊，母儀天下者也。立后重事，《綱目》每謹書之。書立其婢爲后，異矣，（晋愍帝建興四年漢主聰。）莫甚於立其父婢者也。（乙未年閩主璘、丙申年閩主昶。）書立肅宗嬪爲后，異矣，（戊申年魏子攸。）莫甚於立其叔母者也。（是年晋主重貴。）妻其叔母，而天理滅盡矣。此《綱目》所深哀者，不得不書，以爲後世戒也。

張遇賢侵唐境，唐遣兵擒斬之。○十二月，晋楊光遠誘契丹入寇。

直言其事，不待貶而義自見矣。終《綱目》書誘狄入寇二，（僕固懷恩、楊光遠。）王恢誘匈奴不與焉。

唐以宋齊丘爲青陽公，遣歸九華。○晋旱、水、蝗，民大饑。○楚作九龍殿。○閩御史中丞劉贊卒。

卒小國臣，録賢也。然贊之卒，閩主與有譏焉。

（甲辰）晋開運元年。○（是歲凡六國、三鎮，閩亡。）春，正月，契丹陷晋貝州，權知州事吴巒敗死，晋遣兵禦之。○唐主敕齊王景遂參決庶政，既而罷之。○晋主自將次澶州，遣劉知遠、杜威、張彥澤將兵禦契丹。○二月，契丹度河，晋主自將及遣李守貞等分道擊之，契丹敗走。○晋定難節度使李彝殷侵契丹，以救晋。

書救晉何〔一〕？予彝殷也。自契丹南向，晉氏諸鎮差不負者，惟彝殷而已。特書救晉，予之也。

晉詔劉知遠擊契丹，知遠屯樂平不進。

書不進何？罪不急君也。上書詔擊，下書屯不進，貶莫明於此矣。

晉百官奏請其主聽樂，不許。

書奏請何？罪百官也。踰月禫，徙月樂，禮也。於是喪未及祥，遽有此請，甚矣。然晉主之聽細聲已久，則其不許，亦僞焉而已。

楊光遠圍晉棣州，大敗，走還。○三月，契丹寇晉澶州，不克，引還。○漢王晟殺其弟越王弘昌。○閩指揮使朱文進弑其主曦而自立。

閩自審知書卒，其後延翰、璘、昶、曦四世，皆以弑終，習俗然矣。五季諸國，閩爲甚焉。

晉籍鄉兵。○夏，四月，晉主還大梁，以景延廣爲西京留守。○晉遣使分道括率民財。

前書括民穀矣，於是復括民財，國亦急甚矣！終《綱目》書括民錢穀三，唐德宗建中三年、五代癸卯、甲辰年。皆亂政也，唐括民馬不與焉，五代丙申年。契丹括借士民錢帛不與焉。五代丁未年。

晉遣李守貞討楊光遠於青州，契丹救之，不克。○晉太尉、侍中馮道罷，以桑維翰爲中書令兼樞密使。○晉滑州河決，發民塞之。○晉以折從遠爲府州團練使。○晉復置翰林學士。○秋，八月，晉以劉知

〔一〕「何」，原作「河」，據弘治本、蜀藩本改。

遠爲行營都統，杜威爲招討使，督十三節度以備契丹。〇朱文進稱藩於晉，晉以爲閩國王。

文進嘗自立矣，斥稱名何？不予其自立也。故至其殺也，皆名之。

晉置鎮寧軍於澶州。〇九月朔，日食。〇冬，十一月，閩泉州牙將留從効等誅朱文進所署刺史黄紹頗，傳首建州。〇十二月，晉師圍青州，楊光遠之子承勳劫其父以降。

劫其父降何？反正也。曷爲不書以，書劫？書劫，所以著光遠之心也。子劫其父，可乎？迫父以義，猶知有君臣者也。然則予承勳歟？予承勳，則不書晉師圍青州矣。上書圍，下書劫，則承勳亦懼禍而思變耳。承勳能爲子者，當諫於誘狄入寇之初也。若是，則承勳曷爲無貶辭？貶承勳，則塞改過之門矣。故《綱目》於此，晉官承勳不書，契丹殺承勳亦不書。

殷遣兵討朱文進，唐遣兵攻殷。

書討何？文進弑也。殷討罪而唐攻之，直書而義自見矣。

閏月，晉李守貞殺楊光遠。

光遠曷爲不書誅？晉不能顯誅之也。上書降，下書殺，非譏殺降歟？果譏殺降，則降不書劫，殺不書李守貞矣。書曰晉李守貞殺楊光遠，所以著晉之不能刑也。是故唐不能誅李輔國，而使盜殺之，則書盜；晉不能誅楊光遠，而使李守貞殺之，則書李守貞。因其實而録之，而上之不能刑著矣。

閩人討殺朱文進，傳首建州。

《綱目》書廢君而弑者二十，賊討者四；書弑君者七十三，弑書殺者八，賊討者二十六；亂豈有已哉！自是，有書君弑，無書賊討者矣。詳周安王六年。

契丹復入寇。

乙巳 晋開運二年。○是歲凡五國、三鎮，殷改稱閩而亡。春，正月，契丹至相州，引還。晋主自將追之。○殷改國號曰閩。○二月，晋主至澶州，諸將引軍北上。○契丹陷晋祁州，刺史沈斌死之。○晋以馮玉爲樞密使。○閩人及唐人戰，閩人敗績。○三月，閩李仁達作亂，以僧卓巖明稱帝，閩主延政遣兵討之。

以稱帝何？不宜稱者也。帝王，所自立者也，見以於人則不足以帝矣，而况僧乎！故其見殺也，名之而書殺。《綱目》書以稱帝五，詳漢光武建武元年。舍是，無書以者矣。

契丹還軍南下，晋都排陳使符彦卿等擊之，契丹敗走。夏，四月，晋主還大梁。○晋復以鄴都爲天雄軍。○閩兵攻福州，不克。○五月，晋順國節度使杜威入朝。○閩李仁達殺卓巖明，稱藩於唐。○六月，晋以杜威爲天雄節度使。○晋遣使如契丹。○秋，七月，唐兵拔鐔州。○楚王希範殺其弟希杲。○八月朔，日食。○晋加馮玉同平章事。○唐兵拔建州，閩主延政出降，汀、泉、漳州皆降。○漢主殺其僕射王翷。○冬，十月，唐以王延政爲羽林大將軍。○十一月，晋遣使如高麗。○吴越殺其臣杜昭達、闞璠。○晋桑維翰罷。

丙午 晋開運三年。○是歲凡四國、三鎮。春，正月，唐以宋齊丘爲太傅。○唐以李建勳、馮延己同平章事。○

二月朔，日食。○夏，四月，晉靈州党項作亂。○唐泉州牙將留從効逐其刺史王繼勳而代之。○晉定州指揮使孫方簡叛，降契丹。○六月，晉復以馮暉爲朔方節度使。○契丹寇定州，晉遣兵禦之。○唐遣陳覺使福州。

凡使稱名，不辱命也。覺見仁達，不敢言入朝事，則其以不辱命例名之何？罪唐也。陳覺狂妄，而聽遣之，亦不知人甚矣。書遣陳覺，若曰所遣者若人云耳。美惡不嫌同辭。

秋，七月，河决。○八月，晉劉知遠殺白承福，夷其族。○晉流慕容彦超於房州。○唐攻福州，克其外郭。○馮暉擊破党項，入靈州。○晉張彦澤敗契丹於定州北。○晉以楚王希範爲諸道兵馬元帥〔一〕。○冬，十月，晉遣杜威將兵伐契丹。○吴越遣兵救福州。○十一月，晉師至瀛州，與契丹戰，不利而還。○吴越兵救福州，不克。○契丹大舉入寇。十二月，晉將王清戰死，杜威等以兵降。契丹遣兵入大梁，執晉主重貴以歸，殺桑維翰，囚景延廣。

維翰不書官何？罪之也。亡晉者景延廣，曷爲以罪維翰？中國之禍，維翰基之也。維翰急於近功，臣事契丹，於是中國屈辱者十餘年，激而至於生靈魚肉，衣冠塗炭，則維翰之罪大矣。《綱目》於是始削其官，同於延廣，所以正其誤國之罪也。

〔一〕「元」上，《通鑑》卷二八五有「都」字。

資治通鑑綱目書法第五十八

起丁未〔一〕，盡辛亥〔二〕。

廬陵後學劉友益修撰

翰林直學士中大夫知制誥同修國史國子祭酒歐陽玄校正

丁未二月，漢高祖劉知遠立，仍稱晋天福十二年，六月，改號漢。○是歲晋亡漢興，并蜀、南漢、南唐，凡四國；吴越、湖南、荆南，凡三鎮。春，正月，契丹德光入大梁，殺張彦澤，景延廣自殺。

書殺彦澤何？著反君者之報也。於是并殺楊承勳，不書，不使反正者同於反君者也。

契丹封晋主重貴爲負義侯，徙之黄龍府。○契丹以李崧爲樞密使，馮道爲太傅，晋諸藩鎮皆降。

書契丹以何？譏也。道不足道，崧亦甘心焉，《綱目》以諸藩鎮皆降繼之，是夷之於降者矣。

契丹分遣晋降卒還營。○故晋主重貴發大梁。○契丹縱兵大掠，遣使括借士民錢帛。○晋劉知遠遣使奉表於契丹。○荆南節度使高從誨遣使入貢於契丹，又遣使詣河東勸進。○唐主立其弟景遂爲太弟。

〔一〕「未」下，宋刻《綱目》本有「漢高祖劉知遠晋天福十二年」十二字。

〔二〕「亥」下，宋刻《綱目》本有「周太祖郭威廣順元年」九字。

○唐遣使如契丹。○二月，契丹行朝賀禮，大赦，以趙延壽爲中京留守。○晉劉知遠稱帝於晉陽。○晉主知遠自將迎故晉主重貴，至壽陽而還。

書至壽陽還何？譏非誠也，故不書不及。

晉遣賊帥梁暉襲取相州，殺契丹守兵。○晉主知遠還晉陽。

晉主矣，稱名何？別重貴也。至改號漢，則不稱名矣。

吳越誅其都監程昭悅。○陝、晉、潞州皆殺契丹使者〔一〕，奉表詣晉陽〔二〕。○澶州賊帥王瓊攻契丹將郎五〔三〕，不克而死。

既不克矣，何以書？存中國也。能拒契丹，雖不克書之，雖賊帥書之。

契丹以李從益爲許王。○契丹以張礪、和凝同平章事。○群盜陷宋、亳、密州。○三月朔，契丹行入閤禮。

前書行朝賀禮矣，於是復書行入閤禮，其予之歟？衣冠禮樂，中國事也，一變至此，宇宙以來未有也〔四〕。《綱目》一書再書，悲之甚也。

〔一〕本卷各條之間，原或另起行，據宋刻《綱目》本改作「○」；以下徑改，不再出校。

〔二〕「奉」上，宋刻《綱目》本、《通鑑》卷二八六有「遣使」二字。

〔三〕「郎五」，原作「隆鄂特」，據宋刻《綱目》本、弘治本、蜀藩本、《通鑑》卷二八六改；以下徑改，不再出校。

〔四〕「未」下，弘治本有「之」字。

晉主知遠遣使安集農民保山谷避契丹者。○契丹以蕭翰爲宣武節度使。○吳越復遣兵救福州，敗唐兵，遂取福州。○契丹德光發大梁。○晉主知遠以其弟崇爲太原尹。○夏，四月，契丹陷相州，屠之。○晉以劉信、史弘肇爲侍衛指揮使〔一〕，楊邠爲樞密使，郭威爲副使，王章爲三司使。○晉以蘇逢吉、蘇禹珪同平章事。○晉以折從阮爲永安軍節度使。○契丹寇潞州，晉遣史弘肇救之，鄭謙守忻、代，閻萬進守嵐、憲。○晉以武行德爲河陽節度使。○唐流陳覺於蘄州，馮延魯於舒州。○契丹耶律德光死於殺胡林〔二〕。趙延壽入恒州，自稱權知南朝軍國事。○五月，契丹兀欲執趙延壽而自立〔三〕。○晉以劉崇爲北都留守。○楚文昭王希範卒，弟希廣嗣。○晉主知遠發太原，出晉、絳。

兵未有書所從出者，書出晉、絳，予其得也。是策也，郭威有力焉。

晉史弘肇克澤州，契丹將崔廷勳等遁去。○契丹將蕭翰劫李從益稱帝於大梁，遂北走，從益避位。

書以稱帝多矣，未有書劫者，此其書劫何？避不可也。以者，不自立之辭也；劫者，不欲立之辭也。上書劫稱，下書避位，則殺之者過矣。

契丹兀欲勒兵出塞。○晉主知遠至絳州，降之。○六月，契丹將蕭翰至恒州，殺其國相張礪。○吳越忠獻王弘佐卒，弟弘倧嗣。○晉主知遠入洛陽，遣使殺李從益。

〔一〕「指」上，宋刻《綱目》本、《通鑑》卷二八六有「都」字。

〔二〕「胡」，原作「虎」，據宋刻《綱目》本、弘治本、蜀藩本、《通鑑》卷二八六改。

〔三〕「兀欲」，原作「烏雲」，據宋刻《綱目》本、弘治本、蜀藩本、《通鑑》卷二八七改；以下徑改，不再出校。

書李從益何？劫立且避位也，亦既稱臣表迎，而必殺之，過矣。故止書李從益，以爲是一夫也，徒殺不辜而已耳。

晋主知遠入大梁，諸鎮多降，始改國號曰漢。

書始何？不急辭也。知遠之得國也，取於契丹之手，而其初猶有不忍亡晋之心，故《綱目》於此多予辭。

契丹兀欲幽其祖母於木葉山。○唐以李金全爲北面招討使。○秋，七月，漢以杜重威爲歸德節度使，重威拒命，漢發兵討之。

知遠、重威，皆晋臣也，於是不願臣漢，則書拒命何？重威降敵反噬，罪大也。不受漢爵，而倚外爲援，罪益深矣。《綱目》予漢以正，故書拒命，書討之。

漢立高祖、世祖及四親廟。○恒州將何福進、李榮逐契丹將麻荅〔一〕，遣使降漢。○漢制盜賊毋問贓多少，皆死。○楚王希廣以其兄希萼守朗州。○荆南襲漢襄、郢，不克。○南漢主晟殺其弟八人。○漢以竇貞固、李濤同平章事。○漢晋昌節度使趙匡贊叛，降於蜀。○冬，十月，漢主如澶、魏勞軍。十一月，杜重威出降。○十二月，蜀人侵漢。○漢主之子開封尹承訓卒。○漢主還大梁。○吴越戍將殺李仁達，夷其族。○漢鳳翔節度使侯益叛，降於蜀。○吴越統軍使胡進思廢其君弘倧，而立其弟弘俶。

〔一〕「麻荅」，原作「滿達」，據宋刻《綱目》本、弘治本、蜀藩本、《通鑑》卷二八七改；以下徑改，不再出校。

戊申　漢乾祐元年，二月，隱帝承祐立。○是歲凡四國、三鎮。春，正月，漢遣將軍王景崇等經略關中。○漢主更名暠。○漢以馮道爲太師。○吴越遷故王弘倧於衣錦軍。○趙匡贊、侯益叛蜀還漢，王景崇等擊蜀兵，敗之。

叛漢，罪也，還漢，正也，必書叛蜀何？懲反覆也。率然而去，率然而還，以是爲反覆，故再書叛。

漢主暠殂，杜重威伏誅，周王承祐立。○吴越指揮使何承訓伏誅。

承訓請誅進思，正也。弘俶不從而殺之，非德其立己歟？《綱目》曷爲以伏誅書？懲反覆也。承訓始與弘倧謀誅進思矣，既而以告進思，弘倧遂廢。今復請誅進思，是則反覆人也，不誅，則弘倧之禍復見於弘俶矣。《綱目》惡反覆，特書伏誅，所以示戒也。

漢以王景崇爲鳳翔巡檢使。○三月，漢史弘肇以母喪起復，加兼侍中。

書起復某爲某官多矣，未有書某以母喪起復者也。此其書何？弘肇遭喪數日，自出朝參，非有君命迫之也。書以母喪起復，若曰以三年之喪，非有所不得已，而自爲起復云耳。凡非金革書起復，交譏之也。惟史弘肇，於其上無譏焉。終《綱目》書起復七，詳唐貞觀十五年。舍是，無書起復者矣。

漢以侯益爲開封尹。○漢改廣晋爲大名府，晋昌爲永興軍。

書，譏也。高祖之初立也，不欲忘晉，稱晉帝，仍晉曆。既而改號曰漢，亦可也。廣晉、晉昌之名，初何與於興廢？而繼世必改之，亦大無謂矣！

漢徵鳳翔兵詣闕，行至長安，軍校趙思綰據城作亂。○漢復以孫方簡爲義武節度使。契丹將郎五、麻荅掠定州而遁。○漢李濤罷。○漢護國節度使李守貞反。○夏，四月，漢以楊邠同平章事，郭威爲樞密使。○漢遣郭從義討趙思綰，白文珂、王峻討李守貞。○契丹兀欲如遼陽。○五月，河决魚池。○六月朔，日食。○漢王景崇叛，降於蜀。○秋，七月，蜀以王昭遠知樞密院事。○八月，漢河東節度使劉崇表募兵，備契丹。○漢以郭威爲西面招慰安撫使。○蜀以趙廷隱爲太傅。○漢郭威督諸將圍李守貞於河中。○蜀遣兵援鳳翔，漢人擊敗之。○王景崇殺侯益家屬。○李守貞遣兵出戰，敗還。○冬，十月，漢趙暉圍王景崇於鳳翔，蜀遣兵救之，不克。○荆南節度使高從誨卒，以其子保融知留後。○十一月，漢殺其太子太傅李崧，滅其家。○唐遣兵救李守貞，次於海州。○南漢遣兵擊楚，取賀、昭州。○蜀兵救鳳翔，敗漢兵。漢郭威引兵赴之，蜀兵引還。

己酉 漢乾祐二年。○是歲凡四國、三鎮。春，正月，李守貞遣兵襲漢柵，大敗。○二月，漢以静州隸定難軍。○契丹遷故晉主重貴於建州。○三月，漢以史德珫領忠州刺史。○夏，四月，太白晝見。

《綱目》書太白六，詳漢安帝永初二年。而書晝見者二，晉惠帝永康元年、是年。皆大亂之世也。舍是，無書太白者矣。

李守貞出兵攻長圍，大敗，其將王繼勳等詣漢軍降。○五月，趙思綰遣使請降於漢。○六月朔，日食。○秋，七月，漢郭從義誘趙思綰，殺之。

思綰，反者也，其不書誘誅何？於是綰既降矣，降而殺之，非也，故止書殺。終《綱目》書誘殺九，詳漢昭帝元鳳四年。皆譏也。舍是，無書者矣。

漢郭威克河中，李守貞自殺。○唐以朱元、李平爲郎。○唐主殺其户部員外郎范冲敏、天威都虞候王建封。○八月，漢郭威以白文珂爲西京留守。

郭威以何？專也。管鑰重任，而威以樞使頭子易置之，無君甚矣，特書罪之。

楚馬希萼攻潭州，不克。

潭州何？楚王希廣所治也。希萼稱兵，則罪也，曷爲書攻如敵辭？曲不在外也。希廣以少代長，名不正矣，《綱目》所不予也。故希萼不書寇，希廣不書討，皆書攻；其見殺也，不書弒，書殺。

九月，漢加郭威侍中，威請加恩將相藩鎮，從之。

此高歡分封邑以頒勳義之遺智也。高歡不書請，癸丑年。此其書請何？罪從之者也。威於是已有收人心之意矣，而其主復從之，不惟失於濫賞，而恩盡歸於郭氏矣。是故禄山之將反也，請以蕃將代漢將，《綱目》書請，書從之；威之將篡也，請加恩將相藩鎮，《綱目》書請，書從之：皆咎從之者也。

冬，十月，吴越募民墾田。○楚静江節度使馬希瞻卒。○契丹寇河北，漢遣郭威督諸將禦之。○十二月，漢趙暉攻鳳翔，王景崇自殺。○唐以留從効爲清源節度使。

(庚戌)漢乾祐三年。(○是歲四國、三鎮，漢亡。)春，正月，漢遣使收瘞河中、鳳翔遺骸。

自漢高之初，書軍士死者吏爲棺斂送其家，(戊戌年。)八百餘年，至唐太宗，而後書詔收瘞隋末暴骸，書詔高麗葬隋戰士。自貞觀至今，又若干年矣，而有收瘞河中、鳳翔遺骸之書。漢人及此，亦近厚矣，故書予之。於是有僧已聚二十萬，民之荼毒，可勝悲哉！

二月，唐遣兵攻福州，吴越守兵敗之，執其將查文徽。○漢汝州防禦使劉審交卒。

防禦未有書卒者，卒審交何？録循吏也。五季之世，如審交者鮮矣，故特書之。

夏，四月，漢以王饒爲護國節度使。

於是徙鎮者十餘人，不書，書王饒，譏失刑也。守貞之亂，饒密通焉。

漢以郭威爲鄴都留守，樞密使如故。

書如故何？譏也。留守鄴都，而制樞密之務，是以外制内矣，故書譏之。凡書如故，皆譏也，惟鄭畋非譏辭。《綱目》書如故四，(詳唐肅宗寶應元年。)舍是，無書者矣。

漢以郭榮爲貴州刺史。○五月，漢以折德扆爲府州團練使。○郭威赴鄴。○漢敕防、團非軍期無得專奏事，中觀察使以聞。○漢以郭瓊爲潁州團練使。○閏月，漢大風。

記異也。《綱目》書大風十有三，詳漢武帝元光五年。舍是，無書者矣。

六月，河决鄭州。○秋，七月，馬希萼以群蠻攻潭州。

前書楚馬希萼攻潭州，此則曷爲不書楚？外之也。兄弟相攻，非矣。又召蠻夷以戕宗國，以爲是亦蠻也，故外之。自是希萼不書楚。

八月，故晉太后李氏卒於契丹。

書，存中國也。自徙黄龍，每動《綱目》悉書之。不書殂，失國也。《綱目》故后書卒二。是年、唐貞觀二十二年故隋后。

九月，馬希萼遣使乞師於唐，唐兵助之[一]。○冬，十月，楚遣兵攻朗州，馬希萼還戰，楚兵大敗。○十一月朔，日食。○馬希萼將兵攻潭州。○漢主承祐殺其樞密使楊邠、侍衛指揮使史弘肇、三司使王章，遣使殺郭威，不克。威舉兵反，遂殺其主承祐。

書官以殺，殺無罪也。一日而殺大臣三，又將益之，無道甚矣，故斥書名。威既書反，則其不書弑何？承祐寵信讒邪，多殺大臣，是亦一夫而已耳，故特書殺，以爲萬世戒。此《綱目》之變例也。不然，《綱目》豈厚於未成君之賨，而獨薄於立三年之承祐哉？《綱目》君弑書殺者八，詳周赧王四年。唯承祐以獨夫書殺，爲變例焉。

[一]「兵」上，宋刻《綱目》本有「發」字。

漢迎武寧節度使劉贇於徐州。○朗州兵至潭州，楚王希廣遣兵拒之。○漢太后臨朝。

《綱目》書太后臨朝、御殿、稱制、稱詔者二十二，詳漢惠帝七年。舍是，無書者矣。

漢以王峻爲樞密使，王殷爲侍衛都指揮使。○漢誅劉銖及其黨。

於是戮及洪建，不書何？專罪銖也。趙村之變，銖有力焉。《綱目》誅例有二：書伏誅者，重辭也；直書誅者，快辭也。劉銖直書誅而削其官，甚快之之辭也。

蜀施州刺史田行皋伏誅。○契丹入寇，屠内丘，陷饒陽。漢遣郭威將兵擊之。○漢以范質爲樞密副使。○馬希萼陷潭州，殺楚王希廣而自立。○漢劉贇發徐州。○漢郭威至澶州，自立而還。王峻、王殷遣兵拒劉贇，以太后誥廢爲湘陰公，令郭威監國。○南漢以宮人爲女侍中。

《綱目》書女侍中者三[一]，魏元乂妻胡氏、齊陸令萱[二]、是年。舍是，無書者矣。

辛亥　周太祖郭威廣順元年。○北漢主劉崇乾祐四年。○是歲周代漢，北漢建國，凡五國、三鎮。春正月[三]，郭威稱皇帝，國號周。○漢太后遷居西宮。

以自遷爲文，恕周主也。終《綱目》太后以自遷爲文者五，漢昭帝元平元年上官氏書歸、晉穆帝升平元

[一]「三」，原作「二」，據弘治本、蜀藩本改。
[二]「乂妻胡氏、齊」，原無，據本書卷三十《書法》補。
[三]「春正月」，原闕，據宋刻《綱目》本、弘治本、蜀藩本、《通鑑》卷二九〇補。

年褚氏書徙居、唐憲宗元和十五年郭氏書居、文宗開成五年蕭氏書徙居[一]、是年。舍是，無書者矣。

漢河東節度使劉崇表請湘陰公歸晉陽。〇漢湘陰公故將鞏廷美等舉兵徐州。

書故將何？予義也，故書舉兵，書死之。終《綱目》書故將七，陳安、晉元帝太興三年。麻秋、張賀度、穆帝永和二年。劉黑闥、唐辛巳年。鞏廷美，是年。皆予義也；惟利幾以楚故將書反[二]，漢高帝五年。公師藩以成都故將書寇，晉惠帝永興二年。爲讖辭。舍是，無書故將者矣。

契丹使至大梁。

書至大梁何？不爲周使也。於是契丹遣使於漢，至則漢亡矣。《綱目》紀實，故不書遣使如周。是故唐未立國，則止書突厥使至太原，漢已亡國，則止書契丹使至大梁，皆録實也。

周以王殷爲鄴都留守。〇周主爲故漢主承祐舉哀成服。

漢書爲義帝發喪，予義也。此其書何？著欺也。前書殺其主承祐，後書爲故漢主承祐舉哀，再書承祐，《綱目》之意微矣。故葬於潁陵不書。是年八月。

漢泰寧軍節度使慕容彦超遣使入貢於周。〇周主威弑漢湘陰公贇於宋州，漢劉崇稱帝於晉陽。

書弑何？宜立也。宜立也，故以節度使封公而書廢，以湘陰公見殺而書弑，皆《綱目》之變例

[一]「徙」，原作「遷」，據弘治本、《綱目》卷五十改。
[二]「以」，原作「於」，據蜀藩本改。

也。湘陰書弑，則承祐書殺之意明矣。劉崇稱帝，以漢冠之，予崇正也。

周罷四方貢獻珍食，詔百官上封事。

嘗書詔太官勿受郡國異味矣，漢光武建武十三年。又書詔太官勿受遠國珍羞矣，漢和帝永元十五年。又書省薦新物二十三種矣，漢安帝永初六年。於是復書周罷四方珍食，皆美之也。又詔百官各上封事，周主即政之初，於是有可紀者矣。

北漢主遣其子承鈞將兵伐周，不克。

書伐何？漢正周篡也。

二月，周主以其養子榮爲鎮寧節度使。〇楚遣使入貢於唐。〇周主毁漢宮寶器。

書，美崇儉也。蕭齊書去乘輿金銀飾，則爲譏矯也；周祖書毁漢宮寶器，則爲美誠也。

契丹遣使如周，周報之。〇北漢遣使如契丹乞師。

《綱目》前書夷蠻借兵七矣，未有書乞師者。書乞師何？卑辭也。志雪讐耻，雖卑辭，無貶焉。借外兵之辭五，莫卑於乞師，莫急於求救。石敬瑭，詳漢高帝四年。

楚將王逵、周行逢作亂，入於朗州。〇周克徐州，鞏廷美死之。〇周加吴越王弘俶諸道兵馬都元帥。〇夏，四月，唐淮南饑。〇蜀以伊審徵知樞密院事。〇吴越奉其廢王弘倧居東府。

衣錦軍書遷，戊申年。此其書奉何？嘉弘俶也。於是弘俶爲之築宮室，治園圃，以娱悦之，故書奉。然則前書故王，此則曷爲以廢王書？若曰廢矣，人能奉之〔一〕，厚之至也。《綱目》一字之旨，深矣哉！

北漢遣使如契丹。○周遣將軍姚漢英如契丹，契丹留之。○周夏州附於北漢。○周以王峻、范質、李穀同平章事。○楚朗州將王逵等逐其節度使，推劉言爲留後。

節度使何？馬光惠也。愚懦嗜酒，故削之不書。

契丹遣使如北漢，册命其主崇，更名旻。○契丹燕王述軋弒其主兀欲而自立〔二〕，述律討殺述軋而代之〔三〕。

夷蠻書殺，恒也，此其書弒何？進之也。曷爲進之？於是兀欲約漢伐周，引兵會之，諸部不欲，以是遇弒，則兀欲蓋近乎知義者矣。故進之，書弒。

楚將徐威等作亂〔四〕，廢其君希蕚，立希崇爲武安留後。楚人復立希蕚，居衡山。○冬，十月，唐遣邊鎬將兵擊楚，馬希崇降。○契丹、北漢會兵伐周，攻晋州。

書伐何？正也。盧芳、匈奴連兵入塞，則書寇。於是契丹在焉，則曷爲以伐書？建武真人既即

〔一〕「人」，蜀藩本作「又」。
〔二〕「述軋」，原作「舍音」，據宋刻《綱目》本、弘治本、蜀藩本、《通鑑》卷二九〇改；以下徑改，不再出校。
〔三〕「述律」，原作「舒嚕」，據宋刻《綱目》本、弘治本、蜀藩本、《通鑑》卷二九〇改。
〔四〕「作亂」，原作「伏誅」，據宋刻《綱目》本、《通鑑》卷二九〇改。

位矣，芳以僞昌引夷入伐，是亦夷也，故書寇。劉崇漢統，周主篡立，事與東漢之初胥壞矣。故雖契丹，猶得書伐，所以深咎周也。然則曷爲先契丹？漢受其册也，故先之。《綱目》予義，惡非義。是故隋氏篡周，則突厥以千金公主而得書伐隋；周主篡漢，則契丹以北漢而得書伐周：皆特筆也。其爲爲義之勸，非義之戒，至深切矣！終《綱目》以外加内書伐者，二而已。

唐遣劉仁贍將兵取岳州。○唐以邊鎬爲武安節度使，遷馬氏之族於金陵。○十一月，周遣王峻救晋州。

○南漢取桂州，盡有嶺南地。○十二月，周主自將救晋州，不果行。

凡救書次，譏也。此書不果行，其譏歟？幸之也。周主將行，王峻諫止，不然，則慕容入汴，殆非虚語矣。終《綱目》救書不果行，一而已。

周遣使將兵赴鄆州巡檢。○周王峻至晋州，契丹、北漢兵夜遁。○唐以馬希萼鎮洪州，希崇鎮舒州。

資治通鑑綱目書法第五十九

起壬子〔一〕，盡己未〔二〕。

廬陵後學劉友益修撰
翰林直學士中大夫知制誥同修國史國子祭酒歐陽玄校正

壬子 周廣順二年。○是歲周、南漢、蜀、唐、北漢，凡五國；吴越、湖南、荆南，凡三鎮。春，正月，唐湖南將孫朗、曹進作亂，不克，奔朗州。○周修大梁城。○周泰寧軍節度使慕容彦超反，周發兵討之。唐人救之，不克。○周師圍兗州。○北漢攻周府州，折德扆敗之。二月，遂取岢嵐軍。

北漢嘗再書伐周矣，此其書攻何？伐而遁焉，不足以言伐也。自是兩相加兵，書擊、書攻而已矣。會契丹兵，亦書寇。

周釋唐俘，遣還。○唐設科舉，既而罷之。

書，惜之也。

〔一〕「子」下，宋刻《綱目》本有「周太祖廣順二年」七字。
〔二〕「未」下，宋刻《綱目》本有「周世宗顯德六年」七字。

三月，唐以馮延巳、孫晟同平章事。○夏，四月朔，日食。○唐遣兵攻桂州〔一〕，南漢擊敗之。○周主自將討兗州，克之，慕容彥超自殺。○唐司徒李建勳卒。○六月朔，周主如曲阜，謁孔子祠，拜其墓。

書祠孔子多矣，未有書日者，此其書朔何？重予之也。卜朔而行禮，致拜以重道，可謂知所尊矣，故書朔，書如。終《綱目》書祠孔子五，詳漢高帝十二年。書謁孔子祠一，而書如者二，乙亥魏孝文帝、是年。其書日，則一而已矣。

蜀大水，壞其太廟。○周朔方節度使馮暉卒，以其子繼業爲留後。○契丹幽州節度使蕭海真請降於周，不果。

不果何？不果從也。於是中國多事，遂不果從。不果從矣，則何以書？嘉慕華也。

秋，七月，周樞密使王峻辭位，不許。○蜀梓州監押王承丕殺判武德軍郭延鈞，指揮使孫欽討誅之。○周天平節度使高行周卒。○周制犯鹽、麴者，以斤兩定刑有差。○九月，周禁邊民毋得入契丹界俘掠。○契丹寇冀州，周兵拒却之。○冬，十月，武平留後劉言遣兵攻潭州，唐節度使邊鎬棄城走，言遂取湖南。○契丹大水。

書大水多矣，必中土也，此契丹水耳，何必書？志善政也。於是流民入塞四十萬，周主詔賑給之，以是爲善政，故書之。

〔一〕本卷各條之間，原或另起行，據宋刻《綱目》本改作「○」；以下徑改，不再出校。

周平章事李穀辭位，不許。○周立訴訟法。○周慶州野雞族反，遣折從阮討之。○劉言奉表於周。○唐馮延己、孫晟罷，削邊鎬官爵，流饒州。○十一月，周制税牛皮法。○十二月，河決鄭、滑，周遣使修塞。○周静難節度使侯章入朝。○周葛延遇、李澄伏誅。

葛、李，爲姦逆於漢者也。此周矣，書伏誅何？書伏誅，以見姦逆之罪，雖易世不可逭也。《綱目》之懲惡，嚴矣！

癸丑　周廣順三年。○是歲凡五國、三鎮。春，正月，周以劉言爲武平節度使。○周罷户部營田務，除租牛課。○周萊州刺史葉仁魯有罪，伏誅。○周遣王峻行視決河。○契丹寇定州，周將楊弘裕擊走之。○周鎮寧節度使郭榮入朝。

前書養子榮矣，辛亥年。此書郭榮何？正之爲周王之子也。

周以王峻兼平盧節度使。○周野雞族降。○武安節度使王逵殺静江節度使何敬真。○周更作二寶。○周貶王峻爲商州司馬。○三月，周主以郭榮爲開封尹，封晋王。

封子未有書姓者，此何以書？正名也。五季不立太子，封爲晋王，則將承大業矣，不可以不正也。然則曷爲不書子？不書子，所以別於正統也。故封子不書主，此特書之，予得人也。

周寧州殺牛族反。○周以郭元昭爲慶州刺史。○唐復以馮延己同平章事。

書復以何？譏貳過也。復以爲之辭四：有改過之辭，有貳過之辭，有不能令之辭，有因仍之辭。詳漢文帝十四年。

夏，六月，契丹將張藏英降周。○周《九經》板成。

成者何？蒙成也[一]。先是，明宗始命刻板，至是而成。《綱目》於唐書初，於周書成，録實也。石經、經板，《綱目》備書之。

王逵襲破朗州，執劉言，殺之。○秋，七月，唐大旱。○八月，王逵還潭州，以周行逢知朗州事。○周塞決河。

周太祖即位至是三年，書罷貢珍食，書詔上封事，書毀寶器，書謁孔子祠，拜其墓，書立訴訟法，書制税牛皮法，書罷户部營田務，除租牛課，再書塞決河，可書之善多矣。至書唐淮南饑，契丹大水，唐大旱，庶幾有君人之度者，《綱目》尤深予之。

周大水。○周築郊社壇，作太廟於大梁。○周鄴都留守王殷入朝，周主殺之。

上書入朝，下書殺之，病周也。殷雖專横，誣以謀亂，則非罪矣，故斥書主。《綱目》入朝書殺之者，一而已。

唐復置科舉。○唐流徐鉉於舒州，貶徐鍇爲校書郎、分司。○周主朝享太廟，疾作而退。

[一]「蒙」，蜀藩本作「美」。

甲寅　周顯德元年，正月，世宗睿武孝文皇帝榮立；冬[一]，北漢乾祐七年孝和帝鈞立。○是歲凡五國、三鎮。

五代之君，其始即位，分注書某祖、某宗而已。世宗則曷爲舉其全謚，書曰睿武孝文皇帝？尊之也。尊之何？世宗，五代之賢君，故《綱目》特重予之，不使夷於五代之主也。雖後唐明宗，不得與於斯矣。

春，正月朔，周主祀圜丘[二]。○周以晉王榮判内外兵馬事。○周罷鄴都。○周主疾篤，詔晉王榮聽政。○周遣使分塞决河。○周以王溥同平章事。○周主威殂，晉王榮立。○二月，蜀匡聖指揮使安思謙伏誅。○北漢主以契丹兵擊周，周昭義節度使李筠逆戰，敗績。○三月，周主自將與漢戰於高平，漢兵敗績，周將樊愛能、何徽等伏誅。○周遣行營部署符彦卿督諸將攻北漢，至晉陽，盂縣、汾、遼州降。○周太師、中書令、瀛王馮道卒。

五代之臣書卒，未有官、爵具者，道也，而書官、書爵卒之何？愧之也。道以一身歷四姓十君，無耻甚矣。《綱目》於其進用備書之，故唐書爲掌書記，書爲端明殿學士，書同平章事，書匡國節度使，晉書同平章事，書守司徒兼侍中，契丹書爲太傅，漢書爲太師、中書令、瀛王，皆所以愧之也。豈郭子儀諸賢比哉！

[一] 「冬」，宋刻《綱目》本作「○」。

[二] 「圜」，原作「圓」，據《通鑑》卷二九一改。

北漢憲、嵐州降周。○周立后符氏。○周師克北漢石州，沁、忻州降。○五月，王逵徙治朗州[一]，以周行逢知潭州事。○周主攻晉陽，不克，引軍還。

世宗用兵皆書伐，此其再書攻何？漢辭直也。故於蜀書伐，於唐書伐，於漢則書攻。

秋，七月，周加吴越王弘俶天下兵馬都元帥。○周以魏仁浦爲樞密使。○周徐州奏爲節度使王晏立碑，許之。

特筆也。《綱目》書爲臣立碑，二而已。魏徵書復立。

冬，十月，周賜羽林大將軍孟漢卿死。○周簡閲諸軍，募壯士以補宿衛。

常事耳，何以書？特筆也。五代之世，兵卒驕悍，不敢簡汰久矣。世宗力行之，此兵之所以精練而莫之敵也，故特書之。

周罷諸道巡檢使臣。○十一月，周河隄成。

凡成，久辭也。梁淮堰築作三年則書成，此三十日畢耳，其書成何？美速成也。《綱目》久成書成，速成書成，是故周河隄速成書成，周太廟速成書成。戊午年。

北漢主旻殂，子鈞立。○王逵以苻彦通爲黔中節度使。○湖南大饑。

乙卯 周顯德二年。○是歲凡五國、三鎮。春，正月，周制給漕運斗耗。○周遣使如夏州。○周制舉令、録法。

[一]「徙」，原作「徒」，據宋刻《綱目》本、弘治本、蜀藩本、《通鑑》卷二九一改。

舉令、録必書，重近民也。自齊書始用士人爲縣令，陳丙戌年。是後舉堪爲縣令書，唐貞觀三年。引見京畿縣令書，開元元年。召縣令試理人策書，四年。敕舉縣令書，九年。頒令長新戒書，二十四年。制舉令、録法書。是年。縣令爲理人之本，《綱目》每詳書之。

周浚胡盧河，城李晏口，以張藏英爲沿邊巡檢使。〇二月朔，日食。〇周詔群臣極言得失。

前書詔百官上封事矣，於是復書，家教然也，故書美之。《綱目》書詔極言三，漢明帝永平八年、唐太宗貞觀十一年、是年。舍是，無書者矣。

唐以嚴續同平章事。〇三月，蜀以趙季札爲雄武監軍使。〇夏，四月，周廣大梁城。〇周以王朴爲諫議大夫，知開封府事。

自五季以來，唐河南，漢、周開封，多以子弟尹之。世宗始用賢者，而朴以諫議大夫領焉，曰知開封府事，異其名也。是故王徽以宰相書知京兆尹事，唐僖宗中和四年。王朴以大諫書知開封府事。

五月，周遣鳳翔節度使王景伐蜀。〇周廢無額寺院，禁私度僧尼。

書，善之也。雖所廢者無額，所禁者私度，未能大快人意，而所去已十之九矣。終《綱目》書禁私度僧尼二。唐宣宗大中元年、是年。

周拔蜀黄牛寨，趙季札遁歸，伏誅。〇六月，周主親録囚於内苑。

書，嘉恤刑也。終《綱目》書親録囚六，詳漢安帝永初二年。舍是，無書者矣。

蜀遣使如唐及北漢。〇南漢主殺其弟弘政。〇周以張美權點檢三司事。〇秋，七月，周以王景爲西南招討使，向訓爲都監。○九月，周始鑄錢。○周王景敗蜀師，取秦、階、成州。○冬，十一月，周遣李穀督諸軍伐唐。○周疏汴水。○周王景克蜀鳳州，擒其節度使王環，都監趙崇溥死之。

五季之世，以死節書者十人，裴約、王彥章、姚洪、夏魯奇、宋令詢、沈斌、鞏廷美、趙崇溥、劉仁贍、張彥卿。其一爲都監。蓋自唐制監軍以來，一人而已。《綱目》重死節，特書予之。

唐遣兵拒周師於壽州，周師擊敗之。○周樞密使鄭仁誨卒。○吳越遣使入貢於周。

丙辰 周顯德三年。○是歲凡五國、三鎮。春，正月，周以王環爲驍衛大將軍。○周主自將伐唐，大敗唐兵，斬其將劉彥貞。○周以李重進爲都招討使，李穀判壽州行府事。○周主攻唐壽州。○周詔王逵攻唐鄂州。○二月，周主命我太祖將兵襲唐滁州，克之，擒其將皇甫暉、姚鳳。

我太祖何？趙匡胤也。何以不名？《綱目》朱熹所修，而熹宋人也，故爲國諱。臨文不諱，此則曷爲諱之？夫子作《春秋》，諸侯卒皆名之，至魯先君則卒書公薨，葬書葬我君某公[一]，則固諱之矣。

唐主請和於周，周主不答。

梁遣使求和，魏主書不肯。己丑年。此其書不答何？不肯者，忍辭也；不答者，尊辭也。不肯罪魏，不答罪唐。後書蜀主致書，不答，義同。

[一] 上「葬」字，原無，據弘治本補。

周主遣韓令坤將兵襲唐揚州。

襲滁州嘗書周主命矣，於是復書周主遣，見廟謨之自上也。若世宗者，五代以來，可謂英主矣。

唐主遣鍾謨、李德明奉表於周。○吴越遣兵襲唐常州。○周取唐揚州。○唐滅故吴主楊氏之族。

前書唐主詔遷故吴主於潤州矣，又書唐主遷故吴主楊氏之族於泰州矣，此滅其族，則曷爲不書主？據齊滅元氏、周滅高氏、隋滅宇文氏，皆斥書主。罪不在上也。或稱名，或止稱主，或止稱國，《綱目》之權衡審矣！

周取唐泰州。○岳州團練使潘叔嗣殺王逵，迎周行逢入朗州。行逢討叔嗣，斬之。○三月，周主行視水寨。○唐遣司空孫晟奉表於周。○南漢以宦者龔澄樞知承宣院。○周取唐光、舒、蘄州。○周遣李德明還唐，唐主殺之。

蘇武留匈奴書使、書還，美守節也。德明書使、書還，其美之歟？咎唐也。德明雖出使無功，唐主殺之爲過矣。書還，殺之，所以志唐主之過也。終《綱目》使書還三。蘇武、鄭元璹、李德明。

唐遣將軍柴克宏將兵救常州，敗吴越兵，遂引兵救壽州，未至卒。

遂者何？急國難也。大夫無遂事，必如是而後可以遂。故雖未至，猶書之。書未至卒，惜之也。《綱目》於五代卒小國臣十有三〔一〕，舍是，無書卒者矣。

〔一〕「十」，原無，據本書卷五十五《書法》補。

唐主以其弟齊王景達爲元帥，將兵拒周師。○夏，四月，唐兵復取泰州，進攻揚州。○周主如濠州。○周韓令坤敗唐兵於揚州，擒其將陸孟俊，殺之。○唐兵攻六合，我太祖擊破之。○周主如渦口。○五月，唐敗福州兵於南臺江。○周主還大梁，留李重進圍壽州。○六月，唐劉仁贍擊周將李繼勳，敗之。○唐遣員外郎朱元將兵復江北諸州。○秋，七月，周以周行逢爲武平節度使。○唐朱元等取舒、和、蘄州。周揚、滁州守將皆棄城并兵攻壽州。○八月，周作《欽天曆》。○九月，周以王朴爲樞密副使。○冬，十月，周立二税起徵限。○周山南東道節度使安審琦入朝，除太師，遣還鎮。○周將張永德敗唐兵於下蔡。○周以我太祖爲定國節度使兼殿前都指揮使。○十一月，周殺唐使者司空孫晟。

孫晟可謂不辱君命矣，不書死之何？過周也。晟書死之，則無以見周殺行人之失矣。然則何以勸節守！其使、其殺皆具官〔一〕，所以予晟也。

周召華山隱士陳摶詣闕，尋遣還山。

召未有書隱士者，雖武攸緒不書，此其書何？善摶也。何善之？世宗以飛升、黄白問，而摶以治天下對，是以善之。

周城下蔡。

丁巳 周顯德四年。○北漢天會元年。○是歲凡五國、三鎮。春，正月，唐遣兵救壽州，周師擊破之。○二月，周

〔一〕「使」，原作「死」，據弘治本、蜀藩本改。

更造祭器、祭玉。○三月，周主復如壽州，大破唐兵，唐元帥景達奔還。○唐壽州監軍周廷構以城降周，唐節度使劉仁贍死之。周以壽州爲忠正軍，徙治下蔡。

上書唐壽州監軍周廷構降矣，節度使劉仁贍之爲唐，可知也。其再書唐何？重予仁贍也。仁贍終身唐臣，憤悒至死，再書唐，所以明其心之爲唐也。故雖以疾死，書曰死之，此特筆也，一人而已矣。繼書周以壽州爲忠正軍，辭繁不殺，所以重予之也。詳宋己未年。

周主之父光禄卿致仕柴守禮犯法，周主不問。

周主之父何？罪周主也。曷爲罪之？父至殺人，問爲悖道，不問爲屈法，則不正名之過也。正名其父，奉之别宫，守禮雖暴，豈至横於外哉？身爲天子，父爲列卿而處於遠外，使得以小忿殺人，失在於不正名，不在於不問也。故書曰周主之父光禄卿致仕，父，紀實也；光禄卿，譏非名也；致仕，譏在外也。

周開壽州倉，賑饑民。○夏，四月，周主還大梁。○周宦者孫延希伏誅。○周罷懷恩軍，遣還蜀。○周以唐降卒爲懷德軍。○周疏汴水，入五丈河。○五月，周作《刑統》。○唐敗周兵，斷其浮梁。

特筆也。攻守之際，事有關於勝敗者，《綱目》必特書之。是故漢斷蜀浮橋書，建武十一年。唐斷周浮梁書。是年。

六月，蜀衛聖都指揮使李廷珪罷〔一〕。○周以王祚爲潁州團練使。○秋，七月，周貶武行德、李繼勳爲左、右衛將軍。○北漢初立七廟。

前書吴始作太廟，漢後主延熙十八年。志慢也。此其書初何？恕辭也。北漢稱帝七年，始立七廟，則曷爲恕之？自稱帝以來，再書伐周，一書攻，一書擊，甲寅以後一再受兵，不無事矣。大讐未復，其緩有可亮者，故恕之，止書初。

八月，周平章事李穀罷，以王朴爲樞密使。○蜀主致書於周，周主不答。○九月，周以竇儼爲中書舍人。○冬，十月，周設賢良、經學、吏理等科。

前書唐置科舉矣，既罷乃復。於是書周設諸科，善之也。五季之君，僅有此耳，故書予之。

北漢麟州降周，周以其刺史楊重訓爲防禦使。○十一月，周主自將伐唐，攻濠、泗州。○契丹、北漢會兵寇周潞州，不克而還。

契丹、北漢嘗書伐周矣，此其書寇何？周既再傳，國方有道，夷德無厭，而從之猾夏，故并寇之，存中國，尊有道也。

十二月，唐泗州降周，周主遣擊唐兵，至楚州，大破之。○唐濠州降周。周主進兵攻楚州，遣兵取揚、泰州。○南漢遣使入貢於周，不至。

〔一〕「使」，原無，據宋刻《綱目》本、《通鑑》卷二九三補。

戊午　周顯德五年。○唐中興元年、南漢主鋹大寶元年。○是歲凡五國、三鎮。春，正月，周師克唐海州。○周鑿鸛水，引戰艦入江。○周師拔唐静海軍。○蜀貶章九齡爲維州參軍。○周主克唐楚州，唐防禦使張彦卿死之。

前書仁贍，此書彦卿，唐不爲無人矣。終《綱目》書死之者五十有四，唐居二人焉。舍是，無書死之者矣。

高保融以水軍會周師伐唐。○二月，周主至揚州。○北漢攻周隰州，不克。○三月，唐以太弟景遂爲晉王，燕王弘冀爲太子。○周主臨江，遣水軍擊唐兵，破之。唐主遣使盡獻江北地，周主罷兵引還。○周汴渠成。○夏，四月，周新作太廟成。

晉武之篇書太廟成，志慢也。太康十年。此其書太廟成何？美之也。曷爲美之？四月作之，四月成之，其急宗廟可知也。與陷九月而後營〔一〕，營二十月而後成者，大異矣。《綱目》久成書成，速成書成。終《綱目》書廟成二。

五月朔，日食。○唐主更名景，去帝號，奉周正朔。○周主遣使如唐，餽之鹽，還其俘。○秋，八月，唐太子弘冀殺其叔父晉王景遂。○南漢主晟殂，子鋹立。○唐置進奏院於大梁。○周遣閤門使曹彬如吴越。○冬，十月，周以高防爲西南面制置使。○周遣使均定境内田租。○十一月，周命竇儼撰《通

〔一〕「陷」，原作「限」，據弘治本、蜀藩本、《通鑑》卷八一改。

禮》、《正樂》。〇唐放其太傅宋齊丘於九華山。

己未 周顯德六年，六月，恭帝宗訓立。〇是歲凡五國、三鎮。春，正月，周命王朴作律準，定大樂。

自元魏書陳仲孺奏律準，己亥年。至是幾四百年矣，於是復見定樂之法，先定律準，故《綱目》謹書之。終《綱目》書律準二。

唐宋齊丘自殺。〇二月，周導汴水入蔡水。〇周減行苗使所奏羨田〔一〕。〇周淮南饑。

志恤民也。

三月，周樞密使王朴卒。〇夏，四月，周主自將伐契丹。五月，取瀛、莫、易，置雄、霸州〔二〕，遂趣幽州，有疾乃還。

遂者何？決辭也。乃者何？不得已之辭也。非有疾，則華夏之氣伸矣。

六月，河決原武，周發近縣民夫塞之。〇唐泉州遣使入貢於周，不受。〇唐城金陵。〇周主立其子宗訓爲梁王。

封子不書主，此其書何？爲周主也。先是，大臣屢請王諸子，周主曰：「功臣之子皆未加恩，而獨先朕子，能自安乎？」至是不豫，乃封之，周主可謂知節矣。

〔一〕「田」，宋刻《綱目》本作「苗」。
〔二〕「瀛、莫」，宋刻《綱目》本、《通鑑》卷二九四作「莫、瀛」。

周以魏仁浦同平章事，我太祖爲殿前都點檢。〇周主榮殂，梁王宗訓立。

世宗即位六年，善政既多，良法初立，内修文事，外抗武功，而其君人之度，又有非後世所可及者，豈不謂之賢主哉！故書罷巡檢使臣，書給漕運斗耗，書制舉令録法，書禁度僧尼，書立二税起徵限，書作《刑統》，皆良法也；書親録囚徒，書開壽州倉賑饑民，書誅孫延希，書均定田租，書減所奏羨田，書淮南饑，皆善政也；書撰《通禮》、《正樂》，書定大樂，書設科目，皆文治也；書簡閲諸軍，書伐蜀、伐唐、伐契丹，皆武功也。至於詔言得失〔一〕，賞王環，褒仁贍，保嚴續，却泉州貢，命金陵城，可謂有君人之度矣。夫豈五季諸君之所及哉！

秋，七月，周以我太祖領歸德軍節度使。〇唐鑄大錢。〇八月，蜀以李昊領武信節度使。〇九月，唐太子弘冀卒。〇唐主以其子從嘉爲吴王，居東宫，殺禮部侍郎鍾謨。

封子不書主，此其書主何？獨斷也。而至殺鍾謨，又甚矣。終《綱目》封子書主五。詳見晋明帝太寧元年。

南漢殺其尚書右丞鍾允章，以龔澄樞爲内太師。

内太師何？譏也。趙高書中丞相，澄樞書内太師，皆譏也。丞相，非矣；太師，甚哉！

唐以洪州爲南都。〇周遣兵部侍郎竇儀如唐。〇契丹遣使如唐，周人殺之。

〔一〕「詔」，原作「語」，據弘治本、蜀藩本改。

附録一

資治通鑑綱目凡例[一]

凡例序[二]

（元）倪士毅

朱子《綱目》之作，權度精切，而筆削謹嚴，先輩論之詳矣，贅不待贅。惟《凡例》世尚罕傳，學者於書法有未窺其要者。至元後戊寅冬，友人朱平仲晏歸自泗濵。明年春，出其所録之本，謂得於趙公繼清質翁之子嘉績凝，始獲披閱，遂即録之。暇日詳觀，因轉相傳録，而不能無小誤。惜未有他本可以參校，乃隨所可知，正其錯簡三條，歲年門二條，即位門一條。漏、誤、衍文共三十餘字，以寄建安劉叔簡錦文，刊之坊中，與四方學者共之。

[一]（宋）朱熹：《資治通鑑綱目凡例》，全部輯録自（清）玄燁：《御批資治通鑑綱目》卷首上，文淵閣《四庫》本，第六八九册。

[二]《凡例序》，蜀藩本作《資治通鑑綱目序》。

又記昔受學於先師定宇陳先生時，得李氏《綱目論》一篇，實能發朱子此書之大旨，而見者亦少。今并録以附於後。蓋《凡例》當與《綱目》并行，而李氏《綱目論》，當與尹氏《綱目發明》并行。若《綱目》及尹氏之書，皆盛行矣。故願以是二書備傳之，苟能相與講習，則朱子繼《春秋》之筆，焕然以明，其於世教，豈曰小補。

至正二年壬午夏五月辛未朔，新安倪士毅謹書。

凡例目録[一]

統系　正統　列國　簒賊　建國　僭國　無統　不成君　小國

歲年

名號　正統　僭號　簒賊　無統　不成君

即位　建都　起兵　加號　傳國

改元　後唐石晋之間，温公舊例尤爲顛錯。

尊立

崩葬　陵廟　追尊　改葬

[一] 《凡例目録》，弘治本、蜀藩本作《資治通鑑綱目凡例目録》。

篡賊

廢徙謂下廢上者，其上廢下，自入廢黜例。

祭祀　郊祀　封禪　宗廟　雜祠祭　冠昏　舉盛禮　宴饗　學校

行幸　巡幸　田獵　奔走

恩澤　制詔　更革　戒諭　遺詔　遣使巡行　號令

朝會　聘問　游説　和好　交質　割地　降附　貢獻

封拜　選舉　賞賜　賜爵　賜姓　殊禮　徵聘　録子孫

征伐　叛亂　僭竊　夷狄　遣將　師名　戰　勝負

廢黜　后妃　太子　諸王　國除

罷免　囚繫　流竄　誅殺　寬宥

人事

災祥

凡例[一]

(宋)朱熹

統系[二]　正統　列國　篡賊　建國　僭國　無統　不成君　小國

凡正統，謂周、起篇首威烈王二十三年，盡赧王五十九年。秦、起始皇二十六年，盡二世三年。漢、起高祖五年，盡炎興元年。此用習鑿齒及程子説，自建安二十五年以後，黜魏年而繫漢統，與司馬氏異。晉、起太康元年，盡元熙二年。隋、起開皇九年，盡大業十三年。唐。起武德元年，盡天祐四年。

列國，謂正統所封之國。如周之秦、晉、齊、楚、燕、魏、韓、趙、田諸大國，及漢諸侯王之類。

篡賊，謂篡位干統而不及傳世者。如漢之吕后、王莽、唐之武后之類。其隗囂、公孫述、安史之屬，又不得入此例。

建國，謂仗義自王或相王者。如秦之楚、趙、齊、燕、魏、韓。

僭國，謂乘亂篡位或據土者。如漢之魏、吴，晉之漢、趙、諸燕、二魏、二秦、成漢、代、諸凉、西秦、夏之屬。內二秦以上爲大國，成漢以下爲小國。

無統，謂周秦之間、秦、楚、燕、魏、韓、趙、齊、代八大國，凡二十四年。秦漢之間、楚、西楚、漢三大

[一]《凡例》，弘治本、蜀藩本作《資治通鑑綱目凡例》。

[二]「系」下，原衍「一」字，據弘治本、《凡例目録》删。

國，雍以下爲小國，凡四年。漢晋之間，魏、吴、晋三大國，凡十六年。晋隋之間，宋、魏、齊、梁、北齊、後周、陳、隋爲大國，西秦、夏、凉、北燕、後梁爲小國，凡一百七十年。隋唐之間，隋、唐、魏、夏、梁、凉、秦、定楊、吴、楚、鄭、北梁、漢東以上，凡五年。五代。梁、唐、晋、漢、周爲大國，二蜀、晋、岐、吴、南漢、吴越、楚、荆、閩、南唐、殷、北漢爲小國，凡五十三年。

不成君，謂仗義承統而不能成功者。如劉玄。

凡正統，全用天子之制，以臨四方，書法多因舊文，略如《春秋》書周、魯事。事有相因者，連書之。篡賊事亦連書，但每歲首及有異事處，一加其名。諸國或臣或叛，各以其制處之。如漢自昭烈以後，即内吴而外魏。事各冠以國號，不連書。

凡無統，即爲敵國，彼此均敵，無所抑揚，書法多變舊文，略如《春秋》書他國事。事各冠以國號，不連書。凡連書與否，非有褒貶，但從文勢之便耳。

凡諸國號，從其本稱；或屢更易，即從史家所稱，而於建國之始，即注云是爲某國。如晋太元十年，乞伏國仁稱單于，即注云是爲西秦。

凡諸國，同時同號者，後起者稱後。至前國亡，則後國去「後」字，而凡追稱前國處，加「前」字。

凡遠方小國，繼世、遷徙，不能悉書，因事乃見。如仇池楊氏之類。○凡言「因事乃見」者，本條雖無事，而可參照前後者皆是。

歲年

凡歲，不用歲陽名，只用甲子，依《史記》年表，以從簡便。大書於横行之上，「甲」字、「子」字别之以朱，其餘皆墨。

凡正統，周自篇首，秦、漢、晋、隋、唐自初并天下，皆大書於横行之下，朱書國號、如云周、秦、漢、晋、隋、唐。謚號、如周云威烈王，秦云始皇帝，漢云太祖高皇帝、世祖光武皇帝，晋云世祖武皇帝，隋云高祖文皇帝，唐云高祖神堯皇帝。君名、如云午。○惟篇首前無所承，故立此例，後有即位在今年内者用之。年號，周、秦、漢初未有。如晋即云太康，隋云開皇，唐云武德。墨書某年。如周云二十三年，秦云二十六年，漢云五年，晋云元年，隋云九年，唐云七年。次年以後，但於行下墨書某年。如威烈王云二十四年。○自「次年以後」至「墨書某年」，舊本誤在後條「朱注列國」之下。

○篇首周年之下〔一〕，朱注列國，如云秦、晋、楚、燕、齊、魏、韓、趙。墨書謚爵、如云簡公、烈公之類。惟三晋初爲侯而不改元，故未書謚爵。君名、如止、如當之類，無則闕之。某年。所注列國，頗以興起先後爲次，而於新舊之間，以圈隔之。其末又以圈隔，下朱注總結統舊國若干，新國若干，凡若干國。次年以後，惟元年注之如前法。如燕僖公元年之類不結，有增損者依例結之，新舊并如前結。○自「墨注謚爵」至「凡若干國」，舊本誤在後條「其不成君亦依正統已絶之例」下。「惟元年注之如前法」一句上，舊本又有「列國」二字，别爲

〔一〕「○」，原無，據弘治本、蜀藩本補。

一條。今僭删此二字，依前後條之例，增「次年以後」四字，而屬於此。

凡天子繼世，則但於行下朱書謚號。如安王、二世皇帝之類。不名者，名已見。其後有被廢無謚者，但曰帝某，而不用後人所貶之爵，以其非有天下之號也。

○年號，如漢建元之類。墨書元年。周則列國之元，亦注其下。次年以後，如篇首次年之法。秦、漢以後，列國不復注。

建國、僭國之大者，則於年下朱書國名、謚號、姓名，如楚隱王陳勝、魏文帝曹丕之類，無謚者，但云某王某。年號，如魏黄初之類。墨注元年。次年以後，則朱注國名，墨注年號、某年。其小者，則依周列國例，但年號用墨注，首尾、增損、新舊之間，亦如前法。

其簒賊干統而正統已絶，無年可繫，則朱注其國名，墨注年號於行下。如漢之吕氏、新莽之類。正統雖絶，而故君尚存，則追繫正統之年，而注其下。如唐之武氏，用范氏《唐鑑》及胡氏《補遺》義例。

其不成君，亦依正統已絶之例。如漢帝玄之類。

凡無統，自更端處，如秦昭襄王五十一年、楚漢元年、吴黄武元年、宋永初元年、隋義寧元年、梁開平元年。即於行下分注諸國之年，大者紀年，小者紀元，朱書。新舊、首尾、增損，皆如前法。但其興廢促數，則歲結之；不紀年者，亦列數其國號。

名號 正統　僭號　簒賊　無統　不成君

凡正統之君，周曰王，秦、漢以下曰帝。其曰「上」者，當時臣子之辭，今不用，惟注中或因舊文。其列國之君，周曰某爵某；如趙侯籍之類。僭稱王者，曰某君某；如楚君當之類，有注則從本文。〇按《通鑑》魏、晋以後，獨以一國之年紀事，而謂其君曰帝，其餘皆謂之主，初無正閏之別，而猶避兩帝之嫌。至周末諸侯，皆僭王號，顧反因而不改。蓋其筆削之初，義例未定，故有此失。今特正之，庶幾竊取《春秋》之義。漢以後，曰某王某。如齊王吉之類。其僭稱帝，曰某主某。如魏主丕之類，注首如之，後直書名。篡賊曰某。新莽之類。不成君曰帝某。如帝玄之類，注則從本文。

凡無統之君，周秦之間，曰某王；秦王、韓王之類。無貶文者，周室既亡，而諸侯又皆稱之，則已不爲天子之號矣。秦漢之間，曰某帝、楚義帝之類。〇無貶文者，是時天下無君，義帝實天下之共主，但制於强臣，尋以弑殞，故不得爲正統耳。曰某王；如漢王之類。漢以後稱帝，曰某主。吴、晋、宋、魏之類，注同。其小國，曰某主某、如夏主勃勃之類。某王某、如北凉王蒙遜之類。某公某。如凉公歆之類。凡小國，注如僭國之例云。

即位 建都 起兵 加號 傳國

凡正統，周王繼世，曰子某立，注云是爲某王。如安王之類。非子，則各以其屬，如顯王之類。不言即位者，古者嗣君定位，初喪踰年而後即位。戰國末年，此禮猶在。如秦昭王薨，次年十月，孝文王乃即位，三日而薨是也。故舊史言立而不言即位，今從之。秦更號曰王，初并天下，更號曰皇帝。如王初即王位時，未有天下，自從無統之例，雖用周王繼世之法，亦不書即位。及并天下，又未嘗改行即位之禮，但稱更號耳。繼世，曰某襲位。胡亥從本文。

○漢以後[一]，創業中興，曰王即皇帝位；漢高祖已稱漢王，晋元帝已稱晋王，故但稱王。惟光武、昭烈，各以其號書。○晋、隋、唐創業時，未有天下，自從無統之例。繼世，曰太子某即位。漢惠帝以下用此例，古禮已廢，從本文也。非太子，則又隨事書之。有故，則隨事書之。如秦子嬰、漢文帝之類。

凡列國，繼世不書，因事注中見之。其有故者，乃隨事書之。如燕平、楚横、齊法章、楚完。

凡建國，自立者，曰某自立爲某王。如陳勝之類。

○人所立者[二]，曰某尊某爲某，項籍尊義帝之類。或曰某國立某爲某，或曰某人立某爲某王，如秦嘉立景駒之類。或曰某王某立某爲某王。如張耳立趙歇之類。

凡僭國，始稱帝者，曰某號姓名稱皇帝；如魏王曹丕、宋王劉裕、梁王朱晃之類。繼世，曰太子某立。如魏太子叡。

○始稱王者[三]，姓名稱某王，其繼世曰嗣。

○復國[四]，曰某復立爲某王。如拓跋珪之類。復號，曰某國復稱王。如西秦之類。

凡簒賊，自見簒弑例。

[一]「○」，原無，據弘治本補。

[二]「○」，原無，據弘治本、蜀藩本補。

[三]「○」，原無，據弘治本、蜀藩本補。

[四]「○」，原無，據弘治本、蜀藩本補。

凡不成君者，其初立用死國以下例，惟所當。如劉信、劉玄之類〔一〕。

凡無統，周秦之間，惟秦繼世特從周王例，諸國仍用列國例；自漢、晋以後，用僭國例，但稱帝者不書姓。如晋王炎、齊王道成之類。

凡始建都曰都，高帝都櫟陽，帝玄都宛，光武都洛陽。自他所來徙曰徙都，韓徙都鄭，秦徙都咸陽。○凡言西都某、北都某者，亦比類而從本文耳。屢徙而後定曰定都。漢高帝至長安，始定徙都。事之微者，曰某遷於某。如楚遷於鉅陽之類。國之微者，曰某徙居某。如衛徙居野王之類。徙封曰徙封。如楚黄歇徙封於吴之類，見其强横無君之實。餘見封拜例。爲人所徙，曰某人徙某人於某地。如楚人徙魯於莒之類。

凡起兵，以義者曰起兵；如秦末諸侯，漢劉崇、翟義、劉縯之類，漢末關東州郡。其起雖不義，而所與敵者又不得以盜賊名之，則曰兵起。如新莽時州郡，及樊崇、刁子都之屬。

凡國家無主，四方據州郡稱牧守者，曰某人自爲某、自稱某、自領某官。袁紹、曹操之類。其傳襲，各隨其事書之。孫權、袁尚之類。

凡天子已稱皇帝，而復加他號者，隨事書之。如漢陳聖劉太平、周天元、唐尊號之類。

凡以國與人者，子弟曰傳，趙主父之類。他人曰讓。燕噲之類。○此條舊本在改元門之末，今按目録次序而移於此。

〔一〕「劉玄」，原作「劉元」，據弘治本、蜀藩本改。

改元後唐石晋之間，温公舊例尤爲顛錯。

凡中世而改元者，著其始，魏惠王一年、漢文帝後元、武帝元狩之類。餘皆因事見之。如章和之類。

凡中歲而改元，無事義者，以後爲正；依温公舊例，以從簡便。其在廢興之際，關義理得失者，以前爲正，而注所改於下。如漢建安二十五年十月，魏始稱帝，改元黄初，而《通鑑》從是年之首即爲魏黄初。又章武三年五月，後主即位，改元建興，而《通鑑》於《目録》、《舉要》，自是年之首即稱建興。凡若此類，非惟失其事實，而於君臣父子之教所害尤大，故今正之。但建安二十五年三月改元延康，考之范史及陳《志》注文，是漢號，而《通鑑》所書，乃在曹丕稱王時所改者，今不能悉見。

尊立尊謂尊太上皇、太皇太后、皇太后，立謂立皇后、皇太子，其諸王自入封拜例。

凡正統，尊、立皆書。尊曰尊某爲某，漢高祖尊太公爲太上皇。後凡尊皇太后爲太皇太后，尊皇后爲皇太后，皆用此例。其母非正嫡，則加姓氏。定陶太后、丁姬、慎園貴人之類。更曰更某爲某。漢高祖更王后曰皇后、王太子曰皇太子。立后，曰立皇后某氏，如惠帝張后之類。非正嫡，曰立某氏爲皇后。如文帝竇后之類。立太子，曰立子某爲皇太子。漢文帝初立景帝爲太子時，但云子啓，中年以後封王諸子，始有稱皇子者，後遂稱之。今按封立之命出於天子，不應自謂其子爲皇子，只從文帝初例。

凡非正統，則不書，因事特書者，去皇號。漢立太子盈，無事而特書者，備漢事。皇號惟太上皇不可省，然惟一見，後但云太上而已。

崩葬 陵廟 追尊 改葬

凡正統曰崩，因其舊史臣子之辭。在外則地，秦始皇、漢安帝之類。未踰年不成君曰薨，如漢北鄉侯。失尊曰卒。如周赧、漢獻之類。其太皇太后、皇太后、皇后，皆曰某后某氏崩，自殺曰自殺，謂罪疑者。有罪即加「罪」字，上文已書反逆者，不必加「有罪」字，如衛后、戾太子是。無罪而以幽死者曰幽殺之。自殺亦同。廢后不書，因事見者曰卒，自殺者曰自殺，國亡身廢守節不移而國統尋復者，則有其故號而書崩。孝平皇后。秦、漢以後，王侯死皆曰卒，賢者則注云謚曰某，按劉秘丞説，凡諸侯王以下，當依陸淳例書卒。温公以爲確論，而恨周、秦、漢紀不可請本追改，則是已覺《通鑑》書薨之失而悔之矣。陸淳説見《春秋纂例》，蓋薨乃臣子之辭，不當施之於國史也。今從其説。〇又，謚非生者之稱，而《通鑑》以謚加於薨、卒之上，亦非是，今亦正之。然非賢者，則虛美之辭亦無所取，故不復書。自殺者如后例。反逆如七國者，不復言有罪。僭國之君，稱帝者，曰某王姓某卒；稱王公者，曰某王公姓某卒。按温公引《三十國春秋》，諸國之君皆書卒。后、夫人不書，因事而見者，曰某號某氏卒。

凡無統之君，稱帝者，曰某王某殂；稱王公者，曰某王公某薨。上無天子，故得因其臣子之辭。其后、夫人，如僭國例。

凡蠻夷君長曰死。匈奴單于、烏孫昆彌。

凡盜賊酋帥曰死。隗囂之類。

凡正統之君，廢爲王公而死者書卒，而注其謚。

凡正統之君，葬、驪山、萬年、長陵以下。立廟、太上皇廟、高廟之類。預作陵漢景作陽陵邑，募民徙居之類。廟、漢文作顧成廟之類。追崇廟號，漢太祖、太宗、世宗、中宗之類。皆隨事書之。

凡正統之后，特葬，曰葬某謚皇后於某；自漢宣帝許后，始有謚而書葬，如此例。合葬不地，如漢光武、昭烈之類。不當合而合，則特書合葬某陵。漢哀帝、傅太后合葬渭陵之類。

凡僭國無統之君，陵廟因事乃書，無事則見之注下。因事，如魏作壽陵、立三祖廟之類。其后、夫人亦然。

凡正統，追尊、改葬、立廟皆書。漢高祖五年昭靈夫人、昭帝鉤弋夫人。宣帝追謚戾太子、悼考、悼后，置園邑，追尊悼考爲皇考，立寢廟。哀帝定陶共王去定陶之號。光武立四親廟於洛陽，徙章陵。

篡賊晉董狐、齊太史書趙盾、崔杼弑君而不隱，史氏之正法也。正如《春秋》，魯君被弑，則書薨而不以地著之，蓋臣子隱諱之義，聖人之微意也。前世史官修其本朝之史者，多取《春秋》之法，然已非史法。又況后世之人修前代之史，乃亦有爲之隱諱，而使亂臣賊子之罪不白於世人之耳目者，則於義何所當乎！《通鑑》所書，已革此弊，然亦有未深切者。今頗正之如左，觀者詳之。

凡正統，周、秦以前列國弑君，微者，曰盜殺某君某；楚君當之類。史失賊，曰某國弑其君某；鄭君之類。賊可見者，曰某弑其君某。韓嚴遂之類。君失名，則不名。韓哀侯之類。賊官可見者，并著之。秦庶長改之類。弑君而及其親屬者，并書之。秦出公及其母。君出走而弑之，曰某君出走，某弑之。淖齒之類。弑其君之父母者，隨事書之。秦魏冉弑惠文后、趙李兑弑主父之類。秦以後以兵弑者，天子，則曰某人弑帝於某；如趙高之類，書地以著其實。僭國無統，則曰某國某人弒其君於某。如魏司馬昭之類。

凡以毒弒者，加「進毒」字而不地；不可得而地，故加進毒以著其實，如莽、冀之類。霍顯又加「使醫」字。疑者，曰中毒崩。如晉惠帝之類，史言或曰司馬越之鴆，而《通鑑》不著其語。今但如此書以傳疑，而著史家本語於其下。

凡事義不同者，隨事異文。如呂后廢少帝，幽殺之之類。少帝本非孝惠子，特呂后所自立而殺之，故不得以弒書。若少帝真當立之人，無可廢之罪，則婦人之義，夫死從子，況天下之主乎。雖其主母，亦不得免弒君之名矣。元魏馮后、顯祖之事，當以此裁之。

凡篡國，其事不同，故隨事異文，而尤謹其始。如田氏并齊、三晉分地、秦人入寇之類。至王莽、董卓、曹操等，自其得政，遷官建國，皆依范史，直以自爲、自立書之。革命，則曰稱帝而不曰受禪；封其故君，則曰廢而不曰奉；其弒之者，自加弒例。

凡殺他國之君，亦隨事而異文。魏殺衛君之類。其因戰而殺之，見征伐例。

廢徙謂下廢上者，其上廢下，自入廢黜例。

凡未成君，而有罪當廢者，曰某有罪，某官某奏廢之；昌邑王賀之類。無罪爲强臣所廢者，曰某廢某爲某；弘農王之類。未即位者，如本號。孺子之類。列國廢其君，曰某國廢其君某爲某，三晉之類。遷則曰某遷其君於某。齊田和之類。

祭祀　郊祀　封禪　宗廟　雜祠祭　冠昏　舉盛禮　宴饗　學校

凡正統，郊祀天地、建置、遷徙，皆書。雍五畤、甘泉大畤、汾陰后土、汶上明堂、渭陽五帝、長安南、北郊。其行禮，世一見之，餘或因事而書。

凡封禪皆書。

凡宗廟之禮，建置、更革，皆書。漢王二年立宗廟社稷，例不合書，特書以備漢事。太上皇高廟、原廟、顧成廟、太宗廟之類。其行禮，不書；或舉盛禮，或因他事，乃書。

凡雜祠祭，因事乃書；或有得失，可法戒，則特書之。得如始皇祠舜、禹，高帝祠孔子之類；失如文帝作汾陰廟，武帝祠竈、求仙之類。

〇非正統〔一〕，用正統雜祠祭例。秦王郊見上帝於雍，以僭書，又以見漢五畤所由起。

凡冠昏，惟正統書。冠如漢惠、昭之類，昏如漢平之類。

〇非正統〔二〕，則非有事義不書。如秦王冠以帶劍書，楚迎婦以忘讐書之類。

凡禮儀，惟正統盛禮及有事義見得失者乃書。文帝藉田、明帝大射、養老之屬，以得書；登靈臺，以盛書。

凡置酒宴饗，因事乃書。漢置酒南宮、朝賀置酒之類。

〔一〕「〇」，原無，據弘治本、蜀藩本補。

〔二〕「〇」，原無，據弘治本、蜀藩本補。

○非正統者〔二〕，亦同上例。魏主髦養老之類。

凡學校興廢，皆書。

凡事關道術者，皆書。石渠、白虎、求書、典校、圖讖、漢禮、律曆。

行幸　巡幸　田獵　奔走

凡正統，巡行郡國，曰帝如某。○既行而止，曰不至而還。○所過有事，曰帝至某。間無異事，則不書帝。○所詣非一，則指其方，曰帝某巡。○還，曰帝還宮。間無異事，則不書帝。○暫還復出，曰留幾日。

凡官府第宅，曰幸。○學校，曰臨、曰視。○私出，曰微行。

凡游觀田獵之事，各以其事書。

凡奔走，以實書。○列國若僭國無統之君出走，曰某號某出奔某；諸侯失地名。未有所止者，曰出走。齊君地。

凡非正統，書法同，但不書還；或當特書以見事實，則曰還某。如魏主某還洛陽之類。幸下著「其」字。

〔二〕「○」，原無，據弘治本、蜀藩本補。

恩澤

制詔　更革　戒諭　遺詔　遣使巡行　號令

凡恩澤，皆書。正統曰赦。起漢高祖五年，至元帝永光二年再赦之。後依胡氏例，無事意者不復書。〇非正統者，曰赦其境内。〇賜復，如高帝復産子者，過沛復其民之類。除減租、力役。惠帝減戍卒，文帝除田租之類。〇問疾苦，貸貧乏。如漢文帝定振貧養老之類。〇恤死喪。如漢王棺斂吏士。〇録囚徒。宣帝令郡國上繫囚。〇賜酺。趙主父酺五日。

凡制詔，謂前此所無而始爲之者，皆書之。秦置丞相，趙胡服，秦置郡縣，爲水德，漢初爲算賦，起朝儀、立原廟之類是也。

凡更革，謂前此所有而今始改之者，皆書之。秦變法、廢井田、更賦稅法、更號、除謚、銷兵、壞城、焚書，漢高除秦苛法，文帝除肉刑、短喪之類。

凡興作土工，皆書之。如秦鑿涇水爲渠，築宮、治道。

凡戒諭，皆書。周王使東周公喻楚。

凡遺詔，有事者皆書。如文帝短喪，武帝、宣帝、昭烈顧命，章帝罷鹽鐵。

凡遣使巡行，各隨事書之。

凡號令，謂措置一時之事者，皆書之。如秦令民納粟拜爵，文帝令四方毋來獻、列侯之國之類。

朝會

聘問　游説　和好　交質　割地　降附　貢獻

凡朝，有事若非常乃書。正統，曰某侯來朝。周齊侯、秦公子少官會諸侯來朝之類。漢以後則書名，衆則曰等。

○非正統而相朝者，曰某入朝於某。如韓王朝秦之類。其相如而非朝者，各以其事書。如秦王稷薨，韓王衰絰入弔祠，齊、趙入秦置酒之類。

凡會盟，皆書。有主者，曰某會某於某；齊田和會魏、衛於濁澤，秦公子少官會諸侯來朝，秦誘楚會武關，秦會楚於宛之類。無主者，曰某某會於某；齊、魏會田，諸侯會京師，齊、魏會徐州之類。有事者，各以事繫之。如濁澤以求爲諸侯，徐州以相王之類。

凡聘問，正統遣使於他國，曰遣某官某使某；漢陸賈、劉敬。使卑而無事者，曰遣使如某。他國通好而不臣者使來，曰某國遣使來聘。使者，則曰遣其臣某；使者官重，則曰遣其某官某。○間無異事而遣報使，則曰遣某官某報之；有異事，則曰遣某官某報其使。

○非正統，則曰某使某如某；燕樂毅。略，則曰某遣使如某。○間説，則曰某使某説某，而繫其事。秦使張儀説諸侯連衡，使以歐歸約親，用他例。燕使蘇秦報，未至，秦王薨，諸侯皆畔衡復合從，而不書者，秦非燕所能使，燕特資其行耳。○乞師，曰某使某如某乞師。趙公子勝如楚乞師。○獻物，曰某使某獻某於某。趙使藺相如獻璧於秦。

凡和好，各依本文書之，其非正統，或曰某以某爲和於某，或曰某請成於某，或曰某與某平，或曰某與某和親，或曰約親。○正統，我所欲，曰遣某使某結和親，或曰與某和親；彼所欲，曰某請和親。

凡交質，曰某某質於某。

凡割地，從小入大，曰某獻某地於某，或曰某入某地於某，或曰某伐某、某獻某，或曰某以某爲成於某，或曰云云某盡入某以謝，或曰某割某以和於某；從大入小，曰某與某某。

凡降附，正統，曰某來降，〇力致，曰降之，如赤眉之類。〇或隨事書之。如曰南越王稱臣奉貢之類。

〇非正統，曰某降於某，〇或隨事書之。如衛服屬三晉，聽命於秦，韓稱藩於秦，王陵以兵屬漢，隨何以九江王歸漢之類。

凡貢獻，正統，曰某遣使入貢，或云獻某物。

〇非正統，曰某遣使貢獻於某，或曰獻某物。如趙使藺相如獻璧於秦之類。

封拜 選舉 賞賜 賜爵 賜姓 殊禮 徵聘 録子孫

凡正統封王，皆書曰立某爲某王，漢高祖立長沙王芮、從兄賢、弟交、兄喜、子肥之類。自武帝元朔二年以後，封王無事義者，皆不書。廢、徙、國除，做此例。更立曰更立，或曰徙。齊王信、濟北王志。封侯有故，乃書曰封某爲某侯；雍齒之類。因而命之者，初命某爲某諸侯。周威烈三晉、安王田和之類。封者多，則統言之。如云始剖符封功臣爲徹侯；太后王諸呂；齊王卒，分齊地，立悼惠王子六人爲王；梁王武卒，分梁地，王其子五人。益封、進爵有故，則書。漢文帝論功益户有差，成帝益封河間王良、進孔吉等爵之類。褒先代聖王之後而封者，悉書之。武帝封姬嘉，成帝封孔吉。

〇宦者封爵，皆加「宦者」字。如鄭衆之屬，以著刑臣有功之始。

凡以親戚貴重者，書其屬。如元舅王鳳之類，以著外家與政之禍。

凡非正統，封其臣子有故，則書曰某封某爲某；即墨大夫〔一〕、商君之類。親屬，則曰某封某某爲某。趙勝之類。

凡相王，見即位例。

凡正統命官，曰以某人爲某。宰相皆書；漢丞相、相國、三公及權臣秉政者，皆書。御史大夫，因事乃書。自永初元年以後，三公因事乃書。餘官，非有故不書。有功、有事、若其人之賢否用舍繫時之治亂安危者，乃特書之。宦者除拜當書者，皆加「宦者」字。如石顯之類，以著刑臣與政之禍〔二〕。○因事而命官者，某人云云以爲某官；周吳起、漢蘇武。非正統命官，非有故不書。衛鞅、申不害之類。

○魏、晉以後，一除數官，則書其重者。三公、丞相、大將軍、大司馬、侍中、中書監、令、尚書令、僕射。○州鎮，但云都督某某等州軍事，無都督號者，但云某州刺史。有異者，全書，及所鎮。如琅邪王睿爲安東將軍，都督揚州，治建業之類。

凡選舉，皆書。如漢高帝求賢詔，惠帝復孝弟力田，文帝舉賢良方正之類。

凡賜服，周賜秦以黼黻之類。賜爵、卜式之類。號、婁敬之類。姓、同上。婦人號、博平君之類。物，董宣、

〔一〕「即墨」，弘治本、蜀藩本作「如阿」。

〔二〕「禍」，弘治本、蜀藩本作「厲」。

毛義、鄭均之類。皆書。

凡殊禮，皆書。如致伯於秦，蕭何劍履上殿，賜淮南王几杖，王莽加號九錫之類。王莽是自爲之，以自爲書。餘倣此例。

凡徵聘隱士，從其本文，或曰迎，申公、龔勝之類。或曰徵。周黨、嚴光之類。

凡追褒勳賢，皆書。如畫像，如光武祭蕭何、霍光，獻帝祭陳蕃等之類。

凡録功臣子孫，皆書。如宣帝求高祖功臣子孫失侯者，賜金，復其家，封蕭何子孫之類。

征伐 叛亂 僭竊 夷狄 遣將 師名 戰 勝負

凡正統，自下逆上曰反，有謀未發者曰謀反，兵向闕曰舉兵犯闕。

凡調兵曰發，集兵曰募，整兵曰勒，行定曰徇，行取曰略，肆掠曰侵，掩其不備曰襲，同欲曰同，合勢曰連兵，并進曰合兵，在遠而附之曰應，相接曰迎，服屬曰從，益其勢曰助，援其急曰救，開其圍曰解，交兵曰戰，尾其後曰追，環其城曰圍。

凡勝之易者曰敗某師，平之難者曰捕斬之。舍此之彼曰叛，曰降於某、附於某。犯城邑，寇得曰陷，居曰據。

凡僭名號，曰稱。周列國稱王、稱帝，漢以後僭國簒賊稱皇帝，盜賊稱帝、稱天子之類。

〇人微事小曰作亂，人微衆少曰盜，衆多曰群盜。

〇犯順曰寇。秦伐韓、趙，周約諸侯欲伐秦，秦人攻西周。

凡中國有主，則夷狄曰入寇，或曰寇某郡，事小曰擾某處。中國無主，則但云入邊，或云入塞，或云入某郡，殺掠吏民。

凡正統，天子親將兵，曰帝自將，如漢高擊臧荼、利幾之類。遣將，則曰遣某官某將兵。○大將兼統諸軍，則曰率幾將軍，或云督諸軍，或云護諸將。○將卑師少，無大勝負，則但云遣兵。○不遣兵而州郡自討，則云州郡，或云州兵，或云郡兵。置守令平盜賊，曰以某人爲某云云。成帝河平二年，西夷相攻，以陳立爲牂牁太守討平之，以虞詡爲朝歌長之類。

凡正統用兵，於臣子之僭叛者，曰征、曰討，如漢高祖於韓王信之類。於夷狄若非其臣子者，曰伐、曰攻、曰擊，其應兵，曰備、曰禦、曰拒，皆因其本文。如漢高祖於共尉、臧荼、利幾、匈奴之屬。

凡人舉兵討簒逆之賊，皆曰討。漢王討西楚、呂臣、劉崇、翟義之類。

凡戰不地，屢戰則地，極遠則地。

凡書敵，於敵國曰滅之，韓滅鄭之類。於亂賊曰平之。敵國、亂賊，歲久地廣，屢戰而後定，則結之曰某地悉定，或曰某地平。

凡得其罪人者，於臣子曰誅，於夷狄若非臣子者曰斬、曰殺。

凡執其君長將帥，曰執、曰虜、曰禽獲、曰得，皆從其本文。

凡坑斬，非多不書。○取地，非多且要不書。

凡師入曰還，全勝而歸曰振旅，趙充國之類。小敗曰不利，彼爲主曰不克，大敗曰大敗，或曰敗績，將帥死節曰死之。

凡人討逆賊而敗者，亦曰不克，死曰死之。劉崇、翟義之類。其破滅者，亦以自敗爲文。三輔兵皆破滅之類。

凡非正統而相攻，先發者不曰寇陷，後應者不曰征討，其他悉從本文。惟治其臣子之叛亂者書討，討而殺之曰誅。

廢黜 后妃 太子 諸王 國除

凡正統，廢其后、太子、諸侯王，而無以考其罪之實者，曰某人廢；如漢彭越、陳后之類。罪狀明白者，加「有罪」字；罪已見者，云「以罪」；若反逆大罪已見，則不必加。無罪，曰廢某人。如漢景帝廢薄后、太子榮之類。

凡書國除者，著其事，燕王建之類。有罪，亦如之。

凡自貶號者，因其本文。衛侯、衛君之類。

凡非正統者，句上皆加國號，「廢」字在上者，下加「其」字。例皆倣此。

罷免 囚繫 流竄 誅殺 寬宥

凡罷免，罪不著者，曰某官某免；并免爵者，曰某官某爵某免爲庶人；流徙者，即不言爲庶人。著者，名下加「有罪」字；或作以罪。無罪者，曰免某官某；并免爵者，曰免某官某爵某爲庶人；策免者，加「策免」字。

凡謝病、請老、致仕，宰相賢臣則書。張良、王吉、二疏、韋賢之類。

凡就國、貶、左遷，亦依罷免例，分三等：罪疑，則姓名在上；罪著，則加「有罪」字；無罪，則云遣某人就國，貶某官某爲某官，左遷某爲某官。

凡上印綬、收印綬，從本文。鄧禹、王商之類。

凡下獄死，罪不著者，曰某官某下獄死；罪狀明白者，名下加「有罪」字；或云以罪。無罪者，曰下某官某獄，殺之。其以赦出，或被刑若自殺、不食死之類，各隨其事書之。官已見者，不復見；惟無罪而賢者，則特書之，雖以廢免，亦曰故某官爵某。

凡誅殺叛逆或大罪，曰某官某伏誅，或曰誅某官某，或曰討某官某，誅之。秦趙高、漢韓王信、諸呂、子弘、七國之類。

凡他罪明白者，曰有罪。棄市，罪疑者，去「有罪」字；無罪，曰殺某官某。趙李牧、秦李斯、漢韓信、彭越之類。

凡書官例，與下獄例同。族其家，夷其族，夷三族，族誅某人家，族滅某人家，皆從本文。

凡欲殺而釋之者。韓信、朱雲之類。○欲治而寬之者。梁王立之類。○當誅而不果者。王氏五侯之類。

人事

凡鄉里世系，不能悉記，惟賢者則著其略。

凡諸臣之卒，惟宰相悉書；賢者，曰某官某爵姓名卒，而注其謚；說見崩葬例。常人，則不爵、不姓、不謚。姓未見者著之。

凡賢臣特書，依賢相例，官爵惟所有，處士曰處士。衆人則因事而見，曰某官姓名卒而已。無官則爵，無爵則姓名而已。某官爵已見者，亦不復書。

凡卒於軍者曰軍，祭遵、馮異。非其地則地。管寧之類。

凡自殺者曰自殺，有罪者加「有罪」字。

凡賢臣遇害，曰某殺某，其官爵如本例。來歙、岑彭之類。

凡衆殺稱人，吴起、蘇秦之類。盜殺稱盜。俠累之類。

凡死節者，皆異文以見褒。劉崇、翟義、劉快、龔勝、王經、劉諶、諸葛瞻。

凡無統之世，惟宰相不悉書，餘并依正統例，但各如其國名。

凡僭國之臣，不以賢否，皆因事乃見，而依無統常人之例。

凡篡賊之臣，書死。范增、王舜、揚雄之類。

凡戰死，書死。

凡一人之往來去就，關國家利害，繫時世輕重者，不以賢否皆書。孟軻、吴起、衛鞅、李斯、張良、諸葛亮、管寧之類。或有他事當見者，亦書。田文之類。

凡有官者書官，惟初除一見，後改除，乃復見之。

凡宰相，官重者書官而去姓，如相國何、大將軍光之類。爵異者書爵而去姓。魏公操、魏王操之類。

凡無統大國之臣，依正統小國；僭國，雖權臣貴重，但書姓名。

凡正統，諸侯王既卒，皆以謚稱。

災祥

凡災異，悉書。祥瑞，或以示疑，或以著僞，乃書。

凡因災異而自貶損、求言、修政、施惠者，皆書；無實者，或不悉書。

凡例後語〔一〕

（宋）王柏

《通鑑綱目》之惠後學久矣，李果齋《後語》曰：「著書之《凡例》，立言之異同，附列於其後。」然有是言也，而未見是書也，五十有餘年，莫有知其詳者，未嘗不撫卷太息，遐想於斯焉。噫！麟筆絶而史法壞，司馬公鑑古，托始三侯之僭命，自是權謀變詐之習益深，坑師滅國，干統夷族，相迹而奔，興廢離合，轇轕於一千三百六十二年之間，其端如毛。朱子推絜矩之道，寓權衡之筆，大書分注，自相錯綜，以備經傳之體，史遷以來未始有也。苟非發凡釋例，一以貫之，則述作之意，孰得而明？勸懲之意，孰得而辨？而大經大法，所以扶天倫，遏人欲，修百王之軌度，爲萬世之準繩者，何以見

〔一〕《凡例後語》，弘治本、蜀藩本作《資治通鑑綱目後語》。

直書不隱之實？是豈尋行數墨、强探力索者，所可得其彷彿哉！宜後學之所大恨也。

一日，觀訥齋趙公文集，間有考亭往來書問，乃知綱下之目，蓋屬筆於訥齋，而昔未之聞。訥齋曰：「《凡例》一册，已抄在此。」信乎！果有是書也。塵編將發，影響自露。及因上蔡書堂奉祠，謝君作章爲趙之媚，力囑其訪問，曰：「嘗毀於水，而未必存。」越一年，始報曰：「《凡例》幸得於趙君與巒。」録以見授，如獲天球弘璧。復得傃軒趙公本參校互正，遂成全書。今諸本所刊《序例》，即此《凡例》之序也。其後列十有九門，總一百三十有七條。凡下有目，目下有類，正統無統之分甚嚴，有罪無罪之别亦著。或君其王，或主其帝，或以盛書，或以僭書，或以得失書，或以更革建立書。有以自爲自稱書者，有以賢否用舍書者，有以可戒可法書者，有以示疑著僞書者。或著刑臣有功之始，或著刑臣與政之始，或著外家與政之始。征寇誅殺之不同，薨殂卒死之有異，條分縷析，該覈謹嚴，治亂躍如也。

昔夫子之作《春秋》，因魯史之舊文，不見其筆削之迹，正以無凡例之可證。朱子曰：「《春秋》傳例多不可信，非夫子之爲也。」今《綱目》之《凡例》，乃朱子之所自定，其大義之炳如者，固一本於夫子。至若曲筆亂紀，隱慝匿情，有先儒之所未盡者，悉舉而大正之。蓋深以邪説横流，誠有甚於洚水猛獸之害，有不可辭其責。朱子亦謂：「《綱目》義例益精密，亂臣賊子真無所匿其形矣。」開歷古之群蒙，極經世之大用，謂之續《春秋》，亦何愧焉。吁！朱子之書，流行天下，無有遺者。獨此一卷，晦迹既久，殆將堙淪。不廣其傳，則讀是書者，終無釋疑而辨惑。遂鋟梓於稽古堂，與同志共之。

有宋咸淳乙丑正月望，金華王柏書。

凡例識語

（宋）文天祐

右《通鑑綱目凡例》，得之今貳車潘公子輿。蓋金華始鋟木，而學者多未見也。是書固宜與《綱目》并出，然自乾道壬辰，今百年矣，彼先後顯晦之故，抑有其數耶？發凡以言例，夫子何隱乎爾，而使後之人隨義而昭明之，殆有所屬。不然，夫子豈靳乎是而不傳哉？執《傳例》以求《春秋》，勿可；執是書以求《綱目》，則可。微《綱目》無以知《春秋》，微是書無以讀《綱目》，信其傳之不可不廣也。貳車念家學考亭，謂刻諸學宮，以惠我人。既成矣，復相語曰：「安得并刻《綱目》，備此一書，以爲宣學鉅麗之典也哉！」

郡文學掾廬山文天祐謹識。

附録二

劉先生墓誌銘[一]

（元）揭傒斯

吉之永新儒師劉先生，諱友益，字益友，是爲清江公非先生九世孫。曾祖諱宗信，父諱繹，世以家學爲邑人師。父剛嚴介特，獨立無朋，而以先生爲之子，故少與物忤。先生少好學，貧不能得書，從里之多書者借而讀之。朝借暮易，暮借朝易，窮晝夜讀不絶聲，過目輒記。間爲人傭書以給膏火，父母憐而禁止之，乃掃别室，冪窗户，竟夕危坐默誦[二]。如是數年，貫穿六經，包羅百氏，至天文地志、律曆象數、山川聯落、郡縣廢置，皆可指畫而談，毫髮無遺也。宋之亡，鄉里豪猾并起爲亂，與伯兄真長、從弟人暐皆遇害。先生絶而復蘇，饑困踰年，乃卜築高山之間，杜門著書，不與世接。

[一]《劉先生墓誌銘》，輯録自（元）揭傒斯：《文安集》卷十三，文淵閣《四庫》本，第一二〇八册。

[二]「夕危」，原無，據《揭文安公文集》卷八《劉先生墓誌銘》補，民國九年南昌《豫章叢書》刊本。

以聖人之志，莫大於《春秋》；繼《春秋》之迹，莫尚於《通鑑綱目》〔一〕。凡司馬氏宜書而未書者，朱子書之；宜正而未正者，朱子正之。恐朱子之意不白於天下後世，乃著《通鑑綱目書法》五十九卷，蓋歷三十年而後成。天曆中，邑進士馮君翼翁傳其書至京師，國子先生得之，大驚曰：「昔者王道衰而《春秋》作，《春秋》隱而《綱目》興，《書法》不作，《綱目》之義又將微矣。故聖人之述作雖殊，所以扶天綱、立人極，一也。」遂録副在官，俾六館諸生傳習之。

至順三年三月三日昧爽，先生疾作，猶正衣冠危坐，至午而卒，年八十五。以某月日葬邑之禾山鄉大豐之原。娶陳氏，繼段氏。子男三：矩、衡、節，皆克紹先業。孫男十，曾孫男一。又明年夏，馮君調官京師，矩具狀介以請銘。馮君曰：「先生外和而内剛，外通而内介，言簡而要，不迂闊於事。其誨人也諄諄善誘，白鬢丹頰，神情蕭然，真有道者。」嗚呼！若先生者，苟見於用，當何如哉！銘曰：

百圍之木，不爲斧柯。蹄涔之水，不爲江河。元有天下，先生在野。先生在野，志在天下。百世之上，先生此心。百世之下，先生此心。先生不作，山高水深。

〔一〕「尚」，原作「大」，據《揭文安公文集》卷八《劉先生墓誌銘》改。

图书在版编目（CIP）数据

资治通鉴纲目书法：全两册／邱居里，左茹慧整理.
—北京：北京师范大学出版社，2016.7
（元代古籍集成／韩格平主编．第二辑）
ISBN 978-7-303-21126-5

Ⅰ．①资…　Ⅱ．①邱…②左…　Ⅲ．①中国历史—古代史—编年体　Ⅳ．①K204.3

中国版本图书馆 CIP 数据核字（2016）第 173782 号

营销中心电话　010-58805072　58807651
北师大出版社学术著作与大众读物分社　http：//xueda.bnup.com

ZIZHITONGJIANGANGMUSHUFA
出版发行：北京师范大学出版社　www.bnup.com
北京市海淀区新街口外大街 19 号
邮政编码：100875
印　　刷：北京盛通印刷股份有限公司
经　　销：全国新华书店
开　　本：660 mm×980 mm　1/16
印　　张：74.75
字　　数：983 千字
版　　次：2016 年 7 月第 1 版
印　　次：2016 年 7 月第 1 次印刷
定　　价：268.00 元

策划编辑：谭徐锋　　责任编辑：王　强
美术编辑：王齐云　　装帧设计：锋尚设计
责任校对：陈　民　　责任印制：马　洁